엑셀 VBA를 이용한

금융공학실습

서울경제경영

머리말

최근 장외파생상품 거래가 활발해지면서 금융업 종사자뿐만 아니라 일반 개인투자자 사이에서도 파생상품에 대한 관심이 커지고 있다. 그러나 높은 관심에 비해 이해의 수준은 그렇지 못한 것이 현실이다. 파생상품에 대한 수익구조는 이해하지만 어떻게 구조화 되는지, 평가는 어떻게 하는지, 실제로 운용은 어떻게 이루어지는지 등에 대한 부분은 너무 어렵게만 생각한다. 이는 국내 금융업의 발달과 더불어 금융파생상품이나 금융공학에 대한 각종 이론을 소개하는 이론서는 다양하게 출판되어 있으나, 이론을 실무에 적용하는 방법에 대해서는 접할 기회가 없었기 때문이다. 또한, 금융공학 이론을 구현하고 실습해 볼 수 있는 방법을 소개하는 서적을 접하기가 쉽지 않다. 특히 금융공학에 관심 있는 초보 학습자나 현업에 종사하는 분들을 위한 금융공학 실무 기초를 소개하는 실무응용 중심의 학습서는 거의 없다.

실무응용 중심의 금융공학 학습서 부재를 안타깝게 생각하던 저자들은 2006년에 금융공학에 관심을 가진 학생들이나 금융업에 종사하는 실무자들에게 이론적 지식을 실무에서 쉽게 응용할 수 있도록 강의자료를 묶어 "엑셀과 금융공학 실습"이라는 책을 출간하였다. 그러나, 금융파생상품, 위험관리, 금융공학실습 등의 개별 강의자료를 바탕으로 집필하다 보니, 구성이 체계적이지 못하고 내용이 부족했던 점을 아쉬워하던 중 이번에 그 내용을 아래와 같이 대폭 수정, 보완하게 되었다.

첫째, 수치해석 부분과 채권이론 내용을 보강하였고, 기존에 간단하게 소개되었던 선물, 옵션, 스왑 등의 파생상품 부분에 실무응용 내용을 대폭 추가하였다.

둘째, 독자의 이해를 돕기 위해서 각 내용에 맞는 실습 예제를 삽입하였다.

셋째, 실무 중심의 실습서이지만 가능한 이론적 배경을 함께 밝혀 독자의 이해와 추후 학습에 도움이 될 수 있도록 노력하였다.

마지막으로, 금융공학을 시작하는 학생 또는 실무자에게는 금융공학의 입문서로서 기본적 지식을 보유한 전문가에게는 사전처럼 곁에 두고 항상 참고할 수 있는 handbook 역할이 되도록 구성에 심혈을 기울였다.

이 책은 크게 5부로 구성되어 있다. 우선 제1부는 금융공학을 위한 기초과정으로 엑셀에서 제공하고 있는 다양한 함수기능 및 특수기능의 소개와 엑셀 VBA(Visual Basic for Application)에 대한 기초 지식과 활용 방법에 초점을 맞춘다. 제2부에서는 1부에서 설명한 엑셀 VBA 기능을 활용하여 금융공학에서 공학부분의 바탕이 되는 다양한 수치해석 방법을 실습을 통하여 소개하며, 3부와 4부에서는 금융공학에서 금융부분에 해당하는 재무이론과 파생상품이론을 실례와 함께 설명한다. 마지막으로 제5부는 실제로 현장에서 접하게 되는 다양한 파생상품과 구조화 상품 예제를 통하여 보다 심화된 금융파생 실무를 다루게 된다.

이 책의 내용을 보다 구체적으로 살펴보면, 제1장에서는 엑셀함수와 목표값 찾기/해 찾기와 같은 특수기능의 활용법을 자세히 설명하고 있으며, 제2장에서는 엑셀 매크로와 VBA와의 관계를 이해하고, 이를 바탕으로 VBA 프로그래밍의 기초를 다질 수 있도록 한다. 제3장에서는 엑셀에서 제공하는 다양한 함수와 특수기능을 VBA에서 활용하는 방법과 사용자 정의함수를 엑셀에서 공통으로 사용하도록 설정하는 방법을 구체적으로 설명하고, 이들을 활용하여 금융공학 모형에 대한 수치해석적 접근을 시도하는 사용자 정의함수 작성법을 실습해 본다.

제4장에서는 금융공학에서 기초가 되는 연립방정식 풀이, 보간법, 최적화 기법 등의 다양한 수치해석적 방법을 다룬다.

제5장에서는 포트폴리오 이론의 기초가 되는 수익과 위험의 개념을 소개하고 이를 이용한 최적 포트폴리오를 구성하는 방법을 다루며, 제6장은 채권이론의 핵심인 듀레이션(Duration)과 컨벡시티(Convexity) 개념을 소개하고 부트스트래핑(Bootstrapping) 방법으로 이자율곡선을 추정하는 방법을 설명한다. 또한 이를 채권투자전략에 활용하는 방법을 실습한다.

제7장에서는 선도/선물가격결정 이론을 바탕으로 실제 한국에서 거래되고 있는 다양한 선물 및 선도 상품의 가격을 계산하는 방법을 소개한다. 제8장에서는 옵션의 가격을 계산하는 방법으로 이항트리(Binomial Tree) 모형과 Black-Scholes 모형을 구현하고, 이를 통해 측정된 각종 위험지표를 이용하여 차익거래 및 헤지거래를 실현하는 방법을 실습을 통하여 익힌다. 특히 실무자들에게 가장 많은 관심이 집중되는 변동성 추정문제에

대해서는 다양한 접근방법을 소개한다. 제9장은 스왑(Swap)에 대한 기초로서 이자율 스왑 가격결정 방법을 실습한다. 제10장에서는 위험관리를 위한 방법으로 시장위험과 신용위험을 측정하는 방법으로 VaR 모형을 소개하고 실습해 본다.

제11장에서는 다양한 이자율 옵션 모형을 소개하며, 제12장에서는 각종 이색옵션(exotic option)의 가치계산 방법을 살펴본다. 제13장에서는 보다 실무적인 관점에서 구조화 상품을 분석하고 실례를 중심으로 가치평가 방법을 소개한다. 마지막으로, 제15장에서는 각종 통계함수 및 최우추정법(Maximum Likelihood Estimation Method), GARCH 모형 등의 통계적 모델을 엑셀에서 구현하는 방법을 실습한다.

이 책은 저자들이 현장 실무교육 과정에서 실무응용 능력 함양에 초점을 맞추다 보니, 이론에 대한 지적 욕구가 많은 독자에게는 다소 불충분한 부분이 있을 수 있다. 하지만, 이는 시중에 출판된 다양한 이론서를 참고함으로써 해결될 수 있다고 생각한다. 가능한 실무 위주의 참고서적을 독자들에게 제공하고자 하는 것이 이 책의 집필 의도였던 만큼, 현업에 종사하는 실무 담당자들의 조언을 충실히 반영하고자 노력하였다. 그러나 여러 사람들의 도움과 노고에도 불구하고 부족한 내용이나 이 책에 남아 있을지 모르는 오류는 모두 저자들의 몫이다.

끝으로 이 책을 집필하는 동안 많은 배려와 격려를 해주신 PCA 투신운용의 황성호 대표님과 FRM Korea의 유진석 대표님께 깊이 감사드리며, 책 교정에 대한 의견과 내용에 대한 조언을 아끼지 않은 Citi Bank의 김기영 지배인님, 대한생명의 노석균 박사님에게도 고마움을 전한다. 또한 이 책이 나오도록 허락해 주신 서울경제경영출판사 김은중 대표님께도 감사를 드린다.

2008년 1월
여의도 금융가에서
박건엽, 장기천 드림

차 례

PART I

Chapter 2. 엑셀 매크로 및 VBA 기초 / 46

Chapter 3. 엑셀 VBA 활용 / 95

PART II

Chapter 4. 수치해석 / 125

PART III

PART IV

Chapter 7. 선물(Futures) 및 선도(Forward) / 277

Chapter 8. 옵션(Options) / 303

Chapter 12. 이색옵션 / 446

Chapter 13. 구조화 상품 / 490

PART I

Chapter 1. 엑셀함수 및 특수기능
Chapter 2. 엑셀 매크로 및 VBA 기초
Chapter 3. 엑셀 VBA 활용

Chapter 1

엑셀함수 및 특수기능

Financial Engineering Practice with Excel VBA

1.1 함수 개요

1.1.1. 엑셀함수의 구성

함수(Function)란 어떤 대상을 입력 받아 새로운 대상을 출력해주는 것으로 하나의 대상을 다른 대상과 연결시켜 준다는 의미에서 수학적으로는 사상(Mapping)이라고도 한다.

엑셀에서도 함수는 같은 역할을 하는데, 엑셀함수란 반복적이고 복잡한 일련의 계산과정을 엑셀에서 미리 정해진 수식(예약어)에 의해 연산되도록 작성한 엑셀에서의 일종의 약속이다. 엑셀함수는 "함수명(인수)"으로 구성되어 있다. 예를 들어 "=AVERAGE(A1,A2)"를 엑셀 시트의 임의의 셀에 입력하면 A1셀의 값과 A2셀의 값의 평균값을 구해주는데 이 때 'AVERAGE'가 함수명이고, 'A1', 'A2'가 인수가 된다.

	A
1	1
2	2
3	=AVERAGE(A1:A2)

1.1.2 함수 입력하는 방법

(1) 직접 입력하는 방법

위에서 본 AVERAGE함수처럼 엑셀 스프레드시트의 셀에 직접 함수 및 인수를 키보드를 이용해서 입력하는 방법이다. 함수 이름과 인수를 이해하고 있으면 사용하기 편리하지만 처음 사용하는 경우에는 적합하지 않은 방법이다.

(2) 메뉴에서 찾아가는 방법

'파일(F)' 메뉴에서 '삽입(I) → 함수(F) → 함수마법사'를 불러내어 함수를 입력하는 방법이다. 일단 함수 마법사를 사용하면 도움말을 볼 수 있으므로 사용하기 쉬우나 단축 아이콘을 사용하는 경우보다는 다소 복잡하다.

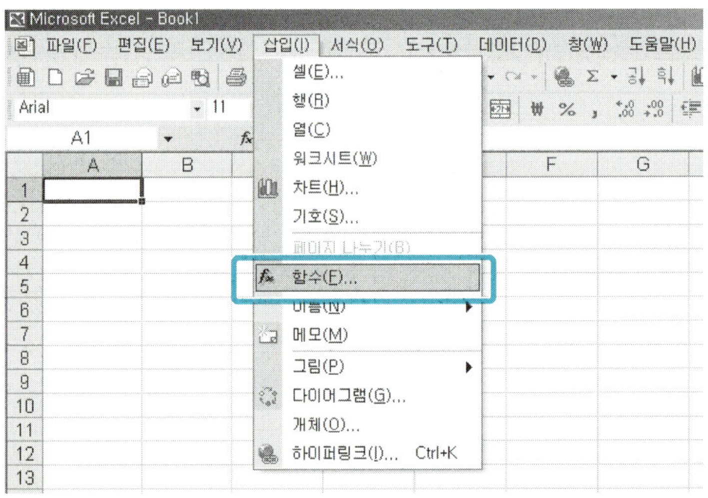

(3) 단축 아이콘을 이용하는 방법

수식 입력줄 옆의 함수아이콘을 눌러 함수마법사를 불러내어 사용하는 방법이다. 가장 간단하면서도 쉬운 방법이므로 알아두면 편리하다.

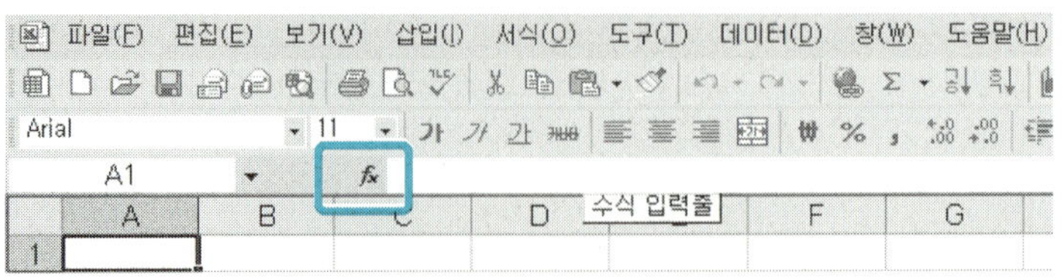

(4) 함수 마법사

함수 마법사 대화상자에서 사용하고자 하는 함수를 선택하고 [확인]을 누른다.

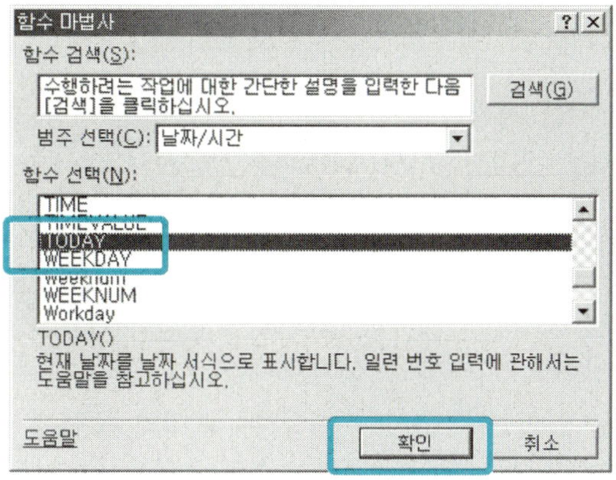

그러면 해당함수에 대한 설명이 나오므로 이를 따라가면 쉽게 함수를 입력할 수 있다.

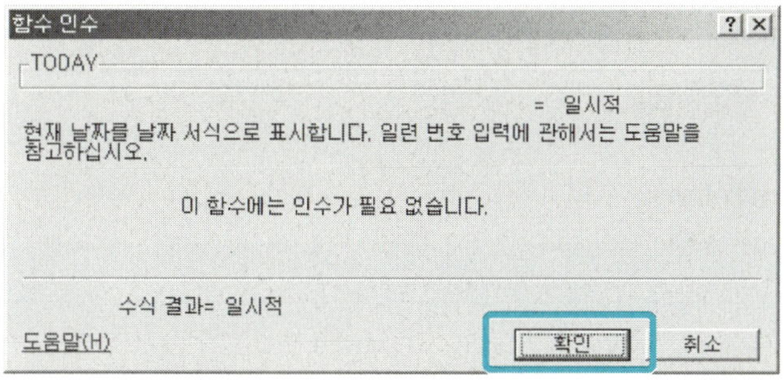

마지막으로 위 창에서 [확인]을 누르면 선택한 함수의 계산결과가 셀에 계산된다.

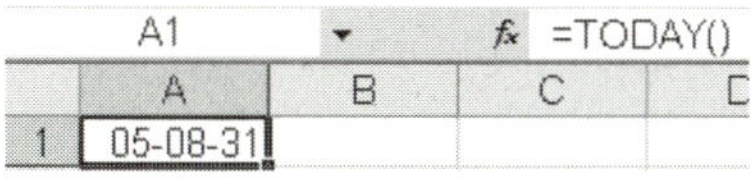

1.2 엑셀함수

Financial Engineering Practice with Excel VBA

실제로 실무에서 사용하는 계산이 다양한 만큼 엑셀에서의 함수 또한 매우 다양하다. 단순한 합계를 계산하는 함수에서부터 어려운 각종 공식 등 함수의 종류는 약 300여 종류가 있다.

이러한 엑셀함수는 각종 계산과 분석을 위하여 단독으로 사용될 수도 있고, 엑셀의 매크로 프로그래밍의 기본적인 명령어(예약어)로도 사용된다.

엑셀함수는 기능이 비슷한 것끼리 묶어 6개의 그룹으로 구분되어 있다. 여기서는 수많은 함수를 일일이 설명하는 대신 본 교재의 목적에 맞게 금융공학 측면에서 자주 사용할 수 있는 함수 위주로 설명해 나가고자 한다.

1.2.1. 수학함수

수학함수는 일반수학에서 자주 사용되는 지수, 로그 등을 엑셀에서 사용할 수 있도록 만든 함수이다.

EXP(number)

number	임의의 실수

자연대수를 밑으로 하는 지수함수 e^x를 엑셀에서 표현한 것이다. 자연대수(e)를 number 만큼 거듭 제곱한 값을 출력한다.

자연대수(Exponential : e)는 다음과 같이 정의되며 그 대략적인 값은 2.71828182845904이다.

| 정의 | 자연대수(e)

$$e := \lim_{n \to \infty} \left(1 + \frac{1}{n}\right)^n$$

| 예제 | EXP함수

EXP는 연속복리(Continuous Compounding)를 계산할 때 꼭 필요한 함수다. 예를 들어, 현재 1원을 연속복리 수익률 4%로 1년간 투자하면 1원$\times e^{0.04\times 1년} = 1.0408$원이 된다.

	A	B
1	1.040811	=EXP(0.04)

LN(number)

number	임의의 실수

자연대수를 밑으로 하는 로그함수 $\log_e x = \ln x$를 엑셀에서 표현한 것이다. 엑셀 시트에서는 $\log_e x = \ln x$가 LN(x)이지만 앞으로 볼 VBA 편집기에서는 log(x)로 표현된다.

| 예제 |

LN은 연속복리 수익률을 계산할 때 꼭 필요한 함수이다. 예를 들어 1원을 현재 투자하여 1년 뒤에 1.04원을 벌었다면 연속복리 수익률은 $\ln\frac{1.04}{1} = 0.03992$ 즉 3.992%이다. 로그함수와 지수함수는 서로 역(逆) 관계이다.

	A	B
1	0.039221	=LN(1.04)

SQRT(number)

number	임의의 실수

$\sqrt{x}$를 엑셀에서 구현한 함수이다.

| 예제 |

옵션의 가치를 계산할 때 필요한 인수 중에 중요한 것이 변동성 (Volatility)이다. 변동성은 통계적으로는 표준편차를 의미하며 표준편차 s는 분산 v의 양의 제곱근 즉, $s = \sqrt{v}$ 이므로 분산으로부터 표준편차를 계산하기 위해서는 제곱근이 필요하다.

RAND( )[주)]

입력변수 없음	입력인수 없이 함수 값이 출력된다.

주) 입력변수 없이 값이 출력되는 함수가 존재하며, RAND(), TODAY() 등이 있다.

단일분포 확률변수(Uniform Distribution－Random Variable)[주)] 값을 추출해 준다. 0부터 1사이의 실수(Real Number)를 동일한 확률로 임의로 추출해주는 함수, 즉 난수(random number)를 발생시키는 함수로 RAND함수의 인수는 없다. 추출되는 값은 매번 달라지는 것이 보통이다.

| 예제 |

옵션의 가치를 계산하는 방법 중에 시뮬레이션(Simulation, 모의실험) 방법이 있는데 이 때 꼭 필요한 함수가 RAND함수이다. 자세한 예제는 시뮬레이션편을 참조하기 바란다.

FACT(number)

number	양의 정수 입력인수가 음의 정수면 오류가 나고, 정수가 아니면 소수점 이하는 무시된다.

계승(Factorial) 즉, 1부터 x까지의 정수를 연속해서 곱한 결과값을 계산해 준다.

$$x! = 1 \times 2 \times \cdots \times x$$

COMBIN(number,number_chosen)

number	추출하고자 하는 대상(집합)의 전체 개수(원소)
number_chosen	추출하고자 하는 개수

주어진 개수의 항목으로 만들 수 있는 조합(combination)의 개수를 계산해 준다. 조합은 내부 순서에 관계없이 항목의 집합 또는 부분 집합이 된다. 순열(permutation)에서는 순서가 고려된다는 점이 조합과 다른 점이다. COMBIN 함수를 사용하면 주어진 개수의 항목으로 만들 수 있는 그룹의 전체 개수를 확인할 수 있다. 조합 갯수를 구하는 식은 다음과 같다

$${}_xC_y = \binom{x}{y} = \frac{{}_xP_y}{y!} = \frac{x!}{(x-y)!}\frac{1}{y!}$$

주) 균등분포, 일양분포 등으로도 부른다.

| 예제 |

구슬이 10개 들어 있는 주머니에서 3개를 뽑아낼 경우 그 경우의 수는 120가지이다.

	A	B
1	120	=COMBIN(10,3)

옵션의 가치를 계산하는 방법 중 하나로 이항트리(Binomial Tree)를 이용하는 방법이 있는데 이 때 각 노드(끝점, Node)가 실현될 확률(빈도)를 계산할 때 유용하게 사용할 수 있는 함수가 바로 COMBIN함수이다. 예를 들어 어떤 노드에 도착하기 위해서는 상승 2회와 하락 3회가 발생해야 한다면 이 노드에 도달할 확률은 $\frac{5C_2}{2^5}$ 이 된다.

PRODUCT(number1, number2, …)

number1, number2, …	임의의 실수

인수를 모두 곱해준다.

| 예제 |

1부터 4까지 자연수를 모두 곱하면 24이다.

	A	B
1	1	
2	2	
3	3	
4	4	
5	24	=PRODUCT(A1:A4)

SUMPRODUCT(array1, array2, …)

array1, array2, …	임의의 실수 배열(array)

인수에서 주어진 두 참조 영역의 각 셀에 입력된 숫자를 같은 행끼리 곱한 다음 이를 모두 더한다.

| 예제 |

사면체의 각 면에 1부터 4까지 숫자를 쓰고 각각의 면이 바닥에 닿을 확률을 0.2, 0.3, 0.1, 0.4가 되도록 조작을 했다고 하자. 이 사면체를 던졌을 때 바닥에 닿는 숫자의 기대값은 2.7이다.

	A	B	C
1	N	prob	
2	1	0.2	
3	2	0.3	
4	3	0.1	
5	4	0.4	
6		2.7	=SUMPRODUCT(A2:A5,B2:B5)

QUOTIENT(numerator,denominator)

numerator	나누어 지는 수(분수에서 분자에 해당)
denominator	나누는 수(분수에서 분모에 해당)

분자(numerator)를 분모(denominator)로 나눈 뒤 몫의 정수부분을 돌려준다. 인수로는 숫자나 셀 지정이 가능하다.

| 예제 |

17을 5로 나누면 3.4인데 몫의 정수부분은 3이다.

	A	B
1	3	=QUOTIENT(17,5)

MOD(number,divisor)

number	나누어 지는 수(분수에서 분자에 해당)
divisor	나누는 수(분수에서 분모에 해당)

입력된 값을 나눈 뒤 정수부분을 버리고 나머지를 돌려준다. 인수로는 숫자나 셀 지정이 가능하다.

| 예제 |

27을 5로 나누면 나머지는 2이다.

	A	B
1	27	
2	5	
3	2	=MOD(A1,A2)

ABS(number)

number	임의의 실수

인수의 절대값을 돌려준다. 인수로서 숫자나 수식 사용이 가능하다.

| 예제 |

−27의 절대값은 27이다.

	A	B
1	-27	
2	27	=ABS(A1)

ROUND(number, num_digits)

number	반올림을 적용하려는 수
num_digits	반올림 자리수 (양수면 소수점 아래, 음수면 소수점 위 자리수를 의미)

지정된 자리수 이하의 숫자를 지정한 자리수로 반올림한다. 유사한 함수로는 0에 가까운 방향으로 내리는 ROUNDDOWN(number, num_digits)과 0에서 먼 방향으로 올리는 ROUNDUP(number, num_digits)이 있다. ROUNDDOWN(number, num_digits)이나 ROUNDUP(number, num_digits)에서 반올림 자리수의 부호가 양수이거나 0이면 ROUND함수와 같고, 음수일 때는 소수점 왼쪽(정수부분)에서 내림 또는 반올림 한다.

| 예제 |

2.589를 소수점 둘째 자리까지 반올림(소수점 셋째 자리에서 반올림)하면 2.59이다.

	A	B
1	2.589	
2	2.59	=ROUND(A1,2)

1.2.2. 통계함수

통계함수는 일정 범위의 데이터를 통계적으로 분석할 때 사용한다.

NORMSDIST(z)

z	임의의 실수

음의 무한대(−∞)부터 지정한 인수까지 표준정규 누적분포함수(Cumulative Normal Standard Distribution)의 확률값을 구한다.

| 정의 | 표준정규분포함수 : 평균이 0이고 표준편차는 1인 정규분포

$$f(x) = \frac{1}{\sqrt{2\pi}} e^{-\frac{x^2}{2}}$$

| 정의 | 표준정규 누적분포함수

$$F(x) = \int_{-\infty}^{x} \frac{1}{\sqrt{2\pi}} e^{-\frac{x^2}{2}} dx$$

이 분포의 평균은 0이고 표준편차는 1이다. 즉 아래그림에서처럼 −∞부터 x까지 표준 정규 곡선이 x축과 이루는 면적을 계산해 준다. 보통 통계학 참고서적 뒤에 제공되어 있는 표준정규분포표를 이용하지 않고 이 함수를 이용해서 정규분포확률을 계산할 수 있다. 정규분포함수는 아래와 같이 생겼다.

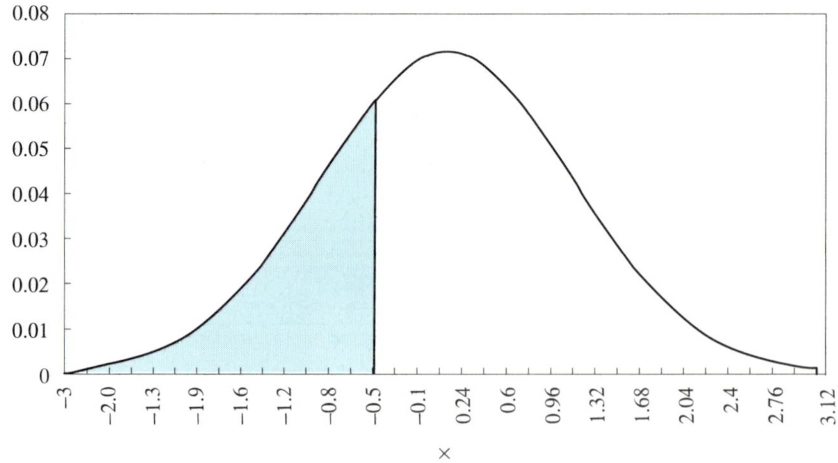

| 예제 |

표준 정규분포를 따르는 확률변수 x가 −∞ 에서 −0.5 사이에 있을 확률은 0.3085이다.

	A	B
1	0.3085375	=NORMSDIST(-0.5)

NORMDIST(x, mean, standard_dev, cumulative)

x	임의의 실수
mean	평균
standard_dev	표준편차
cumulative	출력값 선택변수(1(true)이면 누적확률분포값을, 0(false)이면 확률분포값을 출력한다)

NORMSDIST가 표준정규(평균이 0이고 분산이 1인 정규분포) 누적분포만 계산할 수 있는데 비해 NORMDIST함수는 일반(평균이 0, 분산이 1이 아닌) 정규 누적분포 또는 일반정규확률분포 값을 계산해 준다.

| 예제 |

어떤 자산운용사에서 운용하는 펀드의 과거 성과를 살펴보니, 연간 수익률이 평균 10%, 표준편차 20%였고 정규분포를 따르는 것으로 조사되었다. 이 펀드가 올해 15% 이상의 수익을 낼 확률은 얼마인가?

15%이하의 수익을 낼 확률이 59.87%이므로 15% 이상 수익을 낼 확률은 40.13%(1 − 0.5987)이다.

	A	B	C
11	mean	10.00%	
12	s.d.	20.00%	
13	x	15.00%	
14		0.598706274	=NORMDIST(B13,B11,B12,1)

NORMSINV(probability)

Probability	0과 1사이의 실수

NORMSDIST함수의 역함수이다. 즉, NORMSDIST함수 $N(x) = y$는 확률변수를 입력하면 확률을 계산해주는 함수이고, NORMSINV 함수 $N^{-1}(y) = x$는 확률(0과 1사이의 실수값)을 입력하면 확률변수값을 찾아주는 함수이다.

| 예제 |

어느 회사에서 직원의 출근시간이 평균이 9시이고 표준편차가 10분인 정규분포를 이룬다고 한다. 어느 직원이 전체직원 중 10%이내로 빨리 출근하고자 한다. 몇 시까지 출근하면 이 목표를 달성할 수 있을까? 출근시간을 정규화 하면, $z = \frac{\mu - t}{\sigma} = \frac{9-t}{10/60}$ 이다. 또한 표준정규분포 확률변수가 10%이내이기 위해서는 $x = N^{-1}(0.1)$ 보다 작아야 한다.

	B	C
14	-1.281550794	=NORMSINV(0.1)

따라서 $z = \frac{9-t}{1/6} = -1.28155$, 즉 t=8.7864(8시 47분 11초) 이전에 출근해야 한다.

| 예제 |

RAND함수와 함께 사용하여, 시뮬레이션에서 정규분포 확률변수를 추출해 낼 때 유용하게 사용하는 함수이다. 자세한 설명은 "수치해석(시뮬레이션)"을 참조하기 바란다.

○ SLOPE(known_y's,known_x's)*주)

known_y's :	종속변수값들(배열)
known_x's	독립변수값들(배열)

선형 회귀선의 기울기를 구한다. 기울기는 선의 두 점 사이의 수직 거리를 수평 거리로 나눈 회귀선의 변화율을 의미한다.

$$b = \frac{n\sum xy - (\sum x)(\sum y)}{n\sum x^2 - (\sum x)^2}$$

| 예제 |

다음과 같은 데이터가 주어졌을 때 두 변수를 이용한 회귀선의 기울기는 0.4이다.

주) *가 붙은 함수는 엑셀을 표준설치한 경우에 기본적으로 설치되지 않으므로 사용할 수가 없다. 이 함수를 사용할 수 없거나 #NAME? 오류가 반환되는 경우에는 도구 메뉴에서 추가 기능을 클릭하고, 사용 가능한 추가 기능 목록에서 분석 도구 상자를 선택한 다음 확인을 클릭하여 추가기능을 설치해야 한다.

	A	B	C
1	x	y	
2	1	5.4	
3	2	5.8	
4	3	6.2	
5	4	6.6	
6			
7		0.4	=SLOPE(B2:B5,A2:A5)

COVAR(array1,array2)

array1	변수값들(배열)
array2	변수값들(배열)

각 데이터 요소 쌍의 편차의 곱의 평균(공분산)을 구한다. 공분산을 사용하면 두 데이터 집합 사이의 상관관계를 확인할 수 있다. 예를 들면, 수입이 높을수록 교육 수준이 높은지 여부를 확인할 수 있다.

$$Cov(X,Y)=\frac{1}{n}\sum(x-\mu_x)(y-\mu_y)$$

| 예제 |

	A	B	C
1	x	y	
2	1	5.4	
3	2	5.8	
4	3	6.2	
5	4	6.6	
6			
7		0.5	=COVAR(A2:A5,B2:B5)

CORREL(array1,array2)

array1	변수값들(배열)
array2	변수값들(배열)

두 변수 사이의 상관계수를 구한다. 상관계수를 사용하면 두 변수 사이의 선형 관계를 알 수 있다. 예를 들면, 어떤 지역의 평균 기온과 에어콘 사용 사이의 상관관계를 알아 볼 수 있다.

$$\rho_{xy}=\frac{Cov(X,Y)}{\sigma_x\sigma_y}$$

| 예제 |

	A	B	C
1	x	y	
2	1	5.4	
3	2	5.8	
4	3	6.2	
5	4	6.6	
6			
7		1	=CORREL(A2:A5,B2:B5)

○ FREQUENCY(data_array, bins_array)

data_array	변수값들(셀주소 또는 배열)
bins_array	데이터 갯수를 계산할 구간이 정의되어 있는 값(셀주소 또는 배열)

값의 범위 내에서 해당 값의 발생 빈도를 계산하여 세로 배열 형태로 반환한다. 예를 들어, FREQUENCY 함수를 사용하여 지정한 점수 범위에 들어가는 시험 성적의 빈도수를 구할 수 있다. FREQUENCY는 배열을 반환하므로 배열 수식으로 입력해야 한다.

| 예제 |

2005년 1월 1일부터 7일까지 어떤 주식의 종가가 다음과 같을 경우 14,500원 이하, 14,500원 초과 15,000원 이하, 15,000원 초과 15,500원 이하로 구간를 나누어 각 구간의 빈도수를 구할 경우 다음과 같이 계산할 수 있다.

	A	B	C
1	date	price	
2	2005-01-01	15,000	
3	2005-01-02	14,500	
4	2005-01-03	15,000	
5	2005-01-04	15,000	
6	2005-01-05	15,500	
7	2005-01-06	15,500	
8	2005-01-07	15,000	
9			
10	range	frequency	
11	14,500	1	{=FREQUENCY(A2:B8,A11:A13)}
12	15,000	4	{=FREQUENCY(A2:B8,A11:A13)}
13	15,500	2	{=FREQUENCY(A2:B8,A11:A13)}

1.2.3. 찾기함수

VLOOKUP(lookup_value, table_array, col_index_number, range_lookup)

lookup_value	찾고자 하는 값(값이나 셀주소 또는 텍스트)
table_array	찾고자 하는 값이 있는 테이블(범위참조나 범위이름)
col_index_number	반환하고자 하는 값이 있는 열번호(table_array 내의 열번호로 값을 추출할 열을 지정. 첫 열값은 열1)
range_lookup	결과선택(0(false)이면 정확한 값이 있는 경우에만 값을 반환하고, 1(true 또는 생략)이면 정확한 값이 없을 경우에 비슷한 값을 찾아 값을 반환함

수직으로 찾기(Vertical Lookup) 함수. 지정해준 데이터베이스의 가장 왼쪽의 열(Column)에서 지정한 값과 일치하는 행번호를 찾아서 지정한 열의 동일한 행번호에 위치한 값을 되돌려준다. 두 개의 데이터베이스를 연결할 때 유용하게 사용할 수 있다.

| 예제 |

아래 테이블 (A1:D5)에서 LG 주식의 변동성을 찾으려면 VLOOKUP 함수를 이용할 수 있다.

	A	B	C	D	E	F	G	H
1	Stock	return	volatility	dividend		LG	―왼쪽테이블의 가장 왼쪽 열에서 이 값을 찾음	
2	SS	12.30%	30.00%	4.00%		3	―왼쪽 테이블의 3번째 열의 값을 반환	
3	HD	4.20%	12.30%	3.00%		1.50%	=VLOOKUP(F1,A1:D5,F2,0)	
4	LG	1.30%	1.50%	2.00%				
5	SK	15.00%	35.50%	11.00%				

MATCH(lookup_value, lookup_array, match_type)

lookup_value :	찾고자 하는 값(배열, 숫자, 텍스트, 논리값, 참조 등)
lookup_array	찾고자 하는 값이 있는 열(Array, Column)
match_type :	결과값 선택(lookup_array)에서 lookup_value를 찾는 방법을 지정하는 숫자로 −1, 0, 1 세 가지가 있다. match_type이 1이면 MATCH는 lookup_value보다 작거나 같은 값 중에서 최대값을 찾는다. 이 경우 lookup_array는 반드시 오름차순 (...−2, −1, 0, 1, 2,...A−Z, FALSE, TRUE)으로 정렬되어 있어야 한다.

	match_type이 0이면 MATCH는 lookup_value와 같은 첫째 값을 찾는다. 이 경우 lookup_array는 임의의 순서이어도 된다. match_type이 −1이면 MATCH는 lookup_value보다 크거나 같은 값 중 가장 작은 값을 찾는다. 이 경우 lookup_array는 TRUE, FALSE, Z−A, ...2, 1, 0, −1, −2, ..., 등으로 내림차순으로 입력되어야 한다. match_type을 생략하면 1로 간주한다.

지정한 열 범위에서 찾고자 하는 값이 몇 번째 행에 있는지를 알려준다.

| 예제 |

아래 테이블 (A1:D5) 중 A열에서 LG 주식이 몇 번째 줄에 있는지를 알려준다.

	A	B	C	D	E	F	G
1	Stock	return	volatility	dividend		LG	
2	SS	12.30%	30.00%	4.00%		4	=MATCH(F1,A1:A5,0)
3	HD	4.20%	12.30%	3.00%			
4	LG	1.30%	1.50%	2.00%			
5	SK	15.00%	35.50%	11.00%			

○ INDEX(array, row_num, column_num)

array	찾고자 하는 값이 있는 배열 (셀 범위나 배열 상수)
row_num	찾고자 하는 값이 있는 행번호
column_num	찾고자 하는 값이 있는 열번호

지정한 배열에서 지정한 순서에 있는 값을 찾아준다.

| 예제 |

아래 배열 (C1:C5)에서 4번째 있는 값을 찾을 경우 INDEX함수를 사용할 수 있다.

	A	B	C	D	E	F	G
1	Stock	return	volatility	dividend			
2	SS	12.30%	30.00%	4.00%		4	
3	HD	4.20%	12.30%	3.00%		1.50%	=INDEX(C1:C5,F2,)
4	LG	1.30%	1.50%	2.00%			
5	SK	15.00%	35.50%	11.00%			

| 참고 | VLOOKUP함수 만들기

MATCH함수와 INDEX함수를 함께 사용하면 VLOOKUP함수를 만들 수 있다. 특히 VLOOKUP함수는 지정한 테이블의 왼쪽 열에 찾고자 하는 값이 있고 그 오른쪽

열에 되돌려 주는 값(반환값)이 있는 경우에만 사용할 수 있으나 MATCH함수와 INDEX함수를 조합해서 사용할 경우에는 이와 반대되는 경우 즉, 찾고자 하는 값이 오른쪽에 있고, 되돌려 주는 값이 왼쪽에 있는 경우에도 적용할 수 있다.

아래 그림에서 셀F3와 셀F4에는 다음과 같이 입력되어 있으며, 셀F4의 INDEX 함수 결과는 셀F3에 있는 VLOOKUP을 이용한 결과와 동일한 결과를 반환하고 있음을 알 수 있다.

셀 F3: "=VLOOKUP(F1,A1:D5,F2,0)"
셀 F4: "=INDEX(C1:C5,MATCH(F1,A1:A5),)"

	A	B	C	D	E	F	G	H	I	J
1	Stock	return	volatility	dividend		LG				
2	SS	12.30%	30.00%	4.00%		3				
3	HD	4.20%	12.30%	3.00%		1.50%	=VLOOKUP(F1,A1:D5,F2,0)			
4	LG	1.30%	1.50%	2.00%		1.50%	=INDEX(C1:C5,MATCH(F1,A1:A5),)			
5	SK	15.00%	35.50%	11.00%						

ROW(reference)

reference	행번호를 구하려는 셀 또는 셀 범위

지정한 셀의 행 번호를 구해준다.

COLUMN(reference)

reference	열번호를 구하려는 셀 또는 셀 범위

지정한 셀의 열 번호를 구해준다.

ROWS(array)

array	행 수를 구하려는 배열이나 배열식 또는 셀 범위의 주소

배열(Array)로 지정한 영역에서 행의 개수를 구한다.

COLUMNS(array)

array	열 수를 구하려는 배열이나 배열식 또는 셀 범위의 주소

배열(Array)로 지정한 영역에서 열의 개수를 구한다.

INDIRECT(ref_text)

ref_text	셀 이름 또는 영역이름

텍스트 문자열로 지정된 참조를 반환한다. 참조가 바로 계산되어 지정된 셀에 입력되어 있는 내용을 현재 선택되어 있는 셀에 출력해 준다. 수식 자체는 변경하지 않고서 수식 안에 있는 셀에 대한 참조를 변경하려는 경우에 INDIRECT 함수를 사용한다.

| 예제 |

"=INDIRECT(A6)"라고 된 함수는 A6 셀에 지정된 셀이름(A2)의 값을 가져온다. 직접 "=A6"라고 쓰는 경우와 비교해 보면 차이를 알 수 있다.

	A	B
1	1	
2	2	
3	3	
4	4	
5		
6	A2	
7	2	=INDIRECT(A6)
8	A2	=A6

1.2.4. 논리함수

IF

주어진 진술이 참인지 거짓인지 판단해 그 결과를 돌려준다. 7번까지 겹쳐서 사용할 수 있다.

| 예제 |

A값과 B값을 비교한 결과 값이 다르므로 "no"를 반환하게 되는 조건문을 엑셀에서 구현하면 다음과 같다.

	A	B	C	D
2	A	3		
3	B	4		
4		no	=IF(B2=B3,"yes","no")	

AND

| 예제 |

두 개 이상의 진술이 모두 참일 경우, 참값(TRUE)을 반환해 준다.

	A	B	C	D
6	A	TRUE		
7	B	TRUE		
8		TRUE	=AND(B7,B6)	

OR

두 개 이상의 진술 중 최소한 하나라도 참이면 참값(TRUE)을 반환해 준다.

	A	B	C	D
6	A	FALSE		
7	B	FALSE		
8		FALSE	=OR(B7,B6)	

NOT

TRUE 또는 FALSE값을 입력하면 반대값을 돌려준다.

	A	B	C	D
6	A	FALSE		
7		TRUE	=NOT(B6)	

1.2.5. 날짜함수

EDATE(start_date, months)*

start_date	시작 날짜
months	시작 날짜 전이나 후의 개월 수

지정한 날짜(start_date) 전이나 후의 개월 수(months)를 나타내는 날짜의 일련번호를 반환한다. EDATE를 사용하여 발행일과 월과 일이 같은 만기일이나 기한을 계산할 수 있다.

	A	B	C	D
9	시작일	04-06-07		
10	개월수	3		
11		04-09-07	=edate(B9,B10)	

YEARFRAC(start_date, end_date, basis)*

start_date	시작 날짜
end_date	끝 날짜
basis	날짜 계산 기준

시작 날짜와 끝 날짜 사이의 날짜 수가 일 년 중 차지하는 비율을 반환한다. YEARFRAC 워크시트 함수를 사용하면 특정 기간에 대한 연간 이익 또는 채무의 비율을 구할 수 있다.

	A	B	C	D	E
14	시작날짜	06-07-08			
15	끝날짜	06-09-10			
16	날짜계산기준	0			
17		0.172222	=yearfrac(B14,B15,B16)		

주의

날짜는 DATE 함수를 사용하거나 다른 수식 또는 함수의 결과로 입력되어야 한다. 예를 들어 2008년 5월 23일의 경우, DATE(2008,5,23)을 사용한다. 날짜를 텍스트로 입력하면 문제가 발생할 수 있다.

1.2.6. 재무함수

PRICE(settlement, maturity, rate, yld, redemption, frequency, basis)*

settlement	유가증권의 결제일 즉, 유가증권이 매수자에게 매도된 날짜
maturity	유가증권의 만기일. 즉, 유가증권이 만기가 되는 날짜
rate	유가증권의 연간 확정 금리
yld	유가증권의 연간 수익률
redemption	액면가 100원당 유가증권의 상환액
frequency	연간 이자지급 횟수. 1년에 한번 지급하면 1, 반년에 한번 지급하면 2, 분기마다 지급하면 4로 표시한다.
basis	날짜 계산 기준

정기적으로 이자를 지급하는 유가증권의 액면가 100원 당 가격을 구한다.
계산식은 다음과 같다.

$$PRICE = \left[\frac{redemption}{\left(1+\frac{yld}{frequency}\right)^{N-1+\frac{DSC}{E}}} \right] + \left[\sum_{k=1}^{N} \frac{100 \times \frac{rate}{frequency}}{\left(1+\frac{yld}{frequency}\right)^{k-1+\frac{DSC}{E}}} \right] - \left(100 \times \frac{rate}{frequency} \times \frac{A}{E}\right)$$

단, DSC = 거래일부터 다음 이자지급일까지의 날수

E = 거래일이 포함된 이자기간의 날수

N = 거래일과 만기일 사이의 이자지급 회수

A = 직전 이자지급일부터 거래일까지의 날수

	A	B	C
13	**Coupon Bond**		
14			
15	**Input**		
16	발행일	97-12-27	
17	상환일	00-12-27	
18	이자기간	3	
19	표면이율	12.00%	
20	이자구분	이표채	
21	시장수익률	19.50%	
22	액면	10,000	
23	거래일	98-02-27	
33	Clean	8396.21301	=price(B23,B17,B19,B21,100,4,3)*100

DURATION(settlement, maturity, coupon, yld, frequency, basis)*

settlemen t	유가증권의 결제일 즉, 유가증권이 매수자에게 매도된 날짜
maturity	유가증권의 만기일 즉, 유가증권이 만기가 되는 날짜
coupon	유가증권의 연간 확정금리
yld	유가증권의 연간 수익률
frequency	연간 이자 지급 횟수. PRICE함수와 같음
basis	날짜 계산 기준

액면가 100원에 대한 맥컬리(Macauley) 듀레이션을 구한다.

Macauley Duration		
Input		
표면금리	6.00%	
지급횟수	1	
만기	3	
액면	10,000	
Market Yld	8.00%	
Duration	2.828615	=duration("2005-11-1","2008-11-01",B3,B7,B4,3)

PRICE 및 DURATION에 대한 내용은 채권편에서 좀 더 상세하게 다루고자 한다.

그밖에 채권 관련된 함수는 다음과 같다.

(i) 수익률 계산함수

YIELD	정기적으로 이자를 지급하는 유가증권의 수익률
YIELDMAT	만기 시 이자를 지급하는 유가증권의 연 수익률
YIELDDISC	할인된 유가증권의 연수익률

(ii) 날짜 계산함수

COUPDAYSNC	결산일부터 다음 이자 지급일까지의 날짜 수
COUPDAYBS	이자 지급기간의 시작일부터 결산일까지의 날짜 수
COUPDAYS	결산일이 들어 있는 이자 지급 기간의 날짜 수
COUPNCD	결산일 다음 첫 번째 이자 지급일
COUPPCD	결산일 바로 전 이자 지급일
COUPNUM	결산일과 만기일 사이의 이자지급횟수(정수로 반올림)

날짜 계산함수의 구체적 형태는 다음과 같다.

COUPNUM(settlement, maturity, frequency, basis)

settlement	유가 증권의 결산일. 즉, 증권이 매수자에게 매도된 날 날짜는 DATE 함수를 사용하거나 다른 수식 또는 함수의 결과로 입력되어야 한다. 예를 들어 2008년 5월 23일의 경우, DATE(2008,5,23)을 사용한다.
maturity	유가 증권의 만기일. 즉, 유가 증권이 만기가 되는 날
frequency	연간 이자 지급 횟수. 1년에 한번 지급하면 frequency=1, 반 년에 한 번 지급하면 frequency=2, 분기마다 지급하면 frequency=4로 표시
basis	날짜 계산 기준 0 또는 생략 : 미국(미국증권업협회) 30/360 1 : 실제/실제 2 : 실제/360 3 : 실제/365 4 : 유럽 30/360

날짜 계산함수들 사이에는 다음의 관계가 성립한다.

$$\begin{aligned}\text{COUPDAYS} &= \text{COUPDAYSNC} + \text{COUPDAYBS} \\ &= \text{COUPNCD} - \text{COUPPCD}\end{aligned}$$

RATE(nper, pmt, pv, fv, type, guess)

nper	연간 총 납입 기간
pmt	각 기간의 지급액으로 전 기간 동안 일정함. 일반적으로 Pmt에는 기타 비용이나 세금은 포함되지 않고 원금과 이자만 포함된. Pmt를 생략할 경우 Fv 인수를 반드시 포함해야 한다.
pv	현재 가치. 일련의 미래 투자가 상응하는 현재 가치의 총 합계
fv	미래 가치 또는 최종 불입 후의 현금 잔고. Fv를 생략하면 0으로 간주된다. 예를 들어 대출금의 미래 가치는 0이다.
type	0 또는 1로 지급하는 시점을 표시 0 또는 생략 : 기말 1 : 기초
guess	rate에 대한 추측값. Guess를 생략하면 10%로 간주된다.

이자 지급 기간 당 이율을 계산한다. RATE는 반복해서 계산되고 0 이상의 해를 가질 수 있다. RATE의 연속되는 결과값이 20회 반복 후 0.0000001의 범위 내에 수렴하지 않으면 #NUM! 오류 값을 표시한다.

FV(rate, nper, pmt, pv, type)

rate	기간당 이율
nper	연간 총 납입 기간
pmt	정기적으로 적립하는 금액으로서 전 기간 동안 동일한 금액이다. pmt를 생략하면 pv 인수를 반드시 포함해야 한다.
pv	현재 가치 또는 앞으로 지불할 일련의 납입금의 현재 가치를 나타내는 총액. pv를 생략하면 0으로 간주되며 이 경우 pmt 인수를 반드시 포함해야 한다.
type	0또는 1로 납입 시점을 나타낸다. type을 생략하면 0으로 간주된다. type 납입 시점 0 : 기말 1 : 기초

일정 금액을 정기적으로 불입하고 일정한 이율을 적용하는 투자의 미래 가치를 계산한다.

| 주의 |

rate와 nper을 지정할 때는 동일한 단위를 사용해야 한다. 12% 연이율의 4년 만기 대출금에 대한 월 상환액을 계산하려면 rate로 12%/12, nper로 4*12를 사용한다. 같은 대출금을 매년 상환한다면 rate로 12%, nper로 4를 사용한다. 모든 인수에 대해 저축금과 같이 지불하는 금액은 음수로 표시한다. 배당금과 같이 받을 금액은 양수로 표시한다.

1.2.7. 데이터베이스 함수

전문적인 데이터베이스 프로그램(예를 들어 마이크로소프트 액세스)과 비교할 때 엑셀의 데이터베이스 기능이 조금 부족하기는 하지만 데이터베이스 함수를 이용하면 어느 정도 수준의 데이터베이스 기능도 구현이 가능하다. 다양한 포트폴리오 목록을 엑셀에서 관리할 경우 유용한 함수이다.

○ 데이터베이스의 이해

데이터베이스 함수를 이해하기 위해서는 우선 데이터베이스를 이해해야 한다.

| 예제 | '과수원' 데이터베이스

	A	B	C	D	E
1	나무	높이	나이	수확량	수익
2	사과	18	20	14	105
3	배	12	12	10	96
4	체리	13	14	9	105
5	사과	14	15	10	75
6	배	9	8	8	76.8
7	사과	8	9	6	45

- 필드(field)

  위 표에서 '나무', '높이'와 같이 열(Column)을 이르는 말이다. 필드는 데이터 형식이 같도록 입력해야 한다. 예를 들어 주가필드에 정수만 입력하기로 했는데 실수(소수점)가 입력되면 나중에 데이터 조작할 때 문제가 생길 수도 있다.

- 레코드(record)

  엑셀의 행(Row)과 같은 개념이다. 위 예에서는 6개의 레코드가 있다. 보통 각 레코드는 레코드를 식별할 수 있는 키 인덱스가 있다. 예제에서는 하나의 필드로는 레코드를 식별할 수 없다. 예를 들어 '나무'라는 필드는 유일하지 않으며, '높이'나 '나이' 등도 유일하지 않을 수가 있다. 따라서 레코드를 식별할 수 있는 별도의 인덱스를 부여할 필요가 있다.

- 데이터베이스(database)

  필드와 레코드로 이루어진 데이터의 집합체를 말한다.

엑셀에서 데이터베이스 함수는 모두 12개가 있으며 그 중 자주 사용되는 것은 다음과 같다.

DSUM(database, field, criteria)

database	목록이나 데이터베이스를 구성하는 셀 범위
field	함수에서 사용할 열(찾고자 하는 필드)
criteria	찾을 조건이 들어 있는 셀 범위. 한 개 이상의 열 레이블과 그 아래 한 셀 이상이 포함되는 범위이면 찾을 조건 인수로 사용 가능

데이터베이스에서 조건과 일치하는 레코드를 모두 찾아 지정한 필드의 합계를 알려준다.

| 예제 | 데이터베이스 함수

위에서 본 '과수원' 데이터베이스에 데이터베이스 함수를 적용해보자. 다음은 데이터베이스 함수를 적용하기 위한 "Criteria" 부분이다.

	A	B	C	D	E	F
9	나무	높이	나이	수확량	수익	높이
10	사과	>10				<16
11	배					

위 Criteria를 적용한 데이터베이스 함수는 다음과 같다.

	A	B	C	D	E
13	수식				
14	1	=DCOUNT(A1:E7,"나이",A9:F10)			
15	1	=DCOUNTA(A1:E7,"수익",A9:F10)			
16	105	=DMAX(A1:E7,"수익",A9:A11)			
17	75	=DMIN(A1:E7,"수익",A9:B10)			
18	225	=DSUM(A1:E7,"수익",A9:A10)			
19	75	=DSUM(A1:E7,"수익",A9:F10)			
20	140	=DPRODUCT(A1:E7,"수확량",A9:B10)			
21	12	=DAVERAGE(A1:E7,"수확량",A9:B10)			

각 함수에 대한 설명은 다음과 같다.

A14	높이가 10과 16 사이인 사과 나무 레코드를 찾아, 찾은 레코드에서 숫자가 들어 있는 나이 필드의 개수
A15	높이가 10과 16 사이인 사과 나무 레코드를 찾아, 찾은 레코드에서 값이 들어 있는 수익 필드의 개수
A16	사과와 배 나무의 수익 중 최대값
A17	높이가 10이 넘는 사과 나무의 수익 중 최소값
A18	사과 나무의 총 수익
A19	높이가 10과 16 사이인 사과 나무의 총 수익
A20	높이가 10이 넘는 사과 나무의 수확량을 곱한 값
A21	높이가 10이 넘는 사과 나무의 수확량의 평균

1.2.8. 정보함수

CELL(info_type, reference)

info_type	원하는 셀 정보의 유형을 지정하는 텍스트 값
reference	정보를 알려고 하는 셀

Info_type 결과는 다음과 같다.

"address"	텍스트로 참조 영역에 있는 첫째 셀의 참조를 반환
"col"	참조 영역에 있는 셀의 열 번호를 반환
"color"	음수에 대해 색으로 서식을 지정한 셀에 대해서는 1, 그렇지 않은 셀에 대해서는 0을 반환
"contents"	참조 영역에 있는 왼쪽 위 셀의 수식이 아닌 값을 반환
"filename"	텍스트로 참조가 들어 있는 파일의 전체 경로를 포함한 파일 이름을 반환
"format"	셀의 숫자 서식에 해당하는 텍스트 값
"row"	참조 영역에 있는 셀의 행 번호를 반환
"type"	셀의 데이터 형식에 해당하는 텍스트 값으로 셀이 비어 있으면 "b"를, 텍스트 상수를 포함하면 "l"을, 그 밖의 경우에는 "v"를 반환
"width"	정수로 반올림한 셀의 열 너비를 반환

IS

IS함수에는 다음과 같이 여러 가지가 있으며 입력되는 값(value)에 따라 참 또는 거짓을 돌려준다.

IS함수가 True(참)이 반환되는 경우는 다음과 같다.

함수	TRUE가 반환되는 경우
ISBLANK	값이 빈 셀을 참조하는 경우
ISERR	값이 #N/A외의 오류값을 참조하는 경우
ISERROR	값이 오류값(#N/A, #VALUE!, #REF!, #DIV/0!, #NUM!, #NAME?, #NULL!)을 참조하는 경우
ISLOGICAL	값이 논리값을 참조하는 경우
ISNA	값이 #N/A(사용할 수 없는 값) 오류값을 참조하는 경우
ISNONTEXT	값이 텍스트가 아닌 항목을 참조하는 경우. 이 함수는 값이 빈 셀을 참조하는 경우에 TRUE를 반환
ISNUMBER	값이 숫자를 참조하는 경우
ISREF	값이 참조를 참조하는 경우
ISTEXT	값이 텍스트를 참조하는 경우

1.2.9. 텍스트 함수

CONCATENATE(text1, text2, …)

text1, text2, …	한 텍스트로 결합하고자 하는 텍스트 항목으로 30개까지 지정할 수 있다. 텍스트 항목에는 텍스트, 숫자, 단일 셀 참조 영역 등을 지정할 수 있다.

여러 셀에 나뉘어 입력되어 있는 문자 또는 수식을 결합해 하나의 셀에 입력할 때 사용한다. 이 함수 대신 '&' 연산자를 사용해도 같은 결과를 얻을 수 있다.

	A	B	C	D
30	엑셀과			
31	금융공학실습			
32	엑셀과금융공학실습	=CONCATENATE(A30,A31)		

LEFT(text, num_chars)

text	추출할 문자가 들어있는 텍스트 문자열
num_chars	추출할 문자수

지정한 문자열에서 왼쪽을 기준으로 지정된 수만큼 문자나 숫자를 추출해 문자로 입력해 준다. 추출된 값은 문자로 인식되므로 주의해야 한다.

	A	B	C	D
32	엑셀과 금융공학실습			
33	엑셀과 금	=LEFT(A32,5)		

RIGHT(text, num_chars)

text	추출할 문자가 들어있는 텍스트 문자열
num_chars	추출할 문자수

지정한 문자열에서 오른쪽을 기준으로 지정된 수만큼 문자나 숫자를 추출해 문자로 입력해준다. 추출된 값은 문자로 인식되므로 주의해야 한다.

MID(text, start_num, num_chars)

text	추출할 문자가 들어있는 텍스트 문자열
start_num	추출할 첫 문자의 위치로서 Text에서 첫 문자는 start_num이 1이다.
num_chars	MID 함수가 텍스트에서 반환할 문자의 개수를 지정

LEFT나 RIGHT함수와 같은 기능을 하나, LEFT나 RIGHT함수가 시작점을 마음대로 정할 수 없는데 비해 MID는 시작점을 임의로 정할 수 있다.

	A	B	C	D
32	엑셀과 금융공학실습			
33	금융	=MID(A32,5,2)		

FIND(find_text, within_text, start_num)

find_text	찾으려는 텍스트
within_text	찾으려는 텍스트를 포함하는 문자열
start_num	검색을 시작할 문자를 지정. within_text에서 첫 문자의 문자 번호는 1이다. start_num을 생략하면 1로 간주된다.

FIND 함수는 다른 텍스트 문자열(within_text)에서 텍스트 문자열(find_text)을 찾아서 within_text의 첫째 문자에서 find_text의 시작 위치 번호를 반환한다

	A	B
1	Trade Date: 2000/8/9 :2000/8/17	
2	11	=FIND(":",A1)
3	22	=FIND(":",A1,12)

A2셀의 함수는 A1셀에 문장의 첫번째 문자부터 시작해서 ":"를 찾기 시작하여 ":"가 몇번째에 있는지를 알려준다. A3셀의 함수는 A1셀의 문장의 12번째 문자부터 시작해서 ":"가 몇번째에 있는지를 알려주는 점이 다르다.

LEN(text)

text	문자의 개수를 알고자 하는 문장

문자의 개수를 출력한다. 공백(space)도 문자의 개수에 포함된다.

	A	B	C	D
32	엑셀과 금융공학실습			
33	10	=LEN(A32)		

TRIM(text)

text	공백을 삭제할 문장

단어와 단어 사이에 있는 한 칸의 공백을 제외한 텍스트의 공백을 모두 삭제한다. 다른 응용 프로그램에서 받은 텍스트에 불필요한 공백이 있을 때 TRIM을 사용한다.

	A	B	C	D
32	엑셀과 금융공학실습			
33	엑셀과 금융공학실습	=TRIM(A32)		

TEXT(value, format_text)

value	숫자 값. 숫자 값을 계산하는 수식 또는 숫자 값이 포함된 셀의 참조
format_text	셀 서식 대화 상자의 표시 형식 탭의 범주 상자의 텍스트 형식에 있는 숫자 서식 (*표는 포함될 수 없음)

값을 지정한 형식으로 변환시켜 준다.

	A	B	C	D	E
32	05-07-08				
33	8 July 2005 Friday	=TEXT(A32," D MMMM YYYY DDDD")			

VALUE(text)

text	숫자로 변환하고자 하는 텍스트 (따옴표로 묶인 텍스트 또는 변경할 텍스트가 들어 있는 셀의 참조)

인터넷 등에서 받은 자료가 숫자인데도 문자로 인식될 경우 이 함수를 사용하면 문자로 인식된 숫자를 다시 숫자로 인식하게 된다.

TIP

엑셀 시트에서 결과를 구하는 수식 보기와 결과(값) 보기 사이를 전환하려면 Ctrl+' (억음 악센트 기호)를 누르면 된다.

1.2.10. 행렬함수

행렬함수는 엑셀함수 분류에 별도로 있는 것이 아니라 수학함수, 찾기함수 등에서 행렬관련 함수를 따로 모아서 부르는 이름이다. 엑셀함수에서는 행렬계산을 위한 다양한 함수를 제공하고 있다. 특히, 행렬식을 구해주는 MDETERM 함수, 역행렬을 구해주는 MINVERSE 함수, 두 행렬의 곱을 구해주는 MMULT등은 다차원 변수의 계산에 널리 이용된다. 예제를 통하여 보다 자세한 활용법을 알아보자.

예제

다음의 일차연립방정식의해를 구해 보자.

$$X_1 + 2X_2 + 3X_3 = 15$$
$$X_2 + 2X_3 = 20$$
$$2X_1 + 2X_2 + X_3 = 10$$

일차연립방정식의 해인 X_1, X_2, X_3을 행렬식을 통하여 구하면

$$\begin{bmatrix} 1 & 2 & 3 \\ 0 & 1 & 2 \\ 2 & 2 & 1 \end{bmatrix} \begin{bmatrix} X_1 \\ X_2 \\ X_3 \end{bmatrix} = \begin{bmatrix} 15 \\ 20 \\ 10 \end{bmatrix}$$

$$\therefore \begin{bmatrix} X_1 \\ X_2 \\ X_3 \end{bmatrix} = \begin{bmatrix} 1 & 2 & 3 \\ 0 & 1 & 2 \\ 2 & 2 & 1 \end{bmatrix}^{-1} \begin{bmatrix} 15 \\ 20 \\ 10 \end{bmatrix} = \begin{bmatrix} 3 & -4 & -1 \\ -4 & 5 & 2 \\ 2 & -2 & -1 \end{bmatrix} \begin{bmatrix} 15 \\ 20 \\ 10 \end{bmatrix} = \begin{bmatrix} -45 \\ 60 \\ -20 \end{bmatrix}$$

$X_1 = -45$, $X_2 = 60$, $X_3 = -20$을 얻을 수 있다.

이를 엑셀을 이용하여 계산하면, 아래 화면과 같다

우선 두 개 이상의 셀 영역에 값이 계산되어 나오므로 역행렬이 구해지는 영역의 셀들 (예제에서는 B8:D10)을 잡는다.

함수 마법사 아이콘 fx 을 눌러 MINVERSE를 선택하고 인수에 구하고자 하는 원래 행렬이 있는 범위(예제에서 B3:D5)를 선택한다.

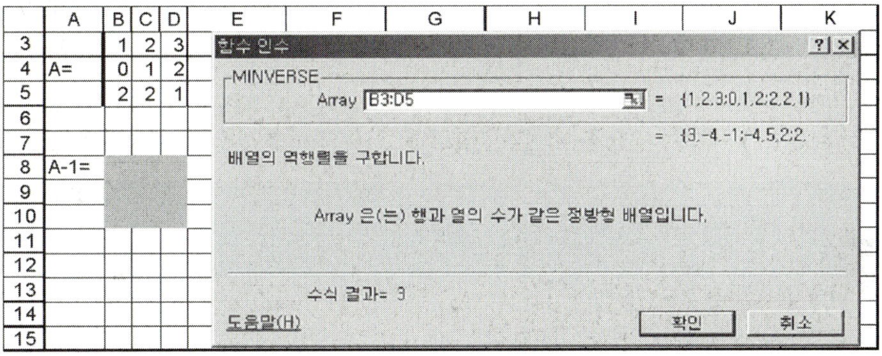

그리고 결과값을 보기 위해 키보드에서 [Shift]+[Ctrl]+[Enter]를 동시에 누른다 (일반적인 함수 결과를 보기 위해 [Enter]만을 치는 것과는 다름에 유의해야 한다). 이 경우는 함수가 {=MINVERSE(B3:D5)}와 같이 { }로 묶이게 되며, 하나의 셀만을 수정하는 것이 불가능하다.

	A	B	C	D	E	F
3		1	2	3		
4	A=	0	1	2		
5		2	2	1		
6						
7						
8	A^{-1}=	3	-4	-1	=MINVERSE(B3:D5)	
9		-4	5	2		
10		2	-2	-1		

다음으로는 구해진 역행렬과 우변의 값을 이용하여 MMULT함수를 이용하면 일차 연립 방정식의 해를 얻을 수 있다.

$$\therefore \begin{bmatrix} X_1 \\ X_2 \\ X_3 \end{bmatrix} = \begin{bmatrix} -45 \\ 60 \\ -20 \end{bmatrix}$$

	A	B	C	D	E	F	G	H	I	J	K
7				A^{-1}		b	=	x			
8		3	-4	-1		15		-45	=MMULT(B8:D10,F8:F10)		
9		-4	5	2		20		60			
10		2	-2	-1		10		-20			

1.3 특수기능

Financial Engineering Practice with Excel VBA

1.3.1. 배열수식

배열수식을 이용하면 복잡한 함수를 단순화하거나 여러 개의 함수를 사용해야 하는 경우에 간단히 하나의 함수로 처리할 수 있어 편리하다.

배열수식이란 한 개 이상의 값 집합에 대해 여러 가지 계산을 수행한 다음 한 개의 결과 또는 여러 개의 결과를 반환하는 수식이다.

배열수식을 이해하기위해 예를 들어 다음 식을 살펴보자.

$$\{1,2,3\} + \{4,5,6\} = \{5,7,9\}$$

위 배열수식은 첫번째 배열 {1,2,3}과 두번째 배열 {4,5,6}에 대해서 덧셈을 실시하는데, 방법은 첫번째 배열의 첫 원소와 두번째 배열의 첫 원소를 더하고, 첫번째 배열의 두번째 원소와 두번째 배열의 두번째 원소를 더하고, 마지막으로 첫번째 배열의 마지막 원소와 두번째 배열의 마지막 원소를 더한 뒤, 결과를 각각 세번째 배열의 각 원소에 할당한다.

배열수식은 +, −, *, / 연산 및 논리연산 등이 가능하며, 엑셀에서 배열 수식은 중괄호 { }로 묶으며, [Ctrl]+[Shift]+[Enter]를 눌러 입력한다.

예제 엑셀에서의 배열수식 : 덧셈 {1,2,3}+{4,5,6}={5,7,9}

셀 범위 A1:C1을 선택한 뒤, '={1,2,3}+{4,5,6}'라고 입력하고, [Ctrl]+[Shift]+[Enter]를 치면 아래와 같은 결과를 얻을 수 있다.

	A	B	C
1	5	7	9
2	{={1,2,3}+{4,5,6}}		

예제 엑셀에서의 배열수식 : 곱셈 {1,2,3}*{4,5,6}={4,10,18}

셀 범위 A4:C4을 선택한 뒤, '={1,2,3}*{4,5,6}'라고 입력하고, [Ctrl]+[Shift]+[Enter]를 치면 아래와 같은 결과를 얻을 수 있다.

	A	B	C
4	4	10	18
5	{={1,2,3}*{4,5,6}}		

예제 엑셀에서의 배열수식 : 논리연산 {1,2,3}>2

셀 범위 E1:G1을 선택한 뒤, '={1,2,3}>2'라고 입력하고, [Ctrl]+[Shift]+[Enter]를 치면 아래와 같은 결과를 얻을 수 있다.

	E	F	G
1	FALSE	FALSE	TRUE
2	{={1,2,3}>2}		

(1) 입력방법

배열 수식을 가로로 입력할 경우, 각 원소를 쉼표로 구분해서 쓴다. 예를 들어 {1,2,3}이라고 입력하면 각 원소는 엑셀상의 가로 범위에 값을 입력하는 것과 같다.

| 예제 | 배열의 가로입력

A7:C7범위를 선택한 뒤 '={1,2,3}'라고 입력하고 [Ctrl]+[Shift]+[Enter]를 치면 아래와 같은 결과를 얻을 수 있다

	A	B	C
7	1	2	3

배열수식을 세로로 입력하고 싶을 경우 각 원소를 세미콜론(;)으로 구분해 준다.

| 예제 | 배열의 세로 입력

C9:C11범위를 선택한 뒤 '={1;2;3}'라고 입력하고 [Ctrl]+[Shift]+[Enter]를 치면 아래와 같은 결과를 얻을 수 있다

	A	B	C	D
9	1	{={1,2,3}}	1	{={1;2;3}}
10	1		2	
11	1		3	

만약 A9:A11범위를 선택한 뒤 '={1,2,3}'라고 입력하고 [Ctrl]+[Shift]+[Enter]를 치면 결과값은 '1'만 나오는데, 입력한 배열이 가로배열이므로 세로로 출력할 경우 가로배열의 첫번째 요소만 출력되기 때문이다.

(2) 배열수식의 활용

| 예제 | A열과 B열의 합계

	A	B	C	D	E
13	A열	B열			
14	1	4	5	{=A14:A16+B14:B16}	
15	2	5	7		
16	3	6	9		

위 예제와 같이 배열의 원소가 엑셀상의 셀이 될 수도 있지만 숫자값이 될 수도 있는데, 이 경우를 배열 상수라고 한다. 예제를 살펴보자.

| 예제 | 배열상수

A19:C19범위에 입력된 각각의 값에 5를 곱한 값을 결과 값으로 얻고자 할 경우, A20:C20범위를 선택하고, '=A19:C19*5'라고 입력한 뒤 [Ctrl]+[Shift]+[Enter]를 치면 결과값을 얻을 수 있다.

	A	B	C
19	1	2	3
20	5	10	15
21	{=A19:C19*5}}		

이 때 곱해지는 수 5는 배열 상수이다. 실제로 '=A19:C19*{5,5,5}'라고 입력할 것을 동일한 인수를 곱하는 경우 간단히 '=A19:C19*5'라고 입력한 것이다. 아래 예제를 보면 보다 명확히 배열상수를 이해할 수 있다.

A23:C23이 입력범위이고, A24:C24가 결과범위이다.

	A	B	C
23	1	2	3
24	2	6	12
25	{=A23:C23*{2,3,4}}		

예제를 통해 보다 복잡한 경우를 응용해보자.

| 예제 | 배열수식과 SUM함수를 이용해서 SUMPRODUCT함수 만들기

	A	B	C	D	E
2	rnd numb	prob			
3	1	0.5			
4	2	0.2			
5	3	0.3			
6		1.8	=SUMPRODUCT(A3:A5,B3:B5)		
7		1.8	{=SUM(A3:A5*B3:B5)}		

| 예제 | 배열수식과 SUM함수를 이용해서 COUNTIF함수 만들기

	A	B	C	D	E	F
10	item	amount				
11	a	20				
12	a	30				
13	b	4				
14	c	5				
15	a	10				
16		0	{=SUM(B11:B15>10)}			
17		2	{=SUM(INT(B11:B15>10))}			
18		2	{=SUM((B11:B15>10)*1)}			
19						
20		2	{=SUM((B11:B15>10)*(A11:A15="a"))}			

① COUNTIF함수 만들기: 셀 B16, B17, B18

B16셀에서 (B11:B15 > 10)은 각 배열요소에 대해 논리연산을 실시하는 부분이다. 즉 "B11 > 10"에 대한 논리연산, "B12 > 10"에 대한 논리연산 등을 실행한다. 실행한 결과는 SUM함수에 다음과 같이 적용되어 SUM({TRUE;TRUE;FALSE;FALSE;FALSE})로 계산되며 Boolean 데이터형에 대해SUM연산은 모두 0으로 반환된다. 따라서 원하는

결과를 얻으려면 Boolean 데이터형을 숫자로 변환해주어야 하는데, 이 때 INT함수를 사용할 수 있다. INT함수를 적용한 결과가 B17셀이며 그 결과가 원하는 결과임을 알 수 있다. 또는 Boolean 데이터형에 1을 곱하면 데이터형이 숫자로 변환되므로 이를 이용할 수 있으며 그 결과는 B18셀에 제시되어 있다.

② 복수조건의 COUNTIF함수만들기: 셀 B20

COUNTIF함수는 1개의 조건에 대해서만 적용할 수 있는데, 배열수식을 사용하면 여러 개의 조건에 대해 COUNTIF함수와 같은 효과를 얻을 수 있다. 예를 들어 B20셀에는 'item'이 'a'이고, 'amount'가 '10'보다 큰 원소의 개수가 계산되어 있다. 배열수식이 어떤 과정을 거쳐 연산을 수행하는지는 다음에 나오는 수식분석을 보면 이해할 수 있다.

(3) 수식분석

엑셀이 각 셀에서 어떻게 연산을 하는지를 확인하려면 [도구] → [수식분석] → [수식계산] 메뉴를 이용하면 알 수 있다.

위 예제에서 B18셀에 대해 수식분석을 해보면 아래와 같은 창을 얻을 수 있다.

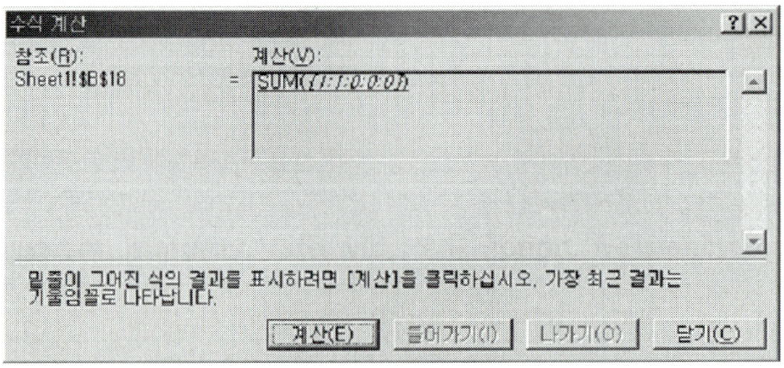

위 그림의 계산단계는 SUM함수의 인수인 배열에 대해 결과값이 어떻게 나왔는지를 보여주고 있다.

1.3.2. 목표값 찾기(Goal Seek)

일변수 함수의 근을 편리하게 구할 수 있도록 엑셀함수는 "목표값 찾기"라는 도구를 제공하고 있다. 단, 이 도구는 일변수 함수의 경우에만 활용이 가능하다. 따라서 이변수 이상의 함수의 경우는 뒤에서 설명할 "해 찾기" 도구를 이용한다.

예제를 통하여 보다 자세한 활용법을 알아보자.

| 예제 |

다음의 이차방정식의 해를 구해보자.

$$3X^2 + 14X - 5 = 0$$

이차방정식의 해인 X는 아래와 같이 인수분해를 통하여

$$3X^2 + 14X - 5 = 0$$
$$(3X - 1)(X + 5) = 0$$
$$\therefore X = \frac{1}{3}, -5$$

두 개의 근을 구할 수 있다.

이를 엑셀에서 제공하는 "목표값 찾기" 도구를 활용하면 보다 편리하게 구할 수 있다.

우선 셀 A2에 임의의 값(여기에서는 3을 입력했다)을 입력하고 셀B2에 다음과 같이 이차 방정식의 좌변을 입력하고 [Enter] 키를 누른다. 이 경우 값은 64로 계산되어 표시된다.

셀B2 : "=3*A2*A2+14*A2－5"

	A	B	C
1	X값	식(좌변)	식(우변)
2	3	64.000	0

여기에서 셀 B2를 선택한 상태에서 "도구(T) → 목표값 찾기(G)"를 선택하면, 아래의 목표값 찾기 도구가 화면에 나타난다.

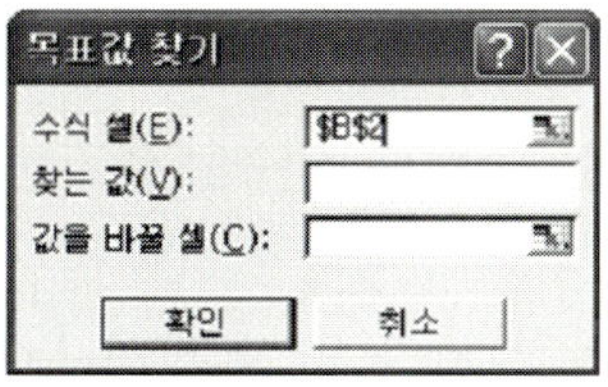

여기에서 셀B2를 선택한 상태에서 목표값 찾기 도구를 불렀으므로 "수식 셀"에 B2가 입력되어 있는 것을 알 수 있다. 목표값 찾기 메뉴창에서 아래와 같이 "찾는 값"에 이차방정식의 좌변값인 0을 입력하고 "값을 바꿀 셀"에 A2를 선택하여 준다.

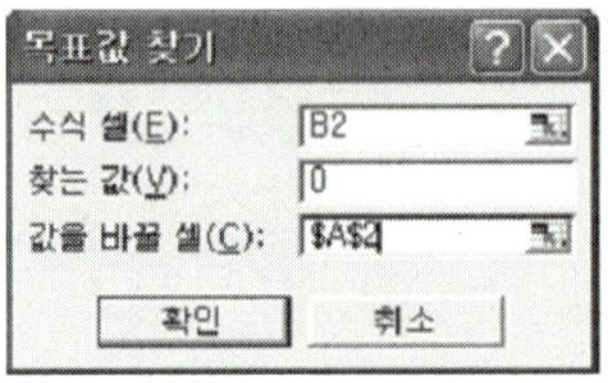

확인 버튼을 누르면 셀B2의 값이 0으로 바뀌면서 이차방정식의 근을 표시해주는 셀A2에 1/3에 해당하는 0.3333이 구해진다.

이차방정식이므로 근이 두 개가 구해질 수 있는데 하나의 근만 나오는 이유는 한 셀은 한 개의 계산된 값만을 표시하기 때문이다. 따라서 셀 B2에 입력된 값에 따라 보다 가까운 근이 구해지는 것이다. 만일 셀A2 에 −10을 입력하였다면 이차방정식의 또 다른 근 −5를 얻었을 것이다.

1.3.3. 해 찾기(Solver)

이변수 이상 함수의 근을 구하기 위해서는 "목표값 찾기" 도구를 이용할 수 없다. 엑셀에서 이를 위해 제공하는 기능이 있는데, "해 찾기" 도구가 바로 이것이다.

(1) 추가기능 설치하기

추가기능은 여러 가지가 있으나 예를 들어 분석도구 패키지(Analysis ToolPak (ATP))를 설치하면 ATPVBAEN.xla 파일이 추가되는데, 엑셀에서 COUPDAY, LCM, MULTINOMIAL 같은 함수들을 추가로 사용할 수 있고, VBA에서는 "Application" 이란 접두어 없이 일반적인 VBA함수처럼 ATP함수를 사용할 수 있다.

대개의 경우 해 찾기 기능을 처음 이용해 보는 사용자의 엑셀 프로그램에는 "해 찾기" 기능이 설치되어 있지 않다. 이유는 추가기능을 설치하지 않았기 때문이다. 따라서 해찾기도 추가기능을 설치해야 사용할 수 있다.

우선 "도구(T) → 해 찾기(V)"로 가 보자. 만약 "도구(T) → 해 찾기(V)"를 찾을 수 없다면 해찾기 기능을 추가로 설치하여야 한다. "해찾기" 설치를 위해 "도구(T) → 추가 기능(I)"을 선택하면 아래와 같은 화면이 나오고 해 찾기 추가기능을 선택(선택 박스에 체크(✔))을 한 뒤 [확인] 버튼을 누르면 해 찾기 기능이 자동으로 설치된다.

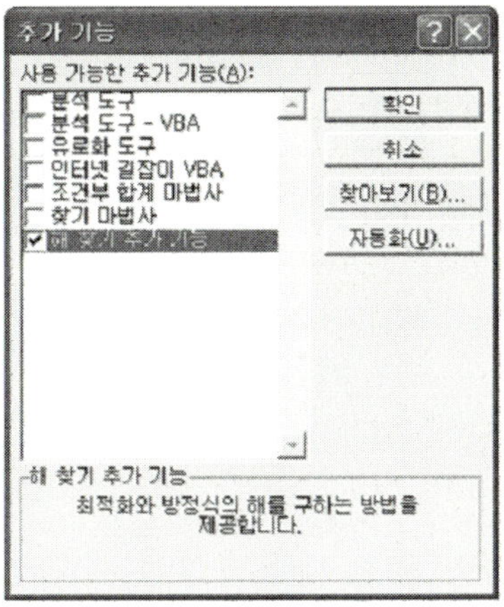

"해 찾기" 기능이 설치되었으면 아래의 예제를 통하여 사용법을 알아보자

(2) "해 찾기" 실습

| 예제 |

아래 제약조건 하에서 목적함수를 최적화하는 근 X, Y를 구해보자.

$$\begin{aligned} \text{Min} \quad & X^2 - XY + Y^2 - 3X \\ s.t. \quad & X + Y = 4 \end{aligned}$$

이 목적식의 근을 구하기 위해서 라그랑지(Lagrange)함수를 이용하여 계산하면

$$\begin{aligned} L(X,Y,\lambda) &= X^2 - XY + Y^2 - 3X + \lambda(X + Y - 4) \\ &= X^2 - (Y + 3 - \lambda)X + Y^2 + \lambda Y - 4\lambda \end{aligned}$$

1계조건(first − order condition)에 의해

$$\begin{aligned} L_\lambda &= X + Y - 4 = 0 \\ L_X &= 2X - Y - 3 + \lambda = 0 \\ L_Y &= -X + 2Y + \lambda = 0 \end{aligned}$$

위 세 일차식을 연립하며 풀면,

$$X = \frac{5}{2}, \quad Y = \frac{3}{2}, \quad \lambda = -\frac{1}{2}$$

을 얻는다. 또한, 2계조건(second－order condition)에 의해

$$
\begin{array}{lll}
L_{\lambda\lambda}=0 & L_{\lambda X}=1 & L_{\lambda Y}=1 \\
L_{X\lambda}=1 & L_{XX}=2 & L_{XY}=-1 \\
L_{Y\lambda}=0 & L_{YX}=-1 & L_{YY}=2
\end{array}
$$

헤시안 행렬(Hessian Matrix)이

$$
\left|H^{\lambda}\right|=\begin{vmatrix}0 & 1 & 1 \\ 1 & 2 & -1 \\ 1 & -1 & 2\end{vmatrix}=-6 \quad < \quad 0
$$

이므로,

$\therefore (X,Y)=(\frac{5}{2},\frac{3}{2})$ 에서 극소값을 갖는다.

위 계산을 엑셀에서 제공하는 “해 찾기” 도구를 활용하면 보다 편리하게 구할 수 있다.

우선 셀B1과 셀B2에 임의의 값(여기에서는 3을 입력했다)을 입력하고 셀B3에 목적식을, 셀B4에 제약식을 아래와 같이 각각 입력한다. 이 경우 값은 6으로 계산되어 표시된다.

셀 B3: "=B1^2－B1*B2＋B2^2－3*B1"

셀 B4: "=B1＋B2"

	A	B
1	X 값	3.0000
2	Y 값	3.0000
3	목적식	0
4	제약식	6.0000

여기에서 셀B3을 선택한 상태에서 “도구(T) → 해 찾기(V)”를 선택하면, 아래의 “해 찾기” 도구가 화면에 나타난다.

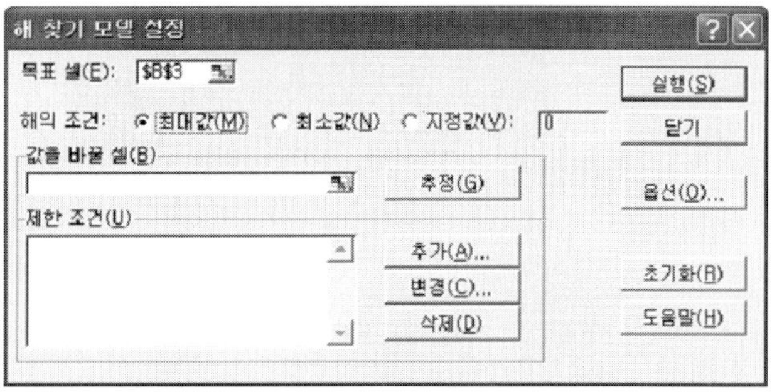

위 화면에서 "해의 조건"을 "최소값"으로 선택하고, "값을 바꿀 셀"에 B1:B2를 선택해 준다. "제한 조건"에서는 [추가] 버튼을 누르면 제한조건 입력 창이 아래와 같이 나타난다.

이 화면에서 "셀 참조영역"에 셀B4를 선택하고 부등호를 등호로 변경한 뒤 "제한 조건"에 4라는 값을 아래와 같이 입력한 뒤 [확인] 버튼을 누른다.

아래 화면에서 "해 찾기" 모델 설정이 완료되었음을 확인하고

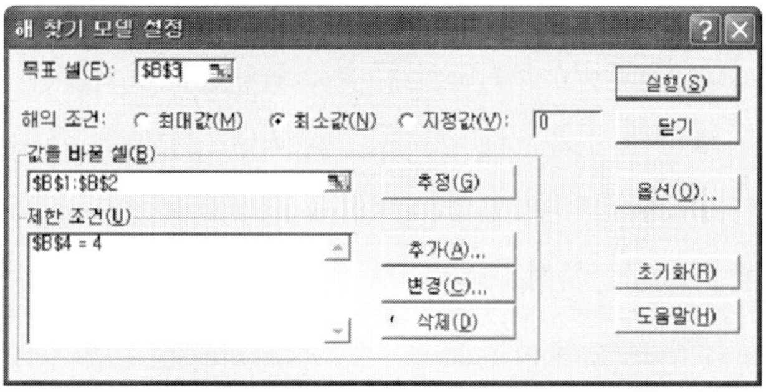

[실행] 버튼을 누르면, "해 찾기" 결과가 창으로 나타난다.

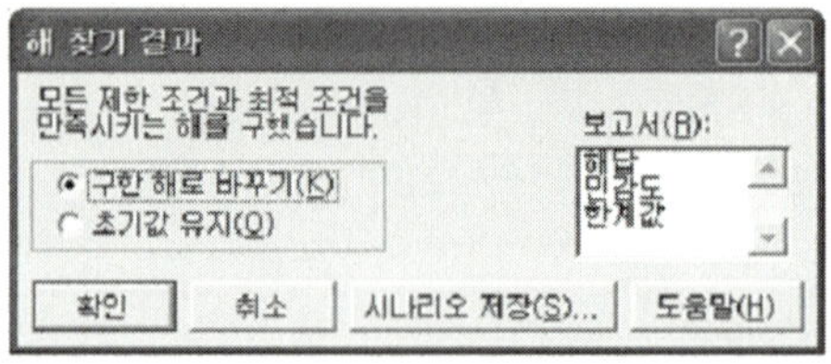

여기에서 [확인] 버튼을 누르면, 제약식 하에서 목적식을 최소화하는 X, Y 값을 아래와 같이 얻을 수 있다. 이 결과는 라그랑지(Lagrange)함수를 이용하여 얻은 결과와 같다.

	A	B
1	X 값	2.5000
2	Y 값	1.5000
3	목적식	-2.75
4	제약식	4.0000

"해 찾기" 기능은 제약식이 여러 개인 경우에도 편리하게 근을 구해준다.

| 예제 |

아래 여러 개의 제약조건하에서 목적함수를 최적화하는 근 X_1, X_2, X_3를 구해 보자.

$$Min \quad X_1^2 + X_2^2 + X_3^2$$

$$\begin{aligned} s.t. \quad 2X_1 + X_2 \qquad - 5 &\le 0 \\ X_1 \qquad + X_3 - 2 &\le 0 \\ -X_1 \qquad\qquad + 1 &\le 0 \\ -X_2 \qquad + 2 &\le 0 \\ -X_3 \qquad &\le 0 \end{aligned}$$

이 목적식의 해를 구하기 위해서 쿤－터커(Kuhn－Tucker) 필요조건을 이용하여 풀면 $X^* = (1,\ 2,\ 0)$이고 $\lambda_1 = \lambda_2 = \lambda_5 = 0$, $\lambda_3 = 2$, $\lambda_4 = 4$이며, $f(X_1, X_2, X_3) = X_1^2 + X_2^2 + X_3^2$이 X^*에서 볼록함수이다. 또한 $I = \{3, 4, 5\}$이고 $g^i\,(i \in I)$가 역시 볼록함수이므로 쿤－터커 충분조건에 의해 본 최소화 문제는 $X^* = (1, 2, 0)$에서 최소값 5를 갖는다.

이 최적화 문제를 엑셀 화면에 입력하면 아래와 같다. 여기에서는 X_1, X_2, X_3의 초기값으로 3을 입력하였다.

	A	B	C	D
1	X_1	3.0000		
2	X_2	3.0000		
3	X_3	3.0000		
4	목적식	27.0000	=B1^2+B2^2+B3^2	
5	제약식1	4.0000	=2*B1+B2-5	
6	제약식2	4.0000	=B1+B3-2	
7	제약식3	-2.0000	=-B1+1	
8	제약식4	-1.0000	=-B2+2	
9	제약식5	-3.0000	=-B3	

이를 “해 찾기” 도구를 활용하여 구하면 아래와 같은 해찾기 모델이 설정된다.

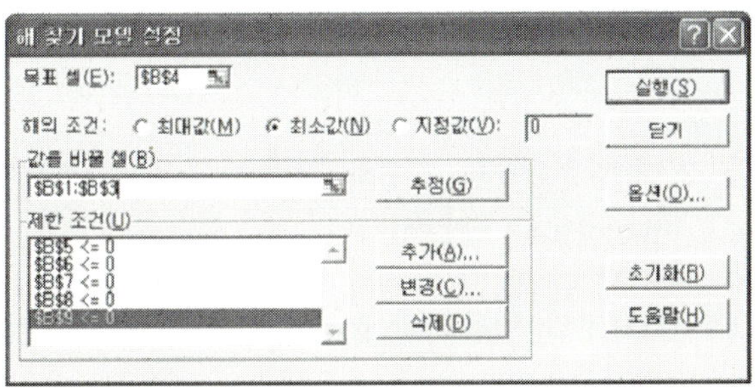

이를 실행하면 쿤－터커 조건을 이용하여 구한 결과와 같은 해를 얻는다.

	A	B
1	X_1	1.0000
2	X_2	2.0000
3	X_3	0.0000
4	목적식	5.0000
5	제약식1	-1.0000
6	제약식2	-1.0000
7	제약식3	0.0000
8	제약식4	0.0000
9	제약식5	0.0000

Chapter 2

엑셀 매크로 및 VBA 기초

Financial Engineering Practice with Excel VBA

2.1 매크로

매크로란 '거대 명령어(Macro Instruction)'란 말을 의미하며 여러 개의 작은 명령어를 묶어 놓은 명령어라는 개념이다.

일반적으로 매크로란 컴퓨터상에서 반복적인 작업을 기록해 두고 필요할 때 사용할 수 있도록 하는 기능을 말한다. 엑셀뿐만 아니라 워드 프로세서 프로그램인 MS워드, 아래아 한글 등에도 같은 기능이 있으며 특정 프로그램에서 지원되는 매크로와 별도로 독립적으로 사용할 수 있는 매크로 프로그램도 상용으로 개발되어 판매되고 있다.

이런 프로그램들은 직접 컴퓨터 언어를 코딩하지 않고 키보드나 마우스 동작을 통해 기록되므로, 컴퓨터 프로그래밍을 전혀 모르는 사람이라도 쉽게 프로그램을 작성할 수 있다. 또한 어느 정도 프로그래밍에 익숙한 사람도 모든 컴퓨터 언어을 알고 있는 것은 아니므로 프로그래밍 방법을 모르는 표현을 만들고자 할 때도 유용하게 활용할 수 있는 기능이다.

엑셀 매크로는 기록기능뿐만 아니라 VBA편집기를 통해 어떻게 프로그래밍 되었는지 직접 코드를 보면서 편집하는 기능이 있어 초보자들이 프로그래밍 할 경우 매우 유용하다.

2.1.1. 매크로 사용법

다음과 같은 작업을 기록하는 경우를 생각해보자.

> 셀A1부터 셀A3까지 각각 1, 2, 3 값을 입력한다.
> 2행을 모두 삭제한다

위 작업을 직접 VBA로 프로그래밍하려고 한다면 초보자는 막막할 것이다. 하지만 매크로 기능을 이용하면 간단하게 프로그래밍 할 수 있다. 우선 실습을 해보자.

(1) 매크로 기록하기

엑셀 파일을 새로 열고, "도구(T) → 매크로(M) → 새 매크로 기록(R)"을 선택하자.

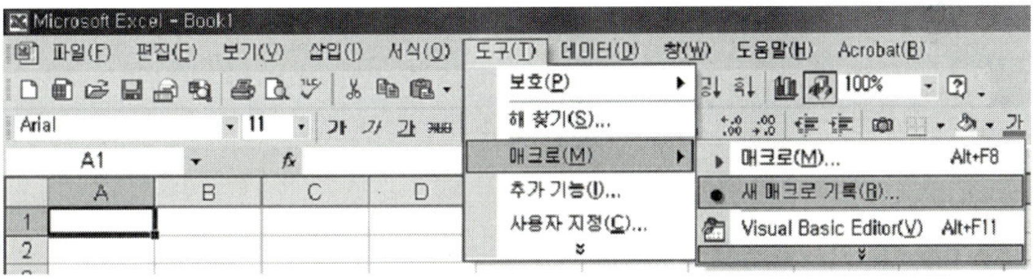

다음과 같은 대화창이 뜨는데, 확인 단추를 누른다.

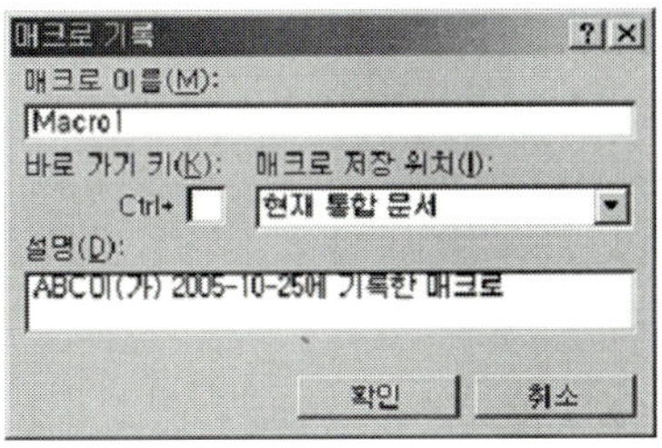

이제부터 여러분이 실행하는 것은 모두 매크로에 기록된다.
첫 번째 작업인 셀A1부터 셀A3까지 각각 1, 2, 3을 입력한다.

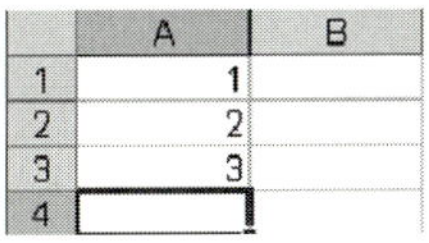

두 번째 작업으로 2번 행을 선택한 뒤, 오른쪽 마우스 단추를 클릭하고 나타나는 메뉴에서 삭제를 선택한다.

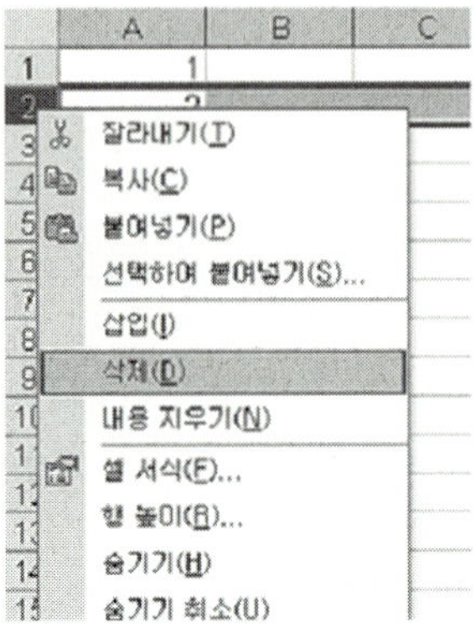

작업을 끝낸 뒤 "도구(T) → 매크로(M) → 기록중지(R)"를 선택하여 매크로 기록을 끝낸다.

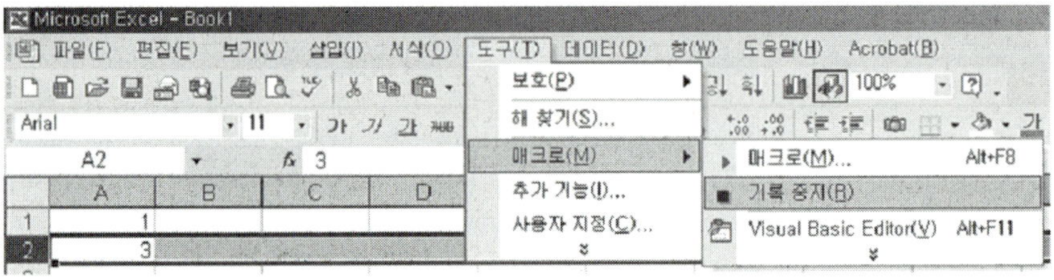

(2) 매크로 사용하기

① 엑셀 메뉴를 이용하기

매크로를 메뉴에서 사용하기 위해서 "도구(T) → 매크로(M) → 매크로(Alt + F8)"를 선택한다.

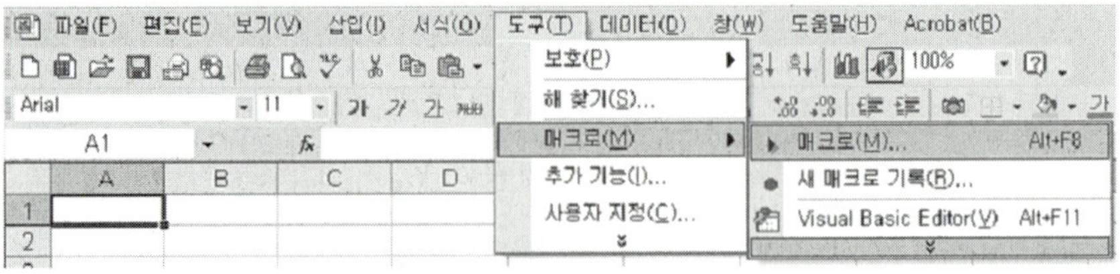

매크로 대화상자가 열리면 방금 작성한 Macro 1을 선택하고 [실행(R)] 단추를 누른다.

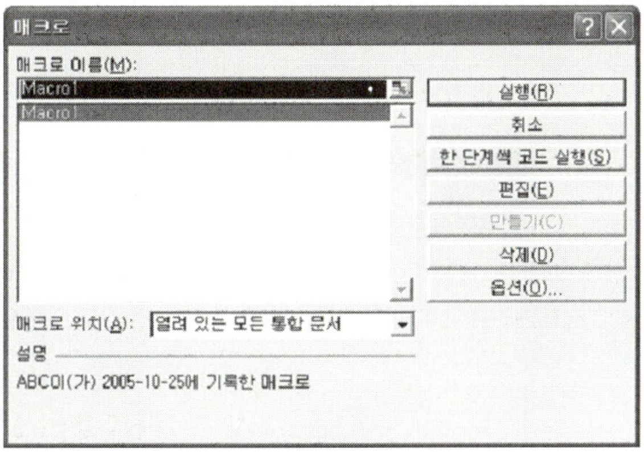

그러면 3개의 셀에 자동으로 값이 입력되고 그 중 두번째 행은 삭제되는 것이 실행되는 것을 볼 수 있다. 그런데 만약 매크로를 실행할 때 선택된 셀이 A1이 아니라면 셀A1이 아니라 선택된 셀에 1이 입력될 수 있는데 그 이유는 다음에서 알아보자.

② 단축 글쇠를 이용하기

매크로 기록할 때 뜨는 아래의 대화창에서 "바로 가기 키(K)"라고 된 부분에 원하는 문자를 입력하면, 나중에 이 단축 글쇠를 누르면 매크로가 바로 실행된다.

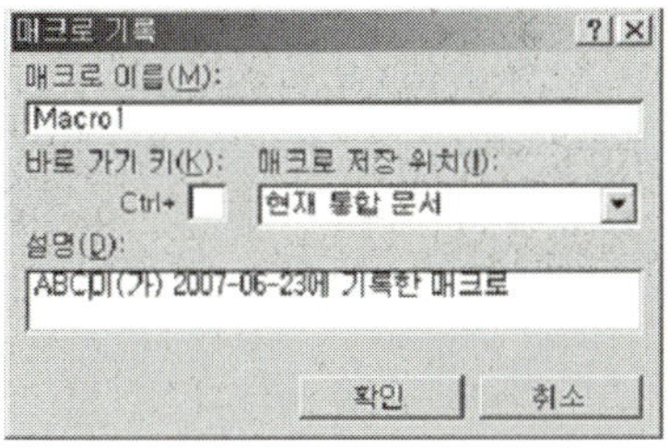

③ 양식 단추에 매크로 연결하기

엑셀의 창의 맨 위에 있는 메뉴선택 바(또는 아이콘 선택바)에 마우스를 올려놓고 오른쪽 단추를 클릭하면 나타나는 메뉴 중에 "양식"을 클릭하면 아래의 창이 뜬다.

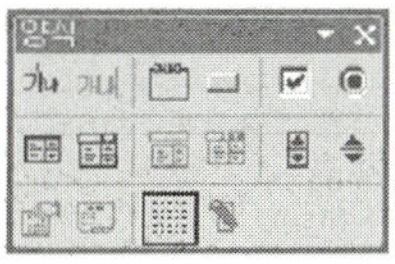

이 창에 표시된 각 아이콘에 마우스를 올려보면 양식 이름이 표시되는데, '단추'라는 양식(위 그림에서는 맨 윗줄 왼쪽에서 4번째 아이콘)을 클릭한 뒤 엑셀 시트로 마우스를 옮기면 마우스 포인터가 "+"모양으로 표시되는데 이 때 마우스를 클릭하면, 단추 모양의 양식이 생기면서 아래와 같은 대화창이 뜬다.

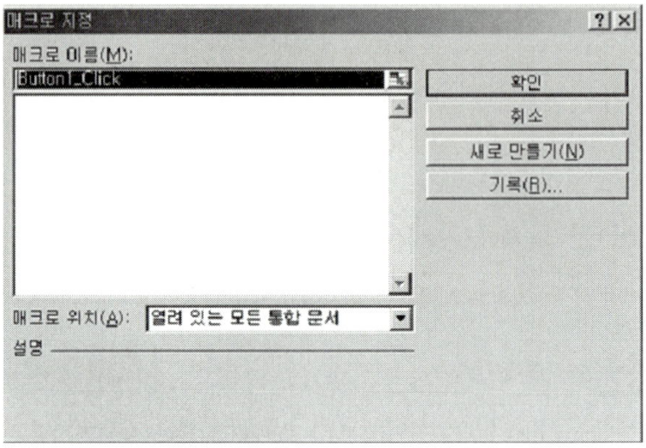

이 대화창에서 실행하고자 하는 매크로를 선택하고 확인을 누른다. 그러면 이제부터는 방금 생성한 '단추'를 클릭해서 매크로를 실행할 수가 있다.

참고

'양식'은 엑셀5와 엑셀95에 사용하던 것이고 엑셀97에는 새로 '컨트롤 도구상자'라는 ActiveX control을 도입하였다. 일반적으로 둘의 형태는 비슷하지만 '양식'이 보다 사용하기 쉽기 때문에 여기서는 '양식'을 사용하는 예제를 보였다.

(3) 매크로 내용보기

방금 기록한 매크로의 내용을 보기 위해서는 "도구(T) → 매크로(M) → Visual Basic Editor(V)"를 선택하거나 바로 단축키 [Alt]+[F11]를 누르면 된다.

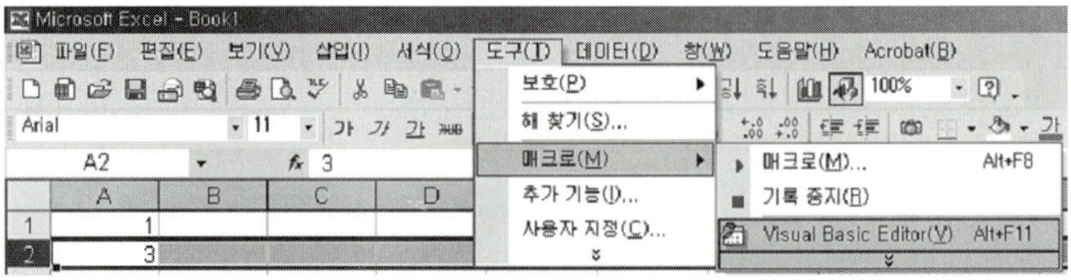

그러면 Visual Basic 편집기 창이 열리면서 방금 기록한 매크로의 내용을 아래와 같이 볼 수 있다. 그 내용을 살펴보면 다음과 같다.

```
(1)     Sub Macro1()
        '
(2)     ' Macro1 Macro
        ' ABC이(가) 2005-10-25에 기록한 매크로

(3)         ActiveCell.FormulaR1C1="1"
(4)         Range("A2").Select
(5)         ActiveCell.FormulaR1C1="2"
(6)         Range("A3").Select
(7)         ActiveCell.FormulaR1C1="3"
(8)         Rows("2:2").Select
(9)         Selection.Delete Shift:=xlUp
(10)    End Sub
```

(1)과 (10)은 이 사이에 있는 내용이 하나의 프로시져(procedure : 프로그램 단위)가 된다고 선언하는 부분이다.

(2)에 작은따옴표 (')로 시작되는 줄은 주석(notice)으로 실제 프로그램 실행할 때 사용되는 부분이 아니라 프로그래머가 나중에 이 프로그램의 내용을 이해하기 위해 써두는 참고 사항에 해당한다. 이 부분은 컴퓨터가 실행할 때 무시하게 된다.

(3)번부터 실제 프로그램이 실행되는데, (3)번의 의미는 "현재 선택한 셀에 1을 입력하라"는 것이다. (4)번은 셀A2를 선택하라는 것이며, (5)번은 그 선택한 셀에 2를 입력하라는 명령문이다. (6)-(7)번은 동일한 내용을 셀A3에 적용하는 문장이다. (8)번은 2번째 행을 선택하라는 것이며 (9)번은 선택한 것을 지우되 지운 뒤에 나머지 값을 위로 올려서 채우라는 의미이다.

여기에서 위의 "(2) 매크로 사용하기"에서 설명한 대로 매크로 실행 당시에 선택된 셀이 A1이 아니면 우리가 의도한 대로 A1셀에 1을 입력하는 것이 아니라 현재 선택된 셀에 1을 입력하는 이유를 알 수 있다. 즉 (3)번 줄의 프로그램 내용이 그렇게 기록되어 있기 때문에 우리의 의도와 다른 결과가 나오게 된 것이다.

그러면 어떻게 하면 우리의 의도대로 A1셀부터 차례로 A3셀까지 값이 입력되게 할 수 있을까? 그리 어려운 문제가 아니니 독자가 직접 풀어보기 바란다.

2.2 VBA

Financial Engineering Practice with Excel VBA

2.2.1. VBA란?

VBA란 Visual Basic for Application 즉, 응용프로그램(Application)을 위한 Visual Basic 언어라는 말이며, 여기에서 응용프로그램이란 바로 엑셀을 의미한다.

2.2.2. VBA의 역사

엑셀4이전에는 XLM 매크로 또는 엑셀4 매크로라는 기능이 있었다. 이 XLM 매크로는 엑셀 파일과 별도로 .xlm이란 확장자로 저장되었다. 1993년 엑셀5에 VBA를 도입하였으며 이때부터 모듈에 VBA코드를 작성하였고 이는 워크시트에 포함되어 하나의 파일로 관리되었다. 엑셀 97부터는 모듈을 더 이상 엑셀 프로그램에서 볼 수 없고, 별도의 VBE(Visual Basic Editor)에서만 볼 수 있게 되었다.

왜 VBA를 알아야 하는가? VBA는 프로그래밍을 가장 간단히 배울 수 있는 도구이다. 우선 매크로는 VBA로 기록된다. 따라서 매크로를 이해하는데 VBA는 필수적이다. 다음으로 VBA는 다른 프로그래밍 언어에 비해 간단하고 배우기 쉽다. C 또는 C++에서 사용되는 포인터, 메모리관리, 클래스 등의 개념을 몰라도 코딩이 가능하다. 마지막으로 저렴하고 편리하게 구할 수 있다. 대부분 컴퓨터에 설치된 엑셀을 이용하며 별도의 컴파일(compile) 프로그램이 필요 없기 때문이다.

다음과 같은 작업을 생각해 보자.

> "현재 열려있는 워크시트에서 셀A1을 선택한다."

이 말을 VBA언어로 번역하면 아래와 같다.

```
ActiveWorkbook.Range("A1").Select
```

우리말로 표현한 내용과 크게 차이가 없다. 즉 VBA 코드를 보고서 이 코드가 어떤 작업을 시키고 있는 것인지 추정해 내기가 그리 어렵지 않다. 실제로 VBA 언어는 보통 우리가 쓰는 영어(자연어)와 비슷하게 만들어져 있어 배우고 쓰기가 쉽다는 것이 아주 큰 장점이다. 몇 가지 기본적인 문법과 단어만 배우면 모든 표현을 다 할 수 있는 간단한 외국어와 같은 것이다.

2.2.3. VBA실습해보기

프로그래밍은 백번 설명하는 것보다 한번 직접 작성해 보는 것이 낫다. 프로그래밍을 자세히 알아보기 전에 우선 직접 제작을 해보고 감을 잡아보자.

(1) Sub 프로시저 만들기

앞에서 우리는 이미 매크로 기록기를 통해 Sub 프로시저를 만들어 보았다. 여기서는 직접 손으로 이 프로시저를 만들어 보자. 프로시저, 모듈 등등의 자세한 설명은 뒤에서 하도록 한다.

VBA실습 : Sub프로시저 만들어 보기

'hello! world'라는 메시지를 표시해주는 메시지 박스를 나타나게 하는 간단한 프로그램을 만들어 보자. 다음을 따라 실습해 보자.

① 새로운 워크시트 (여기서는 Book2)를 만든다.
② 엑셀 워크시트에서 단축글쇠 [Alt]+[F11]를 눌러 VBA편집기를 연다.
③ 프로젝트 탐색기 창에서 VBA Project(Book2)를 선택하고 마우스 오른쪽 단추를 클릭한 뒤,

④ 삽입 > 모듈을 선택한다.

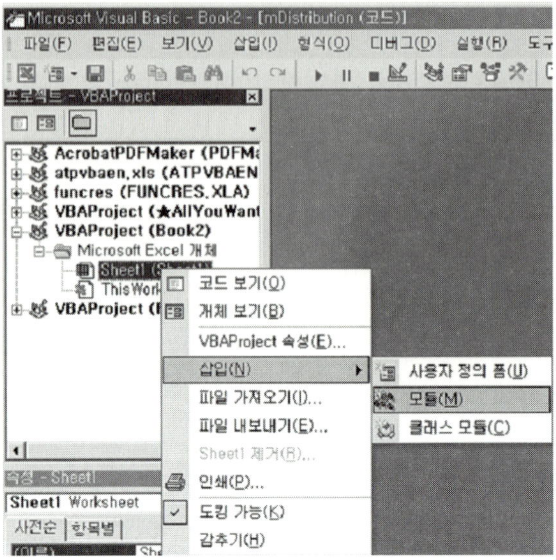

⑤ 새로 나타난 모듈 창에 아래와 같이 입력한다.

⑥ VBA 편집기를 닫고 엑셀 화면으로 돌아간다.

⑦ 도구 > 매크로 > 매크로를 선택한다.

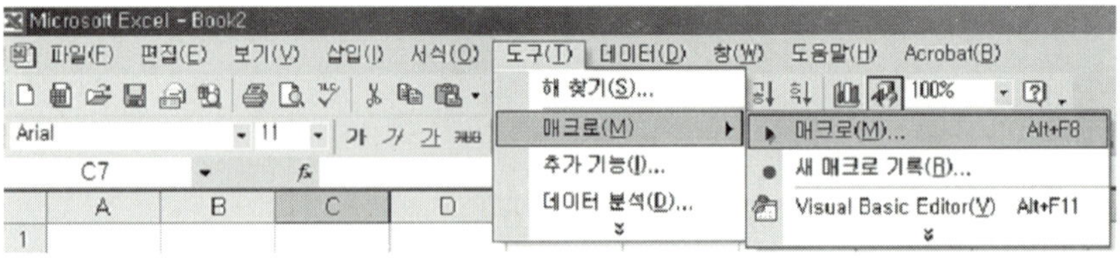

⑧ 이 때 나타나는 '매크로' 창에서 우리가 작성해둔 'hello'라는 매크로를 선택하고 [실행]단추를 클릭한다.

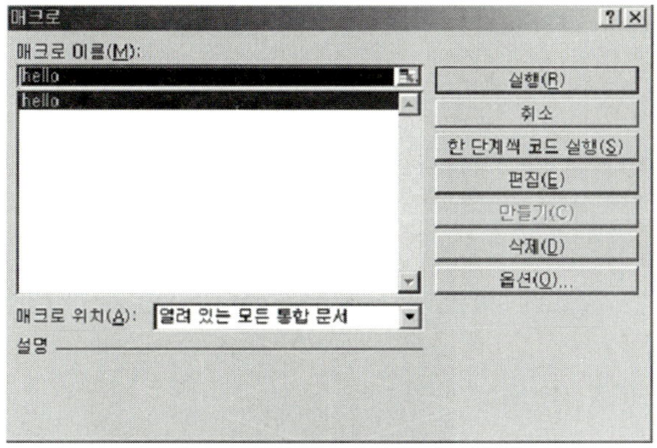

⑨ 'hello world!'라는 문가가 적힌 메시지 창이 뜨는 것을 알 수 있다.

(2) Function 프로시저 만들기

VBA실습 : 사용자 정의함수 만들어 보기

실수 a와 b를 받아서 두 수의 합을 돌려주는 「합계」라는 사용자 정의함수를 만들고자 한다.

① 앞의 'Sub 프로시저 만들어 보기'와 같이 모듈을 삽입하는 ④ 단계까지 실행하고 모듈에는 아래와 같이 입력한다.

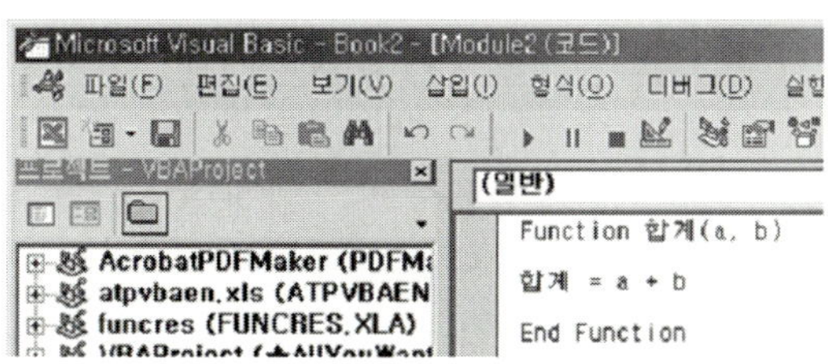

② VBA편집기 창을 닫고 엑셀화면으로 돌아간다.

③ 엑셀의 각 셀에 아래와 같이 입력하고

	A	B
1	a=	15
2	b=	295
3	합계	

B3셀에는 아래와 같이 입력한다.

B3: ＝합계(B1,B2)

그러면 B1셀의 값과 B2셀의 값의 합계인 320이 B3셀에 출력되는 것을 볼 수 있다.

2.2.4. VBA의 요소

(1) 오브젝트(Object, 개체)

컴퓨터에 무슨 일을 시킬 때 그 대상이 되는 것을 말한다. 예를 들어 '엑셀 통합문서를 저장하라'는 명령을 프로그래밍한다면 '엑셀 통합문서'가 오브젝트가 된다. 엑셀에서는 여러 가지 오브젝트가 있는데 통합문서 (Workbook), 워크시트(Worksheet), 범위(Range), 차트(Chart) 등이 있다.

① 개체 찾아보기

VBA에는 다양한 종류의 개체를 이용 프로그래밍을 하므로 개체의 종류와 개체의 속성과 메서드 등을 모두 외우는 것은 불가능하다. 따라서 VB편집기에서는 개체들을 효과적으로 검색하고, 해당 개체의 속성과 메서드를 알려주는 '개체 찾아보기' 기능을 지원한다.

VB편집기에서 "[보기]→[개체 찾아보기]"를 선택하면 개체 찾아보기 창이 열린다.(VB편집기에서 [F2]를 눌러도 된다.)

개체(오브젝트) 찾아보기

② 엑셀개체 정리

Application이 가장 상위의 개체이고 Range가 가장 하위의 개체이다.

개체	설명
Application	엑셀, 워드 등등 응용프로그램
Workbooks 컬렉션	Application의 하위개체로 엑셀의 통합문서들, Workbook의 복수, 즉 모음들
Workbook	엑셀의 통합문서
Worksheets 컬렉션	Workbook 안에 있는 worksheet들의 모임. 즉 sheet1, sheet2 등 여러 개의 worksheet를 의미
Worksheet	worksheet 하나를 의미
Range	엑셀의 작업은 셀에서 이루어지는데 이런 셀들의 범위를 의미

(2) 속성(Property)

오브젝트는 여러 가지 성질(모양, 색상, 무늬 등)을 가질 수 있다. 문법으로 표현하자면 형용사에 해당하는 단어이다. 이 여러 가지 성질들을 속성이라고 한다. 속성은 오브젝트에 따라 여러 가지가 있을 수 있다. 대표적으로 Range라는 오브젝트는 Name, Rows 등의 속성을 가질 수 있다. 앞의 오브젝트 찾아보기에서 해당 오브젝트를 선택하면 오른쪽에 오브젝트의 구성원이 열거된다.

(3) 메서드(Method)

속성이 오브젝트의 정적인 명령을 내리는 언어라면 메서드는 동적인 명령을 내릴 수 있는 수단이다. 문법으로 말하면 동사에 해당하는 단어이다. 메서드는 속성과 마찬가지로 각 오브젝트마다 다양하게 준비되어 있다.

```
Cells(1,1).Select
```

위 명령어는 1번째 행, 1번째 열의 셀을 선택하라는 명령어이다. 여기에서 Cells(1,1)이 명령의 대상인 오브젝트이고 Select가 명령의 내용인 메서드다.

2.2.5. VBA문법

(1) 속성값을 설정하는 경우

오브젝트의 성질(속성)을 지정하려면 다음과 같이 표현한다.

오브젝트.속성=값

예제

```
Worksheets("Sheet1").Range("A1").Value=123
```

위 명령은 Sheet1이라는 워크시트의 셀A1에 123이란 값을 입력하라는 명령문이다.

(2) 속성값을 알아내는(반환하는) 경우

개체의 속성값이 무엇인지 알아내려고 하는 경우 사용하는 명령문법이다.

변수=오브젝트.속성

예제

```
Wid=Application.Width
```

위 명령은 엑셀의 너비 값을 Wid라는 변수에 입력하라는 명령문이다.

(3) 메서드를 실행시키는 경우

개체에 대해 어떤 동적인 명령을 하는 경우 사용하는 문법이다.

오브젝트.메서드

예제

```
Worksheets("Sheet1").Activate
```

위 명령은 Sheet1이라는 워크시트를 활성화하라는 명령이다.

(4) 오브젝트를 동반하지 않는 명령문

```
Beep
```

위 명령문은 "삐"하는 경고음을 내라는 명령문인데, 오브젝트 없이 단독으로 사용된다.

```
a=Sin(x)
```

위 명령문은 Sin(x)값을 a에 입력하라는 명령문인데 역시 오브젝트 없이 사용되었다.

보충설명

Range("A1").Value 라고 쓰면 엑셀이 어느 시트의 A1셀인지 알 수 있는가?

위 표현은 원래 정확하게는 Application.Worksheets("Sheet1").Range("A1").Value 라고 써야 한다. 즉 Range라는 개체가 정확히 어느 개체를 의미하는지 상위 오브젝트를 밝혀 주어야하는 것이 원칙이지만 굳이 표현하지 않아도 알 수 있는 경우 생략이 가능하다. 따라서 위 표현과 같이 쓰면 현재 시트의 셀A1을 의미하는 것으로 엑셀은 이해하게 된다.

2.2.6. 연산자

연산자(Operator)란 연산명령기호를 말하는데 쉽게 말해서 가감승제(+, −, *, /) 등이 대표적인 연산자이다. VBA에서 사용할 수 있는 연산자에는 대입 연산자(=)를 제외하면 크게 산술, 비교, 문자연결, 논리 연산자 등 4가지로 나누어 볼 수 있다.

(1) 연산자 목록

종류	역 할	연산자
산 술	제곱	^
	양/음(+/−) 반전	−
	곱하기	*
	나누기	/
	나눈 몫의 상수부분	
	나눈 뒤 나머지	Mod
	더하기	+
	빼기	−
	같다	=
	같지 않다	<>
	작다	<
	크다	>

비 교	작거나 같다	<=
	크거나 같다	>=
	문자열의 패턴 비교	Like
	오브젝트 변수의 비교	Is
문자연결	문자열 연결	&
논 리	논리 부정	Not
	논리곱	And
	논리합	Or
	배타적 논리합	Xor
	논리등가연산	Eqv
	논리포함연산	Imp

예제

(1) d+5*2

5*2를 계산한 뒤 변수 *d*에 들어 있는 값과 더한다.

(2) str & "입니다."

변수 str에 들어 있는 문자열에 '입니다.'를 연결한다.

2.2.7. VBA 데이터형식

데이터형식(Data Type)이란 어떤 변수에 대해 사용할 수 있는 "데이터의 종류"를 의미한다. 예를 들어 iCount라는 변수가 있는데 이 변수에는 정수만을 입력할 수 있다고 프로그램 안에서 선언한다면 iCount는 정수 데이터형만을 받아들일 수 있는 변수가 된다. 이렇게 데이터형을 제한하는 이유는 메모리 관리의 효율성을 높이고 프로그램 작성상의 오류(error, bug)를 줄이기 위한 것이다.

예를 들어 정수만 사용할 변수를 실수 데이터 형으로 선언하면 정수는 2바이트의 메모리를 차지하는데 비해 실수는 8바이트의 메모리를 차지하므로 4배의 메모리 낭비가 생기게 된다.

또한 정수만 사용하도록 선언된 변수에 잘못하여 문자열이나 실수가 입력될 경우 바로 프로그램 에러가 발생하므로 에러를 찾아내는 데도 이런 데이터형이란 개념은 도움을 주게 된다.

하지만 초보 프로그래머일 경우 이런 데이터형을 선언하고 관리하는 것이 복잡하며, 현재처럼 고성능화된 컴퓨터 환경에서 1~2바이트 정도의 메모리 관리가 프로그램 성능에, 큰 영향을 주지는 않는다. 또한 VBA에서는 특별히 데이터형을 선언해 주지 않아도 변수를 사용할 수 있도록 허용해 주고 있기 때문에 사실 크게 신경 쓰지 않아도 될 부분이기도 하다. 하지만 고급 프로그램일수록 이런 기본적이 개념의 관리가 필요하므로 한번 익혀둘 필요가 있는 사항이기는 하다.

VBA에서는 변수를 선언하지 않아도 에러가 발생하지 않는다. 즉, 별도로 데이터형을 선언하지 않고 사용하는 변수는 배리언트형(Variant)으로 묵시적으로 정의된다. 단, 아래와 같이

```
Option Explicit
```

와 같이 선언된 모듈에서는 묵시적 정의는 허용되지 않고 에러가 발생한다. 즉, Option Explicit 구문은 모든 변수를 명시적으로 선언하고 사용하도록 만드는 구문이다.

(1) 데이터형 목록

데이터형	개요	바이트 수	값의 범위
Byte	바이트	1	0~255
Boolean	논리	2	참 또는 거짓
Integer	정수	2	−32,768 부터 32,767까지
Long	긴 정수	4	−2,147,483,648부터 2,147,483,647
Single	단정도 부동 소수점	4	음수인 경우 −3.402823E38부터 −1.401298E−45까지, 양수인 경우 1.401298E−45부터 3.402823E38까지
Double	배정도 부동 소수점	8	음수인 경우 1.79769313486232E308부터 −4.94065645841247E−324까지 양수인 경우 4.94065645841247E−324부터 1.79769313486232E308까지
Currency	통화	8	922,337,203,685,477.5808부터 922,337,203,685,477.5807까지
Decimal	10진수	14	
Date	날짜	8	1900.1.1 ~ 9999.12.31
Object	오브젝트	4	오브젝트를 참조하는 데이터형
String	가변길이 문자열	10+L[주)]	0~2GB

String	고정길이 문자열	L	1~2GB
Variant	수치 배리언트	16	Double형의 범위와 같음
Variant	문자열 배리언트	22+L	String(가변길이 문자열)과 같음

주) L은 문자열 길이

Financial Engineering Practice with Excel VBA

2.3 VBA프로그래밍 기초

2.3.1. 프로그래밍 단위

자동차의 경우를 보면 여러 가지 단위부분(Module), 예를 들어 엔진 모듈, 조향 모듈, 제동 모듈 등이 모여서 이루어지고 엔진 모듈은 다시 하나하나의 소단위(Procedure)가 모여서 이루어지게 된다. 하나의 프로그램도 이와 같이 여러 가지의 모듈이 모인 것이고, 이 모듈은 다시 여러 가지 프로시저가 모인 것이다. 프로시저는 프로그램이 실행되는 최소 단위의 개념이고 모듈은 논리적으로나 기술적으로 비슷한 프로시저들을 모아 놓은 집합으로 볼 수 있다.

VBA 프로시저(최소한의 프로그램 단위)에는 Sub와 Function 두 가지 종류가 있다. Sub는 반환값이 없는 것이고 Function은 반환값이 있는 것을 말한다.

정리 Funciton과 Sub의 차이−Function으로 할 수 없는 것

- 프로그램 자체를 재작성하는 것(Rewriting the linear programming code)
- 엑셀시트를 추가하는 것(Inserting temporary dummy sheets)
- 해찾기를 이용한 최적화 문제 풀기(Optimizations using Solver)
- 어떤 행동을 요하는 조작(Operations that requires actions like constructing a chart Formatting the color of a cell depending on its numerical value)

프로시저를 뜯어보면 그 안에는 여러 가지 구문들이 들어 있는 것을 볼 수 있는데 이 구문들은 기본적인 몇 가지 틀로 분류해 볼 수 있다. 이 구문을 이해하면 프로그래밍을 위한 기본적 준비는 모두 끝난 것으로 볼 수 있다. 왜냐하면 대부분의 프로그램들이 이 구문들을 이렇게 저렇게 조합해서 만든 집합에 불과하기 때문이다.

2.3.2. 프로시저 작성규칙과 요령

(1) 일반적 규칙

프로시저 작성에 대한 몇 가지 규칙과 요령을 살펴보면 다음과 같다.

- VBA 명령문을 잘못 입력하면 '삐'하는 경고음과 함께 잘못 입력한 코드가 빨간색으로 바뀐다.
- 대문자와 띄어쓰기는 자동으로 조절된다.
- VBA를 직접 입력하지 않고, [Ctrl]+[Space Bar]를 누르면 개체 목록이 표시된다.
- 하나의 명령문을 줄을 바꿔 입력하려면, 띄우고자 하는 자리에 빈칸([Space Bar]를 넣고 밑줄(언더바 _)를 입력한 뒤 [Enter]를 친 뒤 쓰고자 하는 명령문을 계속 쓰면 된다.
- 한 줄에 두 개 이상의 명령문을 입력하려면, 명령문과 명령문 사이에 콜론(:)을 넣어 주면 된다.
- 주석을 쓰고자 할 경우 작은 따옴표(')를 쓰고 그 뒤에 설명을 쓰면 따옴표 이후의 줄은 VBA에서 무시된다(즉, '로 시작되는 문장은 실행되지 않는다).

(2) 프로시저 및 변수 이름 작성규칙

- 프로시저 및 변수 이름은 문자와 숫자를 포함하여 255자 이내로 작성한다.
- 반드시 문자로 시작해야 한다.
- 빈칸을 사용할 수 없다.
- 특수문자(/, *, ?, [,], {, }, −, + 등)는 사용할 수 없다.
- 밑줄(_)은 사용할 수 있다.

(3) 변수의 사용범위

- 프로시저 내부에서 Dim 키워드를 사용해서 변수를 선언하면 해당 프로시저 안에서만 변수를 사용할 수 있다.
- 반면 현재 작업 중인 모듈에서 변수를 사용하고자 한다면 모듈의 맨 위, 첫 번째 프로시저의 윗 부분에 Dim 키워드를 사용해서 변수를 선언하면 된다.
- 통합문서에 있는 모든 모듈에서 변수를 사용하고자 한다면, Public 키워드를 사용해서 모듈의 맨 위에 선언하면 된다.

2.3.3. 기본명령문

(1) Dim 명령문

Dim 명령문은 프로시저를 시작할 때 변수를 선언하기 위해 사용한다. 변수란 프로시저 처리과정의 중간 계산값을 보관하기 위한 임시기억장소에 지정된 이름을 말한다. 다음과 같이 기억되는 값의 종류(데이터 유형)에 따라 선언하면 된다.

```
Dim 변수이름 As 데이터유형
```

예를 들어 '나이'라는 변수에 정수값을 입력하고자 하면 다음과 같이 쓸 수 있다.

```
Dim 나이 As Integer
```

하나의 Dim 문에 2개의 변수를 선언하려면 다음과 같이 쓸 수 있다.

```
Dim i, j As Integer
```

| 주의 |

위와 같이 선언 한 경우 i는 Integer 변수로 할당되지 않고 Variant변수로 선언이 된다. 즉 위 문장은 다음과 같은 의미가 된다.

```
Dim i As Variant, j As Integer
```

Integer로 할당하려면 다음과 같이 각각의 형식을 지정해야 한다.

```
Dim i As Integer, j As Integer
```

(2) Set문

우리가 일반적으로 숫자, 문자, 날짜 타입의 변수에 값을 할당(=입력)하는 경우에는 A=13 이런 식으로 쓰지만, 사실은 Let A=13 이렇게 할당되어야 한다. 그러나 Let는 생략해도 VB에서는 숫자, 문자, 날짜 타입의 변수에 값을 지정하는 것으로 인식한다. 이와 비슷하게 위에서 설명한 개체를 변수에 입력할 경우에는 Set을 사용한다.

만약 반복적으로 worksheets("sheet1")이라는 구문을 쓸 일이 있어 간단히 몇 개의 글자로 사용하고 싶다면 아래와 같이 하면 된다.

```
dim ws as worksheet                '개체 변수를 선언한다.
set ws=worksheets("sheet1")        'set 문으로 개체변수에 개체를 입력(참조)한다.
```

이렇게 작성된 경우에는 worksheets("sheet1").range("a1").value라는 구문을 ws.range("a1").value라고 적으면 된다.

included 예제 | Set문

```
Sub 세로를 가로로()
Dim A As Range
Dim C As Range
Dim cell As Range
Dim firstLetter As String
Dim col As Long
 Set A=Range(Selection, Selection.End(xlDown)) '자료가 있는 범위를 A에 할당
Set C=Range("C1")                             '기록을 시작할 기준셀

col=0
For Each cell In A
    firstLetter=Left(cell, 1)                 '셀 값의 첫 글자
    If firstLetter="#" Then                   '첫 글자가 #이면
       Set C=C.Offset(1, 0)                   '기준셀을 한 행 아래로 이동
      col=0                                   '열 번호를 0으로 초기화
    Else
    C.Offset(0, col)=cell                     '기준셀에서 col번째 열에
                                              cell 값 기록
    col=col+1                                 '다음에 기록될 열 번호
    End If
Next

End Sub
```

아래와 같이 값을 입력하고 A1셀을 선택한 뒤 위 VBA를 실행시키면 세로로 입력된 값들이 가로로 변경된다.

	A
1	1
2	2
3	3
4	#
5	4
6	5
7	6
8	#
9	7
10	8
11	9
12	#
13	10
14	11

2.3.4. 기본적인 구문

처음 이 내용을 접하는 독자는 이 절의 내용이 생소할 수 있으므로 모두 이해하려고 하지 말고 우선 읽어보기만 하는 정도로 넘기고 다음에 나오는 사용자 정의함수 등 활용편에서 문제를 직접 풀면서 이 기본구문을 이해하는 것도 좋은 방법이 될 수 있다.

(1) IF_THEN_ELSE 구문

```
If 조건문 Then
[처리1]
Else
[처리2]
End If
```

조건문의 내용이 참이면 [처리1]을 수행하고 거짓이면 [처리2]를 수행한다.

included **예제** | IF_THEN_ELSE구문

```
Function CallPut(MyValue)
    If MyValue=1 Then
        CallPut="Call"
    Else
        CallPut="Put"
    End If
End Function
```

(2) SELECT_CASE 구문

```
Select Case 변수
Case 값1
[처리1]
Case 값2
[처리2]
Case Else
[처리3]
End Select
```

변수의 값이 값1이면 [처리1]을 수행하고, 값2이면 [처리2]를 수행하고 값1 및 값2 어디에도 해당하지 않으면 [처리3]을 수행한다. Case는 예문처럼 2개일 경우뿐만 아니라 그보다 많은 경우에도 사용할 수 있다.

| 예제 | SELECT_CASE 구문

```
Function Greeks(MyValue)
 Select Case MyValue
    Case 1
        Greeks="Delta"
    Case 2
        Greeks="Gamma"
    Case 3
        Greeks="Vega"
    Case Else
        Greeks="Error"
    End Select
End Function
```

(3) DO_LOOP

DO_LOOP 구문은 3가지 종류가 있는데 가장 많이 사용하는 경우는 아래이다.

```
Do While 조건문
[처리]
Loop
```

조건문이 참일 경우 [처리]를 실행한다.

| 예제 | DO_LOOP 구문

```
Sub Do루프실습()
Dim Counter, Number As Integer
  Counter=0
  Number=2
Do Until Number > 10
  Number=Number*2
  Counter=Counter+1
  If Number<1 Then
    Exit Do
  End If
Loop
  MsgBox Counter & "회 실행했습니다."
End Sub
```

(4) FOR_ NEXT

```
For i=a To n Step b
[처리]
Next i
```

i가 a부터 시작하여 b씩 증가하며, n이 될 때까지 [처리]를 실행한다. 예를 들어 $a=0$, $b=2$, $n=10$이면 $i=0$, $i=2$, $i=4$, $i=6$, $i=8$, $i=10$일 경우에 대해 [처리]를 실행한다.(즉, [처리]문이 여섯번 실행된다.) Step이 생략될 경우 i의 증가분은 1로 인식된다.

| 예제 | FOR_NEXT 구문

```
Sub 짝수()
    Dim i, Counter As Integer
    Counter=0
    For i=0 To 27 Step 2
        Counter=Counter+1
        Worksheets(1).Cells(Counter, 1)=i
    Next i
End Sub
```

(5) FOR_EACH_NEXT

```
For Each ELEMENT In GROUP
[처리]
Next ELEMENT
```

ELEMENT : 컬렉션과 배열의 각 요소를 반복하는 변수

GROUP : 컬렉션명 또는 배열명

배열과 컬렉션의 각 요소에 대해서 [처리]를 반복한다.

| 예제 | FOR_EACH 구문

```
Sub ForEach문실습()
Dim c As Range
For Each c In Worksheets(1).Range("A1:C4")
c.Value=Rnd*100
If c.Value<50 Then
c.Interior.ColorIndex=6
End If
Next c
End Sub
```

(6) EXIT

```
Exit Do
Exit For
Exit Function
Exit Property
Exit Sub
```

순환루프(Do, For Next 등)를 빠져 나오도록 하는 명령문이다. Function, Sub 또는 Property의 각 프로시저를 빠져나올 경우에도 사용할 수 있다.

| 예제 | EXIT 구문

```
Sub 루프탈출실습()
Dim i, Number
    For i=1 To 1000
        Number=Int(Rnd * 1000)
        Select Case Number
            Case 7: Exit For
        End Select
    Next i
    MsgBox Number & "th escaped"
End Sub
```

(7) END

```
End
End Sub
End Function
End If
End Property
End Select
End Type
End With
```

프로시저와 블록(구문들의 집합)을 종료시킨다. End 구문을 실행하면 모든 모듈내의 변수와 정적 변수가 초기화된다.

(8) CALL

```
Call NAME(argumentlist)
```

Sub, Function, 동적 연결 라이브러리(DLL) 프로시저 등으로 제어를 넘긴다. 즉, 프로시저를 호출할 때 사용한다. 프로시저를 호출할 때 Call은 생략할 수도 있다. Call을 생략하지 않고 인수를 필요로 하는 프로시저를 호출할 경우에는 매개변수 리스트(argumentlist)를 괄호로 감싸야 하며 Call을 생략할 경우에는 이 괄호도 생략한다. Call을 이용해서 내부함수와 사용자 정의함수를 호출할 경우에는 값을 반환할 수 없다.

| 예제 | CALL 구문

```
Sub Call실습()
    Call child
    MsgBox "I'm Mother"
End Sub

Sub child()
    MsgBox "I'm Child"
End Sub
```

| 예제 | 종합실습

아래 프로그램이 어떠한 작업을 실행할지 생각해 보고 실행하여 얻은 결과와 비교하여 보자.

```
Option Explicit
Sub 예외값포맷하기()
Dim mycolor
Dim mycell

For Each mycell In Selection
Let mycolor=색깔선택하기(testvalue:=mycell)
색깔포맷하기 NewColor:=mycolor, NewCell:=mycell
Next mycell
End Sub

Function 색깔선택하기(testvalue)
Const mywhite=2
Const myred=3
Const mygreen=4
Const myyellow=6

Select Case testvalue
Case Is > 0.8
    색깔선택하기=mygreen
Case Is > 0.6
    색깔선택하기=myyellow
Case Is > 0.3
    색깔선택하기=myred
Case Else
    색깔선택하기=mywhite
```

```
End Select
End Function

Sub 색깔포맷하기(NewColor, NewCell)
With NewCell.Interior
        .ColorIndex=NewColor
        .Pattern=xlSolid
    End With
End Sub
```

위 프로그램은 메인 프로시저로 "예외값 포맷하기"라는 프로시저를 가지고 있고, 하부 사용자정의함수로 "색깔선택하기" 및 하부 프로시저로 "색깔포맷하기"를 가지고 있다. 메인 프로시저에서 작업을 할 영역을 받아 오면, "색깔선택하기"함수가 영역의 각 셀이 가지고 있는 값에 따라 4가지 색깔을 지정해주며, "색깔포맷하기" 프로시저에서는 새로 지정된 색깔로 해당셀 색깔을 변경해주게 된다.

2.3.5. 유용한 함수, 속성 및 메서드

(1) 메시지 박스 MsgBox

프로그래머가 지정한 문장을 대화창에 띄워 보여준다.

○ 구문

```
MsbBox(prompt, [buttons], [title])인수
```

prompt	대화상자 안에 표시할 내용. 줄을 구분할 경우에는 Chr(13), Chr(10) 또는 vbCr 사용
buttons	대화상자에 표시할 단추 및 아이콘 모양을 번호로 지정
title	대화상자의 제목으로 표시할 내용

| 예제 |

```
Sub 메시지박스예제()
MsgBox "hello" & chr(13) & "good-bye"
End Sub
```

(2) 인풋박스(함수) InputBox

사용자로부터 값을 받아들이고자 할 때 사용할 수 있다.

○ 구문

```
InputBox(prompt, [title], [default], [xpos], [ypos])
```

○ 인수

prompt	대화상자 안에 표시할 내용
title	대화상자의 제목으로 표시할 내용
default	대화상자의 입력란에 기본적으로 표시할 값
xpos	입력대화창이 표시될 수평위치(기준점은 화면의 왼쪽 상단 모서리)
ypos	입력대화창이 표시될 수직위치(기준점은 화면의 왼쪽 상단 모서리)

| 예제 |

```
Sub 인풋박스예제()
MyVar=InputBox ("아래 빈 칸에" & chr(13) & "원하는 값을 넣으세요")
End Sub
```

(3) 색상번호

ColorIndex속성은 VBA에서 부여한 색상번호를 이용하여 색깔을 정해준다. 몇 가지 색상번호를 소개하면 다음과 같다.

• ColorIndex의 색상번호

인덱스	색상명	인덱스	색상명	인덱스	색상명	인덱스	색상명	인덱스	색상명
1	검정	2	흰색	3	빨강	4	밝은녹색	5	파랑
6	노랑	7	분홍	8	옥색	9	진한빨강	10	녹색
11	진한파랑	12	진한노랑	13	보라	14	청록	15	회색25%
16	회색50%	17	빙카색	18	자주색	19	상아색	20	연한옥색

ColorIndex를 추가로 알아보기 위해 VBA 프로그램을 작성해보자.

| 예제 | 1에서 26까지 ColorIndex의 색깔 알아보기

```
Sub 색깔인텍스_알아보기()
For i=1 To 26
  Cells(i, 1)=i
  Cells(i, 2).Interior.ColorIndex=i
Next i
End Sub
```

반면, Color속성은 Color는 RGB함수를 이용해서 색을 지정한다. 아래 예제를 살펴보기 바란다.

| 예제 | Color속성

```
Sub test1()

Range("a1").Interior.Color=RGB(125, 125, 125)
Range("a2").Interior.ColorIndex=22

End Sub
```

RGB 함수는 long형식의 정수를 반환하며, RGB(0,0,0)는 검정색, RGB(255,255,255)는 흰색을 의미한다.

(4) 셀 범위를 지정하는 방법

VBA에서 어떤 셀을 복사하거나 서식을 지정하거나 수식을 작성할 때 셀 범위를 지정해 주어야 한다. 따라서 VBA에서 작업대상 셀을 지정해 주는 것은 중요한 기능이다. 이와 관련해서 자주 사용되는 키워드는 다음과 같다.

키워드	기능
Range	Range("A1")과 같이 셀 주소를 문자열 형태로 입력하여 지정
Cells	Cells(1,1)과 같이 숫자를 사용하여 셀 주소 지정 또는 Cells(2, "B")와 같이 지정할 수도 있다.
Offset	현재 활성화된 셀을 기준으로 상대적인 셀의 위치를 표시
Rows	Row의 컬렉션 개체 속성으로 여러 행을 지정할 때 사용
Columns	Column의 컬렉션 개체 속성으로 여러 행을 지정할 때 사용

CurrentRegion	현재 활성화된 셀을 기준으로 연속된 범위의 데이터를 한꺼번에 선택 엑셀에서 [Ctrl]+[Shift]+[*/8] 또는 [Ctrl]+[*/8]을 누른 것과 같음
End	특정 셀을 기준으로 위(xlUp), 아래(xlDown), 왼쪽(xlToLeft), 오른쪽(xlToRhigt)의 마지막 셀을 선택할 때 사용 엑셀에서 [Shift]+[End]+[←]/[↑]/[→]/[↓]을 누른 것과 같음
EntireColumn	현재 선택한 셀의 열 전체를 지정
EntireRow	현재 선택한 셀의 행 전체를 지점

(5) Cells속성 추가적 설명

Cells속성은 상대적인 위치를 나타낸다. 예를 들어

```
Range("D10:G20").Cells(2,3) 또는
Range("D10").Cells(2,3)
```

이라고 표시하면 이것은 "F11"셀을 의미하게 된다.

Cells속성은 다음과 같은 간략한 표현도 가능하다.

```
Range("D10")(2,3)
```

또한 Cells속성의 인수는 음수도 들어갈 수 있다.

아래 문장은 "B8"셀을 의미한다.

```
Range("D10")(-1,-1)
```

(6) Offset속성

다음 두 표현은 동일하게 "A10"셀을 의미한다.

```
Range("A10").Cells(1,1)
Range("A10").Offset(0,0)
```

| 예제 |

A1셀에서 아래로 값이 연속적으로 입력된 셀까지를 찾아서 선택하려면 아래와 같이 VBA코드를 작성할 수 있다.

```
Sub 마지막셀까지_선택해서_붙여넣기()
  Range(Cells(1, 1), Cells(1, 1).End(xlDown)).Select
  Selection.Copy
  ActiveSheet.Paste Worksheets("Sheet1").Range("b1")
End Sub
```

(7) Paste 메서드

PASTE 메서드는 일반적으로 Object.Paste라고 쓰면 Object에 현재 클립보드에 있는 내용을 입력(=붙여넣기)하라는 메서드이다. 그러나 Object에 따라 동일하게 표현된 Paste 메서드라도 실제로는 약간씩 인수 등이 달라지게 된다(Chart, Worksheet 등이 Object로 올 수 있다). 위 예제에서 Object가 Worksheet이면 Paste 인수는 붙여넣기할 범위가 된다(이 메서드는 클립보드의 내용에 따라 시트 선택 영역이 변경될 수도 있다. 예를 들어 위 예제에서 범위는 B1셀로 지정했지만 클립보드에는 보다 큰 데이터가 기록되어 있으므로 B1셀보다 큰 범위가 입력범위가 된다).

위 프로시저 마지막 명령문은 다음과 같이 쓸 수도 있다.

```
ActiveSheet.Paste Destination:=Worksheets("Sheet1").Range("b1")
```

인수가 여러 개 있을 경우 위와 같이 쓰면 어떤 인수에 어떤 값을 지정했는지 보기 쉬워진다.

2.3.6. VBA 함수

(1) VBA함수와 워크시트 함수(Worksheet functions)

VBA에서는 2가지 종류의 내장 함수를 사용할 수 있다. 하나는 VBA 언어의 일부분이고 나머지 하나는 엑셀의 워크시트 함수의 일부분이다. 엑셀5까지는 엑셀과 VBA가 통합되지 못해서 각각의 함수를 독립적으로 개발했고 따라서 상충되거나 중복되는 함수가 생기게 되었다.

예를 들어 엑셀의 DATE 함수는 3개의 인수를 갖는데 비해, VBA에서 Date라는 함수는 인수가 없으며 현재 날짜를 반환해준다(이와 비슷하게 LOG라는 함수는 엑셀과 VBA에 모두 있으나 두 함수는 다르다. 엑셀에서는 상용로그인 반면 VBA에서는 자연로그이다). 엑셀의 DATE와 같은 기능을 가진 함수는 VBA에서 DateSerial이라는 함수가 있다. 또한 VBA의 Date함수와 같은 기능의 엑셀 함수는 TODAY 함수이다. 일반적으로 VBA함수가 엑셀함수와 동일하지 않으며 엑셀함수를 직접 VBA에서 사용할 수는 없다. 따라서 아래와 같이 worksheetfunction 또는 application개체를 지정해 주어야 한다.

```
x = WorksheetFunction.Max(10, -3)
x = Application.Max(10, -3)
```

| 주의 |

범위 참조 인수를 필요로 하는 워크시트 함수를 사용할 때는 Range 개체를 지정해야 한다.

| 예제 |

Match 워크시트 함수를 사용하여 셀 영역을 찾으려면 워크시트 셀에서는 수식 = MATCH(9,A1:A10,0)을 입력하지만, Visual Basic 프로시저에서는 아래와 같이 써야 한다.

```
Application.WorksheetFunction.Match(9, Worksheets(2).Range("A1:A10"),0)
```

몇 가지 중요한 VBA함수를 알아보면 아래와 같다.

(2) Rnd(Number)

엑셀함수 RAND()에 대응하는 VBA 함수이다.

Number는 시드(Seed)라고 하며 난수발생을 위한 초기값을 지정해 준다.

Number	초기값
음수	Number를 시드값으로 생성한 난수
양수	(가장 최근에 생성한 난수의) 다음 난수
0	가장 최근에 생성한 난수
생략	다음 난수

예제 Rnd함수

```
Sub 난수실습()
For i=1 To 10
  Cells(i, 1).Value=Rnd
  Cells(i, 2).Value=Rnd(-1)
Next i
End Sub
```

1열에는 시드가 생략된 난수가 2열에는 시드가 1인 난수가 각각 10개씩 생성된다. 결과를 보고 시드가 의미하는 바를 이해해보기 바란다.

(3) Randomize(Number)

난수에 시드값을 설정하지 않을 경우 동일한 난수를 생성할 수 있으므로 보통 컴퓨터에 내장된 시계를 이용해서 시드값을 설정해주는데 이 때 사용되는 함수가 Rondomize이다.

인수 Number를 생략하면 Timer함수의 결과값(즉, 시간)을 새로운 시드값으로 설정하게 되는데 시간은 밀리초(millisecond, 1/1000초) 단위로 값이 다르므로 항상 다른 난수를 생성할 수 있다.

예제 Randomize함수

```
Sub 난수실습2()
For i=1 To 10
  Randomize
  Cells(i, 1).Value=Rnd
  Cells(i, 2).Value=Rnd(-1)
  For j=0 To 10000000  '1/1000초 후에 실행되도록 지연
  Next j
Next i
End Sub
```

(4) UBound(arrayname[, dimension])주)

배열에서 지정된 차원의 최대 범위를 Long으로 반환한다.

인수설명	설명
arrayname	필수적인 요소. 배열 변수의 이름을 말하며, 표준 변수 명명규칙을 따른다.
dimension	선택적인 요소. Variant(Long)가 가능하다. 어느 차원의 최대 범위가 반환되는지를 나타낸다. 1은 1차원을 나타내고, 2는 2차원을 나타낸다. Dimension을 생략하면 1차원을 의미한다.

| 참고 |

UBound 함수와 함께 LBound 함수를 사용하면 배열의 크기를 알 수 있는데, LBound 함수는 배열 차원의 최소 범위를 반환한다

| 예제 | UBound 함수를 사용하여 다음과 같은 값을 얻을 수 있다.

예를 들어 A라는 배열을 다음과 같이 설정했을 경우

```
Dim A(1 To 100, 0 To 3, -3 To 4)
```

UBound를 이용한 결과값은 다음과 같다.

문	반환값
UBound(A, 1)	100
UBound(A, 2)	3
UBound(A, 3)	4

2.3.7. 이벤트 프로시저

이벤트(event)란 사용자 또는 매크로가 발생시킨 특정 동작이 있을 때 발생하는 프

주) 엑셀/VBA함수 중 선택적 인수를 사용하는 경우가 있다. 예를 들어 f(a,b,c)라는 함수가 있는데 "c" 인수는 투입하지 않아도 되고 투입해도 되는 경우 f(a,b,[c])라고 표현하게 된다. 선택적 인수에 대해서는 뒤에 자세하게 다룬다.

로그램상의 신호로 볼 수 있다. 예를 들어 독자가 엑셀을 실행하는 중 마우스 왼쪽 단추를 더블클릭했다면 'DblClick'이라는 이벤트가 발생하게 된다. 이 이벤트를 통해 컴퓨터는 독자가 마우스 왼쪽 단추를 더블클릭했다는 것을 인식하게 되며, 이 이벤트를 이용해서 다른 연계된 동작, 예를 들어 "새로운 워크시트 열기" 같은 프로그램을 자동으로 실행시킬 수도 있게 된다.

예제를 통해 개념을 익혀보자.

| 예제 |

아래와 같은 일을 자동화 시키고자 한다.

ABC라는 엑셀파일을 열면 자동으로 "안녕하세요"라는 메시지가 나타난다.

이것을 프로그래밍하기 위해 아래를 따라 해보자.

① 새 엑셀 파일을 만든다.

② [Alt]+[F11] 단추를 눌러 VBA 편집기를 연다.

③ VBA 편집화면 왼쪽의 VBA 프로젝트 창에서 새 엑셀파일(화면에서는 Book2로 되어 있음)의 하부 메뉴 중 ThisWorkbook을 선택하고 더블클릭한다.

④ 오른쪽에 새로운 VBA편집 화면이 열리게 되는데

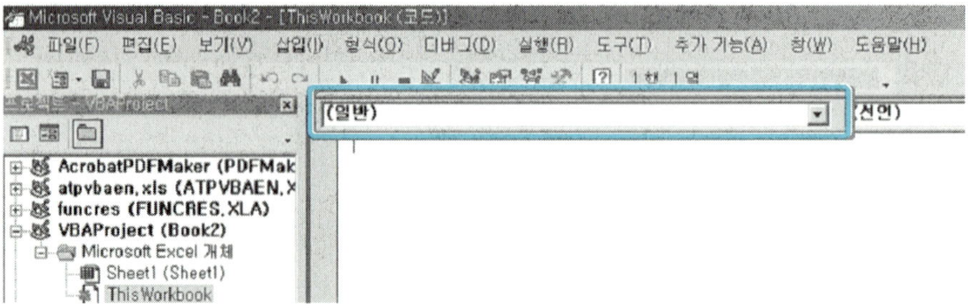

"(일반)"이라고 되어 있는 부분의 풀다운 단추를 클릭한다.

⑤ Workbook이라는 메뉴가 나오는데 이것을 선택한다.

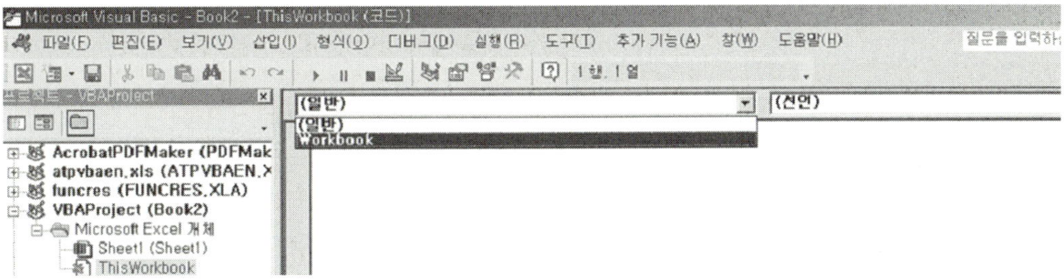

⑥ VBA 편집화면에 자동으로 Private ~ End Sub 라는 코드가 입력되고 그 중간에 커서가 위치하게 된다.

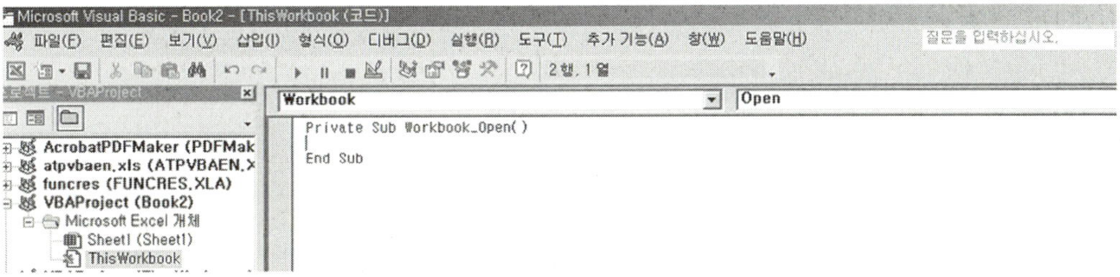

커서가 있는 곳에 아래와 같이 입력해보자.

```
MsgBox "안녕하세요"
```

⑦ VBA편집기를 닫고 엑셀화면으로 돌아온다.

⑧ 엑셀 파일을 ABC.xls라고 저장한 뒤 닫는다.

⑨ 다시 ABC.xls라는 파일을 열면 다음과 같이 "안녕하세요"라는 메시지가 자동으로 실행되는 것을 볼 수 있다.

이벤트가 발생하는 개체는 아래와 같다.

```
Workbook, Worksheet, Application, Chart, UserForm, Control
```

2.3.8. 디버그(Debug)

버그(Bug)란 컴퓨터 프로그램상의 오류를 말하는데 이 버그를 없애는 작업, 즉 프로그램 오류를 찾아서 수정하는 과정을 디버그(Debug)라고 한다.

프로그램 오류는 크게 두 가지로 나눌 수 있는데, 하나는 논리적 오류(Logical Error)이고 나머지 하나는 문법적 오류(Syntax Error)이다. 논리적 오류의 예를 들면, 2차 방정식의 근의 공식을 프로그래밍한다고 할 때 근의 공식을 잘못 입력함에 따라 발생하는 오류를 말한다. 이 오류는 컴퓨터가 찾아주지 못하며 프로그래머가 프로그램의 결과값을 보고 오류가 있음을 밝혀내야 한다. 문법적 오류는 예를 들어 정수형 변수값을 선언해 놓고 그 변수에 소수값을 입력하는 것과 같은 경우에 발생하는 오류로 VBA 문법상 허용되지 않는 문장을 사용해서 발생하는 것이다. 이 오류가 있으면 프로그램이 실행되지 않으므로 바로 프로그램에 오류가 있음을 인식할 수 있다.

(1) 문법적 오류가 있을 경우

VBA 코딩을 끝내고 실행했을 경우 문법적 오류가 있다면 VBA는 에러 메시지를 보여주는데 이 때 대화창의 [디버그] 단추를 눌러주면 해당 문법 오류가 있는 문장을 보여 주며 노란색으로 표시해준다.

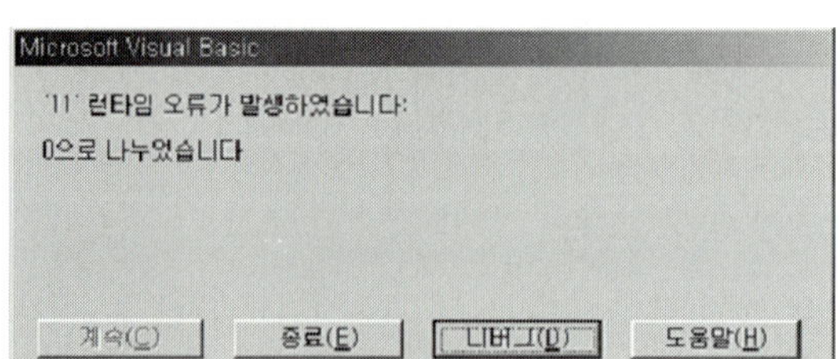

```
Option Explicit
Sub test()

Dim a, b As Integer
Dim icount As Double

a = 2
b = 0

icount = a / b

End Sub
```

위 예에서는 0으로 나누어서 연산이 실행되지 않는 오류가 발생하였다. 따라서 b를 0이 아닌 다른 값으로 변경해 주면 에러가 수정된다.

(2) 논리적 오류가 있는 경우

문법적 오류와 달리 논리적 오류는 컴퓨터가 인식하지 못하며 따라서 프로그래머가 찾아내야 하므로 상대적으로 고치기 어려운 오류라고 할 수 있다. 이런 경우는 프로그램의 결과값을 보고 프로그래머가 오류가 있음을 알아내야 하고 어떤 부분에서 오류가 발생했는지도 직접 찾아야 한다. 예를 들어 살펴보자.

예제

어떤 프로그래머가 2차방정식의 근을 계산하는 프로그램을 만들기 위하여 다음과 같이 VBA 편집기에 입력을 했다.

```
Function 근의공식(a, b, c)
Dim 판별값 As Double
판별값=b ^ 2-4 * ac
If 판별값<0 Then
    근의공식="NA"
Else
    근의공식=1 / (2 * a) * (-b+Sqr(판별값))
End If
End Function
```

그리고 다음과 같이 사용자 정의함수를 실행하였다.

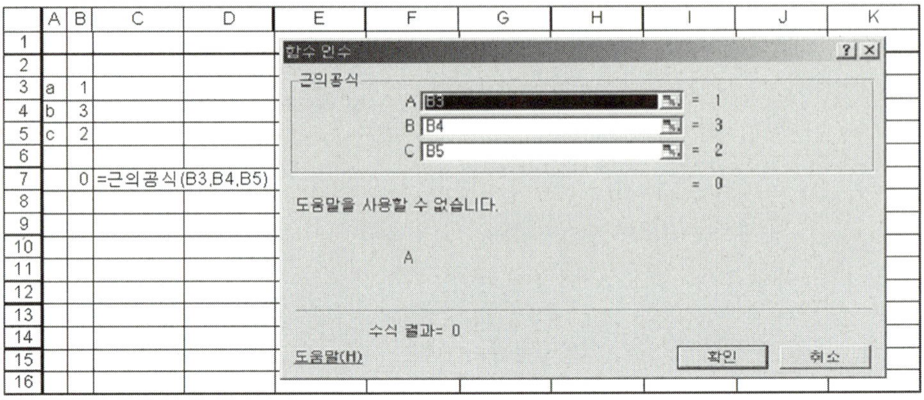

프로그램의 문법적 오류는 없어 실행되기는 했으나, 결과 값이 오류가 있음을 알 수 있다. 즉, $x^2+3x+2=0$이라는 2차 방정식의 근은 -1 또는 -2가 나와야 함에도 0이 나왔다.

이 문제를 해결하기 위해서는 VBA가 지원하는 디버그 도구(Debugging Tool)를 이용해야 한다.

다음을 따라 해 보자.

VBA 편집기를 열고, 편집화면에서 아래 그림과 같이 의심스러운 코드가 있는 줄의 왼쪽 회색여백에 마우스 포인터를 두고 클릭하자. 우선 판별값 계산한 곳이 의심스러웠다고 하자.

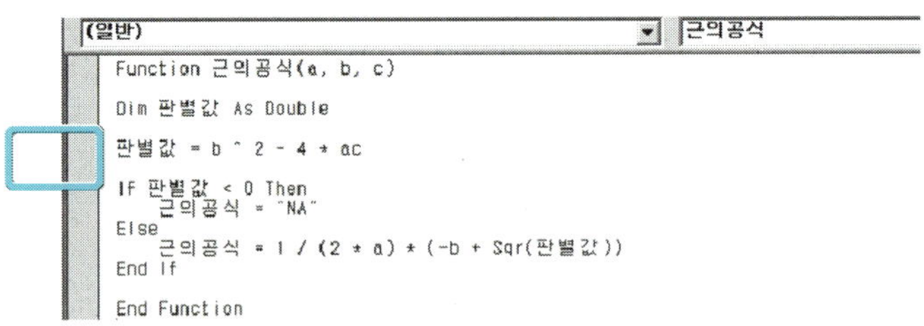

그러면 클릭한 곳에 진한 갈색 동그라미가 생기고 해당 코드가 진한 갈색으로 칠해지는 것을 볼 수 있다.

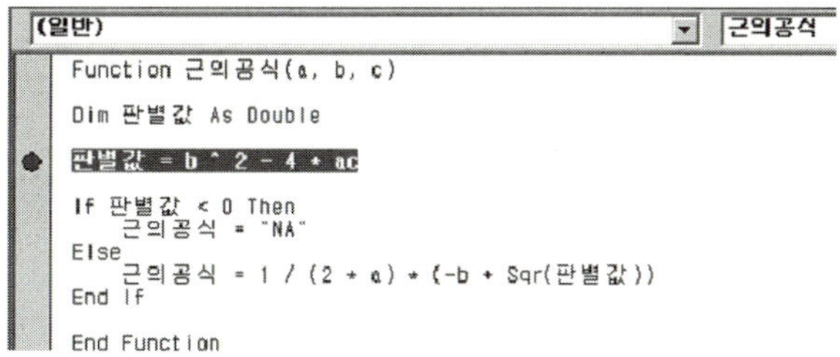

이 상태에서 엑셀 화면으로 돌아가 "근의공식"이라는 사용자 정의함수를 다시 실행해보자.

그러면 VBA편집기 화면이 활성화 되면서 커서가 앞에서 지정해 둔 곳에서 멈춰서고, 해당 코드가 노란색으로 밝게 표시됨을 볼 수 있다.

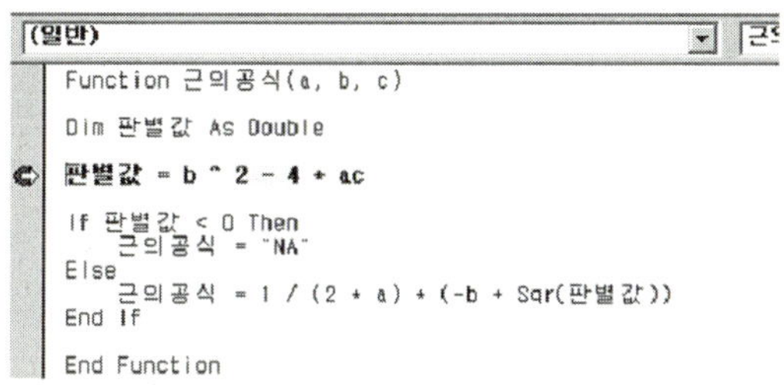

이 화면은 현재 프로그램이 노란색 줄 앞까지 실행되고 다음 줄이 실행되기를 기다리고 있다는 것을 의미한다.

이 때 각 변수 위에 마우스를 올려 보면 변수가 어떤 값을 현재 가지고 있는지가 아래 그림처럼 표시된다. 즉, *b*는 3이란 값을 가지고 있다.

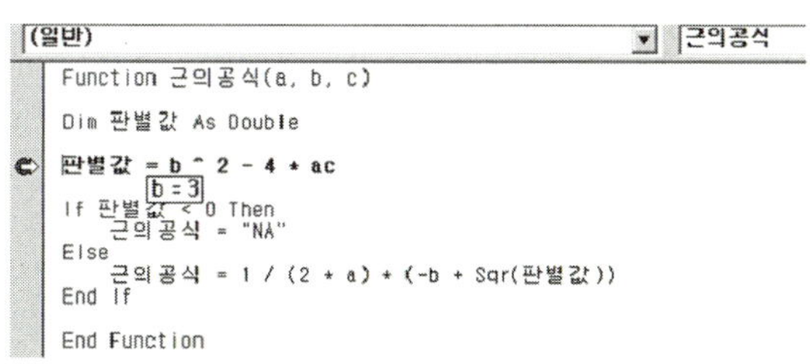

이런 식으로 ac위에 마우스를 갖다 대면 Empty란 값이 나오는 것을 볼 수 있는데, 이 부분에서 오류가 발생한 것이다. 즉 우리가 원했던 식은 a와 c를 곱한 것(a*c)인데 잘못하여 ac라는 새로운 정의되지 않은 변수를 판별값에 넣어준 것이다. 따라서 ac를 a*c로 바꿔주면 된다.

디버그 상태에서 벗어나기 위해 아래 그림과 같이 재설정 단추를 클릭해주면 노란색 칠한 부분이 없어지며 디버그 상태에서 벗어나게 되며, VBA편집창 왼쪽에 표시되었던 진한 갈색 동그라미도 마우스로 클릭하면 없어지게 된다.

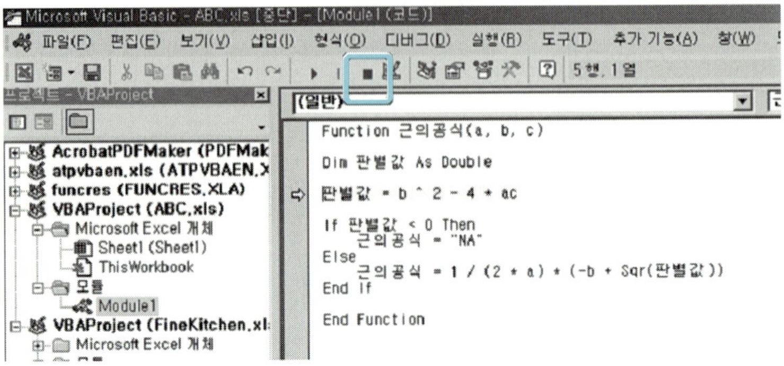

이 상태에서 다시 엑셀 함수로 돌아와 "근의 공식"이라는 사용자 정의함수를 실행해보면 원하던 근 −1을 얻게 됨을 볼 수 있다.

(3) 디버그 도구

VBA편집기에서 파일 메뉴 중 [디버그]를 선택하면 다양한 디버그 도구가 있으므로 이를 활용하여 버그를 해결할 수도 있다.

○ 한 단계씩 코드 실행

위에서처럼 의심스러운 곳에 중단점을 만들어서 문제점을 찾아보았는데도 문제점이 없었다면, 다음 문장을 검사해 보아야 할 것이다. 이때 사용하는 디버그 명령문이 '한 단계씩 코드 실행' 명령이다. 디버그 상태에서 [F8] 글쇠를 누르면 다음 줄로 프로그램이 진행된다. 이 상태에서 위에서처럼 각 변수의 입력값이나 출력값이 의도했던 것과 일치하는지를 검사함으로써 버그를 제거할 수 있다.

○ 조사식 추가

디버그 상태에서 변수의 입력값이나 출력값을 알아내기 위해 해당 변수에 마우스 포인터를 가져가 봄으로써 값을 알아낼 수도 있으나, 조사식을 추가하면 보다 쉽게 변수에 현재 입력된 값이 무엇인지를 볼 수 있다.

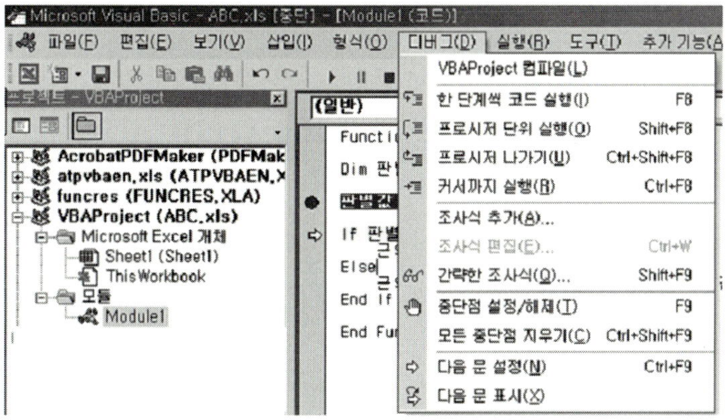

○ 직접 실행창

VB편집기에서 [보기] → [직접실행창]을 선택하거나 [Ctrl]+[G]를 눌러 직접 실행창을 연다.

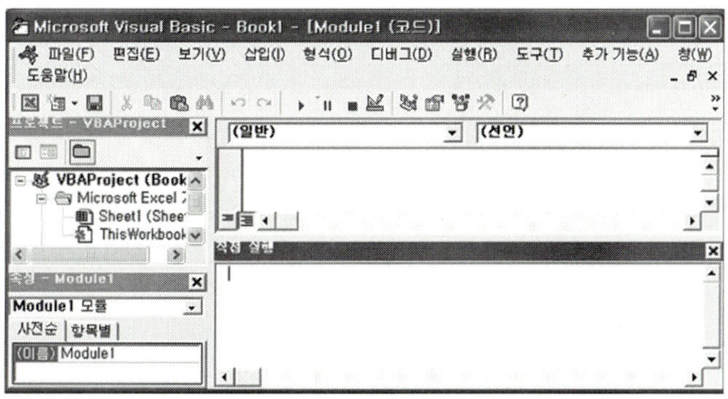

문제가 있어 보이는 부분을 복사해서 직접실행창에 붙여 넣는다.
예를 들어 직접실행창에

```
Activecell.Value="Sales"
```

라고 입력한 뒤, 코드 뒤에서 [Enter]키를 누르면 해당 VBA가 바로 실행된다. 즉, 현재 활성화된 셀에 "Sales"라는 값이 입력됨을 볼 수 있다.

2.3.9. 인수전달 방식

인수전달방식이란 A라는 프로시저(또는 함수)에 어떤 인수를 입력했을 때 A 프로시저가 그 인수를 받아들이는 방식을 의미한다. 여기에는 주소전달방식(By Ref)과 값전달방식(ByValue)이 있다.

모든 인수는 프로시저에 주소전달방식으로 전달되는 것이 원칙이다. 즉, 특별하게 지정하지 않는 경우 주소전달방식으로 전달된다. 아래에서 이 두 가지 방법의 차이를 살펴보자.

(1) 주소전달방식

예를 들어 보통 되부름(recursion)이라는 기능을 사용하여 계승을 계산하는 프로그램을 만들어 보자. 되부름은 선언 중인 함수를 자신 내부에서 다시 사용하는 것을 말한다. 아래와 같이 되부름을 이용해서 작성된 VBA 프로그램에 입력인수를 '5'로 넣으면 결과는 '1'이 나오게 되어 우리가 원하는 결과가 아니다.

included **예제** 주소전달방식

```
Function Factorial(MyVar As Integer)
    MyVar=MyVar-1
        If MyVar=0 Then
            Factorial=1
            Exit Function
        End If
    Factorial=Factorial(MyVar) * (MyVar+1)
End Function
```

이유는 Factorial이라는 함수 안에 다시 사용된 Factorial이라는 함수에 전달되는 인수가 주소로 전달되기 때문이다.

(2) 값전달방식

그런데 아래와 같이 MyVar라는 인수 앞에 ByVal이라는 예약어을 써 주게 되면 계산결과는 5!인 120이 나오게 된다.

included
예제 | 값전달방식

```
Function Factorial(ByVal MyVar As Integer)
    MyVar=MyVar-1
        If MyVar=0 Then
            Factorial=1
            Exit Function
        End If
    Factorial=Factorial(MyVar) * (MyVar+1)
End Function
```

이 경우에는 Factorial안에 사용된 Factorial함수의 인수는 값으로 전달되어 원하는 결과를 얻게 된 것이다.

예를 들어 =Factorial(2)를 입력했을 때 위의 두 예제 함수에 전달되는 내용은 다음과 같다.

구분	값 전달 방식	주소전달방식
첫 번째 호출되는 함수	Factorial(1)	Factorial(My Value)
두 번째 호출되는 함수	Factorial(2)	Factorial(My Value)

아래의 실습과 비교해 볼 때, 되부름을 사용하면 프로그램이 한결 간단해지는 장점이 있다.

included
예제 | 되부름을 사용하지 않은 팩토리얼 함수

```
Function 팩토리얼(MyValue As Integer)
If MyValue=0 Then 팩토리얼=1
  Exit Function
End If
팩토리얼=1
For i=1 To MyValue
 팩토리얼=팩토리얼 * i
Next i
End Function
```

2.3.10. 외부데이터를 자동으로 연결하기

예를 들어 주식 포트폴리오을 보유하고 있을 경우, 주식수량은 정해져 있더라도 주식의 가격은 매일 변하므로 이 포트폴리오를 평가하고자 하면 주식가격을 매일 새로 입력해 주어야한다. 그러나 만약 자동으로 주식가격을 외부에서 받아들일 수 있다면 이런 불편함은 없을 것이다. 이때 사용하게 되는 기능이 외부데이터 자동연결 기능이다.

(1) DDE(동적 데이터 교환)를 사용하여 연결 만들기

우선 DDE를 사용하기 위해서는 연결할 데이터가 들어 있는 프로그램에서 DDE(동적 데이터 교환)를 지원해야 한다(프로그램에서 DDE가 지원되는지 여부를 확인하거나 프로그램의 DDE 이름 및 항목 정보를 확인하려면 해당 소프트웨어 공급업체에 확인해야 한다. 로이터나 블룸버그 등에서 제공하는 프로그램이나 증권회사에서 제공하는 HTS에서는 DDE기능을 제공해주는 경우가 있다).

우선 연결할 원본 셀을 선택한다.

다음으로 응용 프로그램 이름, 문서 이름이나 주제, 셀 범위, 값, 필드 또는 참조되는 데이터 등의 구문으로 수식을 입력한다.

다음은 원격 참조 수식의 각 부분과 필요한 구분 기호 문자를 보여 주는 예제이다.

=STOCK|NYSE!WHITCO

위 예제는 STOCK이라는 프로그램에서 NYSE라는 문서(또는 페이지)에서 WHITCO라는 변수를 가져오라는 의미이다. 파이프 글자(|)는 문서나 항목 이름과 프로그램 이름을 구분하는 것이고 느낌표(!)는 문서나 항목 이름과 셀 범위, 값, 필드 또는 참조 데이터를 구분하는 것이다.

다음으로 [Enter] 키를 누른다.

참고

> 응용 프로그램이나 문서, 항목, 데이터 항목의 이름에 공백이나 콜 론(:), 빼기 기호(−) 등 수식에서 특별한 용도로 사용되는 글자가 있거나 이름이 셀 참조와 유사한 경우에는 그 이름을 작은따옴표로 묶는다.

(2) 웹쿼리 만들기

주식가격을 특정 프로그램이 아닌 인터넷 페이지에서 가져오고자 할 경우 웹 쿼리를 사용할 수 있다.

아래와 같이 데이터 > 외부데이터 가져오기 > 새 웹쿼리를 선택한다.

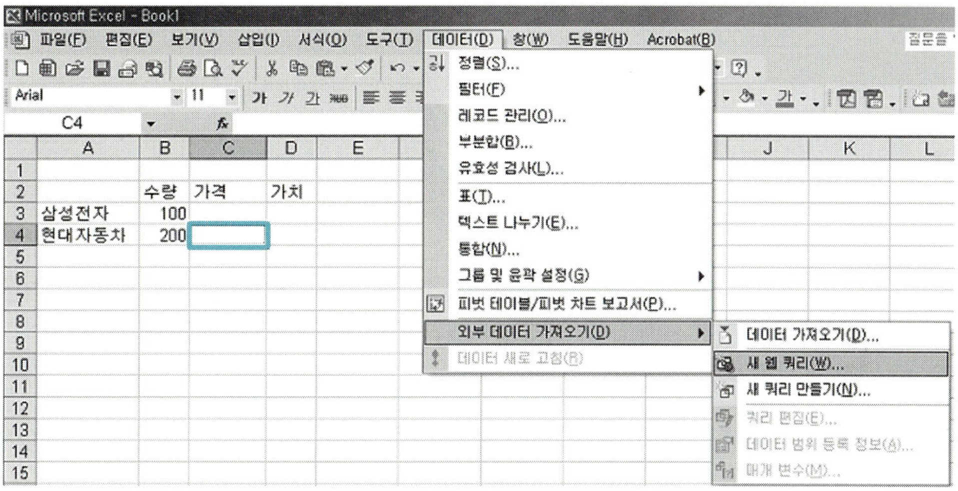

그러면 '웹쿼리'라는 새로운 창이 뜨는데 이 때, 좌측 상단에 있는 '주소'란에 주식가격을 가져올 인터넷 페이지 주소를 입력한다.

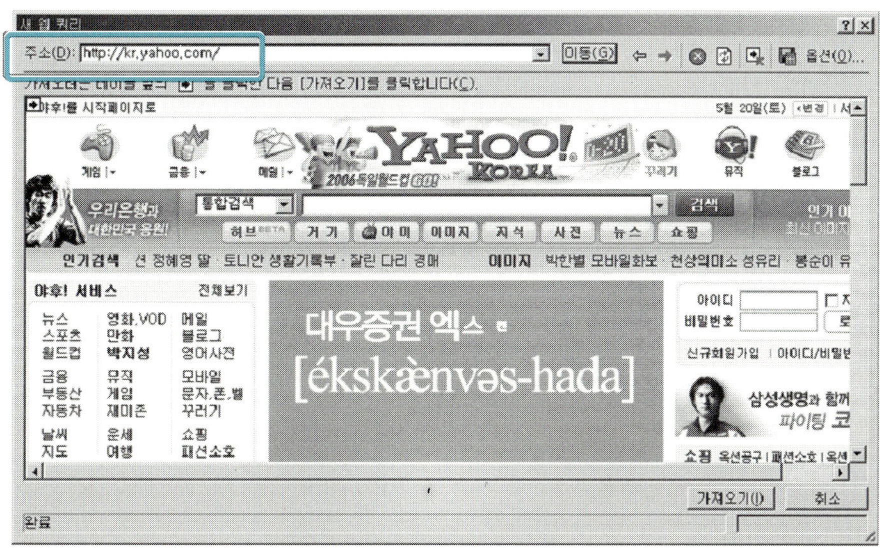

여기서는 야후 코리아 페이지를 지정했다. 계속해서 현대자동차 주식가격이 고시되

는 페이지를 해당화면에서 찾아가면 되는데 여기서는 '금융' 메뉴를 클릭하고 주식가격 검색에서 '현대자동차'를 입력하면 아래와 같은 화면에 도달하게 된다.

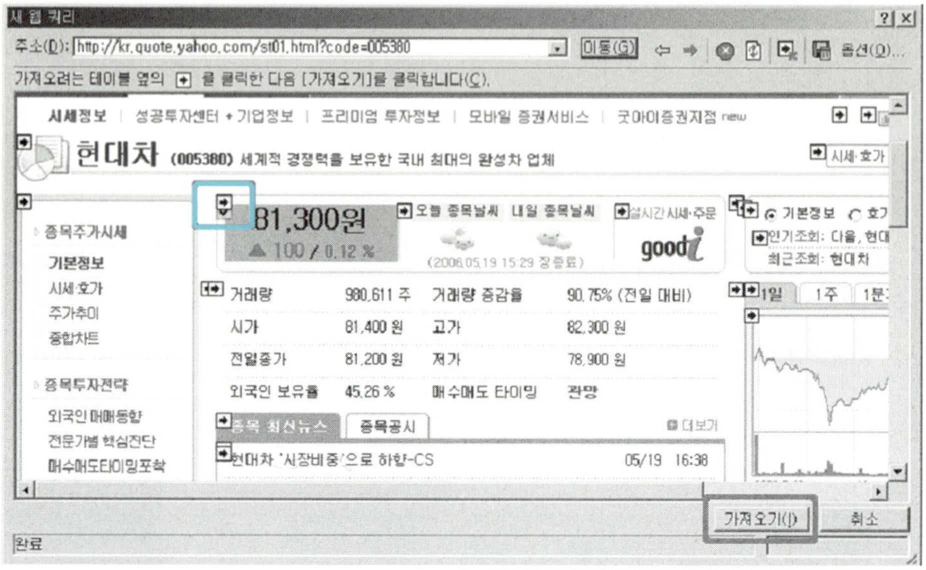

여기서 가격이 있는 구역의 노란바탕의 검정색 화살표를 클릭하고 오른쪽 아래의 [가져오기] 단추를 클릭한다.

그러면 다음과 같은 대화창이 뜨는데 [확인]을 클릭한다.

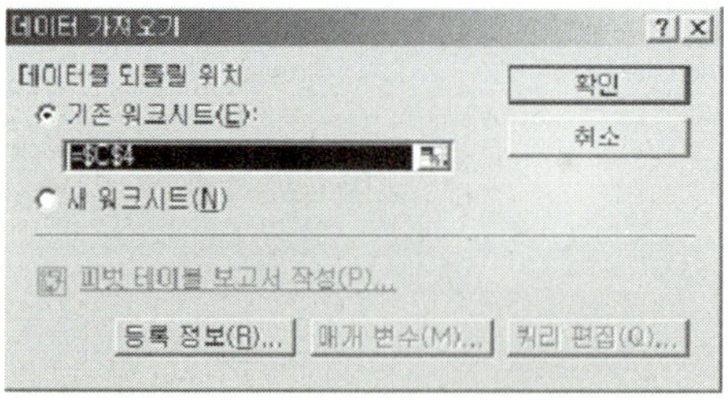

이 결과로 엑셀시트에 아래와 같은 값이 입력되는 것을 볼 수 있다.

	A	B	C	D
1				
2		수량	가격	가치
3	삼성전자	100		
4	현대자동차	200	81,300원	
5			? 100 / 0.12 %	

현대자동차 주식의 전체 가치는 B4셀과 C4셀을 곱하면 알 수 있으므로 D4열에 아래와 같이 D4열에 식을 입력한다.

```
D4: =B4*LEFT(C4,LEN(C4)-1)
```

	A	B	C	D
2		수량	가격	가치
3	삼성전자	100		
4	현대자동차	200	81,300원	16,260,000
5			? 100 / 0.12 %	

(3) 웹쿼리 업데이트 하기

① 일정 시간마다 자동으로 업데이트되도록 하기

웹쿼리가 적용된 범위(위 예에서는 C4:C5)에 마우스를 두고 오른쪽 클릭을 실행하면 아래와 같은 메뉴가 나오게 된다.

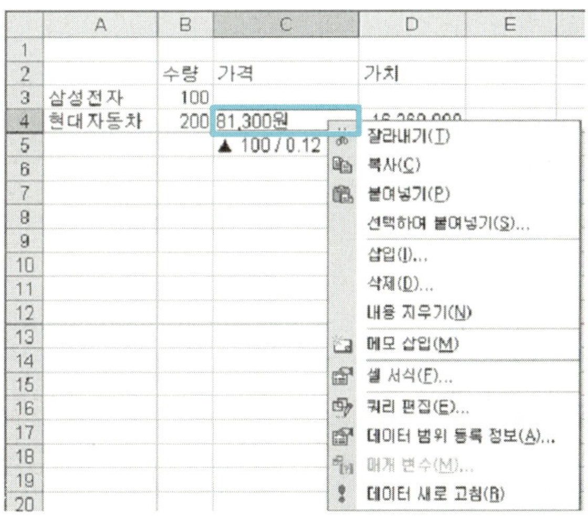

여기서 '데이터 범위 등록정보'를 클릭하면 아래와 같은 대화 상자가 뜬다.

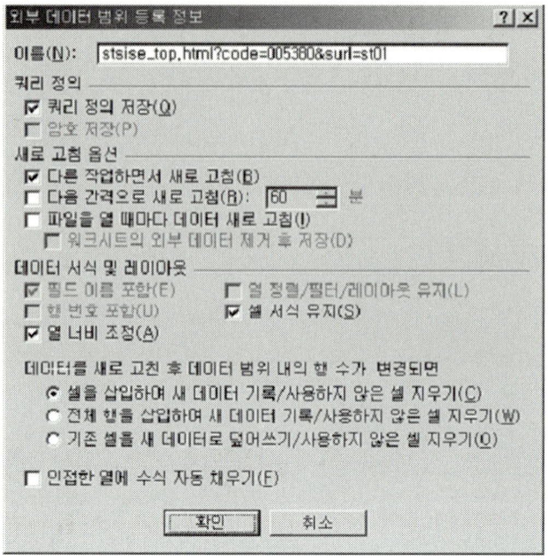

대화창 항목 중 '새로 고침 옵션'에서 '다음 간격으로 새로 고침'을 선택하고 업데이트 주기를 설정해준다.

② 사용자가 원할 때 업데이트하기

웹쿼리가 적용된 범위(위 예에서는 C4:C5)에 마우스를 두고 파일 메뉴에서 '데이터 > 데이터 새로 고침'을 선택하면 된다.

Chapter 3

엑셀 VBA 활용

Financial Engineering Practice with Excel VBA

3.1 배열 입출력

하나의 숫자가 아닌 행렬 또는 벡터를 입출력 인수로 하는 경우 VBA 작성방법에 대해 예제를 통해 알아보고자 한다.

3.1.1 배열을 입력변수로 하는 함수

(1) 배열(Array)

배열이란 여러 개의 변수를 하나로 묶어놓은 것으로 수학적으로는 벡터(Vector) 또는 행렬(Matrix)과 같은 개념이다.

(2) 동적배열(Dynamic Array)

배열의 크기가 미리 알려지지 않고 프로그램 중간에 계산결과로 알려지는 경우를 동적배열이라고 한다. 이와 반대로 프로그램 실행 전에 미리 배열의 크기를 설정해 두는 경우를 정적 배열이라고 한다.

○ 정적배열

배열을 선언할 때 배열의 크기를 지정하는 방법으로 아래 예제는 배열을 애용해서 10개의 문자열(String)을 담을 수 있는 변수를 선언한 것과 같다.

각각의 변수는 MyVar(0), MyVar(1),…, MyVar(9)로 접근할 수 있다.

```
Dim MyVar(10) As String
```

○ 동적배열[주)]

배열을 선언할 때 배열의 크기를 지정하지 않고 실행 중에 크기를 조절하는 방법으로, 선언시에 배열 뒤에 빈 괄호만 표시하고, 실행문에서 ReDim 명령으로 크기를 선언하면 된다.

```
Dim MyVar() As String
N=10
ReDim Myvar(N)
```

MyVar배열은 실행문에서 여러 차례 선언할 수 있고, 동적배열을 선언할 때마다 배열의 내용이 초기화된다.

○ 배열의 성질

- 사용자정의 함수에서 출력(return)되는 벡터는 가로벡터이다.
- 배열은 집합적으로 다룰 수도 있고: MyVal=Coefficient
- 배열은 개별적으로 다룰 수도 있다: MyVal=Coefficient(1)
- 배열을 Variant변수에 입력할 수도 있다.

| 예제 | 배열을 Variant 변수에 입력하기

```
Dim varData As Variant
varData=Array("Ron Bendel", "4242 Maple Blvd", 38, _
Format("06-09-1952", "General Date"))
```

위 예제에서는 Array 함수의 결과값으로 나오는 배열을 varData라는 Variant변수에 입력하고 있다. 이 때 Variant값들로 된 배열의 요소는 인덱스로 나타낼 수 있다.

주) 동적배열이 여기서 부각된 이유는 C++와 비교해 보면 알 수 있는데, C++에서 동적배열은 포인터와 메모리에 대한 이해를 필요로 하는 복잡한 개념인데 비해 VBA에서는 아주 간단히 처리할 수 있음을 보여주려 한 것이다.

| 예제 | 배열의 요소를 인덱스로 표시하기

```
MsgBox "Data for " & varData(0) & " has been recorded.
```

여기서 varData(0)는 배열의 첫번째 요소로 "Ron Bendel"을 의미한다.

| 예제 | 동적배열(1)

```
① Sub SelectCount()

② Dim n, cvec()
③ Sheets("Data").Range("dvec").Select
④ n=Selection.Count
⑤ ReDim cvec(n)

⑥ End Sub
```

① 모듈 이름을 설정한다.

② 숫자(Scalar) *n*과 배열 cvec를 선언한다. 이때 cvec의 크기는 지정되지 않았다.

④ 데이터 시트의 dvec범위를 선택한다.

⑤ 선택된 범위의 크기를 n이라는 변수에 입력한다.

⑥ cvec 배열의 크기를 *n*으로 지정한다.

⑦ 모듈을 마친다.

위 예제에서 cvec이라는 변수는 배열인데, 그 크기가 프로그램 중간인 ⑤번 열에서 입력된다. 따라서 동적으로 배열을 사용한 것이다.

| 예제 | 동적배열(2)

```
Sub SelectCount()
Dim N, Cvec()
N=InputBox("숫자를 넣으세요")
ReDim Cvec(N)
    For i=1 To N
    Cvec(i)=InputBox(i & "번째 숫자를 넣으세요")
    Next i

    For i=1 To N
    Sheets(2).Cells(i, 1).Value=Cvec(i)
    Next i
End Sub
```

(3) 기대값 함수

배열을 입력변수로 하는 경우를 실습하기 위해 각 상황별 확률과 그때 확률변수값을 입력변수로 받아 확률변수의 기대값을 계산해주는 함수를 만들어 보자.

미래의 상황(state)이 n개 중 하나가 가능하고 각 상황에 따라 다른 값 x_i를 갖는 확률변수에 대한 기대값은 각 상황이 발생할 확률을 p_i라고 할 때 아래와 같이 정의된다.

| 정의 | 기대값

$$E[x] = \sum_{i=1}^{n} p_i x_i$$

우선 입력변수는 ① 가능한 상황의 개수 n, ② 상황에 따른 확률변수 $x=(x_1, \cdots, x_n)$, ③ 확률 $p=(p_1, \cdots, p_n)$이다. 이 중에서 ①은 스칼라(scalar)이고 ②와 ③은 벡터(vector)이다. 벡터는 행렬(matrix)의 특수한 경우(즉, 열 또는 행이 하나인 행렬)로 볼 수 있다. 엑셀에서는 행렬을 배열(array)이라고 한다. 따라서 우리가 작성하려는 기대값 함수는 배열을 입력변수로 하는 함수가 된다.

다음의 경우를 생각해보자.

	A	B	C
1	상황	확률	확률변수
2	1	0.25	5
3	2	0.14	10
4	3	0.33	15
5	4	0.05	20
6	5	0.23	25

위 경우 확률변수의 기대값을 계산하기 위해 아래와 같이 VBA 편집기에 입력을 해보자.

included

| 예제 | 기대값 함수

```
① Function ExpectedValue(Prob, RV)
② Dim N As Integer, i As Integer, Sum_ As Double
③ N = Prob.Rows.Count
④ Sum_ = 0
⑤ For i = 1 To N
⑥ Sum_ = Sum_ + Prob(i) * RV(i)
⑦ Next i
⑧ ExpectedValue = Sum_
⑨ End Function
```

①에서 함수의 이름을 지정해 주고 입력변수를 받는다. 입력변수의 타입은 특별히 선언해 주지 않아도 엑셀에서 자동으로 입력되는 데이터의 유형을 적용해준다. 이 경우에는 배열을 입력받는다. ②에서 필요한 변수들을 선언해 준다. ③에서 입력받은 배열의 크기를 알아낸다. ④에서는 반환값으로 사용할 변수를 초기화 시켜주고 있다. ⑤~⑦은 기대값 계산을 위한 합계를 실행하는 부분이다. ⑧에서 최종 계산된 반환값을 함수에 넣어준다.

한 가지 주의할 것은 배열의 인덱스에 대해 특별히 지정해 주지 않을 경우, 함수의 인수로 사용되는 배열은 인덱스가 1부터 시작되는 반면 함수내부에서 선언해준 배열은 인덱스가 0부터 시작하는 가로벡터(Row Vector)이다.

작성한 사용자 정의함수를 실제로 사용하기 위해 엑셀에서 셀C7에 아래와 같이 입력하면 기대값 14.35가 계산됨을 알 수 있다.

셀C7: "=ExpectedValue(B2:B6,C2:C6)"

	A	B	C	D	E	F
1	상황	확률	확률변수			
2	1	0.25	5			
3	2	0.14	10			
4	3	0.33	15			
5	4	0.05	20			
6	5	0.23	25			
7			14.35	=ExpectedValue(C2:C6,B2:B6)		

(4) 엑셀의 행렬함수을 이용하기

VBA에서 직접 행렬함수를 만들어서 쓸 수도 있지만, 엑셀에서 이미 만들어 둔 각종 행렬함수를 VBA에서 아래와 같이 사용할 수 있다. 행렬함수를 직접 만들 경우 VBA에서 행렬을 다루는 방법이 다소 복잡할 수 있으므로 이 방법을 사용하는 것이 편리할 수 있다.

| 예제 | 엑셀 행렬함수를 사용자정의함수에서 사용하는 예

```
Function Inverse(MyMat)
  Inverse = Application.WorksheetFunction.MInverse(MyMat)
End Function
```

| 주의 | 배열의 인덱스

위의 경우 엑셀시트에서 배열(범위)을 입력변수로 받을 경우, 지정한 범위는 index가 1부터 시작하며, index가 0이면 해당범위의 바로 앞 셀의 값을 의미한다.

3.1.2 배열을 출력변수로 하는 함수

배열을 출력변수로 하는 함수를 예를 들어 알아보자. 현재가 0시점이며 다음기는 1시점이다. 주식시장에는 A, B, C 세 개의 주식이 있으며 이 주식들이 1시점에는 다음과 같이 각 상황에 따라 가격이 결정되고 각 상황이 될 확률도 주어졌다고 하자.

	A	B	C	D	E	F
1		주식				
2	상황		A	B	C	P
3		1	100	74	82	0.5
4		2	95	51	90	0.3
5		3	105	79	44	0.15
6		4	101	75	83	0.05

이번에는 1시점에서 각 주식의 기대값을 한꺼번에 계산해서 보여주는 함수를 작성해 보자. 결과값은 3×1차원의 배열이 될 것이다. 다음과 같이 VBA 편집기에 입력해 보자.

included
| 예제 | 복수 기대값 계산함수

```
Function ExpectedValue2(RV, Prob)

Dim N As Integer, M As Integer
Dim Sum_() As Double
N = RV.Rows.Count
M = RV.Columns.Count
ReDim Sum_(M)

For i = 1 To M 'columns
  Sum_(i - 1) = 0
  For j = 1 To N  'rows
    Sum_(i - 1) = Sum_(i - 1) + RV(j, i) * Prob(j)
  Next j
Next i
```

```
⑬ ExpectedValue2 = Sum_
⑭ End Function
```

①에서 입력변수로 확률벡터와 상황별/주식별 "가격 행렬"을 받아 들인다. ②와 ③은 각 변수를 선언해 주는 부분이며, ④와 ⑤에서 확률변수 벡터의 세로크기(Rows)와 가로크기(Columns)를 알아낸다. ⑥에서 반환변수로 사용할 Sum_ 배열의 크기를 지정해 준다. ⑦~⑫에 차례대로 A, B, C 주식의 기대값이 계산되도록 반복문을 만든 것이고, ⑩에서는 각 주식의 기대값을 계산하게 된다. 계산된 Sum_값을 ExpectedValue2에 넘겨주면 결과값으로 배열이 출력된다.

결과를 엑셀에서 보기 위해 출력범위인 C7:E7을 잡고, 아래와 같이 입력 한 뒤 [Ctrl]+[Shift]+[Enter]를 동시에 치면 배열 결과값이 출력됨을 알 수 있다.

셀범위C7:E7 "=ExpectedValue2(F3:F6,C3:E6)"

	A	B	C	D	E	F
1		주식				
2	상황		A	B	C	P
3		1	100	74	82	0.5
4		2	95	51	90	0.3
5		3	105	79	44	0.15
6		4	101	75	83	0.05
7		기대값	99.3	67.9	78.75	
8			=ExpectedValue2(C3:E6,F3:F6)			

3.2 "해 찾기"를 VBA에서 사용하기

Financial Engineering Practice with Excel VBA

3.2.1. 애드인 파일 참조설정하기

해찾기를 VBA에서 사용하기 위해서는 VBA에서 SOLVER.xla 애드인 (Add-in) 파일에 대한 참조를 설정해 두어야 VBA에서 해찾기 함수를 사용할 수 있다. 참조를 설정하는 방법은 다음과 같다.

VBA 편집기를 열고 "도구(T) → 참조(R)"를 선택한다.

참조 대화 상자에서 "사용 가능한 참조 목록"에서 SOLVER.xla를 찾아서 체크(v) 표시를 한다.

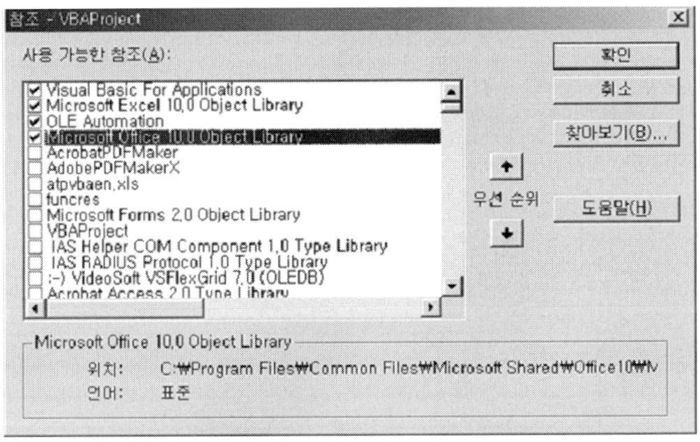

만약 사용 가능한 참조에 SOLVER.xla가 없다면 [찾아보기] 단추를 눌러 "Microsoft Office → Office10 → Library → Solver" 폴더[주)]를 찾아간다.

파일형식을 "Microsoft Excel Files"로 선택하면 SOLVER.xla가 나오는데 이 파일을 선택하고 [열기] 단추를 누른다.

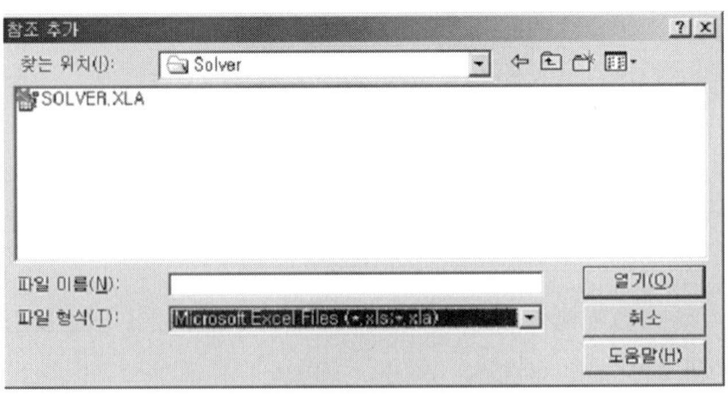

주) 사용자의 엑셀버전에 따라 경로가 다를 수 있다.

그러면 "참조" 대화상자로 복귀하게 되며, "사용 가능한 참조"에 SOLVER가 추가되고 체크박스에도 체크가 되어 있음을 볼 수 있다.

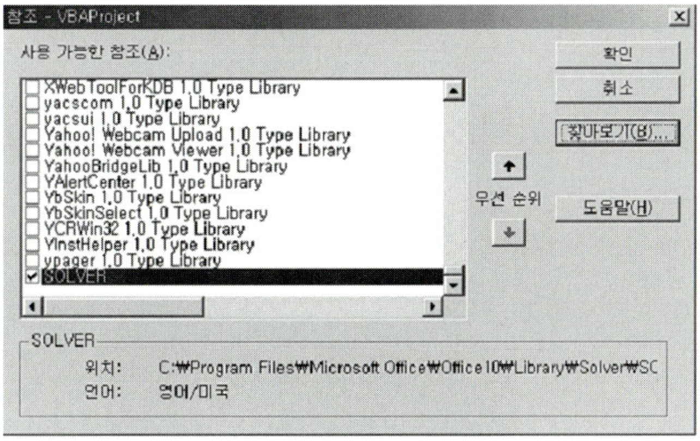

[확인] 단추를 누르면 VBA에서 SOLVER.xla 파일에 대한 참조가 설정되며 이제부터는VBA에서 SOLVER함수를 사용할 수 있다.

3.2.2. "해 찾기"를 VBA에서 실습하기

(1) SOLVER함수의 이해

해찾기 함수는 해찾기 모델설정함수(SolverOk), 제약조건 추가함수 (SolverAdd), 해찾기 실행함수(SolverSolve), 해찾기 결과함수 (SolverFinish) 등이 있다.

SolverOk(SetCell, MaxMinVal, ValueOf, ByChange)

SetCell	선택 요소로서 Variant 형식. 현재 워크시트에 있는 하나의 셀을 참조. "해 찾기" 모델 설정 대화 상자의 목표 셀 상자에 해당
MaxMinVal	선택 요소로서 Variant 형식. "해 찾기" 모델 설정 대화 상자의 최대값, 최소값, 지정값 옵션에 해당 (MaxMin Val 지정 내용: 1 최대값, 2 최소값, 3 지정값에 일치)
ValueOf	선택 요소로서 Variant 형식. MaxMinVal 인수가 3이면 목표 셀과 일치하는 값을 지정해야 함
ByChange	선택 요소로서 Variant 형식. 목표 셀에서 원하는 결과를 얻도록 변경할 셀 또는 셀 범위. "해 찾기" 모델 설정 대화 상자에 있는 변경할 셀 상자에 해당

기본적인 "해 찾기" 모델을 정의한다. 도구 메뉴에서 "해 찾기"를 클릭한 다음 "해 찾기" 모델 설정 대화 상자에서 옵션을 지정하는 것과 같다.

SolverAdd(CellRef, Relation, FormulaText)

CellRef	필수 요소로서 Variant 형식. 제약 조건의 왼쪽 부분을 구성하는 셀이나 셀 범위에 대한 참조
Relation	필수 요소로서 Integer 형식. 제약 조건의 왼쪽 부분과 오른쪽 부분 사이의 연산 관계. 4나 5를 선택하면 CellRef 인수는 변경할 수 있는 셀을 참조해야 하며 FormulaText 인수를 지정해서는 안된다. <관계 연산 관계 > 1 <= 2 = 3 > = 4 CellRef 인수가 참조한 셀에는 정수인 최종값이 있어야 한다. 5 CellRef 인수가 참조한 셀에는 최종 값 0이나 1이 있어야 한다.
FormulaText	선택 요소로서 Variant 형식. 제약 조건의 오른쪽 부분

현재 문제에 제약 조건을 추가한다. 도구 메뉴에서 해찾기를 클릭한 다음 해찾기 모델 설정 대화 상자에서 추가를 클릭하는 것과 같다.

SolverSolve(UserFinish, ShowRef)

UserFinish	선택 요소로서 Variant 형식. True이면 "해 찾기" 결과 대화 상자를 표시하지 않고 결과를 반환. False이거나 인수를 생략하면 "해 찾기" 결과 대화 상자를 표시하고 결과를 반환
ShowRef	선택 요소로서 Variant 형식. SolverOptions 함수의 StepThru 인수가 True일 때만 사용. ShowRef 인수를 사용하여 매크로 이름을 문자열로 지정할 수 있다. 중간에 해답을 반환할 때마다 매크로를 불러온다.

"해 찾기"를 시작한다. "해 찾기" 모델 설정 대화 상자의 "해 찾기"를 클릭하는 것과 같다.

SolverFinish(KeepFinal, ReportArray)

KeepFinal	선택 요소로서 Variant 형식. 1이나 2. KeepFinal 인수가 1이거나 지정하지 않으면 최종해 값은 이전의 값을 바꾸는 변경 셀에 유지. KeepFinal 인수가 2이면 최종해 값이 무시되고 이전 값으로 복원
ReportArray	선택 요소로서 Variant 형식. "해 찾기"가 끝나면 엑셀에 만들 보고서 종류이다. 1은 응답 보고서를 만들고, 2는 민감도 보고서를 만들며, 3은 제한 보고서를 만든다. 표시할 보고서를 지정하려면 예를 들어 ReportArray:= Array(1,3)과 같이 Array 함수를 사용한다.

"해 찾기" 작업을 마칠 때 만든 보고서의 종류와 결과를 엑셀에서 나타낸다.

다음과 같은 방정식 풀이에 해찾기를 적용해보자.

$$x^2 - xy + y^2 - 3x = 0 \quad \text{subject to} \quad x + y = 4$$

위 문제를 엑셀에서 설정해 보면 다음과 같다.

	A	B	C	D	E
1	x	2.5			
2	y	1.5			
3	target	-2.75	=B1^2-B1*B2+B2^2-3*B1		
4	subject to	4	=B1+B2		

위 문제를 풀기위한 VBA코드는 다음과 같다.

| 예제 | 해찾기를 VBA에서 사용하기

```
Sub 해찾기_실습()
    solverreset
    SolverOk    SetCell:="$B$3",    MaxMinVal:=2,    ValueOf:="0", _
    ByChange:="$B$1:$B$2"
    SolverAdd CellRef:="$B$4", Relation:=2, FormulaText:="4"
    SolverSolve True
End Sub
```

3.3 엑셀의 통계분석도구 VBA에서 사용하기

Financial Engineering Practice with Excel VBA

3.3.1. VBA설정

해찾기를 VBS에서 사용하기 위해 특별한 작업이 필요한 것처럼 통계분석도구 (예를 들어 '회귀분석')를 VBA에서 사용하기 위해서는 "분석도구 -VBA" 추가기능을 설치해야 한다. 만약 설치되어 있지 않을 경우 아래 메시지가 나타난다.

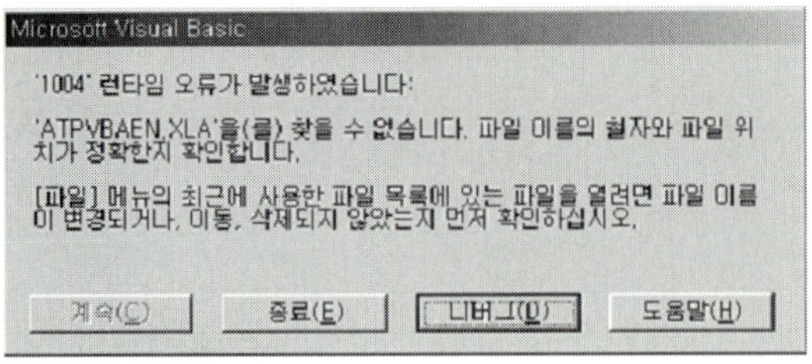

설치방법은 다음과 같다.

① VBA편집기로 간다.(엑셀 화면에서 [Alt]+[F11])

② [도구]→[참조]를 선택한다.

③ 아래 그림과 같이 사용가능한 추가기능 목록에서 '분석도구 VBA'를 선택하여 체크하고 [확인] 단추를 누른다.

3.3.2. Run 메서드의 이해

다음으로 엑셀의 통계분석도구를 VBA에서 실행하기 위해서는 Run 메서드를 사용해야 한다. Run 메서드에 대해 살펴보면 다음과 같다.

○ Application 개체에 적용될 경우의 Run 메서드

매크로를 실행하거나 함수를 불러온다. Visual Basic, Microsoft Excel 매크로 언어로 쓴 매크로 또는 DLL이나 XLL에 있는 함수를 실행할 때 사용할 수 있다.

• 구문

```
expression.Run(Macro, Arg1, Arg2, Arg3, Arg4, Arg5, Arg6, Arg7, Arg8,
Arg9, Arg10, Arg11, Arg12, Arg13, Arg14, Arg15, Arg16, Arg17, Arg18,
Arg19, Arg20, Arg21, Arg22, Arg23, Arg24, Arg25, Arg26, Arg27, Arg28,
Arg29, Arg30)
```

• 인수

expression	필수 요소로서 Application 개체를 반환하는 식 보통 Application이라고 쓰면 된다.
Macro	선택 요소로서 Variant 형식. 실행할 매크로. 매크로 이름이 있는 문자열이나 함수의 위치를 나타내는 Range 개체 또는 등록된 DLL(XLL) 함수의 레지스터 ID일 수 있다. 문자열을 사용하면 현재 시트 문맥에 있는 문자열을 검사할 수 있다.
Arg1~Arg30	함수에 전달해야 하는 인수, 선택 요소로서 Variant 형식.

예를 들어 finekitchen.xla 파일에 있는 "cnd"라는 사용자 정의함수를 사용하려면 다음과 같이 쓸 수 있다. 이때 cnd함수의 인수는 '0'으로 하고자 한다.

| 예제 | Run 메소드의 이해

```
Sub Run메소드이해()
  Cells(1, 1)=Application.Run("finekitchen.xla!cnd", 0)
End Sub
```

3.3.3. 데이터 분석-회귀분석(Regress)

엑셀 분석도구 중 회귀분석을 사용해보자. 회귀분석 매크로는 ATPVBAEN.XLA라는 추가기능 파일에 존재하며 매크로의 이름은 Regress이다. 사용되는 인수는 다음과 같다.

인수1(Arg1)	Y축 입력 범위	종속 데이터 범위에 대한 참조를 입력한다. 범위는 단일 열 데이터로 이루어져야 한다.
인수2(Arg2)	X축 입력 범위	독립 데이터 범위에 대한 참조를 입력한다. 이 범위에서 독립 변수의 순서는 왼쪽에서 오른쪽으로 오름차순으로 정렬된다. 독립 변수는 16개까지 지정할 수 있다.
인수3(Arg3)	이름표	입력 범위의 첫 행이나 열에 이름표가 있으면 이 확인란을 선택한다. 입력 범위에 대한 이름표가 없을 경우 이 확인란 선택을 취소하면 출력 테이블에 대한 데이터 이름표가 자동으로 만들어진다.

인수4(Arg4)	신뢰 수준	요약 출력 테이블에 신뢰 수준을 추가한다. 기본값 95%에 추가로 적용할 신뢰 수준을 상자에 입력한다
인수5(Arg5)	상수에 0을 사용	회귀선이 원점을 지나도록 지정한다.
인수6(Arg6)	출력 범위	출력 테이블의 왼쪽 위 셀에 대한 참조를 입력한다. 분산 분석 테이블, 계수, 예상값의 표준 오차, R^2 값, 표본 수, 계수의 표준 오차 등이 포함되는 요약 출력 테이블에 대해 최소 7개 열이 허용된다.
인수7(Arg7)	새로운 워크시트	현재 통합 문서에 새 워크시트를 삽입하고 새 워크시트의 A1 셀부터 결과를 붙여넣는다. 새 워크시트의 이름을 지정하려면 상자에 이름을 입력한다.
인수8(Arg8)	새로운 통합 문서	새 통합 문서를 만들고 새 통합 문서의 새 워크시트에 결과를 붙여넣는다.
인수9(Arg9)	잔차	잔차 출력 테이블에 잔차를 나타낸다.
인수10(Arg10)	표준 잔차	잔차 출력 테이블에 표준 잔차를 나타낸다.
인수11(Arg11)	잔차도	각 독립 변수 대 잔차에 대한 차트를 만든다.
인수12(Arg12)	선적합도	예측값 대 관측값에 대한 차트를 만든다.
인수13(Arg13)	정규 확률도	표준 확률 차트를 만든다

3.3.4. 분석도구를 VBA에서 사용하기

엑셀에서 [도구]→[데이터분석]을 실행하면 다음과 같은 대화창이 뜬다.

분석도구 항목 중 회귀분석을 실행하면 다음의 대화창이 뜬다.

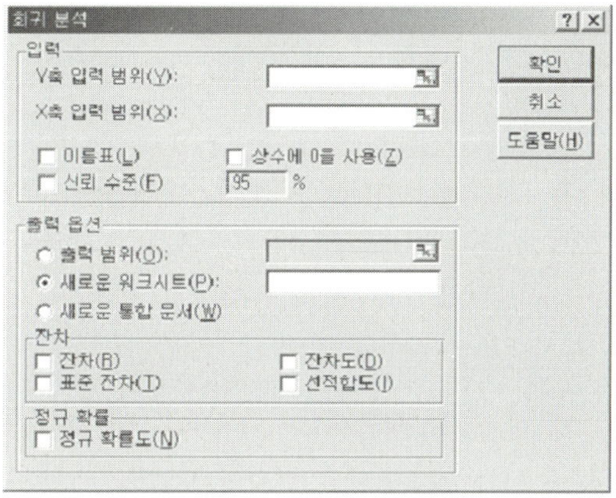

각 항목을 입력한 뒤 [확인] 단추를 누르면 회귀분석결과를 얻을 수 있는데, 예를 들어 아래 그림에서 범위 “B5:C15”에 있는 데이터(x,y)에 대해 회귀분석을 실행하면 셀“B17”이하에 보이는 회귀분석 결과를 볼 수 있다.

	B	C	D	E	F	G	H	I	J
3									
4	x	y							
5	0	0.590569							
6	1	5.609851							
7	2	12.40444							
8	3	24.05679							
9	4	33.76487							
10	5	48.86472							
11	6	61.48669							
12	7	78.84994							
13	8	100.2992							
14	9	120.2438							
15	10	143.1311							
16									
17	요약 출력								
18									
32		계수	표준 오차	t 통계량	P-값	하위 95%	상위 95%		
33	Y 절편	-14.2558	5.388725	-2.64548	0.026673	-26.4459	-2.06562		
34	X 1	14.29301	0.910861	15.69176	7.62E-08	12.23249	16.35352		

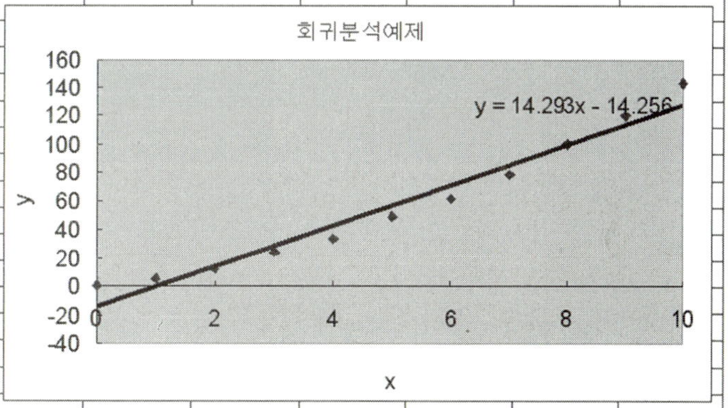

이 과정을 VBA를 통해 자동으로 실행할 수 있는데 다음 실습을 분석해 보기 바란다.

included 예제 회귀분석을 VBA에서 사용하기

```
Sub Regression()
    Application.Run "ATPVBAEN.XLA!Regress", _
                ActiveSheet.Range("$C$5:$C$15"), _
                ActiveSheet.Range("$B$5:$B$15"), _
                False, _
                False, _
                , _
                ActiveSheet.Range("$B$17") _
                , False, False, False, False, , False
End Sub
```

앞에서 본 바와 같이 이 Run 메서드는 ATPVBAEN.XLA에 존재하는 Regress라는 프로시저를 실행하게 된다. 이때 각 인수는 앞에서 본 "회귀분석" 대화창에 있는 항목에 대응하는 것을 볼 수 있다.

3.4 VBA 코드를 엑셀에서 공통으로 사용하기

Financial Engineering Practice with Excel VBA

특정 파일에서 작성한 사용자 정의함수는 해당 파일에서만 사용할 수 있고 그 파일이 닫혀 있으면 다른 파일에서는 사용할 수가 없다. 즉, 매번 해당 엑셀 파일을 열어두거나 VBA 코드를 복사해서 사용할 수밖에 없다. 사용자가 작성한 VBA코드를 다른 엑셀파일에서도 사용하는 방법은 두 가지가 있다.

- 추가기능파일(Addin file)을 이용하는 방법
- PERSONAL.XLS을 이용하는 방법

3.4.1. 추가기능파일(Addin File)

추가기능 파일(Addin file)은 엑셀파일의 일종이다. 확장자가 xls대신 xla로 지정되

며, 파일을 실행해도 활성화되지 않는다.(즉, 사용자 눈에 보이지 않는다.) 애드인 파일을 엑셀화면에서 [도구] → [추가기능]을 통해 설치해두면 엑셀 실행할 때마다 자동으로 파일이 열리게 되어 애드인 파일에 기록된 VBA를 다른 파일에서도 사용할 수 있게 되는 것이다.

특히 편리한 점은 추가기능파일의 사용자 정의 함수는 엑셀함수와 동일하게 함수이름만으로도 사용할 수 있다는 것이다. 예를 들어 testsum이라는 사용자정의 함수를 testfile.xls에 기록했다면, 이 함수를 다른 파일에서는 testfile.xls!testsum(10,20)과 같이 사용해야 하지만, 추가기능파일에 있는 함수라면 testsum(10,20)과 같이 쓸 수 있다.

3.4.2. 추가기능 파일 만들기

직접 작성한 사용자 정의함수나 프로시저를 별도의 파일로 만들어서 엑셀의 추가기능 파일(*.xla)로 저장하고 이 파일을 '추가기능(Add－in)'에 설치하면 사용자 정의함수를 엑셀 내장함수처럼 언제든지 사용할 수가 있다

| 예제 | 선형보간함수[주)]를 추가기능으로 만들기

아래와 같이 선형보간 함수값을 계산하는 사용자 정의함수를 VBA 편집기에 입력하자.

```
Function LinearInterpolation(x1, x2, y1, y2, xStar)
   LinearInterpolation=y1+(y2-y1) / (x2-x1) * (xStar-x1)
End Function
```

(1) 미리 작성해둔 VBA 모듈을 옮기는 방법

VBA편집기에서 추가기능으로 사용하고자 하는 모듈(방금 작성한 LinearInterpolation(x1, x2, y1, y2, xStar)가 들어있는 모듈)을 선택하고 마우스 오른쪽 단추를 클릭해서 나타나는 메뉴 중 "파일 내보내기"를 선택한다.

주) 선형보간법에 대한 자세한 설명은 "수치해석" 부분을 참조하기 바람

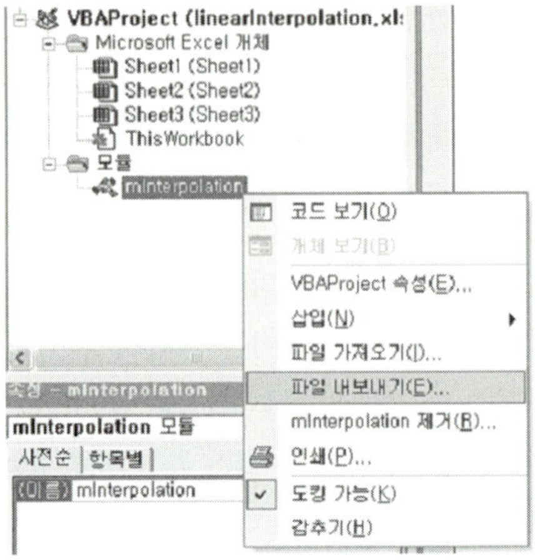

파일 내보내기 대화상자가 열리면 원하는 폴더를 지정하고 파일 이름을 입력한 뒤 [저장] 단추를 누른다.

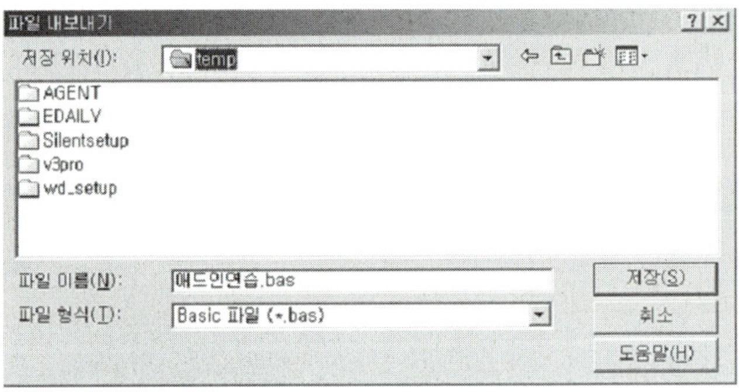

(2) 저장해둔 VBA 모듈 불러오기

엑셀 화면으로 돌아와 새로운 엑셀 파일을 연다. VBA 편집기로 가서 해당 파일의 모듈을 선택한 뒤 마우스 오른쪽 단추를 클릭하여 나타나는 메뉴 중 "파일 가져오기"를 선택한다.

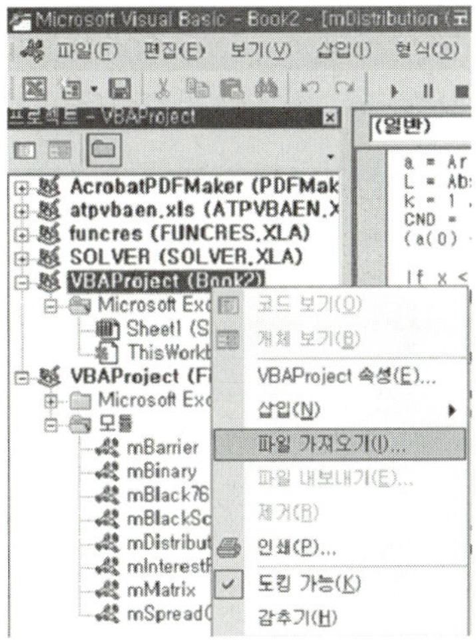

조금 전에 저장해 두었던 “애드인연습.bas”파일을 선택하여 연다.

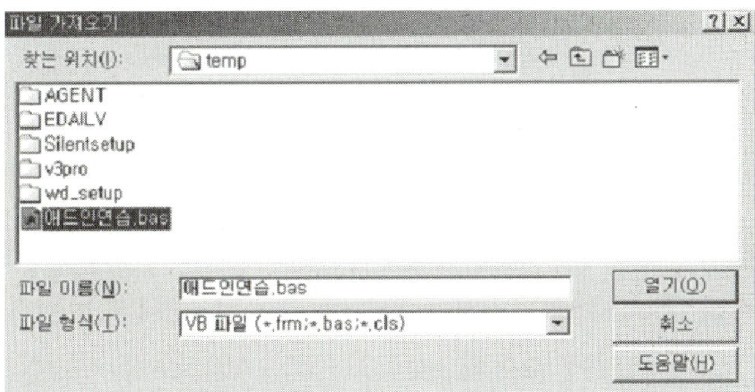

그러면 이 모듈이 새로 만든 파일에 추가됨을 알 수 있다.

이런 방식으로 추가기능 파일에 입력해두고자 원하는 모듈을 모두 추가한다.

(3) 추가기능 파일 만들기

이제 위 파일을 추가기능 파일로 저장하려면, "파일(F) → 다른 이름으로 저장(A)"을 선택하면 나타나는 대화상자에서 파일 형식을 "Microsoft Excel 추가 기능"을 선택한다. 이 때 자동으로 개인 계정 폴더의 AddIns로 폴더가 변경된다.

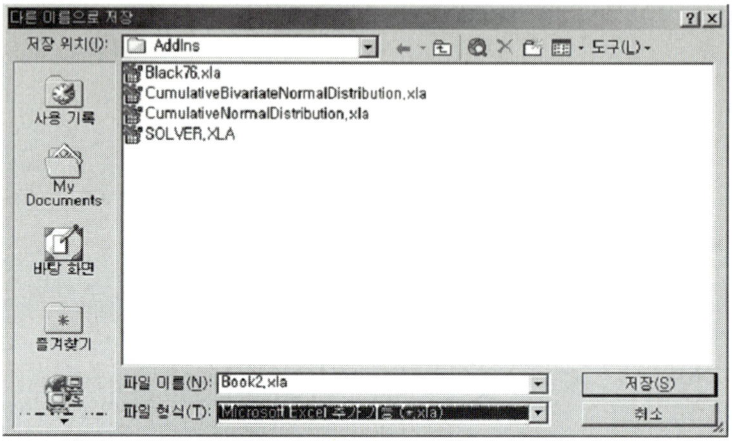

원하는 파일이름을 지정하고 [저장] 단추를 눌러 저장한다.

다음으로 엑셀 창에서 "도구(T) → 추가기능(I)"을 선택하면 열리는 대화 상자에서 방금 저장한 Book2.xla가 "사용 가능한 추가기능"에 나타난다. 만약 "사용 가능한 추가기능"에 이 파일이 없다면 [찾아보기(B)] 단추를 눌러 저장한 경로를 지정해 주면 추가가 된다."

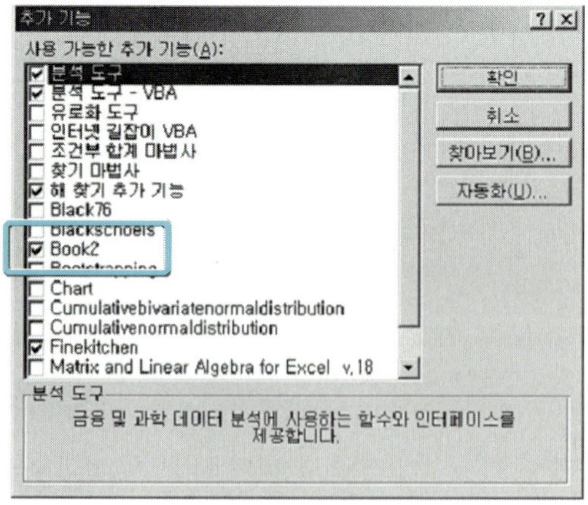

이 항목을 체크한 뒤 [확인] 단추를 누르면 함수 마법사의 엑셀 내장함수처럼 모든 엑셀 파일에서 사용자 정의함수를 사용할 수 있다.

3.4.3. PERSONAL.XLS파일 만들기

PERSONAL.XLS파일을 만드는 절차는 다음과 같다.

① [도구] → [매크로] → [새매크로 기록]을 선택하면, 매크로 기록창이 뜨고, 중간에 있는 "매크로 저장 위치(I)" 중 '개인매크로통합문서'를 선택한 뒤 매크로를 기록하면 personal.xls파일이 자동으로 생성된다. (Personal.xls파일은 XLSTART라는 폴더에 저장된다.)

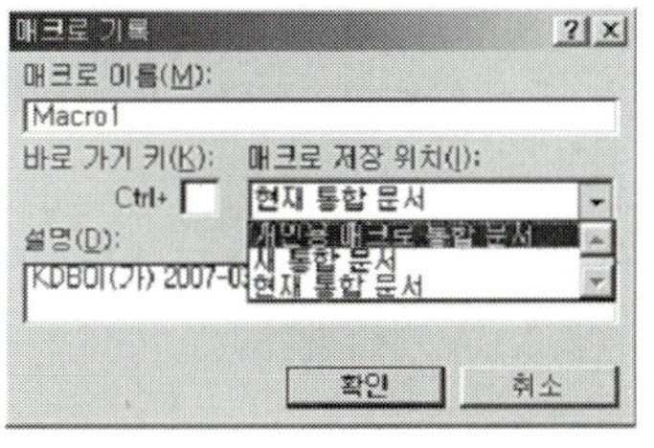

② VBA편집기로 가서 personal.xls 프로젝트를 선택한다.

③ 오른쪽의 편집창에 사용하고 싶은 함수나 프로시저 코드를 기록한다.

이후에는 엑셀 프로그램을 실행하면 personal.xls파일이 자동으로 열리고, 이 파일에 기록된 VBA코드는 모든 파일에서 실행할 수 있게 된다.

Personal.xls에 기록된 사용자 정의함수를 사용하면 아래와 같이 '=파일이름!함수명(인수)'로 기록된다.

	A	B
1	1+2*3	
2	7	=PERSONAL.XLS!Textvalue(A1)

3.4.4. 기타

(1) 파일의 속성을 변경해서 추가기능(Addin) 파일 만들기

예를 들어 personal.xls파일을 추가기능 파일로 변경하고자 한다고 하자.

아래와 같이 VBA 프로젝트 탐색창에서 personal.xls 프로젝트에서 Thisworkbook을 선택하고 속성창을 보면 IsAddin이라는 속성이 있다. 기본값은 False로 설정되어 있는데 이 값을 True로 변경하면 이 파일은 추가기능파일로 전환된다.

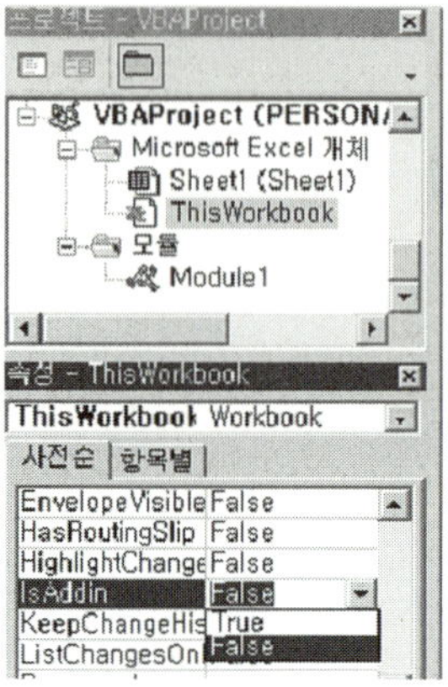

또는 VBA코드 편집창에 다음과 같이 코드를 입력하고 실행시켜도 같은 결과를 얻을 수 있다.

```
Workbooks("personal.xls").IsAddin=True
```

(2) 셀(또는 범위)에 이름지어주기

엑셀 워크시트에서 각 셀은 기본적으로 주어진 이름을 갖고 있다. 예를 들어 가장 왼쪽 위의 셀은 A1이 주어진 이름이다. 그런데 엑셀 사용자가 자신이 원하는 이름을 셀 또는 특정범위에 지어줄 수 있다.

엑셀 화면에서 [삽입] → [이름] → [정의]를 선택하면 다음과 같은 화면을 볼 수 있다.

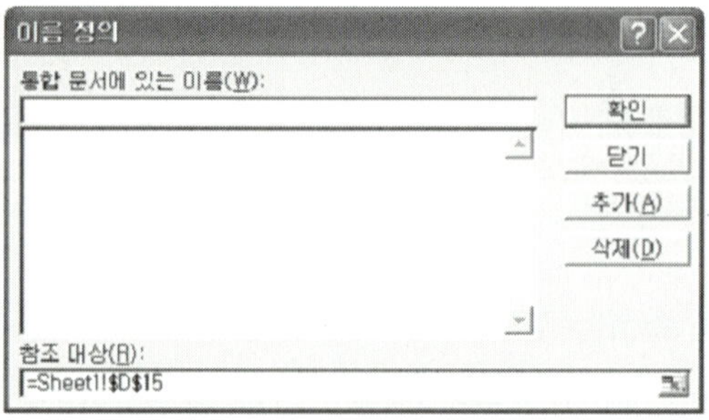

'통합문서에 있는 이름' 칸에 특정이름 예를 들어 test라고 입력한 뒤 [확인]단추를 누르면 D15셀은 이제부터 test라는 이름을 갖게 된다.

D15셀에 10을 입력한 뒤, 다른 임의의 셀에서 "=test*2"라고 입력하면 "20"을 결과값으로 얻게 된다.

즉, 지금부터는 D15셀을 test라는 이름으로 호출할 수 있게 된 것이다.

(3) 사용자함수에 대한 설명 입력하기

우선 VBA편집기에서 다음과 같이 "Test"라는 사용자 정의 함수를 만들자.

```
Function Test(a, b)
  Test=a+b
End Function
```

엑셀화면으로 돌아와서 [도구]→[매크로]→[매크로]를 선택하면 다음과 같은 대화창이 뜬다.

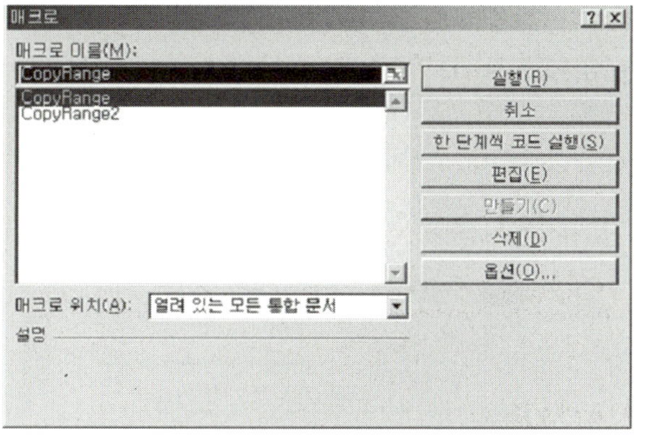

이 창에서는 사용자정의함수 목록을 자동으로 보여주지 않으므로, 설명을 입력하려고 하는 함수이름을 [매크로 이름(M)] 입력창에 직접 입력 해주어야 한다. 아래와 같이 [매크로 이름(M)] 입력창에 "Test"라고 입력한다.

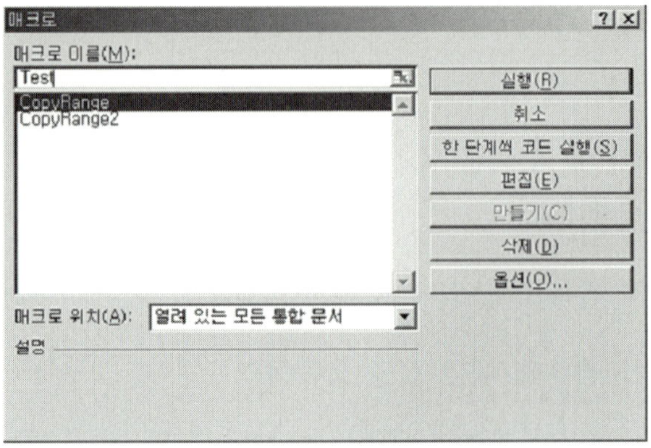

다음으로 [옵션] 단추를 누른다. 새로 뜬 "매크로 옵션" 대화창의 [설명(D)] 창에 함수에 대한 설명을 입력하고 [확인]을 누른다.

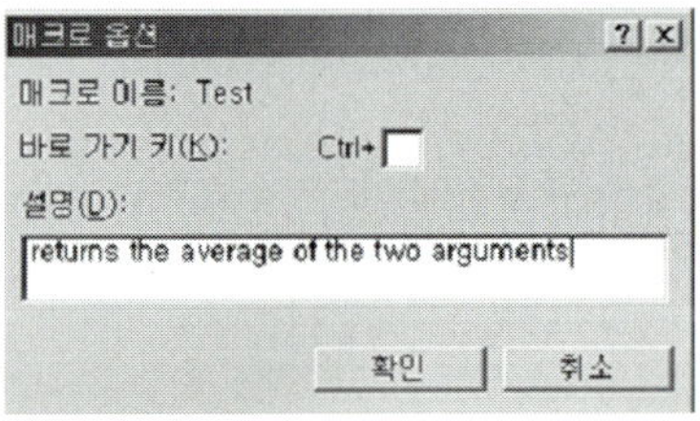

다시 매크로 대화창으로 돌아오면 오른쪽 상단의 [x]단추를 눌러 창을 닫는다.

이제 엑셀화면의 함수 마법사에서 "Test"라는 함수를 선택하면 아래와 같이 대화창의 아래 부분에 함수 설명이 표시되는 것을 알 수 있다.

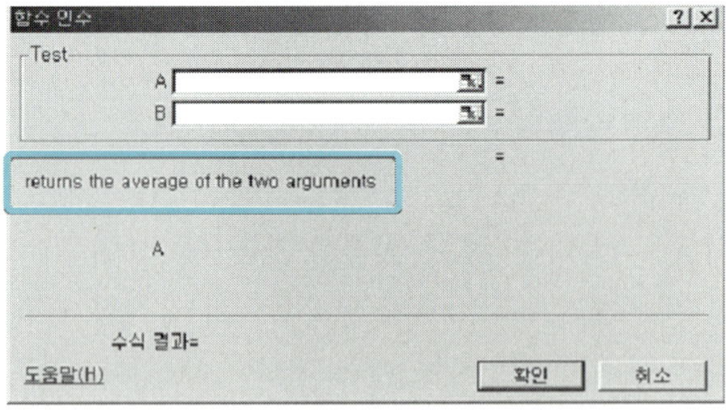

(4) 선택적 인수(Optional Argument)

| 예제 | 선택적 인수

예를 들어 어떤 함수를 만들려고 하는데 인수가 2개 일 수도 있고 3개 일 수도 있는 경우가 있을 때 마지막 세 번째 인수를 '선택적 인수'라고 한다.

아래 실습을 살펴보자.

```
Function test(a, b, Optional c As Integer=10)
If c=10 then
Test=a+b
Else
Test=a-b
End if
End Function
```

위 test함수에서 마지막 인수 'C'는 선택적 인수이며, 사용자가 값을 입력하지 않은 경우 자동으로 10이 할당된다.

(5) 효율적으로 프로그램짜기[8]

VBA의 도움말을 이용하면 각종 메소드나 함수에 대한 팁이 제공되는데, 이를 잘 이용하면 아래 예와 같이 프로그램을 효율적으로 작성할 수 있다.

B7:C7 범위를 복사해서 그 아래 줄에 붙여 넣고자 한다. 아래 예제를 우선 보자.

| 예제 | Range 복사해서 붙여넣기

	A	B	C
4			=B6+2
5			=B7^2
6			
7	saurce	2	4
8	target		

```
Sub CopyRange1()
    Range("B7:C7").Select
    Selection.Copy
    Range("B8").Select
    ActiveSheet.Paste
    Application.CutCopyMode=xlCopy
End Sub
```

주) John Walkenbach, Excel 2003 Bible P.758

이 때, Copy 메소드는 목적셀(destination)을 지정할 수 있는 인수를 사용할 수 있다는 점을 알면, CopyRange1 프로시저와 같은 5줄의 코드를 CopyRange와 같은 1줄의 코드로 짤 수 있다.

```
Sub CopyRange2()
  Range("B7:C7").Copy Range("B8")
End Sub
```

(6) 휘발성 함수(volatile function)

휘발성 함수(volatile function)란 자신의 인수가 변하지 않더라도 다른 셀의 값이 바뀌면 함수값을 재계산하는 함수를 말한다. 여기에는 다음의 함수가 속한다[주].

```
NOW()
TODAY()
RAND()
INDIRECT()
```

예를 들어 SUM(A1:A3)라는 함수값은 B5셀의 값이 바뀌더라도 재계산되지 않지만, RAND()함수는 인수의 값이 바뀌지 않았음에도 재계산되어 새로운 값을 돌려준다. VBA로 작성한 사용자 정의 함수는 휘발성 함수가 아니다.

included **예제** | 휘발성 함수

```
Function Volatile_()
    Volatile_ = Rnd()
End Function
```

위에서 정의한 Volatile_함수는 엑셀의 RAND함수와 동일한 기능을 하는 함수이다. 그런데 이 함수를 엑셀에서 아래와 같이 입력한 뒤 B5셀에 값을 변경시켜보면 RAND 함수와 달리 함수가 재계산되지 않는다.

주) S. Dalton, Excel Add－in Development in C/C++, John Wiley & Sons (2005) p.26

	A	B	C
2	rand	0.161092	=RAND()
3	volatile	0.533424	=Volatile_()
4			
5		10	

즉, VBA로 작성한 함수는 기본적으로 휘발성 함수가 아니다.

사용자정의 함수를 휘발성 함수로 만들고자 한다면, 인수로 엑셀의 휘발성함수를 사용하면 된다.

```
Function Volatile2(x)
    Volatile2 = Rnd()
End Function
```

	A	B	C	D
6	volatile2	0.862619	=Volatile2(RAND())	

또는 사용자 정의 함수안에 다음과 같이 Application의 Volatile 속성을 True로 설정해 두면 그 함수는 휘발성함수가 된다.

```
Function Volatile3()
    Application.Volatile True
    Volatile3 = Rnd()
End Function
```

PART II

Chapter 4. 수치해석

Chapter 4

수치해석

4.1 수치해석과 파생상품 가격결정

보통 2차 방정식을 풀 때 근의 공식이나 인수분해 등을 사용해서 풀게 되는데 이 방법은 해석적(analytic) 풀이방법이라고 할 수 있다. 그런데 2차 방정식의 해를 앞으로 보게 될 2분할법(Bisection method)이나 뉴튼−랩슨(Newton−Raphson) 방법으로도 풀 수 있는데 이렇게 컴퓨터를 이용해서 수학적 문제를 풀어가는 것을 수치해석적 방법(Numerical Method)이라고 한다.

각 수치해석방법과 파생상품 가격결정(pricing) 방법 사이의 관계를 살펴보면 다음과 같다.

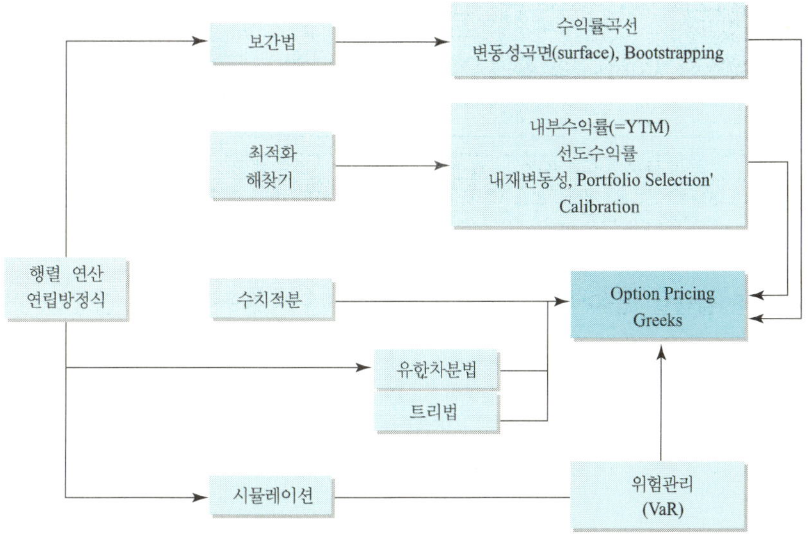

많은 수학적 문제에 대한 수치적 풀이방법이 있으나 재무분야, 특히 파생상품 이론과 관련된 문제에 대해서 예를 통해 알아보고자 한다.

Financial Engineering Practice with Excel VBA

4.2 연립방정식 풀이

다음과 같은 n개의 방정식으로 이루어진 연립방정식을 생각해 보자.

$$a_{11}x_1 + a_{12}x_2 + \ldots + a_{1n}x_n = b_1$$
$$a_{21}x_1 + a_{22}x_2 + \ldots + a_{2n}x_n = b_2$$
$$\ldots$$
$$a_{n1}x_1 + a_{n2}x_2 + \ldots + a_{nn}x_n = b_n$$

이 연립방정식은 다음과 같이 행렬로 표현할 수 있다.

$$\mathbf{Ax} = \mathbf{b}$$

단, $A = \begin{bmatrix} a_{11} & a_{12} & \ldots & a_{1n} \\ a_{21} & a_{22} & \ldots & a_{2n} \\ \ldots & \ldots & \ldots & \ldots \\ a_{n1} & a_{n2} & \ldots & a_{nn} \end{bmatrix}$, $x = \begin{bmatrix} x_1 \\ x_2 \\ \ldots \\ x_n \end{bmatrix}$, $b = \begin{bmatrix} b_1 \\ b_2 \\ \ldots \\ b_n \end{bmatrix}$

4.2.1. 크레이머(Cramer) 법칙을 이용한 풀이

크레이머 법칙에 따르면 우리가 찾고자 하는 미지수 x_i 들은 다음과 같이 구할 수 있다.

$$x_i = \frac{|A_i|}{|A|}$$

$$단,\ A_i = \begin{bmatrix} a_{11} & .. & b_1 & ...a_{1n} \\ a_{21} & ... & b_2 & ...a_{2n} \\ ... & ... & ... & ...\ ... \\ a_{n1} & ... & b_n & ...a_{nn} \end{bmatrix}$$

(즉, 행렬 A에서 i번째 열을 연립방정식의 우변의 값으로 대체하여 만든 행렬)

$|A|$: 행렬 A의 행렬식

위 식은 간단해 보이지만 행렬의 크기가 커질수록 행렬식(Determinant)의 계산량은 기하급수적으로 늘어나게 되어 계산하기가 어려워지므로 실제로 사용하기는 쉽지 않은 일이다.

다음 연립방정식을 크레이머법칙을 이용해 풀어보자.

$$\begin{aligned} x_1 + 2x_2 + x_3 &= 1 \\ 3x_1 \qquad + 4x_3 &= -1 \\ x_2 + 5x_3 &= 1 \end{aligned}$$

| 예제 | 크레이머 법칙

위 문제를 행렬형태로 표현하면 다음과 같다.

$$\begin{bmatrix} 1 & 2 & 1 \\ 3 & 0 & 4 \\ 0 & 1 & 5 \end{bmatrix} \begin{bmatrix} x_1 \\ x_2 \\ x_3 \end{bmatrix} = \begin{bmatrix} 1 \\ -1 \\ 2 \end{bmatrix}$$

먼저 계수행렬을 A라고 두자.

$$A = \begin{bmatrix} 1 & 2 & 1 \\ 3 & 0 & 4 \\ 0 & 1 & 5 \end{bmatrix}$$

A행렬의 행렬식(determinant)을 구하면 다음과 같다

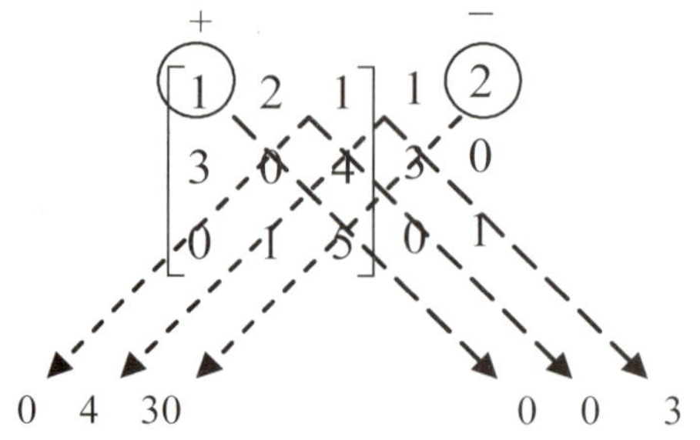

$$|A| = 0 + 0 + 3\,(-0 - 4 - 30) = -31$$

A행렬의 첫번째 열을 연립방정식의 우변의 값으로 대체한 A_1행렬은 다음과 같고,

$$A_1 = \begin{bmatrix} 1 & 2 & 1 \\ -1 & 0 & 4 \\ 2 & 1 & 5 \end{bmatrix}$$

그 행렬식은 $|A_1| = 0 + 16 - 1\,(-0 - 4 - (-10)) = +21$이므로,

크레이머 법칙에 따라 x_1을 구하면 $x_1 = -\dfrac{21}{31}$ 이다.

4.2.2. 수치적 연립방정식 풀이의 기본적 아이디어

수치적 연립방정식의 기본적 아이디어는 "미지수 소거법"이다. 3개의 미지수와 3개의 방정식으로 이루어진 연립방정식을 생각해보자. 이 연립방정식을 행렬로 표현하면 아래와 같다.

$$\begin{bmatrix} a_{11} & a_{12} & a_{13} \\ a_{21} & a_{22} & a_{23} \\ a_{31} & a_{32} & a_{33} \end{bmatrix} \begin{bmatrix} x_1 \\ x_2 \\ x_3 \end{bmatrix} = \begin{bmatrix} b_1 \\ b_2 \\ b_3 \end{bmatrix}$$

A_i를 A행렬의 i번째 행으로 이루어진 벡터라고 하자. 예를 들어 A_1는 다음과 같다.

$$A_1 = [a_{11} \quad a_{21} \quad a_{13}]$$

위 행렬식은 다음과 같이 쓸 수 있다.

$$A_1 \times x = b_1$$

$$A_2 \times x = b_2$$

$$A_3 \times x = b_3$$

연립방정식은 다음의 성질이 성립한다.

| 정리 | 연립방정식의 성질

- 연립방정식을 구성하는 임의의 식 양변에 실수를 곱하여도 연립방정식은 불변
- 연립방정식을 구성하는 임의의 i식에 j식$(i \neq j)$을 더하여도 연립방정식은 불변

위 성질을 이용하여 최종적으로 다음의 형태로 행렬을 변형하는 것이 목표이다. 이렇게 변형된 결과의 우변값이 연립방정식의 해가 된다.

$$\begin{bmatrix} 1 & 0 & 0 \\ 0 & 1 & 0 \\ 0 & 0 & 1 \end{bmatrix} \begin{bmatrix} x_1 \\ x_2 \\ x_3 \end{bmatrix} = \begin{bmatrix} b_1^* \\ b_2^* \\ b_3^* \end{bmatrix}$$

included

| 예제 | 소거법을 이용한 연립방정식의 풀이방법 이해하기

다음 연립방정식을 연립방정식의 성질을 이용해서 풀어보자.

$$0.2x_1 + 0.6x_2 + 0.2x_3 = 38{,}000 \quad (1)$$

$$0.3x_1 + 0.3x_2 + 0.4x_3 = 21{,}000 \quad (2)$$

$$0.1x_1 + 0.4x_2 + 0.5x_3 = 27{,}000 \quad (3)$$

우선 각 계수를 엑셀에 입력하면 다음과 같다.

	A	B	C	D	E	F
3		A=			b=	x=
4	A1	0.2	0.6	0.2	38000	x1
5	A2	0.3	0.3	0.4	21000	x2
6	A3	0.1	0.4	0.5	27000	x3

첫번째 행을 이용해서 나머지 행들의 첫번째 계수를 모두 0으로 만든다.

	A	B	C	D	E	F	G
8	*eliminate the 1st column using the 1st row*						
9	A1	*0.2*	*0.6*	*0.2*	*38000*	x1	=E4
10	A2-A1/a11*a21	0	-0.6	0.1	-36000	x2	{=B5:E5-B4:E4/B4*B5}
11	A3-A1/a11*a31	0	0.1	0.4	8000	x3	{=B6:E6-B4:E4/B4*B6}

B10:D10 및 B11:D11 범위에는 G열에 표시된 배열수식이 적용되었으며 따라서 입력할 때 [Ctrl]+[Shift]+[Enter]를 쳐야 된다.

두번째 행을 이용해서 나머지 행들의 두번째 계수를 모두 0으로 만든다.

	A	B	C	D	E	F	G
13	*eliminate the 2nd column*						
14	A1-A2/a22*a12	0.2	0	0.3	2000	x1	{=B9:E9-B10:E10/C10*C9}
15	A2	*0*	*-0.6*	*0.1*	*-36000*	x2	=E10
16	A3-A2/a22*a32	0	0	0.41667	2000	x3	{=B11:E11-B10:E10/C10*C11}

세번째 행을 이용해서 나머지 행들의 세번째 계수를 모두 0으로 만든다.

	A	B	C	D	E	F	G
18	*eliminate the 3rd column*						
19	A1-A3/a33*a13	0.2	0	0	560	x1	{=B14:E14-B21:E21/D21*D14}
20	A2-A3/a33*a23	0	-0.6	0	-36480	x2	{=B15:E15-B21:E21/D21*D15}
21	A3	*0*	*0*	*0.41667*	*2000*	x3	=E16

마지막으로 A행렬의 0이 아닌 계수를 모두 1로 만들어 주면 다음을 얻는다.

	A	B	C	D	E	F	G
24	A1/a11	1	0	0	2800	x1	{=B19:E19/B19}
25	A2/a22	0	1	0	60800	x2	{=B20:E20/C20}
26	A3/a33	0	0	1	4800	x3	{=B21:E21/D21}

E열에 계산된 값들이 우리가 구하려는 연립방정식의 해이다.

4.2.3. 가우스-조단(Gauss-Jordan) 피보팅 방법을 이용한 풀이

연립방정식 체계에서는 각 방정식들을 더하거나 빼서 서로 동치인 연립방정식을 만들어 낼 수 있다. 즉, 임의의 방정식에 일정한 수를 곱하여 다른 방정식과 더하거나 빼서 만들어 지는 새로운 연립방정식도 이전의 연립방정식과 동일한 해를 갖게 된다. 이런 성질을 이용해서 연립방정식을 푸는 방법이 가우스-조단 방법이다.

구체적인 적용절차는 다음과 같다.

1단계
위 연립방정식에서 임의의 방정식을 골라 어떤 수를 곱한 뒤 다른 방정식에 더하여 새로운 방정식을 만드는데, 새로운 방정식에는 첫 번째 미지수가 없어지도록 만든다. 이 때 선택된 방정식을 피봇 방정식(Pivot Equation)이라고 하고 1회의 작업을 피봇 작업(Pivot Cycle)이라고 한다.
2단계
이번에는 다른 방정식을 선택하고 이 피봇 방정식을 제외한 다른 방정식들에서 두 번째 미지수를 없애는 피봇 작업을 실행한다.
3단계
이 작업을 반복하여 n번 실행하면 등식의 왼쪽 각 방정식에는 오직 하나의 미지수만 남게 되므로 연립방정식을 풀 수 있게 된다.

included

예제 가우스－조단법을 이용한 연립방정식의 풀이

3가지 포트폴리오의 가치가 아래와 같이 주어져 있을 때 자산 x_1, x_2, x_3의 개별 가치는 얼마인가?

$$0.2x_1 + 0.6x_2 + 0.2x_3 = 38{,}000 \tag{1}$$

$$0.3x_1 + 0.3x_2 + 0.4x_3 = 21{,}000 \tag{2}$$

$$0.1x_1 + 0.4x_2 + 0.5x_3 = 27{,}000 \tag{3}$$

우선 (1)식 (피봇 방정식)을 이용하여 (2), (3)식에서 첫 번째 항을 없앤다. (1)식을 0.2로 나누고 다시 0.3을 곱한 뒤 (2)식에서 빼서 (2)식에서 첫 번째 항을 없애고, (1)식을 0.2로 나누고 다시 0.1를 곱한 뒤 (3)식에서 빼서 (3)식에서 첫 번째 항을 없앤다.

$$0.2x_1 + 0.6x_2 + 0.2x_3 = 38{,}000 \tag{1}$$

$$0.0x_1 - 0.6x_2 + 0.1x_3 = -36{,}000 \tag{2)'}$$

$$0.0x_1 + 0.1x_2 + 0.4x_3 = 8{,}000 \tag{3)'}$$

다음으로 (2)'식을 이용하여 (1), (3)'식에서 두 번째 항을 없앤다.

$$0.2x_1 + 0.0x_2 + 0.3x_3 = 2{,}000 \tag{1)'}$$

$$0.0x_1 - 0.6x_2 + 0.1x_3 = -36{,}000 \qquad (2)'$$

$$0.01x_1 + 0.0x_2 + \left(0.4 + \frac{1}{60}\right)x_3 = 2{,}000 \qquad (3)''$$

마지막으로 (3)''식을 이용해서 (1)', (2)'식에서 세 번째 항을 없앤다.

$$0.2x_1 + 0.0x_2 + 0.0x_3 = 560 \qquad (1)''$$

$$0.0x_1 - 0.6x_2 + 0.0x_3 = -36{,}480 \qquad (2)''$$

$$0.0x_1 + 0.0x_2 + (0.4 + \tfrac{1}{60})x_3 = 2{,}000 \qquad (3)''$$

결국 각 방정식에는 하나의 미지수만 남게 되어 연립방정식을 풀었다.

$$x_1 = 2{,}800$$
$$x_2 = 60{,}800$$
$$x_3 = 4{,}800$$

4.2.4. 가우스 소거법을 이용한 연립방정식의 풀이

가우스－조단법은 피봇작업마다 각 계수에 대해 연산을 실행하므로 $n \times n$번의 연산이 필요하게 된다. 이에 비해 가우스 소거법은 연립방정식을 삼각화한 뒤 역진 대입법(back substitution)을 적용하여 연립방정식을 푸는 방법인데 가우스－조단법에 비해 약 절반 가량의 계산만 필요하므로 보다 효율적이다. 앞의 예를 통하여 설명해 보자.

우선 삼각화(diagonalizing)를 실행한다.

$$0.2x_1 + 0.6x_2 + 0.2x_3 = 38{,}000 \qquad (1)$$

$$0.3x_1 + 0.3x_2 + 0.4x_3 = 21{,}000 \qquad (2)$$

$$0.1x_1 + 0.4x_2 + 0.5x_3 = 27{,}000 \qquad (3)$$

(1)식을 이용해서 (2)식과 (3)식에서 첫 번째 항을 없앤다.

$$0.2x_1 + 0.6x_2 + 0.2x_3 = 38{,}000 \qquad (1)$$

$$0.0x_1 - 0.6x_2 + 0.1x_3 = -36{,}000 \qquad (2)'$$

$$0.0x_1 + 0.1x_2 + 0.4x_3 = 8{,}000 \qquad (3)'$$

이번에는 (2)식을 이용해서 (3)식에서 두 번째 항을 없앤다.

$$0.2x_1 + 0.6x_2 + 0.2x_3 = 38{,}000 \qquad (1)$$

$$0.0x_1 - 0.6x_2 + 0.1x_3 = -36{,}000 \qquad (2)'$$

$$0.0x_1 + 0.0x_2 + (0.4 + \tfrac{1}{60})x_3 = 2{,}000 \qquad (3)''$$

연립방정식 좌변의 계수가 대각선 아래쪽은 모두 0으로 되었다.(삼각화)

이제 역진 대입법을 실행하면 된다. 위에서 마지막 방정식은 하나의 미지수만 남게 되므로 이 하나의 미지수는 값을 알 수 있다. 이를 이용해서 끝에서 두 번째 방정식을 풀 수 있는데, 마지막 방정식에서 구한 미지수의 값을 (2)'식에 대입하면 다시 하나의 미지수 x_2가 남게 되어 방정식을 풀 수 있게 된다. 이런 방식으로 첫번째 방정식에서 마지막 미지수 x_1의 값을 알 수 있게 되어 결국 연립방정식을 모두 풀 수 있게 된다.

included 예제 | 가우스 소거법을 이용한 연립방정식 풀이

```
Function 가우스소거법(Xmat, Bvec)
Dim N, i, j, k As Integer
Dim tSum As Double
Dim tBvec As Variant
Dim tXmat As Variant
Dim Solution() As Variant
N=Xmat.Rows.Count
ReDim Solution(N)

tBvec=Application.Transpose(Bvec) 'transpose colum vecto to row vector
tXmat=Xmat

'make triangluar matrix
For i=2 To N  'i:row j:column
  For k=0 To N-i
    For j=i To N
      tXmat(i+k, j)=tXmat(i+k, j)-tXmat(i-1, j) /_
                tXmat(i-1, i-1) * tXmat(i+k, i-1)
```

```
    Next j
    tBvec(i+k)=tBvec(i+k)-tBvec(i-1)/_
              tXmat(i-1, i-1)*tXmat(i+k, i-1)
  Next k
Next i

'solve triangluar matrix
tSum=0
Solution(N)=tBvec(N)/tXmat(N, N)
For i=N-1 To 1 Step -1
  For j=i To N-1
    tSum=tSum+tXmat(i, j+1)*Solution(j+1)
  Next j
  Solution(i)=(tBvec(i)-tSum)/tXmat(i, i)
  tSum=0
Next i

For i=0 To N-1                'reset start of index to 1
  Solution(i)=Solution(i+1)
Next i

가우스소거법=Application.Transpose(Solution)

End Function
```

4.2.5. 삼각행렬 분해법을 이용한 연립방정식의 풀이

다음으로는 삼각행렬 분해법을 통하여 연립방적식을 푸는 방법을 알아보자. 우선 삼각행렬 분해에 대하여 알아보자. 임의의 정칙행렬(Regular Matrix)은 다음과 같이 어떤 두 행렬의 곱으로 표현할 수 있다.

$$A = LU$$

단, $L = \begin{bmatrix} l_{11} & 0 & 0... & 0 \\ l_{21} & l_{22} & 0... & 0 \\ ... & ... & ... & ... \\ l_{n1} & l_{n2} & l_{n3}... & l_{nn} \end{bmatrix}$: 하삼각행렬(Lower Triangular Matrix)

$$U = \begin{bmatrix} u_{11} & u_{12} & u_{13}\cdots & u_{1n} \\ 0 & u_{22} & u_{23}\cdots & u_{2n} \\ \cdots & \cdots & \cdots & \cdots \\ 0 & 0 & 0\cdots & u_{nn} \end{bmatrix}$$: 상삼각행렬(Upper Triangular Matrix)

위 식에서 우변의 두 행렬을 곱한 결과의 각 원소는 좌변의 각 원소와 같아야 하므로 다음이 성립한다.

$$u_{ii} = 1 \qquad i = 1,2,\ldots,n$$

$$l_{i1} = a_{i1}, \qquad i = 1,2,\ldots,n$$

$$u_{1j} = \frac{a_{1j}}{a_{11}}, \qquad j = 2,3,\ldots,n$$

$$l_{ij} = a_{ij} - \sum_{k=1}^{j-1} l_{ik}u_{kj} \qquad \begin{cases} j = 2,3,\ldots,n \\ i = j, j+1,\ldots,n \end{cases}$$

$$u_{ij} = \frac{1}{l_{ii}}\left(a_{ij} - \sum_{k=1}^{i-1} l_{ik}u_{kj}\right) \qquad \begin{cases} i = 2,3,\ldots,n \\ j = i+1, i+2,\ldots,n \end{cases}$$

위와 같은 삼각행렬 분해를 엑셀 VBA를 이용하여 프로그래밍을 하면 다음과 같다.

included **예제** | 삼각행렬분해

```
Function CroutDecomposition(inputMatrix, outputType)

Dim N As Integer
Dim i As Integer
Dim j As Integer
Dim k As Integer
Dim U() As Double
Dim L() As Double
```

주) 삼각행렬의 대각요소를 어떻게 두느냐에 따라 다음과 같이 3가지 삼각행렬분해법이 있다.

- 둘리틀(Doolittle)법 : $l_{ii} = 1$
- 촐레스키(Choleski)법 : $l_{ii} = u_{ii}$
- 크라우트(Crout)법 : $u_{ii} = 1$

여기서는 크라우트법을 사용해 보겠다.

```
Dim tempSum As Double

N=inputMatrix.Rows.Count

ReDim U(N, N)
ReDim L(N, N)

For i=1 To N
   U(i, i)=1
Next i

For i=1 To N
   L(i, 1)=inputMatrix(i, 1).Value
Next i

For j=2 To N
   U(1, j)=inputMatrix(1, j) / inputMatrix(1, 1)
Next j

For i=2 To N

   For j=2 To N
      tempSum=0
      For k=1 To j-1
         tempSum=tempSum+L(i, k) * U(k, j)
      Next k
      If j>i Then
         L(i, j)=0
      Else
         L(i, j)=inputMatrix(i, j)-tempSum
      End If
   Next j
   For j=i+1 To N
      tempSum=0
      For k=1 To i-1
         tempSum=tempSum+L(i, k) * U(k, j)
      Next k
      U(i, j)=1 / L(i, i) * (inputMatrix(i, j)-tempSum)
   Next j
Next i
```

```
Select Case outputType
Case 1
    CroutDecomposition=L
Case 2
    CroutDecomposition=U
Case Else
    CroutDecomposition=1004
End Select

End Function
```

다음으로 삼각행렬 분해를 통하여 연립방정식을 푸는 방법을 생각해 보자.

원래 풀려고 하는 연립방정식을 행렬을 이용하여 표현하면 다음과 같다.

$$Ax = b$$

삼각행렬 분해를 적용하면 다음과 같이 다시 쓸 수 있다.

$$Ax = \underbrace{(LU)x}_{y} = Ly = b$$

위 식의 마지막 부분($Ly = b$)을 자세히 보자.

$$Ly = \begin{bmatrix} l_{11} & 0 & 0\ldots & 0 \\ l_{21} & l_{22} & 0\ldots & 0 \\ \cdots & \cdots & \cdots & \cdots \\ l_{n1} & l_{n2} & l_{n3}\cdots & l_{nn} \end{bmatrix} \begin{bmatrix} y_1 \\ y_2 \\ \cdots \\ y_n \end{bmatrix} = \begin{bmatrix} b_1 \\ b_2 \\ \cdots \\ b_n \end{bmatrix}$$

위 식은 행렬의 위 부분부터 차례로 정리하면 순차적으로 $y_1, y_2, \ldots, y_n$을 구할 수 있다. 즉, 전진대입법을 통해 미지수를 간단히 알아 낼 수 있다. 그러면 다음 차례로 y의 정의식을 생각해보자.

$$Ux = y$$

y는 값을 알고 있으므로 이것은 새로운 연립방정식인데, U는 상삼각행렬이므로 가우스 소거법에서 보았던 역진 대입법을 적용하면 미지수 x를 간단히 구할 수 있다. 즉, 연립방정식을 풀게 된다.

| 예제 | 삼각행렬분해법을 이용한 연립방정식의 풀이

삼각행렬 분해법을 적용해서 앞의 예제를 풀어보자.

$$0.2x_1 + 0.6x_2 + 0.2x_3 = 38{,}000 \qquad (1)$$

$$0.3x_1 + 0.3x_2 + 0.4x_3 = 21{,}000 \qquad (2)$$

$$0.1x_1 + 0.4x_2 + 0.5x_3 = 27{,}000 \qquad (3)$$

우선 위 연립방정식을 행렬형태로 표현하면 다음과 같다.

$$\begin{bmatrix} 0.2 & 0.6 & 0.2 \\ 0.3 & 0.3 & 0.4 \\ 0.1 & 0.4 & 0.5 \end{bmatrix} \begin{bmatrix} x_1 \\ x_2 \\ x_3 \end{bmatrix} = \begin{bmatrix} 38{,}000 \\ 21{,}000 \\ 27{,}000 \end{bmatrix}$$

위에서 계수행렬은 다음과 같이 삼각행렬로 분해될 수 있다.

$$\begin{bmatrix} 0.2 & 0.6 & 0.2 \\ 0.3 & 0.3 & 0.4 \\ 0.1 & 0.4 & 0.5 \end{bmatrix} = \begin{bmatrix} 0.2 & 0 & 0 \\ 0.3 & -0.6 & 0 \\ 0.1 & 0.1 & 0.4 + \frac{1}{60} \end{bmatrix} \begin{bmatrix} 1 & 3 & 1 \\ 0 & 1 & -\frac{1}{6} \\ 0 & 0 & 1 \end{bmatrix}$$

우변의 첫번째 행렬을 L, 두번째 행렬을 U라고 하자. U와 미지수 행렬의 곱을 y라고 하면, 원래 연립방정식은 다음과 같이 쓸 수 있다.

$$\begin{bmatrix} 0.2 & 0 & 0 \\ 0.3 & -0.6 & 0 \\ 0.1 & 0.1 & 0.4 + \frac{1}{60} \end{bmatrix} \begin{bmatrix} y_1 \\ y_2 \\ y_3 \end{bmatrix} = \begin{bmatrix} 38{,}000 \\ 21{,}000 \\ 27{,}000 \end{bmatrix}$$

위 연립방정식은 첫번째 행부터 순차적으로 해를 찾을 수 있다. 즉,

$$y_1 = \frac{38{,}000}{0.2} = 190{,}000$$

$$y_2 = \frac{21{,}000 - 0.3y_1}{-0.6} = 60{,}000$$

$$y_3 = \frac{27{,}000 - 0.1y_1 - 0.1y_2}{0.4 + \frac{1}{60}} = 160{,}000$$

위 결과를 원래관계 $U^*x = y$로 다시 쓰면 다음과 같다.

$$y = \begin{bmatrix} 1 & 3 & 1 \\ 0 & 1 & -\frac{1}{6} \\ 0 & 0 & 1 \end{bmatrix} \begin{bmatrix} x_1 \\ x_2 \\ x_3 \end{bmatrix} = \begin{bmatrix} 190,000 \\ 60,000 \\ 4,800 \end{bmatrix}$$

위 관계식을 맨 아래 행부터 순차적으로 풀면 다음의 해를 얻을 수 있다.

$$x_3 = 4,800$$

$$x_2 = 60,000 + \frac{1}{6} x_3 = 60,800$$

$$x_1 = 190,000 - x_3 - 3x_2 = 2,800$$

Financial Engineering Practice with Excel VBA

4.3 대칭행렬의 제곱근 구하기

임의의 대칭행렬 S는 다음과 같이 분해될 수 있다.

$$S = D^T D$$

이때 D를 대칭행렬 S의 제곱근이라고 한다. 이 제곱근은 여러 가지 방법으로 구할 수 있으며 또한 하나 이상이 존재한다. 여기에서는 촐레스키 분해법을 살펴보겠다.

4.3.1 촐레스키 분해를 이용한 행렬 제곱근 구하기

촐레스키 분해법은 '삼각행렬 분해법'의 일종인데, 이 방법을 통해 구해진 삼각행렬은 행렬 제곱근의 성질을 만족하게 되므로 행렬제곱근을 구하는 방법으로 촐레스키 분해법을 사용할 수 있다.

D를 상삼각행렬이라고 하면 다음과 같이 쓸 수 있다.

$$D = \begin{bmatrix} d_{11} & d_{12} & \dots & d_{1n} \\ 0 & d_{22} & \dots & d_{2n} \\ \dots & .. & .. & .. \\ 0 & 0 & .. & d_{nn} \end{bmatrix}$$

촐레스키 분해법을 이용해서 각 행렬의 원소를 구하면 다음과 같다.

$$d_{11} = \sqrt{s_{11}}$$

$$d_{1j} = \frac{S_{1j}}{d_{11}} \qquad j = 2, 3, \dots, n$$

$$d_{ii} = \sqrt{s_{ii} - \sum_{k=1}^{i-1} d_{ki}^2} \qquad i = 2, 3, \dots, n$$

$$d_{ij} = \frac{1}{d_{ii}}\left[s_{ij} - \sum_{k=1}^{i-1} d_{ki} d_{kj} \right] \qquad \begin{cases} i = 1, 2, \dots, n \\ j = i+1, i+2, \dots, n \end{cases}$$

$$d_{ij} = 0 \qquad i > j$$

| 예제 | 촐레스키분해

다음 대칭행렬 $\begin{bmatrix} a & b \\ c & d \end{bmatrix}$ $(c = b)$을 촐레스키 분해해보자.

풀이는 다음과 같다.

$$\begin{bmatrix} x & 0 \\ y & z \end{bmatrix}\begin{bmatrix} x & y \\ 0 & z \end{bmatrix} = \begin{bmatrix} a & b \\ c & d \end{bmatrix} \text{ 즉, } \begin{bmatrix} x & y \\ 0 & z \end{bmatrix} = \begin{bmatrix} \sqrt{a} & \frac{b}{\sqrt{a}} \\ 0 & \sqrt{d - \frac{b^2}{a}} \end{bmatrix}$$

○ 응용 : 상관행렬(Correlation Matrix)의 분해

앞으로 자주 다루게 될 상관행렬을 분해해 보자. 상관행렬은 대각요소는 모두 1이고, 비대각요소는 각 성분간의 상관계수로 이루어진 행렬이다. 2개의 성분으로 이루어진 2×2행렬의 분해결과는 다음과 같다.

$$\begin{bmatrix} 1 & \rho \\ \rho & 1 \end{bmatrix} = \begin{bmatrix} 1 & 0 \\ \rho & \sqrt{1-\rho^2} \end{bmatrix}\begin{bmatrix} 1 & \rho \\ 0 & \sqrt{1-\rho^2} \end{bmatrix}$$

분해된 상관행렬이 의미하는 바를 직관적으로 이해해보자.

상관관계가 있는 두 확률변수 A와 B는 서로 상관관계가 없는 확률 x와 y 및 분해된 상관행렬을 이용해서 다음과 같이 나타낼 수 있다.

$$A = x$$

$$B = \rho x + \sqrt{1-\rho^2}\, y$$

ρ가 0, 1 .. 등일 때 각 확률변수간의 관계를 표로 그려보면 다음과 같다.

ρ	A	B
0	x	y
1	x	x
−1	x	$-x$
0.5	x	$0.5x + \sqrt{0.75}\, y$

위 표에 따르면 상관행렬의 의미가 명확해진다. 예를 들어 상관계수가 −1이란 말의 의미는 두 확률변수가 정확히 반대로 움직이는 것을 의미한다. 또한 상관계수가 0.5란 말의 의미는 $37\%(=0.5/(0.5+\sqrt{0.75}))$ 정도는 A의 움직임을 반영하고, 63% $(=\sqrt{0.75}/(0.5+\sqrt{0.75}))$ 정도는 새로운 확률변수의 움직임을 반영한다는 의미이다.

| 예제 | 촐레스키 분해

```
Function Mat_Cholesky(MAT)
'performs the Cholesky decomposition A=L*L^t
Dim A , L() As Double, s As Double
A=MAT
N=UBound(A, 1)
m=UBound(A, 2)
If N <> m Then
    Mat_Cholesky="?"
    Exit Function
End If
'begin Cholesky decomposition
ReDim L(1 To N, 1 To N)
For j=1 To N
```

```
    s=0
    For k=1 To j-1
        s=s+L(j, k)^2
    Next k
    L(j, j)=A(j, j)-s
    If L(j, j) <= 0 Then Exit For 'the matrix can not be decomp
    L(j, j)=Sqr(L(j, j))

    For i=j+1 To N
        s=0
        For k=1 To j-1
            s=s+L(i, k)*L(j, k)
        Next k
        L(i, j)=(A(i, j)-s)/L(j, j)
    Next i
Next j
Mat_Cholesky=L
End Function
```

Financial Engineering Practice with Excel VBA

4.4 보간법(Interpolation)

어떤 연속적인 함수의 전체적인 함수형태를 알지 못하고 특정한 점에서의 함수값만 알고 있을 때 나머지 알지 못하는 지점에서의 함수값을 추정(Estimation)하는 방법 중의 하나가 보간법(Interpolation)이다.

4.4.1. 선형보간법(Linear Interpolation)

가장 간단한 보간 방법으로, 알고자 하는 함수가 직선의 함수라고 가정하고 함수값을 추정하는 방법이다.

기점(base-points : 함수값을 알고있는 지점)이 $(x_0, f(x_0))$, $(x_1, f(x_1))$일 때, x^*에서 함수값 $f(x^*)$을 알아내는 방법은 다음과 같다.

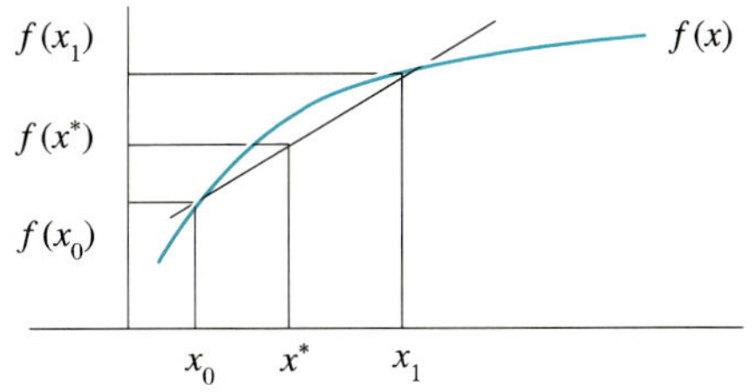

$$f(x^*) = f(x_0) + \frac{f(x_1) - f(x_0)}{x_1 - x_0}(x^* - x_0)$$

위 그림에서 보듯이 추정하고자 하는 함수가 선형함수가 아니라면 오차가 발생할 수 있다.

| 예제 | 선형보간법

오늘은 금요일이며, 현재 콜금리(1영업일 동안 자금조달/운용하는데 적용되는 금리)가 4.5%, 91일 만기 양도성 정기예금증서(CD) 금리가 4.7%이라면, 32일 후 만기인 자금에 적용될 적정 금리는 얼마인가?

	A	B	C
9	x0	3	
10	x1	91	
11	f(x0)	4.50%	
12	f(x1)	4.70%	
13	x*	32	
14	f(x*)	0.0456591	=B11+(B12-B11)/(B10-B9)*(B13-B9)

선형보간법은 자주 사용되므로 사용자 정의함수로 만들어두면 편리하다.

included
| 예제 | 선형보간법

```
Function LinearInterpolation(x1, x2, y1, y2, xStar)
    LinearInterpolation=y1+(y2-y1)/(x2-x1)*_
                    (xStar-x1)
End Function
```

4.4.2. 지수보간법(Exponential Interpolation)

위 예제에서 보듯이 원래 함수형태가 로그함수 형태라는 것을 알고 있을 경우 선형보간법을 적용해서 함수값을 추정하면 오차가 발생할 수 있다. 따라서 원래 함수형태가 로그함수 형태일 경우, 이 점을 감안하여 추정할 필요가 있는데 이 때 사용되는 것이 지수보간법이다.

이 방법의 기본적인 개념은 원래 함수를 변형시켜 직선의 함수로 전환한 뒤 선형보간법을 적용하는 것이다.

로그함수에 대해 지수함수를 취하면 이 함수는 직선의 함수가 된다. 즉, 원래 함수가 $f(x) = \ln x$ 라면, $g(x) = \exp(f(x)) = \exp(\ln x) = x$ 가 된다. 이 관계를 이용해서 원래 함수를 선형함수로 바꾸고 선형보간법을 적용하면 다음과 같은 식이 성립한다.

$$g(x^*) = g(x_0) + \frac{g(x_1) - g(x_0)}{x_1 - x_0}[x^* - x_0]$$

[지수함수를 적용하여 선형함수로 변환한 경우]

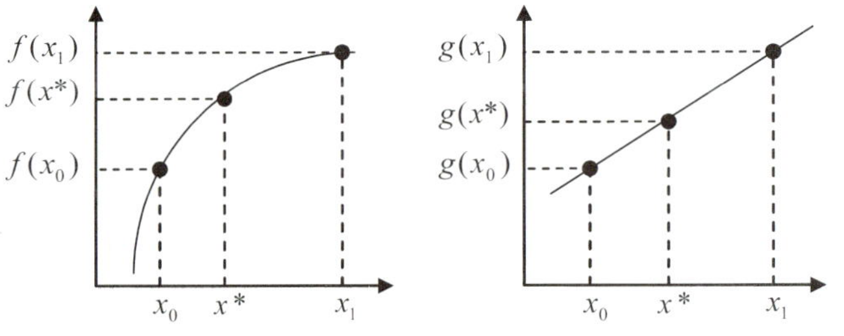

$g(x)$는 원래 함수에 지수를 취한 함수이므로, 이 함수를 원래 함수로 바꾸기 위해서는 $g(x)$에 로그를 취하면 된다.

즉, $\ln g(x) = \ln \exp(f(x)) = f(x)$ 이다.

따라서,

$$\ln g(x^*) = \ln\left(g(x_0) + \frac{g(x_1) - g(x_0)}{x_1 - x_0}(x^* - x_0) \right) = f(x^*)$$

| 예제 | 지수보간법

선형보간법의 예제에 지수보간법을 적용하여 풀어보면 아래와 같다.

	A	B	C	D
1	x0	3		
2	x1	91		
3	f(x0)	4.50%	1.046028	=EXP(B3)
4	f(x1)	4.70%	1.048122	=EXP(B4)
5	x*	32		
6	f(x*)	0.04566	1.046718	=C3+(C4-C3)/(B2-B1)*(B5-B1)
7				
8			=LN(C6)	

| 예제 | 지수선형보간

```
Function ExpIntp(x0, y0, x1, y1, xStar)
  g0 = Exp(y0)
  g1 = Exp(y1)
  ExpIntp = Log(g0 + (g1 - g0) / (x1 - x0) * (xStar - x0))
End Function
```

4.4.3. 로그-선형보간법(Log-linear Interpolation)

위의 지수보간법과 반대로 원래 함수가 지수함수일 경우 이 함수에 로그를 취하면 직선의 함수가 되며 이 상태에서 선형보간법으로 원하는 값을 추정한 뒤 원래 함수로 복원시켜주는 것을 로그-선형보간법이라고 한다.

원래 함수가 다음과 같을 경우

$$f(x) = \exp(x)$$

이 함수에 로그를 취한 함수는 선형함수가 된다. 즉,

$$g(x) = \ln f(x) = \ln[\exp(x)] = x$$

이 원리를 이용하여 원래 함수에 로그를 취하고, 여기에 선형보간법을 적용한 뒤 나온 결과값 $g(x^*) = g(x_0) + \dfrac{g(x_1) - g(x_0)}{x_1 - x_0}(x^* - x_0)$ 에 다시 지수를 취하면 추정하고자 하는 함수값을 얻게 된다.

$$
\begin{aligned}
f(x^*) &= \exp g(x^*) \\
&= \exp[\ln f(x_0)]\exp\left([g(x_1)-g(x_0)]\frac{x^*-x_0}{x_1-x_0}\right) \\
&= f(x_0)\left(\frac{\exp[\ln f(x_1)]}{\exp[\ln f(x_0)]}\right)^{\frac{x^*-x_0}{x_1-x_0}} \\
&= f(x_0)\left(\frac{f(x_1)}{f(x_0)}\right)^{\frac{x^*-x_0}{x_1-x_0}}
\end{aligned}
$$

| 예제 | 로그선형보간법

선형보간법의 예제에 로그-선형보간법을 적용하여 풀어보면 다음과 같다.

	A	B	C
2	x0	3	
3	x1	91	
4	f(x0)	4.50%	
5	f(x1)	4.70%	
6	x*	32	
7	f(x*)	0.045649507	=B4*(B5/B4)^((B6-B2)/(B3-B2))

4.4.4. 단순 다항 보간법

$n+1$개의 점을 지나는 n차 다항식은 유일하게 존재한다. 이 다항식을 원래 함수의 추정함수로 두어 특정 지점의 함수값을 추정하는 것이 다항 보간법이다. 이 다항식을 다음과 같이 놓자.

$$f(x) = a_0 + a_1 x + a_2 x^2 + ... + a_n x^n$$

$n+1$개의 점을 (x_0, y_0), $(x_1, y_1), \cdots$, (x_n, y_n)이라고 하면, 각 점은 위 다항식을 만족하므로 다음 연립방정식이 성립한다.

$$
\begin{aligned}
& a_0 + a_1 x_0 + a_2 x_0^2 + ... + a_n x_0^n = y_0 \\
& a_0 + a_1 x_1 + a_2 x_1^2 + ... + a_n x_1^n = y_1 \\
& ... \\
& a_0 + a_1 x_n + a_2 x_n^2 + ... + a_n x_n^n = y_n
\end{aligned}
$$

위 다항식을 행렬을 이용해서 다시 쓰면 다음과 같다.

$$Ax = y$$

$$\text{단, } A = \begin{bmatrix} 1 & x_0 & x_0^2 \dots & x_0^n \\ 1 & x_1 & x_1^2 \dots & x_1^n \\ \dots & \dots & \dots & \dots \\ 1 & x_n & x_n^2 \dots & x_n^n \end{bmatrix},\ x = \begin{bmatrix} a_0 \\ a_1 \\ \dots \\ a_n \end{bmatrix},\ y = \begin{bmatrix} y_0 \\ y_1 \\ \dots \\ y_n \end{bmatrix}$$

이 연립방정식은 앞에서 다룬 연립방정식의 풀이법을 이용하면 풀 수 있다.

| 예제 |

다음과 같이 4개의 점이 주어졌을 때 원래 함수를 다항함수를 이용하여 추정해 보자.

x	1	2	3	4
$f(x)$	0	0.30103	0.47712	0.60206

다항함수 추정을 위한 식을 행렬로 표현해보면 다음과 같다.

$$\begin{bmatrix} 1^0 & 1^1 & 1^2 & 1^3 \\ 2^0 & 2^1 & 2^2 & 2^3 \\ 3^0 & 3^1 & 3^2 & 3^3 \\ 4^0 & 4^1 & 4^2 & 4^3 \end{bmatrix} \begin{bmatrix} a_0 \\ a_1 \\ a_2 \\ a_3 \end{bmatrix} = \begin{bmatrix} 0 \\ 0.30103 \\ 0.47712 \\ 0.60206 \end{bmatrix}$$

이 행렬식을 풀면 그 결과는 다음과 같다.

a_0	a_1	a_2	a_3
−0.499755	0.6237128	−0.136256	0.0122977

위 예제에 원래 주어진 4개의 점은 함수 $y = \log x$에서 얻어진 값이며, x가 각각 1.5, 2.5, 3.5 일 때 실제 함수값과 추정된 함수를 이용한 값은 다음과 같은 수준의 차이가 있다.

x	1.5	2.5	3.5
$\log x$	0.176091	0.39794	0.544068
다항함수값	0.170744	0.4000813	0.541373

예제 다항보간법을 이용 함수값을 추정하는 함수

```
① Option Base 1
② Function PolynomialInterpolation2(X, Y, x_star)
③   Dim N As Integer
④   Dim XMatrix() As Double
⑤   Dim Coefficient
⑥   Dim x_star2() As Double
⑦   N=X.Rows.Count
⑧   ReDim XMatrix(N, N)
⑨   ReDim x_star2(N)
⑩   For i=1 To N
⑪     For j=1 To N
⑫         XMatrix(i,j)=X(i)^(j-1)
⑬     Next j
⑭  Next i
⑮   Coefficient=Application.MMult( _
⑯              Application.WorksheetFunction.MInverse(XMatrix), _
⑰               Y)
⑱  For i=1 To N
⑲     x_star2(i)=x_star^(i-1)
⑳  Next i
㉑  PolynomialInterpolation2=Application.SumProduct( _
㉒                     Application.Transpose(Coefficient), _
㉓                      x_star2)
㉔ End Function
```

⑩~⑰번 라인은 다항보간식의 계수를 알아내는 부분인데, 별도의 사용자정의 함수로 분리해서 아래와 같이 새로운 함수로 작성한 뒤,

예제 다항보간법에서 계수행렬을 알아내는 사용자정의함수

```
① Option Base 1
② Function PolynomialInterpolation(X, Y)
③   Dim N As Integer
④   Dim XMatrix() As Double
⑤   N=X.Rows.Count
```

```
 ReDim XMatrix(N, N)
 For i=1 To N
   For j=1 To N
       XMatrix(i, j)=X(i) ^ (j-1)
   Next j
Next i
PolynomialInterpolation=Application.MMult( _
                    Application.WorksheetFunction.MInverse(XMatrix), _
                    Y)
End Function
```

이 새로운 사용자정의 함수를 이용해서 아래와 같이 바꾸어 쓸 수도 있다.

```
Function PolynomialInterpolation2(X, Y, x_star)
Dim N As Integer
Dim XMatrix() As Double
Dim Coefficient() As Variant
Dim x_star2() As Double
Dim i As Integer
N=X.Rows.Count
ReDim XMatrix(N, N)
ReDim x_star2(N)
ReDim Coefficient(N)
Coefficient=PolynomialInterpolation(X, Y)
For i=1 To N
    x_star2(i)=x_star ^ (i-1)
Next i
PolynomialInterpolation2=Application.SumProduct( _
                    Application.Transpose(Coefficient), _
                    x_star2)
End Function
```

4.4.5. 라그랑지(Lagrange) 다항 보간법

다항 보간법은 선형방정식을 풀어야 하므로 실제 계산이 복잡해지는 문제점이 있다. 라그랑지(Lagrange) 보간법은 선형방정식을 풀지 않고도 다항식을 구할 수 있는 방법이다.

(1) 라그랑지 다항식

함수 g를 다음과 같이 정의하자.

$$g(x) = \Pi_{i=0}^{n}(x - x_i)$$

이 함수는 $(x_0, 0)$, $(x_1, 0)$, $\cdots$, $(x_n, 0)$을 지나는 $(n+1)$차 다항식이다.

또 다른 함수 g_i를 다음과 같이 정의하자.

$$g_i(x) = \underbrace{(x - x_0)(x - x_1)...(x - x_n)}_{n}$$

즉, $g(x)$에서 i번째 항, 즉 $(x - x_i)$을 뺀 식으로 정의한다. 예를 들어 $g_0(x) = \Pi_{i=1}^{n}(x - x_i) = (x - x_1)(x - x_2)...(x - x_n)$이다.

위 식을 이용해서 다음 식을 정의하자.

$$G_i(x) = \frac{g_i(x)}{g_i(x_i)}$$

위 식은 $x = x_i$일 때 1, $x = x_j(j = 1, 2, ..., n, j \neq i)$일 때 0이 된다. 즉 x_i에서는 1을 지나고 나머지 x_j점에서는 0을 지나는 방정식이다. 따라서 각각의 $G_i(x)$에 y_i를 곱한 뒤 더하면 그 합은 아래와 같이 (x_i, y_i)를 지나는 n차 다항식이 된다.

$$G_0(x)y_0 + G_1(x)y_1 + ... + G_n(x)y_n = f(x)$$

(2) 라그랑지(Lagrange) 다항보간법의 이해

위에서 살펴본 라그랑지 다항식을 다시 정의하면 다음과 같다.

| 정의 | $n+1$개의 점 $(x_i, f(x_i))$ $i = 0, 1, ..., n$을 지나는 라그랑지 다항식

$$f_n(x) = \Sigma_{i=0}^{n} L_i(x) f(x_i)$$

여기서

$$L_i(x) = \Pi^n_{j=0, j\neq i} \frac{x - x_j}{x_i - x_j}$$

다음의 전략에 따라 $n+1$개의 점을 지나는 n차 방정식을 만드는 것이 라그랑지 다항식의 개념이다.

| 정리 | $n+1$개의 점을 지나는 n차 다항식 구하기

- (x_i, y_i)와 $(x_j, 0)$ $(j=1, 2, .., n, j\neq i)$을 지나는 n차 다항식을 만들고,
- $i=0, 1, .., n$에 대해 위 다항식을 만든 뒤
- 이를 모두 더하면 원하는 다항식이 된다.

좀 더 자세히 살펴보면 다음과 같다.

- $(x_0,0),...,(x_n,0)$을 지나는 $n+1$차 다항식을 아래와 같이 만든다.

$$g(x) = (x - x_0)(x - x_1)...(x - x_n)$$

- i번째 점에서는 $g_i(x_i)$를 지나고 나머지 점에서는 모두 0을 지나는 n차 다항식을 아래와 같이 만든다.

$$g_i(x) = \underbrace{(x - x_0)(x - x_1)...(x - x_n)}_{n}$$

- 위 식을 $g_i(x_i)$로 나누고 다시 y_i를 곱해준다.

$$G_i(x) = \frac{g_i(x)}{g_i(x_i)}, \quad G_i(x)y_i = \frac{g_i(x)}{g_i(x_i)} y_i$$

이 다항식은 $(x_i,\ y_i)$와 $(x_j, 0)$ $(j=1, 2, .., n, j\neq i)$을 지난다.

- $G_i(x)y_i$를 모두 더하면

$$G_0(x)y_0 + G_1(x)y_1 + ... + G_n(x)y_n = f(x)$$

$(x_0, y_0), ..., (x_n, y_n)$을 지나는 n차 다항식이 된다.

(3) 라그랑지 다항식 실습

가장 간단하게 두 점(x_0, y_0), (x_1, y_1)을 지나는 경우를 생각해보자.

앞에서 정의한 $g(x)$, $g_i(x)$, $G_i(x)$는 다음과 같다.

$$g(x) = (x - x_0)(x - x_1)$$

$$g_0(x) = (x - x_1), \quad g_1(x) = (x - x_0)$$

$$G_0(x) = \frac{g_0(x)}{g_0(x_0)} = \frac{(x - x_1)}{(x_0 - x_1)}, \quad G_1(x) = \frac{g_1(x)}{g_1(x_1)} = \frac{(x - x_0)}{(x_1 - x_0)}$$

따라서 구하고자 하는 방정식은 다음과 같다.

$$\Sigma G_i y_i = \frac{(x - x_1)}{(x_0 - x_1)} y_0 + \frac{(x - x_0)}{(x_1 - x_0)} y_1$$

위 식은 x에 대한 1차식이고, 두 점 (x_0,y_0), (x_1,y_1)을 대입해보면 성립하는 것을 알 수 있다. 따라서 위 식은 원하는 두 점을 지나는 1차 방정식이다.

이제 세 점 (x_0,y_0), (x_1,y_1), (x_2,y_2)을 지나는 경우를 생각해 보자. $g(x)$는 다음과 같다.

$$g(x) = (x - x_0)(x - x_1)(x - x_2)$$

이 때 3점을 지나는 2차방정식(라그랑지 다항식)은 다음과 같다.

$$\begin{aligned} f &= G_0 y_0 + G_1 y_1 + G_2 y_2 \\ &= \frac{(x - x_1)(x - x_2)}{(x_0 - x_1)(x_0 - x_2)} y_0 + \frac{(x - x_0)(x - x_2)}{(x_1 - x_0)(x_1 - x_2)} y_1 + \frac{(x - x_0)(x - x_1)}{(x_2 - x_0)(x_2 - x_1)} y_2 \end{aligned}$$

included

| 예제 | 구체적으로 세 점 (1,2), (3,4), (5,6)을 지나는 2차 다항식을 구해보자.

우선, E열에 $g(x)$함수식을 입력했다. $g(x)$함수는 아래 그래프에서 보듯이 세 점 (1,0), (3,0), (5,0)을 지나는 3차방정식이다. G열에는 $g_0(x)/g_0(x_0)$함수식을 입력했는데, 이 함수는 (1,1), (3,0), (5,0)을 지나는 2차 방정식이다. H열에 최종적으로 $G_0(x)$함수식을 입력했다. 이 함수는 우리가 원하는 점 (1,2), (3,0), 그리고 (5,0)을 지나는 2차함수가 된다. 따라서 G_0, G_1, G_2를 모두 구해 더하게 되면 최종적으로 (1,2), (3,4), (5,6)을 지나는 2차 다항식이 되는 것이다.

	A	B	C	D	E	F	G	H	I
1	*Lagrange polynomial*				=(D6-x0)*(D6-x1)*(D6-x2)			=F6/$H$3*$H$4	
2						=(D6-x1)*(D6-x2)			
3							g0(x0)=	8	
4							y0=	2	
5	x0	*1*		x	g(x)	g0(x)	g0(x)/g0(x0)	G0(x)	
6	y0	2		0.2	-10.752	13.44	1.68	3.36	
7				0.4	-7.176	11.96	1.495	2.99	
8	x1	*3*		0.6	-4.224	10.56	1.32	2.64	
9	y1	4		0.8	-1.848	9.24	1.155	2.31	
10				1	0	8	1	2	
11	x2	*5*		1.2	1.368	6.84	0.855	1.71	
12	y2	6		1.4	2.304	5.76	0.72	1.44	
13				1.6	2.856	4.76	0.595	1.19	
14	dx	0.2		1.8	3.072	3.84	0.48	0.96	
15				2	3	3	0.375	0.75	
16	=(D6-x1)*(D6-x2)/$H$3			2.2	2.688	2.24	0.28	0.56	

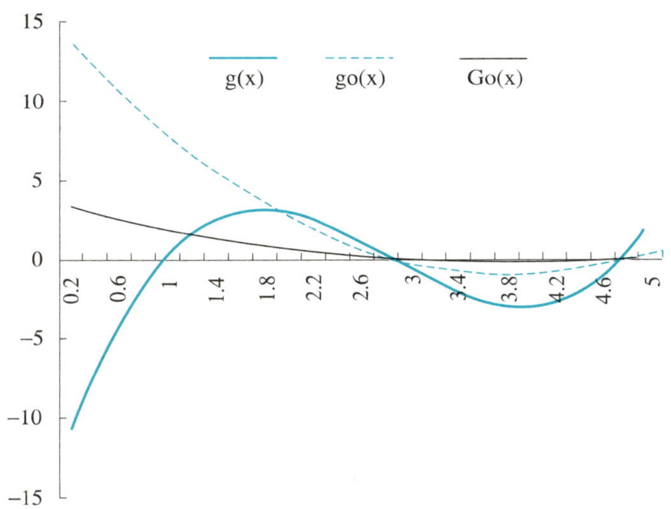

예제 $n+1$개의 점을 지나는 라그랑지 다항식 구하기

```
Function Lagrange(x, y, n, xSatr)
    Dim iSum As Double : iSum=0
    Dim iProduct As Double
    For i=1 To n+1
        iProduct=y(i)
        For j=1 To n+1
            If i <> j Then
                iProduct=iProduct * (xstar-x(j)) / (x(i)-x(j))
            End If
        Next j
```

```
        iSum=iSum+iProduct
    Next i
Lagrange=iSum
End Function
```

4.4.6. 다항보간법의 문제점

다항보간법으로 추정한 수식은 추정을 위한 기초자료의 값이 조금만 변해도 전체 추정된 곡선의 형태가 완전히 달라지거나 심지어 합리적 수준을 벗어나기도 한다.

아래 예에서는 0.25년 수익률이 6.55%에서 6.6%로 5bp변했을 때 전체 수익률곡선이 급격하게 변하여 장기 수익률은 심지어 음을 값을 갖는 경우를 보여준다.

| 예제 | 다항보간법의 문제점

(1) 적정하게 추정된 수익률 곡선

	A	B	C	D	E	F
1	**the problem of polynomial interpolation**					
2	p.431 Interest rate modelling, Jessica James, Nick Webbe					
3	term	rate		i	term	poly nomial
4	0.08333	0.06		1	0.08333	0.06
5	0.25	**0.0655**		2	0.1	0.06066499
6	0.5	0.07		3	0.65	0.071255233
7	1	0.072		4	1.2	0.071875045
8	2	0.073		5	1.75	0.072146429
9	5	0.075		6	2.3	0.074592428
10	7	0.075		7	2.85	0.078216101
11	10	0.075		8	3.4	0.080972908
12				9	3.95	0.081296728
13				10	4.5	0.078839707
14	dt=	0.55		11	5.05	0.074586133
15				12	5.6	0.070500565
16				13	6.15	0.068870404
17				14	6.7	0.071503113
18				15	7.25	0.078938311
19				16	7.8	0.089834916
20				17	8.35	0.10069357
21				18	8.9	0.10607454
22				19	9.45	0.099471299
23				20	10	0.075

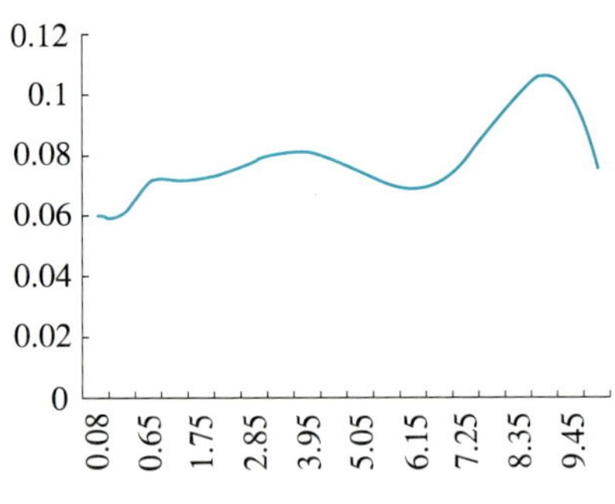

범위 A4:B11는 함수의 기점에 해당하고, 그 기점을 이용해서 추정한 다항식으로 함수를 다시 그려본 것이 범위 E4:F20에 해당한다.

(2) 초기값 변동에 따라 과도하게 변동된 수익률 곡선(음의 이자율 발생)

	H	I	J	K	L	M
3	term	rate		i	term	poly nomial
4	0.08333	0.06		1	0.08333	0.06
5	0.25	**0.066**		2	0.1	0.06077661
6	0.5	0.07		3	0.65	0.070951865
7	1	0.072		4	1.2	0.072584473
8	2	0.073		5	1.75	0.073754587
9	5	0.075		6	2.3	0.070145483
10	7	0.075		7	2.85	0.059140434
11	10	0.075		8	3.4	0.045041254
12				9	3.95	0.037812818
13				10	4.5	0.04775785
14				11	5.05	0.078526282
15				12	5.6	0.120863465
16				13	6.15	0.14950156
17				14	6.7	0.125598377
18				15	7.25	0.007127973
19				16	7.8	-0.23037269
20				17	8.35	-0.560296739
21				18	8.9	-0.856295727
22				19	9.45	-0.826039033
23				20	10	0.075

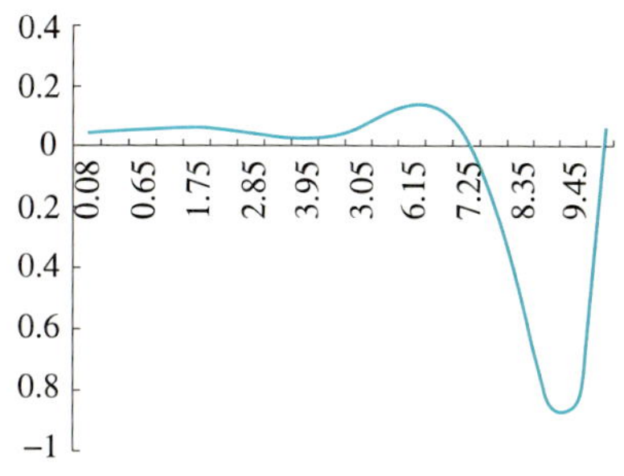

셀 I5의 값을 0.066으로 변경했을 때 추정된 수익률 곡선이 음의 값을 갖는 구간이 발생했다.

4.4.7. 스플라인 보간법(Spline Interpolation)

○ 필요성

선형보간법 등의 구간별(piecewise) 보간법은 구간과 구간이 만나는 점에서 보간값이 부드럽게 이어지지 않아 이 점에서의 보간결과가 안정적이지 않은 문제점이 있다. 반면 다항보간법은 전체 곡선이 부드러운 하나의 곡선으로 이루어져 이런 문제는 발생하지 않으나, 앞에서 본 바와 같이 기초자료의 조그만 변화에 대해 추정된 곡선의 변화가 극심하거나 심한 출렁임을 보이는 문제점이 있다. 다음에 살펴보는 스플라인 보간법은 이 두 방법의 문제점을 해결한 방법이다.

우선 각 구간에 대해 2차 또는 3차 함수로 구간별보간법을 적용하는데 추가적 조건으로 각 구간이 연결되는 점(내 점)에서 함수의 미분값이 같다는 것을 추가하게 된다.

(1) 개념이해 : 2차 스플라인 보간법

다음과 같이 $n+1$개의 데이터 값(= 점, knot)을 알고 있는 경우를 생각해보자.

주) 스플라인(Spline)은 제도(drawing)에 사용되는 운형(雲形)자를 의미한다. 구간별 보간에 사용되는 함수를 1차, 2차, 3차 함수로 둘 수 있는데, 1차 함수를 사용한 것이 선형보간법이다. 따라서 선형보간법을 스플라인 보간법의 특수한 형태로 이해할 수 있다.

```
for i=0 to n
  (x_i, y_i)
  next i
```

각 구간 $\Delta x_i = x_{i+1} - x_i (i = 0, 1, ..., n-1)$에 대한 보간식으로 2차 방정식을 사용하고자 한다.

i번째 구간에 대한 2차 방정식(=구간함수)은 다음과 같이 쓸 수 있다.

$$f_i(x) = a_i + b_i x + c_i x^2$$

이 경우 우리가 추정해야 할 계수는 총 $3n$개이다. 이를 풀기 위해서는 $3n$개의 방정식이 필요한데 이는 아래의 조건으로부터 도출한다.

| 조건 |

① 내점($i = 1, 2, ..., n-1$)에 대해, 이웃하는 구간함수의 함수값이 같아야 한다.

For i=1 to n−1

$$y_i = a_{i-1} + b_{i-1} x_i + c_{i-1} x_i^2$$

$$y_i = a_i + b_i x_i + c_i x_i^2$$

Next i

→ 내점에 대해 성립하므로 $2*(n-1)$개의 방정식을 제공한다.

② 첫 번째와 마지막 구간함수는 반드시 끝점을 통과해야 한다.

$$y_0 = a_0 + b_0 x_0 + c_0 x_0^2$$

$$y_n = a_{n-1} + b_{n-1} x_n + c_{n-1} x_n^2$$

→ 2점에 대해 성립하므로 2개의 방정식을 제공한다.

③ 내점에서 이웃하는 구간함수의 1차 도함수는 같아야 한다.

For i=1 to n−1

$$b_{i-1} + 2c_{i-1} x_i = b_i + 2c_i x_i$$

Next i

→ 내점에 대해 성립하므로 $n-1$개의 방정식을 제공한다.

④ 2차 도함수가 첫 번째 데이터 점에서 0이다.

$2c_0 x_0 = 0$ 즉, $c_0 = 0$

→ 1점에 대해 성립하므로 1개의 방정식을 제공한다.

①~③조건은 반드시 충족해야 하는 조건이며 ④조건은 필요한 방정식의 개수를

채우기 위해 임의로 설정한 것이다(이 조건에 따르면 첫 번째 구간의 보간함수는 1차 함수 즉, 직선이 된다). 따라서 우리가 추정하려는 함수에 대한 추가적 정보가 있다면 ④조건은 변경될 수 있다.

예제 다음 4점이 주어졌을 때 2차 스플라인 보간법을 적용해보자.

x	3	4.5	7	9
y	2.5	1	2.5	0.5

2차 스플라인 보간 조건을 적용해서 연립방정식을 세우면 다음과 같다.

	E	F	G	H	I	J	K	L	M	N	O
3	a0	b0	c0	a1	b1	c1	a2	b2	c2		y
4	0.00	0.00	1.00	0.00	0.00	0.00	0.00	0.00	0.00		0.00
5	1.00	4.50	20.25	0.00	0.00	0.00	0.00	0.00	0.00		1.00
6	0.00	0.00	0.00	1.00	4.50	20.25	0.00	0.00	0.00		1.00
7	0.00	0.00	0.00	1.00	7.00	49.00	0.00	0.00	0.00		2.50
8	0.00	0.00	0.00	0.00	0.00	0.00	1.00	7.00	49.00		2.50
9	1.00	3.00	9.00	0.00	0.00	0.00	0.00	0.00	0.00		2.50
10	0.00	0.00	0.00	0.00	0.00	0.00	1.00	9.00	81.00		0.50
11	0.00	1.00	9.00	0.00	-1.00	-9.00	0.00	0.00	0.00		0.00
12	0.00	0.00	0.00	0.00	1.00	14.00	0.00	-1.00	-14.00		0.00

위 연립방정식을 풀면 아래와 같은 해를 얻는다.

a_0	$b0$	c_0	a_1	b_1	c_1	a_2	b_2	c_2
5.5	−1	0	18.46	−6.76	0.64	−91.3	24.6	−1.6

위 결과를 그래프로 그려보면 아래와 같다.

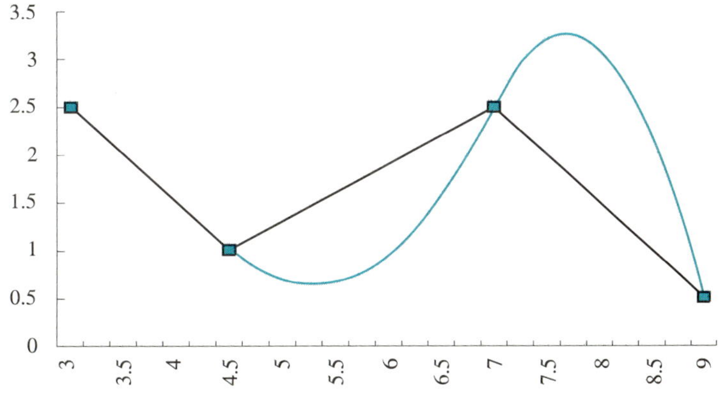

| 문제점 |

마지막 구간 [7,9]에서 추정된 값이 너무 솟아오르는(overshooting) 문제점이 있다.

(2) 3차 스플라인 보간법

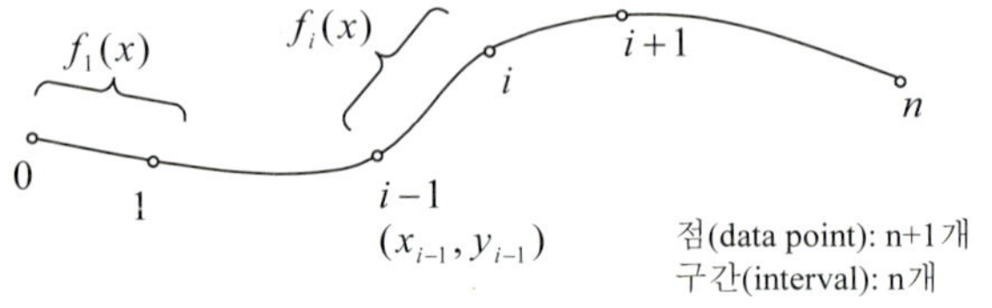

3차 스플라인 보간법은 위 그림과 같이 $n+1$개의 점을 n개의 아래와 같은 3차 방정식(=구간함수)으로 나타내는 것이다.

$$f_i(x) = a_i x^3 + b_i x^2 + c_i x + d_i \quad (\mathrm{i}=1,2,\cdots,\mathrm{n})$$

$4n$개의 계수(=미지수)를 알아내기 위해 다음 조건을 적용하면 된다.

| 조건 |

- 각 구간함수의 내점(i=1,2,⋯n−1)에서의 값은 같다
- 함수는 (n+1)점을 지난다.
- 내점에서의 이웃한 구간함수의 1차 도함수는 같다.
- 내점에서의 이웃한 구간함수의 2차 도함수는 같다.
- 양 끝점에서의 구간함수의 2차 도함수는 0이다.(Natural Spline)

하지만 이 방법은 연립방정식의 계수 형태(pattern)가 복잡하여 프로그래밍하기가 복잡하다. 아래의 방법을 적용하면 계수 형태가 대각행렬로 되어 식이 훨씬 간단해지는 장점이 있다.

- 각 구간의 2차 도함수는 직선이다. 이 직선을 라그랑지 다항식으로 표현하면 다음과 같다.

$$f_i''(x) = f_i''(x_{i-1})\frac{x-x_i}{x_{i-1}-x_i} + f_i''(x_i)\frac{x-x_{i-1}}{x_i-x_{i-1}}$$

- 위 식을 2번 적분한다. 이 때 2개의 적분상수가 생기는데 함수일치 조건으로부터 적분상수를 구한 결과는 다음과 같다.($x_{i-1} < x < x_i$일 때)

$$\begin{aligned} f_i(x) &= \frac{f_i''(x_{i-1})}{6(x_i - x_{i-1})}(x_i - x)^3 + \frac{f_i''(x_i)}{6(x_i - x_{i-1})}(x - x_{i-1})^3 \\ &+ \left[\frac{f_i(x_{i-1})}{x_i - x_{i-1}} - \frac{f_i''(x_{i-1})(x_i - x_{i-1})}{6}\right](x_i - x) \\ &+ \left[\frac{f(x_i)}{x_i - x_{i-1}} - \frac{f_i''(x_i)(x_i - x_{i-1})}{6}\right](x - x_{i-1}) \end{aligned}$$

- 위 방정식은 2개의 미지수 즉, 각 구간의 끝점에서의 2차도 함수 $f_i''(x_{i-1})$ 와 $f_i''(x_i)$ 만을 포함하고 있으며 이 값은 1차 도함수가 연속이라는 조건으로부터 값을 구한다. 즉, 위 방정식을 미분하여 1차 도함수를 얻는다. $(i-1)$번째 구간과 i 번째 구간에 대해 1차 도함수를 구해 다음 식에 대입하면,

$$f_i'(x_i) = f_{i+1}'(x_i)$$

아래의 식을 얻게 된다.

$$\begin{aligned} &(x_i - x_{i-1})f''(x_{i-1}) + 2(x_{i+1} - x_{i-1})f''(x_i) + (x_{i+1} - x_i)f''(x_{i+1}) \\ &= \frac{6}{x_{i+1} - x_i}[f(x_{i+1}) - f(x_i)] + \frac{6}{x_i - x_{i-1}}[f(x_{i-1}) - f(x_i)] \end{aligned}$$

위를 모든 내점에 대해 적용하면 $n-1$개의 연립방정식을 얻게 된다. 미지수는 $n+1$개이므로 추가적 조건이 필요한데, 양 끝점에서의 2차 도함수가 0이 된다는 조건(Natural Spline)을 적용하면 된다. 각 미지수를 $y_2(i)$, 그 계수를 $a(i)$, b(i), c(i) 등으로 표시하면 아래와 같다.

$$\begin{aligned} &\underbrace{(x_i - x_{i-1})}_{a(i)}\underbrace{f''(x_{i-1})}_{y2(i-1)} + \underbrace{2(x_{i+1} - x_{i-1})}_{b(i)}\underbrace{f''(x_i)}_{y2(i)} + \underbrace{(x_{i+1} - x_i)}_{c(i)}\underbrace{f''(x_{i+1})}_{y2(i+1)} \\ &= \underbrace{\frac{6}{x_{i+1} - x_i}[f(x_{i+1}) - f(x_i)] + \frac{6}{x_i - x_{i-1}}[f(x_{i-1}) - f(x_i)]}_{R(i)} \end{aligned}$$

도출된 연립방정식

	방정식				
i	1	2	…	n−2	n−1
y2(0)	a(1)y2(0)		…		
y2(1)	+b(1)y2(1)	a(2)y2(1)	…		
y2(2)	+c(1)y2(2)	+b(2)y2(2)	…		
y2(3)		+c(2)y2(3)	…		
…					
y2(n−3)			…	a(n−2)y2(n−3)	
y2(n−2)			…	+b(n−2)y2(n−2)	a(n−1)y2(n−2)
y2(n−1)			…	+c(n−3)y2(n−1)	+b(n-1)y2(n−1)
y2(n)			…		+c(n−1)y2(n)
R(i)	=R(1)	=R(2)	…	=R(n−2)	=R(n−1)

[주의] 지면관계상 가로와 세로를 바꾸었음. 원래 방정식 형태는 가로열이 세로로, 세로열이 가로로 배열되어야함.

included 예제 | 3차스플라인

```
Option Base 0
Function CubicSpline(tempX, tempY, Xstar)

Dim Temp As Double, nRow As Integer, nCol As Integer
Dim H() As Double, A() As Double, B() As Double, C() As Double, _
R() As Double
Dim Y2() As Double
Dim Coef_a() As Variant, Coef_b() As Variant, Coef_c() As Variant, _
Coef_d() As Variant
Dim X(), Y()

nRow=tempX.Rows.Count
nCol=tempX.Columns.Count
n=Application.Max(nRow, nCol)

ReDim H(n), A(n), B(n), C(n), R(n), Y2(n), X(n), Y(n)
ReDim Coef_a(n), Coef_b(n), Coef_c(n), Coef_d(n)
```

```
For i=1 To n                                        A
X(i-1)=tempX(i)
Y(i-1)=tempY(i)
Next
n=n - 1

For i=1 To n-1                                      B
 H(i)=X(i+1)-X(i)
Next i

For i=1 To n-1
 A(i)=H(i-1)
 B(i)=2*(H(i-1)+H(i))
 C(i)=H(i)
Next i

Y2(0)=0                                             C
Y2(n)=0
A(1)=0
C(n-1)=0

For i=1 To n-1
 Temp=A(i+1)/B(i)
 B(i+1)=B(i+1)-Temp*C(i)
 R(i+1)=R(i+1)-Temp*R(i)
Next i

Y2(n-1)=R(n-1)/B(n-1)
For i=n-2 To 1 Step -1
 Y2(i)=(R(i)-C(i)*Y2(i+1))/B(i)
Next I
'보간법 적용
      For i=1 To n-1
          Coef_a(i)=Y2(i-1)/(6*H(i-1))
          Coef_b(i)=Y2(i)/(6*H(i-1))
          Coef_c(i)=Y(i-1)/H(i-1)-Y2(i-1)*H(i-1)/6
          Coef_d(i)=Y(i)/H(i-1)-Y2(i)*H(i-1)/6
      Next i

      For i = 1 To n
```

```
            If (Xstar >= X(i-1) And Xstar <= X(i)) Then
               CubicSpline=Coef_a(i)*(X(i)-Xstar)^3 _
                              +Coef_b(i)*(Xstar-X(i-1))^3 _
                              +Coef_c(i)*(X(i)-Xstar) _
                              +Coef_d(i)*(Xstar-X(i-1))
               Exit Function
            ElseIf (Xstar<X(0) Or Xstar>X(n-1)) Then
               CubicSpline = MsgBox("Out of range")
            End If
         Next i
End Function
```

- A : 배열로 읽어 들인 변수 temp$X$와 temp$Y$는 그 인덱스가 1, 2, .., n으로 정해지므로 원래 우리가 의도했던 인덱스 0, 1,⋯, n으로 변경해 주는 부분
- B : 연립방정식의 계수를 읽어 들이는 부분
- C : 삼각행렬 풀이법을 이용하여 연립방정식을 푸는 부분

2차 스플라인 데이터를 적용해서 3차스플라인을 계산하면 아래와 같은 결과를 얻는다.

	$(x_i - x)^3$	$(x - x_{i-1})^3$	$(x_i - x)$	$(x - x_{i-1})$
f_1	0	0.186566	1.666667	0.246894
f_2	0.111939	−0.102205	−0.299621	1.638783
f_3	−0.127757	0	1.761027	0.25

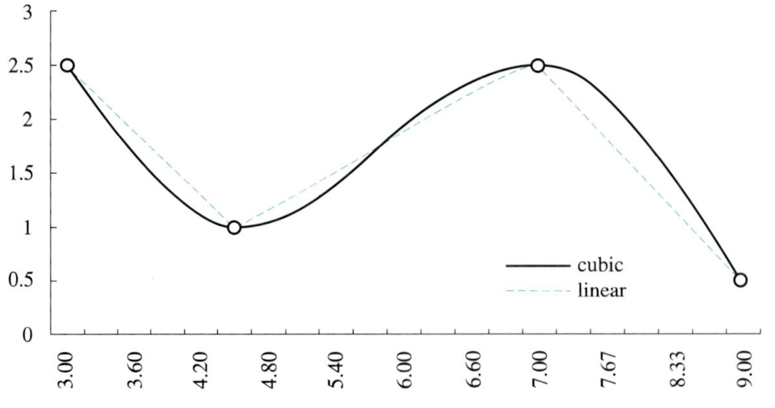

4.4.8. 2차원 보간법(Bilinear Interpolation : 2D Interpolation)

지금까지 살펴본 보간법은 1차원 보간법이다. 즉 한 곡선(line, curve)상의 주어진 점을 이용해서 전체 곡선을 추정하는 것이었다. 이제는 한 곡면상의 주어진 점을 이용해서 전체 곡면(surface)을 추정하는 문제를 살펴보자.

2차원 보간법은 변동성 추정에 필요하다. 옵션 가격계산에 필요한 변동성은 옵션의 만기(expiry)와 옵션의 행사가격(strike)에 따라 다양하게 존재한다. 즉 어떤 곡면형태의 함수로 존재한다. 따라서 2차원 보간법이 필요하게 된다.

(1) 2차원 선형보간법

여기서는 가장 간단한 경우로 4개의 점이 주어 졌을 때 모르는 한 지점의 값을 알아내는 경우를 생각해보자. 이 방법은 준선형(Quasi – linear)방법인데, x축이나 y축만을 따라 움직여보면 선형보간법과 동일하기 때문이다.

아래 그램에서 4 귀퉁이 점의 함수값은 알려져 있다. 귀퉁이 내부의 임의의 점 (t, k)에서의 함수값 v_{tk}을 알려고 하면 아래의 공식을 적용할 수 있다.

$$a = (t - t_i)/(t_{i+1} - t_i)$$

$$b = (k - k_i)/(k_{i+1} - k_i)$$

$$v_{tk} = (1-a)(1-b)v_{ii} + a(1-b)v_{i+1i} + (1-a)bv_{ii+1} + abv_{i+1i+1}$$

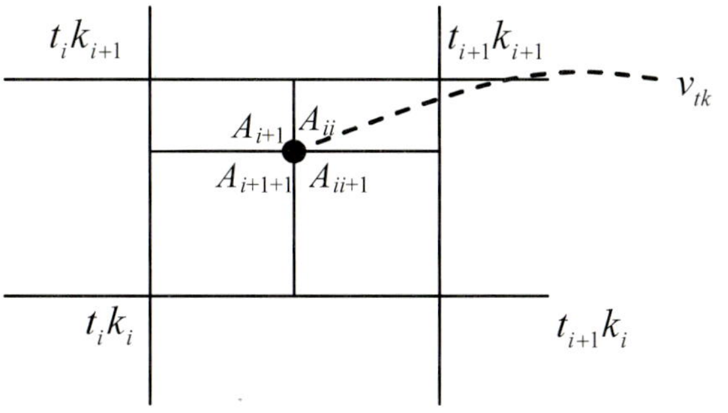

또는

$$v_{tk} = A_{ii} v_{ii} + A_{i+1i} v_{i+1i} + A_{ii+1} b v_{ii+1} + A_{i+1i+1} v_{i+1i+1}$$

여기서 A_{ij}는 점(t_i, k_j)가 포함된 사각형의 면적이다.

위 결과는 1차원 선형보간일 경우 가중치(weight)로 길이를 사용하는 반면, 2차원 선형보간의 경우 면적을 사용하는 것으로 이해할 수 있다.[주)]

| 예제 | 변동성 보간법

아래 그림과 같이 4개의 지점에서 옵션의 변동성을 알고 있다고 하자. 괄호로 묶인 값, 예를 들어 (14, 575)는 (x, y)좌표를 의미하며 v_1, v_2, v_3, v_4는 각 좌표에서 함수값을 의미한다. x는 옵션 잔존일수(현재 ~ 만기일), y는 옵션의 행사가격, 함수값(v)은 이 때의 변동성을 의미한다.

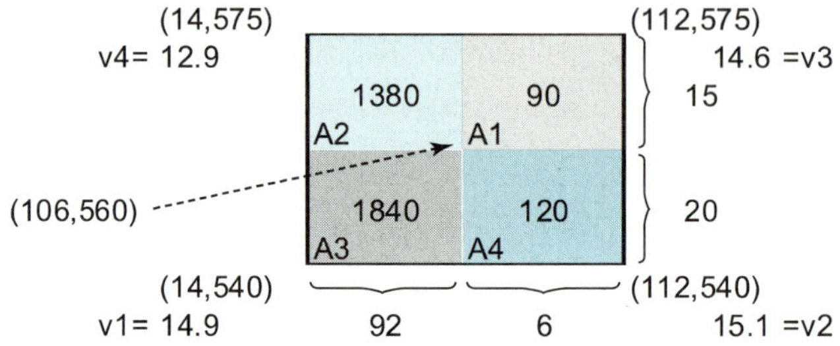

이 때 잔존만기 106일, 행사가격 560인 옵션의 변동성은 다음과 같다.

```
V(106,560)=(A1*V1+A2*V2+A3*V3+A4*V4)/(A1+A2+A3+A4)
=(14.9*90+1380*15.1+1840*14.6+120*12.9)/(90+1380+1840+120)
=14.74956(%)
```

| 예제 | 2차원 선형보간

```
Function BiLinearInterpolation(t1,t2,k1,k2,tStar,kStar,v11,v12,v21,v22)
Dim A, B
A=(tStar-t1)/(t2-t1)
B=(kStar-k1)/(k2-k1)
BiLinearInterpolation=(1-A)*(1-B)*v11 _
                     +A*(1-B)*v21 _
                     +(1-A)*B*v12 _
                     +A*B*v22
End Function
```

주) Quantitative Finance, Paul Wilmott, 1998 p.874.

	A	B	C	D	E
1	**2D Interpolation**				
2	today=	96-03-01			
3	Date	Days(t)	Strike(k)	Vol	
4	96-03-15	14	540	14.9	v(1,1)
5	96-06-21	112	540	15.1	v(2,1)
6	96-03-15	14	575	12.9	v(1,2)
7	96-06-21	112	575	14.6	v(2,2)
8					
9	96-06-15	106	560	**14.74956**	

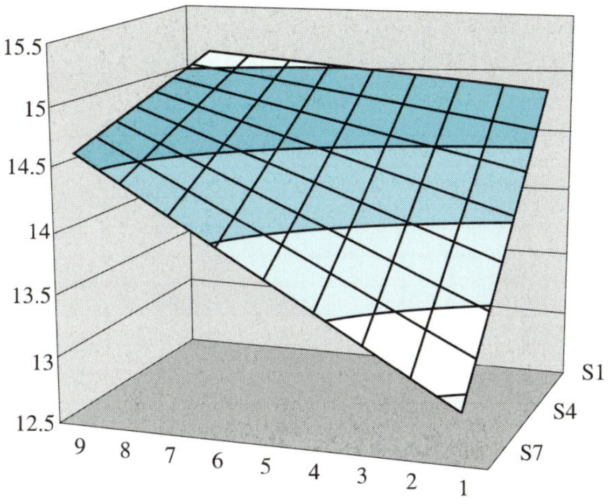

| 정리 | 일반적으로 N차원 경우의 보간식은 다음과 같다.

$$V = \sum_{2^N} V(a_1, a_2, \cdots a_N)\Pi(a_1 u_i + (1-a_i)(1-u_i))$$

(2) 1차원 선형보간의 확장으로서의 2차원 보간법

2차원 선형보간법은 1차원 선형보간을 3번 적용한 것으로 이해할 수 있다.

아래 그림에서 4점 f_0, f_1, f_2, f_3로 이루어진 평면상의 임의의 점 c에서의 함수 f의 값을 추정하고자 한다. 2차원 선형보간법을 적용한다는 것은 우선 점 f_0와 점 f_1에 대해 1차원 선형보간법을 적용해서 점 a를 찾고, 다시 f_2와 f_3를 이용해서 점 b를 찾은 뒤, 두 점 a와 b에 대해 선형보간을 적용해서 최종적으로 원하는 점 c에서의 함수값을 얻게 된다.

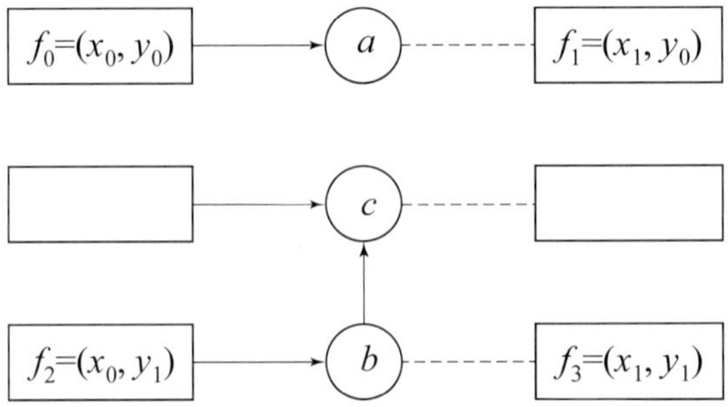

included

예제 | 2차원 선형보간법

앞의 실습과 동일한 문제를 위의 아이디어를 이용해서 풀어보자.

	A	B	C	D	E	F	G	H	I
1	*Understanding 2D interpolation*								
2							=LinearIntp(E4,E5,I4,I5,G4)		
3	Market Data								
4	days toexp	strike	vol		540		560		575
5	14	540	14.9	14	14.9		13.75714		12.9
6	112	540	15.1						
7	14	575	12.9	106			14.74956		
8	112	575	14.6						
9				112	15.1		14.81429		14.6
10	intp1	13.75714							
11	intp2	14.81429			=LinearIntp(D5,G5,D9,G9,D7)				
12	intp3	14.74956					=LinearIntp(E4,E9,I4,I9,G4)		
13									

주어진 4점에 대해서 총 3번의 1차원 선형보간을 적용한다.

- 1차 보간 : 14일 만기일 경우 각 행사가격에 대해 행사가격 560을 선형보간
- 2차 보간 : 112일 만기일 경우 각 행사가격에 대해 행사가격 560을 선형보간
- 3차 보간 : 위에서 보간된 행사가격 560의 결과를 이용하여 만기 106일에 대해 선형보간

최종적으로 얻어진 결과 G7셀의 값이 앞에서 구한 값과 일치한다.

Financial Engineering Practice with Excel VBA

4.5 최적해 구하기

4.5.1. 해석적으로 푸는 방법

다음 방정식의 해를 찾아보자

$$x^3 + 2x + 1 = 0$$

우선 (실수)해가 몇 개 존재하는지 알아보기 위해 위 방정식을 x에 대해서 미분을 한 결과는 다음과 같다.

$$3x^2 + 2 > 0$$

1차 미분값이 항상 0보다 크므로
이 함수는 극대/극소 값을 갖지 않는다. 즉 유일한 해를 갖는다.

3차 방정식을 풀기 위해 다음 트릭을 사용한다.
우선 $x = a + b$ 의 양변을 세제곱하면 다음을 얻는다.

$$x^3 - 3abx - (a^3 + b^3) = 0$$

원래 문제의 방정식과 비교해보면, $2 = -3ab$, $1 = -(a^3 + b^3)$ 이다.

이제, 다음 2차방정식을 생각해보자.

$$(y - a^3)(y - b^3) = 0$$

풀어서 정리하면 다음과 같다.

$$y^2 - (a^3 + b^3)y + (ab)^3 = 0$$

앞에서 구한 결과를 대입하면 다음과 같다.

$$y^2 + y + (-\tfrac{2}{3})^3 = 0$$

이 방정식을 풀면 다음의 해를 얻는다.

$$y = \frac{-1 \pm \sqrt{1^2 + 4 \times \frac{8}{27}}}{2}$$

위 결과에 세제곱근을 적용한 것이 각각 a와 b에 해당하므로, 원래 구하고자 하는 3차방정식의 해는 다음과 같다.

$$x = a + b \approx \sqrt[3]{0.23912} + \sqrt[3]{-0.23912} = -0.4534$$

4.5.2. 엑셀 해찾기 이용

위에서 본 바와 같이 간단한 3차 방정식이라 할지라도 해석적으로 문제를 풀기는 쉽지 않다. 불가능한 경우도 있다. 이 때 엑셀의 해찾기 기능을 이용하면 문제를 간단히 풀 수 있다.

included 예제 | 3차 방정식의 근 구하기

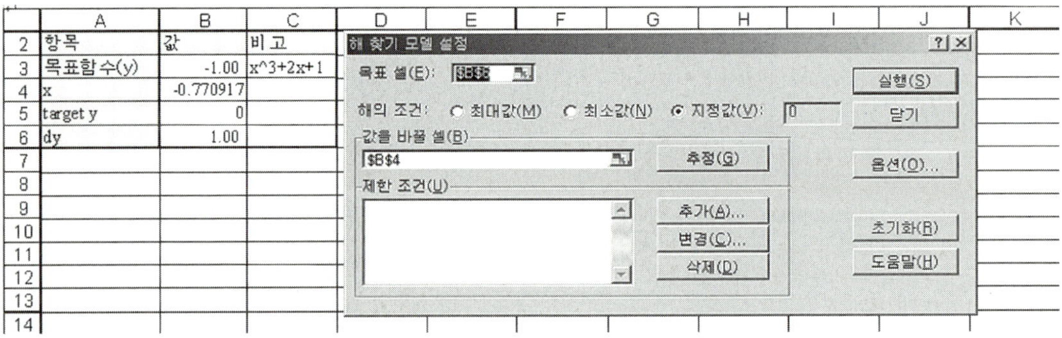

목적함수를 B3셀에 입력한 뒤 [도구] → [해찾기]를 선택하면 위 화면을 볼 수 있다. 목표 셀에 B3을, 해의 조건을 0, 값을 바꿀 셀을 B4로 지정한 뒤 [실행] 단추를 누르면 앞에서 본 결과와 동일한 해를 찾을 수 있다.

4.5.3. 수치해석적 방법

○ 그래프를 이용한 해의 추정

엑셀의 그래프 기능을 이용하면 우리가 알고 싶은 함수의 개략적인 형태를 아래와 같이 알 수 있다. x축을 지나는 점이 약 -0.4 지점인 것으로 위 방정식의 해가 이 근처에 존재함을 시각적으로 알 수 있다.

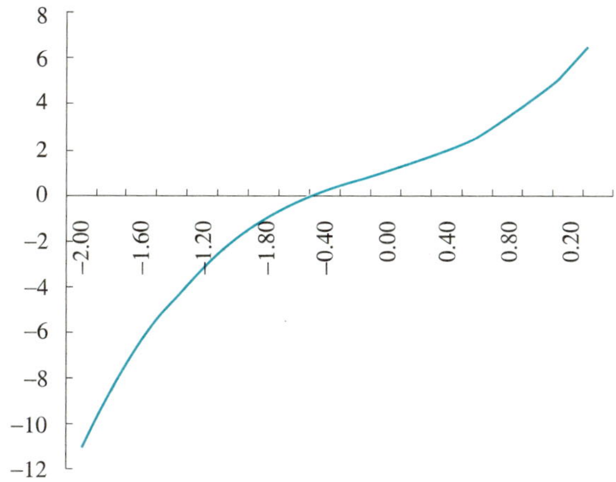

(1) 격자법(Grid Method)

가장 직관적인 방법으로 함수값을 직접 하나씩 구해서 그 값을 서로 비교하는 방법이다. 즉 해를 구하려고 하는 구간을 정하고 격자처럼 나누어 그 격자에서의 함수값을 모두 계산하고 그 중 함수값이 0에 가장 가까울 때 x값을 해로 선택하는 방법이다.

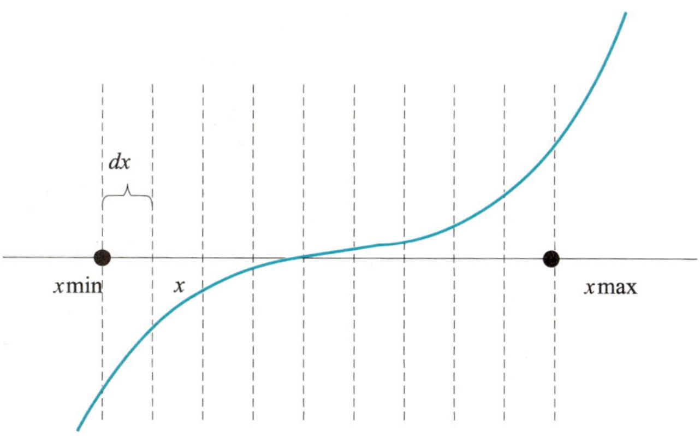

	A	B	C
1	최적화/해찾기 실습		
2	max	14	
3	min	-10	
4	grid	0.01	
5	결과	0	=GridMethod(B5,B4,B6)
6		1.53E-05	=Bisectional(B5,B4,0.0001)

included
예제 격자법

```
Function GridMethod(Xmin, Xmax, Xgrid)
Dim Counter As Integer
Dim MyValue() As Double
Counter = (Xmax - Xmin) / Xgrid

ReDim MyValue(Counter)

For i = 0 To Counter
    MyValue(i) = f_(Xmin + Xgrid * i)
Next i

GridMethod = MyValue(0)
For i = 1 To Counter
  GridMethod = Application.Min(GridMethod, MyValue(i))
Next i
End Function

Function f_(x)
f_ = x ^ 3 + 2 * x + 1
End Function
```

(2) 이분법(Bisection Method)

해를 구하려는 구간을 이등분한 뒤, 구간의 좌측(우측)끝 및 중앙에서 함수값을 구한 뒤 좌측(우측)끝 함수값과 중앙 함수값의 곱이 0보다 크면 구간의 좌측(우측) 절반을 버리고 나머지 절반에 대해 앞의 작업을 반복적으로 수행한다(우리가 찾는 해는 함수값의 부호가 변하는 구간에 존재하기 때문이다). 적절한 횟수를 반복한 뒤 또는 함수값 0에 적절하게 가까워지면 그 때 x값을 해로 선택한다.

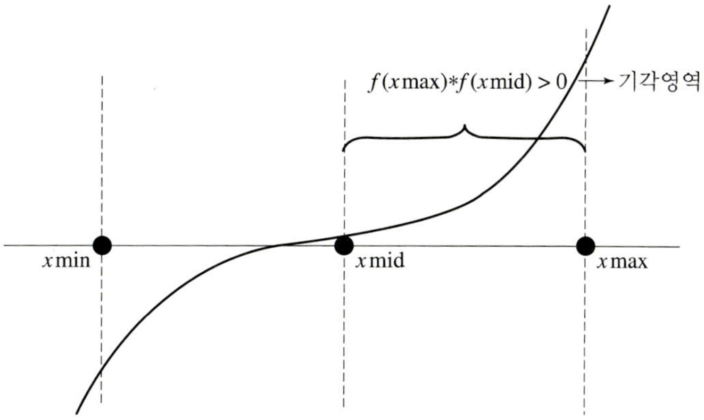

| 예제 | 이분법

```
Function Bisectional(Xmin, Xmax, E_level)

Dim Ymin, Ymax, Xmid, Ymid As Double

For i = 0 To 50
Xmid = (Xmax + Xmin) / 2
Ymid = f_(Xmid)
Ymin = f_(Xmin)

  If Abs(Ymid) < E_level Then
     Bisectional = Xmid
     Exit Function
  End If

  If Ymid * Ymin > 0 Then
    Xmin = Xmid
  Else
    Xmax = Xmid
  End If

Next i
  Bisectional = Xmid
End Function


Function f_(x)
f_ = x ^ 3 + 2 * x + 1
End Function
```

(3) 뉴튼-랩슨(Newton-Raphson)법

뉴튼-랩슨 방법이든 2분할법이든 수치해법의 기본적인 아이디어는 목표함수에 임의의 값을 각각 대입해 보고 그 값이 우리가 찾는 값과 일치하는지를 비교하여 목표하는 결과를 찾아 가는 것이다. 이 방법들의 차이는 임의로 대입해 보는 값을 보다 효율적으로 찾는 것이 무엇인가에 대한 차이에 있으며 뉴튼-랩슨 방법은 함수의 미분을 이용하여 원하는 점을 찾아가는 것이다.

임의의 함수 $f(x)$에 대해 다음 식을 만족하는 x를 찾고자 한다.

$$f(x)=0$$

뉴튼-랩슨방법은 다음 절차를 반복하는 것이다.

알고리즘

(1) 임의의 점 x_0에서 함수값을 계산해보니 $f(x_0)\neq 0$이었다.

(2) x_0에서 함수 $f(x)$에 접하는 접선의 방정식은 다음과 같다.

$$y=f'(x_0)(x-x_0)+f(x_0)$$

(3) 이 접선이 x축과 만나는 점은 다음과 같다.

$$x_1=x_0-\frac{f(x_0)}{f'(x_0)}$$

(4) 이 점에서 함수값이 원하는 수준의 오차범위(ε) 안에 드는지 판단한다. 즉 다음 부등식이 성립하는지 알아본다.

$$f(x_1)<\varepsilon$$

(5) 위 부등식이 성립하지 않으면 (2)단계에서 임의의 점 x_0를 x_1으로 바꾸어 (2)~(5)단계를 반복한다. 이때 (4)의 부등식이 참이면 원하는 값을 찾았으므로 반복과정을 종료한다.

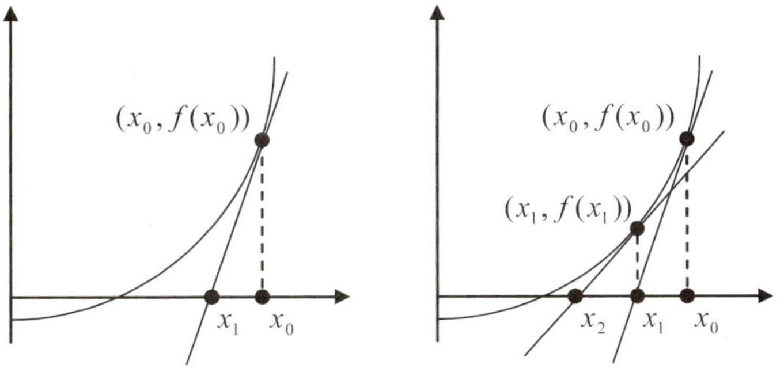

included

예제 뉴튼-랩슨법

뉴튼-랩슨법으로 앞의 예제를 엑셀에서 직접 실습한 결과는 아래와 같다.

	A	B	C	D	E	F	G
1			=E4	=B4^3+2*B4+1		=3*B4^2+2	
2						=B4-C4/D4	
3	i	x(i)	f(x)	f'(x)	x(i+1)	epsilon	
4	0	10	1021	302	6.6192053		
5	1	6.6192053	304.25147	133.44164	4.3391713	716.74853	=ABS(C5-C4)
6	2	4.33917129	91.378028	58.485222	2.776759	212.87344	
7	3	2.77675904	27.963415	25.131172	1.6640606	63.414612	
8	4	1.66406064	8.9360679	10.307293	0.7970951	19.027347	
9	5	0.79709512	3.1006331	3.9060819	0.0032989	5.8354348	
10	6	0.00329889	1.0065978	2.0000326	-0.499992	2.0940353	
11	7	-0.4999918	-0.124977	2.7499754	-0.454545	1.1315753	
12	8	-0.45454505	-0.003004	2.6198336	-0.453398	0.1219733	
13	9	-0.45339834	-1.79E-06	2.6167102	-0.453398	0.0030024	
14	10	**-0.453398**	-6.38E-13	2.6167083	-0.453398	1.792E-06	

(4) 수치적 해찾기에서 유의할 점

함수의 형태에 따라 해가 여러개 존재하거나 극대(소)점이 여러개 존재하는 등 다양한 경우가 가능하므로 이를 판단하기 위해 시작점 또는 구간을 여러번 바꾸어 해찾기를 시도해 보아야 한다.

4.6 시뮬레이션(Simulation)

Financial Engineering Practice with Excel VBA

시뮬레이션은 어떤 확률적 사건이 실제로 일어나기 전에 모의실험을 통해 결과를 추정하는 방법이다. 파생상품 가격계산 방법 중에서 수치해석적 풀이 방법으로서 최근 가장 유용한 방법으로 등장한 것이 이 시뮬레이션 방법이다. 여기서는 시뮬레이션에 대한 기초적 내용으로 확률변수 생성법과 간단한 시뮬레이션 예제를 살펴본다.

4.6.1. 균일분포 확률변수 생성

균일분포 확률변수(Uniform Random Variable)[주)]란 특정구간[a, b]내의 임의의 실수가 추출될 확률이 동일한(uniformly distributed) 확률변수를 의미한다. 확률밀도함수(probability density function : PDF)는 다음과 같다.

$$f(x)=\frac{1}{b-a}$$

(1) 균일분포(Uniform distribution) 난수만들기

컴퓨터는 반복된 작업을 하는 기계이므로 임의의 확률변수를 생성하는 것은 불가능하다. 하지만 특별한 방법을 사용해서 확률변수와 유사한 값들(pseudo-random numbers)를 생성할 수 있는데, 미드-스퀘어(mid-square)방법, 선형합동법(linear congruence method) 등이 있다.

○ 선형합동법(Linear Congruence Method)

선형합동법은 아래 공식을 이용해서 균일분포 확률변수를 생성해낸다.

○ 알고리즘

$$X_{n+1}=\text{mod}(aX_n+c,m)$$

$$u_{n+1}=X_{n+1}/m$$

u_n : n번째 균일분포 확률변수

X_0 : 초기값

a, c, m : 상수

주) 일양분포 확률변수(=난수)라고 부른다.

초기값 X_0는 외생적으로 주어져야하는 것으로 'seed'라고도 하며, $[0, m-1]$ 사이의 정수를 사용할 수 있다. 또는 컴퓨터상의 시간을 이용해서 사용할 경우, 매번 다른 난수가 생성되도록 할 수 있어 실제 확률변수인 것처럼 보이게 할 수도 있다.

included 예제 | 선형합동법을 이용한 균일분포 확률변수 생성주)

여기서 사용할 알고리즘은 아래와 같다.

```
Q=2,147,483,655.0 (Q는 m으로 대체될 수 있다)
X0=123456
a=16807.0
c=0
m=2,147,483,647.0=2^31-1
Loop
  Xn+1=Mod(a*Xn, m)
  X=seed/Q
Until N
```

Seed가 각각 123456, 123457인 균일분포 확률변수 x, y를 위 알고리즘을 이용해서 생성해보면 아래와 같다.

	A	B	C	D	E	F	G	H
1	**Random Number Generation**							
2	*William H. Greene, Econometric Analysis, 3rd edition, Prentice-Hall, 1997*							
3	P	2147483647		i	seed(x)	seed(y)	x	y
4	Q	2147483655		1	2074924992	2.075E+09	0.9662122	0.9662201
5	R	16807		2	277396911	559872160	0.129173	0.2607108
6	initial seed(x	123456		3	22885540	1.646E+09	0.0106569	0.7662622
7	initial seed(y	123457		4	237697967	1.223E+09	0.1106867	0.5693369
8				5	670147949	1.814E+09	0.312062	0.8448292
9	=MOD(B5*B6,B3)			6	1772333975	95061600	0.8253073	0.0442665
10	=MOD($B$5*E4,$B$3)			7	2018933935	2.12E+09	0.9401394	0.987184
11		=E4/$B$4		8	1981022945	1.291E+09	0.9224857	0.6013504

아래 그림은 생성된 확률변수 (x, y)를 좌표평면상에 그린 것이다. 대체로 평면상에 골고루 결과값이 생성된 것으로 볼 수 있다.

주) William H. Greene, Econometric Analysis 3/e, Prentice Hall, 1997 (p.177)
Paul Glasserman, Monte Carlo Methods in Financial Engineering, Springer-Verlag, 2004, p.44

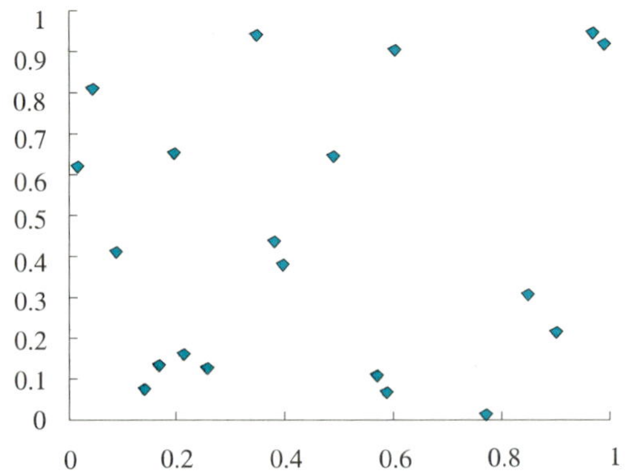

4.6.2. 정규분포 확률변수 생성

(1) 12난수법

균일확률분포를 따르는 확률변수 x를 임의로 12개 추출하여 그 합에서 6을 뺀 값을 새로운 확률변수 Y라고 하자.

$$Y = \sum_{i=1}^{12} x_i - 6$$

Y의 평균과 분산은 다음과 같다.[주)]

$$E(Y) = E(\sum_{i=1}^{12} x_i - 6) = (6-6) = 0$$

$$V(Y) = V(\sum_{i=1}^{12} x_i) = \frac{1}{12} \times 12 = 1$$

Y를 무한번 추출하면 그 분포는 중심극한정리(Central Limit Theorem)에 따라 정규분포에 수렴한다.

$$Y \overset{CLT}{\rightarrow} N(0,1)$$

따라서 Y를 정규분포 확률변수에 대한 실험값(trial)으로 사용할 수 있다.

주) 균일분포 확률변수를 12개 사용하는 것은 분산을 1로 맞추기 위한 것이고 12개의 합에서 6을 빼는 것은 평균을 0으로 맞추기 위한 것이다.

	A	B	C	D	E
1	z	0.361622			

B1 : = ((RAND ( ) + RAND ( ) + RAND ( ) + RAND ( ) + RAND ( ) + RAND ( ) + RAND ( ) + RAND ( ) + RAND ( ) + RAND ( ) + RAND ( ) + RAND ( )) − 6) / 12

예제 | 중심극한정리(CLT)

12난수법을 이용해서 정규분포 확률변수를 N번 생성해 보고 그 결과를 히스토그램으로 그려보면 다음과 같다.

```
Sub CLT실습()
Dim i, j, N As Integer
Dim Y As Double

N=Range("h3").Value
Randomize
 For i=1 To N
  Cells(i+3, 1)=i
  Y=0
  For j=1 To 12
    Y=Y+Rnd
  Next j
  Cells(i+3, 2)=Y-6
 Next i
End Sub
```

히스토그램은 [도구] → [데이터분석] → [히스토그램]을 이용해서 그려볼 수도 있으나, 아래와 같이 COUNTIF함수를 이용해서도 만들 수 있다.

	A	B	C	D	E	F	G	H
1	CLT실습							
2				그래프설정				
3	i	Random N		Min	-3		# Sim	2000
4	1	-0.5366467		Max	3			
5	2	-1.2637671		Step	20			
6	3	0.67917168			0.3			
7	4	-1.0069026					=COUNTIF(B:B,F11)	
8	5	-0.5859059						=G12-G11
9	6	1.15090191						
10	7	-0.6775826				구간	누적빈도	구간빈도
11	8	1.39519322		0	-3	<-3	1	1
12	9	0.62093842		1	-2.7	<-2.7	3	2
13	10	-0.5259818		2	-2.4	<-2.4	14	11
14	11	-0.9110459		3	-2.1	<-2.1	39	25

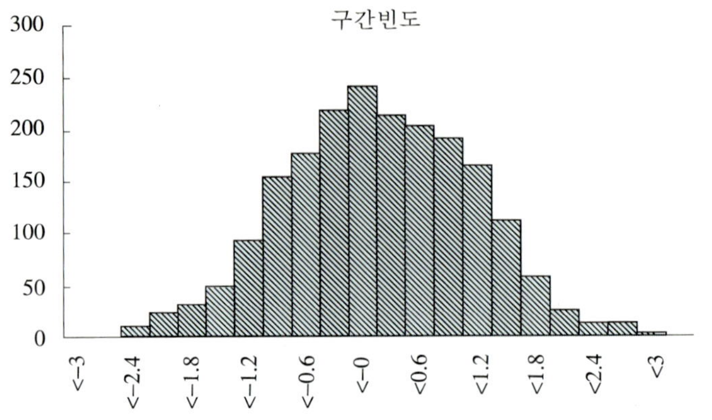

2000번 시행한 결과 대체로 정규분포와 비슷한 히스토그램을 보여주고 있음을 알 수 있다.

(2) 전환법(Transform Method)

어떤 확률변수 X가 [0,1] 구간의 실수값을 가지며 균일확률분포를 따른다고 가정하고 새로운 확률변수 Y를 아래와 같이 정의하자.

$Y = N^{-1}(X)$, 단, $N^{-1}(x)$는 표준누적 정규분포함수 $N(x)$의 역함수이다.

이 때 Y가 어떤 확률분포를 따르는지 알아보자.

Y의 누적확률분포함수를 $F(y)$라고 하면, $F(y) = \Pr(Y \le y)$이고 다음이 성립한다.

$$\begin{aligned}\Pr(Y \le y) &= \Pr(N^{-1}(X) \le y) \\ &= \Pr(X \le N(y)) \\ &= N(y)\end{aligned}$$

위 식의 첫 번째 등식에서 두 번째 등식으로 넘어오는 과정은 $N(x)$함수가 단조증가 함수이므로 성립한다. 또한 균일분포확률변수 x가 0과 1 사이의 임의의 실수 a보다 작은 확률 $\Pr(x < a)$는 'a'가 되므로 마지막 등식은 성립한다.

즉, Y의 누적확률분포함수는 정규누적확률분포이므로 따라서 $Y \sim N(0,1)$이다.

일반적으로, 누적확률분포함수의 역함수에 균일확률변수를 넣으면 원하는 표준누적정규확률분포를 갖는 난수를 생성할 수 있다.

표준누적정규확률분포함수의 역함수는 엑셀에서 NORMSINV로 제공되므로 아래와 같이 정규분포확률변수를 엑셀에서 생성할 수 있다.

	A	B	C	D	E
1	z	-0.37935	=NORMSINV(RAND())		

(3) 박스－뮬러 방법

누적정규분포함수의 역함수(역CND함수)를 이용하는 방법은 역CND 함수를 알아야 적용 가능하다. 하지만 역CND함수를 해석적으로 구할 수 없으므로 수치적으로 계산해야 한다. 박스－뮬러 방법(Box－Muller Method)[주)]은 역CND를 사용하지 않고 표준정규분포 확률변수를 생성하는 방법이다. 또한 근사적으로 역CND함수를 사용하는 방법에 비하여 이 방법은 해석적 방법을 사용한다는 점에서 정확한 방법이다.

기본적으로 (누적)확률분포함수의 역함수를 이용해서 원하는 확률변수를 생성하는 점에서 전환법과 동일하지만, 역CND함수가 나타나지 않도록 트릭을 사용한다.

박스－뮬러방법에 따라 표준정규분포 확률변수를 생성하는 식은 다음과 같다.

$$Z_1 = \sqrt{-2\log(x_1)}\cos(2\pi x_2)$$

$$Z_2 = \sqrt{-2\log(x_2)}\sin(2\pi x_1)$$

Z_1, Z_2 : 생성된 표준정규 확률변수

x_1, x_2 : 균일분포 확률변수

included **예제** | 박스－뮬러 방법

	A	B	C	D	E	F	G	H	I
1	*Box-Muller Normal Random Number Generation*							=SIN(2*PI()*F5)	
2					=RAND()		=SQRT(-2*LN(1-E5))		
3									=G5*H5
4	parameter			i	rand1	rand2	r	theta	z1
5	min	-2.98823		1	0.668008	0.714031	1.485021	-0.97457	-1.44726
6	max	3.909828		2	0.692964	0.713878	1.536744	-0.97435	-1.49733
7	n	15		3	0.812748	0.209064	1.830463	0.967105	1.770249
8	dx	0.45987		4	0.204581	0.433638	0.676589	0.404985	0.274009
9	count	1217		5	0.401216	0.973345	1.012774	-0.16669	-0.16882
10	sd	0.991448		6	0.558374	0.436542	1.278508	0.388239	0.496366
11	average	-0.03291		7	0.998005	0.488279	3.526263	0.073581	0.259467

주) Box, G. E. P. and Muller, M. E. "A Note on the Generation of Random Normal Deviates." Ann. Math. Stat. 29, 610－611, 1958. 또는 인터넷 http://mathworld.wolfram.com, http://www.wikipedia.com에서 Box-Muller를 검색해보기 바란다.

I열에 표준정규분포 확률변수가 생성되었으며,

위 결과에 대한 히스토그램은 다음과 같다.

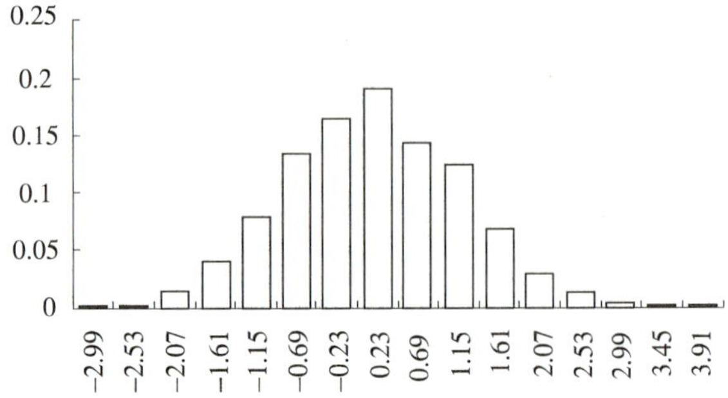

(4) 극점 거부법(Polar Rejection Method)

극점거부법(Polar Rejection Method)은 박스뮬러방법에 비해 빠른 것으로 알려져 있다.[주)] 알고리즘은 아래와 같다.

○ 알고리즘

```
Loop
  x1=U
  x2=U
  w=x1^2+x2^2
until w<1
```

$$c=\sqrt{-2\frac{\ln(w)}{w}}$$

```
z1=c*x1
z2=c*x2
```

U : [−1,1] 범위의 균일분포 확률변수

주) L. Clewlow and C. Strickland, Implementing Derivatives Models, Jhon Wiley & Sons (1998)

예제 극점거부법을 이용한 정규분포 확률변수 생성 함수

```
Function PolarRejectionMethod(Optional Mu As Double=0, _
Optional Sig As Double=1) As Double
Dim X1 As Double, X2 As Double, W As Double, C As Double
    Do
        X1=2 * Rnd() - 1
        X2=2 * Rnd() - 1
        W=X1 ^ 2+X2 ^ 2
    Loop Until W<1
    C=Sqr(-2 * Log(W) / W)
    PolarRejectionMethod=Sig * (C * X1)+Mu
End Function
```

(5) 다변량 정규확률변수 생성(Generating Multivariate Normals)

각각 평균이 μ_1, μ_2이고, 분산이 σ_1, σ_2인 두 개의 정규분포 확률변수를 생각해보자. 이 두 개의 확률변수는 ρ의 상관관계를 가지고 있다고 하자. 어떻게 상관관계가 ρ인 두개의 정규분포 확률변수를 생성해 낼 수 있을까?

다음의 두 정리를 이용해서 다변량 확률변수를 생성할 수 있다.

정리 분산공분산행렬을 분산행렬과 상관계수 행렬로 분해할 수 있다.

$$\Sigma = \begin{bmatrix} \sigma_{11} & \sigma_{12} & & \\ \sigma_{21} & \sigma_{22} & & \\ & & \ddots & \\ & & & \sigma_{nn} \end{bmatrix}$$

$$= \begin{bmatrix} \sigma_1 & & & \\ & \sigma_2 & & \\ & & \ddots & \\ & & & \sigma_n \end{bmatrix} \begin{bmatrix} \rho_{11} & \rho_{12} & & \rho_{1d} \\ \rho_{12} & \rho_{221} & & \rho_{2d} \\ & & \ddots & \\ \rho_{1n} & & & \rho_{dd} \end{bmatrix} \begin{bmatrix} \sigma_1 & & & \\ & \sigma_2 & & \\ & & \ddots & \\ & & & \sigma_n \end{bmatrix}$$

정리 표준정규분포 확률변수에서 일반 정규분포 확률변수의 생성

임의의 평균 μ와 분산 Σ를 갖는 정규확률변수 X는 표준정규확률변수 Z와 다음 식을 이용해서 생성할 수 있다.

$$X = \mu + AZ$$

여기서 A는 $\Sigma = AA^T$를 만족하는 행렬이다.

만약, 다변량 표준정규 확률변수를 Z라 하고 (즉, $Z \sim N(0, I)$), Z를 이용한 새로운 확률변수 X를 다음과 같이 정의하자.

$$X = \mu + AZ$$

그러면 X는 다음과 같은 확률분포를 따른다.

$$X \sim N(\mu, AA^T)$$

새로운 확률변수의 분산은 다음과 같다.

$$\begin{aligned} Var(X) = Var(AZ) &= E\left[(AZ)(AZ)^T\right] \\ &= E[AZZ^T A^T] \\ &= A\underbrace{E[ZZ^T]}_{\text{정리}}A^T \\ &= AA^T = \Sigma \end{aligned}$$

위 식의 마지막 등식 $\Sigma = AA^T$는 Σ행렬의 촐레스키 분해를 이용해서 우리가 원하는 새로운 확률변수 X를 만들 수 있음을 보여준다.

| 정리 | $E[ZZ^T] = I$

| 증명 |

$$E\left(\begin{bmatrix} z_1 \\ z_2 \\ \vdots \\ z_n \end{bmatrix}[z_1, z_2, \ldots, z_n]\right) = E\left(\begin{bmatrix} z_1^2 & z_1 z_2 & \cdots & z_1 z_n \\ z_2 z_1 & z_2^2 & & \\ \vdots & & \ddots & \\ z_n z_1 & & & z_n^2 \end{bmatrix}\right)$$

$$= \begin{bmatrix} E(z_1^2) & E(z_1 z_2) & \cdots & E(z_1 z_n) \\ E(z_2 z_1) & E(z_2^2) & & \\ \vdots & & \ddots & \\ E(z_n z_1) & & & E(z_n^2) \end{bmatrix} = I$$

4.6.3. 시뮬레이션 실습

(1) 몬테-칼로(Monte-Carlo) 적분

확률변수에 대한 기대값이나 분산 등은 일종의 적분으로 볼 수 있다. 파생상품의 가치 계산에도 기대값 계산이 중요한 역할을 하게 되는데 수치적분은 뒤에서 배울 직사각형 수치적분, 사다리꼴 수치적분 등의 방법과 함께 시뮬레이션을 이용한 적분방법이 있다. 여기서는 시뮬레이션을 이용한 적분의 개념과 이를 이용한 예제를 보고자 한다.

우선 아래 그림에서 함수 $f(x)$를 a부터 d까지 적분하는 경우를 생각해보자. 사각형 $aBCd$ 안에 균일하게 분포하는 확률변수가 있고, 빗금친 부분에 확률변수가 있을 확률을 p, 사각형의 면적을 A라고 하면 적분 $\int_a^d f(x)dx$ 은 A×p이다.

(a, d)구간에서의 함수 $f(x)$ 의 평균값을 $E[f(x)]$ 라고 하면 적분값 $\int_a^d f(x)dx$ 은 사각형 $aEFd$의 면적 즉, $E[f(x)](d-a)$ 이 된다.

이때, $f(x)$의 평균값을 구하는 시뮬레이션 공식은 다음과 같다.

$$E[f(x)] = \frac{1}{n}\Sigma_{i=1}^{n} f(x_i)$$

n : 시뮬레이션 시행횟수

x_i : $[a, b]$구간에서 추출한 균일분포 확률변수

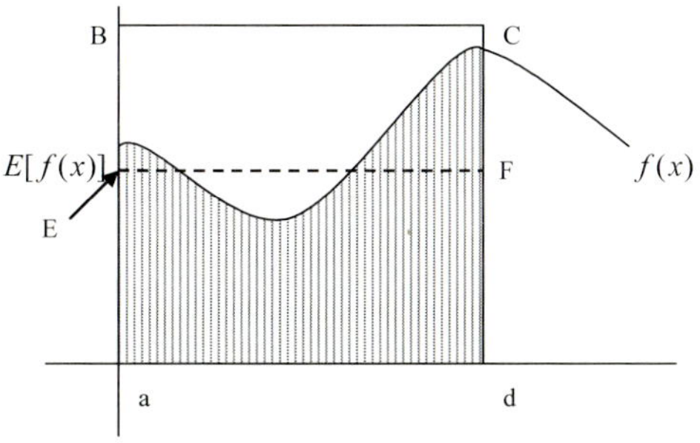

included 예제 | 몬테카를로 적분

$\int_0^4 (x^2+3)dx$ 를 계산하면 얼마인가?

	A	B	C	D	E	F	G	H
1			=RAND()*4		=B4^2+3			
2							=AVERAGE(C4:C23)	
3	n	x	f(x)					
4	1	0.585312119	3.342590276		E(f(x))=	8.0219676		
5	2	2.807834233	10.88393308		integral[f(x)]=	32.08787		
6	3	1.195625439	4.42952019					
7	4	0.120757818	3.014582451					
8	5	1.776934676	6.157496842				=F4*4	

C열에 시뮬레이션 결과가 제시되어 있고 셀 F5에 적분결과가 계산되어 있다.

(2) 시뮬레이션으로 원주율 계산하기

정사각형 나무판의 가운데에 지름이 정사각형의 한 변의 길이와 같은 원을 그려 넣는다. 이 나무판에 무작위로(눈을 감고) 화살을 쏜다고 하자. 단, 화살은 나무판을 벗어나지는 않는다고 가정한다. 이 화살이 공정(fair)하다면 화살이 원안에 맞을 확률(p)은 "원의 넓이(A)/사각형의 넓이(B)"일 것이다.

즉,

$$p = \frac{A}{B} = \frac{\pi r^2}{(2r)^2} = \frac{\pi}{4}$$

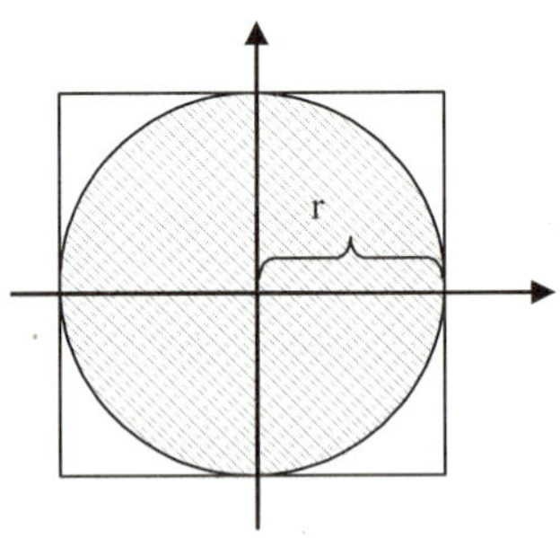

◉ 화살쏘기

시뮬레이션에서 가장 기초적이며 중요한 것은 확률변수를 뽑아내는 것이다. 위 실험에서 확률변수는 화살을 쏘았을 때 화살이 어디에 맞았는지(위치)가 될 것이다. 위치는 좌표로 나타낼 수 있는데, 과녁의 정중앙을 (0,0)이라고 하고 원의 반지름을 r이라고 하면 각 모서리는 $(r, r\sqrt{2})$ $(r, -r\sqrt{2})$ $(-r, -r\sqrt{2})$ $(-r, r\sqrt{2})$가 된다.

만약 $r=0.5$라고 하면 화살은 $-\frac{1}{2}<x<\frac{1}{2}$ 및 $-\frac{1}{2}<y<\frac{1}{2}$ 사이의 좌표에 꽂히게 될 것이다. 따라서 RAND함수를 이용해서 x축 좌표를 임의로 추출하려면 "=RAND()−0.5"라고 엑셀에 입력하면 된다. 즉, −0.5에서 0.5사이의 확률변수를 추출하게 된다. y축 좌표도 마찬가지로 입력하면 되므로 RAND함수의 첫 번째 값을 x축 좌표로, 두 번째 값을 y축 좌표로 사용하면 화살을 한번 쏜 결과의 좌표를 얻게 된다.

	A	B	C	D
1	trial#	x-axis	y-axis	
2	1	0.48687	0.339825	=RAND()-0.5

위 그림에서 첫 번째 시행에서 화살은 (0.48,0.33)에 꽂혔다.

이때 화살이 원안에 들어갔는지는 원점에서 화살의 좌표까지의 거리가 r보다 작은지를 보면 알 수 있다.

	A	B	C	D	E
1	trial#	x-axis	y-axis	distance	
2	1	0.48687	0.339825	0.593737055	=SQRT(B2^2+C2^2)

첫번째 시행에서는 원점에서 화살의 좌표까지의 거리가 0.5보다 크므로 원밖에 화살이 꽂힌 것이다. 원안에 화살이 꽂히는 경우를 성공이라고 하면, 한 번의 실험에 의해 추정된 전체 시행 중 성공시행의 확률은 0/1이며, 이 값은 이론값 $\pi/4$와 같아야 하므로 첫번째 시행의 결과 π는 0으로 추정되었다. 우리가 알고 있는 값과 추정된 값의 차이가 크지만, 이런 시행을 반복적으로 행하여 시행의 횟수가 커지면 성공시행의 확률이 $\pi/4$에 수렴하게 된다.

included 예제 | 파이값 시뮬레이션으로 구하기

```
Option Base 1
Function PiSimulation(N)
Dim Xresult As Double
Dim Yresult As Double
Dim Counter As Integer
Randomize
Counter=0
For i=1 To N
```

```
    Xresult=Rnd-0.5
    Yresult=Rnd-0.5
    distance=Sqr(Xresult ^ 2+Yresult ^ 2)
    If distance <= 0.5 Then
       Counter=Counter+1
    Else : End If
Next i
PiSimulation= (Counter / N) *4
End Function
```

(3) 주식가격 시뮬레이션

주식가격이 아래와 같은 확률과정을 따른다고 할 때, 1년 뒤 그 가격의 분포를 시뮬레이션으로 구해보자.

$$S_T = S_0 \exp\left([r - 0.5\sigma^2]T + \sigma\sqrt{T}z\right)$$

T : 미래시점, 0 :현재시점

S_T : T시점의 주식가격, S_0 : 현재시점의 주식가격

r : 무위험 이자율, σ : 변동성

z : 표준정규분포 확률변수

included **예제** 주식가격분포

```
Sub StockSimulation()

Dim S0 : S0=Range("b4")
Dim R : R=Range("b5")
Dim V : V=Range("b6")
Dim T : T=Range("b7")
Dim N : N=Range("b8")
Randomize

For i=1 To N

Cells(4+i, 4)=i
Cells(4+i, 5)=S0 * Exp((R-0.5 * V ^ 2)*T+ V * Sqr(T) * _
                                             Application.NormSInv(Rnd))

Next i

End Sub
```

B4:B8 범위에서 주식가격 시뮬레이션에 필요한 파라메터 값들을 읽어 들인 뒤, 시뮬레이션 식을 이용해서 E열에 주식가격 시뮬레이션 결과값을 출력해 주는 프로그램이다.

	A	B	C	D	E	F	G	H	I	J
1	주식가격분포									
2										
3	기초변수			시뮬레이션			표	구간크기	5	
4	s0	100		i	ST			구간	누적빈도	구간빈도
5	r	0.05		1	83.19225		0	<0	0	0
6	v	0.21		2	92.31486		5	<5	0	0
7	T	1		3	111.5255		10	<10	0	0
8	N	3000		4	113.5942		15	<15	0	0
9				5	73.9719		20	<20	0	0
10				6	100.2914		25	<25	0	0

여기서도 주식가격의 (확률)분포를 그려보기 위해 COUNTIF함수를 이용해서 히스토그램을 그려보았으며, 그 결과는 아래와 같다.

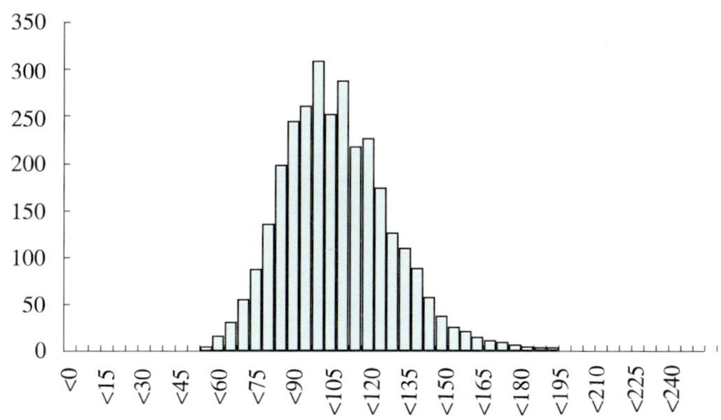

(4) 시뮬레이션을 이용한 옵션가격계산

옵션 이론에 따르면 콜옵션의 가격(C)은 다음과 같이 결정할 수 있다.

$$C = e^{-rT}\hat{E}\left(\max[S_T - K, 0]\right)$$

r : 무위험 이자율

T : 옵션만기

S_T : 만기시점의 주식의 가격

K : 행사가격

$\hat{E}$: 기대값(정확히는 위험중립 확률하에서의 기대값)

위 공식에서 기대값 부분을 시뮬레이션을 통해 도출할 수 있는데, 위에서 실행한 주식가격 시뮬레이션 결과를 이용해서 다음과 같이 고쳐 쓸 수 있다.

$$C = e^{-rT}\frac{1}{n}\Sigma_{i=1}^{n}\left(\max[S_T(i)-K,0]\right)$$

n : 시뮬레이션 횟수

$S_T(i)$: i번째 시행에서 생성된 T시점 주식가격

K : 행사가격

included **예제** | 시뮬레이션을 이용한 옵션가격계산

	A	B	C	D	E	F	G	H	I	J
1	parameter									
2	mu	0.1		i	rand	z	w	ST	max[s-k]	e-rt max
3	vol	0.2		1	0.489926	-0.02525	-0.02525	102.5263	2.526316	2.403106
4	s0	100		2	0.778193	0.766105	0.766105	120.108	20.10798	19.1273
5	T	1		3	0.846066	1.019706	1.019706	126.357	26.35702	25.07157
6	r	0.05		4	0.42541	-0.18807	-0.18807	99.24146	0	0
7				5	0.164812	-0.97487	-0.97487	84.79156	0	0
8	strike	100		6	0.830789	0.957287	0.957287	124.7894	24.7894	23.58041
9				7	0.387227	-0.28656	-0.28656	97.30585	0	0
10	price			8	0.163246	-0.9812	-0.9812	84.68424	0	0
11	simul	10.04113		9	0.452537	-0.11926	-0.11926	100.6168	0.616789	0.586707
12	exact	10.45058		10	0.572364	0.182396	0.182396	106.8739	6.873863	6.538621
13				11	0.396378	-0.26273	-0.26273	97.77054	0	0

옵션 수익구조(payoff)에 대한 시뮬레이션 결과는 J열에 제시되어 있고 이를 이용한 옵션가격은 셀 B11에 있다. E열은 균일분포 확률변수의 생성결과이며 F열은 정규분포 확률변수, G열은 $\sqrt{T}\cdot z$ 이며 H열은 시뮬레이션된 주식가격으로 $S_T = S_o \exp([r - 0.5\sigma^2]T + s\sqrt{T}z)$ 를 이용한 것이다.

Financial Engineering Practice with Excel VBA

4.7 수치적분

4.7.1. 직사각형 수치적분법(Rectangular Method)

함수 $f(x)$에 대해서 아래 그림을 생각해 보자.

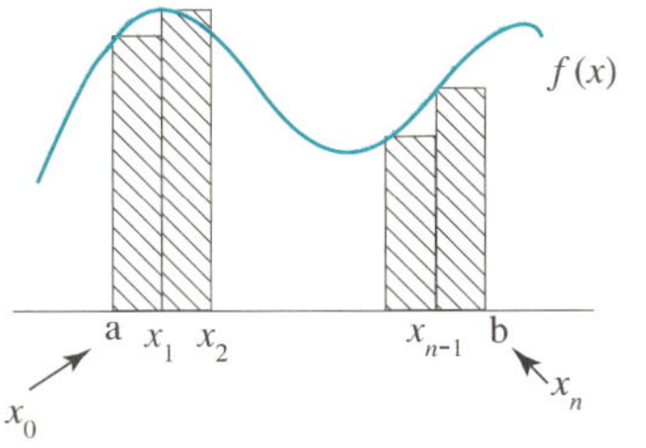

함수의 (a, b) 구간의 적분값은 그림과 같이 x축을 일정간격으로 나누고 이 간격을 밑변으로 하고 각 점에서의 함수값을 높이로 하는 사각형의 넓이의 합으로 근사시켜 생각해 볼 수 있다. 사각형의 넓이의 합을 A_n이라고 하면, 다음과 같다.

$$A_n = (x_1 - x_0)f(x_0) + (x_2 - x_1)f(x_1) + \ldots + (x_n - x_{n-1})f(x_{n-1})$$

각 밑변의 길이를 $h = x_i - x_{i-1}$이라고 하고 위 식을 정리하면 직사각형 수치적분법에 의한 함수 $f(x)$의 적분값은 다음과 같다.

$$A_n = h[f(x_0) + f(x_1) + \ldots + f(x_{n-1})] = h\sum_{i=0}^{n-1} f(x_i)$$

included

4.7.2. 사다리꼴 수치적분법(Trapezoidal Method)

직사각형 수치적분법보다 정확도가 높은 방법으로 사다리꼴 수치적분법이 있다. 아래 그림에서 보듯이 사다리꼴 수치적분법은 적분구간을 나누고 그 면적을 계산할 때 직사각형이 아닌 사다리꼴로 원래 함수의 면적을 근사시킨다.

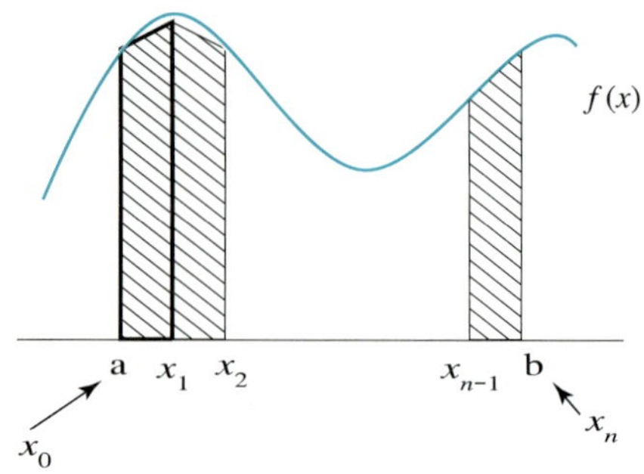

각 사다리꼴의 넓이의 합을 다시 A_n이라고 하면 그 값은 다음과 같다.

$$A_n = \frac{1}{2}(x_1 - x_0)(f(x_0) + f(x_1)) + \frac{1}{2}(x_2 - x_1)(f(x_1) + f(x_2)) + \\ \ldots + \frac{1}{2}(x_n - x_{n-1})(f(x_n) + f(x_{n-1}))$$

각 밑변의 길이를 $h = x_i - x_{i-1}$이라고 하고 정리하면 사다리꼴 수치적분법에 의한 함수 $f(x)$의 적분값은 다음과 같다.

$$A_n = \frac{h}{2}[f(x_0) + f(x_n) + 2\sum_{i=1}^{n-1} f(x_i)]$$

4.7.3. 심슨의 1/3 수치적분법

사다리꼴 수치 적분법은 함수의 두 점을 선형보간으로 추정한 결과를 적분에 이용한 것으로 볼 수 있다. 이와 비슷하게 심슨의 1/3 수치적분법은 함수의 세 점을 이용하여 라그랑지 다항 보간법을 사용하여 함수를 추정하고 그 결과를 적분에 이용한 것이다. 선형보간법 보다 다항보간법이 함수를 보다 정확하게 추정하는 방법이므로 심슨의 1/3 수치적분법도 사다리꼴 적분법보다 정확한 적분값을 구할 수 있는 방법이 된다.

① 다그랑지 다항식을 이용한 도출

구간 $(a = x_0, b = x_2)$를 이등분하는 점을 $x_1 = x_0 + h\left(h = \frac{b-a}{2}\right)$라고 하면 이 세 점을 지나는 라그랑지 다항식은 다음과 같다.

$$p(x) = \frac{(x-x_1)(x-x_2)}{(x_0-x_1)(x_0-x_2)}f(x_0) + \frac{(x-x_0)(x-x_2)}{(x_1-x_0)(x_1-x_2)}f(x_1) + \frac{(x-x_0)(x-x_1)}{(x_2-x_0)(x_2-x_1)}f(x_2)$$

위 식을 적분해서 정리하면 다음과 같다.

| 정리 | 심슨의 1/3 수치적분법

$$A(x) = \int_a^b p(x)dx$$
$$= \frac{h}{3}\left(f(x_0) + 4f(x_1) + f(x_2) \right)$$

② 2차함수의 정적분을 이용한 도출

3점에 대한 다항보간의 결과는 2차함수이며 따라서 심슨의 1/3 수치적분법은 2차함수의 적분을 구간별로 실시한 것과 같다. 따라서 아래의 정리로부터 공식을 도출할 수 있다.

| 정리 | 2차함수의 정적분

이차함수 $g(x) = Ax^2 + Bx + C$ 에 대해 다음식이 성립한다.

$$\int_a^b g(x)dx = \frac{b-a}{6}\left[g(a) + 4g\left(\frac{a+b}{2} \right) + g(b) \right]$$

| 증명 | 정리에서 좌변(적분)을 풀어보면

$$\int_a^b g(x)dx = \int_a^b [Ax^2 + Bx + C]dx$$
$$= \tfrac{b-a}{6}\left[2A(a^2 + ab + b^2) + B(b+a) + C \right]$$

$g(x)$함수 식을 적용해서 $g(a)$, $g\left(\frac{a+b}{2}\right)$, $g(b)$ 를 각각 구한 뒤, 정리의 우변에 대입해보면 등식이 성립함을 알 수 있다.

2차함수 정적분 정리에서 $[a, b]$ 구간을 이등분하고 $h = \frac{b-a}{2}$, $a = x_0$, $\frac{a+b}{2} = x_1$ $b = x_2$ 라고 하면 심슨의 1/3 수치적분법을 얻을 수 있다.

included **예제** 1/3 수치적분 실습

```
Function SimpsonInteral(Xs, Ys)

Dim M As Integer, Ai As Double, Sum_ As Double
M = Xs.Rows.Count
N = M - 1
h = (Xs(M) - Xs(1)) / N
Sum_ = 0
For i = 1 To N Step 2 'index of array Xs starts at "1"
  Ai = h / 3 * (Ys(i) + 4 * Ys(i + 1) + Ys(i + 2))
  Sum_ = Sum_ + Ai
Next i

If (i - 1) <> N Then
Ai = h / 2 * (Ys(N) + Ys(N + 1))
Sum_ = Sum_ + Ai
End If

SimpsonInteral = Sum_
End Function
```

4.7.4. 심슨의 3/8 수치적분법

심슨의 3/8 수치적분법은 4개의 점(또는 3개의 구간)에 대해서 라그랑지 보간법을 적용하여 함수를 추정한 결과를 이용해서 적분을 하며 그 결과는 다음과 같다.

$$
\begin{aligned}
A(x) &= \int_{x=a}^{x=b} p(x)dx \\
&= \frac{3}{8}h\left[f(x_0)+3f(x_1)+3f(x_2)+f(x_3)\right]
\end{aligned}
$$

Financial Engineering Practice with Excel VBA

4.8 유한차분법 기초

유한차분법(Finite Difference Method : FDM)은 미분방정식(differential equation)을 수치적으로 푸는 방법중의 하나이다. 유한차분법은 원래 미분방정식에 있는 도함수(미분 : differential)를 차분(difference)들로 근사시키는 방법으로, 이와 같이하면 미분방정식이 연립방정식으로 변환된다.[주)] 따라서 미분방정식 문제가 연립방정식 문제로 단순화되는 것이다.

4.8.1. 미분방정식의 풀이

미분방정식을 푼다는 말의 의미는 미분으로 이루어진 방정식을 미분이 없는 방정식으로 표현한다는 말이다. 구체적 예를 들어 살펴보자.

| 예제 | 미분방정식

뉴튼의 제2법칙에 따르면 가속도 a는 힘 F에 비례하고, 질량 m에 반비례한다.

이 때 가속도는 시간 t의 변화에 따른 속도 V의 변화로 다음과 같이 나타낼 수 있다.

$$a = \frac{F}{m} \quad \text{또는} \quad \frac{dV}{dt} = \frac{F}{m}$$

이 식은 미분을 포함한 방정식으로 미분방정식이라고 한다.

| 예제 | 미분방정식의 풀이

정지상태에 있는 질량 50Kg의 물체를 일정한 힘 5Newton으로 밀면 t초 후에 이 물체의 속도는 얼마인가?

양변을 적분하면 $\int_0^t \frac{dv}{dt} dt = \int_0^t \frac{F}{m} dt$ 즉, $v = \frac{F}{m} t + C$. 초기조건 $t=0$, $v=0$이므로 $C=0$ 따라서 $V = \frac{1}{10} t$ 이다.

| 예제 | 미분방정식의 수치적 풀이

위 예제에서 10초 후의 이 물체의 위치는 어디일까?

주) 이 부분은 "공학도를 위한 수치해석 5판(한국맥그로힐, 2006, 역자 : 김태국 외)"을 참조하였다.

① 해석적으로 푸는 방법

속도는 시간 t에 대한 위치 l의 변화로 정의할 수 있으므로 $v = \frac{dl}{dt}$ 이다. 그런데 위에서 $v = \frac{1}{10}t$ 이므로 이를 대입하면 새로운 미분방정식 $\frac{dl}{dt} = \frac{1}{10}t$ 을 얻는다. 이를 적분하면 $l(t) = \frac{1}{20}t^2 + C$ 이다. 초기조건을 대입하면 $C = 0$을 얻고 따라서 10초 후 위치는 5m이다.

② 수치적으로 푸는 방법

	A	B	C	D	E	F	G	H	I	J	K
1	유한차분법 실습										
2											
3	F	5		i	t	v	l^	l			
4	m	50		0	0	0	0	0			
5	dt	0.25		1	0.25	0.025	0	0.003125			
6				2	0.5	0.05	0.00625	0.0125			
7				3	0.75	0.075	0.01875	0.028125			
8		=$B$5*D5		4	1	0.1	0.0375	0.05			
9				5	1.25	0.125	0.0625	0.078125		=1/20*E5^2	
10				6	1.5	0.15	0.09375	0.1125			
11		=$B$3/$B$4*(E5-E4)+F		7	1.75	0.175	0.13125	0.153125			
12				8	2	0.2	0.175	0.2		=0.1*E4*(E5-E4)+G4	

B3:B5 범위에 수치계산에 필요한 값들이 입력되어 있다. 미분방정식 $\frac{dl}{dt} = \frac{1}{10}t$ 를 수치적으로 풀기 위해 차분을 대입하면 다음과 같다.

$$\frac{\Delta l}{\Delta t} = \frac{l(t+\Delta t) - l(t)}{\Delta t} = \frac{1}{10}t$$

$\Delta t = 0.25$ 로 두면 $l(t+\Delta t) = \frac{1}{10}t\Delta t + l(t)$ 이다. 이 관계식은 G열에 적용되었다. 따라서 G열은 수치적으로 계산된 물체의 위치이다. 해석적 결과와 비교하기 위해 H열에 해석적으로 계산된 물체의 위치를 계산해 두었다.

4.8.2. 유한차분법

유한차분법을 이해하기 위해 열전도방정식(Heat Equation)을 푸는 예제를 살펴보자.

예제 | 열역학(온도와 거리의 관계)

아래 그림을 생각해보자.

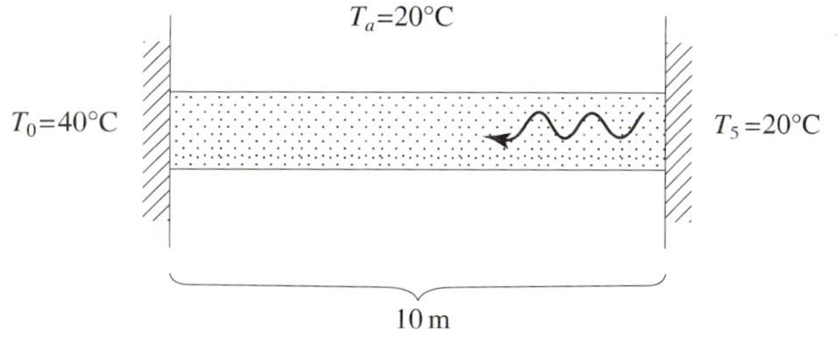

어떤 가늘고 긴 물체(막대기)의 한쪽 끝은 40°C로 온도가 고정되어 있고, 반대쪽 끝은 200°C으로 고정되어 있으며 주변온도는 20°C로 고정되어 있다. 이 경우 이 막대기의 각 지점에서의 온도는 얼마일까? (열전달 계수는 0.01이다)

- 기호

  h' : 주위 공기로의 열전 달률을 알려주는 열전달 계수

  T_a : 주위 공기온도

  T_x : x지점에서의 물체의 온도

열역학에 따르면 이 시스템을 지배하는 방정식은 다음과 같다.

$$\frac{d^2T}{dx^2} + h'(T_a - T) = 0$$

초기조건을 위 그림과 같이 주었을 때, 이 식을 해석적으로 풀면 해는 다음과 같다.

$$T = 73.4523e^{0.1x} - 53.4523e^{-0.1x} + 20$$

위 문제를 수치적으로 풀어보자. 유한차분법은 위 지배방정식의 2차 도함수를 다음의 차분근사값으로 대체하는 것이다.

$$\frac{d^2T}{dx^2} = \frac{T_{i+1} - 2T_i + T_{i-1}}{\Delta x^2}$$

그러면 위 미분 방정식은 다음과 같은 차분방정식이 되고,

$$\frac{T_{i+1} - 2T_i + T_{i-1}}{\Delta x^2} + h'(T_a - T_i) = 0$$

정리하면 다음을 얻을 수 있다.

$$-T_{i+1} + (2 + h'\Delta x^2)T_i - T_{i-1} = h'\Delta x^2 T_a$$

막대를 2m구간으로 나누면, 즉 $\Delta x = 2\,\mathrm{m}$ 로 하면 다음 4개의 방정식으로 된 연립방정식을 얻을 수 있다.

```
for i=1 to 4
-T_{i+1} + (2+h'Δx^2)T_i - T_{i-1} = h'Δx^2 T_a
next i
```

$$\begin{bmatrix} 2.04 & -1 & 0 & 0 \\ -1 & 2.04 & -1 & 0 \\ 0 & -1 & 2.04 & -1 \\ 0 & 0 & -1 & 2.04 \end{bmatrix} \begin{bmatrix} T_1 \\ T_2 \\ T_3 \\ T_4 \end{bmatrix} = \begin{bmatrix} 40.8 \\ 0.8 \\ 0.8 \\ 200.8 \end{bmatrix}$$

이제 이 식을 풀면, 다음과 같은 해를 얻는다.

$$\{T_1,\ T_2,\ T_3,\ T_4\} = \{65.9698 \quad 93.7785 \quad 124.5382 \quad 159.4795\}$$

4.9 유한차분법 응용

Financial Engineering Practice with Excel VBA

이 절은 책 구성상 수치해석 부분에 두었으나 실제로는 고급응용수준에서 살펴보는 것이 적절할 것으로 생각되므로 익숙하지 않을 경우 생략하고 진행하여도 무방하다.

편미분방정식(PDE)을 차분방정식으로 근사(approximation)하여 푸는 방법을 유한차분법(Finite Difference Method : FDM)이라고 하고, 재무이론에서 제기되는 Black－Scholes PDE를 유한차분법으로 푸는 것이 여기서의 주요 내용이 된다. Black－Scholes PDE는 다음과 같다.

$$\frac{\partial f}{\partial t}+rS\frac{\partial f}{\partial S}+\frac{1}{2}\sigma^2 S^2\frac{\partial^2 f}{\partial S^2}=rf$$

여기서 S는 기초자산의 가격, t는 시간, r은 무위험이자율, σ는 변동성, 그리고 f는 S와 t에 의해 결정되는 파생상품의 가격이다.

위 PDE를 차분 방정식으로 다음과 같이 고쳐 쓸 수 있다.

$$\frac{\Delta f}{\Delta t}+rS\frac{\Delta f}{\Delta S}+\frac{1}{2}\sigma^2 S^2\frac{\Delta^2 f}{\Delta S^2}=rf$$

위 식의 의미를 보면 우선, 파생상품(옵션)의 가치, 주가, 시간의 관계식(함수)임을 알 수 있다. 아래에서 구체적으로 식을 도출해보면 알 수 있지만, t시점의 파생상품의 가치와 $t+\Delta t$시점의 파생상품의 가치의 관계식으로도 해석할 수 있다.

4.9.1. 미분방정식을 차분방정식으로 바꾸기

(1) 주가－시간 공간 쪼개기

우선 차분방정식을 만들기 위해서는 편미분방정식이 정의되는 영역, 즉 주가(기초자산가격 : S)와 시간(t)으로 만들어진 공간을 격자로 나누어야 한다. 원래 이 공간의 범위는 $0 \le S \le \infty$, $0 \le t \le T$(T : 파생상품의 만기)이지만, 주가의 경우 수치적으로 계산할 경우 무한대까지 계산하는 것은 불가능하므로 임의로 적당히 큰 주가를 잡아 영역을 정의해야한다. 이 값을 S_{max}라고 하고, 시간축을 m개, 공간축을 n개로 나누면 다음과 같은 영역을 얻을 수 있다.

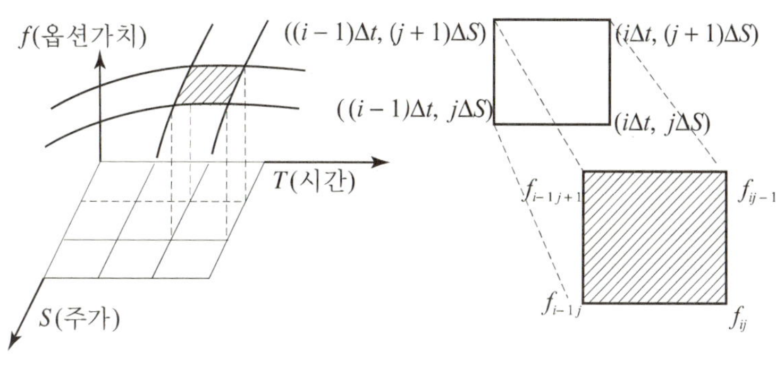

시간 : 0, Δt, $2\Delta t, \cdots$, T : $0 \le i \le m$

주가 : 0. ΔS, $2\Delta S, \cdots$, $S_{\max}$: $0 \le j \le n$

이 때, Δt는 시간간격, ΔS는 주가의 간격이 된다.

(2) 차분근사(Difference Approximation)

격자로된 영역의 각 점(node)들로부터 원래 Black－Scholes PDE에 해당하는 미분을 차분으로 근사해야 하는데, 크게 명시적 방법(Explicit Method)와 묵시적 방법(Implicit Method)가 있다.

4.9.2. 명시적 방법(Explicit Method)

명시적 방법은 현재 값을 알고 있는 (시간) 노드에서 주가에 대한 1차, 2차 미분을 근사하여 차분방정식을 얻는 것이다. 각각의 차분은 다음과 같이 계산될 수 있다.

Difference	forward	backward	averaging/central
$\frac{\Delta f}{\Delta S}$	$\frac{f_{i+1j+1} - f_{i+1j}}{\Delta S}$	$\frac{f_{i+1j} - f_{i+1j-1}}{\Delta S}$	$\frac{f_{i+1j+1} - f_{i+1j-1}}{2\Delta S}$
$\frac{\Delta f}{\Delta t}$			$\frac{f_{i+1j} - f_{ij}}{\Delta t}$
$\frac{\Delta(\Delta f)}{(\Delta S)^2}$			$\frac{f_{i+1j+1} + f_{i+1j-1} - 2f_{i+1j}}{(\Delta S)^2}$

이 때, 주가에 대한 1차미분은 현재주가와 '현재주가＋ΔS'에서 정의하는 방법(forward), 현재주가와 '현재주가－ΔS'에서 정의하는 방법(backward), 그리고 이 두 방법을 평균하는 방법(또는 중간지점을 이용하는 방법 : averaging/central)이 있을 수 있다. 아래 그림에서 보듯이 두 값을 평균하는 방법이 원래 미분 값에 근사하므로 평균법을 사용한다.

위 결과를 차분방정식에 대입하면 다음과 같다.

$$\frac{f_{i+1j} - f_{ij}}{\Delta t} + rj\Delta S \frac{f_{i+1j+1} - f_{i+1j-1}}{2\Delta S} + 0.5\sigma^2 j^2 \Delta S^2 \frac{f_{i+1j+1} + f_{i+1j-1} - 2f_{i+1j}}{\Delta S^2} = rf_{ij}$$

$$\frac{f_{i+1j} - f_{ij}}{\Delta t} + \underbrace{\frac{rj}{2}}_{A}(f_{i+1j+1} - f_{i+1j-1}) + \underbrace{0.5\sigma^2 j^2}_{B}(f_{i+1j+1} + f_{i+1j-1} - 2f_{i+1j}) = rf_{ij}$$

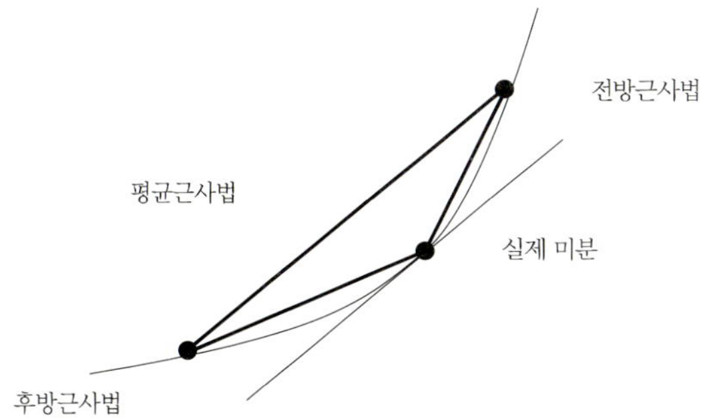

위 결과를 정리하면 아래 식을 얻는다.

$$a_j f_{i+1\,j-1} + b_j f_{i+1\,j} + c_j f_{i+1\,j+1} = f_{ij}$$

여기서, $a_j = \dfrac{\Delta t}{1+r\Delta t}(B-A)$

$$b_j = \frac{\Delta t}{1+r\Delta t}\left(\frac{1}{\Delta t} - 2B\right)$$

$$c_j = \frac{\Delta t}{1+r\Delta t}(B+A)$$

여기서 $f_{m,j}$ $(j=0, 1, 2 \ldots n)$은 만기시점의 기초자산가격을 알면 미리 알고 있는 값이므로 위 방정식으로부터 모든 $f_{m-1,j}$를 계산할 수 있다. 또한 $f_{m-1,j}$를 알게 되면 위 식을 이용해서 $f_{m-2,j}$를 알 수 있다. 이런 식으로 $i=m-1$부터 순차적으로 $i=0$까지 계산하게 되면 현재시점에서의 파생상품가치 $f_{0,j}$를 얻게 된다.

included 예제 | 간단한 유한차분법 실습

기초자산(=주식)가격 150, 이자율 4%, 변동성 20%일 때, 행사가격 100, 만기 0.5(년)인 콜옵션의 가격을 유한차분법으로 계산해보자.

	A	B
3	strike	100
4	spot	150
5	div	0
6	tau	0.5
7	rate	0.04
8	vol	0.2
9	nStep	3
10	nTime	2
11	minS	0
12	maxS	300
13	dt	0.25

주식가격은 최소 0부터 최대 300까지 가능한 것으로 하고, 시간을 2등분, 주식가격을 3등분하면 아래의 격자를 얻는다.

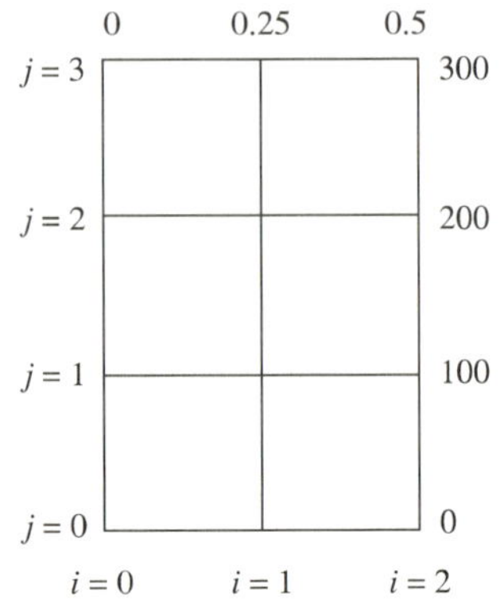

$t=0.5$ 즉, $i=2$일 때, 만기조건에 따라 아래 그림과 같이 검은색 노드에서의 콜옵션가격을 계산할 수 있다.

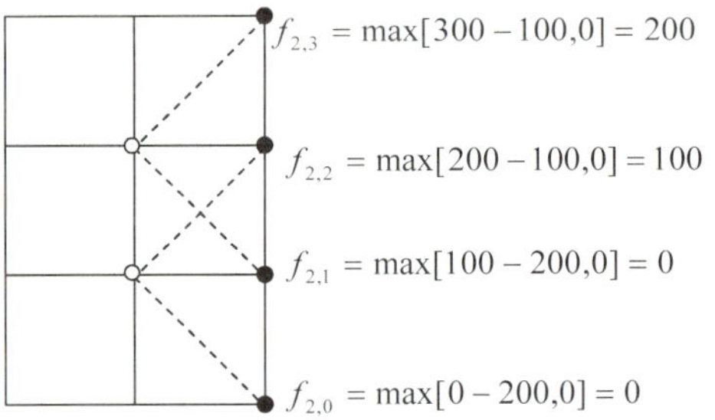

명시적 유한차분법 공식으로부터, 흰색으로 표시된 노드에서의 파생상품가격 계산에 필요한 계수를 아래와 같이 계산할 수 있다. E열은 $j=1$일 때 계수이며, F열은 $j=2$일 때 계수이다.

	D	E	F	G	H	I	J
16	j	1	2				
17	A1	0.02	0.04	=B7*F16/2			
18	B1	0.02	0.08	=0.5*B8^2*F16^2			
19	a1	8.59E-19	0.009901	=B13/(1+B7*B13)*(F18-F17)			
20	b1	0.980198	0.950495	=B13/(1+B7*B13)*(1/B13-2*F18)			
21	c1	0.008	0.024	=B13/(1+B13)*(F18+F17)			

이 계수와 만기시점의 파생상품가치를, 유한차분법 공식에 적용하면 0.25시점($i=1$)의 파생상품가격을 아래와 같이 얻을 수 있다.

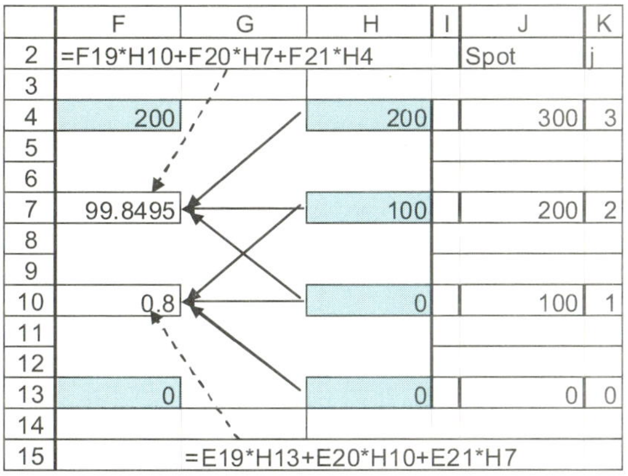

동일한 방법으로 아래그림과 같이 0.25시점($i=1$)에서의 파생상품 가치를 이용해서 현재시점($i=0$)에서의 파생상품 가격을 계산할 수 있다. $f_{1,3}$과 $f_{1,0}$은 경계조건으로부터 바로 계산할 수 있는데 자세한 내용은 뒷부분을 참조하기 바란다.

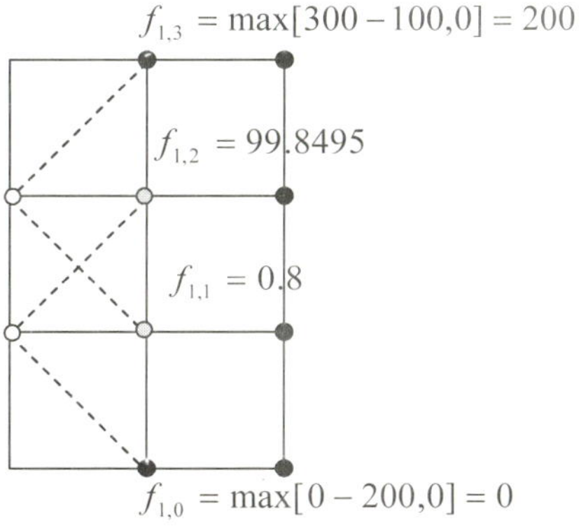

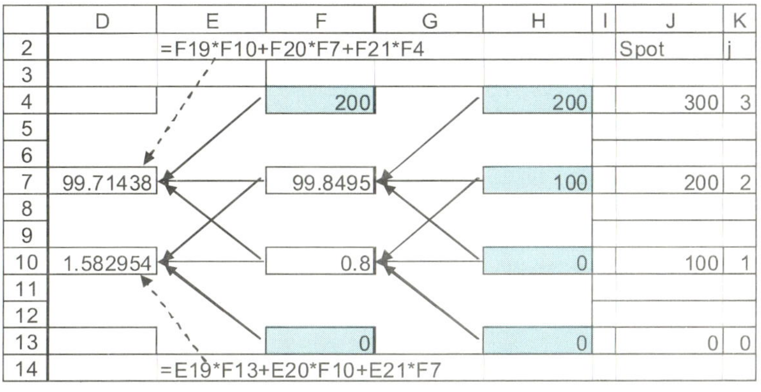

최종적으로 계산된 현재시점에서의 파생상품 가격은 현물가격(spot)이 100일 때 1.5829, 현물가격이 200일 때 99.7144이다. 그런데 우리가 구하고자 하는 파생상품의 가격은 현물가격이 150일 때 이 두 가격에 대해 선형보간을 실시하면 50.6487을 얻게 된다. 블랙숄즈 공식을 이용해서 계산한 결과는 51.9865이다.

변수변환(Change of Variables)

위에서 구한 차분방정식은 각 항의 계수가 기초자산의 가격(S)에 종속적이므로 기초자산 가격에 따라 계수를 매번 새로 계산해주어야 하므로 계산시간이 늘어날 수 있다. 이 때, 변수변환(치환)을 이용하면 각 항의 계수를 상수로 만들 수 있어서 계산시간을 단축할 수 있어 유용한다.

새로운 변수 x를 $\ln(S)$라고 정의하자. 즉 $x=\ln S$이다. 그러면 원래 Black－Scholes PDE는 다음과 같이 변형된다.

$$\frac{\partial f}{\partial t}+\left(r-\frac{1}{2}\sigma^2\right)\frac{\partial f}{\partial x}+\frac{1}{2}\sigma^2\frac{\partial^2 f}{\partial x^2}=rf$$

위 식에서는 각 미분항의 계수가 x와 독립적인 상수임을 알 수 있다.

included

예제 변수변환을 이용한 명시적 유한차분법(Explicit Method) 실습

현재 주가 100, 행사가격 100, 만기 6개월, 무위험 이자율 4%, 변동성 20%일 때 옵션가격을 명시적 유한차분법으로 계산해보자.

여기서는 주가를 10개구간(nStep)으로, 시간을 10개 구간(nTime)으로 각각 나누어 계산한다.

	A	B	C	D	E	F
1	Finite Difference Methods: Explicit with Change of variable 실습					
2	Intial Input			Mid-output		
3	strike	100		minx	0	=LN(B11)
4	spot	100		maxx	6.907755	=LN(B12)
5	div	0		dx	0.690776	=(E4-E3)/B9
6	tau	0.5		dt	0.05	=B6/B10
7	rate	0.04		rf	0.998004	=1/(1+B7*E6)
8	vol	0.2				
9	nStep	10		a	0.00282	=(0.5*B8^2/E5^2+(B7-B5-0.5*B8^2)/(2*E5))*E6
10	nTime	10		b	0.995809	=(1/E6-B8^2/E5^2)*E6
11	minS	1		c	0.001372	=(0.5*B8^2/E5^2-(B7-B5-0.5*B8^2)/(2*E5))*E6
12	maxS	1000		sum	1	
13				rf*a	0.002814	
14				rf*b	0.993821	
15				rf*c	0.001369	

E열에 계산에 필요한 사전계산 결과들을 모아 두었다.

최종적으로 유한차분법을 적용하면 아래와 같은 시간*주가 공간상의 표를 얻게 된다. 이 표가 파생상품의 가격 함수이다.

	G	H	I	J	K	L	M	N	O	P	Q	R	S
1	실습		=EXP($E$5*G4)		=MAX(H4-$B$3,0)		=2*J5-J6						
2													
3	i	si	10	9	8	7	6	5	4	3	2	1	0
4	10	1000	*900*	*651.4768*	*650.3668*	*649.259*	*648.1533*	*647*	*646*	*645*	*644*	*643*	*642*
5	9	501.1872	*401.1872*	401.4478	401.0077	400.5676	400.1273	399.7	399.2	398.8	398.4	397.9	397.5
6	8	251.1886	*151.1886*	151.4188	151.6486	151.8761	152.1014	152.3	152.5	152.8	153	153.2	153.4
7	7	125.8925	*25.89254*	26.15798	26.42252	26.68618	26.94895	27.21	27.47	27.73	27.99	28.25	28.51
8	6	63.09573	*0*	0.072859	0.146014	0.219462	0.293198	0.367	0.442	0.516	0.591	0.666	0.741
9	5	31.62278	*0*	0	0.000205	0.000615	0.001228	0.002	0.003	0.004	0.006	0.007	0.009
10	4	15.84893	*0*	0	0	5.77E-07	2.3E-06	6E-06	1E-05	2E-05	3E-05	5E-05	7E-05
11	3	7.943282	*0*	0	0	0	1.62E-09	8E-09	2E-08	6E-08	1E-07	2E-07	3E-07
12	2	3.981072	*0*	0	0	0	0	5E-12	3E-11	1E-10	3E-10	6E-10	1E-09
13	1	1.995262	*0*	0	0	0	0	0	7E-15	5E-14	2E-13	5E-13	1E-12
14	0	1	*0*	*0*	*0*	*0*	*0*	*-0*	*-0*	*-0*	*-0*	*-0*	*-0*
15													
16		=SUMPRODUCT($E$13:$E$15,I7:I9)											

위 표를 그래프로 그려보면 아래와 같다.

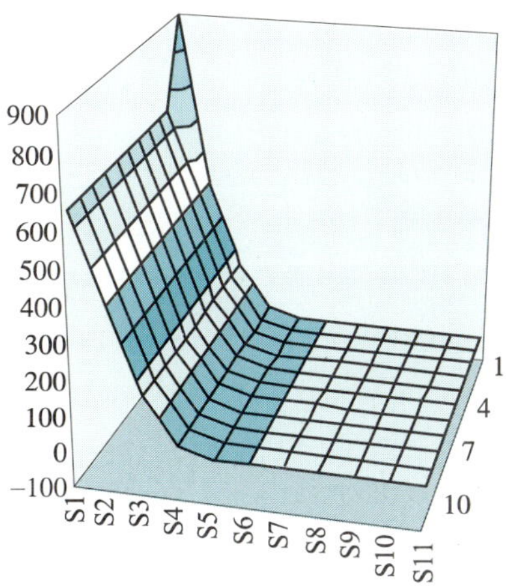

○ 명시적 방법을 다른 측면에서 보기: 삼항트리(Trinomial Tree)

명시적 FDM에서 차분방정식으로부터 도출된 최종 방정식을 살펴보면 삼항트리 방법과 유사함을 알 수 있다.

우선 최종 방정식은 다음과 같다.

$$a_j f_{i+1\,j-1} + b_j f_{i+1\,j} + c_j f_{i+1\,j+1} = f_{ij}$$

여기서, $a_j = \dfrac{\Delta t}{1+r\Delta t}(B-A)$, $b_j = \dfrac{\Delta t}{1+r\Delta t}\left(\dfrac{1}{\Delta t} - 2B\right)$, $c_j = \dfrac{\Delta t}{1+r\Delta t}(B+A)$

위 식에 각 계수를 대입하고 다시 정리해 보면 다음과 같다.

$$\frac{1}{1+r\Delta t}\left[\underbrace{\Delta t(B-A)}_{pu} f_{i+1\,j-1} + \underbrace{\Delta t\left(\frac{1}{\Delta t}-2B\right)}_{pm} f_{i+1\,j} + \underbrace{\Delta t(B+A)}_{pu} f_{i+1\,j+1}\right] = f_{ij}$$

위 식에서 pu, pm, pd를 각각 위험중립확률하에서, 다음 기에 주가가 상승, 불변, 하락할 확률로 해석하면 위 식은 아래와 같이 다시 쓸 수 있고 이는 삼항트리 모형의 가격계산 공식과 같음을 알 수 있다.

$$\frac{1}{1+r\Delta t}\left[Puf_u + pmf_m + pdf_d\right] = \frac{1}{1+r\Delta t}E[f_{i+1}] = f_{ij}$$

위에서 정의한 pu, pm, pd가 확률측도가 되기 위해서는 다음 조건을 만족해야 한다.

조건 1 : $pd+pm+pu=1$

조건 2 : $0 \leq pi \leq 1,\ i=d,\ m,\ u$

첫 번째 조건은 성립함을 바로 알 수 있다. 두 번째 조건은 직관적으로 확인하기 어려우나 위배되는 경우가 발생하며[주)], 이로 인해 명시적 FDM이 정확한 옵션가치를 계산하지 못할 가능성(수렴속도가 느리거나 안정성이 떨어질 가능성)이 있음을 알 수 있다.

4.9.3. 묵시적 방법(Implicit Method)

명시적 방법과 달리 묵시적 방법은 현재 값을 알지 못하는 시간 노드 즉, (현재 값을 알고 있는 시간 노드를 $i+1$이라고 하면) i 시점에서 파생상품가격의 주가에 대한 1차, 2차 미분을 근사하여 차분방정식을 얻는 것이다. 각각의 차분은 다음과 같이 계산될 수 있다.

주) Hull(2003), 425쪽 참조

difference	forward	backward	averaging/central
$\frac{\Delta f}{\Delta S}$	$\frac{f_{i,j+1}-f_{i,j}}{\Delta S}$	$\frac{f_{i,j}-f_{i,j-1}}{\Delta S}$	$\frac{f_{i,j+1}-f_{i,j-1}}{2\Delta S}$
$\frac{\Delta f}{\Delta t}$			$\frac{f_{i+1,j}-f_{i,j}}{\Delta t}$
$\frac{\Delta(\Delta f)}{(\Delta S)^2}$			$\frac{f_{i,j+1}+f_{i,j-1}-2f_{i,j}}{(\Delta S)^2}$

위 근사식을 Black－Scholes PDE에 대입하면 다음과 같다.

$$
\begin{aligned}
rf_{i,j} &= \frac{f_{i+1,j}-f_{i,j}}{\Delta t} + rj\Delta S\frac{f_{i,j+1}-f_{i,j-1}}{2\Delta S} + \frac{1}{2}\sigma^2(j\Delta S)^2\frac{f_{i,j+1}+f_{i,j-1}-2f_{i,j}}{(\Delta S)^2} \\
&= \frac{f_{i+1,j}-f_{i,j}}{\Delta t} + A\left(f_{i,j+1}-f_{i,j-1}\right) + B\left(f_{i,j+1}+f_{i,j-1}-2f_{i,j}\right)
\end{aligned}
$$

여기서, $A=0.5rj$, $B=0.5\sigma^2 j^2$ 이다.

차분방정식을 각 f에 대해 정리하면 다음과 같다.

$$
a_j f_{i,j-1} + b_j f_{i,j} + c_j f_{i,j+1} = f_{i+1,j}
$$

여기서, $a_j = (A-B)\Delta t$

$b_j = (1+r\Delta t+2B\Delta t)$

$c_j = (-A-B)\Delta t$

○ 연립방정식 세우기

묵시적 방법은 명시적 방법과 달리 방정식을 순차적으로 풀 수 없다. 위 식에서 보듯이 1개의 방정식에 미지수가 3개가 있기 때문이다.

따라서 전체 주가 노드에 대한 방정식을 연립해서 한꺼번에 풀어야 한다.

연립방정식을 세우는 절차는 다음과 같다.

우선 만기 조건(payoff)과 상한, 하한 경계조건으로부터 다음 값을 알 수 있다.(경계조건에 대한 자세한 내용은 뒤에서 다룬다)

$f_{m,j}$ $j=0, 1, \cdots, n$: 만기조건

$$f_{i,n} \quad i=0,1,\ \cdots,m : \text{상한조건}$$
$$f_{i,0} \quad i=0,1,\ \cdots,m : \text{하한조건}$$

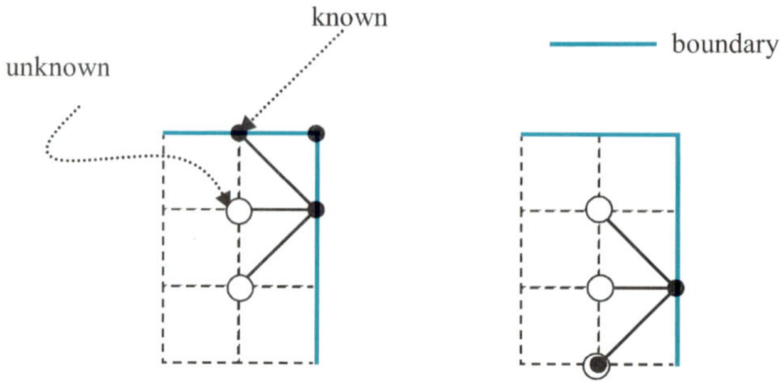

Case(1) Case(2)

따라서 i시점과 $i+1$시점을 이용한 유한차분법 방정식은 아래와 같이 모두 $n-1$개이며 미지수의 개수도 $n-1$개가 된다.($f_{i,0}$와 $f_{i,n}$은 미리 알고 있는 값이다.)

$$a_1 f_{i,0} + b_1 f_{i,1} + c_1 f_{i,2} = f_{i+1,1}$$

$$a_2 f_{i,1} + b_2 f_{i,2} + c_2 f_{i,3} = f_{i+1,2}$$

$$\cdots$$

$$a_{n-1} f_{i,n-2} + b_{n-1} f_{i,n-1} + c_{n-1} f_{i,n} = f_{i+1,n-1}$$

위 연립방정식을 행렬식으로 표현하면 다음과 같다.

$$\begin{bmatrix} b_1 & c_1 & & & & \\ a_2 & b_2 & c_2 & & & \\ & a_3 & b_3 & c_3 & & \\ & & & \cdots & & \\ & & & a_{n-2} & b_{n-2} & c_{n-2} \\ & & & & a_{n-1} & b_{n-1} \end{bmatrix} \begin{bmatrix} f_{i,1} \\ f_{i,2} \\ f_{i,3} \\ \cdots \\ f_{i,n-2} \\ f_{i,n-1} \end{bmatrix} = \begin{bmatrix} f_{i+1,1} - a_1 f_{i,0} \\ f_{i+1,2} \\ f_{i+1,3} \\ \cdots \\ f_{i+1,n-2} \\ f_{i+1,n-1} - c_{n-1} f_{i,n} \end{bmatrix}$$

연립방정식 풀기

엑셀에서 실습할 경우 연립방정식의 풀이는 엑셀의 역행렬 함수를 이용하면 바로 계산할 수 있지만 앞에서 배운 연립방정식 풀이법을 이용해서 직접 연립방정식을 푸는 방법에 대해 알아보자.

위 식을 풀기 위해서는 위에서 순차적으로 대각선 아래 요소를 제거하고 다시 아래에서 위로 대각선 위 요소를 제거하면 된다(가우스 소거법을 이용한 연립방정식의 풀이 참조). 즉, 1행 방정식에 $-\frac{a_2}{b_1}$을 곱한 뒤 2행 방정식을 더하면 2행에서 대각선 아래요소가 제거된다. 여기서 얻은 2행 방정식에 $-\frac{a_3}{b_{2(new)}}$를 곱한 뒤 3행 방정식에 더하고, 이런 식을 $n-1$번째 방정식까지 계속한다.

$n-1$번째 방정식은 대각선 아래요소가 없어지면 바로 f_{in-1}을 얻을 수 있고, 이 결과를 이용해서, $n-2$번째 방정식을 풀어 f_{in-2}를 얻을 수 있다. 이렇게 1번째 방정식까지 적용하면 모든 f_{ij}를 얻을 수 있다.

included **예제** | 묵시적 유한차분법(Implicit Method) 실습

	A	B	C	D	E	F
1	**Finite Difference Methods: Implicit method**실습					
2	Intial Input			Mid-output		
3	strike	100		dS	19.9	=(B12-B11)/B9
4	spot	100		dt	0.05	=B6/B10
5	div	0		rf	0.998004	=1/(1+B7*E4)
6	tau	0.5				
7	rate	0.04		alpha	2.77E-05	=(0.5*B8^2/E3^2+(B7-B5-0.5*B8^2)/(2*E3))*E4
8	vol	0.2		beta	0.999995	=(1/E4-B8^2/E3^2)*E4
9	nStep	10		gamma	-2.3E-05	=(0.5*B8^2/E3^2-(B7-B5-0.5*B8^2)/(2*E3))*E4
10	nTime	10		sum	1	
11	minS	1				
12	maxS	200				

B3:B12범위에서 유한차분법 계산에 필요한 파라메터 값들을 입력받는다.

E3:E9범위에서 중간계산에 필요한 값들을 F열에 표시된 수식들을 이용해서 계산을 하게 된다.

유한차분법의 각 계수항을 계산한 결과는 아래와 같다.

	G	H	I	J	K	L	M
16			=$B$7*G20*0.5			=(H20-I20)*$E$4	
17				=0.5*$B$8^2*G20^2			=(1+$E$4*$B$7+2*$E$4*I20)
18	계수계산						
19	j	A	B	a	b	c	
20	1	0.02	0.02	-1.7E-19	1.004	-0.002	=(-H20-I20)*$E$4
21	2	0.04	0.08	-0.002	1.01	-0.006	
22	3	0.06	0.18	-0.006	1.02	-0.012	
23	4	0.08	0.32	-0.012	1.034	-0.02	
24	5	0.1	0.5	-0.02	1.052	-0.03	
25	6	0.12	0.72	-0.03	1.074	-0.042	
26	7	0.14	0.98	-0.042	1.1	-0.056	
27	8	0.16	1.28	-0.056	1.13	-0.072	
28	9	0.18	1.62	-0.072	1.164	-0.09	

	O	P	Q	R	S	T	U	V	W
18	계수행열								
19									
20	1.004	-0.002	0	0	0	0	0	0	0
21	-0.002	1.01	-0.006	0	0	0	0	0	0
22	0	-0.006	1.02	-0.012	0	0	0	0	0
23	0	0	-0.012	1.034	-0.02	0	0	0	0
24	0	0	0	-0.02	1.052	-0.03	0	0	0
25	0	0	0	0	-0.03	1.074	-0.042	0	0
26	0	0	0	0	0	-0.042	1.1	-0.056	0
27	0	0	0	0	0	0	-0.056	1.13	-0.072
28	0	0	0	0	0	0	0	-0.072	1.164

최종적으로 유한차분법을 적용해서 옵션가격을 계산한 부분이 J5:S13범위이다.

	G	H	I	J	K	L	M	N	O	P	Q	R	S
1			=H4+$E$3		=MMULT(MINVERSE($O$20:$W$28),Z20:Z28)								
2			max(s-k,0)										
3	j/i	si	10	9	8	7	6	5	4	3	2	1	0
4	0	1	0	0	0	0	0	0	0	0	0	0	0
5	1	20.9	0	2.86E-09	1.56E-08	5.04E-08	1.26E-07	2.68E-07	5.1E-07	8.94E-07	1.47E-06	2.3E-06	3.46E-06
6	2	40.8	0	1.44E-06	6.39E-06	1.75E-05	3.801E-05	7.15E-05	0.000122	0.000194	0.000292	0.000421	0.000586
7	3	60.7	0	0.000242	0.000837	0.001885	0.003477	0.005695	0.008613	0.012298	0.016807	0.022195	0.028508
8	4	80.6	0	0.020571	0.05096	0.090471	0.1384534	0.194306	0.257467	0.327417	0.403669	0.485773	0.573309
9	5	100.5	0.5	1.063352	1.605607	2.128193	2.6324279	3.119525	3.590605	4.046703	4.488774	4.9177	5.334297
10	6	120.4	20.4	20.60783	20.82424	21.0481	21.27839	21.51421	21.75475	21.99927	22.24711	22.4977	22.75049
11	7	140.3	40.3	40.49795	40.69607	40.8945	41.093312	41.29252	41.49211	41.69202	41.89218	42.0925	42.2929
12	8	160.2	60.2	60.39664	60.59123	60.78325	60.972354	61.15832	61.34102	61.52038	61.69641	61.86913	62.03861
13	9	180.1	80.1	80.28227	80.45089	80.60763	80.753987	80.89123	81.02043	81.14252	81.2583	81.36845	81.47357
14	10	200	100	100	100	100	100	100	100	100	100	100	100

계산결과는 하나의 숫자로 나오는 것이 아니라 주가 축 및 시간 축으로 이루어진 공간상의 값들로 표시되는데, 그 결과를 그래프로 나타내면 아래와 같다.

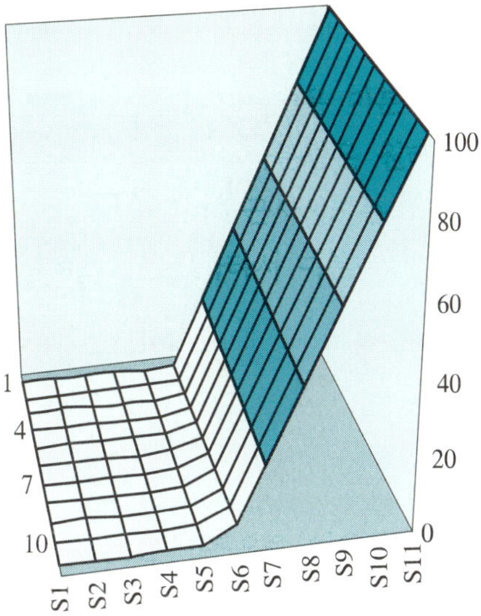

4.9.4. 기타 유한차분법

크랭크-니콜슨 방법(Crank – Nicolson Method)

명시적 방법과 묵시적 방법을 평균한 방법으로 이해할 수 있다. 이 방법은 앞의 두 방법보다 수렴속도가 우수한 것으로 알려져 있다.

4.9.5.경계조건(Boundary Condition)

보통 경계조건은 만기조건(terminal boundary), 상한조건(upper boundary), 하한조건(lower boundary)로 이루어지며 만기조건은 옵션의 수익구조(payoff)를 통해 알고 있는 것이 보통이다. 상한이나 하한조건을 알지 못할 경우 옵션의 델타값을 이용하거나 선형 외삽법(linear extrapolation) 등을 이용할 수 있다.

만기조건

만기시점에 옵션의 가치는 이미 알고 있으므로 직접 경계조건을 적용하면 된다.

| 예제 | 유럽형 콜옵션의 경우

$$f(T;S) = \max[S-K,0] \qquad \text{만기조건}$$

$$f_0 = f(t;S=0) = 0 \qquad \text{하한조건}$$

$$f_M = f(t,S=\infty) = S \qquad \text{상한조건}$$

상하한조건

① 델타를 알 경우

다음 식을 이용하여 경계조건을 구한다.

$$\frac{\partial f}{\partial S} \approx \frac{f(t,S+\Delta S)-f(t,S)}{\Delta S} \text{ 이므로}$$

$$f(t,S=0) = f(t,\Delta S) + \frac{\partial f}{\partial S}\Delta S \qquad \text{하한조건}$$

$$f(t,S=S_M) = f(t,(M-1)\Delta S) + \frac{\partial f}{\partial S}\Delta S \qquad \text{상한조건}$$

여기서 M은 주식가격을 0부터 S_M까지 영역으로 정했을 때 그 영역의 분할된 구간의 개수이다.

② 감마를 이용하는 방법

대부분 파생상품의 상한 또는 하한에서의 감마는 0에 가깝다. 즉 델타의 변화가 거의 없게 된다(주가와 파생상품의 가치변화가 선형이다). 따라서 감마가 0이라는 조건을 상한 및 하한조건으로 부여하면 대부분의 파생상품에 적용할 수 있어 편리하다. 이 방법은 아래 선형외삽법과 동일한 결과를 가져온다.

③ 선형외삽

외삽법(보외법 extrapolation)은 구간 내에서 알고 있는 두 점으로부터 구간 밖의 한 점의 위치를 추정하는 방법인데, 각 점이 직선 위에 있음을 가정하여 값을 추정하는 것이 선형 외삽법이다. 아래 식을 이용한다.

$$f_i = \frac{f_{i-1}+f_{i+1}}{2}, \text{ 즉 } f_{i+1} = 2f_i - f_{i-1}$$

여기서 f_{i-1}, f_i : 구간 내의 두 점(알고 있는 값)

f_{i+1} : 구간 밖의 한 점(추정하고자 하는 값)

따라서, 다음의 상한경계(upper boundary)와 하한경계(lower boundary)를 얻을 수 있다.

$$f_0 = 2f_1 - f_2 \qquad \text{하한조건}$$

$$f_M = 2f_{M-1} - f_{M-2} \qquad \text{상한조건}$$

4.10 확률과정과 확률미적분

Financial Engineering Practice with Excel VBA

4.10.1. 확률과정

확률적 사건

예를 들어 동전던지기나 주사위 던지기를 시행하면 각각 동전의 앞면 또는 뒷면, 주사위 눈의 수가 결정되게 되는데 그 값은 사전적으로 알 수 없다. 이러한 시행을 통해 나올 수 있는 결과를 사건이라고 한다.

이러한 사건에 따라 실수값을 결정해주는 함수를 확률변수라고 하는데, 예를 들어 동전던지기에서 앞면이 나오면 1, 뒷면이 나오면 -1을 주는 함수를 $X(\omega)$라고 하면 $X(\omega)$는 확률변수이다.

$$X(\omega) : \Omega \rightarrow \mathrm{R}$$

Ω : 모든 사건의 집합

ω : 사건

확률과정

위 예에서 동전던지기 실험을 매 10분마다 한 번씩 계속 시행하게 되면, 매 10분마다 사건의 결과값이 추가되게 되는데 이러한 결과값을 모은 것을 확률과정이라고 할 수 있다. 즉 확률변수들의 집합이 확률과정이다. 금융이론에서는 재무변수의 변화를 확률과정으로 볼 수 있는데 예를 들어 환율, 주가, 금리 등이 여기에 속한다.

가장 간단한 확률과정으로 임의보행(Random Walk)를 생각해보자.

j번째 동전을 던져 앞면이 나오면 $+1$, 뒷면이 나오면 -1을 되돌려 주는 확률변수를 X_j라고 하자.

$$X_j(w) = \begin{cases} 1 & if \quad w_j = H \\ -1 & if \quad w_j = T \end{cases}$$

임의보행 M_k은 다음과 같이 정의된다.

$$M_k = 0 \qquad (k = 0)$$

$$M_k = \sum_{j=1}^{k} X_j \qquad (k \geq 1)$$

included 예제 | 임의보행 실습

	A	B	C	D
1		=RAND()	=IF(B5>0.5,1,-1)	
2				=C6+D5
3	index	uniform	increment	random walk
4	0			0
5	1	0.157256427	-1	-1
6	2	0.165048969	-1	-2
7	3	0.390179587	-1	-3
8	4	0.189408294	-1	-4
9	5	0.928009172	1	-3
10	6	0.77840512	1	-2
11	7	0.472209253	-1	-3
12	8	0.472076253	-1	-4
13	9	0.158971668	-1	-5
14	10	0.457789191	-1	-6

D열이 임의보행의 실현값이다. 결과를 그래프로 그려보면 아래와 같다.

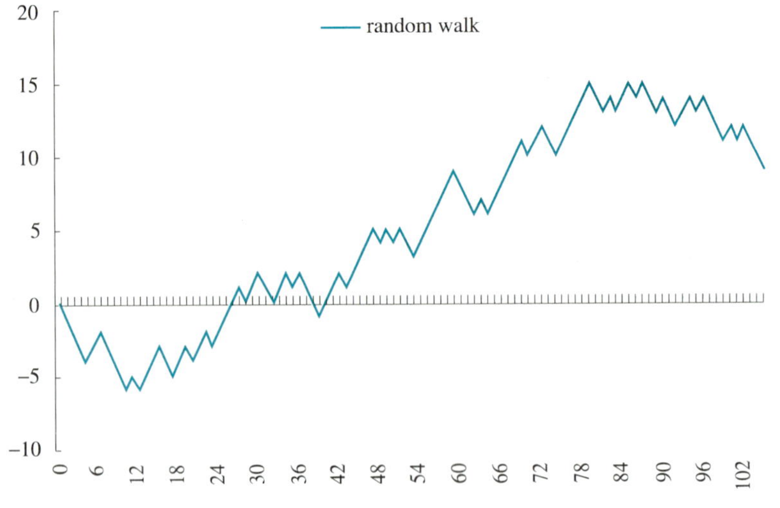

브라운 운동

브라운 운동도 확률과정의 일종인데, 위에서 살펴본 임의보행의 극한으로 이해할 수 있다. 즉, 매 10분마다 동전을 던지던 것을 5분, 1분, 10초 등등으로 시간간격을 줄여가고, 움직임의 폭도 1, $1/\sqrt{2}$, $1/\sqrt{10}$ 등으로 줄여 시간 간격을 0에 가깝게 가져가면 임의보행은 브라운 운동이 된다. 브라운 운동(Brownian Motion)은 위너과정(Wienner Process)라고도 하며 정확한 정의는 다음과 같다.

(1) B(0) = 0 ; 초기값은 0이다.
(2) B(t)는 시간 (t)에 대해 연속 함수이다.
(3) B는 독립적이고 정규분포하는 증분(increments)을 갖는다.

4.10.2. 확률미분방정식(Stochastic Differential Equation)

위너과정을 $W(t)$라고 할 때, 아주 짧은 시간 동안의 위너과정의 변동 $dW(t)$를 다음과 같이 미분 방정식 형태로 정의할 수 있다.

$$dW(t) = \lim_{dt \to 0}\big(W(t+dt) - W(t)\big)$$

위너과정은 아주 짧은 시간 뒤에 정규분포하므로 아래와 같이 위너과정을 생각해 볼 수 있다.

$$W(0) = 0$$

$$dW(t) = z\sqrt{dt}$$

z : 표준정규분포 확률변수

이를 이용해서 다양한 확률과정을 정의할 수 있는데 일반적으로 아래와 같은 확률미분방정식으로 표현해 볼 수 있다.

$$dS(t) = a(t,S)dt + b(t,S)dW(t)$$

이 때 a, b가 $c_1 \times S$, $c_2 \times$ S (c_1, c_2는 상수)의 꼴이면 주식 등의 가격 움직임 모형화에 자주 사용되는 기하브라운운동(Geometric Brownian Motion : GBM)이 된다.

예제 | 기하브라운 운동

$S_0 = 100$, $a(t,S) = 0.04S$, $b(t,S) = 0.2S$일 때 0시점부터 0.1년 간격으로 기하브라운 운동을 시뮬레이션 해보면 다음과 같다. 시뮬레이션 결과는 H열에 제시되어 있다.

	A	B	C	D	E	F	G	H	I
1	**GBM**					=NORMSINV(RAND())*SQRT($B$6)			
2							=$B$4*H4*$B$6+$B$5*H4*F5		
3	S0	100		i	t	dw(t)	dS	S	
4	a	0.04		0	0	0	0	100	
5	b	0.2		1	0.1	0.124477	2.88955	102.8895	=H4+G5
6	dt	0.1		2	0.2	-0.52566	-10.4053	92.48421	
7				3	0.3	0.359371	7.017168	99.50138	
8				4	0.4	-0.24172	-4.41222	95.08916	
9				5	0.5	0.10771	2.428772	97.51793	
10				6	0.6	0.345426	7.127124	104.6451	
11				7	0.7	-0.11016	-1.88686	102.7582	
12				8	0.8	-0.70307	-14.0382	88.72004	
13				9	0.9	0.322229	6.072514	94.79255	
14				10	1	0.192289	4.024678	98.81723	
15				11	1.1	-0.3734	-6.98447	91.83276	
16				12	1.2	-0.13025	-2.02494	89.80782	
17				13	1.3	-0.07025	-0.90261	88.90521	
18				14	1.4	-0.07934	-1.05519	87.85002	
19				15	1.5	0.360494	6.685278	94.53529	
20				16	1.6	0.000391	0.385537	94.92083	
21				17	1.7	0.045824	1.249606	96.17044	
22				18	1.8	-0.01733	0.05138	96.22182	
23				19	1.9	-0.37473	-6.82659	89.39523	
24				20	2	-0.30926	-5.17173	84.2235	

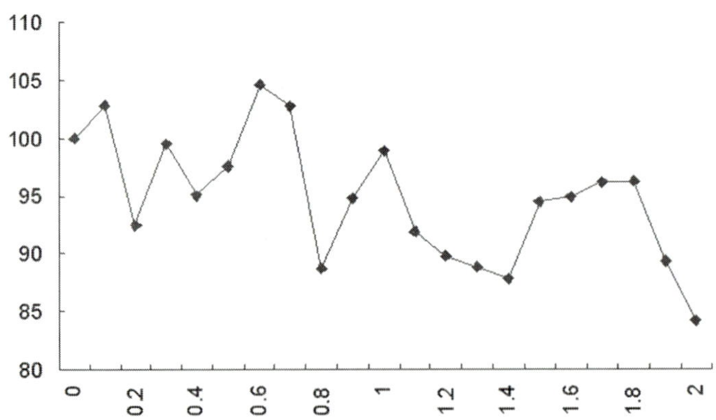

브라운 운동자체는 이렇게 확률적으로 움직이지만 아주 짧은 시간 동안 브라운 운동의 증분의 제곱은 확정된 값으로 수렴하게 된다.

0부터 T시점까지의 브라운 운동의 움직임을 살펴볼 때 $W(t)$, $0<t<T$를 일정구간으로 나누어 생각해보자. 즉 n개의 구간으로 나누었을 때 i시점에서 $i+1$시점까지 브라운 운동의 변동분을 ΔW_i라고 하자. n을 무한히 늘려갈 때, 이 값들의 제곱의 합은 다음과 같이 T에 수렴한다.

$$\lim_{n\to\infty}\sum_{i=0}^{n-1}\Delta W_i^2 = T$$

따라서 다음을 얻을 수 있다.

$$\int_0^T (dw_t)^2 = \lim_{n\to\infty}\sum_{i=0}^{n-1}\Delta W_i^2 = T$$

이제 위 결과에서 시간 T을 조금 늘리는 경우를 생각해보자. 즉 다음 값을 정의하자.

$$\lim_{dt\to 0}\left(\frac{\int_0^{T+dt}(dW_t)^2 - \int_0^T (dW_t)^2}{dt}\right)$$

위 식은 다음과 같다.

$$\lim_{dt\to 0}\left(\frac{\int_0^{T+dt}(dW_t)^2 - \int_0^T (dW_t)^2}{dt}\right) = \frac{d\int_0^T (dW_t)^2}{dt} = 1$$

즉 다음의 결과를 얻을 수 있다.

| 정리 | 브라운 운동의 성질

아주 짧은 시간간격 동안의 브라운 운동의 움직임의 제곱은 그 시각간격과 같다.

$$(dW_t)^2 = dt$$

included **예제 |** 브라운운동의 성질

아래는 T와 n을 인수로 받아서 $\sum_{i=0}^{h-1}\Delta W_i^2$ 의 값을 계산해주는 사용자정의 함수이다.

```
Function BrownMotionProperty(T, N)
Dim dW() As Double, Sum_ As Double
ReDim dW(N)

For i=0 To N-1
dW(i)=NIF(Rnd()) * Sqr(T / N)
Next i

Sum_=0
For i=0 To N-1
Sum_=Sum_+dW(i) ^ 2
Next i
BrownMotionProperty=Sum_
End Function

Function NIF(x)
  NIF=Application.NormSInv(x)
End Function
```

위 함수를 이용해 실험해본 결과는 아래와 같다.

즉, $T=1$일 때는 구간의 개수 n을 늘려감에 따라 E열의 결과 값이 1에 수렴하는 것을 볼 수 있다.

	A	B	C	D	E	F
1	*Sum of squared dW's*					
2				=BrownMotionProperty($B$4,D5)		
3						
4	T	1		n	sum	T
5				2	0.174054	1
6				10	1.210114	1
7				50	0.935083	1
8				100	1.001983	1
9				200	0.888873	1
10				300	1.003583	1
11				400	0.898529	1
12				500	0.991447	1
13				1000	0.951293	1
14				2000	0.969651	1
15				3000	0.960123	1
16				4000	1.00519	1
17				5000	1.000288	1
18				6000	0.972303	1
19				7000	1.01651	1
20				8000	1.03385	1
21				9000	1.031624	1
22				10000	0.982387	1

F열을 그래프로 그려보면 브라운 운동의 성질을 확연하게 확인해 볼 수 있다.

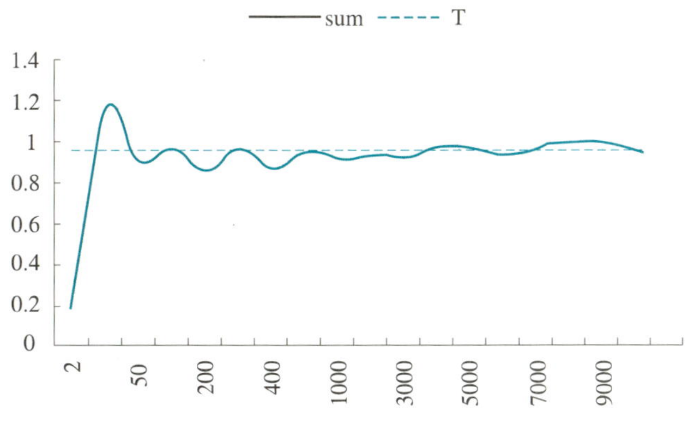

4.10.3. 이토 정리(Ito's Lemma)

| 정의 | 이토 정리(Ito's Lemma)

확률과정 S가 아래의 확률미분방정식을 따를 경우,

$$dS(t) = a(t, S)dt + b(t, S)dW(t)$$

S와 t(시간)를 인수로 하는 새로운 함수 $F(S, t)$는 다음의 확률과정을 따른다.

$$dF = \left(\frac{\partial F}{\partial S} a + \frac{\partial F}{\partial t} + \frac{1}{2} \frac{\partial^2 F}{\partial S^2} b^2 \right) dt + \frac{\partial F}{\partial S} bdW(t)$$

이는 F 함수에 대한 테일러 전개와 위에서 살펴본 브라운 운동의 성질을 이용하면 도출할 수 있다.

| 예제 | S가 다음과 같은 GBM을 따를 경우

$$dS(t) = \mu Sdt + \sigma SdW(t)$$

$F = \ln(S)$는 다음의 확률과정을 따른다.

$$dF = (\mu - \frac{\sigma^2}{2})dt + \sigma dW(t)$$

예제 | 이토정리

S가 $dS(t) = 0.04Sdt + 0.2SdW(t)$인 확률과정을 따를 경우 $\ln(S)$의 움직임을 실제 S의 시뮬레이션 값으로부터 계산한 것과 이토정리를 이용해 계산한 결과를 비교해보자.

	A	B	C	D	E	F	G	H	I	J	K	L
1	*Ito's Lemma*			=NORMSINV(RAND())*SQRT($B$7)					=($B$5-($B$6^2)/2)*$B$7+$B$6*F8			
2							=$B$5*H6*$B$7+$B$6*H6*F7					
3									=LN(H6)	=I7-I6		
4	S	100										
5	mu	0.04		i	t	dW	dS	S	lnS	d(lnS)		diff
6	sig	0.2								(1)	(2)	(1)-(2)
7	dt	0.1		0				100	4.60517			
8				1	0.1	-0.33479	-6.29574	93.70426	4.540144	-0.06503	-0.06496	6.91E-05
9				2	0.2	0.046326	1.243011	94.94728	4.553322	0.013178	0.011265	-0.00191
10				3	0.3	0.11355	2.536037	97.48331	4.579681	0.026359	0.02471	-0.00165
11				4	0.4	0.438824	8.945533	106.4288	4.667477	0.087795	0.089765	0.001969
12				5	0.5	0.30279	6.870838	113.2997	4.730036	0.06256	0.062558	-1.7E-06
13				6	0.6	0.473263	11.17731	124.477	4.824121	0.094085	0.096653	0.002568
14				7	0.7	0.211242	5.756858	130.2339	4.869332	0.045211	0.044248	-0.00096
15				8	0.8	0.148577	4.390879	134.6247	4.902491	0.033159	0.031715	-0.00144
16				9	0.9	-0.73246	-19.1828	115.4419	4.748767	-0.15372	-0.14449	0.009233
17				10	1	-0.40278	-8.83775	106.6042	4.669122	-0.07964	-0.07856	0.001089
18				11	1.1	0.432054	9.638157	116.2423	4.755677	0.086554	0.088411	0.001856
19				12	1.2	-0.1429	-2.85733	113.385	4.730789	-0.02489	-0.02658	-0.00169
20				13	1.3	0.092756	2.556967	115.942	4.75309	0.022301	0.020551	-0.00175
21				14	1.4	0.142649	3.771564	119.7135	4.785102	0.032012	0.03053	-0.00148
22				15	1.5	0.529549	13.15769	132.8712	4.88938	0.104279	0.10791	0.003631
23				16	1.6	0.035033	1.462464	134.3337	4.900327	0.010946	0.009007	-0.00194
24				17	1.7	0.372563	10.54689	144.8806	4.97591	0.075583	0.076513	0.00093
25				18	1.8	0.38957	11.86775	156.7483	5.054641	0.078732	0.079914	0.001182
26				19	1.9	0.316715	10.55591	167.3042	5.119814	0.065172	0.065343	0.000171
27				20	2	0.18391	6.823012	174.1272	5.159786	0.039972	0.038782	-0.00119

J열이 시뮬레이션 결과 생성된 S값을 기초로 계산한 dF 즉 $d(\ln S)$값 (1)이고, K열이 이토정리를 이용해서 직접 계산한 dF값 (2)이다. 아래 그래프에 두 값을 비교해 보았는데, 거의 유사함을 확인해 볼 수 있다.

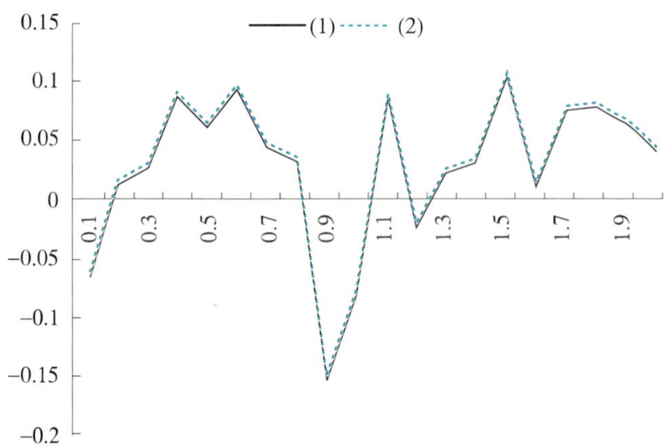

PART III

Chapter 5. 포트폴리오

Chapter 6. 채권

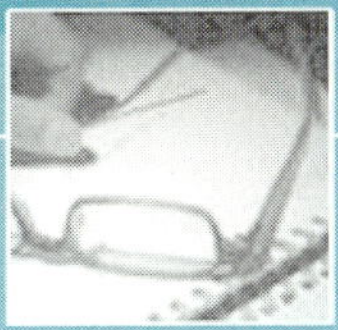

Chapter 5

포트폴리오

제2부는 파생상품을 다루기전에 기초자산(underlying assets)에 대해 알아보고자 한다. 파생상품의 기초자산이며 투자이론의 기본적 분석대상으로 주식과 채권이 있다. 주식과 채권은 여러 가지 면에서 차이점을 가지고 있으나 위험 또는 불확실성 관점에서 보면 주식은 위험자산인 반면 채권은 무위험 자산으로 볼 수 있다.[주)] 따라서 이 장에서는 위험자산에 대한 기본적 재무이론으로 포트폴리오 이론을 다루어 보고, 다음 장에서는 채권에 대해 다루어 보고자 한다.

주) 채권도 엄밀한 의미에서 무위험 자산은 아니다. 채권 발행자의 부도위험이 존재하며, 채권을 만기까지 보유하지 않는다면 중도매각시에 채권가격이 변동할 위험 등도 존재한다. 그러나 채권을 신용위험이 없는 국고채(Treasury Bond)로 한정하고 채권 매입후 중도매각을 하지 않는 조건을 단다면 채권만기시점의 현금흐름(또는 수익)에 불확실성은 없으므로 무위험 자산으로 분류하는 것이 무리한 주장은 아니다.

5.1 투자분석 기초

Financial Engineering Practice with Excel VBA

5.1.1. 수익률

우리는 투자를 평가할 경우 수익을 중요한 기준으로 사용하게 된다. 수익(return, yield)이란 어떤 자산(투자원금)을 투자했을 때 나중에 돌려받게 되는 자산의 가치를 말한다. 어떤 투자가 좋은 것인가를 평가할 때, 동일한 기준에서 평가해야 정확한 의사결정을 할 수 있을 것이다. 이 경우 두 가지를 표준화, 즉 동일하게 해 주어야 하는데, 하나는 투자기간이며 다른 하나는 투자원금이다.

첫째, 투자원금의 금액에 따라 수익은 달라질 수 있으므로 여러 가지 투자 대안이 있을 경우 수익만을 가지고 비교 평가하는 것은 적절하지 않다. 예를 들어, 1년 동안 투자해서 1백만 원을 벌었다고 하더라도 투자안1은 원금 10백만 원이 투입되고 투자안2는 20백만 원이 투입되었다면, 투자안1이 더 좋은 투자수단임은 명백할 것이다. 따라서 두 투자를 비교 가능하도록 동일한 투자원금(보통 1원)에 대한 수익을 계산하여 비교하게 된다. 이렇게 하면 투자1의 수익은 1원 투자당 0.1원(10% 수익률), 투자안2의 수익은 1원 투자당 0.05원(5% 수익률)이 되어 투자안1이 더 좋은 투자 수단임을 확실히 알 수 있게 된다.

둘째, 투자수익은 투자기간에 따라 달라질 수 있으므로 투자기간을 표준화하여 비교해야 한다. 보통 1년을 기준으로 해서 투자수익률을 계산하게 된다. 재무에서 말하는 수익률은 명백히 구분하지 않는 경우 연수익률(annualized return, annualized yield)을 의미한다. 위 예에서 투자안1은 2년 6개월 동안의 수익률이고 투자안2는 1년 동안의 수익률이라면 두 투자안의 연 수익률은 각각 4%, 5%가 되어 투자안2를 좋은 투자로 선택하게 될 것이다.

	A	B	C	D	E	F
1		input	output	term	yield	
2	investment1	10,000,000	11,000,000	2.5	0.04	=(C2-B2)/B2/D2
3	investment2	20,000,000	21,000,000	1	0.05	=(C3-B3)/B3/D3

수익률은 투자기간 중 획득한 수익의 재투자 여부에 따라 단리와 복리로 구분되는데, 단리는 투자기간 중 수익이 발생하지 않는 경우를, 복리는 투자기간 중 수익이 발

생하며 그 발생한 수익에 대해 투자(재투자)가 이루어지는 경우를 말한다. 재투자 여부 및 재투자 회수 등에 따라서도 수익률이 달라지게 되는데 다음을 살펴보자.

1원을 t년 동안 투자하여 x를 받았을 때 수익률은 다음과 같이 정의된다.

(1) 단리 수익률

다음 방정식을 만족하는 r_1을 단리 수익률(simple yield/rate)이라고 한다.

$$1 + r_1 t = x \quad \text{즉,} \quad r_1 = \frac{x-1}{t}$$

(2) 2-복리 수익률

2복리 수익률 r_2은 다음과 같이 정의된다.

$$(1 + r_2 \times \frac{t}{2})^2 = x \quad \text{즉,} \quad r_2 = \frac{2}{t}(\sqrt{x} - 1)$$

(3) n-복리 수익률

n복리 수익률 r_n은 다음과 같이 정의된다.

$$(1 + r_n \times \frac{t}{n})^n = x \quad \text{즉,} \quad r_n = \frac{n}{t}(x^{1/n} - 1)$$

(4) 연속복리 수익률

연속복리 수익률 r은 다음과 같이 정의된다.

$\lim_{n \to \infty}(1 + r \times \frac{t}{n})^n = x$, 그런데 $r \times \frac{t}{n} = \frac{1}{N}$ 이라고 두면

$$\lim_{N \to \infty}\left(1 + \frac{1}{N}\right)^{rtN} = \left[\lim_{N \to \infty}\left(1 + \frac{1}{N}\right)^N\right]^{rt} = e^{rt}$$

즉, $e^{rt} = x$ 또는 $r = \frac{1}{t}\ln x$

(5) 단리 수익률과 연속복리 수익률의 관계

(1)과 (4)에서 다음의 관계가 성립한다.

$$e^{rt} = x = 1 + r_1 t$$

| 예제 | 복리횟수(n)와 복리수익률(r)의 관계

	A	B	C	D	E	F	G	H
1	*Continous Compounding*							
2	prn	1		n	r			
3	x	1.05		1	0.05	=D3/$B$4*($B$3^(1/D3)-1)		
4	t	1		2	0.04939			
5				3	0.049189			
6				4	0.049089			
7				5	0.049029			
8				6	0.048989			
9				7	0.048961			
10				8	0.048939			
11				9	0.048923			
12				10	0.048909			

복리횟수(n)가 증가함에 따라 수익률(r)이 4.4885%에 점점 수렴한다.

즉, 지금 1(원)을 투자하여(셀B2) 1년(셀B4)에 1.05(원)을 돌려 받는다면(셀B3) 이는 단리로는 5%에 해당하고, 연속복리로는 4.4885%에 해당한다는 의미이다.

5.1.2. 현재가치와 할인계수

미래 시점에 발생하는 현금흐름을 현재시점에서 평가한 값을 현재가치(Present Value)라고 하며, 반대로 현재 발생한 현금흐름을 미래의 특정 시점에서 평가한 것을 미래가치(Future Value)라고 한다.

현재가치는 미래가치와 역의 관계에 있다. 즉, 현재 1,000원이 5년 뒤에 1,611원이라면 현재 1,000원의 5년 뒤 가치(미래가치)는 1,611원이라고 할 수 있고, 반대로 5년 뒤의 1,000원은 지금 현재 621원의 가치 (현재가치)와 같다.

$$\text{미래가치}\ \ 1{,}000 \times \frac{1{,}611}{1{,}000} = 1{,}611$$

$$\text{현재가치}\ \ 1{,}000 \times \frac{1{,}000}{1{,}611} = 621$$

1원을 t년 동안 투자하여 x를 받을 수 있다고 할 경우 할인계수(Discount Factor)는 다음과 같이 정의된다.

$$DF = \frac{1}{x}$$

그런데 단리 수익률과 복리 수익률의 관계로부터 다음이 성립한다.

$$DF = \frac{1}{1+r_1 t} = \frac{1}{e^{rt}} = e^{-rt}$$

| 예제 | 연복리(annual compounding)

현금 1,000원을 1년 동안 예금(투자)하면 10%의 이자를 준다. 그 후에 1년을 예금하면 또 10%를 주고 이런 식으로 n년 동안 예금하면 n년 뒤의 1,000원의 가치는 얼마인가?

$$1{,}000 \times (1+0.1) \times \ldots \times (1+0.1) = 1{,}000(1+0.1)^n$$

5.2 포트폴리오 이론

Financial Engineering Practice with Excel VBA

5.2.1. 포트폴리오의 기대 수익률과 분산

(1) 포트폴리오

포트폴리오 선택에 대한 평균－분산(mean－variance) 모형은 재무 교과서에서 쉽게 볼 수 있다. 마르코위츠(Markowitz)는 주어진 위험수준에서 가장 높은 기대값을 갖는 점 즉, 평균－분산 효율적인 포트폴리오 선택 문제로 최적화 문제를 단순화 시켰다.

포트폴리오는 하나 이상의 자산의 묶음을 의미하는데 포트폴리오를 구성하는 자산이 n개이고, n개의 개별 자산의 가격을 $s_i(i=1, 2, \cdots, n)$, 수량을 $q_i(i=1, 2, \cdots, n)$라고 하면 가중치 w_i와 포트폴리오 P의 가격을 다음과 같이 표현할 수 있다.

$$P = \sum_{k=1}^{n} s_k q_k$$

$$w_i = \frac{s_i q_i}{P}$$

예를 들어 어떤 포트폴리오를 구성하는 개별자산이 삼성전자 주식과 현대자동차 주식이라고 하고 이 두 자산의 가중치가 각각 0.6, 0.4이라면 이는 삼성전자 주식에 자산의 60%를, 현대자동차 주식에 자산의 40%를 투자한 것을 의미한다.

(2) 포트폴리오의 기대수익률

포트폴리오를 구성하는 i번째 자산의 수익률을 $r_i = \frac{\Delta s_i}{s_i}$, 그 기대수익률을 $e_i = E\left[\frac{\Delta s_i}{s_i}\right] = E[r_i]$, 각 기대수익률을 원소로 하는 벡터를 $e = (e_1, ..., e_n)$ 라고 각각 정의하면 포트폴리오의 기대수익률은 다음과 같다.

$$E\left[\frac{\Delta P}{P}\right] = E\left[\frac{\sum_{k=1}^{n} \Delta s_k q_k}{P}\right] = E\left[\sum_{k=1}^{n}\left(\underbrace{\frac{\Delta s_k}{s_k}}_{r_k}\underbrace{\frac{s_k q_k}{P}}_{w_k}\right)\right]$$
$$= w_1 e_1 + w_2 e_2 + ... + w_n e_n$$
$$= we'$$

포트폴리오 기대값은 엑셀에서 SUMPRODUCT 함수를 이용해서 다음과 같이 계산할 수 있다.

[포트폴리오 기대값]

	A	B	C	D	E	F	G
1	Asset	w	e	we'			
2	Samsung	0.6	10.00%	10.80%	=SUMPRODUCT(B2:B3,C2:C3)		
3	Hyundai	0.4	12.00%				

(3) 분산－공분산(Variance－Covariance) 행렬

일반적으로 분산－공분산(Variance－Covariance) 행렬이란 2개 이상의 확률변수에 대해 각각의 확률변수 쌍에 대한 공분산 및 자기 자신의 분산을 행렬 형태로 표현한 것을 말하며, 재무이론에서 확률변수는 주로 개별 자산의 수익률로 정의되므로 재무적 의미에서의 분산－공분산 행렬이란 개별 자산 수익률의 분산－공분산 행렬을 의미한다.

$$\Omega = \begin{pmatrix} \sigma_{11} & \dots & \sigma_{1n} \\ \dots & \dots & \dots \\ \sigma_{n1} & \dots & \sigma_{nn} \end{pmatrix}$$

여기서 σ_{ii} : i번째 자산의 분산

σ_{ij} : i번째 자산과 j번째 자산의 공분산

위 예에서 삼성전자와 현대자동차 주식의 수익률에 대한 분산－공분산 행렬은 다음과 같이 표현할 수 있다.

	A	B	C
1		삼성전자	현대자동차
2	삼성전자	25%	6.75%
3	현대자동차	6.75%	30%

(4) 포트폴리오의 분산

개별자산의 분산－공분산 행렬이 위와 같을 경우 이 자산으로 이루어진 포트폴리오 수익률의 분산은 다음과 같이 계산할 수 있다.

$$\begin{aligned} \text{var}(r_p) &= \text{var}(w_1 r_1 + \dots + w_n r_n) \\ &= w_1^2 \ \text{var}(r_1) + \dots + w_n^2 \ \text{var}(r_n) + \underbrace{w_1 w_2 \ \text{cov}(r_1, r_2) + \dots}_{cross\ product} \\ &= \sum_i w_i^2 \ \text{var}(r_i) + \sum_{i \neq j} w_i w_j \ \text{cov}(r_i, r_j) \\ &= \sum_i w_i^2 \sigma_{ii} + \sum_{i \neq j} w_i w_j \sigma_{ij} \end{aligned}$$

이를 행렬 형태로 바꾸면 다음과 같다.

$$\text{var}(r_P) = w\Omega w'$$

위 예제로 엑셀 실습을 해보면 다음과 같다.

포트폴리오의 분산을 계산하기 위해 셀B9에 다음과 같이 입력하고 [Shift]+[Ctrl]+[Enter]를 동시에 누른다.

```
B9 : "=MMULT(TRANSPOSE(B6:B7),MMULT(B2:C3,B6:B7))"
```

	A	B	C
1		삼성전자	현대자동차
2	삼성전자	25%	6.75%
3	현대자동차	6.75%	30%
4			
5			
6	삼성전자	0.6	
7	현대자동차	0.4	
8			
9	V(p)	0.1704	

(5) 포트폴리오 기대수익률과 분산의 관계

아래와 같은 2개의 위험자산이 존재하는 경우를 생각해보자.

	A	B	C	D
1		E(r)	sd(r)	
2	A1	2.10%	0.101	
3	A2	9%	0.3	
10	*Correlation Matrix*			
11		A1	A2	
12	A1	0.101	0.006969	=0.23*C2*C3
13	A2	0.006969	0.3	

A1자산에 대한 투자비중을 x라고 하면, A2자산에 대한 투자비중은 $1-x$가 될 것이다. 이때 x를 0에서 단계적으로 1까지 변화시킬 때, 이 포트폴리오의 표준편차와 분산이 어떻게 변하는지를 엑셀로 살펴보자.

included **예제** | 2개의 위험자산으로 구성된 포트폴리오의 기대수익률과 분산

	P	Q	R	S	T	U
1						
2	=MMULT(P7:Q7,MMULT($B$12:$C$13,TRANSPOSE(P7:Q7)))					
3			=MMULT(P7:Q7,$B$2:$B$3)			
4	dw1					
5	**2 Asset Case**					
6	w1	w2	V(r)	sd(r)	E(r)	
7	0	1	0.09	0.3	0.09	
8	0.05	0.95	0.081913	0.286204	0.08655	
9	0.1	0.9	0.074256	0.2725	0.0831	
10	0.15	0.85	0.067032	0.258905	0.07965	
11	0.2	0.8	0.060238	0.245435	0.0762	
12	0.25	0.75	0.053876	0.232112	0.07275	
13	0.3	0.7	0.047945	0.218964	0.0693	

이 표는 아래에서 살펴볼 (2개의 위험자산으로 이루어진) 포트폴리오의 효율적 경계선에 해당한다.

5.2.2. 효율적 경계선(Efficient Frontier) 만들기

효율적 경계선(Efficient Frontier)이란 구성 가능한 포트폴리오 중에서 수익률과 위험 기준에서 상대적으로 우수한(=효율적인) 포트폴리오의 집합을 말한다. 즉, 기대수익률과 위험(=기대수익률의 표준편차) 관점에서 포트폴리오를 분석할 경우, 주어진 기대수익률 수준에서 최소의 표준편차를 갖거나 또는 주어진 표준편차에서 최대의 기대수익률을 갖는 포트폴리오의 집합을 말한다.

(1) 효율적 포트폴리오 찾기

◉ 한 점(one point)찾기

효율적 경계선을 찾기 전에 하나의 효율적인 포트폴리오를 찾아보자. 시장에 3가지 자산이 거래되고 있으며 그 자산에 대한 정보가 다음과 같다고 하자.

	A	B	C	D
1		기대수익률	표준편차	
2	국고채	4.50%	5.10%	
3	삼성전자	7.20%	6.30%	
4	현대차	10.00%	15.50%	
5				
6	상관계수행렬(Correlation Matrix)			
7		국고채	삼성전자	현대차
8	국고채	1	0.82	0.2
9	삼성전자	0.82	1	0.54
10	현대차	0.2	0.54	1
11				
12	분산공분산행렬(VCV Matrix)			
13		국고채	삼성전자	현대차
14	국고채	0.002601	0.002635	0.001581
15	삼성전자	0.002635	0.003969	0.005273
16	현대차	0.001581	0.005273	0.024025

이 상황에서 목표 기대수익률을 7%로 하고 표준편차를 최소화 하고자 한다. 이 문제는 해찾기를 통해 해결할 수 있다. 목표 셀을 포트폴리오의 분산인 셀B24로 지정하고 셀B24에는 다음과 같이 입력한다.

```
B24:"=MMULT(TRANSPOSE(B19:B21),MMULT(B14:D16,B19:B21))"
```

해의 조건은 최소값으로 설정하고, 값을 바꿀 셀은 각 포트폴리오의 비중인 B19 : B21을 선택한다. 이 때 제약조건으로 각 자산의 비중의 합이 1이 되어야 하며, 포트폴리오 기대 수익률은 7%가 되어야 한다. 이 조건을 "해 찾기 모델설정" 화면에 입력한 뒤 실행을 하면, 결과는 다음과 같이 나오게 된다.

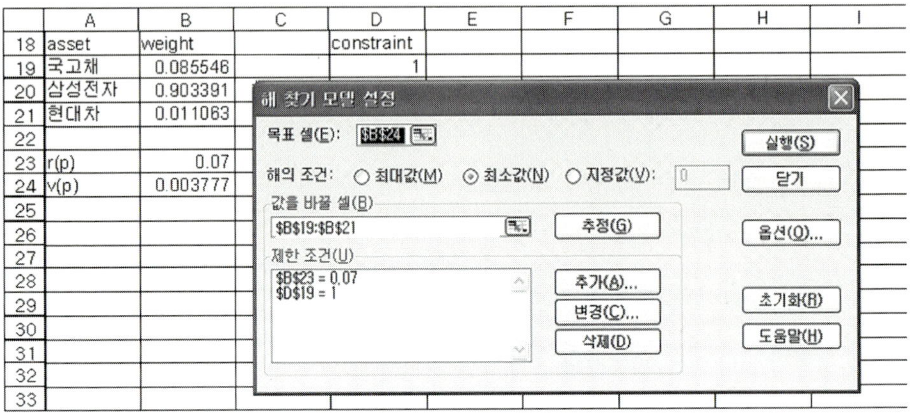

결과로 나온 효율적 포트폴리오는 국고채 8.55%, 삼성전자 90.34%, 현대자동차에 1.11%씩 투자하는 것이며 이때 포토폴리오의 기대수익률은 7%, 표준편차는 6.14%이다.

(2) 효율적 경계선 찾기

◉ 점의 집합(선) 찾기

위에서는 주어진 기대수익률 아래에서 표준편차를 최소화하는 하나의 점을 찾아보았다. 이제는 위 절차를 각 수익률 수준 즉 최소 수익률(국고채로만 구성된 포트폴리오) 8.5%부터 최대 수익률(현대자동차로만 구성된 포트폴리오) 11.063%까지 바꾸면서 포트폴리오의 표준편차를 최소화하는 포트폴리오를 찾거나, 반대로 포트폴리오의 표준편차를 순차적으로 0%에서 최대수준으로 늘려가면서 기대수익률이 최대가 되는 포트폴리오를 찾아가면 효율적 경계선을 얻게 된다.

우선 '무위험자산+2위험자산'으로 구성된 포트폴리오의 효율적 경계선을 찾는 알고리즘은 다음과 같다. 이 경우는 주어진 표준편차 수준에서 기대수익률을 최대화하는 포트폴리오를 찾는 알고리즘이다.

◉ 알고리즘

FOR $\bar{\sigma} = 0$ TO σ_{MAX} STEP $\Delta\sigma$

Max $E(r_p)$

Subject to $\sigma_p = \bar{\sigma}$

$\sum w_i = 1$

NEXT $\bar{\sigma}$

included

예제 | 효율적 경계선 찾기

아래와 같이 3개의 자산에 대한 정보가 주어져 있다고 하자. A3는 표준편차가 0%이므로 무위험 자산이고, A1과 A2는 각각 표준편차가 10.1%, 30%인 위험자산이다.

	A	B	C	D
1		E(r)	sd(r)	
2	A1	2.10%	0.101	
3	A2	9%	0.3	
4	A3	1%	0	
5	**Correlation Matrix**			
6		A1	A2	A3
7	A1	1	0.23	0
8	A2	0.23	1	0
9	A3	0	0	1
10	**Variance-Covariance Matrix**			
11		A1	A2	A3
12	A1	0.010201	0.006969	0
13	A2	0.006969	0.09	0
14	A3	0	0	0

앞에서 살펴본 알고리즘에 따라 효율적 경계선을 찾아보자.

| 예제 | 1무위험자산+2위험자산 포트폴리오의 효율적 경계선

	F	G	H	I	J	K	L	M	N
1									
2									
3				=MMULT(MMULT(H7:J7,$B$12:$D$14),TRANSPOSE(H7:J7))					
4	△target	1.00%					=MMULT(H7:J7,$B$2:$B$4)		
5	**3 Asset Case**								
6	0	제약조건	w1	w2	w3	V(r)	sd(r)	E(r)	제약조건2
7	0%	1	3.27E-06	2.9E-06	0.999994	1E-12	1E-06	0.50%	0%
8	1%	1	0.032546	0.029064	0.93839	0.0001	0.010001	0.80%	0%
9	2%	1	0.065497	0.05805	0.876453	0.0004	0.020001	1.10%	0%
10	3%	1	0.097295	0.087253	0.815453	0.0009	0.030001	1.40%	0%
11	4%	1	0.130441	0.1162	0.753358	0.0016	0.040001	1.70%	0%
12	5%	1	0.161048	0.145626	0.693325	0.0025	0.050001	2.00%	0%
13	6%	1	0.195684	0.174295	0.63002	0.0036	0.060001	2.29%	0%
14	7%	1	0.226778	0.20363	0.569592	0.0049	0.070001	2.59%	0%
15	8%	1	0.259886	0.232586	0.507528	0.0064	0.080001	2.89%	0%
16	9%	1	0.291524	0.261818	0.446658	0.0081	0.090001	3.19%	0%
17	10%	1	0.326825	0.290362	0.382814	0.01	0.100001	3.49%	0%

이 때, 해찾기가 연속적으로 실행되는데, 다음을 따르면 된다.

• 표준편차가 0%일 경우

위 표에 7번행에 해당하며, 목표셀은 M7이고, 제약조건은 표준편차가 0%일 것(셀N7 또는 셀F7), 자산의 가중치합이 1일 것(셀G7)이 된다. 이 조건에 따라 해찾기를 실행한다.

• 표준편차가 1%일 경우

위 표에 8번행에 해당하며, 목표셀은 M8이고, 제약조건은 표준편차가 1%일 것(셀N8, 또는 셀F8), 자산의 가중치합이 1일 것(셀G8)이 된다. 이 조건에 따라 해찾기를 실행한다.

위 절차는 표준편차가 최대(30%)일 때까지 반복되므로 VBA를 통해 프로시져를 만들어서 실행하는 것이 편리하다.

| 예제 | 최적포트폴리오 찾기

```
Sub OptimalWeight()
    Dim RowNum As Integer

```

```
④    For i=7 to 37
⑤      SolverOk SetCell:="M" & i, _
⑥              MaxMinVal:=1, ValueOf:="0", _
⑦              ByChange:="h" & i & ":j" & i
⑧      solveradd cellref:="N" & i, _
⑨               relation:=2, formulatext:="F" & i
⑩      solveradd "M" & RowNum, 2, 1
⑪      SolverSolve (True)
⑫      solverfinish
⑬    Next i
⑮  End Sub
```

• 라인 ④

목표셀을 M7부터 M37까지, 제약식은 G7부터 G37 및 N7부터 N37까지 변화시키며 해찾기를 실행하므로 목표셀 및 제약식을 변화시켜가며 부여하기 위해 루프를 만들어 둔다.

• 라인 ⑤

해찾기 모델을 정의하는 부분인데, 목표셀은 M열의 i행이다. MaxMinVal은 "해찾기" 모델 설정 대화상자의 최대값, 최소값, 지정값 옵션에 해당하는 것으로 여기서는 최대값으로 설정되어 있다. 즉, 주어진 위험(표준편차)수준에서 기대수익률을 최대로 하는 포트폴리오를 찾는 것이다. ByChange는 값을 변경시킬 셀 범위로서 여기서는 자산의 가중치인 H열 i행~J열 i행까지로 지정되어 있다.

• 라인 ⑧

포트폴리오를 최적화할 때 주어진 제약조건을 설정해 주는 부분이다. 첫번째 제약조건으로 N열 i행은 각 자산의 가중치가 w_1, w_2, w_3일 때 포트폴리오의 표준편차를 계산한 값이 입력되어 있는데 이 값이 주어진 표준편차(T열 i행)와 같아야 한다는 것이다.

• 라인 ⑩

두번째 제약조건인 G열 i행의 값이 1이라는 것은 세 자산의 투자 가중치는 1이되어야 한다는 것을 의미한다.

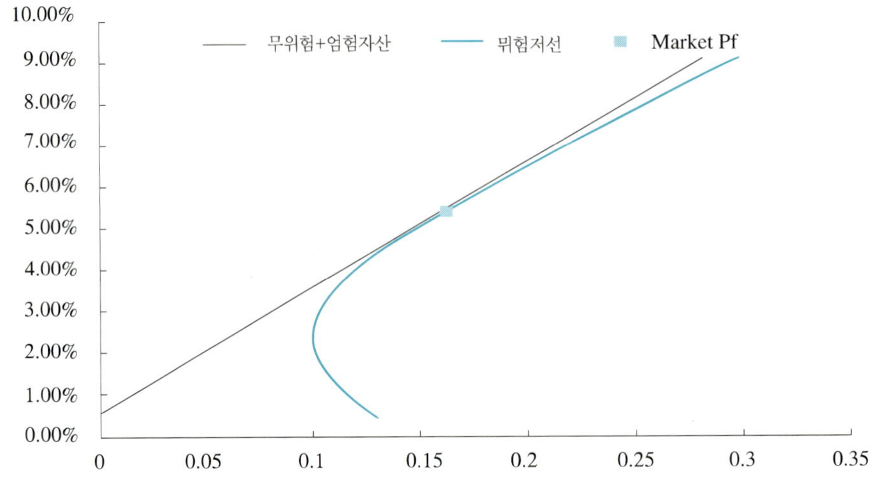

위 엑셀 표을 분석해보면 자산1과 자산2의 가중치인 w_1, w_2는 달라지지만 두 값의 비중($\frac{w_1}{w_1+w_2}$ 또는 $\frac{w_2}{w_1+w_2}$)은 일정함을 알 수 있다. 즉 (무위험자산을 제외한) 위험자산만으로 이루어진 포트폴리오는 일정하게 되는데 이 포트폴리오를 시장포트폴리오(Market Portfolio)라고 한다. 즉 어떤 투자자가 무위험 자산을 포함한 효율적 포트폴리오를 구성할 경우 위험자산간의 투자비중은 일정하게 미리 주어지게 되므로 위험자산으로 이루어진 시장포트폴리오와 무위험 자산에 대한 투자비만 결정하면 된다는 것이다. 즉, 위험자산에 대한 포트폴리오 구성과 무위험 자산을 포함한 포트폴리오 구성과 같이 2단계로 최적 포트폴리오 구성이 이루어지므로 이를 '포트폴리오 분리정리'라고 한다. 첫번째 단계에서는 투자자의 위험에 대한 태도(선호도)는 필요하지 않다. 따라서 이 경우 무위험 자산과 시장포트폴리오를 잇는 선이 효율적 경계선이 되며, 이는 위 그림에서 직선으로 표시된 것이며 이 선을 특히 자본시장선(Capital Market Line)이라고 하며 아래와 같이 정의된다.

$$E(r_p) = \frac{E(r_m) - r_f}{\sigma_m}\sigma_p + r_f$$

여기서 $E(r_p)$: 투자자가 선택한 포트폴리오의 기대수익률

$E(r_m)$: 시장포트폴리오의 기대수익률

r_f : 무위험 자산의 수익률

σ_p : 투자자가 선택한 포트폴리오의 표준편차

σ_m : 시장 포트폴리오의 기대수익률

여기서 자본시장선의 기울기를 "위험의 시장가격"이라고 하는데 이는 위험 포트폴리오인 시장 포트폴리오의 표준편차 1단위당 초과기대수익률 (무위험 수익률과 위험 기대수익률의 차이)의 크기이다. 이 '위험의 시장가격'은 －자본시장선이 가장 효율적인 포트폴리오가 되므로－ 투자자가 위험에 대해 덜 회피적이거나 또는 더 회피적이거나 하는 위험에 대한 성향에 상관없이 일정하다.

5.2.3. 최적 포트폴리오(Optimal Portfolio) 선택하기

효율적 경계선이 주어졌을 경우, 투자자 개인은 자신에게 가장 좋은 포트폴리오를 선택하게 된다. 여기에서 가장 좋은 포트폴리오의 기준을 정해야 하는데 "투자자의 효용을 최대로 하는 포트폴리오"를 가장 좋은 포트폴리오의 기준으로 정하면 여기서 바로 효용함수(Utility Function)가 필요하다. 효용함수는 기대수익률과 포트폴리오의 분산에 의해서만 결정되는 것으로 가정하고 다음과 같은 형태를 가지고 있다고 하자.

$$U = E(r_p) - 0.5A\sigma_p^2$$

여기에서 A는 위험회피(risk averse) 정도를 나타내는 상수로 보통 2~4 사이이며 편의상 3정도 되는 것으로 가정한다.

그러면 최적 포트폴리오를 선택하는 문제는 효율적 경계가 주어졌을 때 효용함수를 최대가 되도록 하는 (수익률, 위험) 조합을 찾는 아래와 같은 최적화 문제로 귀결된다.

$$Max\ U = E(r_p) - 0.5 \times 3\sigma_p^2$$

$$\text{subject to}\ \ E(r_p) = \frac{E(r_m) - r_f}{\sigma_m}\sigma_p + r_f$$

included 예제 | 효용함수

	A	B	C	D	E	F	G	H	I	J
1	Utility Function									
2							=F$5+0.5*$B$7*$E7^2			
3									=F7-I7	
4										
5					U	0.0199099	0.01	0.03		
6				n	Target sd	U=0.01990	U=0.01	U=0.03	EF	U-EF
7	A	3		1	0	0.0199099	0.01	0.03	0.0050003	0.0149096
8				2	0.01	0.0200599	0.01015	0.03015	0.0079912	0.0120687
9				3	0.02	0.0205099	0.0106	0.0306	0.0109822	0.0095277
10				4	0.03	0.0212599	0.01135	0.03135	0.0139732	0.0072868
11				5	0.04	0.0223099	0.0124	0.0324	0.0169641	0.0053459
12				6	0.05	0.0236599	0.01375	0.03375	0.019955	0.0037049
13				7	0.06	0.0253099	0.0154	0.0354	0.022946	0.0023639
14				8	0.07	0.0272599	0.01735	0.03735	0.025937	0.001323
15				9	0.08	0.0295099	0.0196	0.0396	0.028928	0.0005819
16				10	0.09	0.0320599	0.02215	0.04215	0.0319189	0.000141
17				11	***0.1***	***0.0349099***	***0.025***	***0.045***	***0.0349099***	***0***

효율적 경계선이 앞에서 주어진 바와 같은 경우, 효용함수가 $U = E(r_p) - 0.5A\sigma_p^2$ 로 주어진 개인의 경우 최적 포트폴리오는 다음 그림으로 표현할 수 있다. 즉, 표준편차가 0.1인 포트폴리오를 선택할 때 이 사람은 최고의 효용 0.0199를 얻게 된다.

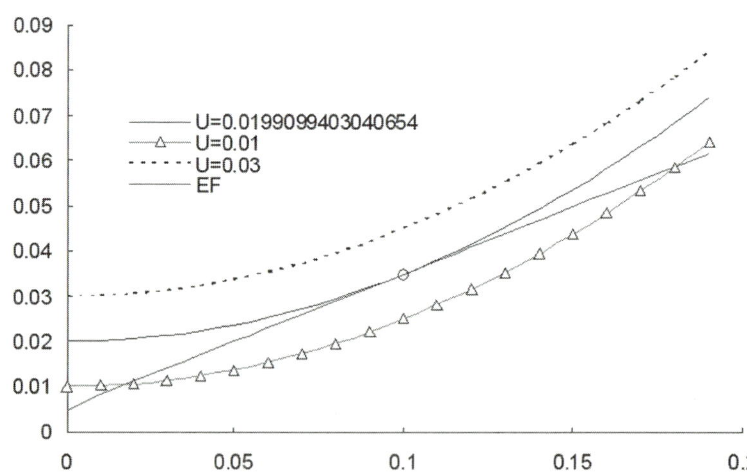

위 그래프에서 각 곡선의 의미는 다음과 같다.

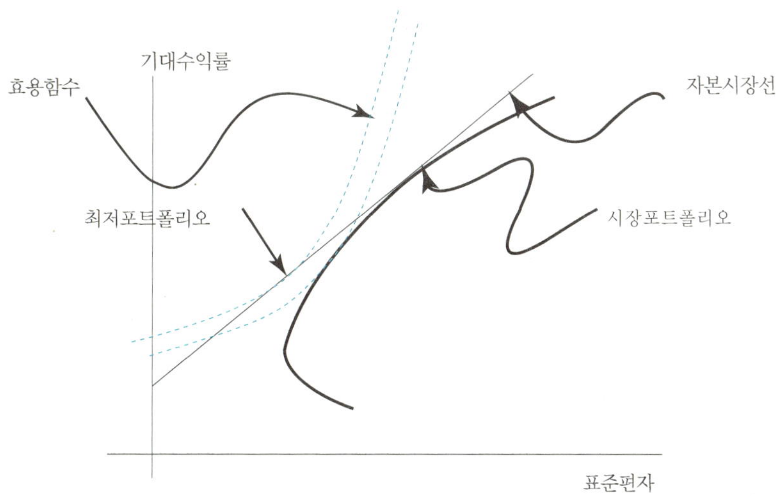

5.3 위험자산의 가격결정

Financial Engineering Practice with Excel VBA

지금까지 무위험 자산과 위험자산들로 이루어진 포트폴리오를 선택하는 방법에 대해 살펴보았다. 이 포트폴리오 이론을 이용하면 개별자산에 대한 가격 결정이론인 자본자산결정이론(Capital Asset Pricing Theory)을 도출할 수 있다.

5.3.1. 자본자산가격결정이론(CAPM)

어떤 자산시장에서의 균형이란 자산에 대한 초과수요나 초과 공급이 없는(Market Clearing) 상태이다. 즉 시장에 남아있는 자산이 없이 모든 자산이 투자자에 의해 보유되고 있어야 한다.

예를 들어 i번째 자산을 우리가 이미 보유중인 포트폴리오에 추가할 경우(초과수요)를 생각해보자. 포트폴리오의 a%를 i번째 자산에 투자하고 나머지 $(1-a\%)$를 시장 포트폴리오에 투자하면, 평균과 분산은 다음과 같다.

$$E(r_p) = aE(r_i) + (1-a)E(r_m)$$

$$\sqrt{\text{var}(r_p)} = \sigma_p = \sqrt{a^2\sigma_i^2 + (1-a)^2\sigma_m^2 + 2a(1-a)\sigma_{im}}$$

a의 변화에 대한 새로운 포트폴리오의 기대수익률과 표준편차의 변화는 다음과 같이 볼 수 있다.

$$\frac{\partial E(r_p)}{\partial a} = E(r_i) - E(r_m)$$

$$\frac{\partial \sigma_p}{\partial a} = \frac{1}{2}\frac{2a\sigma_i^2 - 2\sigma_m^2 + 2\sigma_{im} - 4a\sigma_{im}}{\sqrt{a^2\sigma_i^2 + (1-a)^2\sigma_m^2 + 2a(1-a)\sigma_{im}}}$$

여기서 a%는 i번째 자산에 대한 추가 수요이므로 시장균형상태에서는 0이어야한다. 따라서 위 (미분)식을 $a=0$에서 평가하면 다음과 같다.

$$\left.\frac{\partial E(r_p)}{\partial a}\right|_{a=0} = E(r_i) - E(r_m)$$

$$\left.\frac{\partial \sigma_p}{\partial a}\right|_{a=0} = \frac{1}{2}\frac{-2\sigma_m^2 + 2\sigma_{im}}{\sigma_m} = \frac{\sigma_{im} - \sigma_m^2}{\sigma_m}$$

따라서 균형상태에서의 위험－수익간의 기울기는 다음과 같다.

$$\left.\frac{\partial E(r_p)/\partial a}{\partial \sigma_p/\partial a}\right|_{a=0} = \frac{E(r_i) - E(r_m)}{(\sigma_{im} - \sigma_m^2)/\sigma_m}$$

위 식은 자본시장선의 기울기와 같아야 하므로(균형상태에서는 시장포트폴리오에 접하는 직선이 자본시장선이다) 다음 등식이 성립한다.

$$\frac{E(r_i) - E(r_m)}{(\sigma_{im} - \sigma_m^2)/\sigma_m} = \frac{E(r_m) - r_f}{\sigma_m}$$

위 식을 $E(r_i)$에 대해서 정리하면 다음 식을 얻는다.

$$\begin{aligned} E(r_i) &= r_f + \left[E(r_m) - r_f\right]\frac{\sigma_{im}}{\sigma_m^2} \\ &= r_f + \left[E(r_m) - r_f\right]\beta_i \end{aligned}$$

위 식이 자본자산가격결정모형(Capital Asset Pricing Model : CAPM)이며 또한 증권시장선(Security Market Line)이라고도 부른다.

5.3.2. 베타

CAPM의 베타를 시장자료를 이용해서 직접 계산해보자.

included 예제 | 베타실습

우선, 2006년 10월 9일부터 2006년 11월 7일까지 삼성전자와 KOSPI200지수의 종가데이터를 이용해서 평균과 분산, 공분산 등을 계산해 둔다.

	A	B	C	D	E	F	G	H
1	date	Market	Samsung	r K	r S	(x-m)^2		(x-m)(y-m)
2	06-11-07	1387.89	609000					
3	06-11-06	1379.19	605000	-0.00630805	-0.00661157	1.50752E-05	8.26453E-05	3.52972E-05
4	06-11-03	1383.88	611000	0.003389022	0.009819967	3.38072E-05	5.38843E-05	4.26811E-05
5	06-11-02	1383.73	614000	-0.000108403	0.004885993	5.36835E-06	5.79181E-06	5.57606E-06
6	06-11-01	1374.35	615000	-0.006825045	0.001626016	1.93571E-05	7.28221E-07	3.7545E-06
7	06-10-31	1364.55	611000	-0.007181855	-0.006546645	2.26241E-05	8.1469E-05	4.29321E-05

위 계산결과를 이용하면, 베타는 아래 식에 따라 계산할 수 있다.

$$\beta_i = \frac{\sigma_{im}}{\sigma_m^2}$$

	A	B	C	D	E	F	G	H
23	06-10-09	1319.4	642000	-0.006798545	0.003115265	1.91246E-05	4.04356E-07	-2.78085E-06
24	sample			21				
25	mean			-0.002425372	0.002479375			
26	variance					0.00252%	0.00605%	
27	covariance							0.00277%
28			=COVAR(D3:D23,E3:E23)					
29	***XL function***			=VAR(E3:E23)				
30	cov(k,s)	0.00277%		=VARP(E3:E23)				
31	var(s)	0.00636%	0.00605%					
32	var(k)	0.00265%	0.00252%			0.00252%		
33								
34			=B30/B32					
35			=SLOPE(E3:E23,D3:D23)					
36	beta	1.047605						
37	regression	1.0999853	1.099985301					
38		1.0999853						
39	R-square	0.5037756	0.503775581	=CORREL(D3:D23,E3:E23)^2				
40								
41			=RSQ(D3:D23,E3:E23)					

$$Var(x) \times \frac{(n-1)}{n}$$

$$Var(x) = \frac{n\sum x^2 - (\sum x)^2}{n(n-1)}$$

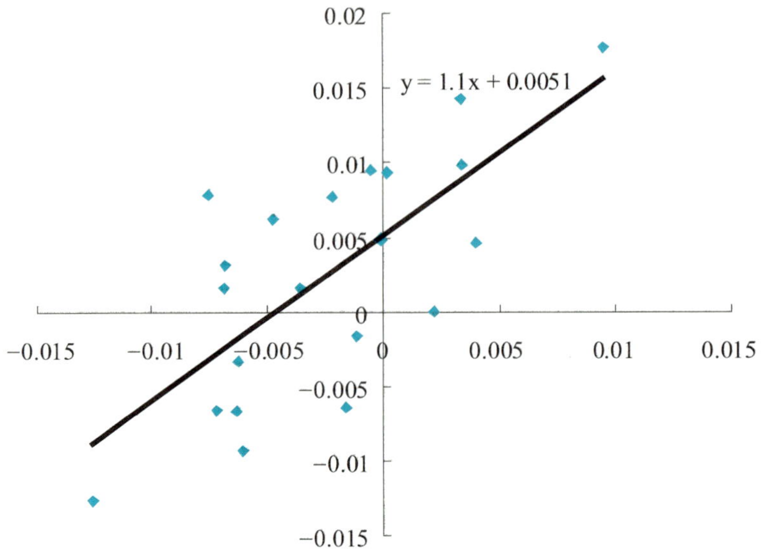

5.3.3. CAPM의 응용

CAPM을 이용해서 자산가격을 결정할 수 있다.

(1) 자산가격 결정공식(Asset Pricing Formula by CAPM)

① 위험조정수익률공식(Risk－adjusted rate of return valuation formula)

현재시점(0)에서의 자산의 가격(P_0)은 미래시점(1)에서의 자산가격(P_1)의 기대값을 "1＋무위험 이자율＋위험프리미엄"으로 나눈 것이다.

$$P_0 = \frac{E(\tilde{P}_1)}{1 + r_f + \lambda Cov(r_j, r_M)} \quad \text{여기서} \quad \lambda = \frac{E(r_M) - r_f}{Var(r_M)}$$

② 확실성등가공식(Certainty Equivalent Valuation formula)

현재시점(0)에서의 자산의 가격(P_0)은 미래시점(1)에서의 자산가격(P_1)의 기대값에서 위험프리미엄을 제외한 값을 "1＋무위험 이자율"로 나눈 것이다.

$$P_0 = \frac{E(\tilde{P}_1) - \lambda Cov(r_j, r_M)}{1 + r_f}$$

(2) 위험 조정된 성과 측정

아래 지표는 각종 펀드의 성과측정 지표로 자주 사용된다.

- 샤프지수(Sharpe Ratio) $= \dfrac{r_p - r_f}{\sigma_p}$: CML의 기울기 비교
- 트레이너지수(Treynor Ratio) $= \dfrac{r_p - r_f}{\beta}$: SML의 기울기 비교
- 젠센지수(Jensen's alpha) $= r_p - \left[r_f + (r_m - r_f)\beta_p\right] = (r_p - r_f) - (r_m - r_f)\beta_p$
- 평가비율 $= \dfrac{\alpha_p}{\sigma(\varepsilon_p)}$

r_p : (평가대상) 포트폴리오의 실현수익률
r_m : 시장 포트폴리오의 실현수익률
r_f : 무위험이자율
β_p : (평가대상) 포트폴리오의 베타
α_p : 젠센지수
$\sigma(\varepsilon_p)$: 잔차의 표준편차

5.3.4. 포트폴리오 이론정리

정리 각 수식의 정의와 의미

◉ 자본시장선(Capital Market Line : CML)

- $E(r_p) = \dfrac{E(r_m) - r_f}{\sigma_m}\sigma_p + r_f$
- 시장포트폴리오의 표준편차와 기대수익률의 관계

◉ 증권시장선(Security Market Line:SML)

- $E(r_i) = r_f + [E(r_M) - r_f]\beta_i$
- (전체 증권의) 베타와 기대수익률의 관계

◉ 증권특성선(Security Characteristic Line : SCL)

- $r_i = \alpha + \beta r_M + \varepsilon$
- 개별 증권의 수익률과 시장수익률 관계

| 정리 | 모든 자산은 SML상에 위치한다.

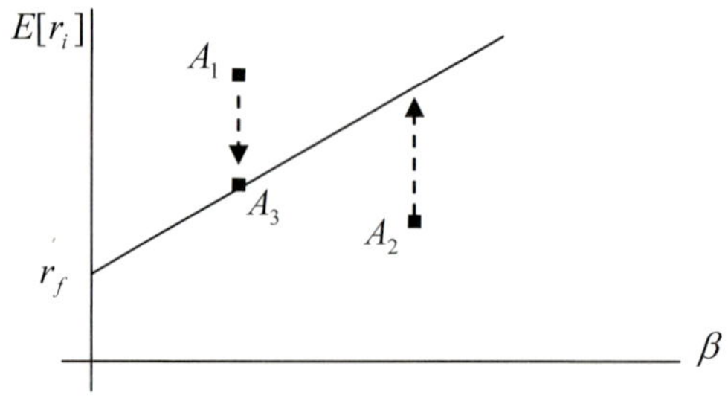

자산 A_1과 A_3는 베타가 동일하지만 A_1의 수익률이 더 높다. 효율적 시장이라면 A_1에 대한 초과수요가 발생할 것이고 A_1의 가격이 상승(=수익률이 하락)하여 A_3와 수익률이 같은 수준까지 떨어질 것이다.

| 정리 | 증권시장선과 증권특성선의 관계

아래 그림을 살펴보자

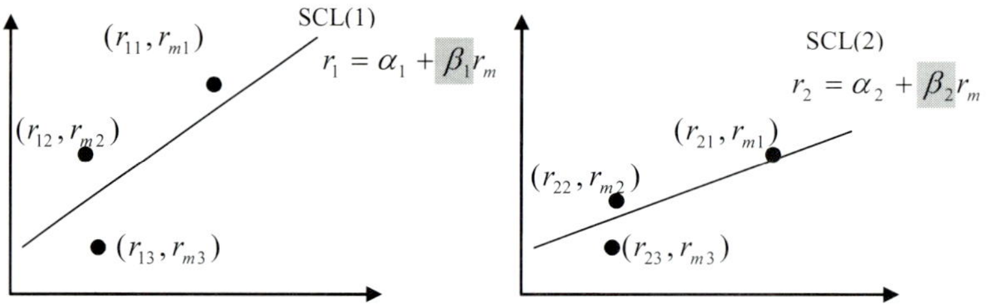

왼쪽 그래프는 자산1의 일별수익률과 그에 대응하는 시장포트폴리오의 일별수익률을 그린 것이다. 예를 들어 (r_{12}, r_{m2})는 2일차의 자산1의 수익률과 시장포트폴리오의 수익률을 나타내는 점이다. 증권특성선(SCL)이란 이런 점들에 대해 회귀분석을 실시한 선이며 SCL(1)으로 표시되어 있다. 오른쪽 그래프는 자산2에 대해 동일한 작업을 한 결과이다. 두 그래프로부터 각 자산의 기대수익률과 베타를 구할 수 있는데 이를 그래프로 그린 것이 아래 그림이다.

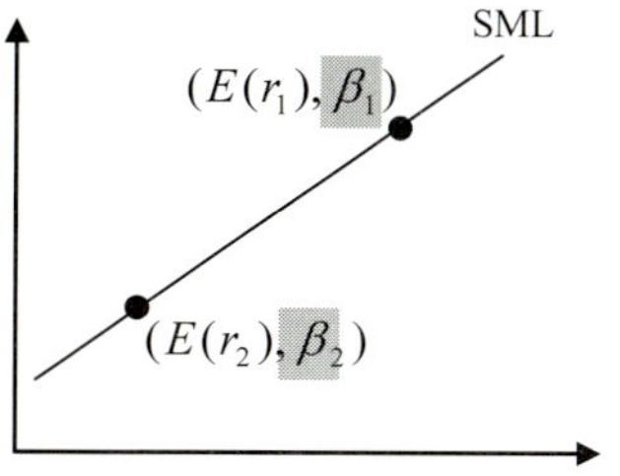

따라서 두 선은 차원이 다르다. 증권시장선은 (r_i, β) 공간상에 존재하고, 증권특성선은 (r_i, r_M) 공간상에 존재한다.

▎정리▎ 증권특성선(SCL)의 성질

증권시장선과 증권특성선의 관계로부터 $a = r_f(r - \beta)$이고, 따라서

베타 > 1이면, 알파 > 0

베타 = 1이면, 알파 = 0

베타 < 1이면, 알파 < 0이다.

Chapter 6

채권

가장 기본적인 채권은 일정 기간 동안 정해진 이자금액 c 를 지불하고 만기에 원금 F 를 지급하는 형태의 채권인데 이를 고정금리 채권이라고 한다. 이 경우 채권의 발행자는 채권을 발행하면서 발행시점에 채권의 가격에 해당하는 금액을 받고 대신에 채권만기까지 미리 약속된 이자금액과 원금을 채권 보유자(채권 투자자)에게 지불하게 된다.

[고정금리 채권의 현금흐름]

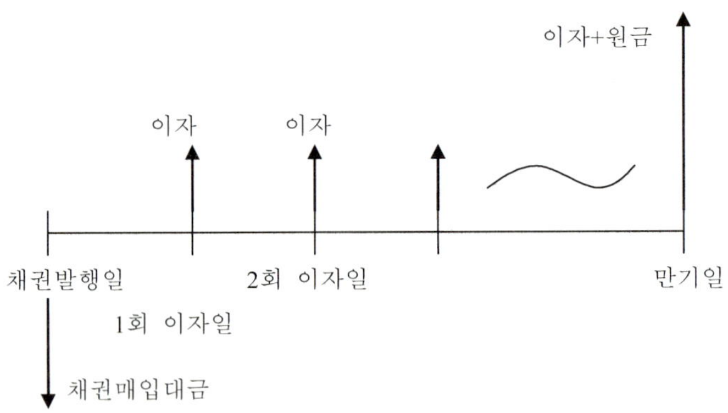

예시 채권 명세 : 국고채권 0525 – 2703(이표채)

종목명/KR코드 : KR1035037T34 검색 조회

종목명	국고채권0525-2703	신용등급	
표준코드	KR1035037T34	상장구분	상장
발행일	2007/03/10	상장일	2007/03/27
만기일	2027/03/10	선매출유형	매출시 지급
선매출일	2007/03/27	발행옵션	비옵션부
발행금액	29,950 억원	원금거치기간	-
이자지급유형	이권부	분할상환회수(회)	-
이자계산주기(월)	6	만기상환율(%)	100
표면금리(%)	5.25	주간사	
할인율(%)	0	등록기관	한은
이자지급 선/후급	후급	원리금지급기관	한국은행
이자지급 기준일	일자기준	보증기관	
직전이자지급일	2007/09/10		
차기이자지급일	2008/03/10		
보증형태	무보증		

· 제공:증권예탁원

평가일자 : 20071025

KIS채권평가		한국채권평가		나이스채권평가		거래대금 가중평균
수익률	단가	수익률	단가	수익률	단가	
5.58	9,677.19	5.58	9,677.19	5.59	9,665.76	0

자료 : www.ksdabond.or.kr

6.1 채권의 가격

Financial Engineering Practice with Excel VBA

6.1.1. 각종 수익률

일반적으로 수익률은 $\frac{\text{회수금액}}{\text{투자금액}} - 1$로 정의할 수 있으나 (1)투자기간 (2)복리횟수 등에 따라 다양하게 정의된다. 몇 가지 예를 보면 다음과 같다.

(1) 경상수익률(Current Yield)

투자금액 대비 매년 발생하는 수익금액의 비율을 의미한다.

$$경상수익률 = \frac{연간이자지급금액}{채권가격}$$

included
| 예제 |

만기 3년, 표면금리 6%인 국고채권(액면 10,000원)의 시장가격이 9,830원일 경우 경상수익률은 얼마인가?

	A	B	C
1	Notional	10,000	
2	Price	9,830	
3	Coupon Rate	6.00%	
4		600	
5	Current Yield	0.061038	=B4/B2

(2) 만기수익률(YTM : Yield To Maturity)

채권의 만기까지의 단위기간별(원리금액에 의한) 현금흐름의 현재가치의 합계를 채권가격과 일치시키는 할인율을 의미하며 내부수익률(IRR : Internal Rate of Return)과 동일한 개념이다. 보다 자세한 개념은 채권가격편에서 살펴보겠다.

(3) 유효수익률(Effective Yield)

전체 투자기간(n년) 동안 모든 투자 수익요인들에 의해 발생된 최종수입(Ending-wealth value : FV)의 투자원금(P : Principal) 대비 수익성을 일정기간 단위(보통은 1년)로 복리방식으로 측정한 투자수익률을 의미한다. 즉 유효수익률 r_e는 다음과 같다.

$$r_e = \sqrt[n]{\frac{FV}{P}} - 1$$

| 예제 |

어떤 채권을 7,296원에 사서 2년 동안 보유한 뒤 10,547원에 매도하였다. 이 채권에 대한 유효수익률은 얼마인가?

	A	B	C	D
8	FV	7,296		
9	P	10,547		
10	n	2		
11	effective rate	0.202326	=(B9/B8)^(1/B10)-1	

유효수익률은 위와 같이 직접 식을 셀에 입력하여 계산할 수도 있지만 RATE함수를 이용하면 간단히 계산할 수도 있다.

" =RATE(투자년수*연간복리횟수, 0, －투자원금, 만기회수금, ,)"

위 예제에서는 다음과 같이 입력하면 동일한 결과를 얻을 수 있다.

	B	C	D	E
13	20.23%	=RATE(B10*1,0,-B8,B9,,)		

6.1.2. 채권 수익률

현금흐름이 다양한 채권의 가치를 하나의 숫자로 표현하고자 할 때 가장 적절한 것이 무엇인가 하는 문제에 대해 가장 적절한 답으로 가격과 수익률을 들 수 있다. 그러나 가격은 "내가 보유한 채권의 만기, 채권에서 발생하는 현금흐름 등을 감안한 투자수익률이 얼마일까?"라는 물음에 대한 답으로는 부족한 면이 있다. 반면에 수익률은 위 물음에 대해 가격보다 우수한 정보를 제공한다고 볼 수 있다. 실제로 채권시장에서는 가격보다 수익률을 이용하여 거래가 이루어지고 있다.

(1) 만기수익률 및 채권 가격

채권시장에서 사용되는 일반적인 수익률은 만기수익률(YTM : Yield To Maturity)이며 이것은 투자분석 방법 중의 하나인 내부수익률(IRR : Internal Rate of Return)과 동일한 개념이다.

채권의 만기수익률이 y라면 y는 다음 등식을 만족하는 값이다.

$$P=\sum_{t=1}^{n}c_t\frac{1}{(1+y)^t}$$

단, P = 채권의 시장가격

c_t : t시점에서의 현금흐름

여기에서 $\frac{1}{(1+y)^t}$를 t 시점에서의 할인계수(Discount Factor) DF_t로 보면 위 식은 다음과 같이 볼 수 있다.

$$P=\sum_{t=1}^{n}c_tDF_t$$

즉, 채권의 가격은 각 시점의 현금흐름(cashflow)을 할인계수로 할인해 준 현재가치의 합으로 볼 수 있다.

예제 | 채권가격계산

만기가 2년 남은 채권의 원금 P를 100, 이표율(Coupon Rate)을 5%라 하고, 채권이표는 6개월 마다 지급되며, 채권이자 계산에 사용되는 날짜는 30/360을 따른다고 하자. 현재 채권시장에서 2년 만기 수익률이 4.5%에 결정되었다면 이 채권의 가격은 100.9461이다.

	A	B	C	D	E	F	G	H	I	J
1	bond detail					=$B$5*$B$6/$B$7				
2	today	07-08-27		i	tau	cf	df	pv		
3	maturity	2		0	0					
4	mat date	09-08-27		1	0.5	2.5	0.977995	2.444987775	=G4*F4	
5	prn	100		2	1	2.5	0.956474	2.391186088		
6	coupon	5.00%		3	1.5	2.5	0.935427	2.338568301		
7	cpn freq	2		4	2	102.5	0.914843	93.77144289		
8	yield	4.50%						***100.9461851***	=SUM(H4:H7)	
9	dt	0.5			=1/(1+$B$8/$B$7)^D4					
10										
11	Price	100.946185	=price(B2,B4,B6,B8,B5,B7,0)							

위 예제는 위에서처럼 각각의 현금흐름과 할인계수를 계산하고 더하는 식으로 엑셀에서 계산할 수도 있으나 B11셀과 같이 엑셀에서 지원하는 PRICE함수를 이용하면 간단히 계산할 수 있다.

"=PRICE(거래일, 만기일, 이표율, 만기수익률, 만기원금, 이자지급횟수, 날짜계산방식)"

여기에서 주의할 것은 이 함수가 계산해 주는 채권가격은 경과이자 공제 후 채권가격(clean price)으로서 위 엑셀에서 직접 계산한 결과(dirty price)와 비교할 경우 아래와 같은 관계에 있으므로 이를 적절히 감안하여야 한다.

Dirty Price=Clean Price+Accrual Interest(경과이자)

여기서 경과이자(채권이자)는 '원금 × 이자율 × 이자기간의 날수/연간날수'로 계산되는데 '이자기간의 날수/연간 날수' 계산방법은 채권마다 다양하므로 이를 반영해 주어야 정확한 금액을 계산할 수 있다. 자세한 내용은 '스왑'편을 참조하기 바란다. 여기서 '30/360' 방식의 이자일수계산방법에 대한 사용자 정의함수를 만들어 보면 다음과 같다.

included
예제 | 30/360날짜계산함수

```
Function day30360(date1, date2)

y1=Year(date1)
y2=Year(date2)
m1=Month(date1)
m2=Month(date2)
d1=Day(date1)
d2=Day(date2)

day30360=Application.Max(0, 30-d1)+Application.Min(30, d2)+_
          360*(y2-y1)+30*(m2-m1-1)

End Function
```

채권가격은 다음과 같이 직접 사용자 정의함수를 이용해서 만들 수도 있다.

included
예제 | 채권가격계산 사용자정의 함수

```
Function BondPrice30360(잔여이표횟수, 수익률, 이표율, _
                        차기이표까지날수, 연간이자지급회수)
M=잔여이표횟수
n=연간이자지급회수
cpn=이표율

p=1
  For i=1 To M-1
    p=(p+cpn/n)/(1+수익률/n)
  Next i
p=p+cpn/n
BondPrice30360=p/(1+수익률/n*차기이표까지날수/(360/n))
End Function
```

6.2 듀레이션(Duration)

Financial Engineering Practice with Excel VBA

채권 가격의 민감도(수익률 변화에 대한 가격 변화의 지표)로 예전에는 만기, 현금흐름을 가중치로 한 가중평균상환기간(WATM : Weighted Average Term to Maturity) 등을 사용했으나 이들은 채권의 현금흐름 또는 현재가치 등을 감안하지 않은 것으로 현금흐름이 달라지거나 시장금리 변화에 따라 현재가치가 달라질 경우를 반영하지 못하는 지표로 문제점이 있는 것들이다. 이런 문제점을 보완하고자 1938년에 맥컬리(Frederick R. Macauley)가 듀레이션의 개념을 도입하였다.

6.2.1. 맥컬리 듀레이션(Macauley Duration)

맥컬리 듀레이션(Macauley Duration)은 현재가치를 감안한 채권 투자자금의 평균회수기간을 의미한다. 즉, 현재가치를 가중치로 한 채권의 가중평균 만기이다.

| 정의 | 맥컬리 듀레이션

$$D_{mac} = \sum_{t=1}^{n} t w_t$$

단, $w_t = \dfrac{c_t DF_t}{\sum_{i=1}^{n} c_i DF_i}$

채권가격 공식에 따르면 $DF_t = \dfrac{1}{(1+y)^t}$ 이고 $\sum_{i=1}^{n} c_i DF_i = P$ 이므로 이를 위 식에 대입하면 맥컬리 듀레이션은 다음과 같다.

| 정리 | 맥컬리 듀레이션의 변형 1

$$D_{mac} = \sum t \frac{c_t \dfrac{1}{(1+y)^t}}{P}$$

| 예제 |

표면금리 6%를 연1회 지급하는 만기 3년인 채권의 현재 수익률이 8%라고 한다. 이 채권의 맥컬리 듀레이션은 얼마인가?

	A	B	C	D	E	F	G	H	I
1	**Macauley Duration**								
2	**Input**			**Midput**					
3	표면금리	6.00%		t	CF	DF	PV	W	W*t
4	지급회수	1		1	600	0.925926	555.5556	0.058575	0.058575
5	만기	3		2	600	0.857339	514.4033	0.054236	0.108471
6	액면	10,000		3	10600	0.793832	8414.622	0.88719	2.661569
7	Market Y	8.00%					9484.581		2.828615
8									
9	**Output**								
10	MacDurati	2.828615							
11									
12	Duration	2.828615							

B12:"= DURATION("2005-11-1","2008-11-1",B3,B7,B4,3)"

셀I7은 위 공식에 따라 직접 계산한 맥컬리 듀레이션이고, 셀B12는 엑셀 공식을 이용해서 계산한 맥컬리 듀레이션이다. 맥컬리 듀레이션은 엑셀에 계산함수가 내장되어 있어 이를 사용하면 간편하게 계산할 수 있다.

"=DURATION(거래일, 채권만기, 표면금리, 수익률, 이자지급회수, 날짜계산방식)"

6.2.2. 수정 듀레이션(Modified Duration)

(1) 가격민감도로서의 맥컬리 듀레이션의 한계

수익률 변화에 대한 채권가격의 변화의 개념을 생각해보자. 이는 채권가격을 수익률의 함수 즉, $P=f(y)$로 볼 때, 이 함수의 1차 미분에 해당한다. 채권가격은 아래와 같으므로,

$$P=\sum_{t=1}^{n} c_t \frac{1}{(1+y)^t}$$

이를 y에 대해 미분하면 다음과 같다.

$$\frac{\partial P}{\partial y}=\sum_{t=1}^{n} c_t(-t)\frac{1}{(1+y)^{t+1}}=\frac{P}{(1+y)}\sum_{t=1}^{n}(-t)w_t=-\frac{P}{(1+y)}D_{mac}$$

즉, 맥컬리 듀레이션은 수익률의 변화비율에 대한 가격의 변화비율이다.

| 정리 | 미분(민감도)으로서의 맥컬리 듀레이션

$$D_{mac} = -\left(\frac{\partial P}{P}\right) \bigg/ \left(\frac{\partial y}{(1+y)}\right)$$

그런데 위 식은 그 개념이 직관적이지 않다. 예를 들어 맥컬리 듀레이션이 2.5라는 의미는 위 식의 분모가 1일 때 분자가 2.5라는 의미인데, 분모가 1이란 의미가 직관적이지 않다. 만약 수익률이 0에 가깝고, dy가 1에 가깝다면 이 숫자의 의미는 이자율이 0에서 1(즉 100%)로 변할 때 채권가격은 250%변한다는 의미로 해석할 수는 있으나 정확한 개념은 아니다. 이를 직관적인 개념으로 바꾸고자 맥컬리 듀레이션을 $(1+y)$로 나누어주면 다음과 같다.

$$\frac{D_{mac}}{1+y} = \frac{-\left(\frac{\partial P}{P}\right)}{\partial y}$$

이것은 "수익률 변화에 대한 채권가격의 변화율"이란 개념이 되는데 맥컬리 듀레이션에 비해 직관적이다. 예를 들어 수정 듀레이션이 2.5라는 의미는 수익률이 1% 포이트(point) 변할 때 채권의 가격은 2.5% 변한다는 의미가 된다. 이 값을 수정 듀레이션(Modified Duration)이라고 한다.

| 예제 |

위 예제에서 수정 듀레이션을 계산하면 다음과 같다.

B18 : "=B10/(1+B7)"

	A	B	C	D	E	F
16	**Modified Duration**					
17						
18		2.619088				

6.3 컨벡시티(Convexity)

Financial Engineering Practice with Excel VBA

6.3.1. 채권가격 함수의 테일러 전개(Taylor Series Expansion)

(1) 테일러 전개의 일반적 의미

테일러 전개(Taylor Series Expansion)에 의하면, 임의의 함수 $f(x)$에 대해 한 점 x_0에서의 함수값과 그 미분을 알면 다음과 같이 임의의 함수를 다항함수(polynomial)로 근사(approximation)할 수 있다.

$$f(x) = f(x_0) + \frac{1}{1!}f'(x_0)(x - x_0) + \frac{1}{2!}f''(x_0)(x - x_0)^2 + \frac{1}{3!}f'''(x_0)(x - x_0)^3 + ...$$

여기서 $\Delta x = x - x_0$ 라 하고, $f(x_0)$, $\frac{1}{1!}f'(x_0), \cdots$ 등은 알고 있는 값(상수)이므로 c_0, c_1, ... 등으로 표시하면 위 식은 다음과 같은 다항함수꼴이 된다.

$$f(x) = c_0 + c_1\Delta x + c_2\Delta x^2 + ...$$

이 식의 의미는 어떤 형태의 함수라도 우리가 익히 알고 있는 다항함수(1차함수, 2차함수 등)로 표현할 수 있다는 것이다.

(2) 채권가격함수의 테일러 전개

채권가격도 수익률(y)에 대한 함수로 볼 경우 위 결과가 적용되며, 그 관계는 아래와 같다.

$$\Delta P = P_1 - P_0 = \frac{dP}{dy}\Delta y + \frac{1}{2}\frac{d^2P}{(dy)^2}(\Delta y)^2 + ...$$

6.3.2. 컨벡시티(Convexity)

컨벡시티는 채권가격 함수의 2차미분을 채권가격으로 나눈 것으로 정의된다. 즉 컨벡시티(Convexity)는 다음과 같이 정의된다.

$$C = \frac{\left(\frac{d^2 P}{(dy)^2}\right)}{P} = \frac{d^2 P / P}{(dy)^2}$$

맥컬리 듀레이션이 직관적이지 않듯이 채권가격의 2차미분 자체는 직관적 해석이 어려우므로 2차미분에 채권가격을 나누어 주어 직관적 의미를 강화한 것이 컨벡시티이다.

컨벡시티의 직관적 개념은 뒤에서 다루도록 한다.

6.3.3. 채권가격, 듀레이션 및 컨벡시티의 관계

위의 채권가격 함수의 테일러 전개에서 채권가격 P 및 (수정)듀레이션 D_{mod}, 컨벡시티 C의 관계를 정리해 보면 다음과 같다.

$$\frac{\Delta P}{P} \approx -D_{\text{mod}} \Delta y + \frac{1}{2} C (\Delta y)^2$$

즉, 수익률의 1차 변화분에 의한 채권가격의 변화율은 듀레이션에 의해서 설명되며, 수익률의 2차 변화분에 의한 채권의 가격변화율은 컨벡시티에 의해 설명된다.

included
예제 채권가격과 듀레이션, 컴백시티의 관계

3년만기 채권의 표면금리가 8%이고 매년 이자를 지급한다. 현재 시장 수익률이 15%일 경우 듀레이션, 컨벡시티는 얼마이고 가격과 그 관계는 어떻게 되는지 그래프로 그려보자.

우선 채권가격, 듀레이션, 컨벡시티는 다음과 같다.

	A	B	C	D	E	F	G	H	I	J	K
1	**Input**			중간계산							
2	Market yiel	15%		t	CF	DF	PV	w	t(t+1)CF	t(t+1)*Cf/(1+y)^(t+2)	
3	Coupon	8%		1	800	0.869565	695.6522	0.082799	1600	1052.026	
4	투자원금	10,000		2	800	0.756144	604.9149	0.071999	4800	2744.416	
5	채권만기	3년		3	10800	0.657516	7101.175	0.845203	129600	64434.1	
6							8401.742			68230.55	
7	**Output**										
8	Price	8401.742									
9	Duration	2.762404	=SUMPRODUCT(D3:D5,H3:H5)								
10	Convexity	8.121									

이들 간의 관계를 그래프로 그려보면 아래와 같다.

```
B20 : "=price("2005-11-1","2008-11-1",0.08,A20,100,1,3)"
C20 : "=$B$28*$D$17*($A$28-A20)"
D20 : "=C20+$B$28"
```

	A	B	C	D	E	F
15	**Graph: Duration.Convexity**					
16			Duration=	2.762404		
17	30%		MD=	2.40209		1.079426
18						
19	yield	price	△P	PriceFromDuration		
20	0.00%	123.9997	30.27254	114.2898		
21	1.88%	117.7066	26.48848	110.5057		
22	3.75%	111.85	22.70441	106.7216		
23	5.63%	106.3924	18.92034	102.9376		
24	7.50%	101.3	15.13627	99.15349		
25	9.38%	96.54236	11.3522	95.36943	1.172929	
26	11.25%	92.0921	7.568136	91.58536		
27	13.13%	87.92452	3.784068	87.80129		
28	15.00%	84.01722	0	84.01722		
29	16.88%	80.34996	-3.78407	80.23315		
30	18.75%	76.90433	-7.56814	76.44909		
31	20.63%	73.66361	-11.3522	72.66502		
32	22.50%	70.6126	-15.1363	68.88095		
33	24.38%	67.7374	-18.9203	65.09688		
34	26.25%	65.02536	-22.7044	61.31282		
35	28.13%	62.46489	-26.4885	57.52875		

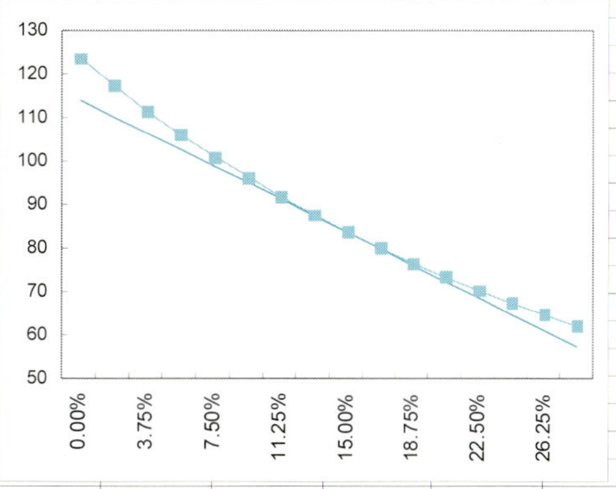

6.3.4. 수치적 컨벡시티

컨벡시티는 채권가격공식을 직접 두 번 미분하여 도출할 수도 있지만, 채권의 종류, 계산시점(발행일이냐, 이자지급 후 몇일이 지난 뒤이냐, 또는 이자지급일이냐 등)에 따라 채권가격공식이 다양하므로 매번 미분을 실행하기 곤란하다. 이때 가격공식만으로도 컨벡시티를 계산할 수 있는데, 이를 수치적 컨벡시티라고 한다.

수치적 컨벡시티는 차분을 이용해서 미분을 근사(approximation)하는 것과 동일한 개념이다.

현재 수익률 수준을 y_0라고 하고 이 때 채권가격을 P_0라고 하자. 수익률이 아주 조금(예를 들어 1/10000) 상승했을 때 채권가격을 P_1이라고 하고, 반대로 채권수익률이 조금 하락했을 때 채권가격을 P_2이라고 하면 수치적 컨벡시티(C_{num})는 다음과 같이 계산될 수 있다.($dy = 1/10000$)

$$\Delta_1 = \frac{P_1 - P_0}{dy}$$

$$\Delta_2 = \frac{P_0 - P_2}{dy}$$

$$\Delta^2 = \frac{\Delta_1 - \Delta_2}{dy} = \frac{P_1 - 2P_0 + P_2}{dy^2}$$

$$C_{num} = \frac{\Delta^2}{P_0} = \left(\frac{P_1 - 2P_0 + P_2}{dy^2}\right)\frac{1}{P_0}$$

채권가격함수는 엑셀에서 제공되는 PRICE함수를 이용하면 되는데, PRICE함수를 VBA에서 사용하기 위해서는 VBA편집기 상에서 다음과 같은 설정을 해 주어야 한다.

VBA편집기 창에서 [도구] → [참조]를 선택하면 아래와 같은 창을 볼 수 있다. 이때 "atpvbaen.xls"라는 사용가능한 참조의 체크박스에 체크표시를 하고 [확인]단추를 누른다.

이제부터는 VBA에서 재무함수를 직접 사용할 수 있다.

예제 수치적 켄벡시티(Numerical Convexity)

```
Function Convexity(Settlement, Maturity, Rate, Yld, Frequency, Basis)
Dim P0, P1, P2 As Double
Dim dYld As Double
Dim Redemption As Double
Dim 분자, 분모 As Double
```

```
Redemption=100
dYld=1 / 10000

P0=price(Settlement, Maturity, Rate, Yld-dYld, Redemption, Frequency, Basis)
P1=price(Settlement, Maturity, Rate, Yld, Redemption, Frequency, Basis)
P2=price(Settlement, Maturity, Rate, Yld+dYld, Redemption, Frequency, -
Basis)

분자=P2-2 * P1+P0
분모=dYld ^ 2

Convexity=(분자 / 분모) / P1

End Function
```

Financial Engineering Practice with Excel VBA

6.4 채권분석 종합정리

6.4.1. 수정듀레이션과 컨벡시티의 직관적 이해

아래 그림을 보고 듀레이션이 2.5라는 것과 컨벡시티가 8.5라는 것의 의미를 생각해 보자.

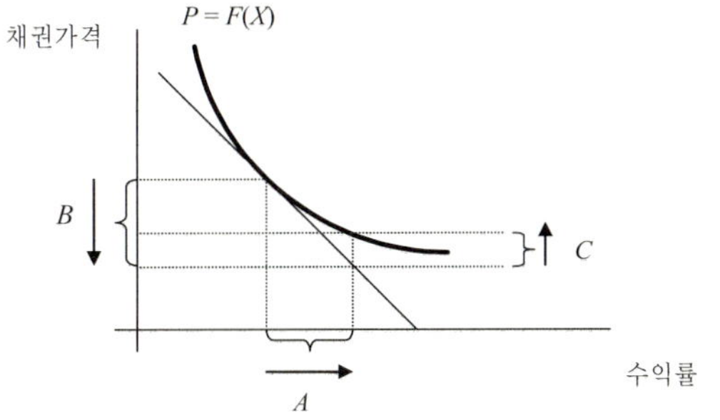

수익률이 A만큼 올라가면 채권가격은 듀레이션에 의해서 B만큼 떨어지지만 컨벡시티에 의해서 C만큼 상승하게 된다. 구체적으로 현재 채권가격이 10,000원이고 수익률이 1.0% 포인트 상승($A=1.0\%$)했다면 채권가격은 듀레이션에 의해 $B=2.5\%$(즉, 250원)하락하지만 컨벡시티에 의해 $C=4.25$bp(즉, 4.25원) 상승하게 되어 전체적으로

는 2.4575%(245.75원)하락한 9,754.25원이 된다.

즉, 채권의 현재가격이 10,000원이며 듀레이션이 2.5이고 컨벡시티가 8.5라면 수익률 1% 변화시 듀레이션에 의한 채권가격 변화는

$$\Delta P = -D_{\text{mod}}\Delta y \cdot P = -2.5 \times 0.01 \times 10,000 = -250(\text{원})$$

이고

컨벡시티에 의한 채권가격 변화는

$$\Delta P = \frac{1}{2}C(\Delta y)^2 \cdot P = \frac{1}{2} \times 8.5 \times (0.01)^2 \times 10,000 = 4.25(\text{원})$$

이란 의미이다.

6.4.2. 채권가격 – 민감도 – 컨벡시티

아래 예제를 통해 "채권가격/듀레이션/컨벡시티 도출"을 단계적으로 계산해보자.

정리 1년마다 이자를 지급하는 채권의 가격, 듀레이션 및 컨벡시티는 다음과 같다.

$$P = \sum_{i=1}^{n} d_i c_i \quad \text{where} \quad d_i = \frac{1}{(1+y)^i}$$

$$D = \sum_{i=1}^{n} w_i i \quad \text{where} \quad w_i = d_i c_i / P$$

- 1차미분 : $\dfrac{\partial P}{\partial y} = -\sum_{i=1}^{n} i \dfrac{c_i}{(1+y)^{i+1}}$
- 2차미분 : $\dfrac{d^2 P}{(dy)^2} = \sum_{i=1}^{n} i(i+1) \dfrac{C_i}{(1+y)^{i+2}} = \dfrac{1}{(1+y)^2} \sum_{i=1}^{n} i(i+1) \dfrac{C_i}{(1+y)^i}$

예제 | 1년마다 이자를 지급하는 채권의 가격/듀레이션/컨벡시티

	A	B	C	D	E	F	G	H	I	J	K	L
1	채권가격/듀레이션/컨벡시티					=1/(1+$B$4)^D4						
2												
3	n	3			Price			Duration		Convexity		
4	yield	4.51%		i	df	cf	pv	w(i)	w*i	i*(i+1)	c/(1+y)^(i+2)	
5	coupon	5%		1	0.9568462	0.05	0.0478423	0.0472066	0.0472066	2	0.043802254	0.0876045
6				2	0.9155547	0.05	0.0457777	0.0451694	0.0903388	6	0.041912022	0.2514721
7	거래일	07-02-22		3	0.8760451	1.05	0.9198473	0.907624	2.722872	12	0.842170569	10.106047
8	만기일	10-02-22		sum			**1.0134674**		**2.8604175**			10.445123
9											convexity=	**10.306324**
10	price	**101.346739**		=price(B7,B8,B5,B4,100,1,0)								
11	duration	**2.86041745**										
12	convexity	10.3063244		=DURATION(B7,B8,B5,B4,1,0)								
13												
14	**Convexity** 손으로 계산하기			=Convexity(B7,B8,B5,B4,1,0)								
15	p0	101.374482										
16	p1	101.346739										
17	p2	101.319005										
18	dYld	0.0001										
19	d^2P/dy^2	1044.51237	=(B17-2*B16+B15)/(B18)^2									
20	Convexity	10.3063244	=B19/B10									
21	**Convexity** 검증											
22	dy	0.001										
23	P0	101.346739										
24	P1	101.069877	=B23-B11*B23/(1+B4)*B22+0.5*B19*B22^2									
25		101.069876	=price(B7,B8,B5,B4+B22,100,1,0)									

$$P=\sum_{i=1}^{n} d_i c_i \quad \text{where} \quad d_i=\frac{1}{(1+y)^i}$$

$$D=\sum_{i=1}^{n} w_i i \quad \text{where} \quad w_i = d_i c_i / P$$

$$\frac{\partial P}{\partial y}=-\sum i\frac{c_i}{(1+y)^{i+1}}$$

$$\frac{\partial^2 P}{\partial y^2}=\sum i(i+1)\frac{c_i}{(1+y)^{i+2}}$$

Financial Engineering Practice with Excel VBA

6.5 채권투자 전략

채권의 투자 전략은 크게 적극적 투자 전략과 소극적 투자 전략으로 나눌 수 있는데, 다른 말로 표현하자면 적극적 투자전략은 투기적 전략, 소극적 투자 전략은 헤지(위험회피적) 전략으로 볼 수 있다.

6.5.1. 적극적 투자전략

적극적 투자전략은 향후 시장의 방향성 등에 대한 전망을 바탕으로 이익을 얻기 위해 채권에 투자하는 전략으로 투기적 목적의 거래전략이라고 볼 수 있다.

(1) 수익률 변동에 따른 전략

시장 수익률이 하락 또는 상승할 것이란 전망을 바탕으로 채권을 매입하거나, 기존

채권을 매도하는 전략을 말하며 가장 기본적인 전략이라고 할 수 있다.

(2) 수익률 곡선 변동에 따른 전략

수익률곡선의 기울기가 급해지거나 완만해 질 것이라는 전망에 따라 채권을 투자하는 전략으로 나비형 전략(Butterfly Strategy), 바벨형 전략(Barbell Strategy), 스프레드 전략(Spread Strategy) 등을 들 수 있다.

6.5.2. 소극적 투자전략

시장 수익률과 상관없이 목표한 수익률을 달성하고자 하는 전략으로 위험회피(헤지) 목적의 전략이라고 할 수 있다. 만기보유 전략, 현금흐름 일치전략, 면역전략 등이 있다. 면역전략은 맥컬리 듀레이션의 개념을 이해하는데 도움이 되는 전략이므로 절을 달리하여 자세히 알아보고자 한다.

included

6.5.3. 면역전략(Immunization)

면역전략(Immunization)이란, 투자자가 정한 목표 투자기간 말에 이자율 변동에 관계없이 일정한 수익을 보장하도록 채권 포트폴리오를 구성하여 운용하는 전략을 말한다. 즉, 수익률 변동시 가격변동 위험과 재투자 위험이 상반관계(trade－off)를 가지고 있는 것을 이용하여 자금의 운용 수익률을 현 시점에서 확정시킴으로써 가격변동 위험과 재투자 위험의 상반효과를 중화시키는 전략이다.

예를 들어, 어떤 채권 펀드 매니저는 어떤 투자자와 100억원을 반기복리 수익률 6%로 운용하여 5.5년 후 일시불로 원리금인 138.42억원을 상환하는 운용자문계약을 맺었다.

$$\text{미래가치} = \text{투자금액} \times \left[1 + \frac{\text{채권수익률}}{\text{연간이자지급횟수}}\right]^{\text{잔존만기}\times\text{연간이자지급횟수}}$$

$$= 100 \times \left[1 + \frac{0.06}{2}\right]^{5.5\times2} = 138.42\text{억원}$$

	A	B	C	D	E	F
1	Immunization					
2	투자자의 요구내용					
3	투자기간	5.5				
4	목표수익	6%				
5	투자원금	100				
6	만기회수액	138.4234	=B5*(1+B4/2)^(B3*2)			
7		138.4234	=FV(B4/2,B3*2,0,-100,0)			

그렇다면, 채권 펀드 매니저는 이를 어떤 채권에 투자하여야 할 것인가.

다음 3가지 투자안이 있다고 가정해보자

제1안(채권 A)	잔존만기 5.5년, 표면금리 6% 채권에 투자하는 방법
제2안(채권 B)	잔존만기 15년, 표면금리 6% 채권에 투자하는 방법
제3안(채권 C)	잔존만기 7년, 표면금리 8.83% 채권에 투자하는 방법

직관적으로 보아서는 제1안이 원래 투자요구사항의 현금흐름과 일치해서 가장 적절한 투자안으로 생각될 수 있지만 결과는 그렇지 않다. 자세한 이유를 살펴보자.

(1) 잔존만기가 5.5년인 채권에 투자하는 경우

우선 표면금리가 6%이고 년 2회의 이자를 지급하는 잔존만기가 5.5년인 무위험채권 A에 투자하는 경우를 고려하여 보자. 현재 이 채권에 적용되는 수익률이 6% 이라면 이 채권은 액면가 채권(Par bond)이기 때문에 채권가격은 10,000원에 거래될 것이다. A 채권에 100억원을 투자하는 경우 이자율에 아무런 변화가 없다면, 만기에 채권 펀드 매니저는 138.42억원을 얻을 수 있어 소기의 목적을 달성할 수 있을 것이다. 즉, A 채권을 만기까지 보유하고 매 6개월마다 수취하는 이자를 6%의 수익률로 재투자하기만 하면 5.5년 후 투자금액은 자동적으로 138.42억원이 될 것이기 때문이다.

	A	B	C	D	E	F	G	H
9	투자채권 명세							
10	목표투자기간	5.5						
11	투자원금	100		현재	05-11-01			
12	채권만기	5.5		거래일	11-05-01	=edate(E11,B10*12)		
13	표면금리	6.00%		만기일	11-05-01	=edate(E12,(B11-B10)*12)		
14	이자횟수	2						
15	Price	100	=price(E11,E13,B13,A25,100,2,3)			=price($E$12,$E$13,$B$12,A20,10		

여기에서 채권가격과 목표달성 금액은 아래의 채권의 가격을 계산하는 PRICE 함수와 미래가치를 계산하는 FV함수를 이용하면 얻을 수 있다. 단, PRICE 함수의 경우 액면가 100원에 대한 가격을 나타내고 있으므로 국내에서 이용되는 관행에 맞게

액면가 10,000원에 대한 가격으로 전환해주기 위하여 100을 곱하여 이용한다. 또한 잔존만기에 맞게 거래일 (settlement)과 만기일(maturity)에 해당하는 날짜를 입력하여 준다.

- 채권가격 :

"= PRICE(settlement, maturity, rate, yld, redemption, frequency, basis)*100"

"= PRICE("2005-11-01", "2011-05-01", 표면금리, 채권수익률, 100, 2, 3)*100"

그러나, 만일 채권을 매입한 후 이자율이 변한다면 투자금액 100억원은 5.5년 후 얼마로 변해 있을 것인가? 목표를 달성할 수 있을 것인가 아니면 목표 달성에 실패할 것인가?

이 문제를 살펴보기 위해서 채권을 매입하자마자 이자율이 변동하고 그 변동된 이자율이 만기까지 유지되는 경우를 살펴보자. 채권수익률이 6%에서 8.5% ~ 3.5%로 변동한 경우 각각 변화된 새로운 이자율 하에서 만기 시점의 누적 총액을 구해본 결과가 아래 표에 나타나 있다.

	A	B	C	D	E	F	G	H	I	J
16		=$B$15*$B$12*$B$10*$B$15/$B$14				=price($E$12,$E$13,$B$12,A20,100,2,3)*$B$15/$B$14				
17	시나리오		=-FV(A20/2,$B$10*2,$B$15*$B$12/$B$13,0,0)*$B$15/$B$14							
18				=IF(ISERROR(H20),100,H20)			=D20+C20			
19	Yield.chged	원래이자	복리	채권가격	만기회수액	유효수익률	=RATE($B$10*$B$13,,-$B$15,E20,0)*2			
20	8.50%	33	40.98731	100	140.98731	6.34%		#NUM!		
21	8.00%	33	40.45905	100	140.45905	6.27%		#NUM!		
22	7.50%	33	39.93865	100	139.93865	6.20%		#NUM!		
23	7.00%	33	39.42598	100	139.42598	6.14%		#NUM!		
24	6.50%	33	38.92093	100	138.92093	6.07%		#NUM!		
25	6.00%	33	38.42339	100	138.42339	6.00%		#NUM!		
26	5.50%	33	37.93325	100	137.93325	5.93%		#NUM!		
27	5.00%	33	37.4504	100	137.4504	5.87%		#NUM!		
28	4.50%	33	36.97473	100	136.97473	5.80%		#NUM!		
29	4.00%	33	36.50615	100	136.50615	5.74%		#NUM!		
30	3.50%	33	36.04453	100	136.04453	5.68%		#NUM!		

여기에서,

- 복리 : "= FV(변동된 수익률/지급회수, 지급회수*투자기간, -투자액면금액 *표면금리/지급회수, 0, 0)"
- 유효수익률 : "= 2* RATE(nper, pmt, pv, fv, type, guess)"
  "= 2* RATE(지급회수*투자기간, 0, -투자금액, 누적총액, ,)"

복리는 이자에 대한 이자부분이므로 복리로 계산된 이자부분에서 단지 이표에서 발생한 이자부분을 차감해 주면 얻어지며, RATE 함수는 (1/지급회수)에 해당되는 수익률을 반환해주므로 연수익률로 환산하기 위하여 2를 곱해 주어야 한다.

수익률이 6%에서 8.5%로 상승한 상태가 만기까지 지속될 경우 만기 시점까지 모든 현금흐름을 반영한 실질수익률인 유효수익률은 6.34%인 것으로 나타났다. 반면, 6%에서 3.5%로 하락한 경우는 유효수익률은 5.68%인 것으로 나타났다.

(2) 잔존만기가 15년인 채권에 투자하는 경우

다음으로 표면금리가 6%이고 매년 2회의 이자를 지급하는 잔존만기가 15년인 무위험채권 B에 투자하는 경우를 고려해 보자. 현재 이 채권에 적용되는 수익률이 6%라면 이 채권은 액면가 채권(Par bond)이기 때문에 채권가격은 역시 10,000원에 거래될 것이다. B 채권에 100억원을 투자하는 경우 이자율에 아무런 변화가 없다면, 투자기간인 5.5년 뒤에 채권 펀드 매니저는 138.42억원을 얻을 수 있어 소기의 목적을 달성할 수 있을 것이다. 즉, B 채권을 투자기간동안 보유하고 매 6개월마다 수취하는 이자를 6%의 수익률로 재투자하기만 하면 5.5년 후 투자금액은 자동적으로 138.42억원이 될 것이기 때문이다.

이 경우에도, 만일 채권을 매입한 후 이자율이 변한다면 투자금액 100억원은 5.5년 후 얼마로 변해 있을 것인가. 이 문제를 살펴보기 위해서 채권을 매입하자마자 이자율이 변동하고 그 변동된 이자율이 투자기간 끝까지 유지되는 경우를 살펴보자. 채권수익률이 6%에서 8.5%~3.5%로 변동한 경우 각각 변화된 새로운 이자율 하에서 투자기간 만료시점의 누적 총액을 구해본 결과가 아래 표에 나타나 있다.

	A	B	C	D	E	F	G	H	I	J
9	투자채권 명세									
10	목표투자기간	5.5								
11	투자원금	100		현재	05-11-01					
12	채권만기	15		거래일	11-05-01	=edate(E11,B10*12)				
13	표면금리	6.00%		만기일	20-11-01	=edate(E12,(B11-B10)*12)				
14	이자횟수	2								
15	Price	100	=price(E11,E13,B13,A25,100,2,3)							
16		=$B$15*$B$12*$B$10*$B$15/$B$14				=price($E$12,$E$13,$B$12,A20,100,2,3)*$B$15/$B$14				
17	시나리오		=-FV(A20/2,$B$10*2,$B$15*$B$12/$B$13,0,0)*$B$15/$B$14							
18				=IF(ISERROR(H20),100,H20)			=D20+C20			
19	Yield.chged	원래이자	복리	채권가격	만기회수액	유효수익률	=RATE($B$10*$B$13,,-$B$15,E20,0)*2			
20	8.50%	33	40.98731	83.92578	124.91309	4.09%		83.92578		
21	8.00%	33	40.45905	86.86606	127.32511	4.44%		86.86606		
22	7.50%	33	39.93865	89.93702	129.87566	4.81%		89.93702		
23	7.00%	33	39.42598	93.14508	132.57106	5.19%		93.14508		
24	6.50%	33	38.92093	96.49703	135.41796	5.59%		96.49703		
25	6.00%	33	38.42339	100	138.42339	6.00%		100		
26	5.50%	33	37.93325	103.6615	141.59475	6.42%		103.6615		
27	5.00%	33	37.4504	107.4894	144.93984	6.86%		107.4894		
28	4.50%	33	36.97473	111.4922	148.46691	7.32%		111.4922		
29	4.00%	33	36.50615	115.6785	152.18461	7.78%		115.6785		
30	3.50%	33	36.04453	120.0576	156.1021	8.26%		120.0576		

여기에서,

채권가격 : "= PV(rate, nper, pmt, fv, type)"

"= PV(변동된 수익률/지급회수, (잔존만기－투자기간)*지급회수,
－투자액면금액*표면 금리/지급회수, －투자액면금액, 0)"

그 외의 이표총액, 복리, 누적총액 및 유효수익률 계산은 A 채권의 경우와 동일하다.

변동된 수익률이 6%에서 8.5%로 상승한 상태가 투자기간 끝까지 지속될 경우 투자기간 마지막 시점까지 모든 현금흐름을 반영한 실질수익률인 유효수익률은 4.09%인 것으로 나타났다. 반면, 6%에서 3.5%로 하락한 경우는 유효수익률은 8.26%인 것으로 나타났다.

(3) 잔존만기가 7년인 채권에 투자하는 경우

다음으로 표면금리가 8.83%이고 매년 2회의 이자를 지급하는 잔존만기가 7년인 무위험채권 C에 투자하는 경우를 고려하여 보자. 현재 이 채권에 적용되는 수익률이 6%이라면 이 채권의 가격은 PRICE 함수를 이용하여 11,598원임을 계산할 수 있다. C 채권에 100억원을 투자하는 경우 이자율에 아무런 변화가 없다면, 투자기간인 5.5년 뒤에 채권 운용 매니저는 138.42억원을 얻을 수 있어 소기의 목적을 달성할 수 있을 것이다. 즉, C 채권을 투자기간동안 보유하고 매 6개월마다 수취하는 이자를 6%의 수익률로 재투자하기만 하면 5.5년 후 투자금액은 자동적으로 138.42억원이 될 것이기 때문이다.

이 경우에도, 만일 채권을 매입한 후 이자율이 변한다면 투자금액 100억원은 5.5년 후 얼마로 변해 있을 것인가. 이 문제를 살펴보기 위해서 채권을 매입하자마자 이자율이 변동하고 그 변동된 이자율이 투자기간 끝까지 유지되는 경우를 살펴보자. 채권수익률이 6%에서 8.5%~3.5%로 변동한 경우 각각 변화된 새로운 이자율 하에서 투자기간 만료시점의 누적 총액을 구해 본 결과가 아래 표에 나타나 있다.

	A	B	C	D	E	F	G	H	I	J
9	투자채권명세									
10	목표투자기간	5.5								
11	투자원금	100		현재	05-11-01					
12	채권만기	7		거래일	11-05-01	=edate(E11,B10*12)				
13	표면금리	8.83%		만기일	12-11-01	=edate(E12,(B11-B10)*12)				
14	이자횟수	2								
15	Price	115.9839	=price(E11,E13,B13,A25,100,2,3)							
16		=$B$15*$B$12*$B$10*$B$15/$B$14				=price($E$12,$E$13,$B$12,A20,100,2,3)*$B$15/$B$14				
17	시나리오		=-FV(A20/2,$B$10*2,$B$15*$B$12/$B$13,0,0)*$B$15/$B$14							
18				=IF(ISERROR(H20),100,H20)			=D20+C20			
19		원래이자	복리	채권가격	만기회수액	유효수익률	=RATE($B$10*$B$13,,-$B$15,E20,0)*2			
20	8.50%	41.87218	52.00691	86.61175	138.61866	6.03%		86.61175		
21	8.00%	41.87218	51.33662	87.21178	138.54841	6.02%		87.21178		
22	7.50%	41.87218	50.6763	87.81752	138.49383	6.01%		87.81752		
23	7.00%	41.87218	50.0258	88.42905	138.45485	6.00%		88.42905		
24	6.50%	41.87218	49.38497	89.04643	138.43139	6.00%		89.04643		
25	6.00%	41.87218	48.75366	89.66973	138.42339	6.00%		89.66973		
26	5.50%	41.87218	48.13175	90.29902	138.43077	6.00%		90.29902		
27	5.00%	41.87218	47.51908	90.93438	138.45347	6.00%		90.93438		
28	4.50%	41.87218	46.91553	91.57589	138.49142	6.01%		91.57589		
29	4.00%	41.87218	46.32096	92.22361	138.54457	6.02%		92.22361		
30	3.50%	41.87218	45.73524	92.87762	138.61286	6.03%		92.87762		

변동된 수익률이 6%에서 8.5%로 상승한 상태가 투자기간 끝까지 지속될 경우 투자기간 마지막 시점까지 모든 현금흐름을 반영한 실질수익률인 유효수익률은 6.03%인 것으로 나타났다. 반면, 6%에서 3.5%로 하락한 경우도 유효수익률은 6.03%인 것으로 나타났다. 채권 펀드 매니저의 경우, A, B 무위험채권에 투자하는 경우와는 달리 C 무위험채권에 투자하는 경우 변동된 수익률 구간인 8.5% ~ 3.5% 사이에 해당하는 유효수익률이 모두 6%에 가깝게 나타나 이자율 변화에도 불구하고 유효수익률에는 변화가 없어 투자자와의 계약을 성실히 이행할 수 있게 된다. 이런 전략을 면역전략이라고 하며, 이는 투자기간과 투자하는 채권의 듀레이션(실무에서 D로 표시)을 일치시켜 줌으로써 얻을 수 있는 효과이다.

• 채권의 듀레이션(D) :

"= DURATION(settlement, maturity, coupon, yld, frequency, basis)"

A 채권의 D

= DURATION ("2005-11-01","2011-05-01", 표면금리, 채권수익률, 2, 0)

= 4.76년

B 채권의 D

= DURATION ("2005-11-01","2020-11-01", 표면금리, 채권수익률, 2, 0)

= 10.09년

C 채권의 D

= DURATION ("2005-11-01","2012-11-01",표면금리,채권수익률, 2, 0)

= 5.50년

따라서, 이자율 변동에 대한 위험을 제거하고자 하는 경우는 채권 투자자의 사전 투자기간 채권 포트폴리오의 듀레이션과 같게 하면 되지만, 듀레이션은 수익률 곡선이 일정한 형태를 유지하면서 움직이는 것으로 가정(아주 미세한 폭으로 평행 이동)하고 있어 시간 경과시 목표 듀레이션과 실제 듀레이션의 불일치로 헤지오차가 발생할 수 있는 한계점을 지니기도 한다.

6.6 채권평가

Financial Engineering Practice with Excel VBA

채권평가란 주어진 시장상황에서 채권의 현재가치를 구하는 것을 의미한다. 채권의 현재가치를 구하기 위해서는 할인계수를 구하는 것이 가장 핵심이며, 할인계수는 수익률곡선으로부터 도출 가능하다. 따라서 채권평가란 다른 말로 '현재시점의 수익률 곡선을 도출'하는 것으로 정의할 수 있다.

수익률곡선은 뒤에서 살펴볼 것처럼, 어떤 '함수'로 볼 수 있다. 이 함수를 추정하는 방법은 크게 (1) 보간법을 이용해서 함수를 추정하는 방법과 (2) 함수의 형태를 통계적으로 직접 추정하는 방법으로 나누어 볼 수 있다. 전자에 해당하는 것으로 부트스트래핑 방법과 후자에 해당하는 것으로 Nelson and Siegel 방법이 있다. 각각에 대해서는 뒤에 자세히 살펴보겠다.

6.6.1. 수익률곡선 이론

(1) 수익률곡선

수익률곡선(또는 수익률 기간구조 Term Structure of Yield)은 단기부터 장기까지 각 기간별로 대응하는 수익률을 대응시킨 것을 의미한다. 즉 수익률 곡선은 다음과 같은 함수이다.

$$P = B(t, T)$$

t : 관측시점, 예를 들어 현재시점에서 수익률곡선을 구한다면 $t=0$

T : 만기시점(Term)

예를 들어 2007년 6월 12일 현재 국고채 수익률 곡선은 다음과 같다.

	A	B	C	D
1	채권	만기	term	수익률(%)
2	통안증권(91일)	85일 ~ 91일	0.24932	4.91%
3	국고채권(1년)	10월 ~ 1년	1	5.17%
4	국고채권(3년)	2년6월 ~ 3년	3	5.27%
5	국고채권(5년)	4년6월 ~ 5년	5	5.39%
6	국고채권(10년)	9년 ~ 10년	10	5.50%
7	국고채권(20년)	18년 ~ 20년	20	5.55%

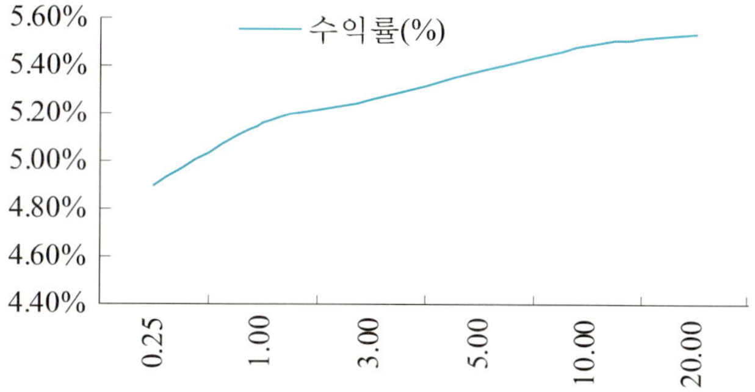

자료 : http://www.ksdabond.or.kr

(2) 수익률곡선 이론

수익률곡선 이론이란 현재 수익률 곡선에 대한 형태를 설명하는 이론으로써 예를 들어 왜 단기금리는 낮고 중기금리는 높고 다시 장기금리는 떨어지는지를 설명해 준다. 대표적으로 (1) 기대가설, (2) 유동성 선호설, (3) 시장분리설 등이 있으며 이 중 기대가설이 앞으로 나올 이자율 옵션이론 도출에 중요한 역할을 한다.

기대가설은 수익률곡선은 미래시점(T)의 단기 수익률(r_T)에 대한 투자자의 기대치에 따라 결정된다는 것이다. 예를 들어 r_T가 높을 것으로 기대하면 수익률 곡선은 우상향하는 형태를 하게 되고 반대로 낮을 것으로 기대하면 수익률 곡선은 우하향하는 형태를 하게 된다. 즉, 현재 시점의 선도 수익률 $f(0,T,T+dt)$가 r_T에 대한 불편추정치라(unbiased estimator)는 의미이다.

실증적으로 위 기대가설은 뒷받침되지 못했는데, 경험적으로 현재시점의 선도 수익률은 미래시점의 수익률과 일치하지 못했던 것이다. 이에 대한 보완으로 다양하게 수정된 기대가설이 제시되었는데, 국지적 기대가설(local expectation hypothesis)이 그 중 하나이다. 이에 따르면 모든 채권은 아주 짧은 기간 동안(locally)은 그 기대수익률이 동일하다는 것이다.

짧은 기간을 dt라고 하면 다음이 성립한다는 것이다.

$$\frac{E(P(t+dt,T_i))}{P(t,T_i)} = \frac{E(P(t+dt,T_j))}{P(t,T_j)} = 1+r$$

예를 들어 다음의 투자방법은 수익률이 동일해야 한다.

- 투자 1 : 1개월 만기채권을 만기까지 보유
- 투자 2 : 1년만기 채권을 1개월 보유한 뒤 매각하는 것

6.6.2. 무이표채(Zero Coupon Bond, Pure Discount Bond)

앞에서 보았듯이 수익률 곡선은 다양한 채권에 대해 정의할 수가 있으나 가장 기본적 상품으로 볼 수 있는 무이표채권을 이용해서 정의하는 것이 일반적이다.

채권발행에서 만기시점까지 이자지급이 없고 만기시점에 1회 원리금을 상환하는 채권을 무이표채(Zero Coupon Bond, Pure Discount Bond)라고 한다. 특히, 만기시점 상환금액이 1원인 채권의 현재가격을 할인계수라고 하는데, 채권 만기시점에 발생하는 현금흐름에 이 채권의 가격을 곱하면 그 현금흐름의 현재가치를 알 수 있으므로 붙은 이름이다.

$$P = b(0,T) \times C$$

단, $b(0,T) = T$ 시점에 1원을 상환하는 채권의 현재시점에서의 가격(할인계수)

$c = T$시점의 현금흐름

6.6.3. 붓스트래핑(Bootstrapping)

미래 현금흐름의 현재가치를 알아내기 위해서는 다양한 만기의 무이표채의 가격(즉 만기별 할인계수)을 알아내는 것이 필수적이다. 그러나 실제 시장에서 거래되는 채권은 대부분 이표채권(Coupon Bond, Straight Bond)이며, 모든 만기에 해당하는 무

이표채를 찾는 것은 불가능하다. 따라서 이표채권으로부터 무이표채의 가격을 도출해 내는 것이 필요한데 그 방법이 부트스트래핑(Bootstrapping)이다.

부트스트래핑이란 말은 할인채의 가격을 구할 때, 예를 들어 1년 만기 할인채, 2년 만기 할인채, 3년 만기 할인채 등 순차적으로 할인채권을 계산해야 하기 때문에 붙은 이름이다. 즉 부츠의 끈을 맬 때 아래서부터 순차적으로 끈을 당겨야 맨 위에까지 끈을 당길 수 있는 것과 비슷한 방법이란 뜻이다.

부트스트래핑은 "이표채권은 할인채권의 포트폴리오"라는 점을 이용하여 이표채권과 할인채권의 관계로부터 할인채권의 가격을 추정해 낸다. 즉, 이표채권가격(P)과 무이표채권의 가격에는 다음이 성립한다.

$$P = c_1 b(0,1) + c_2 b(0,2) + \ldots + c_n b(0,n)$$

단, c_i = i 시점의 현금흐름

$b(0,i)$ = i 시점에 1원을 지급하는 할인채권의 현재가격

예를 들어 시장에서 유통되는 채권은 모두 6개월마다 이자를 지급하는 이표채이며 현재 6개월만기, 1년만기, 1년 6개월만기 채권이 거래되고 있다. 각 채권에 대한 상세한 내역은 다음과 같다.(채권가격은 액면 100원에 대한 가격이다.)

	A	B	C	D
1		Term(year)	Coupon	Price
2	P1	0.5	4.00%	98.5
3	P2	1	5.00%	95.1
4	P3	1.5	6.00%	93.7

(1) 순차적으로 풀어가는 방법

이 상황으로부터 다음과 같은 방정식을 세울 수 있다.

$$P_1 = (2+100)b(0,1) = 98.5$$
$$P_2 = 2.5b(0,1) + (2.5+100)b(0,2) = 95.1$$
$$P_3 = 3b(0,1) + 3b(0,2) + (3+100)b(0,3) = 93.7$$

이 연립방정식을 순차적으로 풀면 6개월부터 1년 6개월까지 할인채권의 가격을 얻을 수 있게 된다.

included 예제 | 해찾기를 이용한 부트스트래핑 순차적으로 풀기

	A	B	C	D	E	F	G	H	I
1	**XL실습 Bootstrapping**								
2					=1+B5/2			=E5*D5	
3					cf's				
4	term	cpn	cpn bond price	df	0.5	1	1.5	calc'd price	diff
5	0.5	4%	0.985	0.96569	1.02			0.985001	1E-06
6	1	5%	0.951	0.90425	0.025	1.025		0.951	2E-14
7	1.5	6%	0.937	0.85524	0.03	0.03	1.03	0.937	-3E-14
8									
9								=H5-C5	
10					해찾기				

(2) 행렬을 이용하는 방법

이 연립방정식은 위 식으로부터 순차적으로 풀어서 그 값을 대입하는 식으로 풀 수도 있으나 다음과 같이 행렬 형태로 나타내면 엑셀에서 지원되는 역행렬 함수를 통해 쉽게 풀 수 있다.

$$Ab = P$$

$$\begin{bmatrix} 102 & 0 & 0 \\ 2.5 & 102.5 & 0 \\ 3 & 3 & 103 \end{bmatrix} \begin{bmatrix} b(0,1) \\ b(0,2) \\ b(0,3) \end{bmatrix} = \begin{bmatrix} 98.5 \\ 95.1 \\ 93.7 \end{bmatrix}$$

b행렬이 우리가 찾고자 하는 값이며 이 행렬은 간단히 다음과 같이 구할 수 있다.

$$b = A^{-1}P$$

이 관계를 엑셀로 풀어보면 다음과 같다.

C9:E11 범위가 A행렬이며, C14:E16 범위를 선택한 뒤 다음과 같이 입력하고 [Shift]+[Ctrl]+[Enter]를 동시에 친다.

```
"=MINVERSE(C9:E11)"
```

F14:F16은 각 채권의 가격이며 할인채권의 가격은 이 채권가격과 A의 역행렬을 앞에서 곱하여 얻을 수 있으므로, H14:H16 범위를 선택하고 다음과 같이 입력한 뒤 마찬가지로 [Shift]+[Ctrl]+[Enter]를 동시에 친다.

```
"=MMULT(C14:E16,F14:F16)"
```

	C	D	E	F	G	H
9	102	0	0			
10	2.5	102.5	0			
11	3	3	103			
12		A				
13						
14	0.0098	0	0	98.5		0.965686
15	-0.0002	0.01	0	95.1	=	0.904252
16	-0.0003	-3E-04	0.0097087	93.7		0.855245
17		A^{-1}		P		b

계산 결과 6개월, 1년, 1년 6개월 만기 할인채권의 가격은 각각 96.57원, 90.43원, 85.52원임을 알 수 있다.

6.6.4. Nelson and Siegel 방법

앞의 부트스트래핑에서는 수익률곡선을 할인계수의 함수(기간을 투입하면 할인계수가 산출되는 함수)로 정의하여 도출하였다. Nelson and Siegel은 수익률 곡선을 순간선도금리의 함수로 정의한다.

정의 순간선도금리

다음 조건을 만족하는 $f(0,u)$를 순간선도금리라고 한다.

$$b(0,T) = \exp\left(-\int_0^T f(0,u)du\right)$$

순간선도금리가 위와 같이 정의되므로 순간선도금리를 찾는 것은 할인계수를 찾는 것과 동일하다.

Nelson and Siegel에서 수익률곡선을 선도금리의 함수로 정의한 이유는 모형화(modeling) 편의를 위해서이다. 수익률곡선은 기본적으로 무위험 차익거래부재 조건(no arbitrage condition)을 위배하지 않아야 한다. 이 조건을 만족하기 위해서 선도금리에 주어져야 할 제약조건은 다음 조건이면 충분하다.

$$f(0,u) \geq 0$$

그런데 만약 무이표채권의 수익률(zero rate : Z(0,u))을 모형화할 경우 무위험차익거래 부재조건을 위배하지 않기 위해서 다음 제약조건을 주는 것만으로는 부족하다.

$$Z(0,u) > 0$$

아래 예제에서 각 zero rate는 양수이지만 1 ~ 2년간 선도 수익률이 음수이므로 이 수익률곡선에서는 무위험차익거래가 발생하게 된다.

| 예제 | 무위험차익거래부재 조건을 위배하는 수익률 곡석

	A	B	C	D	E
1					=(C4/C5-1)
2				=1/(1+B5)^A5	
3	term	zero rate	zero price	fwd rate	
4	0		1		
5	1	5.00%	0.952381	5.00%	
6	2	2.00%	0.961169	***-0.91%***	
7	3	7.00%	0.816298	17.75%	

Nelson and Siegel은 순간선도금리가 다음 형태를 갖는다고 가정한다.

$$f(0,u) = a + be^{-\alpha u} + cue^{-\alpha u}$$

여기서 각 항은 장기금리수준(long rate), 수익률곡선의 방향성(direction), 수익률곡선의 곡률(curvature)을 의미한다.

그러면 앞의 '순간선도금리' 정리에 따라 위 식은 다음과 같이 쓸 수 있다.

$$b(0,T) = \exp(-A - BT - (A + CT)e^{-\alpha T})$$

여기서, $A = \frac{b}{\alpha} + \frac{c}{\alpha^2}$, $B = a$, $C = \frac{c}{\alpha}$

$f(0,0)$는 1일물 콜금리(Overnight Call)과 같다고 보면 다음 식이 성립한다.

$$f(0,0) = a + b$$

위 제약을 추가하면 Nelson and Siegel 선도금리는 3개의 모수 b, c, α만 갖게 되는데 이를 벡터형태로 $\theta = (b, c, \alpha)$라고 쓰자.(예를 들어 $\theta_1 = b$가 된다.)

S를 시간간격(예를 들어 0.5년)이라고 하면, $n \times S$시점 만기할인채권 수익률(RnS)에 대한 방정식은 $\Phi(\theta) = 0$꼴로 쓸 수 있다.

$n = 1, 2, 3 \cdots m$ 등에 대해서도 동일하게 성립하므로 다음의 연립방정식 체계를 얻는다.

```
for i=1 to m
Φ_i(θ)=0
next i
```

연립방정식 수(m)가 모수의 수(3)보다 크면 위 식은 풀 수가 없다. 따라서, 다음을 최소화하는 $\theta=(b, c, \alpha)$를 찾는 것이 Nelson and Siegel의 방법이다.

$$\underset{\theta}{MIN}\ J(\theta)=\Sigma_{j=1}^{m} w_j \Phi_j(\theta)^2$$

subject to $w_j > 0$ 그리고 $\Sigma w_j = 1$[주)]

예제 | Nelson and Siegel 모형

	A	B	C
1	Nelson & Siegel 연습		
2			
3			
4	Parameters		
5	du	0.25	
6			
7	a	8.00%	
8	b	-0.30%	
9	c	0.67%	
10	alpha	66.67%	
11			
12	A	1.0500%	
13	B	8.00%	
14	C	1.00%	
15			
16	beta0	8%	
17	beta1	-0.30%	우상향 또는 우하향 결정
18	beta2	1.00%	hump의 크기 결정
19	tau	1.5	hump가 발생하는 시점

주) w_j가 주어지지 않았으므로 이를 찾는 것도 문제이나 가장 간단하게는 $w_j=1/\text{m}$으로 둘 수 있다.

	D	E	F	G	H	I	J	K	L	M
1			=$B$8*EXP(-$B$10*D7)		=EXP(-$B$12-$B$13*D7+($B$12+$B$14*D7)*EXP(-$B$10*D7))					
2				=$B$9*D7*EXP(-$B$10*D7)		=-1/D7*(-$B$12-$B$13*D7+($B$12+$B$14*D7)*EXP(-$B$10*D7))				
3					=E7+F7+G7			=EXP(-H6*$B$5)		
4						Analytical		Numerical		
5	u	a+	b*exp(-alpha*u)+	c*u*exp(-alpha*u)	forward	P(0,T)	yield(zero)	P(0,T)	Zero	
6	0	0.08	-0.003	0	0.077		0.077			
7	0.25	0.08	-0.002539445	0.001410803	0.078871358	0.980693075	0.07798295	0.980934	0.077	
8	0.5	0.08	-0.002149594	0.002388438	0.080238844	0.96137208	0.078787529	0.961782	0.077936	
9	0.75	0.08	-0.001819592	0.003032653	0.081213061	0.942157851	0.079443264	0.942681	0.078703	
10	1	0.08	-0.001540251	0.003422781	0.081882529	0.923139472	0.079974949	0.923734	0.079331	
11	1.25	0.08	-0.001303795	0.003621652	0.082317857	0.904381277	0.080403393	0.905017	0.079841	
12	1.5	0.08	-0.001103638	0.003678794	0.082575156	0.885928462	0.08074605	0.886583	0.080254	
13	1.75	0.08	-0.00093421	0.003633038	0.082698828	0.867811538	0.081017548	0.868468	0.080586	
14	2	0.08	-0.000790791	0.003514629	0.082723837	0.850049847	0.081230144	0.850697	0.08085	
15	2.25	0.08	-0.00066939	0.003346952	0.082677562	0.83265432	0.081394091	0.833284	0.081058	
16	2.5	0.08	-0.000566627	0.003147927	0.0825813	0.815629627	0.081517966	0.816238	0.08122	
17	2.75	0.08	-0.000479639	0.002931129	0.082451489	0.798975841	0.081608934	0.799559	0.081344	
18	3	0.08	-0.000406006	0.002706706	0.0823007	0.782689729	0.081672974	0.783246	0.081436	

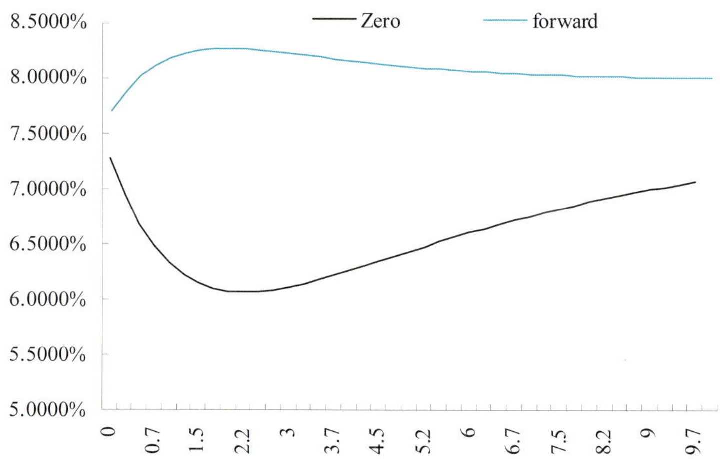

PART Ⅳ

Chapter 7

선물(Futures) 및 선도(Forward)

Financial Engineering Practice with Excel VBA

7.1 선도이론

어떤 투자자로부터 6개월 뒤(만기)에 삼성전자 주식 1주를 파는 계약을 체결하자고 제안이 들어왔다. 이 계약에서 삼성전자 주식의 가격(계약가격)을 얼마로 정해야 공정한 것일까?

7.1.1. 선도가격(Forward Price)

위 계약(선도계약)을 체결했다고 가정하고 헤지를 어떻게 할 것인가를 생각해 보자. (1) 가장 간단한 방법은 반대되는 계약을 찾는 것이다(back－to－back 헤지). (2) 그렇지 않다면 미리 주식을 사두었다가 계약만기시점에 계약 상대방에게 주고 계약가격으로 돈을 받으면 된다.[주)]

계약가격(선도가격)을 F라고 하고 계약시점의 삼성전자 주식가격을 S_0라고 하자. 이 계약을 헤지하기 위해 삼성전자 주식을 1주 매입한다. 계약시점에 삼성전자 주식을 사기 위해 들어간 돈은 다음과 같다.

$$S_0$$

주) (1)방법은 너무나 당연한 방법이라 언급할 필요도 없지만, 실제 거래에서는 위와 같은 헤지방법을 선호하고, 간단한 상품일 경우 가장 흔하게 사용하는 헤지방법이므로 언급해 두고자 한다. (2)방법은 복제를 통한 헤지(hedge by replication)으로 모든 파생상품 가격결정에 기본적으로 사용되는 방법이다.

이 돈을 금리 r로 차입했다고 하자.

만기시점(T)에 헤지 포트폴리오의 가치는 삼성전자 1주의 가격과 차입원금과 이자의 합계이다.

$$\pi = S_T - S_0(1+rT)$$

만기시점에 선도계약의 가치는 다음과 같다.

$$S_T - F$$

만약 계약이 공정했다면 만기시점에 우리가 헤지하기 위해 가지고 있는 포트폴리오의 가치와 선도계약의 가치는 같아야 할 것이다.

$$S_T - S_0(1+rT) = S_T - F$$

따라서 선도가격은 $F = S_0(1+rT)$ 이어야 한다.

7.1.2. 보유비용(Cost of Carry)

위 계약에서 만기시점 이전에 삼성전자가 배당을 한다고 하자. 그러면 헤지 포트폴리오의 만기시점 가치는 다음과 같이 변경된다.

$$\pi = S_T - S_0(1+rT) + D(1+r_t t)$$

단, D = 배당금액

r_t = 배당시점부터 만기까지의 금리

t = 배당시점부터 만기까지의 기간(연단위)

따라서 선도가격도 다음과 같이 변경된다.

$$F = S_0(1+rT) - D(1+r_t t)$$

7.1.3. 연속시간 모형

위 예에서 주식매입을 위한 차입금에 대한 이자가 연속복리로 계산되고, 주식의 배당도 일정시점에 한 번 이루어지는 것이 아니라 주식 보유기간동안 주식가격에 대한 일정비율로 연속복리로 계산된다면 선도가격은 다음과 같다.

$$F = S_0 e^{(r-d)T}$$

단, $r =$ 연속복리 수익률

$d =$ 연속복리 배당률

$T =$ 선도계약기간

7.1.4. 선물가격

선물은 기본적으로 선도와 같은 상품이다. 차이점은 선도가 장외(Over－The－Counter) 시장에서 거래되는 반면 선물은 거래소(Exchange, 장내) 시장에서 거래된다는 점, 선물은 일일정산(daily mark－to－market) 이라는 제도가 있지만 선도는 만기시점에 1회 정산한다는 점에서 차이가 있을 뿐이다. 계약기간동안 금리가 일정하다면 두 상품의 가격도 동일하다.[2]

7.2 주가지수 선물

Financial Engineering Practice with Excel VBA

우리나라 증권선물 거래소에 상장되어 있는 주가지수 선물은 KOSPI200 지수를 기초자산으로한 선물이다.

증권선물거래소(Korea Exchange)에 상장되어 있는 주가지수 선물의 명세는 다음과 같다.

주) 증명에 대해서는 Steven E. Shreve, Stochastic Calculus of Finance II, p.247 또는 John van der Hoek and Robert J. Elliott, Binomial Models in Finance(2000), p.95 참조

거래대상	코스피200지수
거래단위	KOSPI200지수×50만원
결 제 월	3, 6, 9, 12월
상장결제월	1년 이내의 4개 결제월
가격의 표시	KOSPI200의 지수(소수점 둘째 자리까지 표시)
최소가격변동폭 (1 tick)	0.05 포인트
최소가격변동금액	25,000 (50만원×0.05)
거래시간	09:00 ~ 15:15
최종거래일	09:00 ~ 14:50
최종거래일	각 결제월의 두 번째 목요일
최종결제일	최종거래일의 다음 거래일
결제방법	현금결제
가격제한폭	기준가격 ± 10%
단일가격 경쟁거래 (동시호가)	개장시(08:00~09:00) 및 거래종료시 균형가격에 의해 거래 체결
필요적 거래중단 (Circuit Breakers)	선물가격/현물가격 급변시 선물거래 일시중단

7.2.1. 주식선도이론가격

아래의 그림은 선도계약과 관련된 시간을 수평축에 그린 것이다.

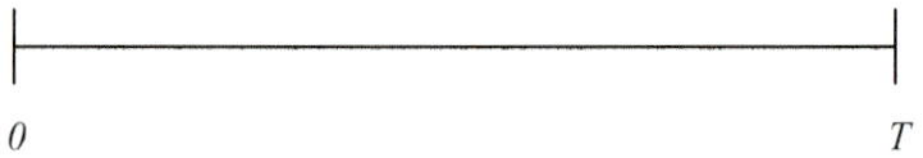

- 기호 0 : 선도계약시점

  T : 선도계약 만기시점 : 연(year)단위

  F : 선도가격

  r : 0부터 T까지 기간의 무위험 이자율

  S_0 : 0시점의 현물주식 가격

  S_T : T시점의 현물주식 가격

만기시점(T)에 현물주식을 가격 F에 파는 계약을 체결했을 경우, 체결시점($t=0$)에 다음과 같이 거래전략을 구성해 보자.

- 선도매도 계약 체결
- 현물매입
- (현금)차입

이 전략하에서 거래시점 및 만기시점(T)에서의 현금흐름을 표로 정리해보면 다음과 같다.

포트폴리오	거래전략	$t=0$ 시점현금흐름	$t=T$ 시점현금흐름
헤지대상(A)	선도매도계약	0	$+F-S_T$
헤지수단(B)	현물매입	$-S_0$	$+S_T$
	차입	$+S_0$	$-S_0(1+rT)$
합계(A+B)		0	$F-S_0(1+rT)$

거래시작일($t=0$)에 현금유출입이 없는 포트폴리오를 구성했으므로 만기($t=T$)에 현금 유출입이 있게 되면 차익거래가 발생하게 된다. 즉, $F-S_0(1+rT)>0$이라면 위 전략으로 초기 투자금 없이 만기에 양(+)의 이익을 얻게 되고, 반대의 경우는 위의 반대되는 전략(선도매입계약+현물매도+자금투자)으로 양(+)의 이익을 얻게 된다. 결국 만기시점에는 $F-S_0(1+rT)=0$이 성립해야 한다.

| 정리 | 주식선도 이론가격(F)

$$F = S_0(1+rT)$$

Financial Engineering Practice with Excel VBA

7.3 이자율 선도(FRA : Forward Rate Agreement)

7.3.1. 이자율 선도계약의 이해

선도 예금계약

예를 들어 한 투자자가 은행과 3개월 뒤에 1년 만기 정기예금 1억원을 4.5%에 가입하기로 하는 계약을 체결했다고 하자. 그런데 3개월이 지나서 보니 1년 만기 정기예금 금리가 4.3%였다고 하자. 이 투자자는 얼마의 이익(또는 손실)을 얻은 것일까? (단, 투자자는 동일한 금리에 대출도 받을 수 있다고 가정한다.)

3개월이 지난 시점에 투자자는 4.3%에 1억원을 빌려서 4.5%의 예금에 가입했다. 그 1년 뒤에 투자자는 예금이자 4,500,000원을 받고 대출이자 4,300,000원을 갚았다. 즉, 200,000원의 이익을 아무런 위험없이 얻게 된다. 즉, 계약 후 3개월 시점에서 보면 투자자는 191,755원 (=200,000/(1+4.3%))의 이익을 얻게 된 것이다.

이자율 선도계약(FRA : Forward Rate Agreement)

이자율 선도계약은 개념적으로 위에서 본 선도 예금계약과 동일하다. 다만 만기시점에 예금에 직접 가입하는 것이 아니라 계약금리와 실제 시장금리와의 차이에 대한 현재가치 즉, 191,755원만을 정산하는 것이 다른 점이다.

선도이자율

이자율 선도 계약은 앞의 선도이론에서처럼 그 가치가 계약시점에는 0이어야 한다. 이 때 이자율 선도 계약의 가치가 0이 되게 하는 이자율을 선도이자율이라고 한다.

선도 이자율을 계산하기 위해, 선도 예금계약의 예를 다시 생각해보자. 계약 당시 시장에서는 3개월 만기 정기예금 금리가 3.5%이고 1년 3개월 만기 정기예금 금리가 4.7%였다고 하자. 투자자는 선도 예금계약을 헤지하기 위해 다음과 같은 거래를 하였다.

- 1억원을 1년 3개월 동안 대출받는다.
- 대출받은 돈을 3개월 예금에 가입한다.

3개월이 지나면 투자자는 예금이자와 원금을 돌려받게 된다.

	A	B	C
2	prn	100,000,000	
3	int.rate	3.50%	
4	term	3	
5	year	12	
6	interest	875,000	=B2*B3*B4/B5

돌려받은 원금과 이자로 미리 계약해 두었던 예금에 가입하면 1년 뒤에 원금과 이자를 다음과 같이 받게 된다.

	A	B	C
9	prn	100,875,000	
10	int.rate	4.50%	
11	term	12	
12	year	12	
13	interest	4,539,375	=B9*B10*B11/B12

그런데 1년 3개월 만기로 대출받았던 돈은 돌려주어야 하므로 대출원금과 대출이자는 다음과 같이 돌려주어야한다.

	A	B	C
16	prn	100,000,000	
17	int.rate	4.70%	
18	term	15	
19	year	12	
20	interest	5,875,000	=B16*B17*B18/B19

결국 이 투자자는 460,625(=5,875,000−4,539,375−875,000)의 손실을 보게 된다. 이 선도 예금계약은 당시 시장상황에서 불공정한 계약이었던 것이다. 이 계약이 공정하려면 선도 예금계약의 금리(=선도금리)가 얼마이어야 하는가?

3개월 예금과 1년 3개월 대출에서 발생하는 현금흐름과 선도 예금계약에서 발생하는 현금흐름이 같으면 될 것이다. 즉, 다음 등식이 성립해야 한다.

$$(1+r(0,3)\cdot a_1)(1+f\cdot a_2)=(1+r(0,15)\cdot a_3)$$

단, $r(0,3)$= 현재 시점의 3개월 금리

$r(0,15)$= 현재 시점의 1년 3개월 금리

f = 선도 이자율

a_i= 각 금리의 계산기간(연율)

일반적으로 T_1에 시작해서 T_2에 종료하는 선도 이자율 $f(t,\ T_1,\ T_2)$은 다음과 같다.

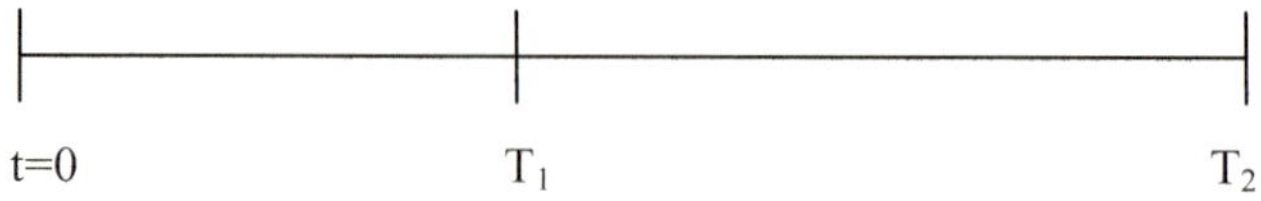

$$f(t,T_1,T_2)=\frac{1}{T_2-T_1}\left(\frac{(1+r(T_2)\cdot T_2)}{(1+r(T_1)\cdot T_1)}-1\right)$$

단, $t=$ 현재시점(0)

$r(T_i)=$ 현재시점부터 T_i시점까지 현물 이자율(단리)

만약 위 식에서 $r(T_i)$가 연속복리 수익률이라면 선도 이자율 공식은 다음과 같이 변경된다(단, 여기서 계산된 선도 이자율도 연속복리 수익률이다).

$$f(t,T_1,T_2)=\frac{1}{T_2-T_1}\left(r(T_2)\cdot T_2-r(T_1)\cdot T_1\right)$$

이 식은 다음 관계식으로부터 도출된 것이다.

$$\exp\left(r(T_1)\cdot T_1\right)\exp\left(f(t,T_1,T_2)\cdot(T_2-T_1)\right)=\exp\left(r(T_2)\cdot T_2\right)$$

7.3.2. 이자율 선도 이론가격

앞의 주식선도와 같은 방법으로 이론가격을 도출해보자.
이자율선도와 관련된 시간표는 다음과 같다.

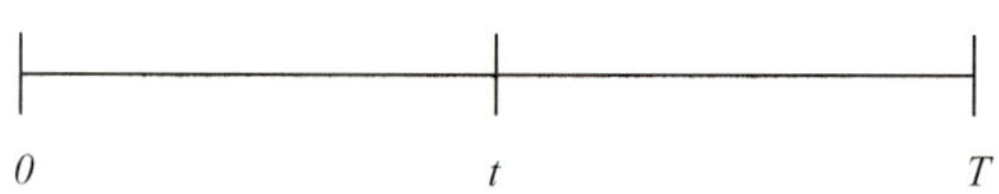

- 기호 0 : 선도계약 시점

  t : 선도계약 만기시점(＝기초자산의 시작일)

  T : 선도만기 시점(＝기초자산의 만기일)

  f : t부터 T까지 기간의 (선도)이자율

  r_t : 0부터 t까지 기간의 현물 이자율

  r_T : 0부터 T까지 기간의 현물 이자율

주식선도와 유사하게 다음 전략을 생각해보자.

- 선도계약체결
- T시간까지 차입
- t시간 까지 투자

이 전략의 현금흐름(CF)을 정리해보면 다음과 같다.

포트폴리오	거래전략	0시점 CF	t시점 CF	T시점 CF
헤지대상(A)	선도계약	0	-1	$1\times[1+f(T-t)]$
헤지수단(B)	t기간 투자	$-1\times\frac{1}{1+r_t t}$	$+1$	0
	T기간 차입	$-1\times\frac{1}{1+r_t t}$	–	$\left(-1\times\frac{1}{1+r_t t}\right)(1+r_T T)$
합계(A+B)		0	0	$(1+f(T-t))+\left(-1\times\frac{1}{1+r_t t}\right)(1+r_T T)$

거래시점($t=0$)과 선도계약 만기시점(t)에서 현금흐름이 발생하지 않으므로, 선도만기시점(T)에서도 현금흐름이 발생하지 않아야 한다. 따라서 다음 식이 성립해야 한다.

$$(1+f(T-t))+\left(-1\times\frac{1}{1+r_t t}\right)(1+r_T T)=0$$

| 정리 | 선도이자율 (f)

$$f=\left(\frac{1+r_T T}{1+r_t t}-1\right)\frac{1}{T-t}$$

7.4 국고채 선물 가격 계산 함수

Financial Engineering Practice with Excel VBA

증권선물거래소에 상장된 금리선물 상품은 만기별로 양도성 정기예금(CD)선물, 통화안정채권(MSB) 선물, 3년만기 국고채(KTB) 선물, 5년만기 국고채 선물 등이 있으나 거래량 등에서 가장 대표적인 상품은 3년만기 국고채 선물이다.

7.4.1. 국고채 선물

3년만기 국고채 선물거래계약의 개요는 다음과 같다.

거래대상	표면금리 8%, 6개월단위 이자지급방식의 3년만기 국고채
거래단위	액면 1억원
결 제 월	3, 6, 9, 12월
상장결제월	6월 이내의 2개 결제월
가격의 표시	액면 100원당 원화(소수점 둘째 자리까지 표시)
최소가격변동폭 (1 tick)	0.01
최소가격변동금액	10,000원 (1억원×0.01×1/100)
거래시간	09:00 ~ 15:00
최종거래일	09:00 ~ 11:30
최종거래일	최종결제일 직전 거래일
최종결제일	결제월의 세 번째 수요일
결제방법	현금결제
가격제한폭	없음. 단, 주문오류 방지를 위한 주문가격 제한은 있음
단일가격경쟁거래	개장시(08:30~09:00) 균형가격에 의해 거래체결

included

7.4.2. 국채 선물 이론가격 산출

선물이론가격은 선물시장가격의 적정성 여부를 판단하여 차익거래 기회를 포착하기 위하여 산출한다. 국채선물계약 만기일의 최종결제가격은 [선도수익률=현물수익률]의 현/선물 수렴 원칙에 의하여 국채선물의 기초자산인 바스켓(basket)을 구성하는 개별 국고채들의 단순 평균 수익률을 바탕으로 산출이 가능하나, 국채선물 만기일 이전에는 선물가격의 적정성을 평가하기 위하여 선도가격에 근거한 이론가격의 산출이 요구된다.

국채선물의 이론가격은 바스켓에 편입된 채권의 수익률과 선도가격에 근거하여 다음의 5단계를 거쳐서 산출된다. 여기서는 채권선물 중 거래량이 가장 많은 3년물 국채선물(KTB)의 최근월물에 대한 이론가를 살펴보자.

(1) 국채선물 이론가격 산출과정

① 개별 국고채의 시장가격 계산 국고채 선물의 기초자산인 바스켓을 구성하고 있는 개별 국고채의 유통수익률을 이용하여 해당국고채의 시장가격을 구함
② 개별 국고채의 선도가격 계산 단기금리가 반영된 보유비용을 이용하여 각 국고채의 선도가격을 계산
③ 개별 국고채의 선도수익률 계산 ②에서 산출된 개별 국고채의 선도가격을 ①에서 이용된 해당 국고채의 가격계산 공식에 역산입하여 선도수익률을 산출
④ Basket의 선도수익률 계산 ③에서 산출된 개별 국고채의 선도수익률을 단순평균하여 평균선도 수익률 산출하여 이를 바스켓 선도수익률로 이용
⑤ 국채선물 이론가 계산 바스켓의 평균선도수익률을 거래대상 채권인 표준물(표면금리 8%, 만기 3년, 6개월마다 이자를 후급)에 대하여 국고채 가격계산공식을 이용하여 국채선물의 이론가격을 산출

(2) 국채선물 이론가격 산출을 위한 기본 공식

① 개별 국고채의 시장가격 계산식[주)]

$$B = \frac{\left[I \times \left(\frac{1-y^n}{1-y} \right) + 100 \times y^{n-1} \right]}{\left(1 + r \times \frac{d_2}{365} \right)}$$

단, $y = \frac{1}{(1+\frac{r}{2})}$

$n =$ 산출일로부터 국고채 만기일까지 남은 이표 지급 횟수

$r =$ 개별 국고채 수익률

$I =$ 액면가 100에 대한 매기의 지급 이표액

주) 엑셀의 PRICE 함수를 사용할 수도 있지만 PRICE 함수는 경과이자를 제외한 가격(clean price)를 이론적 방법으로 계산한 것으로 실무 채권거래에 사용되는 가격계산 방법인 경과이자 포함가격(dirty price)를 관행적 방법으로 계산한 것과 차이가 있다. 여기서는 관행적 방법에 의한 dirty price공식을 제시한 것이다.

$B =$ 국고채의 시장가격

$d_2 =$ 산출일부터 국고채의 차기 이표지급일까지의 잔존일수

② 개별 국고채의 선도가격 계산식

앞에서 본 선도계약들과 유사하게 복제포트폴리오를 구성해서 다음과 같이 현금흐름을 따져보자.

• 선물만기일전에 이표가 없는 경우

포트폴리오	거래전략	0 시점 CF	T 시점 CF
헤지대상(A)	선도매도계약	0	$+F-B_T$
헤지수단(B)	현물매입	$-B$	$+B_T$
	차입	$+B$	$-B(1+rT)$
합계(A+B)		0	$F-B(1+rT)$

T : 선도계약 만기일

0 : 계약시점

B : 계약시점의 채권가격

B_T : 선도계약 만기일의 채권가격

r : 무위험 이자율

F :선도계약 가격

d_i :0시점부터 T시점까지의 잔존일 수

무위험 차익거래 부재조건(no arbitrage condition)에 따라 선도가격은 다음과 같이 결정된다.

$$F = B \times \left(1 + r_1 \times \frac{d_1}{365}\right)$$

• 선물만기일전에 이표가 1회 있는 경우

포트폴리오	거래전략	0	t 시점 CF	T 시점 CF
헤지대상(A)	선도매도계약	0		$+F-B_T$
헤지수단(B)	현물매입	$-B$		$+B_T$
	차입	$+B$		$-B(1+r_1T)$

	채권이자		I	
	채권이자 재투자		$-I$	$I(1+r_t(T-t))$
합계(A+B)		0	0	$F-B(1+r_1T)+I(1+r_t(T-t))$

t : 이표일
I : 이자금액
r_t : t 시점으로부터 T 시점까지 선도이자율
r_1 : 0 시점으로부터 T 시점까지 현물이자율

마찬가지로 무위험 차익거래 부재조건(no arbitrage condition)에 따라 선도가격은 다음과 같이 결정된다.

| 정리 | 선도이자율을 이용한 채권선도가격 공식(선도계약기간 중 이표가 1회 발생하는 경우)

$$F = B\times\left(1+r_1\frac{d_1}{365}\right)-I\times\left(1+r_t\frac{d_1-d_2}{365}\right)$$

위 표에서는 t시점부터 T시점까지의 선도이자율(r_t)을 이용해서 공식을 도출했는데, 0시점부터 t시점까지의 현물이자율과 선도이자율과의 관계를 이용해서 식을 다음과 같이 변형할 수도 있다.

| 정리 | 현물이자율과 선도이자율의 관계

$$\left(1+r_1\times\frac{d_1}{365}\right)=\left(1+r_2\frac{d_2}{365}\right)\left(1+r_t\frac{d_1-d_2}{365}\right)$$

| 정리 | 현물이자율을 이용한 채권선도가격 공식(선도계약기간 중 이표가 1회 발생하는 경우)

$$F=\left[B-\frac{I}{1+r_2\times\frac{d_2}{365}}\right]\times\left(1+r_1\times\frac{d_1}{365}\right)$$

단, r_1 = 국채선물만기일까지의 기회비용에 해당하는 차입이율
r_2 = 차기 이표락 금액에 대한할인율

d_1 = 산출일부터 선물만기일까지의 잔존일수

d_2 = 산출일부터 국고채의 차기이표지급일까지의 잔존일수

I = 액면가 100에 대한 매기의 지급 이표액

B = 국고채의 시장가격

F = 국고채의 선도가격

③ 개별 국고채의 선도수익률 계산식

아래 식을 만족하는 선도수익률(r)을 앞 장에서 배운 2분할법(Bisection Method)이나 뉴튼-랩슨법(Newton-Raphson Method)을 이용하여 구한다.

$$F = \frac{\left[I \times \left(\frac{1-y^n}{1-y} \right) + 100 \times y^{n-1} \right]}{\left(1 + r \times \frac{d_2}{365} \right)}$$

단, $y = \dfrac{1}{(1+\frac{r}{2})}$

n = 개별채권의 선물만기 이후 이표 지급 횟수

r = 개별 국고채 선도수익률

d_2 = 선물만기일부터 국고채의 차기 이표지급일까지의 잔존일수

I = 액면가 100에 대한 매기의 지급 이표액

F = 국고채의 선도가격

④ 바스켓의 선도수익률 계산

③을 통해 산출된 개별 국고채의 선도수익률을 단순산술평균하여 선물만기시 기초자산의 수익률을 산출한다.

⑤ 선물이론가 계산

최종적인 국채선물의 이론가격은 8% 이표인 3년만기 채권을 가상적으로 산정하여 ④에서 얻어진 선도수익률을 이용하여 채권가격을 계산한다. 가상채권은 선물을 계산할 때처럼 액면이 100원이다.

$$F = \left[I \times \left(\frac{y(1-y^n)}{1-y} \right) + 100 \times y^n \right]$$

단, $y = \frac{1}{(1+\frac{r}{2})}$

$n=6$ (3년만기 국고채의 이표 지급 횟수)

$r=$ 바스켓 개별 국고채 선도수익률의 단순산술평균 값

$I=4$(표준물 국채의 액면가 100에 대한 매기의 지급 이표액)

$F=$ 국채선물 이론가격

(3) 채권의 선도수익률 계산

앞의 "③개별 국고채의 선도수익률 계산"에 대해 자세히 살펴보자. 우선 채권의 선도 수익률은 다음과 같이 정의된다.

| 정의 | 채권의 선도수익률

채권의 선도수익률 F는 다음 식을 만족하는 F를 의미한다.

$$P_F = f(F)$$

P_F : 선도계약 만기시점의 채권가격

$f(\ )$: 수익률을 인수로 하는 채권가격 함수

다음으로 채권의 선도수익률은 이분법으로 찾는 방법을 살펴보자.

채권선도수익률을 이분법으로 찾는 방법

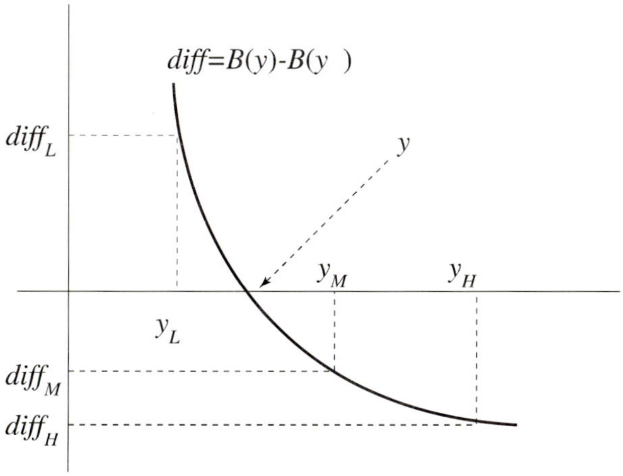

위 그림에서 가로축은 수익률(y)을 세로축은 채권가격(P)을 의미한다. 채권 선도가격 $F(=B(y^*))$와 가격함수가 $B(y)$로 주어졌을 때, 가격함수에서 선도가격을 뺀 함수 즉 $B(y)-F$ 또는 $B(y)-B(y^*)$를 생각해보자. 이 함수를 목적함수라고 하면 목적함수값이 0이 되게 하는 y가 우리가 찾고자 하는 선도수익률(y^*)이 될 것이다.

임의의 두 수익률 y_L, y_H을 이용해서 목적함수를 계산하고 그 중간점 $(y_L+y_H)/2$를 이용해서 목적함수를 계산한 결과를 각각 B_L, B_H, B_M이라고 하자. $B_L \times B_M < 0$이면 우리가 찾고자 하는 해는 y_L과 $(y_L+y_H)/2$ 사이에 존재함을 알 수 있다(위 그림 참조). 따라서 $(y_L+y_H)/2$과 y_H구간을 버리고, $(y_L+y_H)/2$를 새로운 y_H로 정의하여 목적함수값을 계산한다. 이 절차를 원하는 오차수준까지 반복하면 원하는 해를 찾을 수 있다.

| 예제 |

아래와 같은 정보 하에서, 국채선물 이론가와 국채선물 시장가와의 차이를 통해 선물 고평가 여부를 판단해 보자.

	B	C	D	E	F	H	I	J
1-3	국채선물이론가							
6								
7	기본데이터			단기금리				
8	산출일	2005-12-23		할인이율	3.75%			
9	선물만기	2006-03-15						
10	잔존일수							
12	유통수익률		표면금리	발행일	만기	채권시가	선도가격	선도수익률
13	국고0-51	5.000%	4.25%	2005-03-10	3			
14	국고0-52	5.280%	4.00%	2005-06-10	5			
15	국고0-53	5.030%	4.25%	2005-09-10	3			
16								
17	선 물 이론가				이론수익률			
18	선 물 시장가			107.58	시장수익률			
19	선 물 고평가				이자율괴리			

2006년 3월 만기인 국채선물(KTB0603)의 이론가를 계산하기 위해서는 기초자산인 바스켓t의 평균 선도수익률을 계산하여야 한다. 바스켓의 평균 선도수익률은 해당 선물의 기초자산인 바스켓에 속하는 각 개별 국고채의 채권가격으로부터 선도수익률을 계산하여 이를 단순 평균함으로써 구할 수 있다. 이를 위해 우선 각 개별 국고채의 유통수익률, 표면금리, 발행일과 만기일을 통해 채권가격을 계산하여야 한다. 따라서 셀 H13에는 채권시가를 계산하는 함수를 아래와 같이 만들어야 한다.

예제 채권가격 함수

```
Function Bond_value(coupnum, coupdays, coupncd, coupon_rate, yield)
'coupnum : 산출일과 채권 만기일 사이의 이자지급횟수
'coupdays : 산출일을 끼고 있는 이수 기간의 날 수
'coupncd : 산출일로부터 채권의 다음 이자 지급일까지의 날 수
'coupon_rate : 해당 국고채의 표면금리
'yield : 해당 국고채의 유통수익률

y=1 / (1+yield / 2)
coupon=100 * coupon_rate / 2
If coupncd=0 Then
    P=coupon * y * (1-y ^ coupnum) / (1-y) +_
        100 * y ^ coupnum
Else
    P=coupon * (1-y ^ coupnum) / (1-y) +_
        100 * y ^ (coupnum-1)
    P=P / (1+yield / 2 * coupncd / coupdays)

End If
Bond_value=P
End Function
```

여기서, 산출일과 만기일 사이의 이자지급횟수, 산출일을 끼고 있는 이수 기간의 날 수, 산출일로부터 다음 이자 지급일까지의 날 수를 계산하기 위하여 엑셀 재무함수에서 제공하는 표준함수를 아래와 같이 이용할 수 있다.

산출일과 만기일 사이의 이자지급횟수

"= COUPNUM(settlement,maturity,frequency,basis)"

산출일을 끼고 있는 이수 기간의 날 수

"=COUPDAYS(settlement,maturity,frequency,basis)"

산출일로부터 다음 이자 지급일까지의 날 수

"=COUPDAYSNC(settlement,maturity,frequency,basis)"

또한, 각 채권의 발행일로부터 해당만기에 해당하는 만기일을 구하기 위해서는 날짜/시간 함수인 EDATE 함수를 이용하면 된다.

만기일 : "=EDATE(start_date,months)"

따라서, 셀H13에는 아래의 식을 입력함으로써 채권시가가 계산된다.

셀H13 :

"=Bond_value(COUPNUM($C$8,EDATE(E13,F13*12),2,3),COUPDAYS($C$8,EDATE(E13,F13*12),2,3),COUPDAYSNC($C$8,EDATE(E13,F13*12),2,3),D13,C13)"

셀H13에서 구해진 채권가격으로부터 선도가격을 계산하는 함수는 다음과 같다.

| 예제 | 채권선도가격함수

```
Function Forward_value(f_maturity, bond_price, coupdays, coupncd,
coupon_rate, discount_rate)
'f_maturity : 국채선물 만기일까지 남은 날 수
'bond_price : 해당 국고채의 시가
'coupdays : 산출일을 끼고 있는 이수 기간의 날 수
'coupncd : 산출일로부터 채권 다음 이자 지급일까지의 날 수
'coupon_rate : 해당 국고채의 표면금리
'discount_rate : 국채선물만기일까지의 기회비용에 해당하는 차입이율

coupon=100 * coupon_rate / 2
If f_maturity < coupncd Then
    P=bond_price * (1+discount_rate * f_maturity / 365)
ElseIf f_maturity < coupncd+coupdays Then
    P=(bond_price-coupon / (1+discount_rate * _
        (coupncd / 365))) * (1+discount_rate * f_maturity / 365)
Else
    P=(bond_price-coupon / (1+discount_rate * _
        (coupncd / 365)) - coupon / _
        (1+discount_rate * (coupncd+coupdays) / 365))
    P=P * (1+discount_rate * f_maturity / 365)
End If
Forward_value=P
End Function
```

따라서, 셀I13에는 아래의 식을 입력함으로써 각 국고채권의 선물 만기시점에서의 선도가격을 계산할 수 있다.

셀I13 : "
=Forward_value($C$10,H13,COUPDAYS($C$8,EDATE(E13,F13*12),2,3),
COUPDAYSNC($C$8,EDATE(E13,F13*12),2,3),D13,$F$8)"

셀I13에서 계산된 각 국고채권의 선도가격으로부터 선도수익률을 2분할법(Bisection Method)을 이용하여 계산하는 함수는 아래와 같다.

| 예제 | 선도수익률 계산함수

```
Function Forward_yield(forward_price, f_coupnum, f_coupncd, coupon_rate,
l_rate, h_rate)
'forward_price : 해당 채권의 선물만기일에서의 선도가격
'f_coupnum : 선물만기일과 채권 만기일 사이의 이자지급횟수
'f_coupncd : 산물만기일로부터 채권 다음 이자 지급일까지의 날 수
'coupon_rate : 해당 국고채의 표면금리
'l_rate : 해당 국고채의 선도 수익률 상한값
'h_rate : 해당 국고채의 선도 수익률 하한값

coupon=100 * coupon_rate / 2
For i=1 To 30
    m_rate=(l_rate+h_rate) / 2
    f_l=1 / (1+l_rate / 2)
    f_m=1 / (1+m_rate / 2)
    f_h=1 / (1+h_rate / 2)
    error_l=(coupon * (1-f_l ^ f_coupnum) / (1-f_l)+_
             100 * f_l ^ (f_coupnum-1)) /_
             (1+l_rate * f_coupncd / 365)-forward_price
    error_m=(coupon * (1-f_m ^ f_coupnum) / (1-f_m) +_
              100 * f_m ^ (f_coupnum-1)) /_
              (1+m_rate * f_coupncd / 365)-forward_price
    error_h=(coupon * (1-f_h ^ f_coupnum) / (1-f_h)+_
              100 * f_h ^ (f_coupnum-1)) /_
             (1+h_rate * f_coupncd / 365)-forward_price
    If (error_l * error_m<0) Then
      h_rate=m_rate
    ElseIf (error_h * error_m<0) Then
      l_rate=m_rate
    End If
Next i
Forward_yield=m_rate
End Function
```

따라서, 셀J13에는 아래의 식을 입력함으로써 각 국고채권의 선물만기시점에 해당하는 선도가격에 해당하는 선도수익률을 계산할 수 있다.

셀J13 : "

```
=Forward_yield(I13,COUPNUM($C$9,EDATE(E13,F13*12),2,3),COUPDAYSNC
($C$9,EDATE(E13,F13*12),2,3),D13,0.02,0.3)"
```

셀H13, I13, J13에서 값이 계산되면, 이 3개의 셀을 선택한 뒤 채우기 핸들을 이용하여 아래 나머지 2개의 국고채에 해당하는 값을 계산하여 준다. 이렇게 구해진 각 국고채의 선도수익률의 단순 산술평균값이 이론 선물 수익률이 된다.

	B	C	D	E	F	H	I	J
1–3	국채선물이론가							
4								
5								
6								
7	기본데이터			단기금리				
8	산출일	2005-12-23		할인이율	3.75%			
9	선물만기	2006-03-15						
10	잔존일수	82						
11								
12	유통수익률		표면금리	발행일	만기	채권시가	선도가격	선도수익률
13	국 고0-51	5.000%	4.25%	2005-03-10	3	99.66	98.38	5.14%
14	국 고0-52	5.280%	4.00%	2005-06-10	5	95.11	95.91	5.37%
15	국 고0-53	5.030%	4.25%	2005-09-10	3	99.26	97.97	5.15%
16								
17	선 물 이론가				이론수익률		=(AVERAGE(J13:J15))	
18	선 물 시장가				시장수익률			
19	선 물 고평가				이자율괴리			

이론수익률로부터 엑셀이 제공하는 PRICE 재무함수를 통해 선물 이론가를 계산한다.

셀E17 : "

```
=PRICE(settlement,maturity,rate,yld,redemption,frequency,basis)"
"=PIRCE(C9,EDATE(C9,3*12),0.08,I17,100,2,3)"
```

또한, 선물 시장가가 주어지면 엑셀이 제공하는 YIELD 재무함수를 통해 채권선물의 시장수익률도 계산할 수 있다.

셀J18 : "

```
=YIELD(settlement,maturity,rate,pr,redemption,frequency,basis)"
"=YIELD($C$9,EDATE($C$9,36),8%,E18,100,2,3)"
```

아래 결과 화면에서 선물이론가와 시장가의 차이로부터 선물 시장가가 6 틱(tick) 저평가 되어 있음을 알 수 있다.

	B	C	D	E	F	H	I	J
1–3	국채선물 이론가							
7	기본데이터			단기금리				
8	산출일	2005-12-23		할인이율	3.75%			
9	선물만기	2006-03-15						
10	잔존일수	82						
12	유통수익률		표면금리	발행일	만기	채권시가	선도가격	선도수익률
13	국 고0-51	5.000%	4.25%	2005-03-10	3	99.66	98.38	5.14%
14	국 고0-52	5.280%	4.00%	2005-06-10	5	95.11	95.91	5.37%
15	국 고0-53	5.030%	4.25%	2005-09-10	3	99.26	97.97	5.15%
17	선 물 이론가			107.64	이론수익률		5.22%	
18	선 물 시장가			107.58	시장수익률		5.24%	
19	선 물 고평가			(0.06)	이자율괴리		-0.02%	

7.5 통화선도(선물환)

Financial Engineering Practice with Excel VBA

통화시장(외환시장)이란 외국통화를 거래대상(상품)으로 하는 시장을 말하며 외국통화를 일반적인 상품(채권, 주식 등)으로 보면 다른 선도시장과 동일하다고 볼 수 있다. 원화(KRW)를 기준통화로 하여 미국 달러화(USD)를 상품통화로 하는 경우가 가장 일반적인데, 이 경우 선도환율(통화선도가격)[주)]은 다음과 같이 결정된다.

$$F = S \times \frac{1 + r_K a_K}{1 + r_U a_U}$$

단, S = 현물환율

r_K = 원화금리

a_K = 원화 이자계산일수(보통 실제날짜수/365)

r_U = 미국 달러화 금리

주) 실무적으로는 통화선도 대신 선물환, 통화선도가격 대신 선물환율이란 말을 많이 사용하는데 이는 정확한 표현은 아니지만 시장관행(market convention)으로 굳어져 버린 용어이다.

a_U= 미국 달러화 이자계산일수(보통 실제날짜수/360)

7.5.1. 통화선도 이론가격

통화선도 계약과 관련된 시간표는 아래와 같다.

- 기호 0 : 선도계약시점,
  T : 선도계약 만기시점(연(year)단위)
  F : 선도환율
  r_U : T기간까지 달러화 이자율
  r_K : T기간까지 원화 이자율
  S_0 : 0시점의 현물환율

앞의 각종 선도계약과 유사하게 아래 전략을 생각해보자.

- 선도매도계약 체결
- USD 정기예금가입
- 원화차입
- 외환거래

이 전략의 현재시점의 현금흐름과 만기시점(T)의 현금흐름을 표로 그려보면 아래와 같다.

포트폴리오	거래전략	0 시점 CF	T 시점 CF
헤지대상(A)	선도매도계약	0	$+F-\$1$
헤지수단(B)	\$정기예금가입(C)	$+\$1\times\frac{1}{1+r_U T}$	$+\$1$
	원화 차입(D)	$+\$1\times\frac{1}{1+r_U T}\times S_0$	$-\left(\$1\times\frac{1}{1+r_U T}\times S_0\right)(1+r_K T)$
	외환거래	$+C-D$	
합계(A+B)		0	$F-\left(\$1\times\frac{1}{1+r_U T}\times S_0\right)(1+r_K T)$

현재시점에서 현금흐름이 발생하지 않으므로 만기시점에서도 현금흐름이 발생하지 않아야 한다. 따라서 다음식이 성립한다.

$$F - \left(\$1 \times \frac{1}{1 + r_U T} \times S_0\right)(1 + r_K T) = 0$$

위 식으로부터 통화선도 이론가격은 다음과 같다.

정리 통화선도 가격

$$F = S_0 \frac{(1 + r_K T)}{1 + r_U T}$$

7.5.2. 원 – 달러 통화선도시장

(1) 서울외국환 시장

장외거래(OTC) 시장이기는 하지만 거래가 상당히 정형화 되어 있고, 참가기관의 신용도가 높다는 점에서 거의 장내거래(Exchange) 시장으로 볼 수 있다. 한국자금중개, 서울외국환 중개 등 2개 거래중개회사(broker)가 중개하는 외국환 거래시장을 말하며, 은행영업일 오전 9시부터 오후3시 까지 개장한다. 참가하는 금융기관은 은행이며 비은행 금융기관 및 일반 기업체는 참가기관인 금융기관을 통해 간접적으로 이 시장에 참가한다.

여기에서는 거래일로부터 결제일까지의 기간을 기준으로 2영업일 이내인 현물환(Spot), 2영업일을 초과하는 선물환(Forward)거래로 거래를 분류 한다.

(2) 차액정산 선물환(Non – Deliverable Forward : NDF) 시장

서울 외국환 시장은 실물인수도시장(Deliverable Forwad Market)이라고 할 수 있는데, 실물인수도 시장이란, 거래조건에 따라 외국통화를 직접 결제한다는 의미이다. 이와 대조적으로 차액정산 선물환(NDF) 거래(또는 역외선물환 거래 : 본국에서 거래할 경우 생길 수 있는 각종 세제나 운용상의 제반 규제를 피해 조세·금융·행정 등에서 특혜를 누릴 수 있도록 타국에 형성된 선물환 시장에서의 거래)는 만기시점에 계약환율과 실제 시장환율과의 차액만을 결제하는 거래를 의미하는데 결제통화로는 주로 미국 달러화(USD)가 사용된다. 원/달러 NDF 시장의 경우 주로 홍콩과 싱가포르에 형성된 시장을 말한다. 차액정산 선물환 거래의 경우 원화 결제가 없으므로 국내에 원화 계좌를 가지고 있지 않은 국외금융기관도 참여할 수 있다.

NDF거래의 일반적인 내용은 다음과 같다.

거래조건_거래확인서(일부)[주1)]

Trade Date:	28 November 2005
Reference Currency:	KRW
Reference Currency Notional Amount:	10,567,000,000
Notional Amount:	10,000,000
Forward Rate:	1,056.7
Reference Currency Buyer:	Party A
Reference Currency Seller:	Party B
Settlement Currency:	USD
Settlement Date:	27 January 2006
Settlement:	Non－Deliverable
Settlement Rate Option:	KFTC18
Valuation Date:	25 January 2006

위 거래는 거래 당사자 A가 2006년 1월 27일 1천만 달러를 10,567,000,000원에 팔기로 한 통화선도계약이다. 그러나 실제로 이 거래를 집행하는 것(실물인수도)이 아니라 2006년 1월 25일 로이터[주2)]로 단말기 KFTC18번 화면에 고시되는 원/달러 환율[주3)]로 정산한 손익금액만을 달러로 결제하는 차액정산 통화선도계약이다.

(3) 차액정산과정

차액정산은 다음 식에 의해서 이루어지며 그 값이 양수이면 결제통화(Settlement Currency)를 매도한 사람, 위 예에서는 당사자 A가 당사자 B에게 지불하며, 음수이면 당사자 B가 당사자 A에게 결제통화로 지불한다.

주1) 대부분 NDF 거래 확인(Confirmation)은 SWIFT를 통해서 하지만, 일부 통화옵션거래와 관련된 NDF 거래의 경우 문서 형태의 거래확인서를 교환하기도 한다.

주2) 로이터(Reuters)는 금융정보를 전문으로 제공하는 정보서비스 업체로 블룸버그(Bloomberg)와 함께 양대 금융정보 회사로 불리고 있다.

주3) 보통 실무적으로 MAR(Market Average Rate)환율이라고 하며, 당일 서울외국환시장에서 거래된 USD환율을 거래량으로 가중평균한 환율이다. 보통 다음 영업일의 (외국환) 매매기준율로 사용된다.

$$Notional\ Amount \times \frac{(Settlement\ Rate - Forward\ Rate)}{Settlement\ Rate}$$

예를 들어 정산환율(Settlement Rate)이 1,040.0원/달러였다면, 160,576.92달러를 B가 A에게 지불하게 된다.

셀B4 : "=B1*(B3－B2)/B3"

	A	B
1	Notional Amount	10,000,000
2	Forward Rate	1056.7
3	Settlement Rate	1040
4		-160,576.92

Financial Engineering Practice with Excel VBA

7.6 선물 관련 용어

선물과 관련된 용어를 몇 가지 살펴보면 다음과 같다.

7.6.1. 베이시스(Basis)

정의

베이시스 = 선물가격(F) － 현물가격(S)

성질

① 특정상품의 선물가격에서 현물가격을 차감 한 값으로 선물의 만기일에 0의 값을 갖게 됨.

② 선물가격이 현물가격보다 높은 정상시장(Contango)에서의 베이시스는 양(+)의 값을 가짐

③ 현물가격이 선물가격보다 높은 비정상 시장(Normal Backwardation)에서의 베이시스는 음(－)의 값을 가짐

④ 베이시스 위험 : 베이시스 크기가 확대되거나 축소됨에 따라 투자자에게 이익이나 손실이 발생되는 위험

7.6.2. 콘탱고(Contango)

선물가격이 현물가격보다 높은 상태를 '콘탱고'라고 하는데, 이는 런던주식거래소에서 주식매입자가 매입결제를 연기할 경우, 매도자에게 지급하는 비용을 '콘탱고'라고 부르는데서 기인한 것이다.

아래는 이와 관련된 인터넷 자료이다.

> In the past on the London Stock Exchange, contango was a fee paid by a buyer to a seller when the buyer wished to defer settlement of the trade they had agreed. The charge was based on the interest forgone by the seller not being paid.
>
> The purpose was normally speculative. Settlement days were on a fixed schedule (such as fortnightly) and a speculative buyer did not have to take delivery and pay for stock until the following settlement day, and on that day could "carry over" their position to the next by paying the contango fee. This practice was common before 1930, but came to be used less and less, particularly after options were reintroduced in 1958.
>
> This fee was similar in character to the present meaning of contango, ie. future delivery costing more than immediate delivery, and the charge representing cost of carry to the holder.

자료 : http://www.wikipedia.org

Chapter 8

옵션(Options)

8.1 옵션기초

옵션이란 특정시점(만기, Maturity or Expiration)에 일정한 자산(기초자산, Underlying Asset)을 미리 정해둔 가격(행사가격, Exercise(or Strike) Price)으로 사거나(콜옵션, Call Option) 팔(풋옵션, Put Option)수 있는 권리를 말한다. 만기일 이전에 언제라도 행사할 수 있는 옵션을 미국형 옵션(American Option)이라고 하고 만기일에만 행사할 수 있는 옵션을 유럽식 옵션(European Option)이라고 한다.

Financial Engineering Practice with Excel VBA

8.2 이항트리(Binomial tree)모형

현재 시장에는 삼성전자 주식과 무위험(risk－free) 채권만 존재한다고 하자.

included

8.2.1. 1－기간 모형

삼성전자 주가가 현재 500,000이고 다음 기간에 550,000원 또는 450,000원이 될 수 있다고 하자. 또한 다음 기간에 1원을 주는 채권의 현재가치는 0.95원이라고 하자. 삼성전자 주식을 다음 기간에 500,000원에 살 수 있는 옵션을 A 투자자에게 팔려고 한다. 옵션을 파는 대가로 얼마를 받아야 할까?

삼성전자 주식가격의 움직임(dynamics)을 그림으로 표현하면 아래와 같다.

〈주식가격의 움직임〉

	A	B	C
1			550,000
2	500,000		
3			450,000

현재 거래 가능한 주식과 채권만으로 옵션을 복제하기 위해 다음 절차를 따라 보자.

(1) 옵션과 변동폭을 맞추기

1기간 말에 주가가 상승하면 옵션은 50,000원의 가치가 있고, 반대로 하락하면 0원의 가치가 있게 된다. 즉, 옵션가치의 변동폭은 50,000원이다. 예를 들어 주가가 상승하면 0.5×550,000＝275,000이고, 주가가 하락하면 0.5× 450,000＝25,000이 되어 두 경우 차이(폭)는 50,000원이 된다. 따라서 주식 0.5주로 옵션과 동일한 변동폭을 맞출 수 있다. 이제 높이만 맞추면 된다.

(2) 옵션과 높이 맞추기

1기간 말에 주가가 하락하면[주)], 옵션의 가치(높이)는 0이다. 반면에 주식 0.5주의 높이는 225,000원이다. 이것을 0이 되도록 맞추어 주면 된다. 즉, 만기에 225,000원의 현금유출이 발생하게 만들면 되는데 이것은 현재시점에 차입(또는 채권매도)함으로써 가능하다.

지금까지 결과를 요약하면, 만기시점의 옵션 손익(payoff)을 복제하기 위해서는 주식을 0.5주 사고 채권을 225,000원어치 매도하면 된다.

$$0.5S_1 + 225{,}000B_1 = C_1$$

단, S_1＝1기간 말에 주식가격
　　B_1＝1기간 말에 채권가격(1이 된다)
　　C_1＝1기간 말에 옵션가격

만기시점에 주식 0.5주와 부채 225,000원을 갖고 있으면 옵션과 동일한 경제적 효과를 얻게 되는 것이다. 이 포트폴리오의 현재가치가 옵션의 가격이 되어야 무위험

주) 상승하는 경우도 결과는 동일하다.

차익거래 배제원칙(no arbitrage principle)이 성립한다.

즉, $0.5S_1 - 225{,}000B_1 = C_1$이므로 $0.5S_0 - 225{,}000B_0 = C_0$가 된다. 따라서 옵션의 가치는 36,250원이다.

〈옵션가치 계산과정〉

	A	B	C	D	E	F	G	H	I	J	K	L
1	**SamSung**				**Option**				**Duplicating Portfolio**			
2			550,000				50,000			S0	B0	
3	500,000				?				Price	500,000	0.95	
4			450,000				0		Quantity	0.5	-225,000	
5									Cost	250,000	-213,750	36,250

정리 1－기간 모형의 일반화

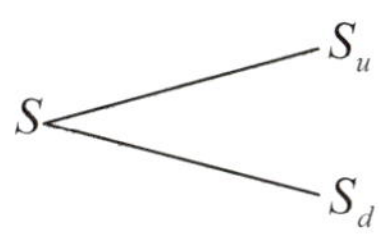

주심가격 프로세스

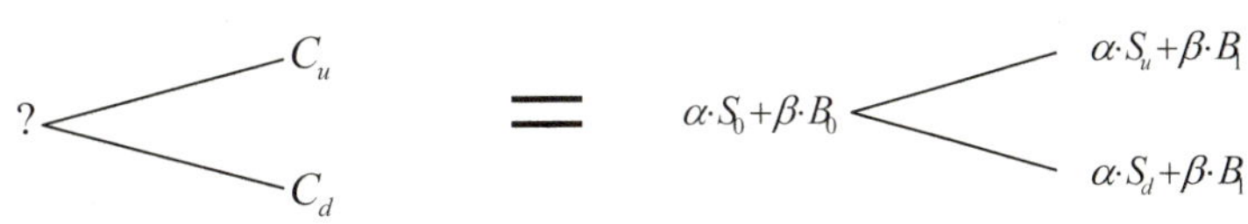

파생상품가격 프로세스 헤지포트폴리오 프로세스

헤지 포트폴리오 가격 프로세스가 파생상품 가격 프로세스와 일치하도록 포트폴리오를 구성해야 하므로,

$$\alpha S_u + \beta B_1 = C_u$$
$$\alpha S_d + \beta B_1 = C_d$$

이 포트폴리오의 현재가치가 옵션의 현재가치와 같아야 하므로, 다음식이 성립한다.

$$C = \alpha S + \beta B_0$$

$$\alpha = \frac{C_u - C_d}{S_u - S_d}$$

$$\beta = \frac{-C_u S_d + C_d S_u}{S_u - S_d}$$

정리 복제 포트폴리오(replicating portfolio)공식에서 위험중립 가격결정(risk−neutral pricing)공식 도출하기

$C=\sigma S+\beta B_0$에 α와 β를 대입한 뒤 정리해서 C_u와 C_d항 끼리 묶어 주면 다음과 같다.

$$C=\frac{C_u(S-S_dB_0)+C_d(S_uB_0-S)}{S_u-S_d}$$

$$=B_0\frac{C_u(\frac{S}{B_0}-S_d)}{S_u-S_d}+B_0\frac{C_d(S_u-\frac{S}{B_0})}{S_u-S_d}$$

$$=B_0[PC_u+(1-P)C_d]$$

위 식의 마지막 항은 $p=\dfrac{\frac{S}{B_0}-S_d}{S_u-S_d}$ 로 두고 정리한 식이다. 위 식은 1−기간 후의 옵션의 기대값을 − 주가가 상승할 확률에 상승할 경우의 옵션손익을 곱하고 주가가 하락할 확률에 하락할 경우의 옵션손익을 곱한 뒤 더하여 − 계산한 뒤 현재시점으로 할인해 준 것으로 볼 수 있다. 이때 P는 확률의 정의[주)]를 만족하는데, 이를 위험중립확률(risk−neutral probability, 또는 martingale measure)이라고 특별히 부르며 파생상품 가격계산에서 중요한 역할을 한다. 즉, 위 식은 다음과 같이 생각할 수 있다.

$$C=B_0(pC_u+(1-p)C_d)=B_0E^*[C_1]$$

여기서, E^* : 위험중립확률로 계산한 기댓값

C_1 : 1기간 뒤의 파생상품 가치

8.2.2. n−기간 모형

1−기간 이항트리 모형의 논리를 반복적으로 적용하게 되면 n−기간 이항트리 모형을 얻을 수 있다. 여기에서는 설정을 달리하여 주가가 한 시점(t)에서 다음 시점(t+1)으로 넘어갈 때 $S_t\exp(\sigma\sqrt{\Delta t})$로 상승하고 $S_t\exp(-\sigma\sqrt{\Delta t})$로 하락한다고 하자.[주)] 여기에서 S_t는 t시점의 주식가격이며, σ는 주가의 변동성, Δt는 t시점과 $t+1$시점의 시간

주) $p+q=p+(1-p)=1,\ 0\le p\le 1$

간격을 의미한다.

예를 들어, 현재 주식가격이 100이고, 변동성이 20%, 시간간격이 0.5년이라면 다음기의 주식 가격은 다음과 같이 115.19원 및 86.81원으로 설정된다.

	A	B	C	D	E	F
1	vol	20%				
2	dt	0.5				
3						
4						
5	t	0	1			
6	s	100	115.191	=B6*EXP($B$1*SQRT(B2))		
7			86.81234	=B6*EXP(-$B$1*SQRT(B2))		

무위험 이자율이 연 4.5%인 상황에서 이 주식에 대한 1년 만기 콜옵션의 가치를 계산해보자.

1－기간 모형에서 알아보았던 무위험확률을 이용해서 각 노드별로 옵션가치를 계산하기 위해 위험중립 확률을 계산해야 한다. 이는 셀E5에 계산되어 있다.

	A	B	C	D	E
1	vol	20%			
2	dt	0.5		a=	1.022755
3	r	4.50%		u=	1.15191
4	K	100		d=	0.868123
5				p=	0.544887
6					
7					
8	t	0	1	2	
9	s	100	115.191	132.6896	
10			86.81234	100	
11				75.36383	
12					
13	c	9.27855	17.41587	32.68964	
14			0	0	
15				0	

2－기간 모형으로 계산한 옵션의 가치는 9.28(원)이며, 이항트리의 시간간격을 점점 좁혀가면 옵션의 가치가 블랙－숄즈 공식에서 계산한 값에 수렴하게 된다. 이를 확인하기 위해 옵션 만기까기의 기간을 임의의 개수(n)로 나누어 이항트리를 구성하는 사용자 정의함수를 아래와 같이 만들어 보고, n을 1에서 10, 50, 100 등으로 늘려가면서 블랙－숄즈 옵션가격과 어떻게 차이가 나는지 실습해보기 바란다.

주) 이 설정은 CRR(Cox, Ross & Rubinstein)이 사용한 것으로 블랙－숄즈가 사용한 로그정규 프로세스를 이항분포로 근사시키는 방법 중의 하나이다.

included **예제** n-기간 이항분포 모형을 이용한 옵션계산 사용자정의 함수만들기

```
Function Binomial(AmeEuro, PutCall, Strike, Expiry, Spot, riskFreeRate,-
NoOfTimeStep, Vol, div)

Dim st() As Double
Dim deriv() As Double
ReDim st(NoOfTimeStep, NoOfTimeStep)
ReDim deriv(NoOfTimeStep, NoOfTimeStep)

dt=Expiry / NoOfTimeStep
up=Exp(Vol * Sqr(dt))
down=Exp(-Vol * Sqr(dt))
a=Exp((riskFreeRate-div) * dt)
disc=Exp(-(riskFreeRate-div) * dt)
disc2=Exp(-riskFreeRate * dt)
                        'for discounting the derivatives
Prob=(a-down) / (up-down)
                        'probability of up-move

'Underlying Price at expiry
st(NoOfTimeStep, 0)=Spot * down ^ NoOfTimeStep
For j=1 To NoOfTimeStep
   st(NoOfTimeStep, j)=st(NoOfTimeStep, j-1) *_
                        up / down
Next j

For i=NoOfTimeStep-1 To 0 Step -1
   For j=0 To i
      st(i, j)=disc * ((1-Prob) * st(i+1, j)+_
              Prob * st(i+1, j+1))
   Next j
Next i

'boundary condition for derivatives
For j=0 To NoOfTimeStep
   deriv(NoOfTimeStep, j)=_
        Max(PutCall * (st(NoOfTimeStep, j)-Strike), 0)
Next j

For i=NoOfTimeStep-1 To 0 Step -1
   For j=0 To i
      deriv(i, j)=disc2 * ((1-Prob) * deriv(i+1, j) _
```

```
                    + Prob * deriv(i+1, j+1))
        If AmeEuro=1 Then
            deriv(i, j)=Max(PutCall * (st(i, j)-Strike), _
                        deriv(i, j))
        Else : End If
    Next j
Next i

Binomial=deriv(0, 0)

End Function
```

Financial Engineering Practice with Excel VBA

8.3 블랙 – 숄즈(Black & Scholes) 옵션 가격결정 공식

8.3.1 블랙–숄즈 편미분 방정식(Black & Scholes PDE)과 옵션가격

블랙과 숄즈는 주식 가격이 다음과 같은 로그노말 프로세스를 따른다는 가정하에서 옵션 가격결정 공식을 도출하려고 노력하였다.

$$dS = \mu S\, dt + \sigma S\, dz$$

여기에 Ito's lemma를 적용하면, 옵션가격 $f(S, t)$에 대한 미분값 df는 아래와 같이 표시 된다.

$$df = \left(\frac{\partial f}{\partial S} \mu S + \frac{\partial f}{\partial t} + \frac{1}{2} \frac{\partial^2 S}{\partial S^2} \sigma^2 S^2 \right) dt + \frac{\partial f}{\partial S} \sigma S\, dz$$

위 두 식은 연속시간 가정하에서 표시되어 있는 것이므로, 이를 다시 이산 시간형으로 변경하면 아래와 같이 표시할 수 있다.

$$\Delta S = \mu S\, \Delta t + \sigma S\, \Delta z$$

$$\Delta f = \left(\frac{\partial f}{\partial S} \mu S + \frac{\partial f}{\partial t} + \frac{1}{2} \frac{\partial^2 S}{\partial S^2} \sigma^2 S^2 \right) \Delta t + \frac{\partial f}{\partial S} \sigma S\, \Delta z$$

위 두 식에서 옵션가격 $f(S, t)$와 기초자산(S)의 아주 작은 시간(Δt) 동안의 변화인 Δf 와 ΔS는 같은 위너(wiener) 프로세스인 $\Delta z\left(=\varepsilon\sqrt{\Delta t}\right)$를 가지고 있으므로 기초자산을 $\frac{\partial f}{\partial S}$ 수량만큼 매수하고 옵션 한 계약을 매도하는 아래와 같은 포트폴리오를 구성함으로써 위너 프로세스를 제거할 수 있다.

$$\Pi = -f + \frac{\partial f}{\partial S} S$$

아주 작은 시간(Δt) 동안의 이 포트폴리오 가치의 변화는

$$\Delta\Pi = \left(-\Delta f + \frac{\partial f}{\partial S}\Delta S\right)$$

가 되고, 위 식에 ΔS식과 Δf식을 대입하면

$$\Delta\Pi = \left(-\frac{\partial f}{\partial t} - \frac{1}{2}\frac{\partial^2 S}{\partial S^2}\sigma^2 S^2\right)\Delta t$$

이 되다.

위 식은 더 이상 위너 프로세스인 Δz을 가지고 있지 않다. 따라서 무위험 상태이므로 무위험 수익률(r)을 얻어야 한다는 차익거래 부재(no arbitrage) 조건을 적용하여 아래와 같은 편미분방정식(Partial Differential Equation, PDE : “블랙－숄즈 PDE”라고도 한다)이 도출되었다.

$$\Delta\Pi = r\,\Pi\,\Delta t$$

$$\left(\frac{\partial f}{\partial t} + \frac{1}{2}\frac{\partial^2 S}{\partial S^2}\sigma^2 S^2\right)\Delta t = r\left(f - \frac{\partial f}{\partial S} S\right)\Delta t$$

$$\frac{\partial f}{\partial t} + rS\frac{\partial f}{\partial S} + \frac{1}{2}\sigma^2 S^2 \frac{\partial^2 f}{\partial S^2} = rf$$

여기서 f : 파생상품의 가격

r : 무위험 이자율

t : 현재시점

S :현재시점의 기초자산 가격

σ : 변동성

이 편미분방정식은 단지 기초자산 S에 정의된 수많은 파생상품에 대하여 성립하는 식이므로 많은 해를 가진다. 따라서, 특정 파생상품에 대하여는 특정 조건(boundary conditions)을 만족하는 해를 직접 풀어 공식을 얻어야 한다.

예를 들어 단순 유럽피안 콜 옵션의 경우는

$$f(S_T, T) = \max(S_T - K, 0)$$

라는 만기조건과

$$f(0,t) = 0, \quad \lim_{S \to \infty} f(S,t) = \infty$$

조건을 주고 열 방정식(heat equation)으로 전환하여 주면, 편미분 방정식 풀이를 따라 아래와 같은 Black－Scholes 옵션 가격 공식을 유도할 수 있다.

$$c = S_0 N(d_1) - Ke^{-rT} N(d_2)$$

여기서,

$$d_1 = \frac{\ln(S_0 / K) + (r + \sigma^2 / 2)T}{\sigma\sqrt{T}}, \quad d_2 = d_1 - \sigma\sqrt{T}$$

하지만 유럽형 옵션과 같이 특정 파생상품이 갖는 특정 조건을 만족하는 편미분방정식을 직접 풀어 근을 얻을 수 있는 경우는 많지 않으며 도출과정도 복잡하다. 또한, 현재 실무에서 적용되고 있는 이색옵션(Exotic Option) 대부분은 이항트리나 시뮬레이션, 유한차분법, 유한요소법 등 수치해석적으로 가격을 계산해야 하는 경우가 더 많다. 따라서 블랙－숄즈의 방법을 따라 옵션공식을 직접 도출하는 것은 생략하고 "이항모형의 시간간격 Δt를 계속 줄여서 0에 가깝게 하면 이항모형은 블랙－숄즈 공식에 수렴한다."는 정도로만 공식 도출과정을 이해하고 넘어가고자 한다.

8.3.2. 위험 중립 가치평가(Risk－neutral Valuation)

이 방법은 블랙－숄즈 편미분방정식이 투자자의 위험 선호도(risk preferences)에 대한 어떤 변수도 포함하고 있지 않다는 점에서 착안되었다. 따라서 어떤 형태의 위험 선호도를 이용하더라도 옵션가치를 평가 할 수 있다.

만약, 투자자가 위험에 대하여 중립인(neutral) 세상이라면 위험 중립 투자자는 투자위험을 지는데 대하여 추가적인 보상(premium)을 요구하지 않을 것이기 때문에, 모든 자산에 대한 기대 수익률은 무위험 이자율 r에 해당할 것이다. 또한, 위험중립 세상에서는 미래 현금흐름의 현재가치는 단지 기대 현금흐름을 무위험 이자율로 할인함으로써 얻어지게 된다.

이렇게 위험 중립 세상을 가정하는 것은 파생상품 분석을 상당히 간단하게 해 주는 장점을 지닌다.

위험 중립 세상을 가정하여 얻어진 옵션가격 공식은 위험 중립 투자자뿐만 아니라 모든 투자자에게 적용될 수 있으므로, 다음의 절차에 따른 위험 중립 가치평가 방법은 널리 이용된다.

① 기초자산으로부터의 기대 수익률을 무위험 이자율로 가정한다.(즉, 로그노말 프로세스에서 $\mu=r$로 가정)
② 파생상품의 기대 손익(expected payoff)을 계산한다.
③ 파생상품의 기대 손익을 무위험 이자율로 할인하여 준다.

실제로 위험 중립 세상에서 위험 회피 세상으로 전환하게 되면, 기초자산의 기대수익률과 파생상품으로부터의 손익을 현재가치로 할인하는데 이용되는 할인율에 대해서만 변경하여 주면 되는 것이다. 이 두 가지 변경은 항상 서로 정확하게 상쇄되는 효과를 가진다.

유럽형 콜 옵션의 가치를 위험 중립 가치평가 방법으로 구해 보면, 위험중립세상에서 만기시점의 옵션의 기대가치는 아래와 같이 표시된다.

$$\hat{E}[\max(S_T - K, 0)]$$

여기서 $\hat{E}$는 위험중립세상에서의 기대가치를 나타낸다. 이를 무위험 이자율로 할인하면, 옵션의 가치는

$$c = e^{-rT}\hat{E}[\max(S_T - K, 0)]$$

된다.

이를 정리하면 블랙-숄즈 편미분방정식을 직접 푼 것과 동일한 결과를 얻게 된다.

8.3.3. 위험 중립 가치평가(Risk-neutral Valuation)를 이용한 Black-Scholes 모형 도출

주식가격 S가 로그노말 프로세스를 따르면 Ito's lemma에 의해, $\ln S$의 프로세스가 아래와 같이 된다.

$$d\ln S = \left(\mu - \frac{\sigma^2}{2}\right)dt + \sigma\, dz$$

또한, 이로부터 $\ln S_T$의 분포를 아래와 같이 구할 수 있다.

$$\ln S_T - \ln S_0 \sim N\left[\left(\mu - \frac{\sigma^2}{2}\right)T, \quad \sigma\sqrt{T}\right]$$

$$\ln S_T \sim N\left[\ln S_0 + \left(\mu - \frac{\sigma^2}{2}\right)T, \quad \sigma\sqrt{T}\right]$$

위의 결과를 토대로 유러피언 콜 옵션의 가격 c를 위험중립 가치평가 방법을 통하여 구하면 아래와 같은 식을 얻을 수 있다.

$$\begin{aligned}
c &= e^{-rT}\hat{E}\left[\max(S_T - K,\ 0)\right] \\
&= e^{-rT}\hat{E}\left[S_T \mid S_T \ge K\right] - e^{-rT}\hat{E}\left[X \mid S_T \ge K\right] \\
&= e^{-rT}\hat{E}\left[S_T \mid S_T \ge K\right] - Ke^{-rT}\Pr(S_T \ge K) \\
&= e^{-rT}\int_{\ln K}^{\infty} e^{V}\frac{1}{\sqrt{2\pi\omega^2}}\exp\left[-\frac{(V-m)^2}{2\omega^2}\right]dV - Ke^{-rT}\Pr(V \ge \ln K)
\end{aligned}$$

여기서, $V = \ln S_T$ 이고, $m = \ln S_0 + \left(r - \frac{\sigma^2}{2}\right)T$, $\omega^2 = \sigma^2 T$ 임에 주의하자.

윗 식은 다시 아래와 같이 정리 된다.

$$c = e^{-rT}e^{\left(m+\frac{\omega^2}{2}\right)}\int_{\ln K}^{\infty}\frac{1}{\sqrt{2\pi\omega^2}}\exp\left[-\frac{\left[V-(m+\omega^2)\right]^2}{2\omega^2}\right]dV - Ke^{-rT}\left(1 - N\left[\frac{\ln K - m}{\omega}\right]\right)$$

위 식에서 확률 변수 V는 평균이 $m+\omega^2$이고, 분산이 ω^2인 새로운 정규분포 $N[m+\omega^2, \omega^2]$을 따르는 새로운 확률변수 V'로 생각할 수 있고 $1-N(a)$는 $N(-a)$이므로, 다음과 같이 식이 정리된다.

$$c = e^{-rT} e^{\left(m+\frac{\omega^2}{2}\right)} \Pr(V' \geq \ln K) - Ke^{-rT}\left(1 - N\left[\frac{\ln K - m}{\omega}\right]\right)$$

$$= e^{-rT} e^{\left(m+\frac{\omega^2}{2}\right)}\left(1 - N\left[\frac{\ln K - (m+\omega^2)}{\omega}\right]\right) - Ke^{-rT} N\left[-\frac{\ln K - m}{\omega}\right]$$

$$= e^{-rT} e^{\left(m+\frac{\omega^2}{2}\right)}\left(N\left[\frac{(m+\omega^2) - \ln K}{\omega}\right]\right) - Ke^{-rT} N\left[\frac{m - \ln K}{\omega}\right]$$

다음으로 위 식에 있는 m과 ω^2 대신 $\ln S_0 + \left(r - \frac{\sigma^2}{2}\right)T$ 과 $\sigma^2 T$ 을 대입하여 식을 정리하면, 블랙－숄즈 편미분방정식을 직접 풀에서 구한 블랙－숄즈 옵션 가격 결정 모형과 동일한 식이 도출 된다.

$$c = S_0 N(d_1) - K e^{-rT} N(d_2)$$

여기서,

$$d_1 = \frac{\ln\frac{S_0}{K} + \left(r + \frac{\sigma^2}{2}\right)T}{\sigma\sqrt{T}}$$

$$d_2 = \frac{\ln\frac{S_0}{K} + \left(r - \frac{\sigma^2}{2}\right)T}{\sigma\sqrt{T}} = d_1 - \sigma\sqrt{T}$$

8.3.4. 옵션가격 공식

기초자산에 대한 유럽식 콜옵션 공식은 다음과 같다.

$$c = S_0 N(d_1) - Ke^{-rT} N(d_2)$$

기초자산에 대한 유럽식 풋옵션 공식은 다음과 같다.

$$p = Ke^{-rT} N(-d_2) - S_0 N(-d_1)$$

단, $d_1 = \dfrac{\ln(S_0 / K) + (r + \sigma^2 / 2)T}{\sigma\sqrt{T}}$

$d_2 = d_1 - \sigma\sqrt{T}$

여기서 S_0 : 현재시점의 주식 가격

r : 무위험 이자율

T : 현재부터 옵션 만기까지의 기간(연 단위)

K : 행사가격

σ : 변동성

블랙-숄즈 옵션계산공식을 VBA를 이용해서 사용자 정의 함수로 만들어 보면 아래와 같다.

included

예제 VBA로 블랙-숄즈 공식 계산하기

```
Option Explicit
Function BS(S, X, r, q, T, sigma, choice)

Dim d1 As Double
Dim d2 As Double
Dim Nd1 As Double
Dim Nd2 As Double

d1 = (Log(S / X) + (r - q + 0.5 * sigma * sigma) * T) _
      / (sigma * Sqr(T))
d2 = d1 - sigma * Sqr(T)
Nd1 = Application.NormSDist(d1)
Nd2 = Application.NormSDist(d2)

Select Case choice
Case "call"
 BS = S * Exp(-q * T) * Nd1 - X * Exp(-r * T) * Nd2
Case "put"
 BS = X * Exp(-r * T) * (1 - Nd2) - S * Exp(-q * T) * (1 - Nd1)
End Select
End Function
```

Financial Engineering Practice with Excel VBA

8.4 그릭스(Greeks)

블랙-숄즈 공식에 따르면 옵션의 가치는 5개 변수의 함수이다. 즉, $C=f(S, K, r, t, \sigma)$이다. 다른 변수는 일정한 상태에서 한 변수가 변할 때 옵션의 가치가 어떻게 변하는지를 생각해 볼 수 있는데, 수학에서 말하는 편미분의 개념이 바로 그것이다. 옵션함수의 편미분은 각 변수에 따라 특정한 이름이 붙여져 있는데 대부분 그리스 문자에서 따온 이름들이므로 이들 모두를 통틀어 그릭스(Greeks)라고 부른다.

8.4.1. 델타(Delta)

기초자산 가격이 변할 때 옵션의 가치가 얼마나 변하는지를 나타내는 것으로 다음과 같이 정의된다.

(1) 콜옵션의 델타

$$\Delta = \frac{\partial C}{\partial S} = N(d_1)$$

(2) 풋옵션의 델타

$$\Delta = \frac{\partial P}{\partial S} = N(d_1) - 1$$

8.4.2. 감마(Gamma)

기초자산 가격이 변할 때 옵션의 델타가 어떻게 변하는 지를 나타내는 것으로 옵션함수를 기초자산에 대해 두 번 미분한 것이다. 감마는 풋옵션과 콜옵션의 값이 동일하다.

$$\Gamma = \frac{\partial \Delta}{\partial S} = \frac{\partial}{\partial S}\left(\frac{\partial C}{\partial S}\right) = \frac{\partial^2 C}{(\partial S)^2}$$
$$= \frac{N'(d_1)}{S_0 \sigma \sqrt{T}}$$

8.4.3. 쎄타(Theta)

옵션의 잔존만기(= 옵션만기일 - 현재시점)가 변함에 따라 옵션의 가치가 어떻게 변하는지를 보여주는 지표로 옵션은 시간이 지남에 따라 그 가치가 감소하는 특성이 있으므로 시간가치 감소 요소(time-decay factor)라고도 한다.

(1) 콜옵션의 쎄타

$$\Theta = \frac{\partial C}{\partial T} = -\frac{S_0 N'(d_1)\sigma}{2\sqrt{T}} - rKe^{-rT}N(d_2)$$

(2) 풋옵션의 쎄타

$$\Theta = \frac{\partial P}{\partial T} = -\frac{S_0 N'(d_1)\sigma}{2\sqrt{T}} + rKe^{-rT}N(-d_2)$$

8.4.4. 로(Rho)

이자율 변화에 대한 옵션가치 변화를 나타내는 지표이다. 블랙-숄즈 가정에 따르면 이자율은 상수로서 변하지 않지만 실제 시장에서는 변하는 값이므로 로(Rho)를 계산하여 옵션헤지에 사용하고 있다.

(1) 콜옵션의 로

$$\rho = \frac{\partial C}{\partial r} = KTe^{-rT}N(d_2)$$

(2) 풋옵션의 로

$$\rho = \frac{\partial P}{\partial r} = -KTe^{-rT}N(-d_2)$$

8.4.5. 베가(Vega)

기초자산 가격의 변동성 변화에 따른 옵션가치의 변화를 보여주는 지표로, 로와 마찬가지로 블랙-숄즈 가정에서는 변하지 않는 상수이지만, 현실적으로 변하는 값이므로 그에 대한 민감도를 분석하여 헤지에 이용하고 있다. 풋옵션과 콜옵션의 베가는 같다.

$$V = \frac{\partial C}{\partial \sigma} = S_0 \sqrt{T} N'(d_1)$$

예제 가격 그릭스를 선택하여 계산하여 주는 함수

```
Function BlackScholes(S, X, r, q, T, sigma, choice)

Dim d1 As Double
Dim d2 As Double
Dim Nd1 As Double
Dim Nd2 As Double
Dim Pi As Double
Dim Nprimed1 As Double

d1 = (Log(S / X) + (r - q + 0.5 * sigma ^ 2) * T) / _
      (sigma * Sqr(T))
d2 = d1 - sigma * Sqr(T)
Nd1 = Application.NormSDist(d1)
Nd2 = Application.NormSDist(d2)
Pi = Application.Pi()
Nprimed1 = (1 / Sqr(2 * Pi)) * Exp(-d1 ^ 2 / 2)

Select Case choice
Case "callprice"
BlackScholes = S * Exp(-q * T) * Nd1 - _
               X * Exp(-r * T) * Nd2
Case "putprice"
BlackScholes = X * Exp(-r * T) * (1 - Nd2) - _
               S * Exp(-q * T) * (1 - Nd1)
Case "calldelta"
 BlackScholes = Exp(-q * T) * Nd1
Case "putdelta"
 BlackScholes = Exp(-q * T) * (Nd1 - 1)
Case "calltheta"
  BlackScholes = -S * Nprimed1 * sigma * Exp(-q * T) / (2 * Sqr(T)) + _
               q * S * Nd1 * Exp(-q * T) - r * X * Exp(-r * T) * Nd2
Case "puttheta"
  BlackScholes = -S * Nprimed1 * sigma * Exp(-q * T) / (2 * Sqr(T)) - _
          q * S * (1 - Nd1) * Exp(-q * T) + r * X * Exp(-r * T) * (1 - Nd2)
```

```
Case "callgamma"
 BlackScholes=Nprimed1 * Exp(-q * T) / (S * sigma * Sqr(T))
Case "putgamma"
=Nprimed1 * Exp(-q * T) / (S * sigma * Sqr(T))
Case "callvega"
=S * Sqr(T) * Nprimed1 * Exp(-q * T)
Case "putvega"
 BlackScholes=S * Sqr(T) * Nprimed1 * Exp(-q * T)
Case "callrho"
 BlackScholes=X * T * Exp(-r * T) * Nd2
Case "putrho"
 BlackScholes=-X * T * Exp(-r * T) * (1-Nd2)
Case "d1"
 BlackScholes=d1
Case "d2"
 BlackScholes=d2
Case "nd1"
 BlackScholes=Nd1
Case "nd2"
 BlackScholes=Nd2
End Select
End Function
```

8.4.6. 그릭스의 관계

(1) 블랙-숄즈 편미분 방정식과 그릭스

앞에서 본 블랙-숄즈 편미분 방정식의 각 항은 위에서 말한 그릭스로 표현해 볼 수 있다.

$$\underbrace{\frac{\partial C}{\partial t}}_{Theta} + rS\underbrace{\frac{\partial C}{\partial S}}_{Delta} + \frac{1}{2}\sigma^2 S^2 \underbrace{\frac{\partial^2 C}{\partial S^2}}_{Gamma} = rC$$

즉, 다음이 성립한다.

$$\Theta + rS\Delta + \frac{1}{2}\sigma^2 S^2 \Gamma = rC$$

(2) 그리스의 관계

위의 블랙-숄즈 편미분 방정식은 모든 파생상품 포트폴리오에 적용되는데, 만약 우리가 보유한 포트폴리오가 델타 중립(delta-neutral : 기초자산 가격이 변화하더라도 포트폴리오의 전체 가치가 변하지 않는 상태, 델타=0)이라면, 다음 식이 성립한다.

$$\Theta + \frac{1}{2}\sigma^2 S^2 \Gamma = rC$$

여기서 변동성, 현재 기초자산의 가격, 현재 파생상품의 가격 및 이자율 등을 상수로 보면 감마와 쎄타는 음의(negative) 선형관계가 성립한다. 예를 들어, 콜옵션 매입 포지션의 감마는 양이고, 쎄타는 음이므로 이 포지션의 감마가 크다는 것은 쎄타가 작다(절대값 기준으로는 쎄타가 크다)는 것을 의미한다. 이 포지션을 가진 사람은 만약 기초자산의 가격이 변하지 않고 시간만 지난다면 쎄타만큼 손실이 발생하게 된다. 이를 만회하기 위해서는 기초자산의 가격이 변해주어야 한다는 것이며, 쎄타(의 절대값)가 크다는 말은 시간 흐름에 따라 감소하는 포지션의 가치(시간가치)를 만회하기 위해 기초자산 가격의 변동폭은 더 커져야 한다는 것을 뜻한다.

8.5 델타헤지(Delta hedge)와 동적헤지(Dynamic hedge)

Financial Engineering Practice with Excel VBA

included

구체적 예를 들어 동적헤지를 알아보자.

어떤 금융회사가 어떤 투자자에게 20주(week)뒤에 ABC회사 주식 100,000주를 50달러에 살 수 있는 옵션을 300,000달러에 매도했다. 이 주식은 현재 주가가 49달러이며, 변동성은 연 20%이다. 무위험 이자율은 연 5%로 고정되어 있다.

이 금융회사가 옵션의 이론가격을 블랙-숄즈 공식으로 계산했더니 아래와 같이 약 240,000달러였다.

	C	D	E
3	S	49	
4	X	50	
5	r	0.05	
6	sigma	0.2	
7	T	0.3846	=20/52
8	u	0.13	
9	d1	0.0542	=(LN(D3/D4)+(D5+0.5*D6^2)*D7)/(D6*SQRT(D7))
10	d2	-0.0699	=D9-D6*SQRT(D7)
11	N(d1)	0.5216	=NORMSDIST(D9)
12	N(d2)	0.4722	=NORMSDIST(D10)
13	Q	100000	
14	BS	2.401	=D3*D11-D4*EXP(-D5*D7)*D12
15	BS*Q	240,053	=D14*D13
16	Market	300000	

따라서 이 회사는 이론가격보다 약 60,000달러 비싸게 옵션을 판 것이다. 이제 이 회사는 이 이익(시장가격－이론가격)을 위험없이 실현하기 위해 옵션매도 포지션을 헤지해야 한다. 옵션을 헤지하기 위해서는 동적헤지가 필요하다.

우선 1주일에 한번 델타 포지션을 조정하기로 이 회사는 방침을 정하였다. 1주차, 2주차 등 각 시점에 주식의 가격은 다음 엑셀표의 B열과 같았다. 매 주말에 델타를 계산했더니 C열과 같았다. 델타를 계산하기 위해 C열에 사용된 수식은 다음과 같다.

셀C2 : “=ROUND(BlackScholes(B2,$C$24,$C$27,$C$26,($C$28－A2)/52,$C$25,"calldelta"),3)”

이를 주식 포지션으로 환산한 것이 D열이다.

셀D2 : “=$C$29*C2”

예를 들어 첫 주 말에 옵션의 델타는 0.522이고 이를 주식 포지션으로 환산하면 52,200(주)가 된다. 따라서 이 회사는 이 포지션을 헤지하기 위해 52,200주를 매수하면 된다. 이 때 1주당 주식가격이 49달러이므로 2,557.8천달러를 주식매입대금으로 차입하여야 한다(E열). 이 대금은 그 다음주(1주차 말)까지 무위험 이자율로 차입하게 된다(G열).

	A	B	C	D	E	F	G	H
1	Week	Stock Price	Delta	Shares Purchased	Cost of Shares Purchased (Thousands of Dollars)	Cumulative Cost (Incl. Interest, in Thousands	Interest Cost (Thiusands of Dollars)	
2	0	49	0.522	52,200	2,557.8	2,557.8	2.5	
3	1	48.125	0.458	(6,400)	(308.0)	2,252.3	2.2	
4	2	47.375	0.400	(5,800)	(274.8)	1,979.7	1.9	
5	3	50.25	0.596	19,600	984.9	2,966.5	2.9	
6	4	51.75	0.693	9,700	502.0	3,471.3	3.3	
7	5	53.125	0.774	8,100	430.3	3,904.9	3.8	
8	6	53	0.771	(300)	(15.9)	3,892.8	3.7	
9	7	51.875	0.706	(6,500)	(337.2)	3,559.3	3.4	
10	8	51.375	0.674	(3,200)	(164.4)	3,398.4	3.3	
11	9	53	0.787	11,300	598.9	4,000.5	3.8	
12	10	49.875	0.550	(23,700)	(1,182.0)	2,822.3	2.7	
13	11	48.5	0.413	(13,700)	(664.5)	2,160.6	2.1	
14	12	49.875	0.542	12,900	643.4	2,806.1	2.7	
15	13	50.375	0.591	4,900	246.8	3,055.6	2.9	
16	14	52.125	0.768	17,700	922.6	3,981.2	3.8	
17	15	51.875	0.759	(900)	(46.7)	3,938.3	3.8	
18	16	52.875	0.865	10,600	560.5	4,502.6	4.3	
19	17	54.875	0.978	11,300	620.1	5,127.0	4.9	
20	18	54.625	0.990	1,200	65.6	5,197.5	5.0	
21	19	55.875	1.000	1,000	55.9	5,258.3	5.1	
22	20	57.25	1.000	0	0.0	5,263.4		
23								
24	Strike Price(X)		50					
25	sigma		0.2		Delta Hedge Cost		263.4	Thousands
26	dividend(q)		0					
27	Interest Rate(r)		0.05					
28	Time to Maturity(week)		20					
29	# of stocks written by call		100,000					

1주차 말에 주식의 가격이 48.125달러가 되어 옵션의 델타를 계산해보니 0.458이었다. 전주에 비해 0.064가 감소한 것이고 주식 수로는 6,400주가 줄어 든 것이다. 따라서 회사는 주식 6,400주를 시장에서 매도해야 한다. 이때 회수된 자금은 308천달러가 된다(E열). 첫 주에 무위험 이자율로 차입했던 현금차입금은 이때 2,560.3천달러가 되므로 1주차 말에 이 회사의 현금부족액은 2,252.3천달러가 된다. 이 자금은 다시 1주일 동안 무위험 이자율로 차입하게 된다.

이런 식으로 2주차, 3주차까지 계속 헤지를 하여 옵션만기까지 왔다고 하자. 옵션 만기일에 ABC회사의 주가는 57.25달러이다. 옵션을 매입했던 투자자는 행사가격보다 만기일의 주가가 더 높으므로 옵션을 행사할 것이다. 그런데 옵션을 매도한 금융회사는 그 동안의 동적헤지 결과 주식 100,000주를 이미 보유하고 있다(D열의 값을 합산해 보면 100,000임을 확인할 수 있다). 따라서 금융회사는 보유한 주식을 투자자에게 넘겨주고 그 대가로 5,000,000달러(=100,000×행사가격)를 받게 된다. 또한, 동적헤지 결과 이 회사가 부담한 총 비용은 5,263.4천달러이다(셀F22의 값). 따라서 최종적으로 이 회사가 부담한 비용은 263.4천달러이며 이것은 거래시점에 투자자로부터 받은 옵션 프리미엄 300,000달러와 비교하면 약 37,000달러의 차이가 있고 이론으로부터 계산했던 가격 240,000달러와 비슷한 수준이다. 만약 동적헤지 주기를 보다 짧게 했다면 최종적으로 회사가 부담한 비용은 이론가격에 근접한 수준으로 수렴할 것이다.

8.6 변동성(Volatility)

Financial Engineering Practice with Excel VBA

8.6.1. 변동성의 의미

기초자산의 움직임을 정의한 확률미분방정식은 블랙-숄즈 모형에서 다음과 같이 정의된다.

$$dS = \mu S dt + \sigma S dz$$

기초자산의 초기값이 S_0인 경우, 위 식(즉, 확률미분방정식)을 풀면 다음과 같은 해를 얻을 수 있다.

$$S_t = S_0 e^{(\mu - \frac{1}{2}\sigma^2)t + \sigma z_t}$$

양변에 로그를 취한 뒤 정리하면

$$\ln\left(\frac{S_t}{S_0}\right) = (\mu - \tfrac{1}{2}\sigma^2)t + \sigma z_t$$

여기서 $z_t = \varepsilon\sqrt{t}$

$\varepsilon \sim N(0,1)$

위 식은 확률변수에 대한 표현이므로 분산을 계산할 수 있는데, 다음과 같다.

$$\mathrm{var}\left(\ln\frac{S_t}{S_0}\right) = \sigma^2 t \quad \text{즉,} \quad \sigma = \sqrt{\frac{1}{t}\mathrm{var}\left(\ln\frac{S_t}{S_0}\right)}$$

따라서 변동성이란 연율로 표시한 기초자산 로그 수익률의 분산의 제곱근 즉, 표준편차임을 알 수 있다.

8.6.2. 역사적 변동성

옵션가격의 결정변수 중 대부분의 변수는 관측 가능하지만 변동성만은 관측할 수가 없다. 따라서 변동성을 어떻게 결정할 것인가가 옵션가격 결정모형에서 중요한 이슈가 되는데 가장 보편적으로 사용되는 것이 과거의 데이터로부터 추정해 내는 방법이다. 이렇게 구해진 변동성을 역사적 변동성(Historical Volatility)이라고 하는데 다음 공식에 따라 계산할 수 있다.

$$\sigma = \sqrt{\frac{1}{n-1}\sum_{i=1}^{n}\ln\left(\frac{S_i}{S_{i-1}}\right)^2 - \frac{1}{n(n-1)}\left[\sum_{i=1}^{n}\ln\left(\frac{S_i}{S_{i-1}}\right)\right]^2}$$

여기서 n : 관찰한 기초자산 가격의 수

S_i : i 시점에 관찰한 기초자산의 가격

8.6.3. 내재변동성(Implied Volatility)

옵션 가치의 결정변수(argument)를 모두 알면 옵션의 가치를 계산할 수 있고 역으로 옵션가치와 나머지 결정변수를 알면 하나의 결정변수를 알아낼 수 있다. 이 관계를 이용하여, 옵션의 가격이 시장에서 관측 가능하다면, 변동성을 제외한 나머지 결정변수는 시장에서 관측 가능하므로 변동성을 역으로 추정해 낼 수 있다. 즉, $C=f(S, K, r, t, \sigma)$로부터 $\sigma=g(C, S, K, r, t)$로 함수를 전환할 수 있다. 이렇게 구한 변동성을 내재변동성(Implied Volatility)라고 한다.

(1) 내재변동성 계산

① 뉴튼-랩슨 방법(Newton-Raphson Method)

옵션공식을 전환하여 내재변동성을 계산할 수 있는 함수를 해석적으로 구해낼 수는 없다. 따라서 내재변동성은 수치해석적 방법을 이용해서 풀 수밖에 없는데, 주로 사용되는 방법이 뉴튼-랩슨 방법(Newton-Raphson Method)이다.

앞에서 "최적해 찾기" 절에서 본 바와 같이 뉴튼－랩슨 방법을 여기에서 적용할 수 있다.

우선 목표 함수는 다음과 같다.

$$f(\sigma_i) = c(\sigma_i) - c_m$$

여기서 σ_i : 추정한 변동성

c_m : 현재 옵션의 시장가격

$c(\cdot)$: 블랙－숄즈 콜옵션 가격결정 함수

초기값(초기 변동성)은 임의로 입력할 수도 있으나 가장 효율적인 초기값은 다음과 같다.

$$\sigma_0 = \sqrt{|\ln(S/K) + rT|\frac{2}{T}}$$

이 초기값을 이용하여 다음 공식에 따라 원하는 오차범위 ($|c_m - c(\sigma_{i+1})| \leq \varepsilon$) 이내에 드는 변동성을 찾아가게 된다.

$$\sigma_{i+1} = \sigma_i - \frac{c(\sigma_i) - c_m}{\partial C / \partial \sigma_i}$$

단, c_m＝옵션의 시장가격

$c(\sigma_i)$＝변동성이 σ_i일 때 옵션의 가격

$\partial C / \partial \sigma_i$ ＝ 변동성이 σ_i일 때 베가

included 예제 | 내재변동성함수 VBA 코드

```
Function ImpliedVolatility(Spot, Strike, RiskFreeRate, Tau, Error, PutCall,
MarketPrice, MaxTrial)

Dim InitialValue As Double
Dim TempError As Double
Dim TempPrice As Double

InitialValue=Sqr(Abs(Log(Spot / Strike) +_
        RiskFreeRate * Tau) * 2 / Tau)
```

```
For i=1 To MaxTrial

TempPrice=BlackScholes(Spot, Strike, RiskFreeRate, _
                  0, Tau, InitialValue, PutCall)
TempError=TempPrice-MarketPrice

If TempError <= Error Then
ImpliedVolatility=InitialValue
Exit Function
Else
InitialValue=InitialValue-TempError / _
        BlackScholes(Spot, Strike, RiskFreeRate, _
                0, Tau, InitialValue, PutCall & "vega")
End If

Next i

ImpliedVolatility=0

End Function
```

② 2분할 방법(Bisection Method)

우리가 구하고자 하는 파생상품의 베가가 존재할 경우, 뉴튼-랩슨 방법은 아주 효율적인 내재변동성 계산 수단이 되지만 일부 옵션(이색옵션이나 미국형 옵션 등)의 경우 베가를 해석적으로 구할 수 없는 경우가 있는데 이런 경우에는 뉴튼-랩슨 방법은 사용할 수가 없다. 이 때 유용하게 사용할 수 있는 방법이 2분할 방법이다. 2분할법은 다음 식과 같은 선형 보간 방식에 따라 변동성을 계속 수정해주면서 원하는 오차수준에서 목표로 하는 변동성을 확정하게 된다. 2분할법에서의 초기값은 두 개의 변동성을 필요로 한다.

$$\sigma_{i+1} = \sigma_L + (c_m - c_L)\frac{\sigma_H - \sigma_L}{c_H - c_L}$$

단, c_m = 옵션의 시장가격

σ_L = 옵션 가격이 c_L일 경우 낮은(low) 변동성 추정치

σ_H = 옵션 가격이 c_H일 경우 높은(high) 변동성 추정치

(단, $c_L < c_m < c_H$)

만약 $c(\sigma_{i+1}) < c_m$이면 σ_L을 σ_{i+1}로, $c(\sigma_{i+1}) > c_m$이면 σ_H를 σ_{i+1}로 바꾸어 준다. 이 과정을 $|c_m - c(\sigma_{i+1})| \le \varepsilon$가 만족될 때까지 수행하면 찾고자 하는 내재변동성을 구할 수 있다.

8.6.4. 변동성 스마일(Smile)

"기초자산의 (로그) 수익률이 정규분포를 따른다"는 가정은 블랙－숄즈 모형의 중요한 가정 중의 하나이다. 그러나 실제 재무 데이터를 분석해 보면 기초자산의 수익률이 정규분포를 따르지 않는 경우를 쉽게 볼 수 있다. 즉 수익률의 분포(정확히는 로그 수익률의 분포)를 보면 정규분포 함수와 비교해 볼 때, 양끝부분이 두툼(fat－tailed distribution)하고 가운데 부분이 뾰족하거나 좌우대칭이 아닌 분포(skewed distribution)를 나타내는 경우가 있다.

이런 경우 블랙－숄즈 공식을 이용해서 각 행사가격별로 내재변동성을 계산해 보면 등가격(At－The－Money : ATM) 옵션의 변동성은 낮고, 외가격(Out－of－The－Money : OTM) 또는 내가격(In－The－Money) 옵션의 변동성은 높은 이른 바 "변동성 미소(Volatility Smile)"현상이 나타나게 된다.

KOSPI200 옵션의 내재변동성 (2007년 6월7일 종가 기준)

	A	B	C	D	E	F	G	H
1	Implied Volatility			=ImpVolatility($B$7,F5,$B$5,$B$8,1/100,"call",E5,10)				
2								
3	future price	217.5			call		put	
4	expiry	07-06-14		imp volatility	last price	strike	last price	imp volatility
5	rate	5.04%		1.374296929	28.65	202.5	0.09	0.36113
6	today	07-06-07		1.291445125	26.15	205	0.13	0.33976
7	spot	223.17		1.207866007	23.65	207.5	0.21	0.32695
8	tau	0.0191781		1.12328028	21.15	210	0.33	0.31420
9				1.037329434	18.65	212.5	0.48	0.29647
10				0.936564476	16	215	0.76	0.28470
11				0.863459794	13.7	217.5	1.16	0.27122
12				0.778387986	11.3	220	1.85	0.26701
13				0.643705703	8.95	222.5	2.74	0.25744
14				0.608688137	6.75	225	3.95	0.24865
15				0.526604672	4.7	227.5	5.2	0.21373
16				0.453531689	2.97	230	6.45	0.00000

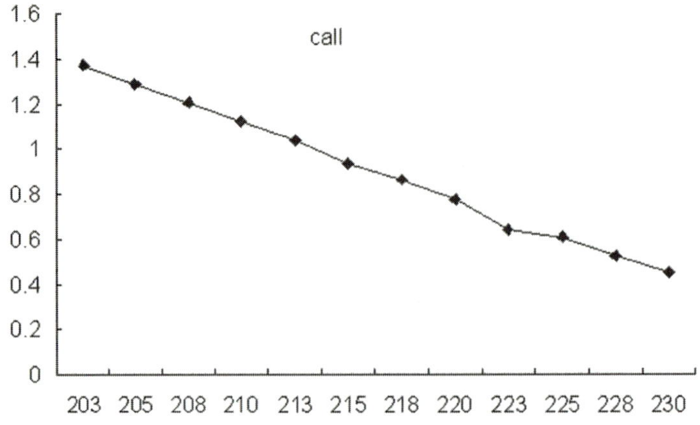

이러한 현상을 반영하기 위해서는 분포의 1차 적률(평균), 2차 적률(분산) 뿐만 아니라 3차 적률(skewness), 4차 적률(kurtosis)을 이용해서 옵션의 가격을 계산해야 한다. 그러나 블랙－숄즈 공식은 이를 반영하지 못하므로 실제로 수익률 분포의 3, 4차 적률이 정규 분포와 다르다면 블랙－숄즈 공식을 이용해서 옵션가격을 계산하는 것은 잘못된 결과를 낳게 된다.

8.6.5. 변동성 스마일을 반영한 모형

included

(1) 에지워스 전개(Edgeworth Expansion)

정규분포하는 확률변수를 '정규분포와 다른 3, 4차 적률을 가진 확률 변수'로 변환시켜주는 방법이 에지워스 전개이다. 이 에지워스 전개를 이용하면 정규분포하지 않는 수익률 분포를 가진 기초자산에 대한 옵션의 가치를 계산할 수 있다. 옵션의 기초자산이 정규분포를 따르지 않을 때, 에지워스 전개를 이용한 옵션가치 계산 방법은 기초자산이 정규분포를 따른다고 가정한 블랙－숄즈 모형보다 더 좋은 결과를 제시해 준다.

에지워스 전개 공식에 따라 3, 4차 적률을 반영한 새로운 확률분포는 다음과 같다.

$$f(x)=\left[1+\frac{1}{6}\xi(x^3-3x)+\frac{1}{24}(\kappa-3)(x^4-6x^2+3)+\frac{1}{72}\xi^2(x^5-10x^3+15x)\right]b(x)$$

단, $x=$ 표준정규 확률변수

$b(x)=$ 표준정규분포

$\zeta=E(x^3),\ \kappa=E(x^4)$

위 전개 공식에 따라 좌우 대칭이지만 첨도(Kurtosis)가 정규분포보다 크거나($\xi=0$, $\kappa=5.4$), 또는 오른쪽으로 치우치거나($\zeta=-0.8$, $\zeta=4.8$) 왼쪽으로 치우친 확률분포함수를 그려보면 다음과 같다.

	A	B	C	D	E	F	G	H	I	J	K
1				n	x	Normal	sym-kur	R-Skewed	L-Skewed		
2				1	-4	0.00013383	0.002315263	0.002169611	0.00031383		
3	=NORMDIST(E2,$B$6,$B$7,			2	-3.5	0.000872683	0.007815964	0.008691647	0.00115749		
4	dx=	0.5		3	-3	0.004431848	0.017727394	0.024330848	0.00305798		=EdgeworthExpansion(E2,$B$14,$B$15)*F2
5				4	-2.5	0.0175283	0.025525588	0.045801814	0.00782383		
6	mean	0		5	-2	0.053990967	0.026995483	0.0567805	0.02798532		=EdgeworthExpansion(E2,$B$11,$B$12)*F2
7	variance	1		6	-1.5	0.129517596	0.059092403	0.061480384	0.10033566		
8	skewness	0		7	-1	0.241970725	0.19357658	0.128244484	0.25729554		=EdgeworthExpansion(E2,$B$8,$B$9)*F2
9	kurtosis	5.4		8	-0.5	0.352065327	0.407075534	0.309120692	0.43821131		
10				9	0	0.39894228	0.518624965	0.488704293	0.48870429		
11	skewness	-0.8		10	0.5	0.352065327	0.407075534	0.477525273	0.34843465		
12	kurtosis	4.8		11	1	0.241970725	0.19357658	0.283105748	0.15405469		
13				12	1.5	0.129517596	0.059092403	0.091917019	0.05306174		
14	skewness	0.8		13	2	0.053990967	0.026995483	0.010708208	0.03950339		
15	kurtosis	4.8		14	2.5	0.0175283	0.025525588	0.001250717	0.0392287		

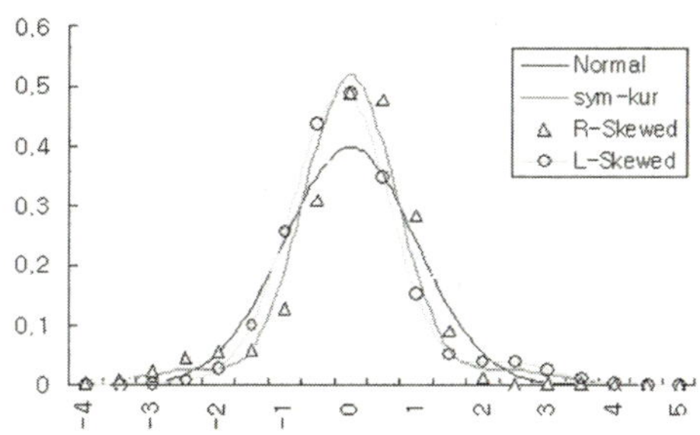

(2) 에지워스 전개를 이용한 옵션가격 계산

에지워스 전개를 이용해서 옵션가격을 계산하는 경우를 예를 들어 설명해 보고자 한다. 아래와 같이 5기간 이항트리모형으로 파생상품 가격을 계산하는 경우를 생각해 보자. 이 때 각 노드의 상승확률을 1/2로 둔다.

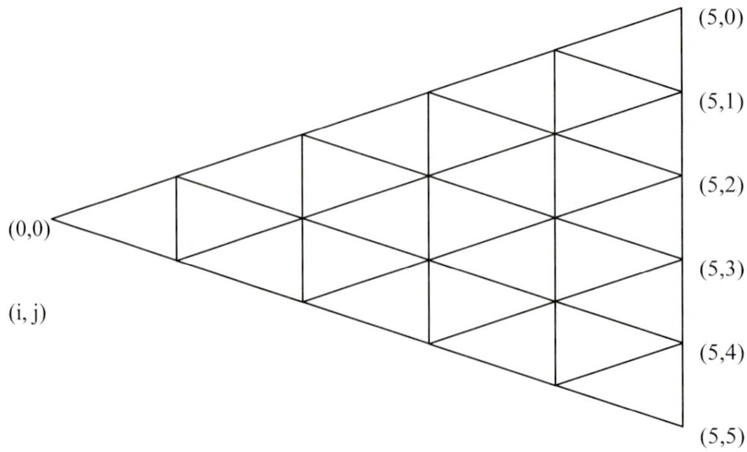

이 트리에서 마지막 시점(5, •)에서 각 노드의 실현 확률은 다음과 같다.

$$P(j) = \frac{{}_5C_j}{2^5}$$

여기서,

$${}_xC_y = \binom{x}{y} = \frac{{}_xP_y}{y!} = \frac{x!}{(x-y)!}\frac{1}{y!}$$

이 확률을 이용해서 옵션의 가격을 계산한 결과가 블랙－숄즈 공식이다(정확히는 시간간격이 0에 근접할 때 블랙－숄즈 공식과 일치하나 여기에서는 근사한 수준에서 일치하는 것으로 본다). 즉, 옵션의 가격은 다음과 같이 계산할 수 있다.

$$C = e^{-rT}\sum_{j=0}^{5} P(j)C_j$$

단, $C_j =$ 만기시점에 j 상태일 때 파생상품의 손익(Payoff)

$r =$ 무위험 이자율

$T =$ 옵션의 만기

그런데 이 확률은 정규분포 확률로 볼 수 있다(이 역시도 이항트리의 시간간격이 0에 근접할 때 정확히 정규분포 확률이 되지만 근사한 수준에서 일치하는 것으로 본다). 이 확률을 우리가 원하는 3차 및 4차 적률(첨도 및 왜도)을 가진 확률로 변형해 보자. 여기에 에지워스 전개가 적용된다.

에지워스 전개를 이용해서 계산한 새로운 옵션만기 시점의 x상태의 확률을 $P'(x)$라고 하자. 즉 원래 확률 $P(x)$와 새로운 확률은 다음과 같은 관계가 있다.

$$P'(x) = \left[1 + \frac{1}{6}\xi(x^3 - 3x) + \frac{1}{24}(\kappa - 3)(x^4 - 6x^2 + 3) + \frac{1}{72}\xi^2(x^5 - 10x^3 + 15x)\right]P(x)$$

그러면 첨도와 왜도가 반영된 새로운 옵션의 가격은 다음과 같이 계산할 수 있다.

$$C = e^{-rT}\sum_{j=0}^{5} P'(j)C_j$$

구체적으로 옵션의 가격을 계산해보자.

현재 주식 가격이 50달러이고 변동성이 연 40%이며, 수익률의 첨도가 4.8, 왜도가 0.8인 주식이 있다. 이 주식 1주를 5개월 뒤에 50달러에 팔 수 있는 옵션의 가격은 얼마인가? 무위험 시장수익률은 연 10%이며 변하지 않는다고 하자.

우선 이 주식의 이항트리 모형을 구현해 보면 아래와 같다.

	A	B	C	D	E	F	G	H	I	J
1	**INPUT**				**STOCK TREE**					
2	s	50	i							
3	volatility	0.4	j		0	1	2	3	4	5
4	risk free rate	0.1		0	50	56.12	62.9892	70.6991	79.3528	89.0656
5	strike	50		1		44.5474	50	56.12	62.9892	70.6991
6	time to maturity	0.4166667		2			39.6894	44.5474	50	56.12
7				3				35.3611	39.6894	44.5474
8	skew	0.8		4					31.5049	35.3611
9	kurtosis	4.8		5						28.0692

셀F4 : " =E4*$B$15"

셀F5 : " =E4*$B$16"

여기에서, B12부터 B17까지는 이항트리를 만들기 위한 중간 계산결과들이 입력되어 있다.

	A	B	C
11	**MID-PUT**		
12	dt	0.0833333	=B6/5
13	discount factor per step	0.9917013	=EXP(-B4*B12)
14	growth factor per step	1.0083682	=EXP(B4*B12)
15	up step size	1.1224009	=EXP(B3*SQRT(B12))
16	down step size	0.8909473	=EXP(-B3*SQRT(B12))
17	prob of up move	0.5073193	=(B14-B16)/(B15-B16)

이제, 위 이항트리를 이용해서 첨도와 왜도를 고려하지 않고 이 옵션의 가격을 계산하면 아래와 같이 4.49달러가 된다.

	E	F	G	H	I	J	K
11	**OPTION PRICE[NORMAL]**					Payoff	Probability
12	4.48576	←				0	0.03125
13						0	0.15625
14						0	0.3125
15						5.45264	0.3125
16						14.6389	0.15625
17						21.9308	0.03125

각 노드의 확률은 위에서 본 바와 같이 $P(j) = \frac{{}_5C_j}{2^5}$ 를 적용한 것이며, 옵션의 가격 또한 $C = e^{-rT}\sum_{j=0}^{5} P(j)C_j$ 식을 적용한 것이다.

included | 예제 | 에지워스 전개식을 이용한 옵션가격계산

이제 첨도와 왜도를 고려한 옵션의 가격을 계산해 보자. 우선 에지워스 전개 공식을 사용자 정의함수로 만들었다.

```
Function EdgeworthExpansion(x, Skew, Kur)

EdgeworthExpansion=1+1/6*Skew*(x ^ 3-3*x)+_
          1/24*(Kur-3)*(x ^ 4-6*x ^ 2+3)+_
          1/72*Skew ^ 2*(x ^ 5-10*x ^ 3+15*x)

End Function
```

이 함수를 이용하여 새로운 확률을 계산하면 다음과 같다.

	K	L	M	N
3	prob	normal(x)	prob'	final prob
4	0.03125	-2.23607	0.01414	0.014577
5	0.15625	-1.34164	0.13591	0.14011
6	0.3125	-0.44721	0.3916	0.403712
7	0.3125	0.44721	0.31965	0.329535
8	0.15625	1.34164	0.06972	0.071875
9	0.03125	2.23607	0.03899	0.040191
10			0.97	

셀L4 : "=(2*D4－$J$3)/SQRT($J$3)"

셀M4 : "=EdgeworthExpansion(L4,$B$8,$B$9)*K4"

셀N4 : "=M4/$M$10"

여기에서 L열은 이항확률변수를 표준정규확률변수로 바꾸는 부분이며 다음 식을 이용한다.

$$z = \frac{x - \mu}{\sigma}$$

z : 표준정규 확률변수

x : 이항확률변수

μ : 이항확률변수의 평균 E(X)＝np

σ : 이항확률변수의 표준편차 $[\mathrm{Var}(X) = npq]^{0.5}$

또한 K열은 원래 이항트리의 확률이고, M열이 에지워스 전개를 적용해서 구한 새로운 확률변수이다. 그런데 M열의 값을 모두 합하면 1이 되지 않으므로 이를 1이 되도록 조정한 최종 확률이 N열이다. 이 확률을 이용해서 옵션의 가격을 다시 계산하면 3.58달러이다.

	E	F	G	H	I	J	K
18	**OPTION PRICE[NON-NORMAL]**					Payoff	adjusted prob.
19	3.57818	←				0	0.014577217
20						0	0.140109594
21						0	0.403712216
22						5.45264	0.329535207
23						14.6389	0.071874942
24						21.9308	0.040190825

첨도와 왜도를 고려하지 않은 옵션의 가격이 이를 반영한 옵션보다 비싸게 계산되었음을 알 수 있다. 우리가 지금 계산한 옵션은 등가격(At－The－Money)옵션인데, 만약 외가격(Out－of－The－Money)옵션을 계산해 보면 위 결과와 반대로 첨도와 왜도를 반영한 옵션의 가격이 비싸게 나올 것이다. 일반적으로 재무 데이터를 분석해 보면 데이터의 양끝 분포가 정규분포보다 두터운 경우(fat－tail)가 많은데, 이를 반영하지 않을 경우 OTM 옵션 가격이 과소평가될 수 있음을 알 수 있다.

8.7 옵션거래실무

Financial Engineering Practice with Excel VBA

8.7.1 트레이딩 목적의 옵션 거래전략

옵션을 트레이딩 목적으로 사용한다는 말은 변동성을 거래한다는 말이다. 만약 방향성거래가 목적이라면(즉, 기초자산의 가격이 상승하거나 하락할 것을 예상하여 트레이딩을 하고자 한다면) 옵션보다는 기초자산을 직접 매입하는 것이 낫다. 따라서 변동성 거래 목적의 옵션거래는 방향성을 제거하게 되며 델타는 항상 중립인 상태로 유지되어야한다. 그래서 보통 옵션을 트레이딩 목적으로 거래하면 옵션에서 발생하는 델타 포지션만큼 반대되는 기초자산의 거래를 동시에 하게 되는데 이것을 보통 델타교환(Delta Exchange)라고 한다.

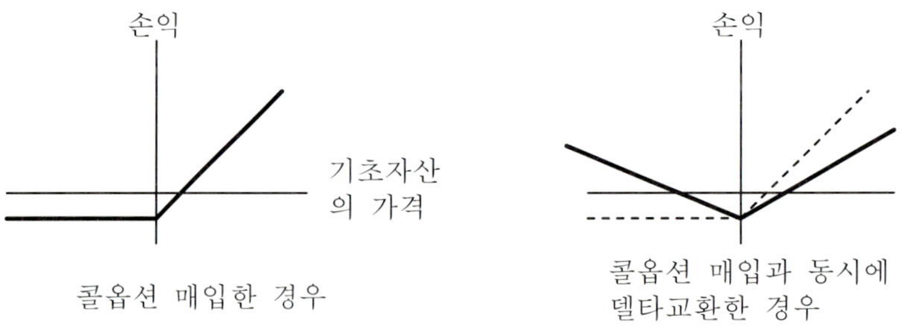

방향성을 제거한 옵션을 거래하는 또 다른 방법은 풋옵션과 콜옵션을 동시에 매입하거나 매도하는 것인데 스트래들과 스트랭글, 버터플라이 등이 여기에 속하며 이들을 컨비네이션 전략이라고 한다.

(1) 합성거래의 종류

스트래들(Straddle)

동일한 만기와 행사가격을 가진 콜옵션과 풋옵션을 동시에 사거나 파는 거래를 말한다. 스트래들의 손익구조는 위에서 본 "콜옵션 매입과 동시에 델타교환한 경우"의 손익구조와 동일함을 알 수 있다.

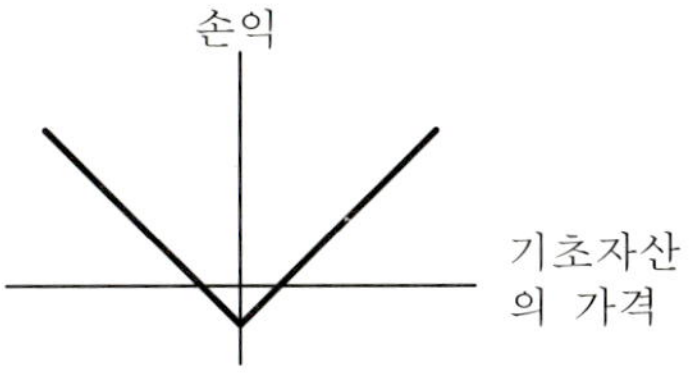

스트래들 매입한 경우

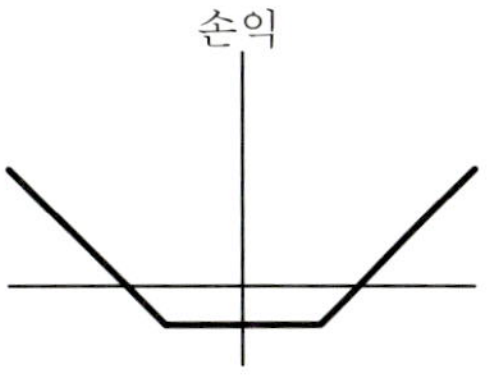

스트랭글 매입한 경우

○ 스트랭글(Strangle)

만기는 동일하지만 행사가격이 다른 콜옵션과 풋옵션을 동시에 사거나 파는 전략을 말한다.

○ 버터플라이(Butterfly)

스트래들을 사면서 스트랭글을 파는 전략 또는 반대로 스트래들을 팔면서 스트랭글을 사는 전략을 말한다.

옵션을 변동성에 대한 거래수단으로 사용하는 것이 보통이나 방향성에 대한 전략의 하나로 사용할 수도 있다. 주로 사용되는 것으로 스프레드 전략이 있는데 여기에는 콜(또는 풋) 스프레드, 리스크 리버설(risk reversal) 등이 있다.

○ 스프레드(Spread)

만기는 동일하나 행사가격이 다른 콜(풋) 옵션을 하나는 사고 하나는 파는 거래를 말한다.

○ 리스크 리버설(Risk Reversal)

콜(풋) 옵션을 사면서 만기는 동일하나 행사가격이 다른 풋(콜)옵션을 파는 거래를 말한다. 반대의 경우도 가능하다.

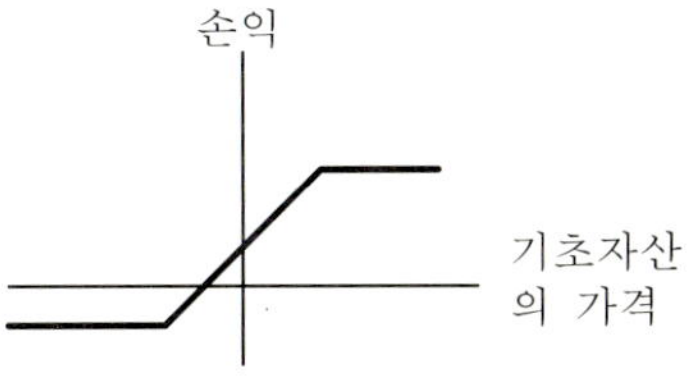

콜 스프레드를 매입한 경우

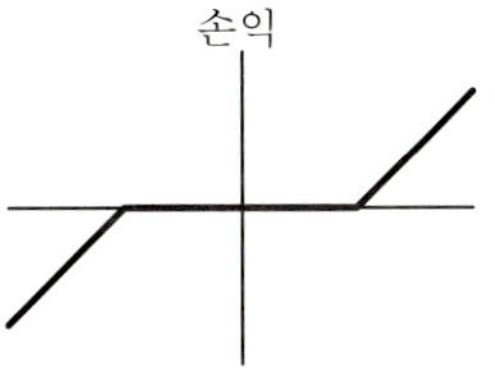

리스크리버설을 매입한 경우

8.7.2. 헤지 목적의 옵션전략

일반적으로 환위험에 노출된 기업의 경우 환위험을 헤지하기 위해 사용하는 상품은 선물환이다. 선물환 거래를 하게 되면 미래의 환위험을 완전하게 헤지할 수 있다. 그러나 어느 정도 환율에 대한 전망이 있거나, 적정한 수준의 위험을 감수하면서 유리한 환율로 헤지를 하고자 하는 요구가 있을 경우 선물환은 좋은 헤지수단이 되지 못한다. 이때 주로 사용하는 것이 구조화 선물환(Structured FX Forward)이다. 가장 많이 알려진 구조화 선물환은 레인지 포워드(Range Forward)이다. 이와 함께 많이 사용되는 구조화 선물환은 다음과 같다.

○ 레인지 포워드(Range Forward)

특정구간(Range)에서는 환헤지 효과가 없다가 구간을 벗어나면 헤지효과가 발생하는 선물환 상품으로, 만기가 동일하고 행사가격이 다른 콜옵션 매입+풋옵션 매도(또는 반대의 경우도 가능)로 구성된다. 예를 들어 한달 뒤에 USD 1,000,000을 지급해야 하는 회사의 경우 레인지 포워드 매입을 실행해야하며 그 후 헤지 결과는 다음 그림과 같다.

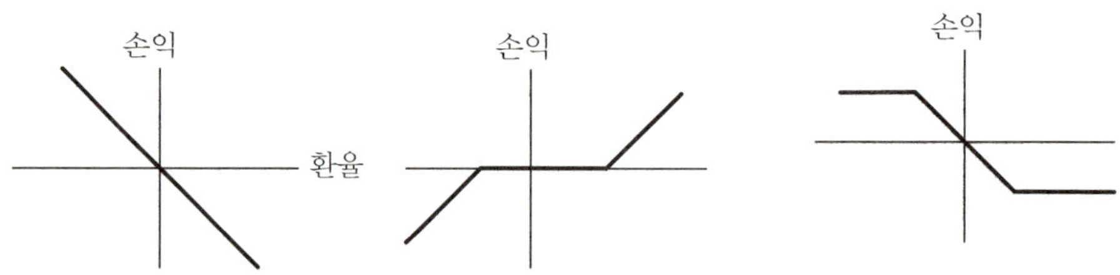

(a) 회사의 원래 포지션　(b) 레인지 포워드의 포지션　(a)+(b)의 포지션

레이지 포워드를 다른 이름으로 (zero cost) collar, cylinder, risk reversal 등으로 부르기도 한다.

○ 변동금액 선물환(Variable Amount Forward)

예를 들어 특정환율을 기준으로 만기시점의 환율이 낮으면 선물환 거래금액이 USD 1,000,000이고, 만기시점의 환율이 높으면 거래 금액 USD 2,000,000이 되는 선물환 거래이다. 만약 어떤 회사가 한달 뒤에 USD 1,000,000을 매입해야 하는데 이 상품으로 헤지할 경우 특정환율보다 만기환율이 낮아지면 손실이 발생할 수 있다. 대신

변동금리 선물환율의 계약환율은 일반 선물환율보다 유리하다.(이 경우에는 변동금액 선물환의 계약환율이 일반 선물환율보다 낮게 된다.) 이 거래는 동일한 만기의 콜옵션을 헤지하고자 하는 금액만큼 매입하고, 동시에 동일한 만기에 행사가격이 같지만 계약금액이 2배인 풋옵션을 매도하면 된다.

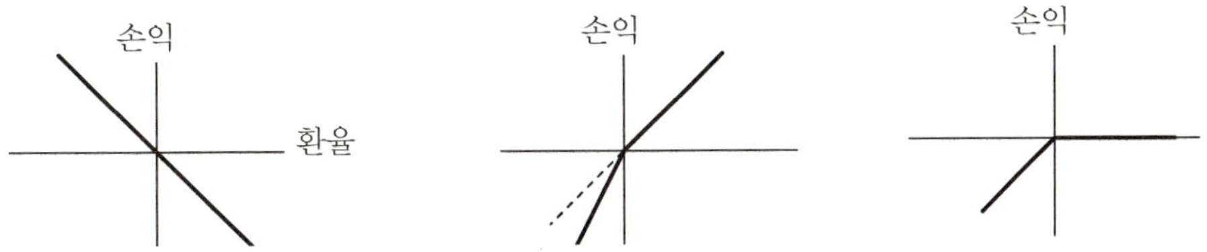

(a) 회사의 원래 포지션 (b) 변동금액 선물환 포지션 (a)+(b)의 포지션

8.7.3. 은행간 통화옵션 거래

장내옵션으로 대표적인 것은 증권선물거래소에서 거래되는 KOSPI200에 대한 옵션이고 장외옵션으로 대표적인 것을 들라고 하면 통화옵션일 것이다. 주식옵션의 경우, 장내옵션 거래량은 많지만 장외옵션거래는 우리나라에서는 아직 활발하지 못한 편이며, 이에 비해 통화옵션은 장내거래보다는 장외거래가 활발한 상품이다. 일반기업에서는 헤지목적의 거래가 대부분이고, 금융기관의 거래는 헤지수요와 트레이딩수요가 혼재한다.

(1) 가격제시 및 거래

주식은 가격을 채권은 수익률을 가격으로 제시(호가)하듯이, 옵션은 변동성을 호가한다. 예를 들어 "1개월 만기 등가격 옵션의 변동성이 8%에 매수호가가 9%에 매도호가가 있다"는 식이다. 일단 변동성이 체결되면 예를 들어 8.5%에 A은행이 매도하고 B은행이 매수하기로 했다면, 블랙숄즈 옵션공식에 이 변동성과, 기초자산의 가격, 무위험 이자율, 행사가격, 만기 등을 입력하여 프리미엄을 계산하고 이를 수수하게 된다.

장외 통화옵션시장에서는 거래를 하고자 하는 금융회사를 중개해주는 브로커(broker)가 존재하며, 이들은 각 금융회사의 가격을 제시받아 로이터, 블룸버그 등의 금융정보망에 고시하거나, 전화 등을 통해 거래 가능한 곳에 알려주게 된다.

원칙적으로는 모든 만기와 행사가격에 대해 거래가 가능하지만, 일반적으로 특정만기(예를 들어 1주일, 1개월, 2개월 등)와 특정 행사가격(등가격, 25델타, 50델타)의 변동성만 호가되므로 이 이외의 만기와 행사가격의 옵션은 보간하여 사용하게 된다. 시장에서 호가되는 전형적이 예는 아래와 같다.

Term	ATM vol	25delta risk-reversal	25delta strangle
1W	8.0/8.5	+0.5	0.4
1M	8.0/8.5	+0.5	0.4
2M	8.0/8.5	+0.5	0.4
3M	8.0/8.5	+0.5	0.4
6M	8.0/8.5	+0.5	0.4

리스크리버설은 방향성이 있는데, 예를 들어 콜옵션에 대한 선호(call over, call favor)가 있으면 양(+)으로 풋옵션(put over, put favor)에 대한 선호가 있으면(−)로 호가한다.

위 표의 의미를 예를 들어 살펴보면 다음과 같다.

25델타 리스크리버설을 거래하려고 할 경우

콜옵션에는 ATM변동성+0.5/2의 변동성이 적용되고(위의 경우 ATM변동성의 중간값(mid)를 사용한다면, 8.25+0.5/2=8.5(%)), 풋 옵션에는 ATM변동성−0.5/2의 변동성(8.25−0.5/2=8.0(%))이 적용된다. 결국 콜옵션과 풋옵션의 변동성 차이가 0.5(%)가 되는 것이다.

25델타 콜옵션을 매입할 경우

이 경우 변동성은 "ATM변동성 +25델타 리스크리버설/2+25델타 스트랭글"로 계산하게 된다. 따라서 8.5+0.5/2+0.4=9.15(%)의 변동성으로 옵션을 매입하게 되는 것이다.

(2) 등가격 선도옵션(ATM Forward Option)

등가격 선도옵션(ATM Forward Option)이란 행사가격이 옵션과 만기가 동일한 선도가격과 일치하는 옵션을 말하며 등가격옵션은 가장 거래가 많이 되는 통화옵션이다.[주)]

주) D. DeRosa, Options on Foreign Exchange, John Wiley & Sons, 2000 p.78

따라서 등가격 옵션의 가격을 신속하게 계산할 필요가 있는데 다음의 공식을 이용할 수 있다.

| 정리 | 약식 등가격선도옵션 가격공식

$$c = p = 0.4e^{(-r_f t)} S\sigma\sqrt{t}$$

c : 등가격선도 콜옵션
p : 등가격선도 풋옵션
r_f : 외국이자율
σ : 변동성
t : 옵션만기

위 공식의 도출과정은 다음과 같다.
등가격선도옵션의 경우, 행사가격과 선도가격은 다음의 관계가 있다.

$$K = F = Se^{(r_d - r_f)t}$$

K : 행사가격
F : 선도가격
S : 현물가격
r_d : 국내이자율
r_f : 외국이자율
t : 옵션만기

이 때 x를 다음과 같이 정의하자.

$$x = \frac{\ln(S/K) + (r_d - r_f - \frac{1}{2}\sigma^2)t}{\sigma\sqrt{t}}$$

x에 K를 대입해서 정리하면 다음과 같다.

$$x = -\frac{1}{2}\sigma\sqrt{t}$$

따라서 옵션공식은 다음과 같이 변형된다.

$$c = p = e^{-r_f t} S\left(N\left[\frac{\sigma}{2}\sqrt{t}\right] - N\left[-\frac{\sigma}{2}\sqrt{t}\right]\right)$$

이번에는 위 변형된 공식에 사용한 누적정규분포함수를 1차 다항식으로 근사한다. (표준) 누적정규분포함수는 다음과 같은 다항식으로 표현할 수 있다.

$$N[x] = \frac{1}{2} + \frac{1}{\sqrt{2\pi}}\left(x - \frac{1}{6}x^3 + \frac{1}{40}x^6 + \cdots \right)$$

좌변의 두 번째 항까지만으로 근사식을 만들면 다음과 같다.

$$N[x] \approx \frac{1}{2} + \frac{1}{\sqrt{2\pi}}x = \frac{1}{2} + 0.3989\cdots \times x \approx 0.5 + 0.4x$$

따라서

$$N\left[\frac{\sigma}{2}\sqrt{t}\right] \approx 0.5 + 0.4\left(\frac{\sigma}{2}\sqrt{t}\right) = 0.5 + 0.2\sigma\sqrt{t}$$

이를 위의 약식 옵션공식에 대입하면 최종적으로 정리를 얻는다.

Chapter 9

스왑(Swap)

일반적으로 스왑(Swap)이란 주기적으로 미래의 현금흐름을 교환하는 거래를 의미하며 그 현금흐름이 무엇에 의해서 결정되는가에 따라 이자율 스왑(Interest Rate Swap), 통화스왑(Cross－Currency Interest Rate Swap), 주식스왑(Equity Swap) 등으로 불린다.[주1] 이 중에서 현재 장외파생상품 시장에서 가장 활발하게 거래되고 있는 상품은 이자율 스왑이다.

Financial Engineering Practice with Excel VBA

9.1 스왑의 종류

9.1.1 이자율 스왑(Interest Rate Swap : IRS)[주2]

(1) 표준적인 이자율 스왑(Vanilla IRS)

표준적 이자율스왑은 다음의 요소로 구성되어 있다.

주1) 달러화 현물(또는 만기가 짧은 선물환)을 사(팔)면서 (만기가 긴) 달러화 선물환을 파(사)는 거래를 외환스왑(FX Swap)이라고 하는데, 이것은 스왑이라기보다는 스프레드 거래에 해당한다. 이것은 선물거래 중 근월물을 사고 원월물을 파는 거래를 스프레드 거래라고 하는 것과 동일한 거래로 볼 수 있기 때문이다.

주2) 이 장은 다음 자료를 참고하였음
Paul Miron & Philip Swannell, Pricing and Hedging Swaps, Euromoney Books, 1991

명목원금(Notional Principal)

원금은 실제로 교환하지 않는다. 다만 고정금리와 변동금리를 계산할 때 원금을 차입(또는 대출)한 것으로 가정하여 이자를 계산하게 된다.

고정금리(Fixed Rate)

이자율 스왑의 가격은 보통 고정금리 수준으로 고시된다. 이에 상대되는 변동금리는 원화의 경우 91일 CD 수익률을 사용한다.

지급일(Payment Date)

원화의 경우 일반적으로 3개월마다 이자지급이 발생한다. 그러나 달러 이자율 스왑의 경우 6개월마다 이자 교환이 발생하거나 고정금리는 1년 주기로 변동금리는 3개월 주기로 교환하기도 한다.

고정금리 지급액(Fixed Amount)

고정금리 지급액은 다음 식에 따라 계산된다.

Fixed Amount=Notional Principal×Fixed Rate×Fixed Rate Day Count Fraction

변동금리 지급액(Floating Amount)

고정금리 지급액은 다음 식에 따라 계산된다.

Floating Amount=Notional Principal ×Floating Rate×Floating Rate Day Count Fraction

차액결제(Netting)

대부분 고정금리와 변동금리 지급일은 같고 따라서 두 금액의 차액만 결제하게 된다.

날짜계산법(Day Count Fraction)

고정금리지급액 또는 변동금리지급액을 계산하기 위한 날짜계산법은 다양하게 존재하는데 대표적인 것은 다음과 같다.

• 기호

$D_1 = (y_1, m_1, d_1)$: 직전 이자지급일. 예를 들어 2006년 11월 16일은(2006, 11, 6)

$D_2 = (y_2, m_2, d_2)$:이번 이자지급일

Actual/365(Fixed) : 일년을 무조건(윤년일 경우 366일임에도 불구하고) 365일로 보고 실제 이자계산 날짜수를 365로 나누는 방법

$$\frac{D_2 - D_1}{365}$$

Actual/360(=Money Market Basis) : 일년을 360일로 보고 실제 이자계산 날짜수를 360로 나누는 방법

$$\frac{D_2 - D_1}{360}$$

30/360 : 일년을 360일로, 모든 달을 30일로 가정하여 날짜를 계산하는 방법

$$\frac{\Delta_{360}(D_1 - D_2)}{360}$$

$$\Delta_{360}(D_2 - D_1) = \max(0, 30 - d_1) + \min(30, d_2) + 360 \times (y_2 - y_1) + 30 \times (m_2 - m_1 - 1)$$

(2) 비표준 이자율 스왑

원금이 변하는 이자율 스왑

일반적인 스왑은 초기부터 만기까지 명목원금이 일정하지만, 원금이 감소하거나(Amortizing), 원금이 증가하거나(Accreting), 원금이 변동하는(Rollercoaster) 스왑이 가능하다.

베이시스 스왑

일반 스왑이 고정 대 변동금리를 교환하는데 비해 베이시스 스왑은 변동 대 변동금리를 교환한다. 예를 들어 91일-CD금리와 364일-통안채 수익률을 교환할 수 있다.

선도 이자율 스왑(Forward Start Swap)

원화 이자율 스왑의 경우 거래일로부터 1영업일 뒤가 최초 이자기산일(Effective Date)이 되지만 선도 이자율 스왑은 그보다 더 뒷날이 이자기산일이 되는 스왑이다.

무이표 스왑(Zero coupon Swap)

변동쪽 금리는 정기적으로 수취(지급)하지만 고정금리는 만기에 한번 지급(수취)하

는 스왑이다. 이때 고정금리는 일반적 스왑에서 발생하는 고정금리를 재투자(compounding)해서 만기에 돌려주는 것으로 이해할 수 있다.

○ 어리어 스왑(Arrear(Back-set) Swap)

일반적인 스왑이 변동금리를 이자계산 시작일에 고시되는 금리를 사용해서 확정하는데 비해 어리어 스왑은 이자계산 종료일에 고시되는 금리를 이용해서 변동금리를 확정하게 된다.

9.1.2. 통화스왑(Cross Currency Interest Rate Swap : CS, CCIRS, CRS)

(1) 통화스왑의 특징

기본적으로 통화스왑은 원금과 이자의 교환이라는 기본적 구성은 이자율스왑과 동일하나, 이자율스왑에 비해 다음의 특징을 가진다.

○ 이종통화 이자율의 교환

서로 다른 통화를 계산원금으로 해서 이자를 교환한다. 예를 들어 $1,000,000에 대해 변동금리를 지급하고 950,000,000원에 대해 고정금리를 수취한다.

○ 원금의 교환

거래 시작일(Effective Date, Start Date)에 원금을 교환한다. 위의 예에서는 $ 1,000,000를 받고, 950,000,000원을 지급한다. 또한 만기에는 이와 반대로 원금을 교환한다.

9.2 스왑시장

Financial Engineering Practice with Excel VBA

원화 장외파생상품 시장 중에서 가장 활발하게 거래되고 있는 상품이 이자율 스왑 시장이다. 10여년 이상의 역사를 가지고 있으며 거래량도 많으므로 장외파생상품이기는 하지만 상당히 정형화 되어 있다. 은행간 거래[주1)] 시장에서 거래되는 이자율 스왑 거래 조건의 예를 살펴보면 다음과 같다.

일반적 거래조건 : 거래확인서(일부)[주2)]

A. Trade Details	
Notional Amount:	KRW 10,000,000,000
Trade Date:	28 Jul 2005
Effective Date:	29 Jul 2005
Termination Date:	30 Jul 2007 subject to adjustment in accordance with the Modified Following Business Day Convention
Fixed Rate Payer:	Party A
Payment Dates:	Quarterly, every End of January, April, July, October in each year, commencing on 31 Oct 2005 and ending with the Termination Date, subject to adjustment in accordance with the Business Day Convention specified below and there will be adjustment to the Calculation Period
Business Day Convention:	Modified Following
Fixed Rate:	4.5000 % p.a.
Day Count Fraction:	Actual/365(Fixed)
Initial Calculation Period:	29 Jul 2005~31 Oct 2005 (94 Days)
Floating Rate Payer:	Party B
Payment Dates:	Quarterly, every End of January, April, July, October in each year, commencing on 31 Oct 2005 and ending with the Termination Date, subject to adjustment in accordance with the Business Day Convention specified below and there will be adjustment to the Calculation Period

주1) 장외파생상품 거래를 구분할 때 크게 거래(trading)를 주요 목적으로 거래를 하는 시장을 은행간 거래라고 하며 위험회피(hedge)를 주요 목적으로 거래하는 시장을 대고객 시장이라고 한다.

주2) 거래확인서(Confirmation)란 장외파생상품 거래시 거래 당사자간에 교환하는 일종의 거래계약서이다. 장외파생상품은 원칙적으로 거래 당사자간의 사적계약이므로 계약의 형식은 자유롭게 선택할 수 있으나, 장외파생상품 거래의 활성화를 위해 국제스왑파생상품협회(ISDA, International Swap and Derivatives Asssocitation)에서 정형화된 파생상품에 대해서는 표준적인 거래계약서(안)을 제시하고 있으며 대부분 금융기관들끼리는 이 표준양식을 사용한다. 이 계약서에 사용되는 용어(대문자로 표시된 단어)는 별도로 만들어진 ISDA의 용어정의집에 정의되어 있다. 여기에 제시된 거래확인서도 표준양식에 따른 것이다.

Floating Rate Option:	KRW－CD－3220
Day Count Fraction:	Actual/365(Fixed)
Business Day Convention:	Modified Following
Reset Dates:	The first day of each Calculation Period
Designate Maturity:	3 Month
Spread:	None
Initial Rate:	To be advised
Initial Calculation Period:	29 Jul 2005~31 Oct 2005 (94 Days)
Business Days:	Seoul
Calculation Agent:	Party A, unless otherwise specified in the Agreement

이 거래는 3년동안 매 분기마다 A가 B에게 고정금리 4.5%를 지급하고 반대로 B는 A에게 변동금리(3개월 만기 CD금리)를 지급하는 이자율 스왑이다.

이 거래에 따른 현금흐름을 구체적으로 보면, 2005년 7월 29일부터 2005년 10월 31일까지 이자계산기간에 대해 고정금리 연 4.5%를 거래당사자 A가 B에게 지급하고, 동일한 이자계산기간에 대해 2005년 7월 28일 결정된 91일 만기 CD 수익률[주1](3.49%였음)을 B가 A에게 지급하게 된다. 지급일은 2005년 10월 31일이다.

- A가 지급할 금액 : $10{,}000{,}000{,}000 \times 4.5\% \times \dfrac{94}{365}$
- B가 지급할 금액 : $10{,}000{,}000{,}000 \times 3.49\% \times \dfrac{94}{365}$

다음 이자계산기간은 2005년 10월 31일부터 2006년 1월 31일까지이며 고정금리는 4.5%로 동일하고, 변동금리는 2005년 10월 28일[주2)] 결정된 CD 수익률 3.91%를 사용하게 되며, 지급일은 2006년 1월 31일이 된다. 이런 식으로 매 3개월 주기로 만기일까지 이자를 교환하게 된다.

매 분기별 이자흐름을 그려보면 다음과 같다.

주1) 원화변동 기준금리인 91일 CD수익률은 이자계산기간 시작일 1영업일 전에 증권업협회(http://www.ksdabond.or.kr)에 고시된 15시30분 기준 최종호가 수익률을 사용한다.

주2) 2005년 10월29일은 토요일, 2005년 10월30일은 일요일로 휴일이었다.

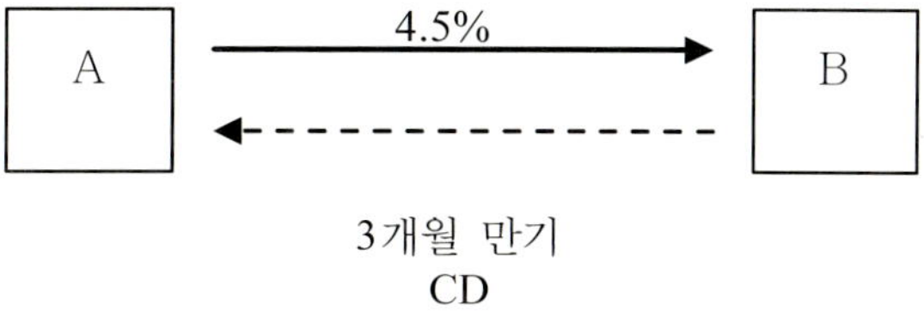

가격고시화면

●원달러 통화스왑(KRW/USD CCIRS) (2007-02-22 16:02:00 기준)

Maturity	KRW / USD CCIRS(SA A/365)			
	Offer	Chg	Bid	Chg
1 Year	4.63	▽ 0.03	4.59	▽ 0.03
2 Year	4.63	▽ 0.03	4.59	▽ 0.03
3 Year	4.65	▽ 0.03	4.61	▽ 0.03
4 Year	4.68	▽ 0.03	4.64	▽ 0.03
5 Year	4.72	▽ 0.03	4.68	▽ 0.03
7 Year	4.74	▽ 0.03	4.70	▽ 0.03
10 Year	4.77	▽ 0.02	4.73	▽ 0.02

●원화금리스왑(KRW IRS) (2007-02-22 16:00:00 기준)

Maturity	KRW IRS(Q A/365)			
	Offer	Chg	Bid	Chg
1 Year	4.84	▽ 0.01	4.80	▽ 0.01
2 Year	4.80	▽ 0.01	4.76	▽ 0.01
3 Year	4.79	▽ 0.01	4.75	▽ 0.01
4 Year	4.81	-	4.77	-
5 Year	4.83	▽ 0.01	4.79	▽ 0.01
7 Year	4.87	▽ 0.01	4.83	▽ 0.01
10 Year	4.91	-	4.87	-

자료 : http://www.kdb.co.kr

9.3 스왑분석

Financial Engineering Practice with Excel VBA

(1) 스왑금리

| 정의 | 스왑금리란 다음 식을 만족하는 X를 말한다.

$$\sum NX\alpha_i DF_{i+1} = \sum NF_i\alpha_i DF_{i+1}$$

N : 명목원금

F_i : i 시점에 고시되는 선도이자율

α_i : 이자계산날 수/365

DF_i : i 시점의 할인계수

즉, 고정금리측(Fixed leg)의 현재가치와 변동금리측(Floating leg)의 현재가치를 일치시키는 고정금리 수준이다.

| 정리 | 스왑금리는 선도금리의 가중평균이다.

위 식을 정리하면 다음 식을 얻을 수 있다.

$$X = \frac{\sum F_i\alpha_i DF_{i+1}}{\sum \alpha_i DF_{i+1}} = \sum \frac{\alpha_i DF_{i+1}}{\sum \alpha_i DF_{i+1}} F_i = \sum w_i F_i$$

만약, 위식에서 α_i가 상수로 모두 같다면, 가중치(w_i)는 해당시점의 할인계수를 스왑만기까지의 할인계수의 합으로 나눈 것이 된다. 이 경우 할인계수는 현재시점에 가까울수록 1에 가깝고 멀수록 0에 가까워지므로 가중치는 현재시점에 가까운 선도금리가 크고 현재 시점에서 멀수록 가중치가 작아지는 형태를 보이게 된다.

(2) 이자율 스왑의 분해

이자율 스왑은 다음과 같이 나누어 볼 수 있다.

① FRA계약의 포트폴리오

행사가격이 K이고 이자계산 시작일(기산일)이 i, 이자계산 종료일이 $i+1$인 FRA계약 매입(고정금리 지급)의 현재가치(FRA)는 다음과 같다.

$$FRA_i = (F_i - K)\alpha_i DF_{i+1}$$

이자계산 시작일이 매3개월마다 발생하도록 FRA계약을 연속적으로 체결하면 이자율 스왑의 현금흐름과 동일함을 알 수 있다.

② 고정금리채권과 변동금리채권의 포트폴리오

| 정리 | 변동금리채권(Floating Rate Note)의 가격

FRN의 가격(P)은 금리재확정 시점에 항상 액면가격(par)과 일치한다.

| 증명 |

FRN가격은 다음 공식을 이용하면 간단히 도출할 수 있다.

$$\frac{Y-1}{XY} = \frac{1}{X} - \frac{1}{XY}$$

- 기호 $f_i = i$ 시점의 선도금리
  $\alpha_i = i$ 구간의 날짜수/365
  $a_i = \alpha_i f_i$
  채권 액면가격=1
  d_i : $_i$시점만기인 할인계수

FRN의 가격은 다음과 같이 쓸 수 있다.

$$P = \Sigma_{i=1}^{n} f_i \alpha_i d_i = \Sigma_{i=1}^{n} a_i d_i$$
$$= \frac{a_1}{1+a_1} + \frac{a_2}{(1+a_1)(1+a_2)} + \cdots + \frac{a_n + 1}{(1+a_1)(1+a_2)\cdots(1+a_n)}$$

우변의 첫 번째 항에 위 공식을 적용하자.

$$X = 1, \quad Y = 1 + a_1$$

$$\frac{a_1}{1+a_1} = 1 - \frac{1}{1+a_1}$$

우변의 둘째 항에 위 공식을 적용하자.

$$X = 1 + a_1, \quad Y = 1 + a_2$$

$$\frac{a_2}{(1+a_1)(1+a_2)} = \frac{1}{1+a_1} - \frac{1}{(1+a_1)(1+a_2)}$$

우변의 $n-1$번째 항에 위 공식을 적용하자.

$$X = (1+a_1)(1+a_1)\cdots(1+a_{n-2}),\ \ Y = (1+a_{n-1})$$

$$\frac{a_{n-1}}{(1+a_1)(1+a_2)\cdots(1+a_{n-1})}$$
$$= \frac{1}{(1+a_1)(1+a_2)\cdots(1+a_{n-2})} - \frac{1}{(1+a_1)(1+a_2)\cdots(1+a_{n-2})(1+a_{n-1})}$$

우변의 n번째 항에 위 공식을 적용하면 다음을 얻는다.

$$\frac{1}{(1+a_1)(1+a_2)\cdots(1+a_{n-1})}$$

위 결과를 모두 더해보면 각항의 분리된 부분이 서로 제거되어 '1'만 남게 된다.

9.4 스왑가격계산 및 평가

Financial Engineering Practice with Excel VBA

보통 스왑에서 가격계산(pricing)이라는 것은 상대방이 원하는 "고정금리" 수준 또는 변동금리+"가산금리(spread)" 수준을 제시하는 것을 말하며, 평가(evaluation)라면 스왑의 현금흐름을 할인해서 그 현재가치를 계산하는 것을 말한다.

예를 들어 '스왑 가격을 제시해 달라'는 말의 의미는 (변동금리수준에 대비한) 고정금리수준을 제시해달라는 것이며, '스왑을 평가해 달라'는 말의 의미는 현재 체결된 스왑의 (순)현재가치를 계산해 달라는 것이다.

스왑의 가치 P를 고정금리수준(R) 또는 변동금리에 가산되는 가산금리(S)의 함수로 보면 다음과 같이 쓸 수 있다.

$$P = f(R, S)$$

이 때 전자는 고정현금흐름과 변동현금흐름의 "현재가치"를 0으로 하는 금리수준

(*R* 또는 *S*)을 찾는 것이고 후자는 현재 스왑조건(*R* 또는 *S*)의 "현재가치 *P*"를 찾는 것이므로 결국 동일한 함수를 이용해서 *P*를 찾는 것은 '평가'이고 *R* 또는 *S*를 찾는 것은 '가격계산(pricing)'이라고 하는 것이다. 즉 둘은 같은 개념으로 볼 수 있다. 따라서 이하에서도 두 용어는 혼재되어 사용될 수 있다.

9.4.1. 약식 스왑 가격계산

여기서는 부트스트래핑을 이용하지 않고, 간단히 시장에서 고시되는 스왑 이자율을 이용해서 기존의 스왑을 평가하는 방법을 알아보고자 한다. 이 방법은 비교법(Comparison Method)으로 알려져 있다.

비교법의 기본 아이디어

비교법은 현재 시장에서 금리(가격)가 고시되는 스왑을 이용해서 시장가격이 고시되지 않는 스왑(비교대상 스왑)의 가치를 계산한다. 시장금리가 고시되는 금리 또는 이를 변형한 스왑을 비교용 스왑(Comparison Swap)이라고 한다. 이 때 비교용 스왑의 현재가치는 0이 되게 한다.

구체적인 방법은 다음과 같다.

- 비교대상 스왑의 현금흐름에서 비교용 스왑의 현금흐름을 빼서 변동금리 현금흐름을 없앤다. 따라서 차액은 고정현금흐름만 남게 된다.
- 이 고정현금흐름을 시장 수익률과 연금의 현재가치 공식을 이용해서 현재가치를 계산한다.
- 현재가치의 합이 비교대상 스왑의 가치가 된다.

(1) 일반적 스왑 가격계산

오늘 신규로 체결되는 이자율 스왑의 평가방법을 알아보자.

included
예제 | 비교법을 이용한 이자율 스왑평가

한 은행이 5년만기로 3개월 CD 수익률 대(對) 연지급(Annual) Actual/365 방식 고정금리 4.71% 스왑을 제시하고 있다. 한 고객이 이 은행에게 고객 자신이 5%를 수취하는 스왑을 체결하면 초기 수수료(up－front fee)로 얼마를 주면 되는지 문의해 왔다. 스왑원금이 100,000,000원이라면 초기 수수료를 얼마로 제시해야 할까?

이 경우 "4.71% 대 변동금리" 스왑의 가치는 0이다. 고객이 요청한 스왑을 "5% 대 변동금리" 스왑이므로 매 분기마다 연 0.29%를 5년 동안 지급하는 연금의 현재가치를 계산하면 된다.

연금의 현재가치 A는 다음과 같다.

- 기호 y : 연 수익률
  a : 매회 지급 금액
  n : 지급 회수
  m : 연간 지급회수

$$r = \frac{y}{m}$$

$$A = \frac{a}{r}\left(1 - \frac{1}{(1+r)^n}\right)$$

	A	B	C	D	E	F	G	H	I	J	K	L
1	이자율스왑평가(비교법)										=$B$6*$B$12/100	
2							현금의 현재가치 계산					
3	y	4.71%				i	Term	DF	CF	PV		=I5*H5
4	이자율	0.29		=B4/B5		0	0	1	0			
5	연지급회수	4				1	0.25	0.988362037	72,500	71,656		
6	a	0.07250		=1/(1+$B$9)^F5		2	0.5	0.976859516	72,500	70,822		
7	n	20				3	0.75	0.965490861	72,500	69,998		
8	m	4				4	1	0.954254514	72,500	69,183		
9	r	0.011775		=B3/B8		5	1.25	0.943148936	72,500	68,378		
10	A=	1.28521431				6	1.5	0.932172603	72,500	67,583		
11				=B6/B9*(1-1/(1+B9)^B7)		7	1.75	0.921324013	72,500	66,796		
12	원금	100,000,000				8	2	0.910601678	72,500	66,019		
13	초기수수료	1,285,214				9	2.25	0.90000413	72,500	65,250		

계산결과 초기 수수료는 1,285,214 (원)이며, 아래의 고정금리 현금흐금과 변동금리 현금흐름의 차액을 할인계수로 직접 할인해서 계산한 '정식계산' 결과 1,286,319원과 거의 일치한다.[주)]

주) 정식계산방법을 뒤에서 다루게 된다.

	A	B	C	D	E	F	G	H	I	J	K	L	M	N
1	이자율스왑의평가(비교법)										스왑조건		고정금리=	5%
2	시나리오												원 리=	100,000,000
3		1			Discount Factor						정식계산			
4		B											가 치=	1,286,319
5	Year	Rate	상품		i	year	a	df	A	Zero	FRA	CF1	CF2	PV
6	0.25	4.62%	CD		0	0		1			0.0462			
7	1	4.67%	IRS		1	0.25	0.25	0.988581879		0.045935	0.0463277	1,250,000	1,155,000	93,915
8	2	4.66%	IRS		2	0.5	0.25	0.977263284		0.045998	0.0468706	1,250,000	1,158,193	89,720
9	3	4.67%	IRS		3	0.75	0.25	0.965944689		0.046198	0.0474263	1,250,000	1,171,764	75,571
10	4	4.68%	IRS		4	1	0.25	0.954626094		0.046436	0.0456985	1,250,000	1,185,657	61,423
11	5	4.71%	IRS		5	1.25	0.25	0.943843046	3.886416	0.046236	0.0462266	1,250,000	1,142,462	101,499
12	6	4.74%	IRS		6	1.5	0.25	0.933059999		0.046191	0.0467671	1,250,000	1,155,665	88,020
13	7	4.77%	IRS		7	1.75	0.25	0.922276951		0.046234	0.0473203	1,250,000	1,169,177	74,541

(2) 토막기간(Short (or stub) first period) 스왑의 평가

평가하려는 스왑이 예를 들어 6개월 전에 체결한 것이고 원래 만기는 3년이며 이자 지급주기는 1년이라고 하자. 이 스왑을 현재시점에서 평가하기 위해서는 비교용 스왑의 첫 이자기간을 6개월로 조정해 주어야 한다. 이 경우처럼 잔여 이자기간이 원래 이자기간보다 짧아지는 경우를 토막기간(Short first period 또는 Stub)이라고 한다.

위 예에서 비교용 스왑은 2.5년 만기이어야 하는데 시장에서 고시되는 2년 스왑금리와 3년 스왑금리를 이용해야 하지만 이들로부터 직접 선형보간법을 적용하는 것은 문제가 있다.

우선 다음 예를 살펴보자.

1년에 1회 이자를 지급하는(annual) 2년만기 채권(2년－채권)의 시장수익률이 10.25%이고, 3년만기 채권(3년－채권)의 시장수익률이 10.25%이면 연 10.25%를 지급하는 2.5년만기 채권의 가격은 액면가(Par)일까?

우선, 2년－채권 및 3년－채권의 가격을 계산하면 다음과 같다.

$$2년-채권: \frac{10.25}{1.1025}+\frac{110.25}{1.1025^2}=100$$

$$3년-채권: \frac{10.25}{1.1025}+\frac{10.25}{1.1025^2}+\frac{110.25}{1.1025^3}=100$$

초기 토막기간의 금리를 5.125%(연 10.25%)로 두고 2.5년－채권의 가격을 계산하면 다음과 같다.

$$2.5\text{년}-\text{채권}: \frac{5.125}{1.1025^{0.5}}+\frac{10.25}{1.1025^{1.5}}+\frac{110.25}{1.1025^{2.5}}=100.12$$

즉, 토막기간의 금리를 5.125%로 한 2.5년－채권의 가격은 액면(Par)이 아니다.

다음을 생각해보자.

10.25%(annual)을 반기지급(semi－annual) 이자율로 변경하면, '이자율지급주기의 변환' 공식에 따라 10%이고 이 이자율을 초기 토막기간(short stub)에 적용해 보자.

$$\text{채권 }4: \frac{5}{1.1025^{0.5}}+\frac{10.25}{1.1025^{1.5}}+\frac{110.25}{1.1025^{2.5}}=100$$

이 채권의 가격은 액면가(Par)이다.

요약하면,

첫 6개월치 이자를 10.25%가 아닌 10%를 적용하면 수익률이 10.25%가된다. 즉, 2개 기간의 스왑금리를 선형보간하고, 초기 토막기간(short stub) 금리를 공식을 통해 변환(decompound)함으로써 액면가 채권을 만들 수 있다. 변환(decompound)이란 초기 토막기간(short stub)이 6개월이면 반기지급 이자율로 고정금리를 바꿔주고, 초기 토막기간이 3개월이면 분기지급 이자율로 고정금리를 바꾸어 주는 것을 말한다. 일반적으로 스왑이 1년에 n번 이자를 지급하고, 초기 토막기간(short stub)의 날수가 f라면 $m=365/f$로 두어 '이자율 지급주기의 변환' 공식을 적용할 수 있다. 이를 이용해서 토막기간(short stub)이 있는 비교용 스왑의 현금흐름을 만들 수 있다.

| 예제 | stub swap 가격계산(1)

연지급 3년 2개월 만기스왑을 평가하고자 한다. 연지급 3년만기와 4년만기 스왑금리는 각각 11%, 11.24%이다. 비교용 스왑의 고정현금흐름(고정이자율)은 얼마인가?

| 풀이 |

3＋1/6년만기 스왑금리를 선형보간으로부터 계산하면 11.04%이고 앞의 이자지급주기의 변환 공식에 $m=6$, $n=1$을 투입하면 연6회 지급 이자율은 10.564%이다. 따라서 초기 2개월은 10.564% × 2/12＝1.76% 고정금리이고 이후 1년마다는 11.04%를 지급하면 된다.

| 예제 | stub swap 가격계산(2)

연지급 2년 만기, 3년 만기 스왑금리가 모두 10.25%이다. 연지급 2.5년만기 스왑금리는 얼마로 책정해야 할까?(첫 번째 기간을 분해(decompose)하지 않는다. 즉 첫 토막기간에 대해 10.25%의 이자를 적용하고자 한다.)

풀이

비교용 스왑은 0.5년, 1.5년 2.5년 시점에 각각 5, 10.25, 10.25의 고정금리 현금 흐름을 갖고 있다. 우리가 찾고자 하는 스왑의 고정금리를 x라고 하면 이 스왑은 0.5년, 1.5년, 2.5년 시점에 각각 $0.5x$, x, x의 현금흐름을 가지고 있다. 두 스왑의 가치가 같아야 하므로 다음 식이 성립한다.

$$\frac{0.5x}{1.1025^{0.5}}+\frac{x}{1.1025^{1.5}}+\frac{x}{1.1025^{2.5}}=\frac{5}{1.1025^{0.5}}+\frac{10.25}{1.1025^{1.5}}+\frac{10.25}{1.1025^{2.5}}$$

위 식을 풀면 $x=10.194\%$이다. 단순히 선형보간한 2.5년만기 스왑금리(10.25%)보다 낮다.

예제 stub 스왑 가격 계산(3)

10개월 전에 4년만기 스왑을 해서 고정금리 11.5%를 받고 있다. 변동금리는 6개월 기준이다. 직전 변동금리는 10.5%로 확정되었으며 2년 만기 Libor금리는 1.75%이다. 3년 2개월 만기 이자율 스왑금리는 11.04%이다. 이 스왑의 가치는 얼마인가?

풀이

평가하고자 하는 스왑의 현금흐름은 아래와 같다.

시간	2M	8M	1Y2M	1Y8M	2Y2M	2Y8M	3Y2M
고정	11.5	–	11.5	–	11.5	–	11.5
변동	−5.25	F_{8M}	F_{1Y2M}	F_{1Y8M}	F_{2Y2M}	F_{2Y8M}	F_{3Y2M}

(주) 1Y2M은 지금부터 1년 2개월 뒤 시점을 의미한다. F_{1Y2M}은 1Y2M 시점에 지급되는 변동금리금액을 의미한다.

비교용 스왑의 현금흐름은 다음과 같다.

시간	2M	8M	1Y2M	1Y8M	2Y2M	2Y8M	3Y2M
고정	1.76	–	11.04	–	11.04	–	11.04
변동	−1.75	F_{8M}	F_{1Y2M}	F_{1Y8M}	F_{2Y2M}	F_{2Y8M}	F_{3Y2M}

두 거래의 현금흐름 차이는 다음과 같다.

시간	2M	8M	1Y2M	1Y8M	2Y2M	2Y8M	3Y2M
고정	6.24	–	0.46	–	0.46	–	0.46

1Y2M부터 3Y2M까지의 현금흐름을 2M까지 할인하면 연금의 현재가치 공식에 따라 1.123을 얻는다.

$$\frac{0.46}{11.04\%} \times \left(1 - \frac{1}{(1+11.04\%)^3}\right) = 1.123$$

이를 2개월 시점의 현금흐름과 합쳐 다시 현재까지 할인하면 다음을 얻는다.

$$\frac{1.123 + 6.24}{1 + 2 \times 10.5/1200} = 7.24$$

즉 이 스왑은 스왑원금의 7.24%의 가치가 있다.

(3) 선도 이자율 스왑(Forward Start Swap)의 평가

비교법을 활용해서 간단하게 선도 스왑금리를 계산할 수 있다. 다음 예제를 살펴보자.

included **예제** | 비교법을 이용한 선도스왑금리 계산

시장에서 고시되는 3년만기 고정금리 수취 스왑(스왑1)의 금리가 4.67%이고 1년만기 고정금리 지급 스왑(스왑2)의 금리가 4.61%이다. 1년 뒤 시작하는 2년만기 스왑(스왑3)의 고정금리의 수취 수준은 얼마로 해야 할까?

| 풀이 |

스왑1(고정금리 수취), 스왑2(고정금리 지급) 및 스왑3(고정금리 수취)의 고정금리 현금흐름을 표로 나타내면 다음과 같다. 이 때 스왑3의 금리 수준은 임의로 투입한다. 예를 들어 B4셀에 1%를 입력한다.

	A	B	C	D	E	F	G	H	I	J	K	L	M
1	선도이자율스왑그림계산(간편법)												
2	Term	0.25											
3	1Y IRS=	4.61											
4	3Y IRS=	4.67											
5	선도스왑금리=	4.7022											
6													
7	i	1	2	3	4	5	6	7	8	9	10	11	12
8	Year	0.25	0.5	0.75	1	1.25	1.5	1.75	2	2.25	2.5	2.75	3
9	스왑1	1.1675	1.1675	1.1675	1.1675	1.1675	1.1675	1.1675	1.1675	1.1675	1.1675	1.1675	1.1675
10	스왑2	-1.1525	-1.1525	-1.1525	-1.1525								
11	스왑3					1.1755	1.1755	1.1755	1.1755	1.1755	1.1755	1.1755	1.1755
12	차이	0.015	0.015	0.015	0.015	-0.008	-0.008	-0.008	-0.008	-0.008	-0.008	-0.008	-0.008
13	DF	0.9885	0.97705	0.9658	0.9546	0.9436	0.9327	0.922	0.9113	0.9008	0.8904	0.8801	0.87
14	PV	0.0148	0.01466	0.0145	0.0143	-0.0076	-0.0075	-0.0074	-0.0073	-0.0072	-0.0072	-0.0071	-0.007
15													
16	합계	-1E-06		=B9+B10-B11									
17				=1/(1+$B$4*$B$2/100)^B7									
18				=SUM(B14:M14)									

스왑1, 2는 현재 시장에서 고시되는 가격이므로 평가값이 모두 0이어야 하며 따라서 스왑 1, 2, 3의 조합도 평가값이 0이어야 한다. 따라서 각 스왑의 현금흐름을 합한 뒤 현재가치를 계산하면 0이 되어야 하므로, 이 합계(셀 B16)가 0이 되도록 하는 선도스왑금리(셀 B5)를 해찾기를 통해 찾으면 4.702%를 얻는다. 이 결과값은 연금의 현재가치 공식을 이용해도 얻을 수 있다.

이는 직접 할인계수를 이용해서 선도 스왑금리를 계산한 아래의 '정식계산' 결과와 일치한다(셀 L3).

	A	B	C	D	E	F	G	H	I	J	K	L	M
1	이자율스왑평가(비교법)										분 자=	0.0852677	
2											분 모=	1.8133728	
3	시나리오	1			Discount Factor						선도금리	4.70216%	
4		B											
5	Year	Rate	상품		i	year	a	df	A	Zero	FRA	분모	분자
6	0.25	4.60%	CD		0	0		1			0.046		
7	1	4.61%	IRS		1	0.25	0.25	0.988630746		0.045738	0.0456081		
8	2	4.66%	IRS		2	0.5	0.25	0.977485438		0.045544	0.0461341		
9	3	4.67%	IRS		3	0.75	0.25	0.966340129		0.045653	0.0466724		
10	4	4.68%	IRS		4	1	0.25	0.955194821		0.04584	0.0463055		
11	5	4.71%	IRS		5	1.25	0.25	0.944263681	3.887651	0.04588	0.0468478	0.2360659	0.0109311
12	6	4.74%	IRS		6	1.5	0.25	0.933332542		0.045996	0.047403	0.2333331	0.0109311
13	7	4.77%	IRS		7	1.75	0.25	0.922401403		0.046157	0.0479715	0.2306004	0.0109311
14	8	4.79%	IRS		8	2	0.25	0.911470263		0.046348	0.0461034	0.2278676	0.0109311
15	9	4.81%	IRS		9	2.25	0.25	0.901084488	7.599119	0.046292	0.046641	0.2252711	0.0103858
16	10	4.83%	IRS		10	2.5	0.25	0.890698713		0.0463	0.0471913	0.2226747	0.0103858
17					11	2.75	0.25	0.880312938		0.046356	0.0477547	0.2200782	0.0103858
18					12	3	0.25	0.869927163		0.046449	0.0463111	0.2174818	0.0103858

9.4.2. 정식 스왑 평가

앞의 약식스왑 가격계산에 비해 정식 스왑평가는 할인계수를 이용해서 스왑의 가치를 평가하게 된다. 따라서 할인계수를 도출하는 과정, 즉 부트스트래핑이 중요한 역할을 하게 되는 바, 우선 부트스트래핑에 대해 다시 자세히 살펴본 뒤 스왑평가를 알아보도록 하겠다.

included

(1) 부트스트래핑(Bootstrapping) 종합

부트트래핑의 일반적 절차는 다음과 같다.

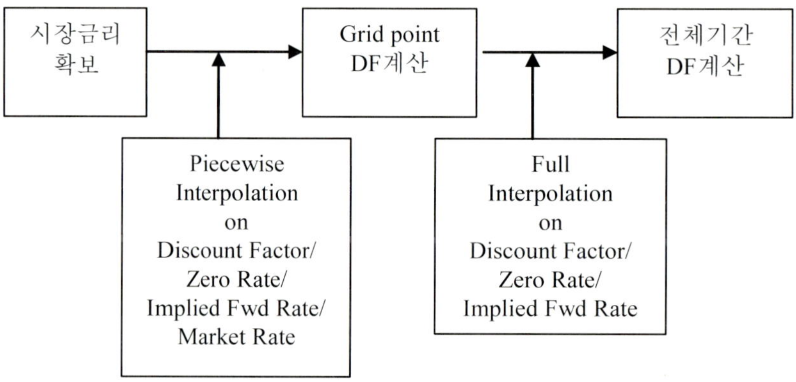

금리(이자율) 시장은 다음과 같이 다양하게 존재할 수 있다.

구분	신용등급별			상품별	
	국고채	은행채	회사채	현물상품	파생상품
단기금융시장 (만기 1년미만)	통안채	Call CD	CP	CD	선물, FRA
장기금융시장 (만기 1년이상)	국고채	은행채	회사채	채권	이자율 스왑 (IRS)

이 중 표준화되고 유동성이 큰 시장이 이자율 스왑이다. 따라서 여기서는 우리나라 이자율 스왑을 이용해서 부트스트래핑을 실시한다. 우선 부트스트래핑을 실시하기 위한 상품 및 시장금리는 다음과 같다.

만기(년)	금리(%)	상품
0.25	4.42	CD
1	5.16	IRS
2	5.18	"
3	5.2	"
4	5.21	"
5	5.25	"
7	5.31	"
10	5.42	"

1차적으로 우리는 그리드 포인트(Grid Point)의 할인계수를 알아야 한다. 즉, 원화 이자율 스왑의 경우 매3개월(0.25년)마다 현금흐름이 발생하므로 $0.25 \times i(i=1,2,\cdots,40)$년 시점의 할인계수를 알아야 한다.

원화이자율 스왑금리가 매 0.25년마다 고시된다면 다음 식에 따라 순차적으로 부트스트래핑하는 것이 가능하다.[주)]

$$1 = R_i \Sigma_{k=1}^{i} d_k \alpha_k + d_i$$

또는

$$d_i = \frac{1 - R_i \Sigma_{k=1}^{i-1} d_k \alpha_k}{1 + R_i \alpha_i} \quad \mathrm{i} = 1,2,.., \ 40$$

단, $\Sigma_{k=1}^{0} d_k \alpha_k \equiv 0$

(스왑만기가 0.25년이면, CD금리가 바로 스왑금리가 된다.)

그러나 위 표에서처럼 0.25년 뒤에 바로 1년 금리만 고시된다면, 0.5, 0.75년 할인계수를 계산할 수 없게 된다. 따라서 추가적이 가정이 필요하며 다음과 같은 가정을 사용할 수 있다.

시장금리(Market Rate)에 대한 가정

고시되지 않은 시장금리 즉, 0.5, 0.75년 이자율 스왑금리가 0.25년 및 1년 스왑금리와 선형관계가 있다고 가정하여 각각 계산하고 이에 대해 위 공식을 적용하여 0.5,

주) 이 식의 의미는 고시되는 "이자율 스왑금리"가 "액면가의 채권(par band)의 이표율"과 같다는 관계로부터 도출된다. 자세한 내용은 다음 절을 참조하라.

0.75년 할인계수를 얻는다.

| 예제 | 시장금리에 대한 가정으로 계산한 할인계수

	A	B	C	D	E	F	G	H	I	J	K	L
1	**Boot Strapping** 종합							=$B$6/100/4	=H5*2/3+H8*1/3			
2												
3	Market Rate				1.Interpolation on Market rate				=(1-H6/100*SUM(I5)*0.25)/(1+H6/100*0.25)			
4	Term	Rate(%)	Inst		i	grid point	cf	intp value	df	pv	target	
5	0.25	4.42	CD		1	0.25	0.0129	4.42	0.989070768	0.012759		
6	1	5.16	IRS		2	0.5	0.0129	4.666666667	0.977061787	0.0126041		
7					3	0.75	0.0129	4.913333333	0.964008106	0.0124357		
8					4	1	1.0129	5.16	0.949946871	0.9622012		

○ 할인계수에 대한 가정

0.5, 0.75년 할인계수가 0.25년과 1년 할인계수에 대한 함수라고 가정한다. 예를 들면 각 할인계수가 선형관계라면 다음이 성립한다.

$$d_{0.5} = d_{0.25} \times 2/3 + d_1 \times 1/3$$

$$d_{0.75} = d_{0.25} \times 1/3 + d_1 \times 2/3$$

여기서 $d_x : x$년 시점의 할인계수

결국, 위 부트스트래핑 공식과 선형관계식으로부터 총 3개의 방정식이 만들어지고, 미지수 또한 3개이므로 이 방정식은 풀리게 된다.

| 예제 | 할인계수에 대한 가정으로 계산한 할인계수

	E	F	G	H	I	J	K
10						값을 바꿀 셀	
11					=I14*2/3+I17*1/3		목표셀
12	2.Interpolation on discount factor						=J18-1
13	i	grid point	cf	intp value	df	pv	target
14	1	0.25	0.0129		0.989070768	0.012759	
15	2	0.5	0.0129		0.976038397	0.0125909	
16	3	0.75	0.0129		0.963006025	0.0124228	
17	4	1	1.0129		0.949973654	0.9622283	
18						1.000001	1E-06

○ 무이표채 수익률(Zero Rate)에 대한 가정

0.25~1년까지 무이표채 수익률의 선형성을 가정하면, 위의 경우와 마찬가지로 2개의 방정식을 추가로 얻게 되어 0.5, 0.75년의 할인계수를 얻을 수 있다.

$$Z_{0.5} = Z_{0.25} \times 2/3 + Z_1 \times 1/3$$

$$Z_{0.75} = Z_{0.25} \times 1/3 + Z_1 \times 2/3$$

여기서 $Z_x : x$년 시점의 무이표채 수익률(zero coupon rate)

| 예제 | 무이표채 수익률에 대한 가정으로 계산한 할인계수

	E	F	G	H	I	J	K
19					값을 바꿀 셀		
20				=-LN(I23)/F23		=EXP(-H24*F24)	
21	3.Interpolation on zero rate						
22	i	grid point	cf	intp value	df	pv	target
23	1	0.25	0.0129	0.043957579	0.989070768	0.012759	
24	2	0.5	0.0129	0.046421401	0.977056596	0.012604	
25	3	0.75	0.0129	0.048885222	0.964000065	0.0124356	
26	4	1	1.0129	0.051349044	0.94994704	0.9622014	
27						1	2.77E-10

○ 내재선도금리(Implied Forward Rate)에 대한 가정

내재선도금리(또는 0.5, 0.75년에 발생하는 이표(coupon)에 대한 재투자 수익률)에 대해 선형성을 가정해도 위와 같이 2개의 추가적 방정식을 얻어 0.5, 0.75년의 할인계수를 계산할 수 있다.

| 예제 | 내재선도금리에 대한 가정으로 계산한 할인계수

	E	F	G	H	I	J	K	L
28				=(1/J32-1)/0.25				
29					=1/(1+H32*0.25)			
30	4.Interpolation on Implied Forward Rate					=PRODUCT($I$32:I33)		
31	i	grid point	cf	intp value	temp value	df	pv	target
32	1	0.25	0.0129	0.0442	0.989070768	0.9890708	0.012759	
33	2	0.5	0.0129	0.049189249	0.987852075	0.9770556	0.012604	
34	3	0.75	0.0129	0.054178498	0.986636381	0.9639986	0.012436	
35	4	1	1.0129	0.059167747	0.985423675	0.9499471	0.962201	
36							1	-1.7E-08
37					값을 바꿀 셀			

○ 각 방법 차이 비교

각 방법의 차이를 비교해보면 아래의 표와 같다.

표에서 1은 시장금리에 대한 가정, 2는 할인계수에 대한 가정, 3은 무이표채 수익률에 대한 가정, 4는 내재선도금리에 대한 가정을 의미한다. 예를 들어 1−2는 시장금

리에 대한 가정으로부터 계산한 할인계수에서 할인계수에 대한 가정으로부터 계산한 할인계수를 뺀 값이다.

	N	O	P	Q
21	차이비교			
22	diff			
23	term	1-2	1-3	1-4
24	0.25	0	0	0
25	0.5	0.013032	5.19E-06	6.18E-06
26	0.75	0.026065	8.04E-06	9.49E-06
27	1	0.039097	-1.7E-07	-1.8E-07

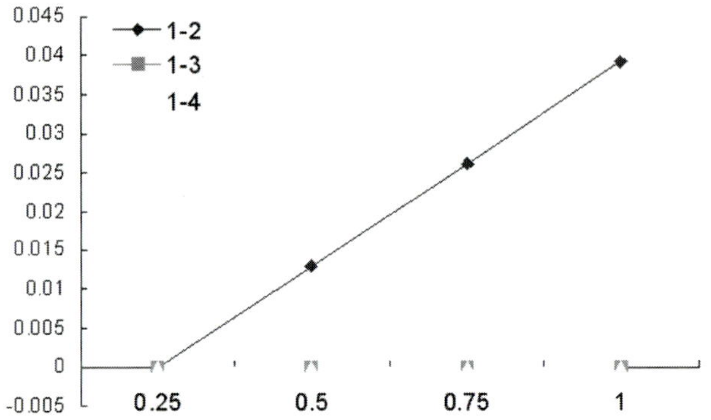

1번 방법을 기준으로 볼 때, 2번 방법이 차이가 가장 크고, 나머지 3, 4번 방법은 차이가 크지 않다. 이유는 1, 3, 4번 방법은 금리(r)에 대한 보간법을 적용한 것이고 2번은 금리의 역수 정확히는 $\frac{1}{1+rT}$에 대한 보간법이므로 1, 3, 4번 방법은 유사한 개념이므로 차이가 작은 반면, 2번은 차이가 크게 나타난 것이다.

그러나 1에서 4로 갈수록 식은 복잡해지지만, 어느 방법이 정답이라고 할 수는 없다. 모두 무위험차익거래 조건을 위배하지 않도록만 결정되면 문제가 없다. 다음부터는 상대적으로 간단한 2방법을 사용코자 한다.

(2) 이자율 스왑 가격결정

이자율 스왑은 고정금리 이표채와 변동금리 채권(FRN, Floating Rate Note)의 포트폴리오로 볼 수 있다. 따라서 채권가격 결정방법과 동일한 방법으로 가격을 계산할 수 있다. 즉 부트스트래핑을 통해 할인채권의 가격을 계산하여 할인계수(Discount Factor)를 알아내고 미래 현금흐름의 현재가치를 계산하는 것이다.

시장에서 다음과 같이 이자율 상품, 즉 1일물 콜(Call)과 3개월 만기 양도성 정기예금증서(CD) 및 1년 ~ 10년 만기 이자율 스왑이 거래되고 있다고 하자.

	A	B	C	D	E
3	term	date	days	Instrument	rate
4	1day	05-12-09	1	Deposit	3.81%
5	3M	06-03-08	90	Deposit	4.07%
6	1y	06-12-08	365	IRS	4.50%
7	2y	07-12-08	730	IRS	4.72%
8	3y	08-12-08	1096	IRS	4.86%
9	4y	09-12-08	1461	IRS	4.98%
10	5y	10-12-08	1826	IRS	5.08%
11	7y	12-12-08	2557	IRS	5.23%
12	10y	15-12-08	3652	IRS	5.36%

앞에서 살펴본 바와 같이 원화이자율 스왑은 매3개월마다 이자를 교환하는 상품인데 시장에서 거래되는 상품은 3개월 시점을 제외하고는 1년 단위로 밖에 가격이 고시되지 않고 있다. 따라서 6개월, 9개월, 15개월 등 가격이 고시되지 않는 시점의 가격이 필요한데, 시장 정보가 없으므로 추정을 통해 알아내야 한다. 여기에서는 할인계수에 대해 선형보간법을 적용하여 가격이 고시되지 않는 시점의 시장가격을 추정하고자 한다.

우선 1년만기 스왑을 이용해서 할인계수를 산출하고자 하는데, 이자율 스왑의 명목원금이 100이라면 아래와 같이 매 이자 지급일의 고정금리 금액을 계산할 수 있다.

	G	H	I	J	K
3	term(year)	date	days		cashflow
4	0	2005-12-18	0		0
5	0.25	2006-03-18	90	90	1.109589
6	0.5	2006-06-18	182	92	1.134247
7	0.75	2006-09-18	274	92	1.134247
8	1	2006-12-18	365	91	1.121918

즉, 셀K5에는 다음과 같이 고정금리 금액을 계산하는 식이 입력되어 있다.

셀K5 : "=$B$14*J5/365*$E$6"

여기에서 셀B14에는 스왑의 명목원금인 '100'이 입력되어 있다.

현금흐름이 발생하는 각 시점(2006년 3월 18일, 6월 18일, 9월 18일, 12월 18일)의 할인계수를 각각 $d_n(n=1, 2, 3, 4)$이라고 하고 고정금리 금액을 $c_n(n=1, 2, 3, 4)$이라고 하면 다음 방정식이 성립한다.

$$100 = d_1c_1 + d_2c_2 + d_3c_3 + d_4c_4 + d_4 100$$
$$= \sum_{i=1}^{n} d_i c_i + d_4 100$$

위 식의 좌변은 변동금리채권(FRN, Floating Rate Note)의 가격[주)]이며 우변은 고정금리채권(정확히는 액면가 채권(Par Bond))의 가격으로 볼 수 있다.

그런데 d_2와 d_3는 시장가격이 없으므로 d_1과 d_4를 이용하여 선형보간법으로 다음과 같이 추정한다.

$$d_2 = d_1 + \frac{d_4 - d_1}{t_4 - t_1}(t_2 - t_1)$$

$$d_3 = d_1 + \frac{d_4 - d_1}{t_4 - t_1}(t_3 - t_1)$$

단, t_1, t_2, t_3, t_4 = 각 시점까지의 잔존만기(time to maturity)

위 식은 3장에서 미리 만들어 둔 선형보간함수를 이용해서 엑셀에 다음과 같이 입력한다.

셀L6 : "=interpolation(I5,I8,L5,L8,I6)"

셀L7 : "=interpolation(I5,I8,L5,L8,I7)"

	G	H	I	J	K	L
3	term(year)	date	days		cashflow	df
4	0	2005-12-18	0		0	
5	0.25	2006-03-18	90	90	1.109589	0.990064
6	0.5	2006-06-18	182	92	1.134247	0.658843
7	0.75	2006-09-18	274	92	1.134247	0.327621
8	1	2006-12-18	365	91	1.121918	0

다음으로는 위에서 말한 방정식을 만족하는 d_4를 찾으면 된다. 이는 해찾기를 통해서 간단하게 구할 수 있는데, 목표 방정식을 셀M8에 다음과 같이 입력한다.

셀M8 : "=SUMPRODUCT(K5:K8,L5:L8)+B14*L8-B14"

엑셀 메뉴에서 "도구(T) → 해 찾기(S)"를 선택하고 아래와 같이 각 항목을 설정한다.

주) 변동금리채권의 발행시점의 가격은 항상 채권의 액면금액과 일치한다.

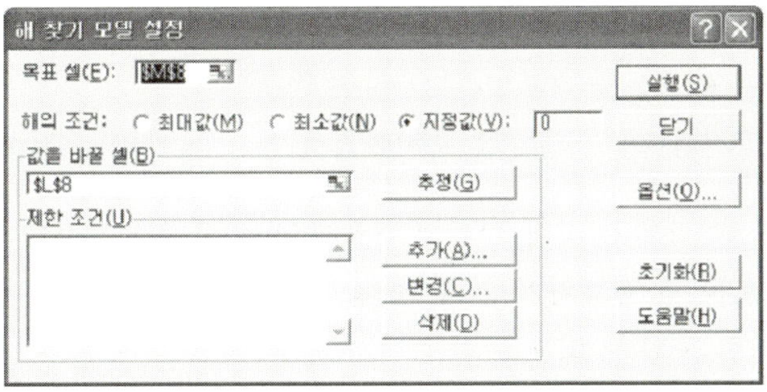

실행한 결과는 아래와 같으며, 각 현금흐름 발생시점의 할인계수가 계산되어 있다.

	G	H	I	J	K	L	M
3	term(year)	date	days		cashflow	df	
4	0	2005-12-18	0		0		
5	0.25	2006-03-18	90	90	1.109589	0.990064	
6	0.5	2006-06-18	182	92	1.134247	0.978739	
7	0.75	2006-09-18	274	92	1.134247	0.967414	
8	1	2006-12-18	365	91	1.121918	0.956212	0

위 결과를 검증하기 위해 변동금리쪽 현금흐름과 현재가치까지 계산하여 1년만기 이자율스왑의 현재가치가 0이 되는지를 확인해 보자. 앞의 이자율 선도계약에서 살펴본 바와 같이 선도금리는 아래 공식에 의해 결정된다(이자율 스왑에 사용되는 이자율이 모두 단리(simple interest)이므로 단리 이자율을 이용한 선도 이자율 공식이 사용되었으며, 복리일 경우 이 공식은 사용할 수 없다. 자세한 내용은 이자율 선도계약 편을 참조하기 바란다).

$$f(t,T_1,T_2)=\frac{1}{T_2-T_1}\left(\frac{1+r(T_2)*T2}{1+r(T_1)*T1}-1\right)$$

우리가 계산해야 할 선도이자율은 총 3개로 2006년 3월 18일부터 2006년 6월 18일까지의 선도금리, 2006년 6월 18일부터 2006년 9월 18일까지의 선도금리, 2006년 9월 18일부터 2006년 12월 18일까지의 선도금리이다. 이를 계산하기 위해 위 공식을 아래와 같이 엑셀에 입력하자.

	G	H	I	J	K	L	O
3	term(year)	date	days		cashflow	df	FRA
4	0	2005-12-18	0		0		4.07%
5	0.25	2006-03-18	90	90	1.109589	0.990064	0.045907
6	0.5	2006-06-18	182	92	1.134247	0.978739	0.046444
7	0.75	2006-09-18	274	92	1.134247	0.967414	0.046988
8	1	2006-12-18	365	91	1.121918	0.956212	

셀O4 : 현재 3개월 만기 이자율

셀O5 : "=(L5/L6-1)*365/J6"

셀O6~O7 : 셀O5을 끌어당기기(또는 복사해서 붙여넣기)

이 선도이자율은 미래 변동금리에 대한 추정치가 되는데 이를 이용해서 변동금리쪽 현금흐름 및 현재가치를 계산하면 4.37877이 나오며 이는 고정금리쪽 현금흐름의 현재가치와 정확히 일치한다.

	G	H	I	J	K	L	M	N	O	P	Q	R
2									Fixed Leg			Floating Leg
3	i	term(year)	date	days		cashflow	df		pv1	FRA	cf2	pv2
4	0	0	2005-12-18	0		0				4.07%		
5	1	**0.25**	2006-03-18	90	90	1.109589	0.990064		1.09856	0.045907	1.00356	-0.99359
6	2	0.5	2006-06-18	182	92	1.134247	0.978739		1.11013	0.046444	1.15710	-1.132498
7	3	0.75	2006-09-18	274	92	1.134247	0.967414		1.09729	0.046988	1.17064	-1.132498
8	4	**1**	2006-12-18	365	91	1.121918	0.956212	0	1.07279		1.17148	-1.120188
9												
10									4.37877			-4.37877

이후의 과정도 위와 같은 절차를 반복적으로 적용하면 10년까지의 할인계수를 계산할 수 있고 이를 이용해서 이자율 스왑의 가치를 계산할 수 있다.

Financial Engineering Practice with Excel VBA

9.5 스왑 헤지

included

9.5.1. 델타벡터(Delta Vector)

할인계수를 산출하기 위해 사용했던 각 시점의 시장금리를 다른 시점의 시장금리는 고정시킨 상태에서 1bp씩 변화시킬 때 포트폴리오 가치변화를 표로 만든 것이 델타벡터이다.

델타벡터를 만들기 위해 우선 아래와 같은 표를 만들자.

이 표는 각 시장금리를 1bp씩 변화시킨 표로서 시나리오라고 한다.

	D	E	F	G	H	I	J	K	L	M	N	O
2			현재상태	시나리오								
3	Term	Instrument	rate	1	2	3	4	5	6	7	8	9
4	0	Deposit	3.81%	3.82%	3.81%	3.81%	3.81%	3.81%	3.81%	3.81%	3.81%	3.81%
5	0.25	Deposit	4.07%	4.07%	4.08%	4.07%	4.07%	4.07%	4.07%	4.07%	4.07%	4.07%
6	1	IRS	4.50%	4.50%	4.50%	4.51%	4.50%	4.50%	4.50%	4.50%	4.50%	4.50%
7	2	IRS	4.72%	4.72%	4.72%	4.72%	4.73%	4.72%	4.72%	4.72%	4.72%	4.72%
8	3	IRS	4.86%	4.86%	4.86%	4.86%	4.86%	4.87%	4.86%	4.86%	4.86%	4.86%
9	4	IRS	4.98%	4.98%	4.98%	4.98%	4.98%	4.98%	4.99%	4.98%	4.98%	4.98%
10	5	IRS	5.08%	5.08%	5.08%	5.08%	5.08%	5.08%	5.08%	5.09%	5.08%	5.08%
11	7	IRS	5.23%	5.23%	5.23%	5.23%	5.23%	5.23%	5.23%	5.23%	5.24%	5.23%
12	10	IRS	5.36%	5.36%	5.36%	5.36%	5.36%	5.36%	5.36%	5.36%	5.36%	5.37%

예를 들어 K열은 3년 금리만 1/10000 상승시키고 나머지 기간의 금리는 그대로 둔 것이다.

위 표에 따르면 1~9까지 시나리오가 만들어 졌다. 각 시나리오를 바탕으로 포트폴리오의 델타를 계산해서 표로 만들면 델타벡터가 만들어진다.

예를 들어 아래와 같은 현금흐름을 갖는 포트폴리오를 가지고 있다고 하자. 포트폴리오의 고정현금흐름은 W열에, 변동현금흐름은 Y열에 제시되어 있다. 고정현금흐름은 임의로 생성된 값이고, 변동현금흐름은 임의로 생성된 변동계수(X열)에 선도이자율(FRA; V열)을 곱하고 원금 100,000,000원을 곱한 값이다.

	R	S	T	U	V	W	X	Y	Z	AA	AB
1										가치변동=	4,481
2						포트폴리오					
3	i	term(year)	df	alpha	FRA	고정현금	변동계수	변동현금	PV	PV(0)	Diff
4	0	0	1		4.0700%						
5	1	**0.25**	0.989927	0.25	4.5933%	-174,931	0.000599	2,436	-170,732	-170,732	0
8	4	**1**	0.956212	0.25	4.8606%	196,326	0.206796	972,207	1,159,937	1,159,937	0
12	8	**2**	0.910293	0.25	5.0941%	993,547	-0.463219	-2,336,689	-1,432,271	-1,432,271	0
16	12	**3**	0.864504	0.25	5.2408%	495,904	-0.081601	-432,201	-3,491	-674	-2,817
20	16	**4**	0.819783	0.25	5.4241%	-20,633	-0.206335	-1,125,599	-1,142,514	-1,149,656	7,142
24	20	**5**	0.775912	0.25	2.9670%	-680,210	-0.187283	-1,058,920	-1,586,703	-1,586,703	-1
32	28	**7**	0.730209	0.25	3.8444%	-421,454	-0.480646	-1,504,158	-1,811,907	-1,811,918	11
44	40	**10**	0.646794	0.25	#DIV/0!	145,138	0.102616	441,134	535,009	535,009	-1
45											

현재시점의 시장금리 아래에서 이 포트폴리오의 가치는 AA열에 값으로 입력되어 있고, Z열에는 시나리오에 따라 자동으로 포트폴리오의 가치가 계산되도록 식이 입력되어 있다.

이제 시나리오1에서(첫 번째 금리(0.25년의 금리)를 1bp상승 시켰을 때)의 포트폴리오가치와 원래 포트폴리오가치의 차이를 계산해서 셀 AB5에 입력한다. 마찬가지로 시나리오2에서(두 번째 금리(1년 금리)를 1bp상승시켜서) 계산한 값을 셀 AB8에 입력한다. 이런 식으로 시나리오 9까지의 값을 계산해서 입력하여 만든 AB열의 값이 델타벡터이다.

이 델타벡터는 각 시장금리에 대한 민감도를 의미하게 되는데, 이 결과를 이용해서 현재 포트폴리오에 대한 헤지를 할 수 있다.

예를 들어 5번째 시나리오를 현재 상태와 비교했을 때 포트폴리오 가치는 2,817원 감소한다. 즉, 3년만기 이자율 스왑 금리가 1bp상승하면 포트폴리오 가치는 2,817원 하락하는 것이다.

9.5.2. 등가포지션(Equivalent Position)

정리 이자율스왑가치의 독립성

*n*년 만기 이자율 스왑은 다른 시장금리 변화에 대해서는 그 가치가 변하지 않고 오직 *n*년 만기 이자율 스왑금리에 따라 가치가 변한다.

이 때 예를 들어 3년 만기 이자율 스왑금리가 1bp 상승할 때 명목원금 100,000,000원이고 고정금리를 지급하는 3년 만기 이자율 스왑의 가치가 28,000원 상승한다고 하자.

그러면 위에서 계산한 포트폴리오는 3년 만기 이자율 스왑 명목원금 100,000,000원을 1개의 스왑으로 하여 그 민감도를 표현하면 2,817/28,000＝0.1006개 스왑의 민감도와 같다. 즉 명목원금이 10,060,000(원)인 3년 만기 고정금리 지급 이자율스왑과 같은 것이다. 이를 스왑 등가포지션이라고 한다.

따라서 위 포트폴리오를 헤지할려면 등가포지션만큼 반대 스왑을 체결하면 된다.

included

9.5.3. 델타공식(Analytic Deltas)

스왑을 헤지할 때 위에서처럼 시장금리를 변화시켜 그에 따른 포트폴리오 가치 변화를 계산해서 헤지를 할 수도 있지만 이는 수치적으로 계산하는 방법으로 불편할 수 있다. 이에 비해 선도금리(FRA)를 변화시켜 그에 따른 포트폴리오 가치변화를 계산하는 방법은 공식을 이용할 수 있어 편리하다. 이때 헤지수단은 선도금리계약이 될 것이며, 등가포지션도 선도금리계약으로 표현된다.

선도금리 변화에 대한 포트폴리오 가치변화는 다음과 같이 두 가지로 나누어 볼 수 있다.

- 델타0 : FRA변화에 대한 현금흐름의 변화가 스왑의 가치변화에 주는 효과
- 델타1 : FRA변화에 대한 할인계수의 변화가 스왑의 가치변화에 주는 효과

스왑은 거래시점부터 만기시점까지 여러 구간에서 현금흐름이 발생하고 각 현금흐름의 현재가치를 합한 것이 스왑의 가치가 된다. 델타0와 델타1의 개념을 보기 위해 한 구간의 현금흐름과 현재가치 PV_i를 생각해보자.

- 기호 R : 스왑금리
  d_i : i시점의 할인계수
  f_{i-1} : $i-1$시점에 확정된 $i-1$부터 i시점까지 선도 이자율
  α_i : 이자계산기간(연율)

$$PV_i = R \times \alpha_i \times d_i - f_{i-1} \times \alpha_i \times d_i$$

여기서 우변의 첫째 항은 고정금리 현금흐름의 현재가치이고 두 번째 항은 변동금리 현금흐름의 현재가치이다.

| 정리 | 할인계수와 선도이자율의 관계

할인계수 d_i는 다음과 같이 표현할 수 있다.

$$d_i = \frac{1}{(1+f_0\alpha_1)(1+f_2\alpha_3)\cdots(1+f_{i-1}\alpha_i)} = \prod_{j=1}^{i} \frac{1}{(1+f_{j-1}\alpha_j)}$$

즉, 할인계수도 선도금리 f_{i-1}의 함수이다. 따라서 할인계수를 선도금리에 대해 미분하면 다음을 얻는다.

$$\frac{\partial d_i}{\partial f_{i-1}} = \frac{1}{(1+f_0\alpha_1)(1+f_2\alpha_3)\cdots(1+f_{i-1}\alpha_i)} \frac{\alpha_i}{(1+f_{i-1}\alpha_i)} = d_i \frac{\alpha_i}{(1+f_{i-1}\alpha_i)}$$

이제 PV_i를 선도금리 f_{i-1}에 대해 미분하면 다음을 얻을 수 있다.

$$\begin{aligned} \frac{dPV_i}{df} &= R\alpha_i \frac{\partial d_i}{\partial f} - \left(\alpha_i d_i + f\alpha_i \frac{\partial d_i}{\partial f} \right) \\ &= R\alpha_i d_i \frac{\alpha_i}{1+f_{i-1}\alpha_i} - \left(\alpha_i d_i + f\alpha_i d_i \frac{\alpha_i}{1+f_{i-1}\alpha_i} \right) \\ &= \underbrace{\frac{\alpha_i}{1+f_{i-1}\alpha_i}}_{\text{델타1}} PV_i - \underbrace{\alpha_i d_i}_{\text{델타0}} \end{aligned}$$

위 식은 스왑원금을 1원으로 두고 도출한 것이므로 스왑원금이 P이면 스왑의 델타는 $P \times dPV/d_f$가 된다.

	E	F	H	K	L	M	N	O	P	Q	R	S	T	U	V
1					스왑조건	고정금리=	5%								
2						원금=	100,000,000		△FRA	0.0001		Delta 검증			
3	Discount Factor														
4								Analytical Detla							
5	i	year	df	FRA	CF1	CF2	PV	delta	FRA(1)	df(1)	CF1(1)	CF2(1)	PV(1)	△PV	
6	0	0	1	0.0462					0.0463					from price	from delta
7	1	0.25	0.9885819	0.0463277	1,250,000	1,155,000	93,915	-24,737,758	0.0464277	0.9885574	1,250,000	1,157,500	91,442	-2,474	-2,474
8	2	0.5	0.9772633	0.0468706	1,250,000	1,158,193	89,720	-24,453,755	0.0469706	0.977215	1,250,000	1,160,693	87,272	-2,447	-2,445
9	3	0.75	0.9659447	0.0474263	1,250,000	1,171,764	75,571	-24,167,291	0.0475263	0.9658731	1,250,000	1,174,264	73,151	-2,420	-2,417
10	4	1	0.9546261	0.0456985	1,250,000	1,185,657	61,423	-23,880,828	0.0457985	0.9545317	1,250,000	1,188,157	59,031	-2,392	-2,388

예를 들어 O8셀에 델타가 −24,453,755라면 금리 1bp 상승시에 포트폴리오 가치가 2,445(원)하락한다는 것을 의미한다. 이 포지션을 헤지하기 위해서는 0.25년에 만기가 되는 0.25기간의 선도이자율계약(FRA)를 이용할 수 있다.

9.6 기타 스왑 관련 주제들

Financial Engineering Practice with Excel VBA

9.6.1. 날짜계산방법의 전환(Accrual Basis conversion)

보통 이자율 스왑은 채권 또는 대출의 금리성격을 변경할 때 많이 활용한다. 예를 들어 고정금리 대출을 변동금리 조건으로 변경하고자 할 때 이자율 스왑을 사용할 수 있다. 그러나 채권 또는 대출의 조건에 따라 날짜계산방법이 표준적인 이자율 스왑 날짜계산방법과 다를 수 있는데, 이 경우 두 조건을 일치시켜주어야 한다. 아래 공식을 이용하면 상이한 날짜계산 방법에 따른 이자율을 전환할 수 있다.

$$R_{365} = \frac{365}{360} R_{360}$$

$$R_{30/360} = \frac{D_M - D_S}{\Delta_{360}(D_M - D_S)} \times \frac{360}{365} R_{365}$$

R_{365} : Actual/365 기준으로 고시되는 스왑금리

R_{360} : Actual/360 기준으로 고시되는 스왑금리

$R_{30/360}$: 30/360 기준으로 고시되는 스왑금리

D_S : 스왑 이자기산일(Effective Date)

D_M : 스왑 만기일

Δ_{360}: 343쪽 참조

9.6.2. 이자지급주기의 변환(Annual versus semi – annual)

날짜계산방법과 마찬가지로 이자지급 주기도 거래마다 상이할 수 있는데 상이한 이자지급 주기에 맞도록 이자율을 전환시키기 위해 아래 방법을 이용할 수 있다.

- 기호 S : 반기지급 스왑금리(Semi – annual Rate)
  R : 연단위 지급 스왑금리(Annual Rate)

다음 두 가지 투자 방법에 대해 생각해보자.

- 방법 1 : 1원을 R의 이자율로 1년간 투자
- 방법 2 : 1원을 S의 이자율로 6개월간 투자하고 그 뒤 S의 이자율로 6개월간 투자

일반적인 경우라면 두 방법은 동일한 수익을 제공해야 한다. 즉 다음 식이 성립한다.[주)]

$$1+R=\left(1+\frac{S}{2}\right)\left(1+\frac{S}{2}\right)$$

$$R=\left(1+\frac{S}{2}\right)^{2}-1 \quad \text{또는} \quad S=2\left(\sqrt{1+R}-1\right)$$

일반적으로,

$$R_m=m\left[\left(1+\frac{R_n}{n}\right)^{\frac{n}{m}}-1\right]$$

R_m : 1년에 m번 이자를 지급하는 스왑금리
R_n : 1년에 n번 이자를 지급하는 스왑금리

| 예제 |

5년 이자율 스왑이 Annual Actual/360기준으로 10.33%로 고시되었다. Semi – annual Actual/360기준 5년만기 이자율 스왑금리는 얼마인가?

| 풀이 |

$$\begin{aligned} S &= 2(\sqrt{1+R}-1) \\ &= 2(\sqrt{1+0.1033}-1) = 10.0762\% \end{aligned}$$

주) S는 현금흐름이 0.5년, 1년에 발생하고 R은 1년에만 발생하므로 식이 성립하기 위해서는 0.5년~1년 동안의 재투자 수익률이 S라는 추가적 가정이 필요하다.

Chapter 10

위험관리

Financial Engineering Practice with Excel VBA

10.1 신용위험 측정

어떤 상대방에게 대출을 해 주었다고 하자. 이 대출의 신용위험은 얼마인가? 간단하게는 대출원금을 위험으로 볼 수 있다. 그러나 실제 거래상대방이 담보를 제공하고 있다면 이 방법은 과도하게 신용위험을 인식하는 것이므로 적절한 조정이 필요하다. 따라서 일반적으로 어떤 거래의 신용위험을 측정하기 위해서는 다음과 같은 요소를 생각해 볼 필요가 있다.

(a) 신용위험 (총)노출액(exposure)
(b) 부도가 났을 경우 회수할 수 있는 금액 (recovery rate)
(c) 현재 거래 상대방의 부도가능성

위 요소 중 (c)는 뒤에 나오는 옵션 모형을 이용한 신용위험 측정기법 부분에서 살펴보도록 하고, 여기에서는 신용위험 노출액에 대한 일반적 기준에 대해서 살펴보자.

10.1.1. 신용위험 노출액

금융회사의 일반적인 거래의 신용위험 노출액(Exposure)은 미래시점의 현금흐름(또는 현재가치)으로 볼 수 있다. 예를 들어 대출이나 투자금의 경우 대출원금 또는 투자원금이 되므로 계약시점에 신용위험 노출액이 확정된다. 이와 달리 파생상품의 경우, 미래시점의 현금흐름이 확정되지 않는 것이 보통이므로 계약시점에 신용위험 노출액을 확정할 수 없다는 점이 특징이다.

파생상품 거래에서 발생하는 신용위험은 "결제전 위험"과 "결제위험"으로 나누어 볼 수 있다. 결제전 위험은 파생상품 계약기간 동안 거래 상대방이 지급불능 상태에 빠짐으로써 입게 될 손실 가능성으로서 대체비용과 부가비용으로 구성된다.

대체비용은 거래 상대방의 부도로 인해 거래 상대방과 체결했던 파생상품계약이 파기될 경우, 동일한 거래를 또 다른 거래상대방과 체결해야 하는데 이때 발생하는 비용을 의미한다. 따라서 대체비용은 신용위험 측정 당시의 파생상품 계약의 평가액(시장가격이 존재할 경우 시장가격, 그렇지 않을 경우 모형을 이용한 모형가격)이 될 것이다.

부가비용은 대체비용 이외에 잠재적으로 발생할 수 있는 비용, 예를 들어, 찾고자 하는 파생상품 계약이 시장에서 잘 거래되지 않아서(유동성이 작아서) 해당 상품을 찾는데 시간이 많이 걸린다거나 가격이 불리하게 적용되면서 발생하게 되는 비용 등을 말한다.

금융감독원의 은행업 감독업무 시행세칙에 따르면 신용 위험 노출액 산출방식으로 현재 노출액(Current Exposure) 산출방식과 최초 노출액(Original Exposure) 산출방식이 있다. 그러나 최초 노출액 산출방식은 시장리스크를 감안한 국제은행(BIS) 자기자본비율 규제제도를 도입하기 이전에 한하여 사용할 수 있으므로 위 제도가 도입된 우리나라의 경우 더 이상 사용할 수 없는 방법이다. 각 방법에 대해 자세히 살펴보면 다음과 같다.

10.1.2. 최초 노출액 측정법

최초 노출액 측정법은 최초 거래당시 파생상품 계약기간 및 그 기초자산에 따라 명목금액에 일률적으로 정해진 비율을 곱해 신용위험 노출액을 계산하는 방법이다. 일률적으로 정해진 비율을 "신용환산율"이라고 하는데, 상품의 구조, 기초자산의 변동성 등이 전혀 감안되지 않은 것이므로 신용위험을 측정하는데 있어서 적절한 수단이 되지 못한다. 최초 노출액 측정법에 따른 신용환산율은 다음과 같다.

신용환산율

기초자산 / 만기		금리	외환/금
1년 이하		0.5%	2.0%
1년 초과	1년 초과 2년 이하	1.0%	5.0%
	1년 추가	1.0%	3.0%

| 예제 |

기초자산이 외환이고 거래당시 만기가 3년이며 명목원금이 100억원인 파생상품 거래가 있다. 이 거래의 최초노출액 측정법에 따른 신용위험 노출액은 얼마인가?

$$10{,}000{,}000{,}000 \times (5.0\% + 3.0\% \times 3\text{년}) = 14\text{억}$$

	A	B	C	D	E
1	10,000,000,000	14%	1,400,000,000		

10.1.3. 현재 노출액 측정법

현재 노출액 측정법은 현재 거래 상대방이 부도가 발생했을 경우, 기존 파생상품 거래를 다른 상대방과 대체하여 체결하는데 소요되는 비용(대체비용)을 신용위험 노출액으로 보는 방법이다. 따라서 보유중인 계약의 시장에서의 평가액이 중요한 신용위험 노출액이 되며 부가적인 비용을 감안하는 항목(add－on)을 더하여 전체 신용위험 노출액을 산정한다.

$$\text{신용위험 노출액} = \text{파생상품 평가액} + \text{부가비용(add} - \text{on)}$$

부가비용은 기초자산 및 거래의 잔존만기에 따라 거래의 일정비율로 미리 정해 놓았는데 아래 표가 현재 노출액 측정시 사용되는 부가비용 산출표이다.

현재 노출액 방법에 따른 부가비용 산출표

(단위 : %)

잔존만기	금리	외환 및 금	주식	귀금속(금제외)	기타상품
1년 이하	0.0	1.0	6.0	7.0	10.0
1년 초과 5년 이하	0.5	5.0	8.0	7.0	12.0
5년 초과	1.5	7.5	10.0	8.0	15.0

10.1.4. 옵션 모형을 이용한 신용위험 측정기법

신용파생상품(Credit Derivatives)이란 신용(credit)을 기초자산으로 하는 파생상품을 말하며 실무적으로는 CDS(Credit Default Swap)가 가장 대표적인 상품이다. 신용파생상품이 다른 파생상품에 비해 특이한 점은 신용을 기초자산으로 한다는 점이다. 신용이란 시장에서 관찰이 가능한 주식가격이나 채권 수익률과 비교해 볼 때, 그 정의 및 측정이 상당히 주관적이라는 것을 직관적으로 알 수 있을 것이다. 따라서 기초자산에 대한 정의 및 측정이 복잡하므로 그로부터 파생된 파생상품에 대한 이론도 상당히 복잡하다.

(1) 머튼 모형(Merton's Model)

머튼은 주식옵션 이론을 이용해서 신용위험을 계산하고자하였다.

(2) 머튼모형의 구현

주주가치(E)는 기업가치(V)를 기초자산으로 하고, 만기에 지불해야 하는 부채의 액면가 (F)를 행사가격으로 하는 콜옵션(Call Option)으로 볼 수 있다. 따라서 아래와 같은 수식이 성립한다.

$$E = V \cdot N(d_1) - F \cdot e^{-r(T-t)} \cdot N(d_2)$$

단, $$d_1 = \frac{\ln\left[\frac{V}{F}\right] + \left(r + \frac{\sigma_V^2}{2}\right)(T-t)}{\sigma_V \cdot \sqrt{T-t}}$$

$$d_2 = d_1 - \sigma_V \sqrt{T-t}$$

여기서 t는 현재시점, T는 부채의 만기, σ_r는 기업가치의 변동성, r은 무위험이자율이다.

또한, 주식의 변동성 σ_E과 기업가치의 변동성 σ_V 사이에는 아래의 관계식이 성립한다는 것을 알고 있다.

$$\sigma_E = N(d_1) \cdot \sigma_V \cdot \frac{V}{E}$$

주주가치는 주식시장으로부터 관찰 가능하므로, 위 두 식으로부터 우리는 관찰 가능하지 않은 V, σ_V의 값을 "해 찾기" 기능을 이용하여 찾아 낼 수 있다.

| 예제 |

XYZ 기업의 주식가치가 주식시장에서 3백억원에 평가되고 있다. 또한, 이 회사 주식으로부터 구해진 내재 변동성이 80%로 추정되었다. 이 회사의 회계정보를 이용하여 1년 뒤에 갚아야 하는 부채가 1천억원임을 알았다. 무위험 이자율이 5%일 때 이 회사의 기업가치와 기업가치의 내재변동성을 구하여라. 또한, 이 회사의 부도확률(probability of default)을 구하여라.

	A	B	C	D	E	F	G
1		Merten Model					
2			INPUT BOX				
3		Value-Asset					
4		Value-Equity	3				
5		D	10				
6		T	1				
7		Vol-V					
8		Vol-E	=E12*C7*C3/C4				
9		R	5%				
10							
11		BS Model	Parameter				
12		d1	=(LN(C3/C5)+(C9+(C7^2)/2)*C6)/(C7*SQRT(C6))	N(d1)	=NORMSDIST(C12)		Prob.of Default
13		d2	=C12-C7*SQRT(C6)	N(d2)	=NORMSDIST(C13)	N(-d2)	=NORMSDIST(-1*C13)
14							
15		BS Value =	=C3*E12-C5*EXP(-1*C9*1)*E13	(Equity Value)			
16							
17		DebtValue=	=C3-C4				
18		PF(F)=	=C5*EXP(-1*C9*C6)				
19		Expected Loss	=-1*(C17-C18)/C17				
20			=(C3-C17)/(C3*C7)				

위에서 주어진 INPUT BOX에서 기업가치와 기업가치의 변동성에 해당하는 셀C3와 셀 C7에 임의의 값을 입력하고, 위 두 수식을 셀C8과 셀C15에 입력한 뒤 "해 찾기" 기능을 이용하여 셀C8의 값이 주식가치의 변동성인 80%라는 제약 하에서 셀C15의 값이 주식 가치인 3백억원이 되는 셀C3와 셀C7의 값을 찾아 주면 아래와 같이 $V = 12.3954$억원, $\sigma_V = 21.23\%$라는 결과를 얻을 수 있다. 이 때 셀G13에서 구해진 값이 부도확률이다.

	A	B	C	D	E	F	G
1		Merton Model					
2		INPUT BOX					
3		Value-Asset	12.3954				
4		Value-Equity	3				
5		D	10				
6		T	1				
7		Vol-V	21.23%				
8		Vol-E	80%				
9		R	5%				
10							
11		BS Model	Parameter				
12		d1	1.35312969	N(d1)	0.911993	Prob.of Default	
13		d2	1.14082488	N(d2)	0.873029	N(-d2)	12.70%
14							
15		BS Value =	3.0000	(Equity Value)			
16							
17		DebtValue=	9.395				
18		PV(F)=	9.512				
19		Expected Loss	1.244%				
20		Distance to Default	1.140				

(3) KMV(Kealhoffer – McQuown – Vasicek) 방법론

KMV 모형은 기업가치를 블랙 – 숄즈와 머튼(Black & Scholes, Merton)의 옵션평가모형을 이용하여 측정하고 주식가치가 액면가 이하이거나 부채가치 대비 일정비율 이하가 되었을 경우를 파산으로 인식하는 모형이다. 따라서 KMV 모형은 부도확률(probability of default)과 채무불이행 가치까지의 거리(distance to default)를 추정하기 위해서 장부가치에 대한 정보뿐만 아니라 주식의 시장가치를 함께 이용하고 있다.

앞에서 설명된 머튼(Merton) 모형으로부터 채무불이행 가치까지의 거리(distance to default)는 아래와 같이 계산된다.

$$\text{Distance to Default} = \frac{V - D(V,t)}{V \cdot \sigma_V}$$

여기서 $D(V,t)$ 부도점(default point)이다.

실증 분석 결과는 위의 척도가 미래 신용 등급의 변화나 부도에 대해 상당한 예측력을 제공하는 것으로 제시하고 있다. Credit Risk Monitor는 이 구조화 모형의 개념에 근거를 두고, 1년부터 5년에 해당하는 기간에 대한 예상 부도확률인 EDF(Expected Default Frequency)을 아래와 같이 3단계에 걸쳐 계산한다.

① 기업의 재무제표와 시장자료를 이용하여 자산가치에 대한 내재가치와 내재 변동성을 계산한다.

② 채무불이행 가치까지의 거리(distance to default)를 계산한다.

③ KMV는 계산된 채무불이행 가치까지의 거리(distance to default)로부터 EDF를 결정하기 위해 과거 부도 및 파산 자료를 이용한다.

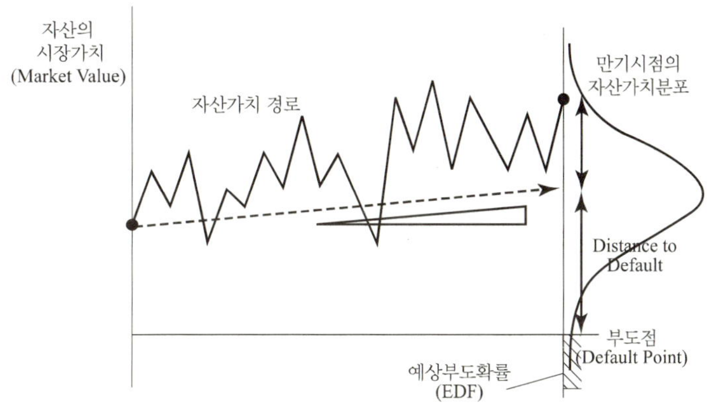

10.2 VaR(Value-at-Risk)를 이용한 시장위험 측정

Financial Engineering Practice with Excel VBA

VaR(Value－at－Risk)는 주어진 확률 수준하에서 일정 기간 동안 포트폴리오에서 예상되는 손실로 정의할 수 있다. 예를 들면, 의사결정자들은 특정 포트폴리오에 대한 1일의 VaR는 95%의 확률로 약 2천만원이라고 표현한다. 이런 VaR 모형은 위험 관리 척도로서 현재 가장 대중적 인기를 누리고 있으며 많은 기관에서 적극 활용하고 있는 모델이다.

10.2.1. VaR 모형의 구축방법

VaR 모형은 개별 자산이나 포트폴리오의 현금흐름과 이에 영향을 미치는 시장요인과 그 확률분포의 특성 등을 통계적 기법을 이용하여 추정하여야 하는데 구체적인 절차를 요약하면 다음과 같다.

① 모든 시장 관련 요인의 확률분포 추정
② 포트폴리오내 개별자산 시장가치들의 확률분포 유도
③ 추정된 확률분포를 이용하여 신뢰구간에 해당하는 VaR 계산
④ 개별자산들의 확률분포를 토대로 전체 포트폴리오의 확률분포를 구하여 포트폴리오의 VaR 계산

한편 이와 같은 추정을 위하여 어떠한 가정을 채택하는가에 따라 여러 가지 방법이 있는데 일반적으로 이용되는 방법으로 델타 분석법(Delta Analysis Method), 역사적 시뮬레이션모형(Historical Simulation Model), 몬테－칼로 시뮬레이션 모형(Monte－Carlo Simulation Model) 등이 있다.

(1) 델타 분석법(Delta Analysis Method)

델타 분석법은 위험요인(risk factor)의 변동에 대한 자산가치의 민감도를 자산가격 결정모형의 선형 근사치로 추정하는 방식이다. 예컨대, 채권의 경우 위험요인은 이자율이 될 것이고 민감도는 듀레이션이 될 것이다. 또한 주식과 주가지수옵션의 경우 위험요인을 주가지수로 볼 경우 주식은 β가, 그리고 옵션은 델타가 민감도가 될 수 있을 것이다. 위험요인이 결정되면 이들 요인들의 변동성과 상관계수를 구해야 하고

위험요인들의 변동성을 측정하기 위해서는 이들의 통계적 분포를 가정해야 하는데, 일반적으로 정규분포를 가정한다.

(2) 역사적 시뮬레이션(Historical Simulation Model)

역사적 시뮬레이션 모형은 과거 일정기간 동안의 위험요인의 변동을 장래의 변동으로 대용하여 현재 보유하고 있는 포트폴리오의 가치 변동분을 측정한 후 그 분포로부터 VaR를 계산하는 방법이다. 여타 모형들이 시장요인의 확률분포나 포트폴리오의 시장가치 함수 형태에 대한 특별한 가정을 하고 설정되는데 비해 동모형은 이러한 가정이 없이 단순히 개별자산이나 포트폴리오에 포함된 위험요인들의 변화에 대한 과거의 관찰치만을 이용한다. 예컨대 포트폴리오에 포함된 위험요인들에 대한 과거 100개의 가격자료를 이용하여 포트폴리오의 가치로 평가하면 100개의 다른 포트폴리오 가치를 얻을 수 있을 것이며 이렇게 하여 구한 포트폴리오의 가치와 현재 포트폴리오 가치와의 차이를 구하여 손실이 큰 것부터 순서대로 나열하면 손실이 큰 5번째가 95% 신뢰도의 VaR가 될 것이다.

(3) 몬테-칼로(Monte-Carlo) 시뮬레이션

이 모형도 위험요인 변동자료로부터 포트폴리오 가치를 도출하는 점은 역사적 시뮬레이션모형과 다름이 없으나 위험요인의 변동에 대한 예측치를 도출하는 데 있어 역사적 자료를 이용하는 것이 아니라 시뮬레이션으로 생성한 위험요인의 변동치(implied data)를 사용한다는 점에서 다르다. 몬테-칼로 시뮬레이션모형을 사용하기 위해서는 위험요인의 분포 및 상관관계에 대한 확률과정을 가정해야 하며 이 분포로부터 몬테-칼로 시뮬레이션을 통하여 원하는 개수 만큼의 위험요인의 변동에 대한 가상수치를 얻고 이로부터 포트폴리오의 가치 변동치와 VaR를 구한다. 역사적 시뮬레이션 모형이 위험요인들의 관측자료의 수에 따라 예상되는 수많은 시나리오를 가정하지 않고 오직 하나의 조합만을 고려하고 있는데 비해 몬테-칼로 시뮬레이션 모형은 시뮬레이션에 의해 생성된 자료(generated data)들의 수많은 조합을 고려한다.

10.2.2. 델타분석법 실습(델타노말VaR)

이 방법에서는 포트폴리오의 현재가치가 여러 개의 자산으로 구성되어 있고, 각각의 자산의 수익률이 정규분포를 따른다는 가정을 하고 있다. 이 경우 포트폴리오의 수익률은 다변량 정규분포를 따르게 된다. 이 모형에서는 포트폴리오를 구성하고 있는 자산들의 수익률을 구하고 이를 바탕으로 수익률의 분산－공분산 행렬(Variance－Covariance Matrix)을 구한 뒤 각 자산의 포트폴리오에 대한 현재가치 비중인 가중치 벡터를 곱하여 줌으로써 포트폴리오의 분산을 구할 수 있다. 이러한 방법으로 구한 포트폴리오의 분산을 이용하여 주어진 신뢰도 $(1-\alpha)$%에서 구하고자 하는 기간 T에 해당하는 VaR를 아래의 식에 의해서 구할 수 있다.

$$VaR = N^{-1}(\alpha) \times \sqrt{T} \times \sqrt{\sigma_p^2}$$

included 예제 | 델타노말 VaR

이 예제는 "Delta-Normal VaR.xls" 파일을 참조하기 바란다.

주식 8종목에 각각 1,000만달러씩 투자하여 8,000만달러의 주식 보유금액을 가진 Mutual Fund가 있다. 이 때, 95% 신뢰도 하에서 이 Mutual Fund의 10일 VaR를 구해 보자.

	A	B	C	D	E	F	G	H	I	J	K	L
2	**Estimating Portfolio VaR using Lognormal Distribution**											
3												
4	Positions										**Estimating Portfolio VaR**	
5												
6	total	**UBS**	**CS**	**Zurich Ins**	**Winterthur**	**Roche**	**Sandoz**	**Ciba-Geigy**	**Swissair**		**Time daily(δt)**	**10**
7	8000.0	1000.0	1000.0	1000.0	1000.0	1000.0	1000.0	1000.0	1000.0		**Conf level (c)**	**95.00%**
8												
9											**Portfolio's VaR**	
10	Ln Xs Returns											
11												
12		**UBS**	**CS**	**Zurich Ins**	**Winterthur**	**Roche**	**Sandoz**	**Ciba-Geigy**	**Swissair**			
13	1	-0.0486	-0.0730	-0.0795	-0.0854	-0.0512	-0.1085	-0.0962	-0.1091			
14	2	0.0758	0.0748	0.0762	-0.0220	0.0946	-0.0130	0.0079	0.0357			
15	3	0.0513	0.0019	-0.0151	-0.0112	-0.0617	0.0154	-0.0132	0.0000			
70	58	0.0190	0.0233	-0.0038	0.0503	-0.1080	-0.0111	-0.0356	-0.0285			
71	59	-0.0085	-0.0332	-0.0153	-0.0548	0.0573	0.0282	0.0293	0.1734			
72	60	0.0221	-0.0472	-0.0930	-0.0434	-0.0333	-0.0684	-0.0990	-0.0193			

우선 VaR를 계산하기 앞서 Mutual Fund 의 분산을 구하여여 한다. 주어진 과거 8개 개별주식의 수익률 자료를 이용하여 8×8의 분산－공분산 행렬을 구하는 프로그램이 아래에 주어져 있다. 여기에서, 분산－공분산의 행렬 중 대각선 값은 각 i번째 개별종목의 분산을 의미하므로 엑셀함수에서 제공하는 분산 함수인 Var을 이용하여 아래와 나타낼 수 있다.

```
Vmat(i, i)=Application.Var(r1vec)
```

또한, 대각선을 제외한 부분은 각각 i주식의 수익률과 j주식의 수익률의 공분산 값을 의미한다. 따라서 엑셀함수에서 제공하는 모공분산계산 함수인 Covar을 이용하여 상삼각행렬을 계산한다. 하지만 여기에서 계산하는 공분산은 표본공분산이므로 (자료수 / (자료수 − 1))을 곱하여 보정해 줄 필요가 있다. 또한, 분산−공분산 행렬은 대칭행렬이라는 특성을 이용하여 아래와 같이 하삼각행렬 부분은 계산된 상삼각행렬 값을 복사함으로써 계산량을 줄일 수 있다.

```
Vmat(i, j)=Application.Covar(r1vec, r2vec) * (nr / (nr-1))

Vmat(j, i)=Vmat(i, j)
```

아래 엑셀 화면에서 셀B3을 선택한 뒤 함수마법사를 이용하여 사용자정의 함수에서 VCVMatrix 함수를 불러 Retsmat에 'VaRPortfolio(연습)' 시트에 있는 수익률 데이터를 선택해 주고 엔터키를 누르면 0.00419 값이 구해진다. 다음으로 B3 : I10 셀을 선택하고 수식 입력창에서 입력된 식 끝에 커서를 옮긴 뒤 [Ctrl] + [Shift] + [Enter]를 누르면 전체의 분산−공분산 행렬 값이 엑셀 화면에 표시된다.

셀B3 : " =VCVMatrix('VaRPortfolio(연습)'!B13:I72)"

	A	B	C	D	E	F	G	H	I	J
1										
2		Variance−Covariance Matrices								
3		0.00419	0.00358	0.00347	0.00319	0.00164	0.00228	0.00251	0.00252	
4		0.00358	0.00568	0.00329	0.00348	0.00193	0.00270	0.00290	0.00263	
5		0.00347	0.00329	0.00504	0.00428	0.00194	0.00245	0.00285	0.00218	
6		0.00319	0.00348	0.00428	0.00539	0.00169	0.00278	0.00303	0.00195	
7		0.00164	0.00193	0.00194	0.00169	0.00349	0.00210	0.00242	0.00216	
8		0.00228	0.00270	0.00245	0.00278	0.00210	0.00413	0.00302	0.00124	
9		0.00251	0.00290	0.00285	0.00303	0.00242	0.00302	0.00445	0.00265	
10		0.00252	0.00263	0.00218	0.00195	0.00216	0.00124	0.00265	0.00744	
11										

| 예제 | 분산−공분산 행렬 계산 프로그램

```
Option Explicit
Option Base 1

Function VCVMatrix(retsmat)
'Returns nxn sample Variance-Covariance Matrix
Dim i As Integer, j As Integer, k As Integer, _
```

```
nc As Integer, nr As Integer
Dim r1vec() As Variant, r2vec() As Variant, _
Vmat() As Variant
nc=retsmat.Columns.Count
ReDim Vmat(nc, nc)
nr=retsmat.Rows.Count
ReDim r1vec(nr)
ReDim r2vec(nr)
For i=1 To nc
For k=1 To nr
r1vec(k)=retsmat(k, i)
Next k
Vmat(i, i)=Application.Var(r1vec)
For j=i+1 To nc
For k=1 To nr
r2vec(k)=retsmat(k, j)
Next k
Vmat(i, j)=Application.Covar(r1vec, r2vec) *_
(nr / (nr-1))
Vmat(j, i)=Vmat(i, j)
Next j
Next i
VCVMatrix=Vmat
End Function
```

구해진 분산-공분산 행렬의 전후에 개별주식에 대한 보유금액 벡터를 아래와 같은 방법으로 곱해 줌으로써 Mutual Fund 의 분산이 계산된다. 여기에 VaR를 계산하는 기간에 해당하는 값 $\sqrt{10}$ 과 원하는 신뢰수준 95%에 해당하는 표준 정규 누적분포의 역함수 값을 곱하면, 95%신뢰도 하에서 이 Mutual Fund의 10일 VaR값이 계산된다. 이를 사용자정의 함수로 작성한 것이 아래의 VaRPortfolio( ) 함수이다.

개별주식에 대한 투자금액(W) 분산-공분산 행렬 W'

$$\sigma_P^2 = \begin{bmatrix} W_1 & W_2 & W_3 & W_4 & W_5 & W_6 & W_7 & W_8 \end{bmatrix} \begin{bmatrix} \sigma_1^2 & \sigma_{12} & \sigma_{13} & \sigma_{14} & \sigma_{15} & \sigma_{16} & \sigma_{17} & \sigma_{18} \\ \sigma_{21} & \sigma_2^2 & \sigma_{23} & \sigma_{24} & \sigma_{25} & \sigma_{26} & \sigma_{27} & \sigma_{28} \\ \sigma_{31} & \sigma_{32} & \sigma_3^2 & \sigma_{34} & \sigma_{35} & \sigma_{36} & \sigma_{37} & \sigma_{38} \\ \sigma_{41} & \sigma_{42} & \sigma_{43} & \sigma_4^2 & \sigma_{45} & \sigma_{46} & \sigma_{47} & \sigma_{48} \\ \sigma_{51} & \sigma_{52} & \sigma_{53} & \sigma_{54} & \sigma_5^2 & \sigma_{56} & \sigma_{57} & \sigma_{58} \\ \sigma_{61} & \sigma_{62} & \sigma_{63} & \sigma_{64} & \sigma_{65} & \sigma_6^2 & \sigma_{67} & \sigma_{68} \\ \sigma_{71} & \sigma_{72} & \sigma_{73} & \sigma_{74} & \sigma_{75} & \sigma_{76} & \sigma_7^2 & \sigma_{78} \\ \sigma_{81} & \sigma_{82} & \sigma_{83} & \sigma_{84} & \sigma_{85} & \sigma_{86} & \sigma_{87} & \sigma_8^2 \end{bmatrix} \begin{bmatrix} W_1 \\ W_2 \\ W_3 \\ W_4 \\ W_5 \\ W_6 \\ W_7 \\ W_8 \end{bmatrix}$$

아래 프로그램 중 return_var_cov_mat=VCVMatrix(return_series) 부분을 보면, 위에서 미리 만들어 놓은 수익률 자료를 이용하여 공분-공분산 행렬을 구하는 사용자정의 함수 VCVMatrix( )를 사용자정의 함수 VaRPortfolio( )에서 불러 사용하는 것을 볼 수 있다. 즉, 엑셀이 제공하는 표준함수 외에도 사용자정의 함수도 다른 사용자정의 함수에서 이용할 수 있다는 점에 주목해야 한다.

included

예제 VaR계산

```
Option Explicit
Option Base 1
Function VaRPortfolio(position_vec, return_series, c, dt)
'c stands for confidence_level and dt stands for time
'return_series means log returns for holding assets
'Returns the VaR estimate for a portfolio of assets
Dim vp
Dim alpha
Dim nc As Integer
Dim position_nc As Integer
Dim position_nr As Integer
Dim return_var_cov_mat() As Variant
nc=return_series.Columns.Count
position_nc=position_vec.Columns.Count
position_nr=position_vec.Rows.Count
ReDim return_var_cov_mat(nc, nc)
If position_nc<position_nr Then _
position_vec=Application.Transpose(position_vec)
return_var_cov_mat=VCVMatrix(return_series)
```

```
vp=Application.Sum(Application.MMult(Application.MMult(position_vec, _
return_var_cov_mat), Application.Transpose(position_vec)))
alpha=-Application.NormSInv(1-c)
VaRPortfolio=Sqr(vp) * Sqr(dt) * alpha
End Function
```

아래에서 볼 수 있듯이 셀L9에 아래와 같이 입력하면,

셀L9 : "=VaRPortfolio(B7:I7,B13:I72,L7,L6)"

Mutual Fund의 95% 신뢰수준하에서 10일의 VaR가 2,240.89만달러로 구해진다. 이 값은 8,000만달러의 Mutual Fund가 앞으로 10일 뒤에 2,240.89만달러 이상 손실이 날 확률이 5%라는 것을 의미한다.

	A	B	C	D	E	F	G	H	I	J	K	L	M	N
2	**Estimating Portfolio VaR using Lognormal Distribution**													
3														
4	Positions										**Estimating Portfolio VaR**			
5														
6	total	**UBS**	**CS**	**Zurich Ins**	**Winterthur**	**Roche**	**Sandoz**	**Ciba-Geigy**	**Swissair**		**Time daily(δt)**	**10**		
7	8000.0	1000.0	1000.0	1000.0	1000.0	1000.0	1000.0	1000.0	1000.0		**Conf level (c)**	**95.00%**		
8														
9											**Portfolio's VaR**	=VaRPortfolio(B7:I7,B13:I72,L7,L6)		
10	Ln Xs Returns													
11														
12		**UBS**	**CS**	**Zurich Ins**	**Winterthur**	**Roche**	**Sandoz**	**Ciba-Geigy**	**Swissair**					
13	1	-0.0486	-0.0730	-0.0795	-0.0854	-0.0512	-0.1085	-0.0962	-0.1091					
14	2	0.0758	0.0748	0.0762	-0.0220	0.0946	-0.0130	0.0079	0.0357					
15	3	0.0513	0.0019	-0.0151	-0.0112	-0.0617	0.0154	-0.0132	0.0000					
16	4	-0.0610	-0.0882	-0.0268	-0.0171	-0.0460	-0.0195	-0.0334	-0.0542					

| 예제 | 델타-노말 방법에 의한 VaR 계산 프로그램

```
Option Explicit
Option Base 1
Function VaRPortfolio(position_vec, return_series, c, dt)
'c stands for confidence_level and dt stands for time
'return_series means log returns for holding assets
'Returns the VaR estimate for a portfolio of assets
Dim vp
Dim alpha
Dim nc As Integer
```

```
Dim position_nc As Integer
Dim position_nr As Integer
Dim return_var_cov_mat() As Variant
nc=return_series.Columns.Count
position_nc=position_vec.Columns.Count
position_nr=position_vec.Rows.Count
ReDim return_var_cov_mat(nc, nc)
If position_nc<position_nr Then _
position_vec=Application.Transpose(position_vec)
return_var_cov_mat=VCVMatrix(return_series)
vp=Application.Sum(Application.MMult(Application.MMult(position_vec, _
return_var_cov_mat), Application.Transpose(position_vec)))
alpha=-Application.NormSInv(1-c)
VaRPortfolio=Sqr(vp) * Sqr(dt) * alpha
End Function

Function VCVMatrix(retsmat)
'Returns nxn sample Variance-Covariance Matrix
Dim i As Integer, j As Integer, k As Integer, _
nc As Integer, nr As Integer
Dim r1vec() As Variant, r2vec() As Variant, _
Vmat() As Variant
nc=retsmat.Columns.Count
ReDim Vmat(nc, nc)
nr=retsmat.Rows.Count
ReDim r1vec(nr)
ReDim r2vec(nr)
For i=1 To nc
For k=1 To nr
r1vec(k)=retsmat(k, i)
Next k
Vmat(i, i)=Application.Var(r1vec)
For j=i+1 To nc
For k=1 To nr
r2vec(k)=retsmat(k, j)
Next k
Vmat(i, j)=Application.Covar(r1vec, r2vec) *_
(nr / (nr-1))
```

```
Vmat(j, i)=Vmat(i, j)
Next j
Next i
VCVMatrix=Vmat
End Function
```

(4) 포지션한도와 VaR주)

위험관리를 위한 각종 한도는 다음과 같은 것이 있을 수 있다.

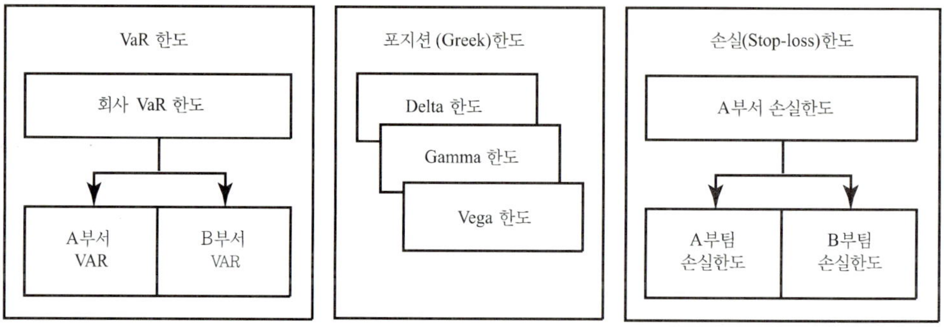

여기서 VaR한도, 포지션한도 및 손실한도의 관계를 다음 예제를 통해 살펴보자.

| 예제 | VaR와 델타포지션의 관계

어떤 거래부서가 $10,000,000 현금을 가지고 있을 경우 환율이 950원/달러, 변동성 20%, 10일, 99% 유의수준이라면 VaR는 얼마인가? 단, 환율은 다음과 같은 로그정규분포를 따른다.

$\ln(S_T / S_0) \sim N(0, 0.2\sqrt{T})$

T : 현재부터 특정시점까지의 기간(연)

주) 금감원의 파생상품 모범규준에는 다음과 같이 명시하고 있다.

- 리스크를 측정할 수 있는 체계를 갖출 것(5－2－4)
- 금융회사는 파생상품과 관련된 주요 리스크별로 한도를 설정하여야 하며 이는 금융회사 전체 리스크 한도관리체계와 일관성을 유지해야 한다.(5－2－10) [주석] 트레이딩 부분을 운용하는 금융회사의 경우 특정 파생상품에 대한 별도의 한도를 설정하기 보다는 트레이딩 전체의 리스크 요소별 한도 또는 모든 요소를 포괄하는 VaR값 등으로 시장 리스크 한도를 설정하고…

이 경우 10일 뒤 환율이 879.58이하로 떨어질 확률은 1%이다. 즉 다음과 같다.

$$S_T^{0.99} = 950 \times \exp\left(-0.2\sqrt{\tfrac{10}{365}}N^{-1}(0.99)\right) = 879.5848595$$

여기서 $S_T^{0.99}$란 T 기간 뒤 99% 확률로 존재할 수 있는 최소환율 수준을 의미한다.

따라서 VaR = 10,000,000 × (950 − 879.58) = 약 704백만원이다.

이 때, 리스크 관리부서에서 VaR를 500백만원으로 제한했다면 정리해야 할 포지션은 10,000,000×(1 − 500/704) = 약$2,900,000 이다.

위 예제에서 거래부서는 델타를 원래 10백만 달러 가지고 있다가 7.1백만달러로 축소하게 된다. 즉, 위와 같은 경우 99% 10일 − VaR한도를 500백만원으로 둔다는 것은 델타 포지션 한도 $7,100,000(= 10백만 − 2.9백만)을 두는 것과 같다.

따라서 다른 그릭(Greeks)이 0일 경우, VaR와 델타 포지션 사이에는 다음의 관계가 성립한다.

$$\text{Delta Position} \times (S_0 - S_T^{\Pr}) = VaR \quad \text{또는}$$

$$\text{Delta Position} \times S_0\left(1 - \exp\left[\sigma\sqrt{T}N^{-1}(\Pr)\right]\right) = VaR$$

여기서 P_r은 VaR의 신뢰수준, S_0는 현재 기초자산의 가격,

σ는 기초자산의 변동성, T는 VaR의 목표기간,

$s_T^{\Pr} = \exp\left(\sigma\sqrt{T}N^{-1}P_r\right)$ 이다.

PART V

Chapter 11

이자율 옵션

11.1 블랙 모형(Black Model)

블랙－숄즈모형을 변형한 블랙 모형은 시장에서 가장 많이 사용되고 있는 이자율 옵션 모형이다. 원래 블랙 모형은 선도에 대한 옵션(Options on forwards) 가격을 계산하기 위해 개발되었으나, 이자율 옵션인 금리상한 옵션(Cap; 캡)이나 이자율 스왑에 대한 옵션(Swaption : 스왑션) 가격을 계산할 때도 사용한다. 이때 기초변수인 선도이자율이나 이자율 스왑 금리가 로그정규분포를 따른다고 가정하여 옵션가격을 계산하게 된다.

(1) 캡(Cap)과 플로어(Floor)

이자율 캡은 캡릿(Caplet)이라고 하는 일련의 유럽식 콜옵션들을 모아 놓은 것이다. 각각의 캡릿은 블랙 모형을 이용해서 계산할 수 있고, 따라서 캡의 가격은 이 캡릿들의 합과 같다. 마찬가지로 플로어의 가치는 플로어릿(Floorlet)이라고 하는 풋옵션들의 합계와 같다.

$$C = \frac{N \times \dfrac{d}{basis}}{1 + F\dfrac{d}{basis}} e^{-rT} \left[FN(d_1) - KN(d_2) \right]$$

$$FL = \frac{N \times \frac{d}{basis}}{1 + F\frac{d}{basis}} e^{-rT} \left[KN(-d_2) - FN(-d_1) \right]$$

단, $C=$ 캡릿

$FL=$ 플로어릿

$$d_1 = \frac{\ln(F/K)+(\sigma^2/2)T}{\sigma\sqrt{T}}$$

$$d_2 = d_1 - \sigma\sqrt{T}$$

$basis=$1년의 날짜수

$F=$선도 이자율

$d=$선도이자 계산기간(날짜수)

$k=$행사가격

$T=$옵션만기

$F=$선도이자율

$\sigma=$선도이자율의 변동성

$N(\cdot)=$누적표준정규분포

included

예제 캡 가격계산

2006년 1월 15일 현재 다음과 같이 시장상황이 주어졌을 때 1년 캡(1 year cap : 3개월 만기 CD에 대한 캡릿이 4개가 모인 옵션 포트폴리오)의 가격은 얼마인가? 단, 캡의 명목금액(Notional Amount)은 1억원이며, 행사가격은 4.5%이다.

	A	B	C	D	E
3	term	date	days	Instrument	rate
4	1day	2006-01-16	1	Deposit	3.81%
5	3M	2006-04-15	90	Deposit	4.07%
6	1y	2007-01-15	365	IRS	4.50%
7	2y	2008-01-15	730	IRS	4.72%
8	3y	2009-01-15	1096	IRS	4.86%
9	4y	2010-01-15	1461	IRS	4.98%
10	5y	2011-01-15	1826	IRS	5.08%
11	7y	2013-01-15	2557	IRS	5.23%
12	10y	2016-01-15	3652	IRS	5.36%

캡(또는 캡릿) 가격 계산을 위해서는 선도금리를 알아야 한다. 위 시장가격을 이용해서 매 3개월마다의 선도금리(FRA)를 계산하면 다음과 같다.

	G	H	I	J	K	L	M
3	i	term(year)	date	days		df	FRA
4	0	0	2006-01-15	0			4.07%
5	1	**0.25**	2006-04-15	90	90	0.990064	0.045901
6	2	0.5	2006-07-15	181	91	0.978862	0.046438
7	3	0.75	2006-10-15	273	92	0.967537	0.046988
8	4	**1**	2007-01-15	365	92	0.956212	

다음으로 필요한 입력변수는 변동성인데 여기에서는 20%라고 가정하자.[주)] 그러면 블랙의 공식을 이용하여 캡릿의 가격을 계산할 수 있다.

	G	H	I	J	K	L	M	N	O	P	Q	R
3	i	term(year)	date	days		df	FRA	d	T	r	cap Price	cap value
4	0	0	2006-01-15	0			4.07%	90	0			
5	1	**0.25**	2006-04-15	90	90	0.990064	0.045901	91	0.246575	0.086644	0.000552	55,161
6	2	0.5	2006-07-15	181	91	0.978862	0.046438	92	0.49589	0.06655	0.000807	80,737
7	3	0.75	2006-10-15	273	92	0.967537	0.046988	92	0.747945	0.059864	0.001015	101,522
8	4	**1**	2007-01-15	365	92	0.956212						237,420

옵션가격 계산에 사용된 모수는 다음과 같이 미리 입력되어 있다.

	H	I
11	basis	365
12	**vol**	0.2
13	Notional	100,000,000

각 셀에 입력된 수식은 다음과 같다.

셀M5 : "=(L5/L6−1)*365/K6"

셀P5 : "=−LN(L6)/O5"

셀Q5 : "=BlackCap(M5,0.045,$I$12,O5,N5,$I$11,P5)"

셀R5 : "=Q5*$I$13"

캡릿 가격은 사용자 정의함수를 이용하였으며 코드는 다음과 같다.

예제 캡릿 가격계산 사용자정의함수

```
Function dOne(F, K, Vol, T)
    dOne= (Log(F / K) + (Vol ^ 2 / 2) * T) / (Vol * Sqr(T))
End Function
Function BlackCap(F, K, Vol, T, D, Basis, R)
D1=dOne(F, K, Vol, T)
D2=D1-Vol * Sqr(T)
BlackCap= (D / Basis) / (1+F * D / Basis) *_
Exp(-R * T) *_
            (F * Application.NormSDist(D1) - K *_
Application.NormSDist(D2))
End Function
```

주) 캡에 사용되는 변동성은 두 가지가 있는데 하나는 현물(par)변동성이고 다른 하나는 선도(Forward)변동성이다. 현물변동성은 현재시점의 단기 이자율(=기초자산)의 변동성을 모든 캡릿에 동일하게 적용하여 계산하며, 선도변동성은 각 선도시점에 따라 변동성을 다르게 적용하여 캡릿의 가격을 계산하게 된다. 여기서는 현물변동성을 사용하고 있다.

계산 결과 캡의 가격은 237,420원이다. 여기에서 주의할 것은 첫 번째 캡릿(2006년 1월 15일의 3개월 CD금리에 대한 콜옵션)은 기초자산의 가격이 확정되어 있으므로 이미 옵션이 아니며 따라서 캡 가격에서는 제외하는 것이 일반적이다. 따라서 이 문제의 캡에는 모두 3개의 캡릿이 포함된다.

(2) 스왑션(Swaption)

옵션의 만기시점에 옵션을 행사하면 스왑이 생성되는 옵션을 스왑옵션(Option on Swap) 또는 스왑션(Swaption)이라고 한다. 스왑션은 만기 행사시 생성되는 스왑의 종류에 따라 두 가지가 있는데, 지급자 스왑션(Payer Swaption)과 수취자 스왑션(Receiver Swaption)이다. 용어 그대로 지급자 스왑션은 옵션을 행사하면 옵션 매입자가 (미리 약정된) 고정금리를 지급하고 변동금리를 수취하는 스왑이 생기며, 수취자 스왑션은 반대로 옵션 매입자가 고정금리를 수취하고 변동금리를 지급하는 스왑이 생기게 된다.

유럽식 스왑션은 시장에서는 보통 블랙 모형을 이용해서 가격을 계산하며, 이때 사용되는 선도가격은 선도 이자율 스왑 금리가 된다. 원래의 블랙 모형에 대해 약간의 수정도 필요한데 스왑 계약기간(Tenor of swap)을 조정해 주는 요소를 곱해주어야 한다.

블랙 모형을 이용한 지급자 스왑션(c)과 수취자 스왑션(p)의 가격은 다음과 같다.

$$c = \frac{1 - \frac{1}{\left(1 + \frac{F}{m}\right)^{t \times m}}}{F} e^{-rT}[FN(d_1) - KN(d_2)]$$

$$p = \frac{1 - \frac{1}{\left(1 + \frac{F}{m}\right)^{t \times m}}}{F} e^{-rT}[KN(-d_2) - FN(-d_1)]$$

$$d_1 = \frac{\ln \frac{F}{K} + \frac{\sigma^2}{2} T}{\sigma \sqrt{T}}$$

$$d_2 = d_1 - \sigma \sqrt{T}$$

T = 거래일~스왑션 만기일까지 기간

K = 스왑션 행사가격(%)

t = 스왑 계약기간(거래일~만기일), 연단위

F = 기초자산인 스왑의 선도 스왑 금리

m = 스왑 금리의 연간 복리횟수(이자 지급횟수)

$N(\cdot)$ = 누적표준정규분포

○ 선도 (이자율) 스왑금리(Forward (Interest Rate) Swap Rate) 계산하기

스왑션의 가치를 계산하기 위해서는 선도 스왑금리를 알아야 한다. 선도 스왑금리란 선도계약 만기시점에 기초자산인 스왑의 가치가 "0"이 되도록 하는 고정금리 수준을 의미한다. 즉, 다음 식을 만족하는 R^*를 말한다.

$$\sum_{i=1}^{n} R^* \frac{a_i}{basis} d_i = \sum_{i=1}^{n} F_i \frac{a_i}{basis} d_i$$

단, a_i = i번째 이자 지급일의 이자계산 날짜 수

F_i = i번째 이자 지급일에 해당하는 선도 이자율

d_i = i번째 이자 지급일에 해당하는 할인계수

위 식에서 좌변은 고정금리 부분의 현재가치이며 우변은 변동금리 부분의 현재가치이다. 위 식을 정리하면 선도 스왑금리는 다음과 같다.

$$R^* = \frac{\sum_{i=1}^{n} F_i \frac{a_i}{basis} d_i}{\sum_{i=1}^{n} \frac{a_i}{basis} d_i}$$

| 예제 | 선도이자율 스왑금리

2006년 1월 15일 현재 다음과 같이 시장상황이 주어졌을 때, 1년뒤 시작하는 1년만기 선도 이자율 스왑 금리는 얼마인가?

	A	B	C	D	E
3	term	date	days	Instrument	rate
4	1day	2006-01-16	1	Deposit	3.81%
5	3M	2006-04-15	90	Deposit	4.07%
6	1y	2007-01-15	365	IRS	4.50%
7	2y	2008-01-15	730	IRS	4.72%
8	3y	2009-01-15	1096	IRS	4.86%
9	4y	2010-01-15	1461	IRS	4.98%
10	5y	2011-01-15	1826	IRS	5.08%
11	7y	2013-01-15	2557	IRS	5.23%
12	10y	2016-01-15	3652	IRS	5.36%

위 식에 따라 분자, 분모를 계산하고 선도 스왑 금리를 계산하면 다음과 같다.

	G	H	I	J	K	L	M	N
3	i	term(year)	date	days		df	FRA	d
4	0	0	2006-01-15	0			4.07%	90
5	1	**0.25**	2006-04-15	90	90	0.990064	0.045901	91
6	2	0.5	2006-07-15	181	91	0.978862	0.046438	92
7	3	0.75	2006-10-15	273	92	0.967537	0.046988	92
8	4	**1**	2007-01-15	365	92	0.956212	0.048598	90
9	5	1.25	2007-04-15	455	90	0.94489	0.049194	91
10	6	1.5	2007-07-15	546	91	0.933441	0.049811	92
11	7	1.75	2007-10-15	638	92	0.921867	0.050445	92
12	8	**2**	2008-01-15	730	92	0.910293	0.050623	91
13	9	2.25	2008-04-15	821	91	0.898947	0.05127	91
14	10	2.5	2008-07-15	912	91	0.887601	0.051942	92
15	11	2.75	2008-10-15	1004	92	0.876131	0.052631	92
16	12	**3**	2009-01-15	1096	92	0.864661		
17								
18								
19						분자=	0.045919	
20						분모=	0.927512	
21						R*	0.049508	

각 셀에 입력된 수식은 다음과 같다.

셀M19 : "=SUMPRODUCT(M8:M11,L9:L12,N8:N11)/365"

셀M20 : "=SUMPRODUCT(L9:L12,N8:N11)/365"

셀M21 : "=M19/M20"

계산된 선도 스왑금리는 4.95%이다.

| 예제 | 스왑션 가격계산

위와 같은 상황에서 1년 뒤에 4.95% 고정금리를 지급할 수 있는 옵션(Payer Swaption)의 가치는 얼마인가? 단, 1년만기 이자율 스왑 금리의 변동성은 20%이다.

블랙의 스왑션 공식에 위에서 계산한 각 입력변수를 넣고 계산하면 결과는 다음과 같다.

	A	B
18	스왑션만기(T)	2
19	m	2
20	F	0.04950803
21	Vol	0.2
22	r	0.04477536
23	스왑만기	1
24	행사가격	0.0495
25	Swaption가격	1.82820%

각 셀에 입력된 식은 다음과 같다.

셀B22 : "=-LN(L8)"

셀B25 : "=BlackSwaption(B20,B24,B21,B23,B19,B18,B22)"

계산된 결과는 스왑 원금금액의 1.828%이며, 예를 들어 스왑원금이 1억원이라면 스왑션의 가치는 1,828,000원이라는 의미이다.

스왑션 가격계산은 사용자 정의함수를 사용하였으며 코드는 다음과 같다.

included **예제** | 스왑션 가격계산

```
Function dOne(F, K, Vol, T)
    dOne= (Log(F / K) + (Vol ^ 2 / 2) * T) / (Vol * Sqr(T))
End Function
Function BlackSwaption(F, K, Vol, tOption, m, tSwap, R)
Dim D1 As Double
Dim d2 As Double
D1=dOne(F, K, Vol, tOption)
d2=D1-Vol * Sqr(tOption)
BlackSwaption= (1-1 / (1+F / m) ^ (tSwap * m)) / _
F * Exp(-R * tOption) * _
(F * Application.NormSDist(D1) -_
K * Application.NormSDist(d2))
End Function
```

블랙 모형은 유럽식 옵션의 가격을 계산할 수는 있지만 미국형이나 이색 이자율 파생상품의 가치를 계산할 수 없는 한계가 있다. 따라서 유럽식 옵션이 아닌 경우 이자율 파생상품의 계산을 하기 위해서는 일반적으로 수익률곡선의 움직임을 모형화해서 파생상품의 가치를 계산하는 방법을 도입해야 한다.

Financial Engineering Practice with Excel VBA

11.2 이산시간모형 : 이항 이자율 모형

이자율옵션 모형은 주식 또는 외환 옵션 모형보다 다소 복잡하다. 우선 직관적으로 이해하기 쉬운 이항 이자율모형을 알아보자.

11.2.1. 1기간 이항모형(one-step binomial asset pricing formula)

이절에서 사용되는 기호는 다음과 같다.

$P(0,T)$: 만기 T에 1을 주는 채권의 현재시점에서의 가격

$P(1,T,u)$: $t=1$시점에 u상태(state)일 때 만기 T에 1을 주는 채권의 가격

$B(0)=1$: Money Market Account

$B(1,u)=B(1,d)=R=1/P(0,1)$: $t=1$시점에 Money Market Account의 가치

$R(1,u)$: $t=1$시점에 u상태일 때, 1을 투자해서 $t=2$시점에 받게 되는 돈

$r(0)=R-1$

$r(1,u)=R(1,u)-1$

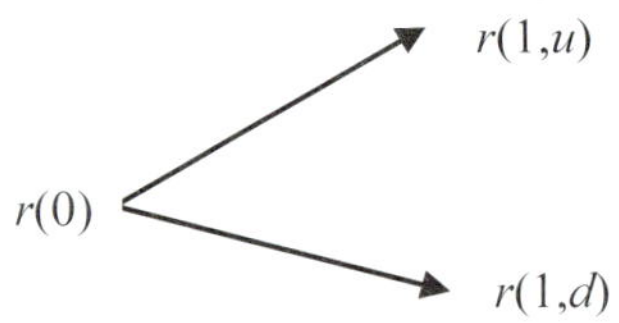

| 정리 | u상태가 실현될 위험중립확률

$$\pi = \frac{P(0,T)R - P(1,T,d)}{P(1,T,u) - P(1,T,d)}$$

| 정리 | 자산가격결정공식 : 1기간 모형

$t=1$시점에 u상태일 때 $W(1,u)$, d상태일 때 $W(1,d)$의 가치를 갖는 자산의 현재가치 $W(0)$는 다음과 같다.

$$W(0) = \frac{1}{R}\left(\pi W(1,u) + (1-\pi)W(1,d)\right)$$

위 정리에 따르면 임의의 $T(T \geq 2)$에 대해 다음이 성립해야 한다.

$$P(0,T) = \frac{1}{R}\left(\pi P(1,T,u) + (1-\pi)P(1,T,d)\right)$$

즉, 차익거래 부재 조건 하에서 π는 T에 의존하지 않는다. 즉, T에 상관없이 동일한 π값을 가져야 한다. 따라서 이 모형(framework)에서 이자율 모형은 이 조건을 만

족하는 제약이 필요하다.

$$P(0,1) = \frac{1}{R}$$

$$P(0,2) = \frac{1}{R}\left(\pi \frac{1}{R(1,u)} + (1-\pi)\frac{1}{R(1,d)}\right)$$

위 식의 의미는 R과 π가 주어지면 $R(1,u)$와 $R(1,d)$를 임의로 선택할 수는 없다는 것이다. (즉, $P(0,2)$는 시장에서 관측되는 변수로 상수이고, R과 π가 주어지면, R(1,u)와 $R(1,d)$은 하나의 방정식을 이루게 된다.) 하지만 이런 제약 하에서도 선택할 수 있는 경우의 수는 무한하다. 몇 가지 예를 들면 다음과 같다.

R(1,u)와 R(1,d) 선택방법

① Ho and Lee 방법
- π는 주어진 것으로 가정
- k는 다음을 가정 : $R(1,u) = kR(1,d)$

② Black, Derman and Toy(BDT) 방법
- π는 주어진 것으로 가정
- $\sigma(1) > 1$는 다음을 가정 : $r(1,u) = \sigma(1)r(1,d)$

| 정리 | k와 σ의 의미

Ho and Lee 방법에서 k는 이자율 변동성의 측도[주)]이다. BDT모형의 $\sigma(1)$도 유사한 개념이다.

included

| 예제 | 단기이자율 트리 만들기 : Ho and Lee 방법

$P(0,1) = 0.95$, $P(0,2) = 0.9$ $\pi = 0.5$, $k = 1.04$일 때 $r(1,u)$와 $r(1,d)$는 얼마인가?

답은 $r(1,d) = 5.4468\%$, $r(1,u) = 5.6646\%$ 이다.

계산에 필요한 값을 B3:B7범위에 입력한다. 예제에서 주어진 조건에 따라 수식을 이용해서 단기이자율 트리를 셀D5 및 F4, F7에 각각 입력한다. 이 때, $r(1, d)$값은 임의로 투입한다. $r(1, d)$는 해찾기를 통해 찾는데, 목적함수가 B11에 주어져 있다. 목적함수는 1기간 자산가격결정공식으로 계산한 채권가격 $p(0, 2)$(셀 B10)가 실제 채권가

주) a measure of volatility (spread) of the interest rates

격 (셀 B4)와 일치해야 한다는 것이다. 아래 그림과 같이 해찾기 대화상자에 목표셀, 해의 조건, 값을 바꿀 셀을 설정하고 해찾기를 실행하면 위의 답을 얻을 수 있다.

	A	B	C	D	E	F	G	H	I	J
1	*Ho and Lee_ 예제*			=1/B3-1						
2										
3	p(0,1)	0.95				r(1,u)				
4	p(0,2)	0.9		r(0)		0.056646	=B7*F7			
5				0.052632						
6	pi=	0.5				r(1,d)				
7	k=	1.04				0.054468	=해찾기			
8										
9	E(r(1))=	0.947368	=(B6*1/(1+F4)+B6*1/(1+F7))							
10	p(0,2)^=	0.9	=B9*B3							
11	diff=	-3.4E-07	=B10-B4							
12										
13										
14										
15										
16										
17										
18										
19										
20										
21										
22										

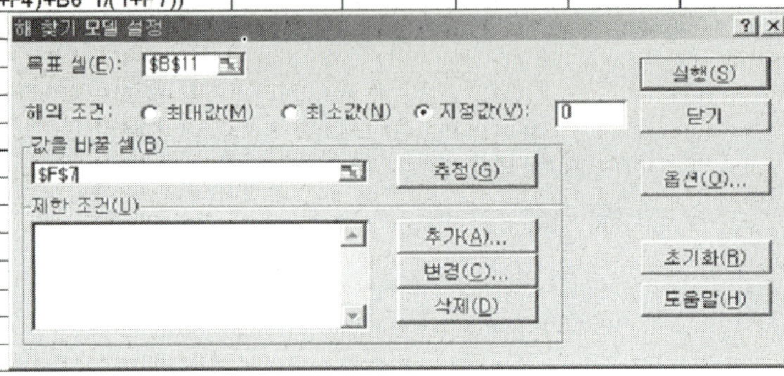

예제 1기간 이항모형을 이용한 유럽형 옵션가격계산

단기이자율 트리가 $r(0)=3\%$, $r(1,u)=4\%$, $r(1,d)=2\%$로 주어져 있다. 시간간격(Δt)은 1개월(1/12년)이고 $P(0,2)=0.995$이다. 1개월 뒤에 1개월만기인 할인채권(액면가격 1)에 대해 행사가격(K)=0.997인 콜옵션의 가격은 얼마인가? 주어진 시장상황에서 채권가격의 프로세스가 셀E4 및 H3, H5에 계산되어 있다. 이 기초자산의 프로세스를 이용한 옵션의 가격 프로세스가 셀E8 및 H7, H9에 계산되어 있다.

	A	B	C	D	E	F	G	H
1	**Option Pricing under BDT**			**Term Structure Dynamics**				
2	Parameter			t	0		1	
3	r(0)	3%		P(0,1)	0.9975062		P(1,2,u)	0.9966777
4	r(1,u)	4%		P(0,2)	0.995			
5	r(1,d)	2%					P(1,2,d)	0.9983361
6	△t	0.0833333		**Option Price Tree**				
7	P(0,2)	0.995						0
8	Strike	0.997			0.0006508			
9	Induced Parameter							0.0013361
10	R=	1.0025						
11	pi=	0.5117125						

$$\pi = \frac{P(0,T)R - P(1,T,d)}{P(1,T,u) - P(1,T,d)}$$

옵션의 가격은 6.56bp(셀E8)이다.

| 정리 | 예측 가능한 과정(Predictable process)

현재시점($t=0$)에서의 주식의 가격을 알아도 미래시점($t=1$)에서의 주식의 가격은 알 수 없다. 그러나 현재시점에 1을 (은행예금 또는 채권 등에)투자하면 비록 $t=2$시점의 가치는 알 수 없지만 $t=1$ 시점에 이 투자의 가치는 알 수 있다. 이런 점에서 이 자율을 예측가능한 과정이라고 부른다.

11.2.2. 이항 이자율 옵션 모형1 : Ho and Lee

(1) 모형도출

Ho and Lee 모형은 수익률곡선(각 만기별 할인채권의 가격)의 움직임을 모형화한 것으로 할인채권에 대한 표기를 이해하는 것이 중요하다. 만기가 T인 할인채권의 $n+1$시점에서의 가격을 $P^{n+1}(T)$로 표시하며 이항트리에서의 상태(state)를 표시하기 위해 하첨자를 붙인다. 즉 할인채권의 각 첨자에 대한 의미는 다음과 같다.

○ 할인채권의 표기방법

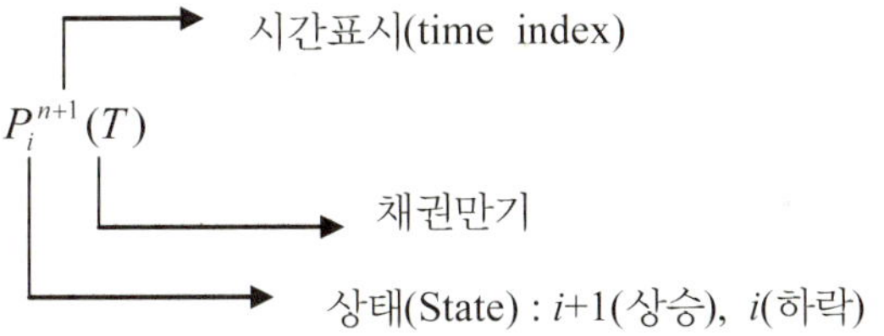

이 경우 수익률 곡선의 전개과정(evolution)을 이항트리로 표현하면 다음과 같다.

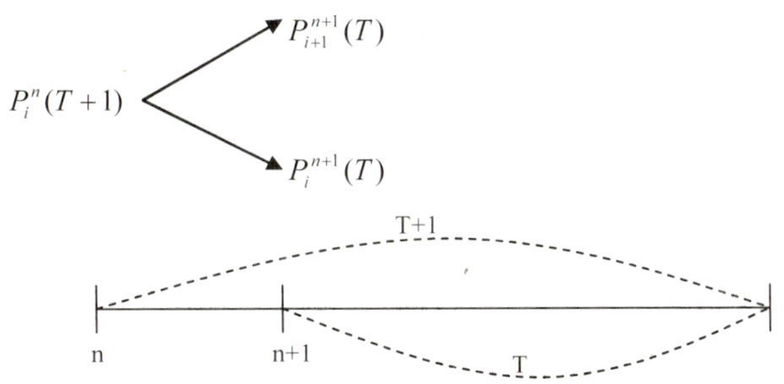

불확실성이 없는 경우 미래의 채권가격은 현재시점의 선도 채권가격과 같아야 한

다.(차익거래 부재 조건) 즉, 다음이 성립한다.

$$P_i^{n+1}(T) = P_{i+1}^{n+1}(T) = \frac{P_i^n(T+1)}{P_i^n(1)} = F^{(n)}(T)$$

여기서 $F^{(n)}(T)$은 T시점이 만기인 채권의 n시점에 관측한 $n+1$시점 선도가격이다.

그런데, 불확실성이 존재하는 경우에는 미래의 채권가격은 선도 채권가격과 일정비율만큼 차이가 발생하게 되며 그 차이를 교란함수(Perturbation function; $h(T)$, $h'(T)$) 라고 하는데 다음 관계가 성립한다.

$$P_i^{n+1}(T) = F^{(n)}(T)h(T)$$

$$P_{i+1}^{n+1}(T) = F^{(n)}(T)h'(T)$$

우선 차익거래 부재 조건에 따라, 채권가격과 내재 이항확률(Implied Binomial Probability) π 사이에는 다음 등식이 성립한다.

$$P_i^n(T) = \left[\pi P_{i+1}^{n+1}(T-1) + (1-\pi)P_i^{n+1}(T-1)\right]P_i^n(1)$$

즉,

$$\frac{P_i^n(T)}{P_i^n(1)} = \left[\pi P_{i+1}^{n+1}(T-1) + (1-\pi)P_i^{n+1}(T-1)\right] = F^{(n)}(T-1)$$

위 식에 교란함수 정의식을 대입하고 정리하면 다음이 성립한다.

$$\pi h(T) + (1-\pi)h'(T) = 1$$

다음으로 경로 독립적 가정(path independence)에 따라 아래 그림처럼 채권가격이 하락 후 상승한 결과와 상승 후 하락한 결과가 같아야 한다.

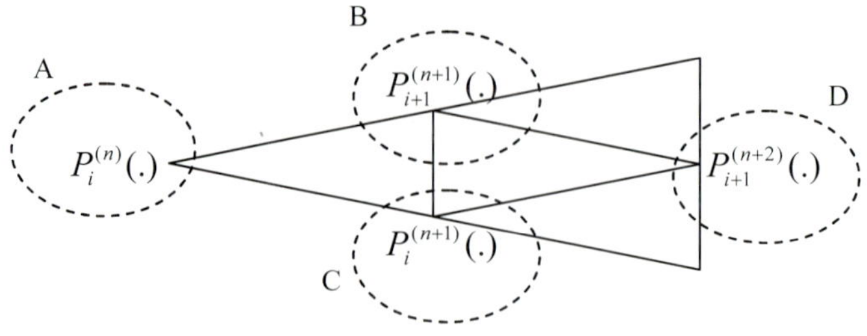

우선 상승 후 하락한 경우(A → B → D)를 보자.

B지점에서 볼 때 D지점의 채권 가격은 다음 식에 의해 결정된다.

$$P_{i+1}^{(n+2)}(T) = \frac{P_{i+1}^{n+1}(T+1)}{P_{i+1}^{n+1}(1)} h'(T)$$

그런데 A지점에서 볼 때, 위 식 우변의 첫번째 항의 분자와 분모는 다음식에 의해 결정된다.

$$P_{i+1}^{n+1}(T+1) = \frac{P_i^n(T+2)}{P_i^{(n)}(1)} h(T+1)$$

$$P_{i+1}^{n+1}(1) = \frac{P_i^n(2)}{P_i^{(n)}(1)} h(1)$$

이 결과를 "B지점에서 볼 때 D지점의 채권 가격"식에 대입하면 다음과 같다.

$$P_{i+1}^{(n+2)}(T) = \frac{P_{i+1}^{n+1}(T+1)}{P_{i+1}^{n+1}(1)} h'(T) = \frac{\dfrac{P_i^n(T+2)}{P_i^n(1)} h(T+1)}{\dfrac{P_i^n(2)}{P_i^n(1)} h(1)} h'(T)$$

하락한 뒤 상승한 경우(A → C → D)도 위와 같이 생각해보면 다음 식을 얻을 수 있다.

$$P_{i+1}^{(n+2)}(T) = \frac{P_i^{n+1}(T+1)}{P_i^{n+1}(1)} h(T) = \frac{\dfrac{P_i^n(T+2)}{P_i^n(1)} h'(T+1)}{\dfrac{P_i^n(2)}{P_i^n(1)} h'(1)} h(T)$$

두 가지 경우(상승 후 하락 및 하락 후 상승)의 결과가 같아야 하므로 두 식을 다음과 같이 등식으로 엮을 수 있다.

$$\frac{\dfrac{P_i^n(T+2)}{P_i^n(1)} h(T+1)}{\dfrac{P_i^n(2)}{P_i^n(1)} h(1)} h'(T) = \frac{\dfrac{P_i^n(T+2)}{P_i^n(1)} h'(T+1)}{\dfrac{P_i^n(2)}{P_i^n(1)} h'(1)} h(T)$$

위 식을 정리하면 다음과 같다.

$$\frac{h'(T+1)}{h'(1)}h(T) = \frac{h(T+1)}{h(1)}h'(T)$$

이 결과를 차익거래 부재 조건에서 도출한 결과 ($\pi h(T) + (1-\pi)h'(T) = 1$)와 연립해서 풀어 정리하면 다음과 같은 결과를 얻을 수 있다.

$$\left[\frac{1}{h(T+1)} - \pi\right] = \frac{1-\pi h(1)}{h(1)(1-\pi)}\left[\frac{1}{h(T)} - \pi\right] = \delta\left[\frac{1}{h(T)} - \pi\right]$$

여기서, $\delta = \dfrac{1-\pi h(1)}{h(1)(1-\pi)}$

이 식은 $h(T+1)$과 $h(T)$의 관계식(차분 방정식)인데 반복적으로 식을 적용하면 $h(T)$와 $h(0)$의 관계식을 얻을 수 있다.(즉, 차분 방정식을 풀 수 있다.)

○ 차분방정식의 풀이

$$\left[\frac{1}{h(T)} - \pi\right] = \delta\left[\frac{1}{h(T-1)} - \pi\right] = \delta^2\left[\frac{1}{h(T-2)} - \pi\right]$$

대입

$$\left[\frac{1}{h(T-1)} - \pi\right] = \delta\left[\frac{1}{h(T-2)} - \pi\right]$$

즉, $$\left[\frac{1}{h(T)} - \pi\right] = \delta^T\left[\frac{1}{h(0)} - \pi\right] = \delta^T[1-\pi]$$

$$h(T) = \frac{1}{\pi + (1-\pi)\delta^T} \quad \text{그리고} \quad h'(T) = \frac{\delta^T}{\pi + (1-\pi)\delta^T}$$

이제 두 개의 모수 π, δ를 추정하여 수익률 곡선의 이항트리를 만들 수 있다.

지금까지의 과정을 요약하면 다음과 같다.

(2) Ho and Lee 모형 요약

| 정의 | 선도금리

$F_j^n(T)$: (n, j)상태에서 1기간 뒤 T기간－만기 선도금리는 다음과 같다.

$$F_j^n(T) = \frac{P_j^n(T+1)}{P_j^n(1)}$$

| 가정 1 |

다음을 만족하는 함수 $h(T)$와 $h^*(T)$, $(h(T) > 1 > h^*(T))$가 존재한다.

$$P_{j+1}^{n+1}(T) = \frac{P_j^n(T+1)}{P_n^n(1)} h(T)$$

$$P_j^{n+1}(T) = \frac{P_j^n(T+1)}{P_n^n(1)} h^*(T)$$

| 가정 2 |

채권가격은 경로에 독립적이다. 즉 모든 T에 대해 다음이 성립한다.

$$\frac{h(T+1)h^*(T)}{h(1)} = \frac{h^*(T+1)h(T)}{h^*(1)}$$

| 가정 3 |

$\pi(n, j) = \pi$ 즉, $\pi(n, j)$는 (n, j)에 독립적이다.

| 정리 | π와 $h(T)$, $h^*(T)$의 관계식

가정 1에 의해 아래의 식이 성립한다.

$$\pi(n, j)h(T) + (1 - \pi(n, j)h^*(T) = 1$$

| 정리 | $h(T)$, $h^*(T)$

$$h(T) = \frac{1}{\pi + (1-\pi)\delta^T}$$

$$h^*(T) = \frac{\delta^T}{\pi + (1-\pi)\delta^T}$$

여기서 $\delta = \dfrac{1-\pi h(1)}{(1-\pi)h(1)}$

| 정리 | Ho and Lee 모형

(n,j)시점에서의 채권가격(=수익률 곡선)은 다음과 같다.

$$P_j^n(1) = \frac{P(n+1)}{P(n)} h(n)\delta^{n-j}$$

$$P_j^n(T) = \frac{P(n+1)}{P(n)} \frac{h(T)h(T+1)\cdots h(T+n-1)}{h(0)h(1)\cdots h(n-1)} \delta^{n-j}$$

included

| 예제 | Ho and Lee 모형

다음과 같이 채권가격이 주어져 있고 π, δ가 각각 0.4, 0.99라고 할 때 수익률곡선 트리를 만들어 보자.

	A	B	C
1	Maturity	zero rate	bond price
2	1	9.53%	0.909091073
3	2	8.62%	0.841679482
4	3	7.70%	0.79383472
5	4	7.23%	0.748799516
6	5	7.23%	0.696557454
7			
8	pi	40.00%	
9	delta	99.00%	

우선 교란항을 다음과 같이 구한다.

	A	B	C	D	E	F
1	Maturity	zero rate	bond price		h(T)	h'(T)
2	1	9.53%	0.909091073		1.0060362	0.995975855
3	2	8.62%	0.841679482		1.0120843	0.991943809
4	3	7.70%	0.79383472		1.0181439	0.987904043
5	4	7.23%	0.748799516		1.0242149	0.983856739
6	5	7.23%	0.696557454		1.0302969	0.979802081
7						
8	pi	40.00%				
9	delta	99.00%				

셀E2 : "=1/($B$8+(1-$B$8)*$B$9^A2)"

셀F2 : "=$B$9^A2/($B$8+(1-$B$8)*$B$9^A2)"

이 결과를 이용해서 현재시점(0)으로부터 1시점, 2시점 등의 수익률곡선 트리를 다음과 같이 계산한다.

	A	B	C	D	E	F	G	H	I	J	K	L
9	delta	99.00%								1	0.954552967	4.65%
10										2	0.911236401	4.65%
11								F1(T)		3	0.857821354	5.11%
12					1	0.931435879	7.10%	0.948825649				
13					2	0.883770252	6.18%	0.900356239		1	0.945007437	5.66%
14		b	F0(T)		3	0.838624104	5.87%	0.842534463		2	0.893102797	5.65%
15	1	9.53%	0.925847264		4	0.784766828	6.06%			3	0.832343202	6.12%
16	2	8.62%	0.873218036									
17	3	7.70%	0.82367932									
18	4	7.23%	0.766213061							1	0.945007437	5.66%
19	5	7.23%			1	0.92212152	8.11%	0.939337393		2	0.893102797	5.65%
20					2	0.866183224	7.18%	0.882439149		3	0.832343202	6.12%
21					3	0.81371613	6.87%	0.817510347				
22					4	0.753843884	7.06%			1	0.935557363	6.66%
23										2	0.875330051	6.66%
24										3	0.807621777	7.12%

셀C15 : "=C3/$C$2"

셀F12 : "=C15*E2"

(3) 문제점

Ho and Lee 모형은 다음과 같은 문제점이 있다.

① 이자율이 음수가 될 수 있다.

② 채권수익률이 동일한 변동성을 가지고 있다는 가정

③ 이자율에 평균회귀(mean reversion)가 없다.

(4) 문제점에 대한 해결

π와 δ를 잘못 선택하면 $r(n,j)$가 음수가 될 수 있다. 예[주)]를 들어 P(1)=0.9091, P(2)=0.8417, $\pi=0.4$ $\delta=0.8$이면 $r(1,1)<0$이 된다.

Ritchken and Boenawan에 따르면 $r(n,j)\geq 0$이기 위한 조건은 다음과 같다.

$$P_j^n(1) \leq 1$$

이 조건은 모든 n에 대해서 $P(n+1)h(n) \leq P(n)$가 성립하면 만족된다.

또한 δ가 다음의 δ_1보다 크거나 같도록 선택하면 된다.

$$\delta_1 = \max_{1\leq n\leq T-1}\left(\frac{\dfrac{P(n+1)}{P(n)}-\pi}{1-p}\right)^{\frac{1}{n}}$$

주) P. Ritchken and K. Boenawan, On Arbitrage-Free Pricing of Interest Rate Contingent Claims, Journal of Finance 45(1990), no. 1, 259-264.

(4) 모수선택

다음 식을 최소로 하는 π와 δ를 선택하되 Ritchken and Boenawan 조건을 충족하게 하면 된다.

여기서 사용되는 기호는 다음과 같다.

$\tilde{C}_i$: 이자율 파생상품의 시장가격(총 M개)

$C_i(\pi, \delta)$: 모수가 (π, δ)일 때 Ho and Lee 모형의 가격

w_i : 가중치

$$\Sigma_{i=1}^{M} w_i \left(\tilde{C}_i - C_i(\pi, \delta)\right)^2$$

(5) 파생상품의 가격계산

| 방법 1 | 각 노드 사이의 관계를 이용하는 방법

각 노드사이의 관계를 이용해서 파생상품의 가격을 계산하는 관계식은 다음과 같다.

$$V(n, j) = P_j^n(1)\left[\pi V(n+1, j+1) + (1-\pi)V(n+1, j)\right]$$

$V(n, j)$: (n, j)노드에서의 파생상품 가격

| 방법 2 | 상태가격을 이용하는 방법

각 노드에서의 상태가격(Arrow – Debreu 증권 가격) $\lambda(n, j)$을 이용할 경우 다음 식을 사용할 수 있다.

$$V(0,0) = \Sigma_{n=0}^{N} \lambda(n, j) V(n, j)$$

| 정리 | Ho and Lee 모형에서 Arrow – Debreu 증권의 가격(=상태가격)은 다음과 같다.

$$\lambda(n, j) = \frac{P(n)\pi^j (1-\pi)^{n-j} \psi(j, n-j)}{\Pi_{k=1}^{n}[\pi + (1-\pi)\delta^{n-k}]}$$

$$\psi(k, m) = \delta^m \psi(k-1, m) + \delta^{m-1} \psi(k, m-1)$$

$$\psi(0, m) = \delta^{\frac{m(m-1)}{2}}$$

$$\psi(k, 0) = 1$$

11.2.3. 이항 이자율 옵션 모형2 : Black, Derman and Toy(BDT)

BDT모형은 수익률 곡선(yield curve)과 변동성 곡선(volatility curve)으로부터 수익률 곡선의 전개과정을 구축하는 모형이다.

우선, 단기 이자율의 이항트리를 그림으로 그리면 아래와 같다.

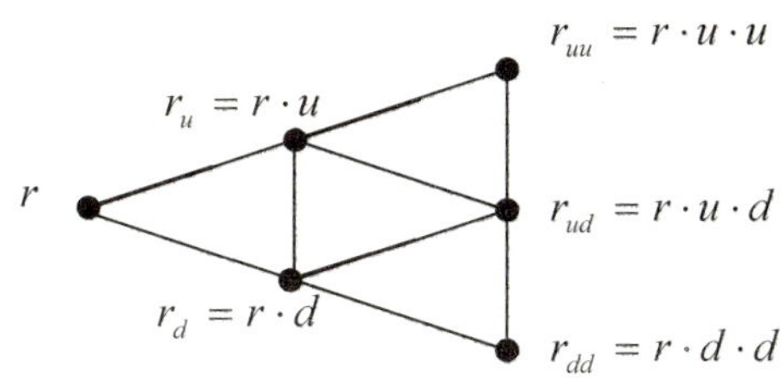

이 이항트리에서 각 노드에서의 단기 이자율 값을 알아내는 것이 BDT모형의 핵심인데, 다음의 두 가지 조건에 의해 단기 이자율 값을 결정하게 된다.

① 차익거래 부재 조건에 따라 다음식이 성립한다. (단, 상승 및 하락 확률은 각각 1/2이다)

$$\frac{1}{(1+R(0,2))^2} = \left[\frac{1}{2}\left(\frac{1}{1+r_u}\right) + \frac{1}{2}\left(\frac{1}{1+r_d}\right)\right]\frac{1}{(1+r)}$$

② 분산조건으로부터 다음 식이 성립한다.

$$\sigma = \frac{1}{2}\ln\frac{r_u}{r_d}$$ 주)

included 예제 | BDT모형

아래와 같이 시장 가격이 주어졌다고 할 때 BDT 트리는 어떻게 되며, 3년 뒤에 0.9원을 주고 1년 만기 할인채(이 채권은 만기시점에 1원을 준다.)를 살 수 있는 옵션의 가치는 얼마인가?

주) 이항트리의 평균은 $\mu = u \cdot p + d \cdot (1-p)$ 이고, 분산(여기서 분산은 미래 변동성 또는 선도 변동성을 의미함)은 $\sigma^2 = p(1-p)(u-d)^2$ 이다. 여기서 만약, $p = 0.5$, $u = \ln r_u$, $d = \ln r_d$ 라면 변동성은 $\sigma = \frac{1}{2}\ln\frac{r_u}{r_d}$ 이 된다.

〈시장가격〉

	A	B	C	D
2	T	price	yield	volatility
3	1	0.9403	0.0615563	
4	2	0.8802	0.0638031	0.22
5	3	0.8125	0.0692131	0.19
6	4	0.7525	0.0710886	0.16

우선 BDT단기 이자율 트리는 아래와 같다.

	A	B	C	D
8	shor rate tree			
9		0.061556	0.0804749	0.113538
10			0.0518288	0.077644
11				0.053098
12				
13		p*	0.8802005	0.8125
14		p-p*	-5.08E-07	-2.5E-07
15				
16				
17				0.838698
18				0.889475

여기에서 2번째 트리(C열)을 계산하기 위해서 사용된 식은 다음과 같다.

셀C9 : "=EXP(D4*2)*C10"

셀C13 : "=(0.5*EXP(−C9)+0.5*EXP(−C10))*EXP(−B9)"

셀C14 : "=B4−C13"

셀C10 : 해 찾기

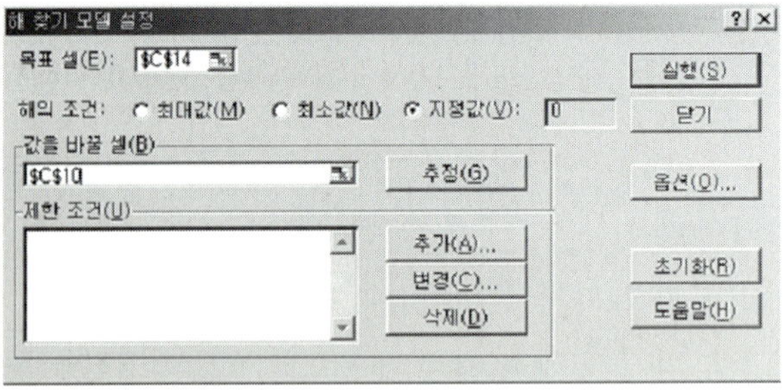

세번째 트리(D열)을 계산하기 위해서 사용된 식은 다음과 같다.

셀D9 : "=EXP(2*2*D5)*D11"

셀D10 : "=EXP(2*D5)*D11"

셀D13 : "=(0.5*D17+0.5*D18)*EXP(−B9)"

셀D14 : "=B5−D13"

셀D17 : "=(0.5*EXP(−D9)+0.5*EXP(−D10))*EXP(−C9)"

셀D18 : "=(0.5*EXP(−D10)+0.5*EXP(−D11))*EXP(−C10)"

셀D11 : 해 찾기

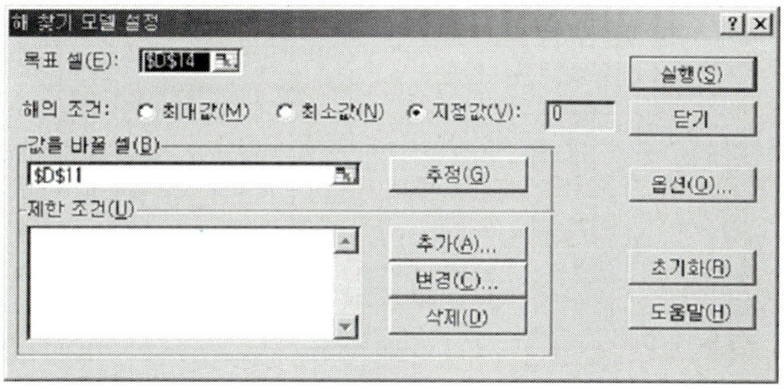

위와 같은 경우 옵션 가격은 0.02191원이다.

	A	B	C	D	E
8	shor rate tree				B(2,1)
9		0.061556	0.0804749	0.113538	0.89267
10			0.0518288	0.077644	0.925294
11				0.053098	0.948287
12					
20	k	0.9			
21					
22		**0.02191**	0.011669	0	
23			0.0349322	0.025294	
24				0.048287	

셀B22 : "=(0.5*C22+0.5*C23)*EXP(−B9)"

셀C22 : "=(0.5*D22+0.5*D23)*EXP(−C9)"

셀D22 : "=MAX(E9−$B$20,0)"

(1) 가정

BDT모형은 노드 사이의 전이확률 $\pi(n,j)$과 단기이자율 $r(n,j)$ 사이의 관계에 대해 다음과 같이 가정한다.

$$\pi(n,j)=\frac{1}{2}$$

$$r(n,j)=r(n,0)\sigma(n)^{j}$$

여기서 $\sigma(n)$: 주어진 모수

(2) Calibration 1 : $P(0, n)$, $\sigma(n)$을 알고 있는 경우

여기서 Calibration은 $r(n, 0)$ $(n=0, 1, 2, \cdots, N-1)$을 찾는 것을 의미한다. 이것은 또한 위 가정에 따라 모든 $r(n, j)$를 찾아내는 것이 된다.

Arrow – Debreu 증권가격을 이용하면 다음이 성립한다.

$$\begin{aligned} P(0,k+1) &= \Sigma_{j=0}^{k}\lambda(k,j)P_j^k(1) \\ &= \Sigma_{j=0}^{k}\frac{\lambda(k,j)}{1+r(k,j)} \\ &= \Sigma_{j=0}^{k}\frac{\lambda(k,j)}{1+r(k,0)\sigma(k)^j} \end{aligned}$$

이 때 $k=0$이면 다음과 같다.

$$r(0,0) = \frac{1}{P(0,1)} - 1$$

위 식의 의미는 k시점에서 잔존만기가 1인 할인채권의 가치를 상태가격으로 곱한 것(우변)은 현재시점에서 잔존만기가 $(k+1)$인 채권의 가격(좌변)과 같다는 것이다.

| 정리 | $\lambda(k, j)$를 구하는 방법

```
for k=1 to N
    for j=0 to k
```

$$\lambda(k,j) = \frac{1}{2}\left(\frac{\lambda(k-1,j)}{1+r(k-1,j)} + \frac{\lambda(k-1,j-1)}{1+r(k-1,j-1)}\right)$$

```
        만약 j>n 또는 j<0 이면, λ(n,j)=0
    next j
next k
```

위 정리의 의미는 다음과 같다.

- $k-1$시점에서 (k, j) 상태로 갈 수 있는 경우는 $(k-1, j-1)$과 $(k-1, j)$ 뿐이며 각각의 확률은 1/2이다.
- k시점에서 k – 1시점으로 할인하고
- $k-1$시점에서 0시점으로 할인한다.

Arrow – Debreu 증권가격을 이용한 $P(0,k+1)$ 정의식에서 미지수는 $r(k,0)$이 된다. 따라서 이 방정식을 풀면 BDT 모형을 완성하게 된다. 즉 다음 방정식을 만족하는 x를 구하면 된다.

$$f(x) = P(0,k+1) - \Sigma_{j=0}^{k} \frac{\lambda(k,j)}{1 + x\sigma(k)^j} = 0$$

이분법(Bisection Method)이나 다음 도함수를 이용한 뉴튼 – 랩슨법(Newton – Raphson Method)을 이용해서 x를 구할 수 있다.

$$f'(x) = \Sigma_{j=0}^{k} \frac{\lambda(k,j)\sigma(k)^j}{[1 + x\sigma(k)^j]^2}$$

(3) 변동성

이자율 모형에 나오는 변동성의 의미를 좀 더 자세히 살펴보자. 변동성을 절대변동성(Absolute Volatility)과 비율변동성(Proportional Volatility)으로 나누어 볼 수 있는데, 전자는 이자율이 표준위너과정(또는 정규분포)를 따르는 모형에서 사용되는 개념이고, 후자는 기하위너과정(또는 로그정규분포)를 따르는 모형에서 사용되는 개념이다.

정의 절대변동성(AV) : 이자율의 표준편차

$$AV(n,j) = \left(q(r(n+1,j+1) - Er)^2 + (1-q)(r(n+1,j) - Er)^2\right)^{1/2}$$

여기서 $Er = qr(n+1,j+1) + (1-q)r(n+1,j)$

정리하면 다음과 같다.

$$AV(n,j) = \sqrt{q(1-q)}\,|r(n+1,j+1) - r(n+1,j)|$$

만약 $q = 1/2$이면, 위 식은 다음과 같이 쓸 수 있다.

$$AV(n,j) = \tfrac{1}{2}|r(n+1,j+1) - r(n+1,j)|$$

즉 절대변동성은 $t = n+1$시점에 단기이자율의 차이(spread)의 절대값이다.

정의 비율변동성(PV) : 로그 이자율의 표준편차

$$PV(n,j) = \left(q(\ln r(n+1,j+1) - Er)^2 + (1-q)(\ln r(n+1,j) - E\ln r)^2\right)^{1/2}$$

여기서 $E\ln r = q\ln r(n+1, j+1) + (1-q)\ln r(n+1, j)$

$$\begin{aligned} PV(n,j) &= \sqrt{q(1-q)}\left|\ln r(n+1, j+1) - \ln r(n+1, j)\right| \\ &= \sqrt{q(1-q)}\left|\ln \sigma(n+1)\right| \end{aligned}$$

비율변동성은 j에 의존하지 않는다. 즉 시점 t에 따라 달라지지만 상태 j에 따라서는 달라지지 않는다. 위 식은, 만약 $q = 1/2$이면, $\ln \sigma(n+1)$은 $t = n$시점에서 본 1 − 기간 이자율의 비율변동성 $\sigma_r(n+1)$의 두 배가 된다. 즉 다음이 성립한다.

$$\sigma(n) = \exp[2\sigma_r(n)]$$

| 정리 | 절대변동성과 비율변동성의 관계

$$AV(n,j) \approx r(n+1, j)PV(n,j)$$

즉, 절대변동성은 비율변동성에 현재 금리수준을 곱한 것과 같다. 따라서 비율변동성이 절대변동성에 비해 훨씬 높을 수 있다. 예를 들어 금리가 6%이고 절대변동성이 1%이면 비율변동성은 17%정도 된다.

| 증명 |

$$\begin{aligned} AV(n,j) &= \tfrac{1}{2} r(n+1, j)\left|\sigma(n+1) - 1\right| \\ &= \tfrac{1}{2} r(n+1, j)\left|\exp(2\sigma_r(n)) - 1\right| \\ &\approx \tfrac{1}{2} r(n+1, j) 2\sigma_r(n) \\ &= r(n+1, j)PV(n,j) \end{aligned}$$

| 정의 | 수익률

아래 식을 만족하는 $Y(0, T)$와 $Y(n, j, T)$를 수익률(Yield, Yield To Maturity)이라고 한다.

$$P(0,T) = \left(\frac{1}{1+Y(0,T)}\right)^{-T}$$

$$P_j^n(T) = \left(\frac{1}{1+Y(n,j,T)}\right)^{-T}$$

여기서 사용하는 기호는 다음과 같다.

$Y(0,T)$: 현재 시점에서 본 T시점까지의 수익률
$Y(n, j, T)$: (n, j)상태에서 본 T시점까지의 수익률

| 정의 | 수익률 변동성(Yield Volatility)

수익률 변동성 $\sigma_y(n)$은 다음과 같이 정의된다.

$$Y(1,1,n-1) = Y(1,0,n-1)\exp(2\sigma_y(n))$$

또는

$$\sigma_y(n) = \frac{1}{2}\ln\left[\frac{Y(1,1,n-1)}{Y(1,0,n-1)}\right]$$

표기를 간단히 하기 위해 $v(k+1) = \exp(2\sigma_y(k))$ 라고 두자.

(4) Calibration2 : $P(0, n)$, $\sigma_y(n)$을 알고 있는 경우

[1단계] $P(0, k+1)$을 이용해서 $P_1^1(k)$와 $P_0^1(k)$를 구한다.

$$P(0,k+1) = \frac{0.5}{1+r(0,0)}\left[P_0^1(k) + P_1^1(k)\right]$$
$$= \frac{0.5}{1+r(0,0)}\left[\frac{1}{[1+Y(1,0,k)]^k} + \frac{1}{[1+v(k+1)Y(1,0,k)]^k}\right]$$

위 식에서 미지수는 $Y(1, 0, k)$뿐이므로 위 방정식을 이용해서 $Y(1, 0, k)$를 얻을 수 있다. 따라서 $P_1^1(k)$와 $P_0^1(k)$를 구할 수 있다.

- 위 식의 의미 : 1기간 뒤 상승(1,1) 및 하락(1,0) 상태에서의 만기별 수익률(Term Structure)을 계산한다.

[2단계] 위 결과와 아래 관계를 이용해서 $r(k,0)$와 $\sigma(k)$를 구한다.

$$P_0^1(k) = \Sigma_{j=0}^{k-1}\frac{\lambda^0(k,j)}{1+r(k,0)\sigma(k)^j}$$

$$P_1^1(k) = \Sigma_{j=1}^{k}\frac{\lambda^1(k,j)}{1+r(k,0)\sigma(k)^j}$$

• 기호

$\lambda^0(k,j)$: (1,0)상태에서 본 Arrow－Debreu 증권의 가격(k시점에 상태 j일 때 1을 지급)

위 식을 만족하는 $r(k,0)$와 $\sigma(k)$는 2차원 뉴튼－랩슨법을 이용해서 구할 수 있다.

included
예제 | BDT 모형 실습

아래와 같이 시장자료가 주어졌을 때 단기 이자율 트리를 만들어 보자.

만기(t)	수익률 $Y(0,0,t)$	수익률변동성 $\sigma_Y(t)$
1	10.00	20
2	11.00	19
3	12.00	18
4	12.50	17
5	13.00	16

| 풀이 |

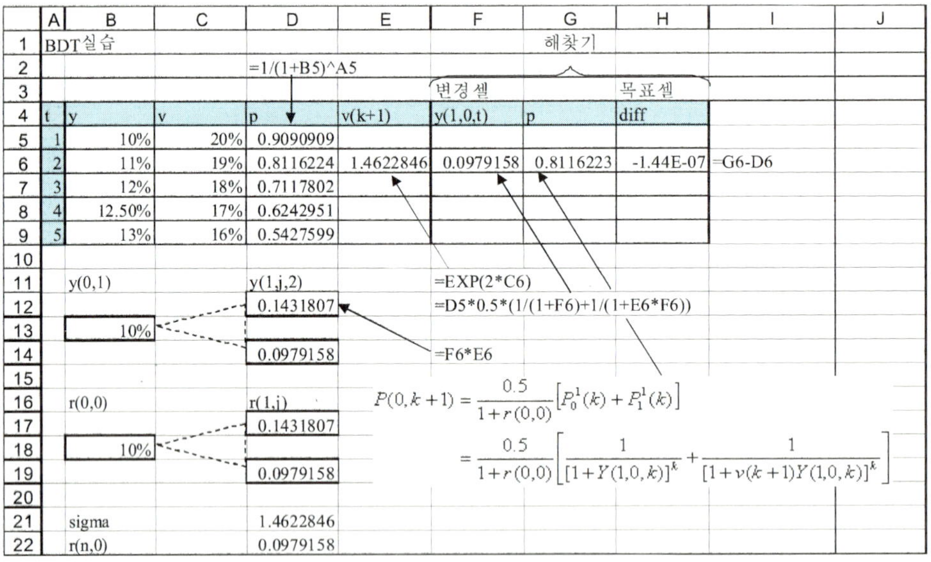

우선, $r(1,0)$, $r(1,1)$을 계산하기 위해 아래 그림과 같은 수익률 프로세스(트리)가 셀 B13 및 D12, D14에 입력되어 있다.

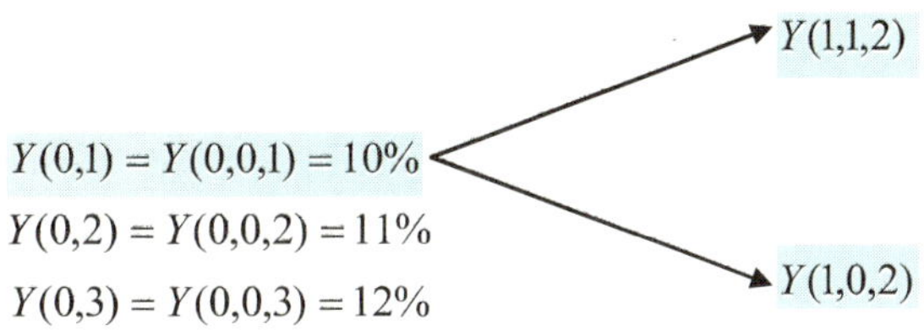

D14셀은 F6셀과 연결되어 있는데 해찾기를 통해 찾아야 되는 값이고, D12셀은 "= F6*E6"로 입력되어 있다. G6셀은 다음과 같이 입력되어 있다.

```
G6: =0.5/(1+B18)*(1/(1+F6)+1/(1+D12))
```

이 셀은 Calibration 2의 [1단계] 수식을 입력한 것이다. 이 값은 현재시점의 2기간 만기 채권의 가격 $p(0,2)$를 단기이자율(셀 B18) $r(0,0)$ 및 1시점의 수익률(셀 F6 및 D12) $Y(1,0,2)$ 및 $Y(1,1,2)$를 이용해서 계산한 것인데, 현재 시장에서 주어진 값(셀D6)과 일치해야 한다. 따라서 해찾기 조건을 다음과 같이 부여한다.

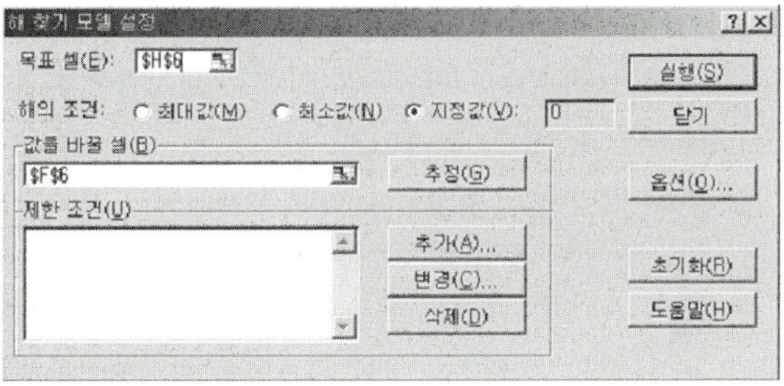

계산한 결과 $Y(1,0,2) = 9.79\%$, $Y(1,1,2) = 14.32\%$이다. 그런데 1시점에서 2시점 만기인 수익률 ($Y(1,0,2)$ 또는 $Y(1,1,2)$)은 1시점에서의 단기 이자율 $r(1,0)$ 및 $r(1,1)$과 일치하므로 단기 이자율 트리는 셀 B18 및 D17, D19가 된다.

이후 $r(2,0)$, $r(2,1)$, $r(2,2)$ 등도 이와 유사한 과정을 거쳐 계산할 수 있다. 자세한 풀이과정 및 식은 "블랙더만토이BDT.xls"파일을 참조하기 바란다.

| 정리 | 근사적으로 r(n,0)와 $\sigma(n)$을 계산하는 방법[주)]

아래 공식을 이용하면 간단하게 단기 이자율 트리를 생성할 수 있다.

주) P. Bjerksund and G. Stensland, Implementing the Black－Derman－Toy Interest Rate Model, Journal of Fixed Income 6 (1996), no.2, 67－75

$$\sigma(n) \approx \left[\frac{\frac{P_1^1(n-1)}{P_1^1(n)} - 1}{\frac{P_0^1(n-1)}{P_0^1(n)} - 1} \right]$$

$$r(n,0) \approx \left[\frac{1+\sigma(n)}{2} \right]^{-n} \left[\frac{P(0,n)}{P(0,n+1)} - 1 \right]$$

Financial Engineering Practice with Excel VBA

11.3 연속시간 모형

11.3.1. 현물 이자율 모형(Spot Rate Models)

이자율 옵션도 블랙－숄즈 방법론을 그대로 도입하여 가치를 계산하는 방법이 일반적으로 사용되었다. 즉, 기초자산의 움직임을 정의하고 여기에서부터 파생상품의 가치를 계산하는 방법이다. 이자율 옵션가격 계산에서 기초자산이란 무이표채 수익률 곡선(zero curve)을 말하며, 단기 이자율 모형에서는 이것의 변화(evolution)를 직접 모형화하지 않고, 수익률 곡선을 결정하는 새로운 요소로 단기 현물이자율(instantaneously short rate)을 정의하고 이의 움직임을 모형화하는 방법을 사용한 것들이다. 즉, 전체 수익률 곡선이 하나의 확률변수 즉, 단기 현물이자율에 의해서 결정되는 단일요인 모형(one－factor model)이다.

(1) 균형모형(Equilibrium Model)

렌들만－바터(Rendleman & Bartter)는 가장 직접적으로 블랙－숄즈 방법론을 사용하였는데, 단기 이자율이 다음과 같이 로그정규 즉, 기하 브라운 운동(Geometric Brownian Motion)을 따른다고 가정하였다.

$$dr = \mu r dt + \sigma r dz$$

바씨첵(Vasicek) 모형은 단기 이자율이 정규분포를 따른다고 가정하였으며 추가적으로 평균회귀(mean reversion) 효과를 반영하였다. 이 과정을 온스타인－울렌벡 과정(Ornstein－Uhlenbeck process)라고 부른다.

$$dr = \kappa(\gamma - r)dt + \sigma dz$$

콕스－잉거솔－로스(Cox－Ingersol－Ross : CIR) 모형은 단기 이자율 과정을 제곱근 과정(Square－root process)으로 가정하였는데 다음과 같다.

$$dr = \kappa(\gamma - r)dt + \sigma\sqrt{r}dz$$

① 바씨첵 모형 실습

일반적으로 순간 단기 이자율이 다음과 같은 확률과정을 따를 경우,

$$dr = \mu(r,t)dt + \delta(r,t)dz$$

할인채권의 가격은 이토정리와 차익거래부재 조건 등에 따라 다음과 같이 움직이게 된다.

$$\frac{1}{2}\delta^2 B_{rr} + (\mu + \lambda\delta)B_r - rB = B_\tau$$

여기서 B : 할인채권의 가격

B_X : X에 대한 B의 1차 미분

B_{XX} : X에 대한 B의 2차 미분

λ : 위험 프리미엄

τ : 채권의 만기(time to maturity)

바씨첵 모형에서는 단기 이자율이 온스타인－울렌벡 과정을 따르므로, 채권가격의 움직임은 위 식에서 $\mu = \kappa(\gamma - r)$과 $\delta = \sigma$로 대체한 것이 된다.

이 편미분 방정식(PDE)를 풀면 다음과 같은 할인채권가격($B(r,\tau)$; 잔존만기가 τ인 할인채권의 현재가격)에 대한 공식을 얻게 된다.

$$B(r,\tau) = e^{F(\tau)+G(\tau)r}$$

여기서 $G(\tau) = -\frac{1}{\kappa}(1 - e^{-\kappa\tau})$

$$F(\tau) = \frac{1}{2}\sigma^2\left(-\frac{1}{2\kappa}G(\tau)^2 + \frac{1}{\kappa^2}(G(\tau)+\tau)\right) - (\kappa\gamma + \lambda\sigma)\frac{1}{\kappa}(G(\tau)+\tau)$$

$$= -\frac{\sigma^2}{4\kappa}G(\tau)^2 - \left(\gamma - \frac{\sigma^2}{2\kappa^2} + \frac{\lambda\sigma}{\kappa}\right)(G(\tau)+\tau)$$

할인채권과 수익률과의 관계를 이용하면 최종적으로 기간구조에 대한 공식을 다음

과 같이 얻을 수 있다.

$$y(\tau) = -\frac{1}{\tau}\ln B(r,\tau) = -\frac{1}{\tau}[F(\tau) + G(\tau)r]$$

included

예제 | 바씨첵 모형

바씨첵 모형에서 모수들이 다음과 같이 주어졌을 경우 기간구조를 그려보자.

	A	B
7	**Inputs**	
8	kafa	0.7
9	tau	1
10	lamda	0.2
11	vol	10%
12	gamma	8%

입력변수가 입력된 셀을 쉽게 찾을 수 있도록 입력변수가 입력된 셀에 이름을 정해주자. 예를 들어 B8셀에 "kafa"라는 이름을 지정하기 위해서는 엑셀 커서를 B8셀에 둔 상태에서 아래와 같이 셀주소창에 "kafa"라고 입력한 뒤 Enter 키를 누르면 된다.[주)]

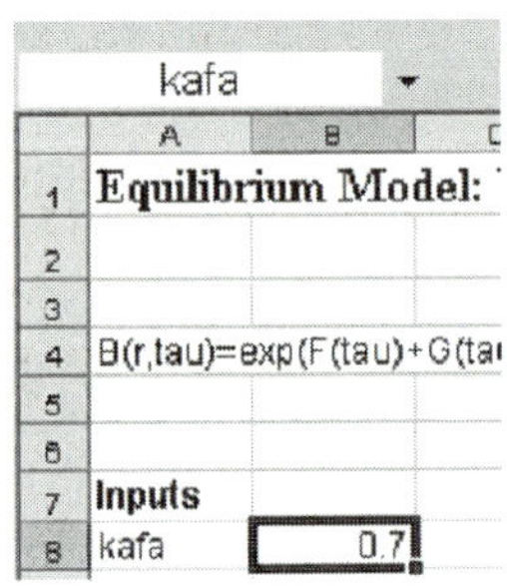

아래 엑셀 자료를 참고로 하여 직접 식을 입력해보자.

	A	B	C	D	E	F	G	H	I	J	K	L
1	**Equilibrium Model: Vasicek_Model**											
2						△tau	1	year				
3												
4	B(r,tau)=exp(F(tau)+G(tau)*r)				i	tau	G(tau)	A	B	F(tau)	B(r,tau)	Y(r,tau)
5					0	0						5.50%
6					1	1	-0.7192	0.00101854	0.03049	-0.0295	0.9333	6.90%
7	**Inputs**											
8	kafa	0.7										
9	tau	1										
10	lamda	0.2										
11	vol	10%										
12	gamma	8%										
13												
14	r	5.50%										

주) 자세한 내용은 엑셀편 참조.

우선 엑셀 시트에 $G(t)$를 계산하기 위해서 G6셀에 다음과 같이 입력한다.

```
G6 : =-1/kafa*(1-EXP(-kafa*F6))
```

$F(\tau)$는 항이 많으므로 원래식 우변의 첫번째 항을 A라고 하고 두번째 항을 B라고 하여 그 값을 계산한다. A를 계산하기 위해서 H6에 다음과 같이 입력한다.

```
H6 : =0.5*vol^2*(-1/(2*kafa)*G6^2+1/kafa^2*(G6+F6))
```

B를 계산하기 위해서 I6셀에 다음과 같이 입력한다.

```
I6 : =(kafa*gamma+lamda*vol)*1/kafa*(G6+F6)
```

$F(\tau)$는 A항에서 B항을 빼준 것이므로 J6셀에 다음과 같이 입력한다.

```
J6 : =H6-I6
```

최종적으로 할인채권의 가격을 계산하기 위해서 K6셀에 다음과 같이 입력한다.

```
K6 : =EXP(J6+G6*rate)
```

수익률을 계산하기 위해서는 다시 한 번 계산을 해주어야 하는데, L6셀에 다음과 같이 입력한다.

```
L6 : =-1/F6*LN(K6)
```

이제 계산을 위한 기초적 수식은 모두 입력되었다. 범위 E6:L6을 잡아 원하는 열까지 끌어내리기를 하면 수익률 기간구조가 완성된다.

최종 완성된 파일은 다음과 같다.

	A	B	C	D	E	F	G	H	I	J	K	L	M	N	O
1	**Equilibrium Model: Vasicek_Model**								=-1/kafa*(1-EXP(-kafa*F6))						
2						△tau	1	year	=0.5*vol^2*(-1/(2*kafa)*G6^2+1/kafa^2*(G6+F6))						
3									=(kafa*gamma+lamda*vol)*1/kafa*(G6+F6)					=H6-I6	
4	B(r,tau)=exp(F(tau)+G(tau)*r)				i	tau	G(tau)	A	B	F(tau)	B(r,tau)	Y(r,tau)		=EXP(J6+G6*rate	
5					0	0						5.50%			
6					1	1	-0.7192	0.00101854	0.03049	-0.0295	0.9333	6.90%			
7	**Inputs**				2	2	-1.0763	0.00528847	0.10029	-0.095	0.8571	7.71%			
8	kafa	0.7			3	3	-1.2536	0.01220722	0.18961	-0.1774	0.78165	8.21%			
9	tau	1			4	4	-1.3417	0.02069637	0.28862	-0.2679	0.71055	8.54%		=-1/F6*LN(K6)	
10	lamda	0.2			5	5	-1.3854	0.03002826	0.39244	-0.3624	0.64493	8.77%			
11	vol	10%			6	6	-1.4071	0.03979415	0.49865	-0.4589	0.58494	8.94%			
12	gamma	8%			7	7	-1.4179	0.04977938	0.60605	-0.5563	0.53033	9.06%			
13					8	8	-1.4233	0.05987447	0.71404	-0.6542	0.48073	9.16%			
14	r	5.50%			9	9	-1.4259	0.07002436	0.82233	-0.7523	0.43573	9.23%			
15					10	10	-1.4273	0.08020151	0.93075	-0.8506	0.39493	9.29%			
16	*try other numbers*				11	11	-1.4279	0.09039221	1.03925	-0.9489	0.35794	9.34%			
17	r=	5.50%	upward		12	12	-1.4283	0.10058965	1.14779	-1.0472	0.32441	9.38%			
18		14.00%	downward		13	13	-1.4284	0.11079043	1.25634	-1.1456	0.29402	9.42%			
19		9.70%	hump		14	14	-1.4285	0.12099287	1.36491	-1.2439	0.26647	9.45%			

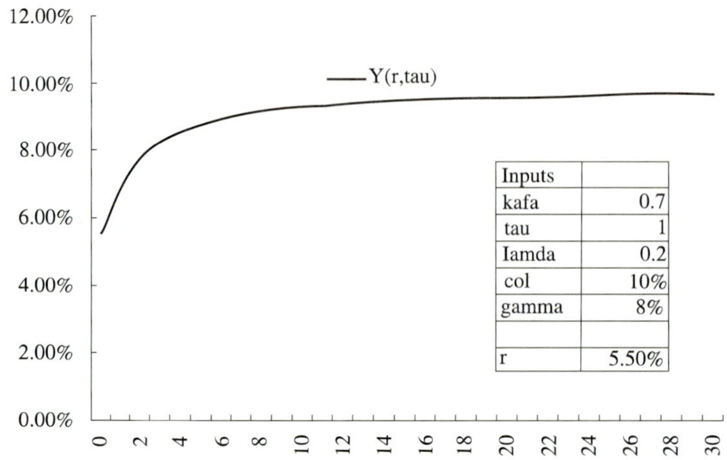

초기 단기이자율 값(셀 B14)에 각각 5.5%, 14%, 9.7%등을 입력해 보면, 바지첵 모형이 우상향하는 수익률곡선뿐 아니라 우하향하거나 중간이 볼록한 형태의(humped) 수익률곡선도 설명할 수 있음을 확인할 수 있다.

이상의 균형모형(Equilibrium Model)들은 채권가격 및 채권옵션가격에 대한 폐형해(closed form solution)를 제공하므로 이론적으로 편리한 반면, 실제 시장에서 거래되는 상품들과 무위험 차익거래 조건을 만족하지 않을 수가 있으므로 실무적으로 사용하는 데에는 한계가 있는 모형이다. 따라서 이에 대한 대안으로 무위험 차익거래 부재 모형(No Arbitrage Model)이 도입되었다.

(2) 차익거래 부재 모형(No Arbitrage Model)

차익거래부재 모형은 기본적으로 현재 시장 이자율의 기간구조(term structure)를 일치시키는 단기이자율의 이항트리를 생성하고자 하는 것이 목적이다. 이 이항트리가 결정되면 그로부터 파생상품의 가격을 계산할 수 있게 된다. 호－리(Ho and Lee)모형, 헐－화이트(Hull and White) 모형, 블랙－더만－토이(Black, Derman & Toy : BDT) 모형과 블랙－카라신스키(Black & Karasinski) 모형 등이 여기에 속한다.

여기서 Ho and Lee와 BDT 모형은 '이산시간모형'의 해당 모형을 참조하기 바란다. Hull and White 모형은 내용이 많으므로 절을 달리하여 살펴보자.

11.3.2 Hull and White모형

일반적으로 정규과정(Normal Process)을 따르는 트리(Tree)를 만들기 위해서는 다음의 정보가 필요하다.

R : 각 시점에서의 트리의 중앙값
dR : 각 시점에서 트리의 아래위로 퍼지는 간격
dt : 시간간격(외생적으로 주어짐)
p : 확률

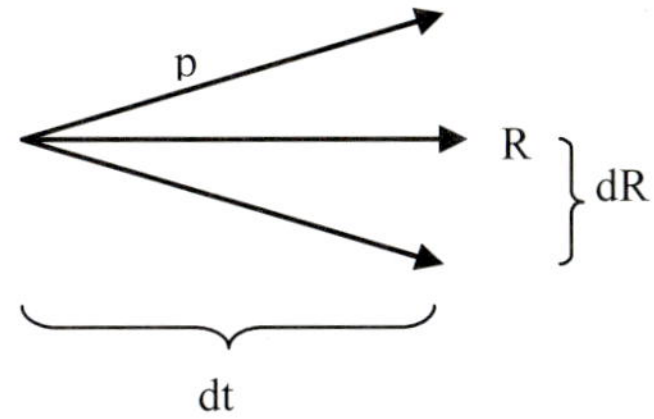

Hull & Whit 방법론에서는 1단계로 dR, p를 정하고, 2단계로 R을 계산해준다.

Hull and White 모형에서 단기 현물이자율은 다음의 과정을 따른다.

$$dr = \left(\theta(t) - ar\right)dt + \sigma dW$$

원래 r은 아주 짧은 시간 동안의 이자율인데, 트리로 표현할 경우 시간간격이 이보다는 커지기 때문에 트리에 적용되는 단기 이자율 트리를 R이라고 하자. 현물이자율 과정을 다시 쓰면 아래와 같다.

$$dR = \left(\theta(t) - aR\right)dt + \sigma dW$$

단기이자율 트리를 만들기 위한 Hull and White방법론[주)]은 다음과 같다.

[1단계] 트리의 중앙값을 0으로 두고 dR 및 p를 계산한다.
[2단계] 트리의 중앙값을 실제 이자율기간구조에 맞춘다..

1단계에서 생성된 트리를 R^* 트리라고 하고, 2단계에서 생성된 트리를 R트리라고 하자.

주) Hull and White방법론은 Hull and White 모형과 별개의 개념이다. Hull and White방법론은 Hull and White 모형뿐만 아니라 다른 이자율 모형에도 적용될 수 있다.

(1) 1단계 : R^* – tree 구현

R^* – 트리는 다음 식을 이용해서 구현한다.

$$dR = \sigma\sqrt{3dt}$$

$$j_{\max} = \text{int}(\tfrac{0.184}{adt}) + 1$$

확률은 다음과 같이 계산한다.

(i) 일반적 경우

$$p_u = \tfrac{1}{6} + \frac{a^2j^2dt^2 - ajdt}{2}$$
$$p_m = \tfrac{2}{3} - a^2j^2dt^2$$
$$p_d = \tfrac{1}{6} + \frac{a^2j^2dt^2 + ajdt}{2}$$

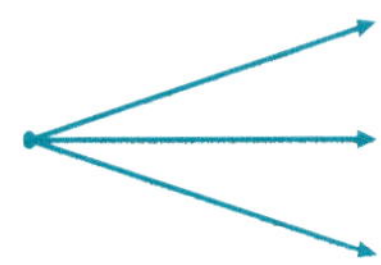

(ii) 상승회귀할 경우

$$p_u = \tfrac{1}{6} + \frac{a^2j^2dt^2 + ajdt}{2}$$
$$p_m = -\tfrac{1}{3} - a^2j^2dt^2 - 2ajdt$$
$$p_d = \tfrac{7}{6} + \frac{a^2j^2dt^2 + 3ajdt}{2}$$

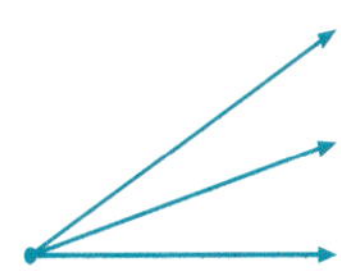

(iii) 하락회귀할 경우

$$p_u = \tfrac{7}{6} + \frac{a^2j^2dt^2 - 3ajdt}{2}$$
$$p_m = -\tfrac{1}{3} - a^2j^2dt^2 + 2ajdt$$
$$p_d = \tfrac{1}{6} + \frac{a^2j^2dt^2 - ajdt}{2}$$

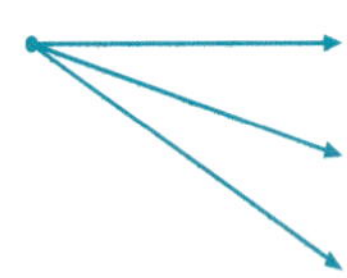

(2) 2단계 : R– 트리 생성

1단계에서 만들어진 R을 실제 R^*과 일치시키기 위해 우선 두 값의 차이를 다음과 같이 정의한다.

정리 $\alpha_i \equiv R(i) - R^*(i)$

각 노드에서의 상태가격(state price)을 $Q(i,j)$ (또는 $Q_{i,j}$)라고 하면, 다음 2개의 관계식이 성립한다.

정리 α_m의 관계식

$$P_{m+1} = \Sigma_{j=-n_m}^{n_m} Q_{m,j} \exp[-(\alpha_m + jdR)dt]$$

또는, $P_{m+1} = \underbrace{\Sigma_{j=-n_m}^{n_m} Q_{m,j} \exp(-jdRdt)}_{A} \exp(-\alpha_m dt)]$ 라고 하면

$$\alpha_m = -\ln\left(\frac{P_{m+1}}{A}\right)\frac{1}{dt}$$

증명

m시점에 $m+1$시점에 만기가 되는 채권의 가격 P_{m+1}은 확정되어 있다. 즉, m시점의 임의의 노드 (m,j)에서 다음 시점의 어떠한 노드$(m+1,\ j-1)$, $(m+1, j)$, $(m+1,\ j+1)$로 가더라도 원금 1을 받게 되므로 m시점에서 P_{m+1}은 다음과 같다.

$$P_{m+1}(m,j) = p_u 1\exp[-R(m,j)dt] + p_m 1\exp[-R(m,j)dt] + p_d 1\exp[-R(m,j)dt]$$
$$= \exp[-R(m,j)dt]$$

m시점의 각 노드에서의 가치를 알고 있으므로, 이에 해당하는 상태가격 $Q(m,j)$를 곱해주면 P_{m+1} (0, 0) 즉 현재시점에서의 P_{m+1}를 알 수 있다. 이 식이 바로 α_m의 관계식이다.

정리 $Q(i+1)$과 $Q(i)$의 관계식

$$Q_{m+1,j} = \Sigma_k Q_{m,k} q(k,j) \exp[-(\alpha_m + kdR)dt]$$

$q(k,j) : (m,k)$노드에서 $(m+1,j)$노드로 갈 확률

$k : m+1$시점에 도달할 수 있는 모든 m시점의 경로

증명

가장 간단하게 초기 2단계의 트리를 생각해보자.

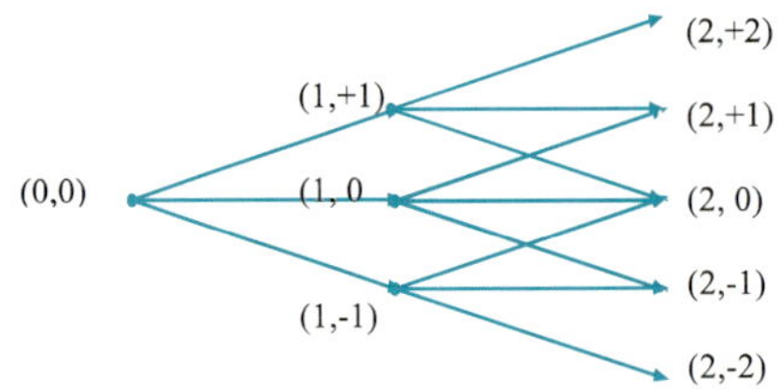

$p(s)$: 0시점에서 1시점의 s노드로 갈 확률

$p(s,k)$: 1시점의 s노드에서 2시점의 k노드로 갈 확률

d_1 : (0,0)노드에서의 dt기간 할인계수

$d_{1,k}$: 1시점의 k노드에서 dt기간 할인계수

예를 들어 $Q(2,0)$의 가격을 구해보자.

$$\begin{aligned}
Q(2,0) &= d_1\big(p(+1)p(+1,+2)\times 0\times d_{1,1} + p(+1)p(+1,+1)\times 0\times d_{1,1} + p(+1)p(+1,0)\times 1\times d_{1,1}\big) \\
&\quad + d_1\big(p(0)p(0,+1)\times 0\times d_{1,0} + p(0)p(0,0)\times 1\times d_{1,0} + p(0)p(0,-1)\times 0\times d_{1,0}\big) \\
&\quad + d_1\big(p(-1)p(-1,0)\times 1\times d_{1,-1} + p(-1)p(-1,-1)\times 0\times d_{1,-1} + p(-1)p(-1,-2)\times 1\times d_{1,-1}\big) \\
&= d_1\big(p(+1)p(+1,0)\times 1\times d_{1,1} + p(0)p(0,0)\times 1\times d_{1,0} + p(-1)p(-1,0)\times 1\times d_{1,-1}\big) \\
&= Q(1,1)p(+1,0)d_{1,1} + Q(1,0)p(0,0)d_{1,0} + Q(1,-1)p(-1,0)d_{1,-1} \\
&= \Sigma_{k=-1}^{1} Q(1,k)p(k,0)d_{1,k}
\end{aligned}$$

위 관계식은 일반적으로도 성립한다.

이제 위 식과 주어진 초기값을 이용하여 아래와 같이 R트리를 생성할 수 있다.

- $Q(0,0)$, α_0, $Q(1,1)$, $Q(1,0)$, $Q(1,-1)$은 주어진다.
- α_m의 관계식으로부터 α_1을 알 수 있다.
- $Q(i+1)$과 $Q(i)$의 관계식으로부터 $Q(2,j)$ $j=-2,-1,0,1,2$를 알 수 있다.
- 위 식을 반복적으로 적용하여, 모든 α_m 즉 $r(i,j)$를 모두 구할 수 있다.

(3) 전이확률(transition probability)의 결정

$Q(i+1)$과 $Q(i)$의 관계식(또는 $Q(i)$과 $Q(i-1)$의 관계식)에서 $Q(i+1)$을 계산하기 위해서는 전이확률 $q(k,j)$가 필요한데 Hull and White 모형의 경우 평균회귀를 반영하고 있으므로 $(i-1,k)$노드에서 (i,j)노드로 갈 확률을 k가 평균회귀 노드인지 여부에 따라 다음과 같이 나누어 프로그램에 반영해 주어야 한다.

k상태	$k-j$의 상태	$q(k,j)$	그림
$k=j_{max}$	$j-k=0$ $j-k=-1$ $j-k=-2$ 나머지 경우	$pu(k)$ $pm(k)$ $pd(k)$ 0	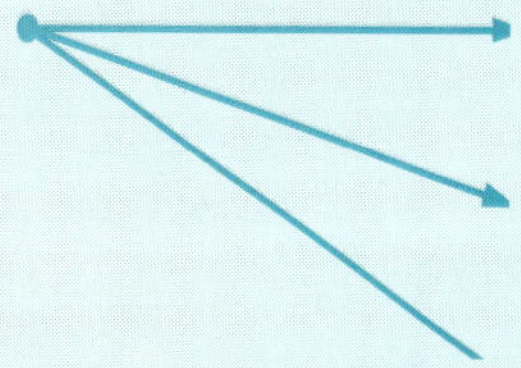
$-j_{max}<k<j_{max}$	$j-k=+1$ $j-k=0$ $j-k=-1$ 나머지 경우	pu(k) pm(k) pd(k) 0	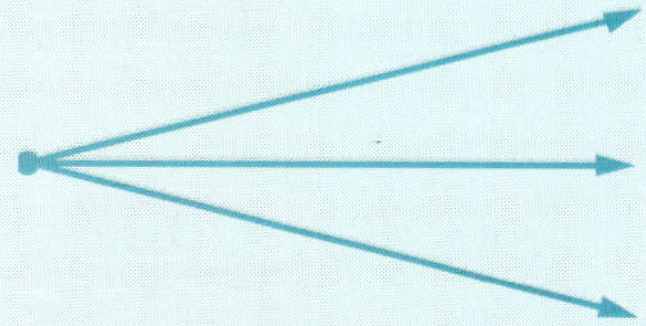
$k=-j_{max}$	$j-k=+2$ $j-k=+1$ $j-k=0$ 나머지 경우	pu(k) pm(k) pd(k) 0	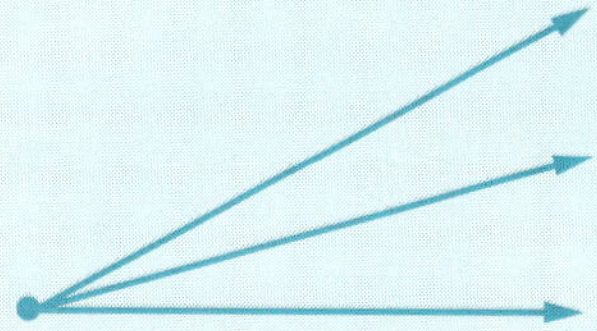

이 결과를 이용해서 α_i를 찾는 방법을 VBA로 프로그래밍해보면 아래와 같다

예제 α_i를 찾는 방법

```
a(0) = (Log(1) - Log(P(1))) / dt
r(0, 0) = r(0, 0) + a(0)
d(0, 0) = Exp(-r(0, 0) * dt)

For i = 1 To NoOfTimeStep - 1 'loop for time step
    'calc Q(i+1,) from Q(i,)
    For j = -top_node(i) To top_node(i) 'states of time(i)
        sumq = 0
        For k = -top_node(i - 1) To top_node(i - 1) 'states of time(i-1)
            Select Case k
            Case jmax
               Select Case j
               Case jmax                  '(jmax)->(jmax)
                    qkj = pu(i - 1, k)  'transition probability q(k,j)
                    rkj = r(i - 1, k)   'short rate
               Case jmax - 1              '(jmax)->(jmax-1)
```

```
            qkj = pm(i - 1, k)
            rkj = r(i - 1, k)
        Case jmax - 2             '(jmax)->(jmax-2)
            qkj = pd(i - 1, k)
            rkj = r(i - 1, k)
        Case Else
            qkj = 0
            rkj = 0
        End Select
      Case -jmax
        Select Case j
        Case -jmax                '(-jmax)->(-jmax)
            qkj = pd(i - 1, k)
            rkj = r(i - 1, k) 'short rate
        Case -jmax + 1            '(-jmax)->(-jmax+1)
            qkj = pm(i - 1, k)
            rkj = r(i - 1, k)
        Case -jmax + 2            '(-jmax)->(-jmax+2)
            qkj = pu(i - 1, k)
            rkj = r(i - 1, k)
        Case Else
            qkj = 0
            rkj = 0
        End Select
      Case Else
         Select Case j
         Case k + 1               '(j)->(j+1)
             qkj = pu(i - 1, k)
             rkj = r(i - 1, k) 'short rate
         Case k                   '(j)->(j)
             qkj = pm(i - 1, k)
             rkj = r(i - 1, k)
         Case k - 1               '(j)->(j-1)
            qkj = pd(i - 1, k)
            rkj = r(i - 1, k)
         Case Else
             qkj = 0
             rkj = 0
```

```
            End Select
        End Select
        sumq = sumq + Q(i - 1, k) * qkj * Exp(-rkj * dt)

    Next k
    Q(i, j) = sumq  'Q(i+1,j)
  Next j

'find a(i)'s
  Sum = 0
  For j = -top_node(i) To top_node(i)
     Sum = Sum + Q(i, j) * Exp(-j * dr * dt)
  Next j
  a(i) = (Log(Sum) - Log(P(i + 1))) / dt

'displace nodes to obtain r() and d()
  For j = -top_node(i) To top_node(i)
  r(i, j) = r(i, j) + a(i)
  d(i, j) = Exp(-r(i, j) * dt)
  Next j
Next i
```

(4) Hull and White 삼항 트리

이상의 결과를 종합해서 Hull and White 삼항트리를 만드는 VBA코드를 작성해보자.

예제 Hull & White 삼항트리 만들기

- 1단계 : R*트리 생성

```
Function HW3Nomial(initial_yield_curve, Alpha, Vol, iTime, jState, dt,
mOutput)

"일부생략"

dr = Vol * Sqr(3 * dt)
m = Alpha * dt
jmax = Int(0.1835 / m) + 1

'Initialize first node for simplified process
r(0, 0) = 0
```

```
Q(0, 0) = 1

WhenArrivejmax = 0
'calculate tree for simplified process
For i = 0 To NoOfTimeStep
    If i < jmax Then
    top_node(i) = i
    Else
    top_node(i) = jmax

        If WhenArrivejmax = 0 Then
        WhenArrivejmax = i 'barrier에 도착한 시점 기록
        Else: End If

    End If
    'create rate nodes at time step i
    For j = -top_node(i) To top_node(i)
    r(i, j) = j * dr
    Next j

    'calculate probabilities - first central to top nodes
    For j = 0 To top_node(i)
        If j = jmax Then
        pu(i, j) = 7 / 6 + (j * j * m * m - 3 * j * m) / 2
        pm(i, j) = -1 / 3 - (j * j * m * m - 2 * j * m)
        pd(i, j) = 1 - pu(i, j) - pm(i, j)
        Else
        pu(i, j) = 1 / 6 + (j * j * m * m - j * m) / 2
        pm(i, j) = 2 / 3 - (j * j * m * m)
        pd(i, j) = 1 - pu(i, j) - pm(i, j)
        End If
    Next j

    'calculate other probabilities by reflection
    For j = -1 To -top_node(i) Step -1
    pu(i, j) = pd(i, -j)
    pm(i, j) = pm(i, -j)
    pd(i, j) = pu(i, -j)
    Next j
Next i
```

- 2단계 : 앞의 "α_i를 찾는 방법"을 적용
- 3단계 : 결과출력

```
Select Case mOutput
    Case 0
    HW3Nomial = r(iTime, jState)
    Case 1
    HW3Nomial = pu(iTime, jState)
    Case 2
    HW3Nomial = pm(iTime, jState)
    Case 3
    HW3Nomial = pd(iTime, jState)
    Case 4
    HW3Nomial = Q(iTime, jState)
    Case 5
    HW3Nomial = d(iTime, jState)
    End Select
End Function
```

위 코드를 이용해서 삼항트리를 만들어보자.

현재 시장금리는 E4:G44범위에 0.25년 간격으로 입력되어 있다. 이를 이용한 할인계수와 무연속복리 이표채 수익률이 I열과 J열에 계산되어 있다. Hull and White 트리를 만들기 위한 각종모수들이 M5:M7에 입력되어 있다.

	E	F	G	H	I	J	K	L	M	N	O
1	**Rate Derivatives**			=1/(1+G4*F4)		=(1-G7/4*SUM($I$5:I6))/(1+G7/4)					
2						=-LN(I4)/F4					
3	r/o	year	market rate	instrument	DF	Zero Rate		BondMaturity	2.5	year	
4	0	0.00274	3.2500%	deposit	0.999911	0.032499		initial yield curve	J5:J44	J5:J44	44
5	1	0.25	3.3600%	deposit	0.99167	0.03346		Alpha	0.1		
6	2	0.5	3.2600%	deposit	0.983899	0.032464		Vol	0.01		
7	3	0.75	3.1600%	deposit	0.976677	0.031465		dt	0.25		
8	4	**1**	3.0600%	swap	0.969995	0.030465		iState	0		
9	5	1.25	3.0675%	swap	0.96254	0.030544		iTime	0		
10	6	1.5	3.0750%	swap	0.955106	0.030622		jmax=	8	=INT(0.1835/(M5*M7	
11	7	1.75	3.0825%	swap	0.947693	0.0307		a.Price	0.92523		
12	8	**2**	3.0900%	swap	0.940302	0.030777		b.price from initial te	0.92523		
13	9	2.25	3.1050%	swap	0.932772	0.030931		c=a-b	-9.93E-09		

이 자료로부터 삼항트리를 만들어 보기 위해 아래 엑셀을 작성한다. M38셀에는 (0,0) 노드에서의 결과값이 투입되도록 아래와 같이 입력한다.

```
M38: =hw3nomial(INDIRECT($M$4),$M$5,$M$6,M$17,$L38,$M$7,$P$1)
```

우리가 만든 VBA코드는 결과값을 단기이자율, 확률, 상태가격, 할인계수 등으로 선택할 수 있는데, 이 인수는 P1셀에 입력하게 되어 있다. 이후에 순차적으로 (1,-1), (1,0), (1,1)노드 값을 받기 위해 셀O36, O38, O40에 아래와 같이 입력한다.

```
O36: =hw3nomial(INDIRECT($M$4),$M$5,$M$6,O$17,$L36,$M$7,$P$1)
O38: =hw3nomial(INDIRECT($M$4),$M$5,$M$6,O$17,$L38,$M$7,$P$1)
O40: =hw3nomial(INDIRECT($M$4),$M$5,$M$6,O$17,$L40,$M$7,$P$1)
```

이와 동일한 방법으로 2, 3 시간 트리를 Q열, S열 등에 입력하면 아래와 같은 결과를 얻을 수 있다.

	L	M	N	O	P	Q	R	S
15	Tree output	d						
16								
17	state\time	0		1		2		3
18								
19								
20	9							
21								
22	8							
23								
24	7							
25								
26	6							
27								
28	5							
29								
30	4	=hw3nomial(INDIRECT($M$4),$M$5,$M$6,M$17,$L38,$M$7,$P$1)						
31								
32	3							0.986722
33								
34	2					0.98837		0.98886
35								
36	1			0.99002		0.99051		0.991003
37								
38	0	0.99167		0.99216		0.99266		0.993151
39								
40	-1			0.99431		0.99481		0.995304
41								
42	-2					0.99696		0.997461

자세한 내용은 "Hull and White모형.xls" 파일을 참조하기 바란다.

(4) Hull and White 기간구조공식(Analytical Term Structure)

Hull and White(HW)모형은 트리를 이용하지 않고 공식을 이용해서 기간구조를 계산할 수 있다.

① 순간단기금리(instantaneously short rate)를 이용한 공식

순간 단리금리가 주어졌을 경우 기간구조는 다음과 같이 결정된다.

$$P(t,T)=A(t,T)e^{-B(t,T)r(t)}$$

$$B(t,T)=\frac{1-e^{-a(T-t)}}{a}$$

$$\ln A(t,T)=\ln\frac{P(0,T)}{T(0,t)}-B(t,T)\frac{\partial \ln P(0,t)}{\partial t}-\frac{1}{4a^3}\sigma^2(e^{-aT}-e^{-aT})^2(e^{2at}-1)$$

② dt－기간 단기금리(R(t) : dt－period rate at time t)를 이용한 공식

순간 단기금리가 관측 불가능하므로 보다 긴 $dt-$기간 단기금리를 이용할 경우 기간구조는 다음과 같다.

$$P(t,T)=\hat{A}(t,T)e^{-\hat{B}(t,T)r(t)}$$

$$\ln \hat{A}(t,T)=\ln\frac{P(0,T)}{T(0,t)}-\frac{B(t,T)}{B(0,t+dt)}\ln\frac{P(0,t+dt)}{P(0,t)}$$
$$-\frac{\sigma^2}{4a}(1-e^{-2at})B(t,T)[B(t,T)-B(t,t+dt)]$$

$$\hat{B}(t,T)=\frac{B(t,T)}{B(t,t+dt)}dt$$

③ 해석적 기간구조의 검증

위의 해석적 기간구조 공식이 현재 기간구조를 잘 설명하는지 엑셀을 통해 검증해 보자.

우선, Hull and White 모형의 기간구조공식을 계산하기 위해 필요한 $\hat{A}(t,T)$, $B(t,T)$, $\hat{B}(t,T)$ 등은 미리 사용자 정의 함수로 만들어 두면 편리하다.

| 예제 | HW 해석적 기간구조 계산을 위한 사용자 정의함수

• $B(t,T)$ 함수

```
Function B(t1, t2, a)
  B = (1 - Exp(-a * (t2 - t1))) / a
End Function
```

• $\hat{B}(t,T)$ 함수

```
Function Bhat(t1, t2, dt, a)
   Bhat = B(t1, t2, a) / B(t1, t1 + dt, a) * dt
End Function
```

• $\hat{A}(t,T)$ 함수

```
Function Aa(t1, t2, dt, a, vol, P0t1, P0t1dt, P0t2)
   Dim X, Y, Z
   X = Log(P0t2 / P0t1)
   Y = -B(t1, t2, a) / B(t1, t1 + dt, a) * Log(P0t1dt / P0t1)
   Z = -vol ^ 2 / (4 * a) * (1 - Exp(-2 * a * t1)) * (B(t1, t2, a) - B(t1, t1
   + dt, a))
Aa = Exp(X + Y + Z)
End Function
```

위 함수와 공식을 이용해서 아래와 같이 엑셀을 입력해보자.

included

예제 | HW해석적 공식의 검증

	E	F	G	H	I	J	K	L	M	N	O	P	Q
1	**Rate Derivatives**						=Aa(0,F5,0.25,$Q$3,$Q$4,1,$I$5,I5)						
2							formula-base term structure						
3	r/o	year	market rate	instrument	DF	Zero Rate	A	B^	p(0,T)	diff		a	0.1
4	0	0.00274	3.2500%	deposit	0.999911	0.032499						vol	0.01
5	1	0.25	3.3600%	deposit	0.99167	0.03346	1	0.25	0.99167	0			
6	2	0.5	3.2600%	deposit	0.983899	0.032464	1.000291	0.493827	0.983899	0			
7	3	0.75	3.1600%	deposit	0.976677	0.031465	1.000882	0.731635	0.976677	0			
8	4	**1**	3.0600%	swap	0.969995	0.030465	1.001778	0.963571	0.969995	0			
9	5	1.25	3.0675%	swap	0.96254	0.030544	1.001631	1.18978	0.96254	0			
10	6	1.5	3.0750%	swap	0.955106	0.030622							
11	7	1.75	3.0825%	swap	0.947693	0.0307			=K5*EXP(-L5*$J$5)				
12	8	**2**	3.0900%	swap	0.940302	0.030777		=Bhat(0,F5,0.25,$Q$3)					

E열부터 J열까지는 앞의 실습과 동일하게 구성되어 있다. K열에 $\hat{A}(t,T)$ 함수를, L열에 $\hat{B}(t,T)$ 함수를 계산해 두었다. M열에는 Hull and White 기간구조 공식을 입력하여 할인채권가격을 계산하였다. 이 결과는 I열에 제시된 시장 할인채권 가격과 정확히 일치한다.

다음으로 해석적으로 계산한 기간구조가 트리(Tree)에서 계산한 기간구조와 일치하는지 검증해보면 다음과 같다.

| 예제 | HW해석적 결과와 트리 결과의 비교

(1,1)노드에서 2시점(0.5년) 만기 할인채권의 가격이 공식으로 계산한 경우와 트리오 계산한 경우가 일치하는지 살펴보자.

	P	Q	R	S	T	U	V	W	X	Y	Z	AA
1												
2												
3	a	0.1		**zero price (0.25,0.5)**								
4	vol	0.01		**1.tree-base price**					R	df	prob	state
5				(1,1)					0.046801	0.988368	0.154479	u
6				i	term	rate	df					
7				1	0.25	0.040131	0.990017					
8				2	0.5	0.039026	0.980676		0.038141	0.99051	0.666042	m
9												
10												
11	)						calc'd by tree		0.029481	0.992657	0.179479	d
12				**2.formula-based price**								
13				A	B^	p(0.25,0.5)	diff					
14				1.000303	0.493827	0.980674	2.06E-06					
15												
16							calc'd by formula					

공식을 이용한 결과값은 셀U14에 입력되어 있다. 각 셀의 수식은 다음과 같다.

```
S14: =Aa(0.25,0.75,0.25,$Q$3,$Q$4,I5,I6,I7)
T14: =Bhat(0.25,0.75,0.25,$Q$3)
U14: =S14*EXP(-T14*$U$7)
```

트리를 이용한 결과값은 셀V8에 제시되어 있는데 일치함을 알 수 있다.

```
V8: =EXP(-U7*T7)*(Y7*Z7+Y8*Z8+Y9*Z9)
```

할인채권 가격계산에 필요한 단기이자율 R(2,0), R(2,1), R(2,2) 및 확률 등은 앞의 Hull and White 트리의 결과값을 미리 받아 X5:Z11범위에 입력해 두었다.

자세한 내용은 "HW해석적 공식의 검증.xls"파일을 참조하기 바란다.

included (5) HW 트리를 이용한 이자율 옵션가격계산

HW모형에 따르면 만기가 s인 할인채권에 대한 콜옵션의 만기가 T일 때 이 옵션의 가격은 다음과 같다.

$$LP(0,s)N(h)-KP(0,T)N(h-\sigma_P)$$

L : 할인채권의 명목금액

K : 행사가격

$$h = \frac{1}{\sigma_P} \ln \frac{LP(0,s)}{P(0,T)K} + \frac{\sigma_P}{2}$$

$$\sigma_P = \frac{\sigma}{a}[1 - e^{-a(s-T)}]\sqrt{\frac{1-e^{-2aT}}{2a}}$$

풋옵션의 가격은 다음과 같다.

$$KP(0,T)N(-h+\sigma_P) - LP(0,s)N(-h)$$

옵션공식을 이용한 옵션 가치계산결과는 1.809283(원)이며 계산과정은 아래와 같다.

	G	H	I	J	K	L	M	N	O	P	Q
23	**Analytical pricing result**							-6	0.000197	0.075828	1.138102
24	p(0,s)	0.513857	=EXP(-7.3979/100*9)					-7	1.72E-05	0.066337	1.138102
25	p(0,T)	0.827639	=EXP(-6.30595/100*3)					-8	0	0	1.138102
26	L	100						-9	0	0	1.138102
27	K	63									
28	h	-0.18151	=1/H29*LN((H26*H24)/(H25*H27))+H29/2					sum	0.827497		
29	vp	0.067768	=H31/H30*(1-EXP(-H30*(H32-H33)))*SQRT((1-EXP(-2*H30*H33))/(2*H30))								
30	a	0.1									
31	vol	0.01									
32	s	9									
33	T	3									
34	put	**1.809283**	p.561, table 23.3								
35		=H27*H25*NORMSDIST(-H28+H29)-H26*H24*NORMSDIST(-H28)									

위 해석적 결과를 트리에서의 결과와 비교하면 다음과 같다.

시간간격(dt)이 1096(=3년)/(10*365)인 트리를 이용한 옵션가격 계산결과는 1.822808711(원)이며 계산과정은 아래와 같다.

	G	H	I	J	K	L	M	N	O	P	Q	R	S	T	U
4	opt expiry	1096						Tree-based pricing result							
5	steps	10													
6	dt	0.300274							4	0					
7	Adjusted term structure for pricing option							j	q	r	A	B	zeros(3,9)	payoff	price
8	i	term	x0	y0	rate(%)	rate		9	0	0	1.138102	4.581489	1.138102	0	0
9	1	0.300274	0.257534	4.96157	4.966543	0.049665		8	0	0	1.138102	4.581489	1.138102	0	0
10	2	0.600548	0.506849	4.99058	5.009993	0.0501		7	1.43739E-05	0.199208	1.138102	4.581489	0.456892	17.31082	0.000249
11	3	0.900822	0.506849	4.99058	5.072206	0.050722		6	0.00016936	0.189717	1.138102	4.581489	0.477197	15.28026	0.002588
12	4	1.201096	1.005479	5.09389	5.231872	0.052319		5	0.001500206	0.180226	1.138102	4.581489	0.498405	13.15945	0.019742
13	5	1.50137	1.005479	5.09389	5.443677	0.054437		4	0.008749379	0.170735	1.138102	4.581489	0.520556	10.94439	0.095757
14	6	1.801644	1.005479	5.09389	5.655482	0.056555		3	0.034454434	0.161244	1.138102	4.581489	0.543691	8.630889	0.297372
15	7	2.101918	2.00274	5.79733	5.847774	0.058478		2	0.092117015	0.151753	1.138102	4.581489	0.567854	6.214567	0.572467
16	8	2.402192	2.00274	5.79733	6.000499	0.060005		1	0.167278697	0.142261	1.138102	4.581489	0.593091	3.690856	0.617402
17	9	2.702466	2.00274	5.79733	6.153225	0.061532		0	0.20591041	0.13277	1.138102	4.581489	0.61945	1.054984	0.217232
18	10	3.00274	2.00274	5.79733	6.30595	0.06306		-1	0.171587716	0.123279	1.138102	4.581489	0.64698	0	0
19	11	3.303014	3.00274	6.30595	6.936545	0.069365		-2	0.09692357	0.113788	1.138102	4.581489	0.675734	0	0
20								-3	0.037185973	0.104297	1.138102	4.581489	0.705766	0	0
21				zero(0,3.3)	0.795237	0.827496		-4	0.009686411	0.094806	1.138102	4.581489	0.737132	0	0
22						0		-5	0.001703786	0.085314	1.138102	4.581489	0.769892	0	0
23	Analytical pricing result							-6	0.000197218	0.075823	1.138102	4.581489	0.804109	0	0
24	p(0,s)	0.513857	=EXP(-7.3979/100*9)					-7	1.72351E-05	0.066332	1.138102	4.581489	0.839845	0	0
25	p(0,T)	0.827639	=EXP(-6.30595/100*3)					-8	0	0	1.138102	4.581489	1.138102	0	0
26	L	100						-9	0	0	1.138102	4.581489	1.138102	0	0
27	K	63													
28	h	-0.18151	=1/H29*LN((H26*H24)/(H25*H27))+H29/2					sum	0.827495785						**1.822809**
29	vp	0.067768	=H31/H30*(1-EXP(-H30*(H32-H33)))*SQRT((1-EXP(-2*H30*H33))/(2*H30))									constant!			

11.3.3. 선도 이자율 모형(Forward Rate Models)

(1) HJM 모형

선도 이자율 모형은 무이표채 수익률 곡선(Term Structure)를 모형화하는 다른 방법으로, 히쓰-재로우-모튼(Heath, Jarrow & Morton : HJM)이 제시한 접근 방법이다.

수익률곡선은 각 시점을 만기로 하는 할인채권의 가격 $B(0,T)$로 표현할 수 있다. 그리고 할인채권가격과 선도금리는 다음의 관계에 있으므로 선도금리를 이용해서 수익률곡선을 표현할 수 있다.

$$B(0,i) = \Pi_{j=0}^{i-1} \frac{1}{1+f(0,j)}$$

$f(0,j)$: j시점에 확정되는 j시점부터 $j+1$년까지의 선도금리

즉, 선도금리를 아는 것은 수익률곡선을 아는 것과 동일한 의미이다.

HJM 모형은 단기 이자율 모형과 달리 전체 수익률 곡선 자체가 상태변수(state variable)가 되며, 차익거래 부재 가격결정법(arbitrage-free pricing)과 할인채권 가격

의 움직임을 모두 고려한 일반적 방법론(general framework)을 제공하고 있다. HJM 방법론은 파생상품의 가격을 결정하는 확률변수(driving stochastic variable)로 순간 선도 수익률(instantaneous forward rates)을 사용하고, 이 순간 선도 수익률의 움직임(evolution)은 변동성 함수에 의해서 결정된다. 현물수익률과 선도수익률의 관계로부터 모든 단기 이자율 모형은 모두 HJM 모형에 포함된다.

HJM 모형은 원래 연속시간 모형이지만 여기에서는 이산시간 모형 (이항트리 모형)을 예로 들어 설명해 보자.[주)]

① 이산적 1요인 HJM 모형(Single factor HJM discrete-state model)

t시점에, 미래의 $[T,\ T+\Delta]$ 기간의 "1+x%"로 표현되는 선도이자율을 $f_\Delta(t,T)$ 라고 하면, 연속복리(연속시간) 선도이자율 $f(t,T)$ 와 아래와 같은 관계가 있다.

$$f_\Delta(t,T) = e^{f(t,T)\Delta}$$

또는

$$f(t,T) = \lim_{\Delta\to 0} \frac{\log(f_\Delta(t,T))}{\Delta}$$

t시점에서 $t+\Delta$ 시점으로 갈 때 선도이자율은 다음과 같은 이항과정을 따른다고 하자.

$$f_\Delta(t+\Delta,T) = \begin{cases} \alpha(t,T)f_\Delta(t,T) : upstate \\ \beta(t,T)f_\Delta(t,T) : downstate \end{cases}$$

이 때, 위험중립 확률측도 아래에서 무위험차익거래 부재조건을 만족하기 위해서 α와 β는 다음과 같이 결정된다.

$$\alpha(t,T) = \frac{\cosh[B+\sigma(t,T)\sqrt{\Delta t}]}{\cosh[B]} e^{-\sigma(t,T)\sqrt{\Delta t}}$$

$$\beta(t,T) = \frac{\cosh[B+\sigma(t,T)\sqrt{\Delta t}]}{\cosh[B]} e^{\sigma(t,T)\sqrt{\Delta t}}$$

$$B = \Sigma_{j=t+\Delta t}^{T-\Delta t}\sigma(t,T)\sqrt{\Delta t}$$

그런데 특정시점에는 여러 만기의 선도수익률이 존재하므로, 수익률 곡선은 벡터

주) Justin London, Modeling Derivatives in C++, John Wiley & Sons(2005), p.579

형태로 존재하게 된다. 아래 그림에서, 예를 들어 현재 1, 2, 3, 4년까지의 수익률곡선이 존재한다면, 현재시점에는 4개의 요소를 갖는 벡터가 수익률 곡선이 되고, 다음 시점에는 3개의 요소를 갖는 벡터가 수익률 곡선이 될 것이다. $f(0,0)$ 즉, 0시점에 확정된 선도이자율은 더 이상 확률변수가 아니기 때문에 다음기(1시점)에는 제외되기 때문이다.

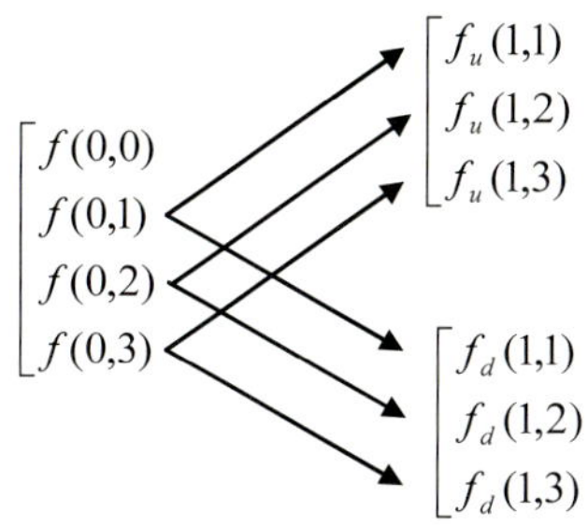

② HJM모형 실습 : 선도금리가 정규분포하는 경우

HJM 모형에서 가장 중요한 모수(parameter)는 선도금리의 변동성이다. 변동성에 대해서는 상수를 가정하거나 특정한 함수형태(지수함수 등)를 가정하는 방법 등이 제시되었다. 여기서는 가장 간단한 상수 변동성하에서 선도이자율이 정규분포할 경우 HJM 모형이 어떤 의미를 갖는지 살펴보자.[주)]

우선, 선도금리는 다음과 같이 움직인다고 가정하자.

$$\Delta f(t,T) = \delta(t,T)\Delta t + \sigma(t,T,f(t,T))\Delta z(t)$$

$f(t,T)$: t시점에 관측한 T시점부터 $T+\Delta t$까지의 선도금리

현재 시장상황은 다음과 같다.

수익률곡선의 최장만기 : 4년
선도금리 : 전기간 4%
변동성 : 전기간 0.8%
시간간격(Δt) : 1년

주) D. Grant, G. Vora, Implementing No−Arbitrage Term Structure of Interest Rate Models in Discrete Time When Interest Rates Are Normally Distributed, Journal of Fixed Income, March 1999

위 식에서 표류항 $\delta(t,T)$는 다음과 같이 변동성에 의해서 완전히 결정된다.

$$\delta(t,t+1)=\delta(0,1)=\delta(1,2)=\delta(2,3)=0.5*0.000064$$
$$\delta(t,t+2)=\delta(0,2)=\delta(1,3)=0.5*3*0.000064$$
$$\delta(t,t+3)=\delta(0,3)=0.5*5*0.000064$$

위 계산결과를 엑셀에 입력하면 아래와 같다.

	A	B	C
1	Heath Jarrow, Morton Model		
2			
3	vol	0.008	
4			
5	del(0,3)	0.00016	=0.5*5*B3^2
6	del(0,2)	0.000096	=0.5*3*B3^2
7	del(0,1)	0.000032	=0.5*B3^2

위 결과를 이용해서 선도이자율 트리를 그리면 아래와 같다.

	D	E	F	G	H	I	J	K	L	M	N
1					=E7+B5+$B$3			=H4+B6+$B$3			=K3+B7+B
2										f(3,3)	6.4288%
3							f(2,3)	5.6256%			
4				f(1,3)	4.8160%		f(2,2)	5.6128%			
5				f(1,2)	4.8096%					f(3,3)	4.8288%
6				f(1,1)	4.8032%						
7	f(0,3)	4.0000%					f(2,3)	4.0256%			
8	f(0,2)	4.0000%					f(2,2)	4.0128%			
9	f(0,1)	4.0000%								f(3,3)	3.2288%
10	f(0,0)	4.0000%		f(1,3)	3.2160%						
11				f(1,2)	3.2096%						
12				f(1,1)	3.2032%		f(2,3)	2.4256%			
13							f(2,2)	2.4128%		f(3,3)	1.6288%

위 그림에서 음영으로 표시된 선도금리는 확률변수가 아니라 확정된 값이 된다. 예를 들어 만기가 2시점(=2년)인 선도금리 $f(*,2)$는 0, 1시점까지는 $f(0,2)$ 및 $f(1,2)$ 등으로 확률변수이지만 2시점에는 $f(2,2)$로 확정값이 된다.

위 예제를 통해 선도이자율의 움직임을 모형화한다는 HJM 방법론의 개념에 대해 다음과 같이 다시 한 번 정리할 수 있다.

- HJM 모형은 수익률곡선 자체를 모형화하는 방법이다.
- 변동성이 모든 수익률곡선의 움직임을 결정한다.

(2) 라이보시장모형

라이보시장모형(Libor Market Model)은 HJM 모형을 단리 선도이자율(Simple Forward Interest Rate)에 적용한 모형이다. 우선 이 모형에서 라이보 금리(LIBOR)란 단리이자율을 의미한다. 단리 이자율이란 이자율(L), 이자계산기간(a), 원금(P)이 주어졌을 때, 만기시점에 이자금액이 다음과 같이 결정되는 이자율을 말한다.

정의 라이보(LIBOR) 금리 : L

$$\text{이자금액} = P \times L \times a$$

현재시점에서 라이보 금리에 대한 선도계약을 생각해 볼 수 있는데, 계약시점을 0, 라이보 금리 확정시점(만기)을 t_k, 이자 지급시점(결제일) t_{k+1}이라고 하면, 선도 라이보 금리($L_k(t)$)는 다음과 같이 정의된다.

정의 (선도) 라이보((forward) Libor) 금리

$$L_k(t) = \frac{1}{\delta}\left(\frac{B(t,t_k) - B(t,t_{k+1})}{B(t,t_{k+1})}\right)$$

δ : 이자계산기간 $t_{k+1} - t_k$

t_k : 라이보 금리 확정일

t_{k+1} : 라이보 금리 지급(결제)일

$B(s,t)$: $t-$만기 할인채권의 s시점의 가격

여기서 만약 라이보 금리 확정일이 오늘이면 즉, $t = t_k$이면 현물 라이보 금리라고 한다.

라이보 금리가 다음과 같은 로그정규 과정을 따른다고 하자.

$$dL_k(t) = \mu_k(t)L_k(t) + \lambda_k(t)L_k(t)dW(t)$$

그러면, 무위험 차익거래부재 조건을 만족하기 위해서는 표류항에 대해 다음의 정리가 성립한다.

정의 라이보 금리의 표류항(drift)

최종 확률측도(the terminal measure)[주)]아래에서, $L_n(t)$ $(1 \leq n \leq N-1)$의 표류항은 다음과 같다.

$$\mu_n(t) = -\sum_{k=n+1}^{N} \frac{\delta L_k(t)\lambda_n(t)^2}{1+\delta L_k(t)}$$

위에서 정의한 라이보 금리에 대한 로그정규과정과 표류항에 대한 정리에 대해 이토의 정리(Ito's lemma)를 적용하면 다음과 같은 시뮬레이션 공식을 얻을 수 있다.

| 정의 | 라이보 시장모형의 시뮬레이션 공식

$$L_n((i+1)h) = L_n(ih)\exp\left(\left(\mu_n(ih) - \tfrac{1}{2}\lambda_n(ih)^2\right)dt + \lambda_n(ih)\sqrt{h}Z_{i+1}\right)$$

여기서 $(ih)=t$(현재시점), $(i+1)h$는 현재시점+1시점을 의미한다.

이 공식과 시뮬레이션을 이용하여 만기시점의 보수(Payoff)가 $f(L_n(T_n))$ 인 파생상품의 가격은 다음과 같이 계산할 수 있다.

| 정의 | 파생상품의 가격(C)계산 공식

$$C = B(0,T_{N+1})E\left(\frac{f(L_n(T_n))}{B_{N+1}(T_{n+1})}\right)$$

included

| 예제 | Libor Market Model

라이보 시장모형을 이용해서 캡릿의 가격을 계산해보면 다음과 같다.

우선, 모수는 다음과 같다.

	A	B
1	**Libor Market Model**	
2		
3		
4	delta	0.25
5	lamda	0.15
6	lamda_bar	0.2
7	#Sim	100

주) 최종 확률측도란, 현재 시점의 시장 수익률곡선의 최장만기를 T라고 할 때, $B(0,T)$를 분자자산(numeraire)으로 하는 마팅게일 확률측도를 의미한다.

아래 표에서 H열은 블랙공식을 이용한 캡릿 가격이며, K열은 시뮬레이션을 이용한 캡릿 가격이다.

	D	E	F	G	H	I	J	K	L
1		=D5*$B$4		=SimCaplet($G$5:$G$24,$B$6,$D$24+1,G6,D6,$B$4,$B$4,$B$7,$B$8)*10000					
2			=EXP(-0.05*E5)		=Black_Cap($B$6,G6,G6,F7,E6,$B$4)*10000				
3				=(F5-F6)/F6*1/$B$4					
4	n	T_n	B_n(0)	L_n(0)	A.calc	B.table	A-B	SimCaplet	
5	0	0	1	5.0314%					
6	1	0.25	0.9875778	5.0314%	4.89215748	4.89	0.00215748	4.799720006	
7	2	0.5	0.9753099	5.0314%	6.82976067	6.83	-0.00023933	4.347751489	
8	3	0.75	0.9631944	5.0314%	8.25736294	8.26	-0.00263706	4.995439966	
9	4	1	0.9512294	5.0314%	9.41241638	9.41	0.00241638	6.168436639	
10	5	1.25	0.9394131	5.0314%	10.3883513	10.39	-0.00164868	7.234602487	
11	6	1.5	0.9277435	5.0314%	11.2338296	11.23	0.00382958	7.418168645	
12	7	1.75	0.9162189	5.0314%	11.978209	11.98	-0.00179099	7.360603136	
13	8	2	0.9048374	5.0314%	12.6409175	12.64	0.0009175	12.33489322	
14	9	2.25	0.8935973	5.0314%	13.235662	13.24	-0.00433802	13.53269471	
15	10	2.5	0.8824969	5.0314%	13.7725796	13.77	0.00257963	10.41711554	
16	11	2.75	0.8715343	5.0314%	14.2594437	14.26	-0.00055632	12.03507385	
17	12	3	0.860708	5.0314%	14.7023879	14.7	0.00238791	17.23788517	
18	13	3.25	0.8500161	5.0314%	15.1063663	15.11	-0.00363373	16.93390206	
19	14	3.5	0.839457	5.0314%	15.4754575	15.18	0.29545751	12.66747187	
20	15	3.75	0.8290291	5.0314%	15.8130745	15.81	0.00307455	17.28346022	
21	16	4	0.8187308	5.0314%	16.1221127	16.12	0.00211271	17.47465978	
22	17	4.25	0.8085603	5.0314%	16.4050576	16.41	-0.00494244	20.54569233	
23	18	4.5	0.7985162	5.0314%	16.6640649	16.66	0.00406494	16.79235379	
24	19	4.75	0.7885969	5.0314%	16.9010217	16.9	0.00102167	19.77037893	
25	20	5	0.7788008	Not Applicable					

블랙캡릿계산 사용자 정의함수

```
Function Black_Cap(sig, k, r, b, T, del)
d1= (Log(r / k) + 0.5 * sig ^ 2 * T) / (sig * Sqr(T))
d2= (Log(r / k) - 0.5 * sig ^ 2 * T) / (sig * Sqr(T))
Black_Cap=del * b * (r * CumNorm(d1) - k * CumNorm(d2))
End Function
```

누적정규분포 확률값 계산 사용자 정의함수

```
Function CumNorm(x)
CumNorm=Application.NormSDist(x)
End Function
```

◉ (미래) 라이보 금리를 시뮬레이션을 통해 생성하는 함수

```
Public Libor() As Double
Public z As Double

Function SimulateTerminal(Rates, lamda, N, delta, h)
Dim i, j, k As Integer 'i:Libor expiry  j:observation time
Dim Mu As Double
ReDim Libor(N, N)

For i=0 To N-1
Libor(i, 0)=Rates(i+1)
Next i

For j=1 To N-1
Randomize
z=Application.NormSInv(Rnd)

 For i=0 To j
  Libor(i, j)=Libor(i, j-1)
 Next i

 Mu=0
 For i=N-1 To j Step -1
  For k=N-1 To i+1 Step -1
  Mu=Mu-delta*Libor(k, j-1)*lamda ^ 2/_
           (1+delta*Libor(k, j-1))
  Next k
    Libor(i, j)=Libor(i, j-1)*Exp((Mu-0.5*lamda ^ 2)*h+_
             lamda*Sqr(h)*z)
 Next i
Next j

End Function
```

◉ 시뮬레이션으로 생성된 라이보금리를 이용 캡릿가격을 계산하는 함수

```
Function SimCaplet(Rates, lamda, N, Strike, Expiry, delta, h, niter,
Trigger)
Dim Caplet, DF, Numeraire As Double
DF=1
For i=1 To Rates.Count
DF=DF*1/(1+Rates(i)*delta)
Next i

Caplet=0
For i=1 To niter
Call SimulateTerminal(Rates, lamda, N, delta, h)
Numeraire=1
For j=Expiry To N-1
Numeraire=Numeraire/(1+Libor(j, Expiry)*delta)
Next j

Caplet=Caplet+Max(Libor(Expiry, Expiry)-Strike, 0)/Numeraire
Next i

SimCaplet=DF*delta*(Caplet/niter)

End Function
```

Chapter 12

이색옵션

지금까지 우리가 다룬 옵션은 블랙-숄즈 모형에서 다룬 옵션이며 이를 표준옵션(Plain Vanilla Option)이라고 하며, 옵션의 조건이 이와 다른 경우를 이색옵션(Exotic Option)이라고 하는데, 이론적으로 어디까지가 표준옵션이고 어디까지가 이색옵션인가에 대한 기준은 없으며 새로운 파생상품이 계속 발전, 개발되고 있는 상황에서 임의적인 기준조차도 계속 변하고 있다. 예를 들어 과거에는 유럽식 표준옵션만을 표준옵션이라고 하였으나 현재는 미국형 옵션도 표준옵션으로 보고 있으며 어떤 경우에는 최근 거래량이 늘어나고 있는 배리어 옵션(Barrier Option)까지도 표준옵션으로 취급하는 경우도 있다.

12.1 이항모형 복습

표준옵션(Vanilla Option)이나 일부 이색옵션에 대해서 가격계산 공식이 존재하지만, 대부분의 이색옵션은 그 공식이 존재하지 않는다. 따라서 수치적으로 가격을 계산해야 하는 경우가 많은 데, 이항모형은 단순하면서도 효율적인 계산수단이므로 여기서 다시 한 번 살펴보고자 한다.

기초자산의 움직임(process)에 대한 가정이 필요. 이항모형은 3개의 모수, 상승폭(u), 하락폭(d), 확률(π)로 기초자산의 프로세스가 정해진다.

◉ 이항모형의 모수 : 다기간 모형

$$u(n,j) = \frac{S(n+1,j+1)}{S(n,j)}$$

$$d(n,j) = \frac{S(n+1,j)}{S(n,j)}$$

$$\pi(n,j) = \frac{R(n,j) - d(n,j)}{u(n,j) - d(n,j)}$$

12.1.1. 이항모형을 이용한 파생상품계산방법

(1) 후진계산법(Backward Induction)

(n,j)노드에서의 파생상품의 가격 $W(n,j)$는 다음과 같이 결정된다.

| 정리 | Backward Induction Pricing Formula

$$W(n,j) = \frac{\pi(n,j)V(n+1,j+1) + (1-\pi(n,j))V(n+1,j)}{R(n,j)}$$

(2) 전진계산법(Forward Induction)

유럽형 파생상품일 경우 N시점의 보수(payoff)가 $W(N,j)$으로 주어지면 (i,j)노드에서의 상태가격(state price) $\lambda(i,j)$를 이용해서 직접 다음과 같이 계산할 수 있다.

| 정리 | Jamshidian's Forward Induction Pricing Formula주)

$$W(0,0) = \Sigma_{j=0}^{N} \lambda(N,j) W(N,j)$$

주) F. Jamshidian, Forward Induction and Construction of Yield Curve Diffusion Models, Journal of Fixed Income (1991), 62－74.

12.1.2. 이항모형의 모수 정하기

이항모형의 모수는 연속모형을 근사(approximation)하고자 한다. 따라서 여기서는 블랙숄즈 가정에 따라 연속모형은 로그노말과정을 가정하고, 이 연속모형의 평균과 분산을 이항모형의 평균과 분산에 일치시키며 추가적으로 다음을 가정한다.

- u와 d는 상수 (=시간에 따라 변하지 않는다)라고 가정한다.
- 이항트리가 경로독립적(recombining(rebalance))이다. 즉 $d=1/u$

(1) 로그정규과정의 평균과 분산

기초자산의 가격이 확률과정 $dS = rSdt + \sigma SdW$ 을 따를 경우 T시점에서의 기초자산의 가격은 다음과 같다.

$$S_T = S\exp\left([r - \frac{1}{2}\sigma]T + \sigma W_T\right)$$

그 평균과 분산은 다음과 같다.

$$E(S_T) = S\exp(rT)$$

$$Var(S_T) = S^2 e^{2rT}(e^{\sigma^2 T} - 1)$$

(2) 이항모형의 평균과 분산

기초자산의 가격이 다음과 같은 이항분포를 따를 경우, T시점 뒤의 이 자산가격의 평균과 분산은 다음과 같다.

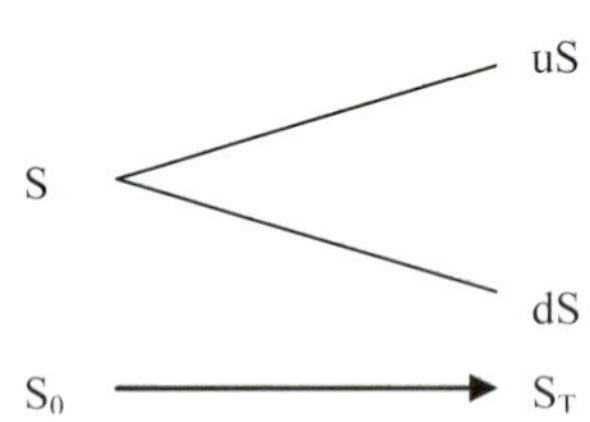

$$E(S_T) = puS + (1-p)dS$$

$$V(S_T) = p(1-p)(u-d)^2 S^2$$

이제, 두 확률과정의 평균과 분산을 같다고 두고 u, d, p를 구하면 다음과 같다.

$$u = \frac{(a^2+b^2+1)+\sqrt{(a^2+b^2+1)^2-4a^2}}{2a}$$

여기서 $a = e^{rT}$

$$b^2 = a^2(e^{\sigma^2 T}-1)$$

$$p = \frac{a-d}{u-d}$$

$$d = \frac{1}{u}$$

12.1.3. CRR

CRR모형은 로그 정규 확률변수의 분산을 다음과 같이 간소화하여 각 모수를 결정한 것이다.

$$\begin{aligned} Var(S_T) &= S^2 e^{2rT}(e^{\sigma^2 T}-1) \\ &\approx S^2 e^{\sigma^2 T} \end{aligned}$$

위 식을 사용하여 u, d, p를 각각 구하면 다음과 같이 된다.

$$u = \exp(\sigma\sqrt{\Delta t})$$

$$d = \exp(-\sigma\sqrt{\Delta t})$$

$$p = \frac{\exp(r\Delta t)-\exp(-\sigma\Delta t)}{\exp(\sigma\sqrt{\Delta t})-\exp(-\sigma\sqrt{\Delta t})}$$

알고리즘

```
(1) 기초자산가격 트리만들기
    S(0,0)=S
    FOR n=1 TO N
    FOR j=0 TO n-1
      S(n,j)=S(n-1,j-1)*d
    NEXT j
      S(n,n)=S(n-1,n-1)*u
    NEXT n
(2) V(N,j)계산하기
(3) Backward Induction하기
```

| 예제 | 기초자산 트리만들기

```
Dim S() As Double
Function 기초자산트리(기초자산, 행사가격, 만기, 변동성, 이자율, 노드수)
n=노드수
ReDim S(n, n)
S(0, 0)=기초자산
r=이자율
V=변동성
K=행사가격

u=Exp(V*Sqr(만기/n))
d=1/u

For t=1 To n
For j=0 To t-1
    S(t, j)=S(t-1, j)*d
Next j
    S(t, j)=S(t-1, j-1)*u
Next t

End Function
```

| 예제 | 기초자산 트리를 이용해서 콜옵션 가격계산하기

```
Function MultBinomial(기초자산, 행사가격, 만기, 변동성, 이자율, 노드수)
Dim V() As Double
n=노드수
ReDim S(n, n)
ReDim V(n, n)
S(0, 0)=기초자산
r=이자율
Vol=변동성
K=행사가격

rn=Exp(r*만기/n) 'total return
u=Exp(Vol*Sqr(만기/n))
d=1/u
pr=(rn-d)/(u-d)
```

```
Temp=기초자산트리(기초자산, 행사가격, 만기, 변동성, 이자율, 노드수)

For j=0 To n
V(n, j)=Application.Max(S(n, j)-행사가격, 0)
Next j

For t=n-1 To 0 Step -1
For j=0 To t
V(t, j)=(pr*V(t+1, j+1)+(1-pr)*V(t+1, j))/rn
Next j
Next t
MultBinomial=V(0, 0)
End Function
```

12.1.4. JR

Jarrow and Rudd 이항 모형[주)]은 모수가 다음과 같이 결정된다.

$$u = \exp\left(\left(r - \frac{1}{2}\sigma^2\right)\Delta t + \sigma\sqrt{\Delta t}\right)$$

$$d = \exp\left(\left(r - \frac{1}{2}\sigma^2\right)\Delta t - \sigma\sqrt{\Delta t}\right)$$

$$p = \frac{\exp(\frac{\sigma^2}{2}\Delta t) - \exp(-\sigma\Delta t)}{\exp(\sigma\sqrt{\Delta t} - \exp(-\sigma\sqrt{\Delta t}))}$$

$$p = \frac{1}{2} + \frac{1}{24}\sigma^3\Delta t^{3/2} + \cdots \approx \frac{1}{2}$$

주) Jarrow, R., and A. Rudd. Option pricing. Homewood, Illinois : Irvin, 1983.

Financial Engineering Practice with Excel VBA

12.2 미국형 옵션(American Option)

미국형 옵션의 경우 언제라도 옵션을 행사할 수 있으므로 매 시점마다 옵션을 행사했을 때 손익과 행사하지 않았을 때 손익을 비교해서 이익이 큰 경우를 선택해야 하는데, 이 관계는 아래 알고리즘에서 Bellman equation으로 표현되어 있다.

알고리즘

$$V(N,j)=(K-S(N,j))^{+}$$

$$W(n,j)=\frac{\pi(n,j)V(n+1,j+1)+(1-\pi(n,j))V(n+1,j)}{R(n,j)}$$

$$V(n,j)=\max\left((K-S(n,j))^{+},W(n,j)\right)$$:Bellman eq. for American option

$$P(0,0)=V(0,0)$$

Financial Engineering Practice with Excel VBA

12.3 배리어 옵션(Barrier Option)

배리어 옵션은 기본적으로는 유럽식 옵션과 성격이 같으나 추가적인 조건에 따라 옵션계약이 소멸하거나(Knock Out형), 최초 거래시에는 계약이 없다가 계약기간 중 일정 조건을 만족하는 사건이 발생하면 계약이 생성되는(Knock In형) 옵션을 말한다.

배리어 옵션은 계약이 특정 조건에 따라 생성/소멸되므로 계약자가 이 조건이 충족되면 갑자기 큰 손실 또는 이익을 얻게 되는 경우가 발생하므로 이런 급작스런 손익 변화를 줄여주기 위해 계약 소멸시 일정 금액의 보상금을 옵션 매입자에게 지급하기도 하는데, 이를 소위 리베이트(rebate)라고 부른다.

12.3.1. Knock-Out 배리어 옵션

계약기간 중(보통 옵션거래일부터 옵션 만기일)에 기초자산의 가격이 일정수준(barrier)에 도달하면 옵션계약이 소멸하는 옵션을 말한다. 옵션이 내가격 상태에서 소멸하는 것을 역-배리어 옵션(Reverse Barrier Option)이라고 하고, 외가격 상태에서 소멸하는 것은 그냥 배리어 옵션이라고 구분하기도 한다. 예를 들어, 현재 기초자산의 가격이 100이며 행사가격이 100인 콜 옵션이 기초자산의 가격이 120에 도달하면 소멸된다고 할 때, 이 옵션은 역-배리어 콜옵션이며 다른 용어로는 "상승시 소멸하는 콜옵션(Up & Out Call Option)"이라고도 한다.

알고리즘 Up and Out Call

IF $S(N,j) < B$ THEN $V(N,j) = \left(S(N,j) - K\right)^{+}$ ELSE $V(N,j) = 0$

$$W(n,j) = \frac{\pi(n,j)V(n+1,j+1) + (1-\pi(n,j))V(n+1,j)}{R(n,j)}$$

IF $S(n,j) < B$ THEN $V(n,j) = W(n,j)$ ELSE $V(n,j) = 0$

12.3.2. Knock-In 배리어 옵션

Knock-Out 배리어 옵션과 반대로 기초자산의 가격이 일정수준 (barrier)에 도달하면 옵션계약이 생성되는 옵션을 말한다. 따라서 옵션 만기일까지 기초자산의 가격이 일정수준에 도달하지 못한다면 이 옵션은 원래 계약이 없는 것으로 취급된다. 예를 들어, 현재 기초자산의 가격이 100이고 행사가격이 100인 풋옵션이 계약기간 중 기초자산의 가격이 80에 도달하면 생성된다고 할 때, 이 옵션은 역-배리어 풋옵션이며 다른 용어로는 "하락시 생성되는 풋옵션(Down & In Put Option)"이라고도 한다.

알고리즘 Up and In Call

Vanilla Call계산

$C(N,j) = (S(N,j) - K)^{+}$

$$C(n,j) = \frac{\pi(n,j)C(n+1,j+1) + (1-\pi(n,j)C(n+1,j)}{R(n,j)}$$

Barrier Option 계산

IF $S(N,j) < B$ THEN $V(N,j) = 0$ ELSE $V(N,j) = C(N,j)$

$$W(n,j) = \frac{\pi(n,j)V(n+1,j+1) + (1-\pi(n,j))V(n+1,j)}{R(n,j)}$$

IF $S(N,j) < B$ THEN $V(n,j) = W(n,j)$ ELSE $V(n,j) = C(n,j)$

12.3.3. 가격계산

배리어 옵션은 표준옵션에 비해 복잡하기는 하지만 가격공식(폐쇄해)이 존재하는 옵션이다. 즉, 기초자산이 배리어를 칠 확률을 계산하면 옵션공식을 도출할 수 있다. 이는 반사원리(reflection principle)을 이용한다. 반사원리는 어떤 확률과정의 조건부 확률은 계산하기 어렵지만, 비조건부 확률을 계산하기는 쉽다는 점을 이용한다. 반사원리를 이용하면 원래의 확률과정의 비조건부 확률과 반사된 확률과정의 비조건부 확률을 이용해서, 원래확률과정의 조건부확률을 계산할 수 있다.[주)]

따라서 공식을 이용해서 가격을 계산할 수도 있으나 여기에서는 이항트리 모형을 이용해서 가격을 계산해 보도록 하겠다.

기본적으로 기초자산은 로그정규분포를 따르며 이 분포를 이항트리 모형으로 근사(approximation)시키면 다음과 같다.

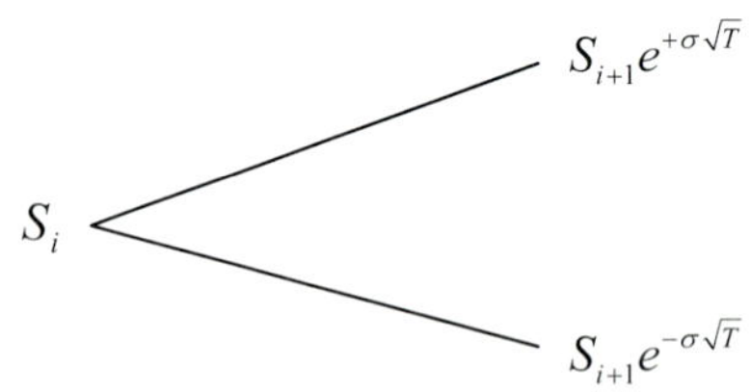

이 기초자산의 가격분포를 이용하여 배리어 옵션의 가치를 계산하면 되는데 유럽식 표준옵션과 다른 점은 예를 들어 Reverse Knock－Out Call Option의 경우 배리어 이상에서 이 옵션의 가치는 0이 된다는 것이다.

주) N. Taleb, Dynamic Hedging, John Wiley & Sons, 1997, P.335

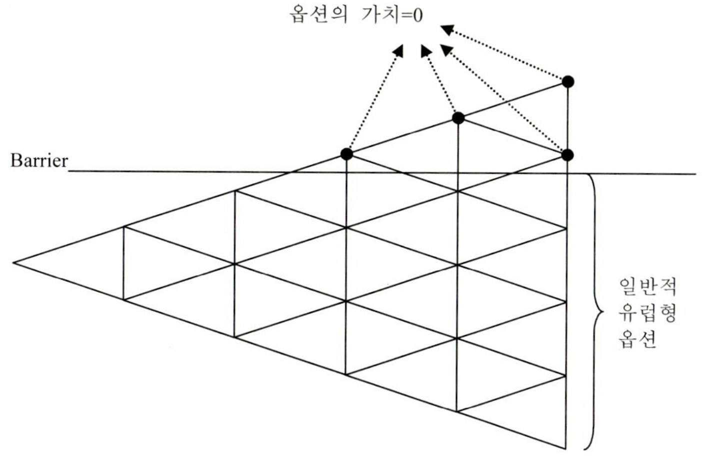

included 예제 | 이항트리 모형으로 Up and Out 배리어 옵션 가격 계산하기

```
Function BinomialUOC(PutCall, Strike, Expiry, Spot, riskFreeRate,
NoOfTimeStep, Vol, div, barr, Rebate)

Dim st() As Double
Dim deriv() As Double
ReDim st(NoOfTimeStep, NoOfTimeStep)
ReDim deriv(NoOfTimeStep, NoOfTimeStep)

dt=Expiry / NoOfTimeStep
up=Exp(Vol * Sqr(dt))
down=Exp(-Vol * Sqr(dt))
a=Exp((riskFreeRate-div) * dt)
disc=Exp(-(riskFreeRate-div) * dt)
disc2=Exp(-riskFreeRate * dt) 'for discounting the derivatives
Prob=(a-down) / (up-down) 'probability of up-move

'Underlying Price at expiry
st(NoOfTimeStep, 0)=Spot * down ^ NoOfTimeStep
For j=1 To NoOfTimeStep
    st(NoOfTimeStep, j)=st(NoOfTimeStep, j-1) *_
                        up / down
Next j

For i=NoOfTimeStep-1 To 0 Step -1
    For j=0 To i
```

```
        st(i, j)=disc*((1-Prob)*st(i+1, j)+_
                        Prob*st(i+1, j+1))
      Next j
    Next i

    'boundary condition for derivatives
    For j=0 To NoOfTimeStep

      If st(NoOfTimeStep, j) >= barr Then
        deriv(NoOfTimeStep, j)=Rebate
      Else
        deriv(NoOfTimeStep, j)=Max(PutCall*_
                        (st(NoOfTimeStep, j)-Strike), 0)
      End If

    Next j

    For i=NoOfTimeStep-1 To 0 Step -1
      For j=0 To i
        If st(i, j) >= barr Then
          deriv(i, j)=Rebate*Exp(-riskFreeRate* _
                        (NoOfTimeStep-i)*dt)
        Else
          deriv(i, j)=disc2*((1-Prob)*_
              deriv(i+1, j)+Prob*deriv(i+1, j+1))
        End If
      Next j
    Next i

    BinomialUOC=deriv(0, 0)

    End Function
```

위 VBA코드를 이용 Up & Out 배리어 옵션의 가치를 계산해보면 아래와 같다. 특히 아래 그래프는 트리의 시간 간격을 좁혀갈수록 (이항트리의 노드를 늘려 갈수록) 이항트리를 이용한 가격이 이론가격에 수렴하는 것을 보여주고 있다. 그런데 수렴하는 형태가 톱니바퀴 모양을 하고 있는 것은 배리어 조건이 기초자산의 가격 노드와 일치하는 경우 이론가격에 가깝게 계산되는 반면 일치하지 않는 경우는 시간간격을 줄이더라도 이론가격과 차이가 발생하게 되므로 나타나는 현상이다. 이 현상을 해소하기 위해서는 (1)가격 노드가 배리어와 일치하도록 강제로 트리를 조정하는 방법이나 (2) 배리어가 가격노드와 일치하지 않을 경우 배리어 위에서의 옵션 가격을 배리어 전후의 옵션가격으로 보간하여 추정한 뒤 이 값을 트리의 역진 계산과정에서 활용하는 방법 등을 생각해 볼 수 있다.

	A	B	C	D	E	F	G	H	I
4	AE	1							
5	PC	1							
6	K	100							
7	T	1							
8	S	100							
9	r	3.50%							
10	N(time Step	150							
11	v	20.01%							
12	div	2.01%							
13	binomial	8.486478							42
14	BS price	8.483794							306
15									241
16	barrier	125							
17	rebate	25							
18	Up&Out	8.060018							
19	flag	UOC							
20	T. price	8.310241							

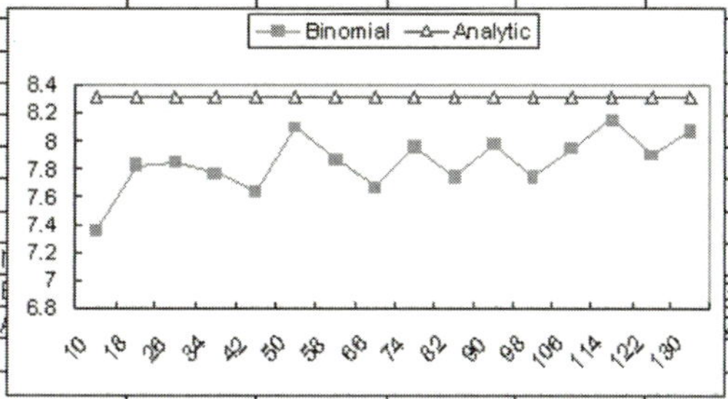

셀B18 : “=binomialuoc(B5,B6,B7,B8,B9,B10,B11,B12,B16,B17)”

12.4 룩백옵션(Lookback Option)

Financial Engineering Practice with Excel VBA

룩백옵션은 옵션 계약기간동안 기초자산의 최고가격 또는 최저가격에 의해 옵션의 보수가 결정되는 파생상품으로, 가격결정에 기초자산의 가격이 계약기간동안 어떻게 움직였는가(경로)가 중요한 요소가 된다. 이런 종류의 옵션을 경로종속적 옵션(path-dependent option)이라고 하는데 앞에서 본 배리어 옵션도 일종의 경로종속적 옵션이다. 그런데 경로종속성의 정도, 예를 들어 경로의 모든 정보가 필요한지 아니면 경로의 일부분의 정보가 가격결정에 필요한지에 따라 경로종속적 옵션도 나누어 볼 수 있는데, 배리어 옵션은 경로종속성이 낮은 옵션이라고 할 수 있다. 따라서 트리를 이용한 가격 계산시에도 경로정보가 크게 반영되지 않으므로 기존의 일반적 방법을 통해 가격계산이 가능했지만, 룩백옵션의 경우는 경로정보가 많이 필요하게 되므로 일반적 트리로는 가격계산을 할 수 없다. 따라서 경로정보를 반영한 경로종속적 트리를 만들 필요가 있는데, 다음 경로종속적 노드표시 방법을 따라보자.

12.4.1 경로종속적 노드표시

(1) 이진표기를 이용한 방법

이 표기는 (시간, 경로)식으로 표현하는데, 각 시점 경로는 상승 또는 하락만 가능하므로 이진법을 사용해서 표시하게 된다. 예를 들어 현재 (n, j)상태에 있다면 다음 기에는 $(n+1, j0)$와 $(n+1, j1)$에 있을 수 있다.

아래 그림을 통해 2기간 트리에서의 표기방법을 살펴보자.

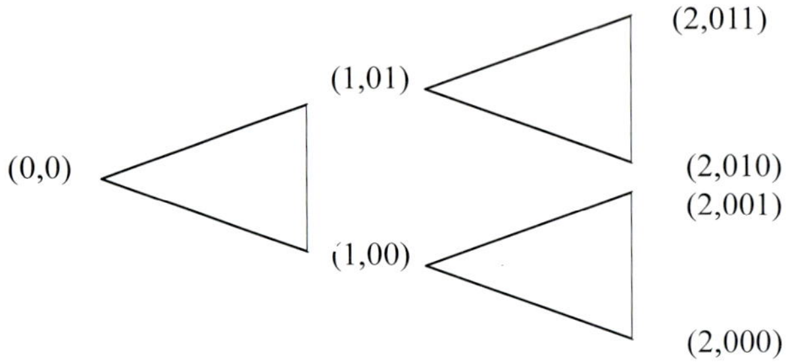

1기간에 상승하고 2기간에 하락한 경우 노드는 (2,010)으로 표시되고, 1기간에 하락하고 2기간에 상승한 경우는 (2,001)으로 표시된다. 이 두 경우는 일반적인 트리였다면 동일한 노드 예를 들어 (2,1)로 표시될 것이지만 경로종속성을 보여주는 표시방식에 따라 서로 다른 노드로 표시된 것이다.

이진표기를 이용한 경로종속적 표기를 사용해서 가격계산 알고리즘을 나타내면 다음과 같다.

알고리즘 룩백옵션(Lookback Option)

$$M(0,0) = S(0,0)$$

$$M(n, j1) = \max[M(n-1), S(n, j1)]$$

$$M(n, j0) = \max[M(n-1), S(n, j0)]$$

$$W(N, j) = M(N, j) - S(N, j)$$

$$W(n, j) = \frac{\pi(n, j)W(n+1, j+1) + (1-\pi(n, j))W(n+1, j)}{R(n, j)}$$

위에서 $M(N,j)$: $t=0$부터 $t=N$까지 기간의 S의 최고값

(2) 일반적 표기방법

프로그램할 경우 트리의 인덱스를 잡는 것이 중요한데 우선 일반적인 이항모형의 인덱스를 그려보면 다음과 같다.

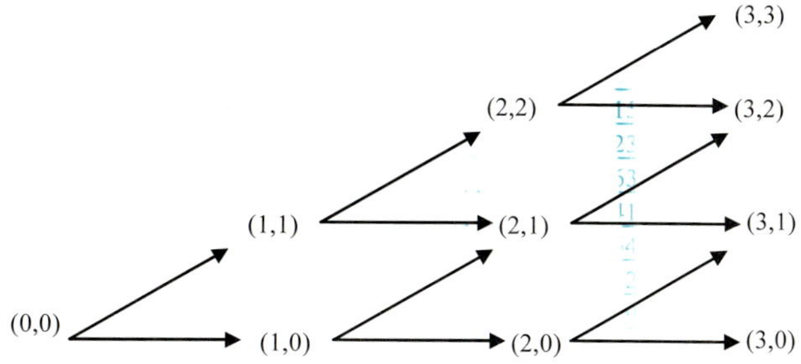

반면, 경로 독립적인 경우 트리는 다음과 같다

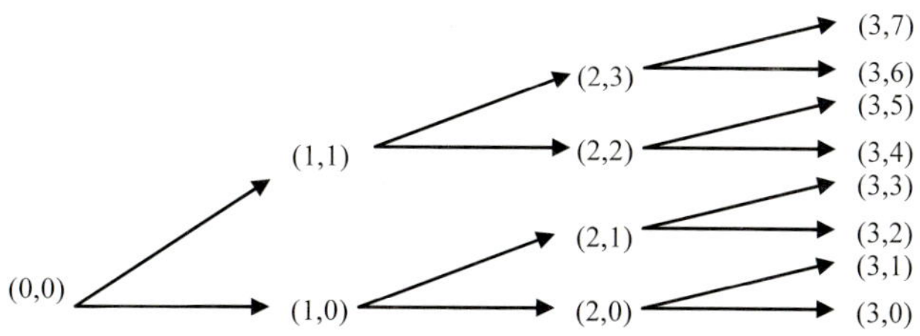

위 인덱스를 참고하여 아래와 같은 조건의 룩백옵션의 가격을 이항트리를 이용해서 계산해보자.

included
예제 | Lookback옵션 가격 계산

> 현재 기초자산가격 : 100
> 무위험 이자율 : 5%
> 변동성 : 20%
> 옵션만기 : 1년
> n_t : 만기까지의 시간을 나눈 회수
> 행사가격 : 100
> 보수(Payoff) : $\max_i S(i) - S(T)$
> $\max_i S(i)$: 거래시점부터 만기시점까지의 옵션가격 중 최대값

위 조건을 엑셀에 입력하면 다음과 같다.

	A	B
1	***Lookback option_pu***	
2		
3	spot	100
4	rate	0.05
5	vol	0.2
6	tau	1
7	n_t	
8	for tree	3
9	for VBA	4
10	strike	100

트리계산을 위한 중간계산값을 보면 아래와 같다.

	A	B	C	D	E
12	total end n	16			
13	dt	0.333333	=B6/B8		
14	u	1.122401	=EXP(B5*SQRT(B13))		
15	d	0.890947	=EXP(-B5*SQRT(B13))		
16	a	1.016806	=EXP(B4*B13)		***S_max***
17	p	0.543777	=(B16-B15)/(B14-B15)		
18	q	0.456223	=1-B17		

계산결과는 다음과 같다.

	A	B	C	D
20	**price**			
21	exact	9.6589	Hoek & Elliott, p.114	
22	tree	9.725748		
23	vba	**9.658854**		

기초자산의 가격을 이항트리로 표현하면 아래와 같다.

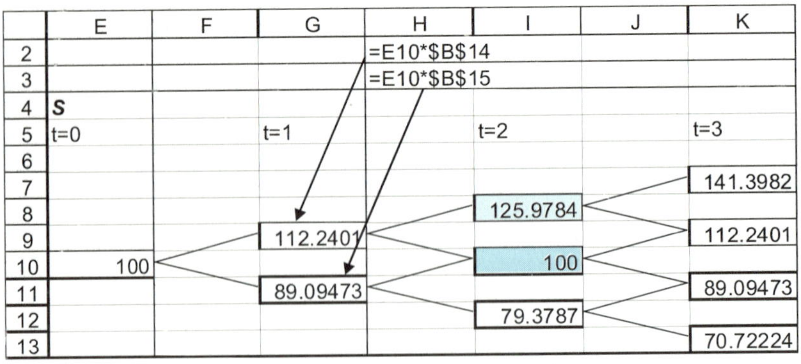

위 이항트리에 근거해서 각 노드에서의 거래시점~현 노드까지 기간 중 최대 기초자산가격(S_max)를 트리로 표현해보면 다음과 같다.

	E	F	G	H	I	J	K
16	***S_max***				=MAX(G20,I8)		
17							141.3982
18					125.9784		
19							125.9784
20			112.2401				
21							112.2401
22					112.2401		
23							112.2401
24	100						
25							112.2401
26					100		
27							100
28			100				
29							100
30					100		
31							100

최종적으로 옵션가격을 트리로 표현하면 아래와 같다.

	E	F	G	H	I	J	K	L
32				=EXP(-$B$4*$B$13)*(K33*$B$17+K35*$B$18)				
33	***Option***						0	=K17-K7
34					6.164132			
35							13.73829	
36			3.296509					
37							0	
38					0			
39							0	
40	9.725748							
41							23.14537	
42					17.27089			
43							10.90527	
44			17.74709					
45							10.90527	
46					18.96844			
47							29.27776	

included

예제 | Lookback Option 가격계산 code

```
Function LookbackOption(spot, r, vol, tau, strike, n)
'inputs for test
'spot=Cells(3, 2) : r=Cells(4, 2) : vol=Cells(5, 2)
'tau=Cells(6, 2) : n=Cells(7, 2) : strike=Cells(15, 2)

dt=tau / n
u=Exp(vol * Sqr(dt))
d=Exp(-vol * Sqr(dt))
a=Exp(r * dt)
```

```
p=(a-d)/(u-d)
q=1-p
Dim Opt() As Double
Dim Smax() As Double
Dim S() As Double
ReDim Smax(n, 2 ^ n)
ReDim S(n, 2 ^ n)
ReDim Opt(n, 2 ^ n)
'S tree
S(0, 0)=spot
For i=1 To n
    For j=0 To 2 ^ i-1 Step 2
        S(i, j)=S(i-1, j/2)*d
        S(i, j+1)=S(i-1, j/2)*u
    Next j
Next i
'S_max tree
'forward induction
Smax(0, 0)=spot
For i=1 To n                         'loop for time
    For j=0 To 2 ^ i-1 Step 2         'make the non-recombined tree
        Smax(i, j)=Max_(Smax(i-1, j/2), S(i, j))
        Smax(i, j+1)=Max_(Smax(i-1, j/2), S(i, j+1))
    Next j
Next i

'tree of Option on floating strike
For j=0 To 2 ^ n-1  'j is state index
    Opt(n, j)=Max_(Smax(n, j)-S(n, j), 0)
Next j
For i=n-1 To 0 Step -1
    For j=0 To 2 ^ i-1
        Opt(i, j)=(p*Opt(i+1, j*2+1)+q*Opt(i+1, j*2)) _
                 *Exp(-r*dt)
    Next j
Next i

LookbackOption=Opt(0, 0)

End Function
```

12.5 아시안 옵션(Asian Option)

Financial Engineering Practice with Excel VBA

12.5.1. 개요

아시안 옵션(Asian option)은 1970년대 말 상품옵션(commodity－linked option)으로 처음 등장하여 1980년대에는 OTC(Over－The－Counter) 시장에서 거래되고 있는 이색 옵션(exotic option) 상품 중에서 가장 인기 있는 상품으로 자리 잡았다. 아시안(Asian)이라는 용어는 이런 옵션이 처음에 아시아 거래소들에서 거래되고 있는 주식에 대해 활발하게 발행되었다는 사실에서 유래했다. 아시아 거래소들은 유럽이나 미국 거래소들보다 상대적으로 빈약한 거래와 적은 일별 거래량을 지녔기 때문에 상대적으로 가격 조작이 용이한 편이었다. 이런 주식가격 조작 위험에 대한 노출을 최소화하기 위해서 주식의 만기시점 가격 대신, 만기시점까지의 주식의 일평균 가격을 이용하는 새로운 옵션이 창출된 것이다.

아시안 옵션은 미리 정해진 일정 기간에 대하여 기초자산(underlying asset)의 가격의 과거 움직임(path)에 의존하는 수익구조(payoff)를 지닌 경로의존적 옵션(path－dependent option)의 일종이다. 또한 아시안 옵션은 여러 이색옵션 중 가장 널리 활용되고 있으며, 미래 가격변동 위험에 대한 헤지 수단으로 표준옵션만큼이나 자주 이용되는 옵션이다.

12.5.2. 종류

아시안 옵션은 기초자산의 가격을 평균하는 방법에 따라 두 가지 종류가 존재한다. 하나는 기하평균(geometric average)을 이용하는 것이고, 다른 하나는 산술평균(arithmetic average)을 이용하는 방법이다. 기하평균을 이용하는 아시안 옵션의 경우 기초자산 가격 S가 로그정규 분포(lognormal distribution)를 따르면 S의 기하평균도 로그정규 분포이므로 유럽식 옵션(European option)에 대해서는 해석적 해(analytic formula)가 존재한다. 따라서 더 이상의 수치 해석적 방법이 필요하지 않다. 그러나 산술평균을 이용하는 아시안 옵션의 경우는 해석적 해가 존재하지 않는다. 따라서 옵션의 가치를 평가하는 수치 해석적 방법이 필요하다. 시장에서는 기하평균을 이용하는 경우보다 산술평균을 이용하는 아시안 옵션이 보다 일반적으로 많이 거래되고 있다.

또 다른 아시안 옵션의 구분으로 ASO(average strike option)과 ARO(average rate option)이 있다. ASO는 콜옵션인 경우 Max[0, S − Average(S)], 풋옵션인 경우 Max[0, S − Average(S) − S]의 수익구조를 가지는 것을 말하고, ARO는 콜옵션인 경우 Max[0, Average(S) − X], 풋옵션인 경우 Max[0, X − Average(S)]의 수익구조를가지는 것을 말한다. 보다 일반적인 것은 ARO 형태이다.

12.5.3. 가격계산

아시안 옵션이 기초자산 가격의 산술평균으로 정의되었을 때 해석적 해는 존재하지 않는다. 이는 로그정규 분포를 따르는 확률변수들의 산술평균에 대한 분포가 더 이상 로그정규 분포가 아니며, 이 분포에 대한 성질이 알려져 있지 않기 때문이다. 따라서 이런 아시안 옵션의 가치 계산에는 해석적 근사식(Analytic Approximation)과 수치해석적방법(Numerical Method)이 이용되고 있다.

해석적 근사식의 경우 산술평균으로 정의된 아시안 옵션의 가치 평가에 있어서 주된 문제는 확률밀도함수(density function)를 구하는 것이다. 대표적인 방법으로 로그정규 근사(log − normal approximations)를 이용한다. 이에 대한 연구로 Vorst(1992), Levy(1990,1992), Ritchken et al.(1993) 등을 들 수 있다. 이들은 기하평균의 확률분포에 대한 1, 2차 적률(moment)을 정확히 구하여, 산술평균의 분포가 이와 같은 적률을 갖는 로그정규분포라고 가정하여 근사해를 구하는 방법이다. Turnbull & Wakeman (1991)은 에지워스 전개를 이용하여 3차 이상의 적률에 대하여도 수정을 해주는 보다 정확한 근사방법을 제시했다. 또한 Curran(1992,1994)과 Rogers & Shi(1995)는 기하평균의 위험중립분포 (risk − neutral distribution)에 대한 조건부 기대를 이용하여 보다 좋은 결과를 얻어냈다. 그러나, 미국식 아시안 옵션의 가치를 계산하는 해석적 근사식은 아직 발견되지 않고 있다.

수치해석적 방법(numerical procedure)에 의한 계산은 폐쇄형 공식(exact formula or closed − form solution)이 존재하지 않는 경우에 주로 이용된다. 이런 수치해석적 방법에 의한 계산은 다시 몬테 − 칼로 시뮬레이션(Monte − Carlo simulation) 방법, 트리(Tree)를 이용한 격자 (lattice) 방법, 그리고 유한차분(finite difference) 방법으로 나눠질 수 있다. 이중 몬테 − 칼로 시뮬레이션방법은 미국식 옵션 가치 평가에는 적용하기 어렵고, 유한차분 방법은 파생상품의 가격이 만족하는 편미분 방정식(PDE)을 알아야 하는 어려움을 갖고 있다. 따라서 미국식 경로의존적 옵션의 가치 평가에는 주로 트리 모형이 이용되고 있다.

(1) 경로정보를 모두 이용하는 방법

◉ 경로종속적인 경우 상태 표기

Asian Option은 경로종속적 옵션이므로 이를 계산하기 위해서는 경로종속적인 트리의 표기방법을 정해두어야 한다.(Lookback Option편 참조)

경로종속적 상태표기를 이용한 아시안 옵션 가격계산 알고리즘은 다음과 같다.

○ 알고리즘 Average Rate Option(ARO)

$$A(0,0) = S(0,0)$$
$$A(n, j1) = \frac{n \cdot A(n-1, j) + S(n, j1)}{n+1}$$
$$A(n, j0) = \frac{n \cdot A(n-1, j) + S(n, j0)}{n+1}$$
$$W(N, j) = (A(N, j) - K)^{+}$$
$$W(n, j) = \frac{\pi(n, j)W(n+1, j+1) + (1-\pi(n, j))W(n+1, j)}{R(n, j)}$$

$A(N, j)$: $t=0$부터 $t=N$까지 기간의 S의 평균

(2) 경로정보를 일부만 이용하는 방법

트리가 수렴(recombine)하지 않는 경우 시간간격이 늘어남에 따라 계산량은 기하급수적으로 증가하므로 현실적으로 트리를 이용하기 불가능하다. 아시안 옵션의 경우도 평균의 경로가 수렴하지 않으므로 앞에서 본 경로정보를 전부 이용하는 방법은 사용하기 곤란하다. 이 경우 경로정보의 일부만을 이용해서 가격을 계산할 수 있는데 아래의 방법을 생각해보자.

○ Hull and White 방법1[주)]

이 방법은 각 노드에서 도달 가능한 최대 평균 및 최소평균 정보만을 이용해서 아

주) John Hull, Options, Futures and Other Derivatives, 5/e(2002) p.464

시안 옵션가격을 계산한다.

예를 들어 아래와 같이, 각 노드에서 도달가능한 최대 및 최소평균값과 이를 4개의 값으로 구분하는 경우를 생각해보자.

각 (n,j) 노드에서 다음을 계산한다.

$A^1(n,j)$: 노드 (0,0)에서 (n,j)까지 오는 경로중에서 기초자산의 평균값이 가장 작은 경우 그 값

$A^4(n,j)$: 노드 (0,0)에서 (n,j)까지 오는 경로중에서 기초자산의 평균값이 가장 큰 경우 그 값

$A^2(n,j) = \frac{2}{3}A^1(n,j) + \frac{1}{3}A^4(n,j)$

$A^3(n,j) = \frac{1}{3}A^1(n,j) + \frac{2}{3}A^4(n,j)$

다음으로 만기 pay−off를 계산하고, 후진계산법(backwardization)을 적용한다.

알고리즘

$A^1(0,0) = A^2(0,0) = A^3(0,0) = A^4(0,0) = S(0,0)$

$A^1(n+1,0) = \frac{1}{n+2}\left[(n+1)A^1(n,0) + S(n+1,0)\right]$

FOR j=0 TO n

$A^1(n+1,j+1) = \frac{1}{n+2}\left[(n+1)A^1(n,0) + S(n+1,j+1)\right]$

NEXT j

$A^4(n+1,n+1) = \frac{1}{n+2}\left[(n+1)A^4(n,n) + S(n+1,n+1)\right]$

FOR j=0 TO n

$A^{41}(n+1,j) = \frac{1}{n+2}\left[(n+1)A^4(n,j) + S(n+1,j)\right]$

NEXT j

FOR j=0 to n+1

$A^2(n,j) = \frac{2}{3}A^1(n,j) + \frac{1}{3}A^4(n,j)$

$A^3(n,j) = \frac{1}{3}A^1(n,j) + \frac{2}{3}A^4(n,j)$

NEXT j

$C^i(N,j) = (A^i(N,j) - K)^+$ for i=1,2,3,4, and j=0, 1,⋯, N

예제 Hull and White 방법1을 이용한 아시안 옵션 가격계산

우선, 가격계산을 위한 모수를 다음과 같이 입력한다.

	A	B	C	D	E	F	G	H
1	**Asian Option**				**Hull's result**			
2					euro	n=20, price=7.17		
3	s0	50				n=60, nIntp=100, price=5.58		
4	r	0.1				analytical price=5.62		
5	v	0.4			American	n=20, price=7.77		
6	t	1				n=60, nIntp=100, price=6.17		
7	n	20						
8	nIntp	4	number of averages					
9	Strike	50						
10	euro	0						
11	price	7.30552	=Function AsianOption(s0, r, v, t, n, nIntp, Strike,euro)					
12								
13	dt	0.05	=B6/B7					
14	u	1.09356	=EXP(B5*SQRT(B13))					
15	d	0.91444	=EXP(-B5*SQRT(B13))					
16	a	1.00501	=EXP(B4*B13)					
17	p	0.50564	=(B16-B15)/(B14-B15)					
18	q	0.49436	=1-B17					

일반적인 이항트리의 전개(일부)를 그려보면 다음과 같다.

	D	E	F	G	H	I
19	0	1	2	3	4	5
20						78.1974
21					71.506895	
22				65.3888		65.3888
23			59.7941867		59.794187	
24		54.6782		54.6782		54.6782
25	50		50		50	
26		45.722		45.722		45.722
27			41.8100845		41.810085	
28				38.2328		38.2328
29					34.961663	
30						31.9704

Hull책의 숫자(예시)를 도시해보면 다음과 같다.

우선 주식가격의 평균은 다음과 같은 프로세스를 보인다.

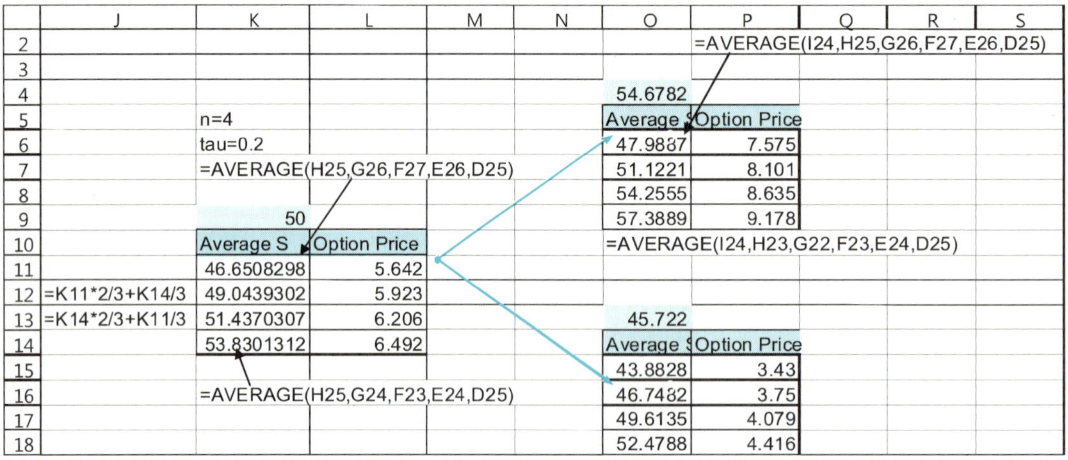

	J	K	L	M	N	O	P	Q	R	S
2							=AVERAGE(I24,H25,G26,F27,E26,D25)			
3										
4						54.6782				
5		n=4				Average S	Option Price			
6		tau=0.2				47.9887	7.575			
7		=AVERAGE(H25,G26,F27,E26,D25)				51.1221	8.101			
8						54.2555	8.635			
9		50				57.3889	9.178			
10		Average S	Option Price			=AVERAGE(I24,H23,G22,F23,E24,D25)				
11		46.6508298	5.642							
12	=K11*2/3+K14/3	49.0439302	5.923							
13	=K14*2/3+K11/3	51.4370307	6.206			45.722				
14		53.8301312	6.492			Average S	Option Price			
15						43.8828	3.43			
16		=AVERAGE(H25,G24,F23,E24,D25)				46.7482	3.75			
17						49.6135	4.079			
18						52.4788	4.416			

이를 이용해서 후진계산(backwardation) 절차를 적용한 옵션가격은 다음과 같다.

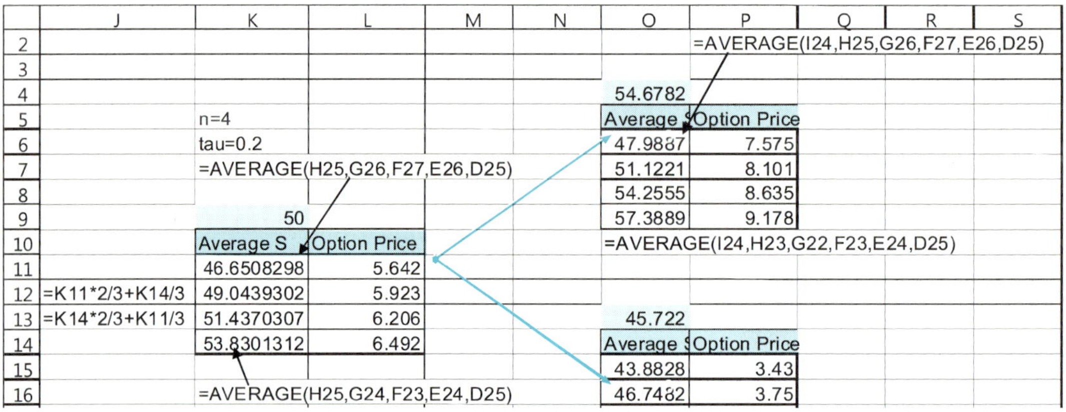

	J	K	L	M	N	O	P	Q	R	S
2							=AVERAGE(I24,H25,G26,F27,E26,D25)			
3										
4						54.6782				
5		n=4				Average S	Option Price			
6		tau=0.2				47.9887	7.575			
7		=AVERAGE(H25,G26,F27,E26,D25)				51.1221	8.101			
8						54.2555	8.635			
9		50				57.3889	9.178			
10		Average S	Option Price			=AVERAGE(I24,H23,G22,F23,E24,D25)				
11		46.6508298	5.642							
12	=K11*2/3+K14/3	49.0439302	5.923							
13	=K14*2/3+K11/3	51.4370307	6.206			45.722				
14		53.8301312	6.492			Average S	Option Price			
15						43.8828	3.43			
16		=AVERAGE(H25,G24,F23,E24,D25)				46.7482	3.75			

자세한 내용은 "아시안옵션.실습 asian option.xls"를 참조하기 바란다.

위 개념을 전체 트리에 적용해서 프로그램을 작성하면 아래와 같다.

included

CODE | 아시안 옵션 가격계산

```
Function AsianOption(s0, r, v, t, n, nIntp, Strike, euro)
Dim minAvg(), maxAvg()
Dim Deriv()
Dim i, j, k, h As Integer
'Hull 5/e p.464
's0=50 :r=0.1 :v=0.4 : t=1:n=20:nIntp=4:Strike=50
```

```
ReDim minAvg(n, n), maxAvg(n, n)
ReDim Deriv(n, n, nIntp)

dt=t/n
u=Exp(v*Sqr(dt))
d=Exp(-v*Sqr(dt))
a=Exp(dt*r)
p=(a-d)/(u-d)
nIntp=nIntp-1
'make a average path tree
minAvg(0, 0)=s0
maxAvg(0, 0)=s0
For i=1 To n
    For j=0 To i
     s=s0*u ^ (j)*d ^ (i-j)
     If (i=j) Then
        '최상위 노드
        maxAvg(i, j)=(maxAvg(i-1, j-1)*i+s)/(i+1)
        minAvg(i, j)=maxAvg(i, j)
     ElseIf (j=0) Then
        '최하위 노드
        maxAvg(i, j)=(maxAvg(i-1, 0)*i+s)/(i+1)
        minAvg(i, j)=maxAvg(i, j)
     Else
        minAvg(i, j)=(minAvg(i-1, j-1)*i+s)/(i+1)
        maxAvg(i, j)=(maxAvg(i-1, j)*i+s)/(i+1)
     End If
    Next j
Next i

'Terminal payoff
For j=0 To n
    For k=0 To nIntp
        'max인 경우
        If (k=nIntp) Then
            Deriv(n, j, k)=payOff(maxAvg(n, j), Strike)
        ElseIf (k=0) Then
            Deriv(n, j, k)=payOff(minAvg(n, j), Strike)
        Else
```

```
            Deriv(n, j, k)=payOff(LinearInterpolation(0, nIntp, minAvg(n,
j), maxAvg(n, j), k), _
                                        Strike)
        End If
    Next k
Next j

'backwardation
For i=n-1 To 0 Step -1
For j=0 To i
    For k=0 To nIntp
        'find where avg(i,j,k) is between avg(i+1,j,0) or avg(i+1,j,1)
or...
        '(1)from lower node at t(i+1)
            s=s0*u^(j)*d^(i+1-j)
            If (j=0) Then 'if lowest node..
                temp=(minAvg(i, j)*i+s)/(i+1) 'this's snake's leg
                lowerDeriv=Deriv(i+1, j, k)
            Else
        temp=(LinearInterpolation(0, nIntp, minAvg(i, j), maxAvg(i, j), k)
 *i+s) _
                    /(i+1)
      Wt=LinearInterpolation(minAvg(i+1, j), maxAvg(i+1, j), 0, nIntp,
temp)
                iWt=Application.Min(Int(Wt), nIntp-1)
                If (iWt<0) Then
                    iWt=0
                ElseIf (iWt>nIntp) Then
                    iWt=nIntp-1
                Else
                    'do nothing
                End If
            lowerDeriv=LinearInterpolation(iWt, iWt+1, Deriv(i+1, j,
iWt), _
                                Deriv(i+1, j, iWt+1), Wt)
            End If
        '(2)from upper node at t(i+1)
            s=s0*u^(j+1)*d^(i+1-j-1)
```

```
            If (j=i) Then 'if most top node..
                temp=(maxAvg(i, j)*i+s)/(i+1)
                upperDeriv=Deriv(i+1, j+1, k)
            Else
        temp=(LinearInterpolation(0, nIntp, minAvg(i, j), maxAvg(i, j), k)
 *i+s) _
                    /(i+1)
 Wt=LinearInterpolation(minAvg(i+1, j+1), maxAvg(i+1, j+1), 0,
nIntp, temp)
                iWt=Application.Min(Int(Wt), nIntp-1)
                If (iWt<0) Then
                    iWt=0
                ElseIf (iWt>nIntp) Then
                    iWt=nIntp-1
                Else
                    'do nothing
                End If
          upperDeriv=LinearInterpolation(iWt, iWt+1, Deriv(i+1, j+1,
iWt), _
                         Deriv(i+1, j+1, iWt+1), Wt)
            End If
        Deriv(i, j, k)=Exp(-r*dt)*(upperDeriv*p+lowerDeriv*(1-p))
        If (euro <> 0) Then
         Deriv(i, j, k)=Application.Max(payOff(LinearInterpolation(0,
nIntp, _
                     minAvg(i, j), maxAvg(i, j), k), Strike), Deriv(i, j, k))

        Else
            'do nothing
        End If
    Next k
Next j
Next i
    AsianOption=Deriv(0, 0, 0)
End Function
```

Hull and White 방법 2[주)]

이 방법은, 앞의 방법이 각 노드에서 도달 가능한 최대/최소 평균을 이용하는 반면, 각 시점에서 도달 가능한 최대/최소 평균을 이용한다. 따라서 각 노드에서의 최대/최소 평균을 계산하기 힘든 경우 적용 가능하다.

이항모형과 같은 격자 모형을 이용한 방법은 미국식 옵션의 가치를 계산하는데 자주 이용되어 왔다. 이에 Hull & White는 CRR(Cox, Ross and Rubinstein, 1979) 모델을 이용하여 미국식 아시안 옵션의 가치를 평가하는 방법을 제시했다.

| 예제 |

만기가 3개월 남았고 현재의 주가가 50원, 행사가격이 50원, 연간 변동성이 40%, 그리고 이자율이 10%인 경우에 노드 수를 3으로 하였을 경우의 미국식 아시안 콜옵션의 가격을 구하여 보자.

	A	B	C	D	E
1	Valuing Asian Options				
2					
3	Stock Price(S)	50			
4	Strike Price(X)	50			
5	sigma	0.4			
6	dividend(q)	0			
7	Interest Rate®	0.1			
8	Today	2005-12-26			
9	Maturity	2006-03-26			
10	Call/Put	Call			
11	European/Americ	American			
12	Number of trials	3			
13	h	0.1			
14					
15	Option Price	=AsainOptionPricing(B3,B4,B7,B6,B5,B8,B9,B10,B11,B12,B13)			
16					

여기서 사용되는 기호는 다음과 같다.

$r=$ 무위험 이자율

$\sigma=$ 기초자산의 연간 변동성

$X=$ 옵션의 행사가격

$T=$ 옵션의 만기시점

$S(i,j)=$ $i\cdot\Delta t$ 시점에서의 j level에 해당하는 기초자산의 가격

주) John Hull and Alan White, Hull－White on Derivatives, Risk Books (1996) p.146－155

$F_{i,j,k}=$ $i\cdot\Delta t$시점에서의 j level에 해당하는 0 시점과 $i\cdot\Delta t$시점사이의 기초자산 가격의 산술평균 중 k번째 값. 단, k는 1부터 시작하는 정수이다.

$v_{i,j,k}=F_{i,j,k}$에 해당하는 아시안 옵션의 가치

우선 CRR 모형에 따라

$$u=e^{\sigma\sqrt{\Delta t}},\quad d=\frac{1}{u},\quad p=\frac{e^{u\cdot\Delta t}-d}{u-d}$$

을 결정한다. 여기에서 u는 무배당 주가에 대하여는 r, 연간 배당률이 d인 주가에 대해서는$(r-d)$, 기초자산이 환율인 경우에는 $(r-r_f)$이 된다. 단, 여기에서 r은 국내 이자율이고 r_f는 외국 이자율이다. 따라서, $\Delta t=0.0833$, $u=1.1224$, $d=0.8909$, $p=0.5073$이 된다.

CRR 모형에 의해 노드(i,j)에서의 주가 $S(i,j)$는 아래와 같다.

$$S(0)u^{j}d^{i-j}(j=0,1,\cdots,i)$$

일반적인 옵션의 경우는 주어진 옵션의 수익구조를 이용하여 만기시점의 옵션 가치를 계산하고, 이를 이항트리의 마지막 노드에서부터 평가시점까지 역진(backwardation) 방법으로 각 노드에서의 옵션의 가치를 계산함으로써 평가가 이루어진다.

[주가 움직임에 대한 CRR Tree]

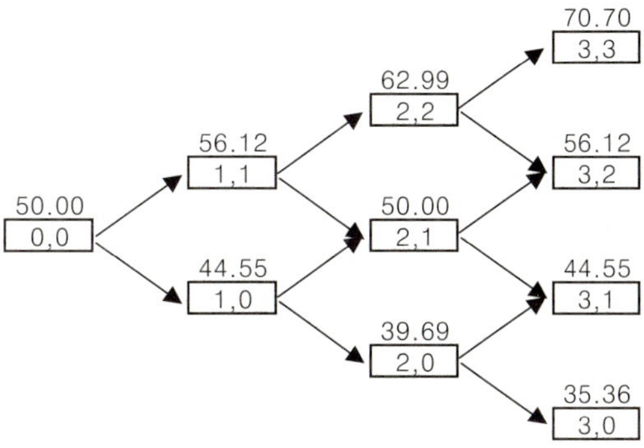

그러나, 아시안 옵션의 가치를 평가하기 위해서는 각 노드에서 발생할 수 있는 모든 가능한 산술평균 함수 $F_{i,j,k}$에 대하여 옵션의 가치를 계산하여야 한다. 하지만, 각 노드 (i,j)에서 실현될 수 있는 $F_{i,j,k}$의 값이 노드 수 n이 증가함에 따라 급속히 증가하기 때문에, 각 노드(i,j)에서 모든 가능한 $F_{i,j,k}$을 계산하고, 이에 대한 옵션의 가치를

계산하여 미리 저장하고 있기에는 너무 어렵다. 따라서, 미리 정해진 F에서만 아시안 옵션의 가치 $v_{i,j,k}$를 계산하고, 다른 F에 대해서는 미리 계산된 값으로부터 보간법(interpolation)을 이용하여 계산하는 방법을 이용한다. 이는 아래의 2단계에 의해서 이루어진다.

1단계 : 각 시점에서 도달 가능한 산술평균의 최대/최소값 계산

우선, i시점($=i\cdot\Delta t$)에서 F는 모든 가능한 산술평균값의 모든 범위(full range)를 전개(span)할 수 있도록, F를 다음의 형태로 정의한다.

$$S(0)e^{mh}$$

여기서, h는 상수
m은 양 또는 음의 정수

미리 정하는 F는 전방진행법(forward induction)으로 계산되어 아래 두 조건을 만족하는 m이 결정되고, 이로부터 각 노드에서 $S(0)e^{mh}$ 꼴로 미리 정해진 산술평균값이 m에 따라 미리 계산된다.

① $S(0)e^{m_1h}$ 이 $i\cdot\Delta t$ 시점에서 고려되는 F의 가장 큰 값이라면, $(i+1)\cdot\Delta t$ 시점에서 고려되는 F의 가장 큰 값은 아래 식을 만족하는 가장 작은 정수 m에 대한 값이다.

$$e^{mh} > \frac{(i+1)e^{m_1h}+d^{(i+1)}}{(i+1)+1}$$

② $S(0)e^{m_2h}$ 이 $i\cdot\Delta t$ 시점에서 고려되는 F의 가장 작은 값이라면, $(i+1)\cdot\Delta t$ 시점에서 고려되는 F의 가장 작은 값은 아래식을 만족하는 가장 큰 정수 m에 대한 값이다.

$$\frac{(i+1)e^{m_2h}+d^{(i+1)}}{(i+1)+1} > e^{mh}$$

예시 h=0.1로 선택할 경우

$1\cdot\Delta t$ 시점에서 달성될 수 있는 최대평균값과 최소평균값은 각각 다음과 같다.

- 평균의 최대값 : $\frac{1}{2}(50.00+56.12)=53.06$

- 평균의 최소값 : $\frac{1}{2}(50.00+44.55)=47.275$

따라서 이 값들을 포함하는 m의 범위는 -1 ~ 1로 이다. 이에 따라 F의 정의식에 $h=0.1$, $m=-1, 0, 1$을 각각 대입하면 고려되는 평균값은 45.24, 50.00 그리고 55.26이 된다.

같은 방법으로 $1\cdot\Delta t$ 시점에서 고려되고 있는 최대평균값과 최소평균값이 45.24과 55.26으로 주어지면, $2\cdot\Delta t$ 시점에서 가능한 최대평균값과 최소평균값은 다음과 같다.

- 평균의 최대값 : $\frac{1}{3}(2\times55.26+62.99)=57.84$
- 평균의 최소값 : $\frac{1}{3}(2\times45.24+39.69)=43.39$

이를 포함하기 위해서 m의 범위는 $-2\sim2$로 된다. 따라서 고려되는 평균값은 40.94, 45.24, 50.00, 55.26, 그리고 61.07이 된다. 이를 도식화하면 아래 그림이 된다.

[아시안 콜옵션의 가치를 평가하는 Tree의 일부분]

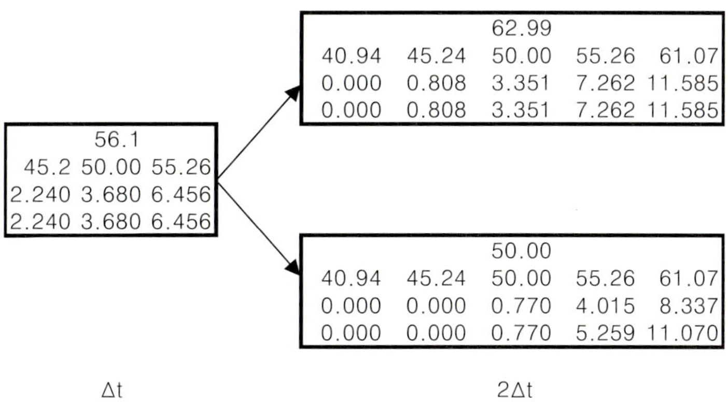

◉ 상자안의 숫자의 의미

기초자산가격		
평균 1	평균 2	평균 3
유럽형옵션 1	유럽형옵션 2	유럽형옵션 3
미국형옵션 1	미국형옵션 2	미국형옵션 3

2단계 : 계산된 평균값으로부터 옵션가치 계산하기

F와 v에 대한 정의를 다시 보면 다음과 같다.

- $F_{i,j,k}$: 노드(i,j)에서 F의 k번째 값
- $v_{i,j,k}$: F 가 $F_{i,j,k}$ 일 때 노드(i,j)에서 옵션의 가치

옵션의 만기에서 옵션의 가치, $v_{i,j,k}$는 모든 j, k에 대하여 알려져 있다. 따라서, 마지막 노드인 n보다 작은 i의 노드(i,j) 에서 옵션의 가치를 계산하기 위하여 기초자산의 가격 S는 노드 $(i+1, j+1)$로 상승할 확률 p, 노드 $(i+1, j)$로 하락할 확률 $(1-p)$를 가지고 있다는 사실만 주목하면 된다. 노드 (i,j)에서 F의 k번째 값은 S의 상승이 있을 때 노드 $(i+1, j+1)$에서 F의 k_u번째 값을 이끌고, S의 하락이 있을 때 노드 $(i+1, j)$에서 F의 k_d번째 값을 이끈다고 가정하자. 그러면 유럽식 옵션의 가치는

$$v_{i,j,k} = e^{-r\cdot\Delta t}\left[p \times v_{i+1,j+1,k_u} + (1-p) \times v_{i+1,j,k_d}\right]$$

을 따른다. 또한 노드 (i,j)에서 조기 행사(early exercise)가 가능한 미국식 아시안 옵션의 경우는 위 식에서 조기 행사 가치와 비교하여 큰 쪽이 옵션의 가치가 된다.

$$v_{i,j,k} = MAX\left(F_{i,j,k} - X, e^{-r\cdot\Delta t}\left[p \times v_{i+1,j+1,k_u} + (1-p) \times v_{i+1,j,k_d}\right]\right)$$

단, $(i+1)\cdot\Delta t$ 시점에서 $v_{i+1,j+1,k_u}$, v_{i+1,j,k_d} 가 미리 계산되어 있지 않을 수 있으므로, $v_{i+1,j+1,k_1}$ 과 $v_{i+1,j+1,k_2}$ 두 값을 보간법을 이용하여 $v_{i+1,j+1,k_u}$ 을 구해야 한다. 여기에서 k_1, k_2 는 $F_{i+1,j+1,k_1}$ 과 $F_{i+1,j+1,k_2}$ 가 $S(0)e^{mh}$ 의 형태를 갖는 $F_{i+1,j+1,k_u}$ 에 가장 가까운 값들이 되도록 선택된다. 즉, $F_{i+1,j+1,k_1} \le F_{i+1,j+1,k_u} \le F_{i+1,j+1,k_2}$ 이다. 같은 방법으로 $v_{i+1,j+1,k_d}$ 도 결정된다.

위 그림에서 첫번째 행은 각 노드 (i,j)에서의 주가를 나타내고, 두번째 행 은 $i\cdot\Delta t$ 시점에서 미리 $S(0)e^{mh}$ 꼴로 정해지는 산술평균 함수값 $F_{i,j,k}$ 를 표시하고 있다. 세번째 행과 네번째 행은 각각 아시안 옵션의 유럽식 가치 와 미국식 가치를 나타낸다. 예를 들어, $F_{1,1,3} = 55.26$ 에 해당하는 미국식 아시안 옵션의 가치를 구해보자. 노드 (i,j)에서 주가가 상승하면

$$F = \frac{1}{3}(2 \times 55.26 + 62.99) = 57.84 \text{ 가 된다.}$$

이 산술평균 F에 대한 아시안 옵션의 가치 v를 구하기 위해 55.26과 61.07에 해당하는 미국식 아시안 옵션의 가치 7.262와 11.585을 선형보간하면 9.179가 얻어진다. 노드(1,1) 에서 주가가 하락하면

$$F = \frac{1}{3}(2 \times 55.26 + 50.00) = 53.51 \text{ 가 된다.}$$

이 산술평균 F에 대한 아시안 옵션의 가치 v는 0.770과 5.259을 선형보간하여 3.763이 얻어진다. 따라서 $F_{1,1,3} = 55.26$ 에서의 미국식 옵션의 가치는 6.456원으로 구해진다.

$$\begin{aligned} v_{1,1,3} &= MAX\left(\left[55.26 - 50, 9.178 \times 0.5073 + 3.763 \times (1 - 0.5073)\right] e^{-0.1 \times 0.0833}\right) \\ &= 6.456 \end{aligned}$$

이를 옵션의 만기서점에서부터 현재시점까지 반복하여 계산하여 오면 현재 시점의 옵션 가치 $v_{0,0,1}$ 는 2.76으로 계산된다.

	A	B	C	D
1	Valuing Asian Options			
2				
3	Stock Price(S)	50		
4	Strike Price(X)	50		
5	sigma	0.4		
6	dividend(q)	0		
7	Interest Rate®	0.1		
8	Today	2005-12-26		
9	Maturity	2006-03-26		
10	Call/Put	Call		
11	European/Americ	American		
12	Number of trials	3		
13	h	0.1		
14				
15	Option Price	2.76		
16				

Hull & White에 의한 아시안 옵션가치 계산 방식은 몬테-칼로 시뮬레이션보다 효율적이다. 물론 효율성은 h값의 크기 정도에 따라 달라진다. h값이 크면 미리 구한 F에서의 보간값(interpolation)이 부정확해지고, h값이 작으면 보간값(interpolation)은 정확해지지만 계산시간이 오래 걸리는 상반관계(trade-off)가 존재한다. 그럼에도 불구

하고 아시안 옵션의 가치 계산에 있어 CRR 이항트리를 이용한 Hull & White의 방법은 유용하게 이용될 수 있다. 특히, 폐쇄형 해를 구하기 어려운 미국식 아시안 옵션의 가치계산에 유용하게 이용될 수 있다. 다만, 보간 방법에 따른 정확도의 문제와 평균함수(average function)에서 가능한 최대값과 최소값을 미리 배정하는 방법에 따른 계산 시간상의 문제점이 나타나고 있으나, 이는 보다 효율적인 계산방법을 이용하면 더욱 좋은 결과를 얻을 수 있다.

included **예제** | Hull and White방법2를 이용한 아시안 옵션 가격계산

```
Option Explicit
Option Base 0

Function AsainOptionPricing(S, X, r, q, sigma, Today, _
                Maturity, Put_Call, European_American, N, h)
'ARO 형태의 미국식/유럽식 아시안 풋/콜옵션의 가치를 _
 계산해 주는 프로그램
'Hull & White(1993) 방법을 이용

'S : 평가시점에서의 기초자산의 가격
'X : 행사가격
'r : 연 이자율
'q : 연 배당률
'sigma : 기초자산의 변동성
'Today : 평가시점의 날짜
'Maturity : 옵션의 만기시점의 날짜
'Put_Call : Put-풋옵션, Call-콜옵션
'European_American : European-유럽식 옵션, _
 American- 미국식 옵션
'N : 이항트리의 node 수
'h : 미리 구해질 산술평균 값을 위한 산술평균 함수의 모수

Dim AVE() As Double
Dim Price() As Double
Dim m1() As Integer
Dim m2() As Integer
Dim tau As Double, dt As Double
Dim u As Double, d As Double, p As Double
Dim b1 As Double, b2 As Double
Dim inter1 As Double, inter2 As Double
Dim price1 As Double, price2 As Double
Dim up As Double, dn As Double
```

```
Dim high As Integer, low As Integer, guess As Integer
Dim i As Integer, j As Integer, k As Integer, _
    mm As Integer, m As Integer

ReDim AVE(N, N, 600)
ReDim Price(N, N, 600)
ReDim m1(N)
ReDim m2(N)

tau=(Maturity-Today)/365
dt=tau/N
u=Exp(sigma*Sqr(dt))
d=1/u
p=(Exp((r-q)*dt)-d)/(u-d)

m1(0)=0
m2(0)=0

For i=0 To N-1 Step 1
    b1=((i+1)*Exp(m1(i)*h)+u ^ (i+1))/(i+2)
    b2=((i+1)*Exp(m2(i)*h)+d ^ (i+1))/(i+2)
    m1(i+1)=Int(Log(b1)/h+1)
    m2(i+1)=Int(Log(b2)/h-1)
Next i

For i=0 To N Step 1
    m=m1(i)-m2(i)+1
    For j=0 To i Step 1
        For k=1 To m Step 1
            AVE(i, j, k)=S*Exp((m2(i)+k-1)*h)
        Next k
    Next j
Next i

m=m1(N)-m2(N)+1
For j=0 To N Step 1
    For k=1 To m Step 1
        If Put_Call="Call" Then
            Price(N, j, k)=Application.Max(AVE(N, j, k)-X, 0)
        ElseIf Put_Call="Put" Then
            Price(N, j, k)=Application.Max(X-AVE(N, j, k), 0)
        Else
            MsgBox ("Please input Call or Put")
```

```
        End If
    Next k
Next j

For i=N-1 To 0 Step -1
    m=m1(i)-m2(i)+1
    For j=0 To i Step 1
        For k=1 To m Step 1
            up=(AVE(i, j, k) * (i+1)+_
                S*u ^ (2*j+1-i))/(i+2)
            dn=(AVE(i, j, k) * (i+1)+_
                S*u ^ (2*j-1-i))/(i+2)
            mm=m1(i+1)-m2(i+1)+1

            If up<AVE(i+1, j+1, 1) Then
                price1=Price(i+1, j+1, 1)
            ElseIf up >= AVE(i+1, j+1, mm) Then
                price1=Price(i+1, j+1, mm)
            Else
                low=1
                high=mm
                Do
                    guess=(high+low)/2
                    If up<AVE(i+1, j+1, guess) Then
                        high=guess
                    Else
                        low=guess
                    End If
                Loop While (high>low+1)

                inter1=((up-AVE(i+1, j+1, low))*_
                         (Price(i+1, j+1, low+1)-_
                          Price(i+1, j+1, low)))/_
                          (AVE(i+1, j+1, low+1)-_
                          AVE(i+1, j+1, low))
                price1=Price(i+1, j+1, low)+inter1
            End If

            If dn<AVE(i+1, j, 1) Then
                price2=Price(i+1, j, 1)
            ElseIf dn >= AVE(i+1, j, mm) Then
```

```
            price2=Price(i+1, j, mm)
        Else
            low=1
            high=mm
            Do
                guess=(high+low) / 2
                If dn<AVE(i+1, j, guess) Then
                    high=guess
                Else
                    low=guess
                End If
            Loop While (high <> low+1)

            inter2=((dn-AVE(i+1, j, low)) *_
                     (Price(i+1, j, low+1) -_
                     Price(i+1, j, low))) /
(AVE(i+1, j, low+1) -_
AVE(i+1, j, low))
            price2=Price(i+1, j, low)+inter2
        End If

        Price(i, j, k) = (p*price1+(1-p) *price2) /_
                        Exp(r*dt)
        If European_American="American" Then
            Price(i, j, k)=Application.Max(AVE(i, j, k) -_
                           X, Price(i, j, k))
        End If
    Next k
  Next j
Next i

AsainOptionPricing=Price(0, 0, 1)

End Function
```

Financial Engineering Practice with Excel VBA

12.6 복수자산에 대한 옵션(Multi – asset option)

지금까지는 기초자산이 하나인 경우만 살펴보았는데, 기초자산이 2개 이상인 옵션도 있다. 예를 들어 주식1과 주식2의 가격차이 즉 "주식1의 가격 – 주식2의 가격"이 0보다 크면 그 차이만큼을 지불하는 옵션(스프레드 옵션 : Spread Option)이나, 두 주식 중 거래시점가격 대비 수익률이 높은 주식의 가격과 미리 정한 행사가격과의 차이를 지불하는 옵션(Best performer) 등이 있을 수 있다.

기초자산이 2개인 경우를 생각해보자.

우선 2개의 자산에 대한 확률과정(Stochastic process)를 다음과 같이 정의한다.

$$dS_1 = \mu_1 S_1 dt + \sigma_1 S_1 dW_1$$

$$dS_2 = \mu_2 S_2 dt + \sigma_2 S_2 dW_2$$

여기서 W_1, W_2는 위너과정이며 두 과정은 ρ의 상관관계가 있다. 즉 $dW_1 dW_2 = \rho dt$이다.

자산이 2개 이상인 경우도 기본적으로 가격계산 방법은 자산이 1개인 경우와 유사하며 단지 복잡성이 커질 뿐이다. 따라서 다음의 3가지 방법을 통해 옵션의 가격을 계산할 수 있다.

12.6.1. 시뮬레이션

복수자산에 대한 옵션을 시뮬레이션을 통해 계산할 경우, 가장 중요한 요소는 상관관계를 갖는 위너과정(또는 정규확률변수)을 생성해내는 것이다. 여기에는 촐레스키 분해를 이용할 수 있는데, 구체적인 방법은 '구조화 상품' 편의 '조기상환부 2종목 연계증권'을 참조하기 바란다.

12.6.2. 트리

기초자산이 1개일 경우 이항트리를 1차원 트리라고 하면, 기초자산이 2개인 경우는 2차원 트리라고 할 수 있다.

(1) 2차원 트리 생성

현재 시점(i)에서 다음시점 ($i+1$)로 진행할 경우 각 자산은 상승(u) 또는 하락(d)할 수 있는데, 2차원 트리에서는 다음의 4가지 경우가 가능하다.

첫번째 자산	두번째 자산	기호
상승	상승	uu
상승	하락	ud
하락	상승	du
하락	하락	dd

이제 두 자산가격의 움직임에 상관계수를 반영해 주어야 하는데 여기에는 3가지 정도의 방법이 있다.

- 변수를 변환하기
- 직사각형이 아닌 트리생성
- 확률 조정

이 중 확률을 조정해주는 방법이 가장 간단한데 상관계수를 반영한 확률값은 다음과 같이 결정된다.

상태	확률	
	독립인 경우	상관된 경우
uu	0.25	$0.25(1+\rho)$
ud	0.25	$0.25(1-\rho)$
du	0.25	$0.25(1-\rho)$
dd	0.25	$0.25(1+\rho)$

기초자산 프로세스를 자연대수를 적용한 기초자산가격 프로세스로 변경하는 경우 계수 등이 간단해져 편리하므로 우선 프로세스를 다음과 같이 변경한다.

$$dx_1 = v_1 dt + \sigma_1 dW_1$$

$$dx_2 = v_2 dt + \sigma_2 dW_2$$

$$v_1 = r - \tfrac{1}{2}\sigma_1^2$$

$$v_2 = r - \tfrac{1}{2}\sigma_2^2$$

$$x_1 = \ln S_1$$

$$x_2 = \ln S_2$$

여기서 표류항(μ_1, μ_2)은 위험중립 확률 아래에서 무위험 이자율(r)로 변경되었다.

이항트리 생성에 필요한 주식가격의 변동폭 및 확률은 (1)원래 정의했던 기초자산 가격 프로세스의 평균과 분산, 상관계수를 이항트리의 평균과 분산, 상관계수에 일치시키고 (2)확률의 합은 '1'이다는 점 등을 이용해서 도출하면 다음과 같다.

$$\Delta x_1 = \sigma_1\sqrt{\Delta t}$$

$$\Delta x_2 = \sigma_2\sqrt{\Delta t}$$

$$p_{uu} = \frac{1}{4}\frac{(\Delta x_1\Delta x_1 + \Delta x_2 v_1\Delta t + \Delta x_1 v_2\Delta t + \rho\sigma_1\sigma_2\Delta t)}{\Delta x_2 v_1\Delta t} \approx \frac{1}{4}(1+\rho)$$

$$p_{ud} = \frac{1}{4}\frac{(\Delta x_1\Delta x_1 + \Delta x_2 v_1\Delta t - \Delta x_1 v_2\Delta t - \rho\sigma_1\sigma_2\Delta t)}{\Delta x_2 v_1\Delta t} \approx \frac{1}{4}(1-\rho)$$

$$p_{du} = \frac{1}{4}\frac{(\Delta x_1\Delta x_1 - \Delta x_2 v_1\Delta t + \Delta x_1 v_2\Delta t - \rho\sigma_1\sigma_2\Delta t)}{\Delta x_2 v_1\Delta t} \approx \frac{1}{4}(1-\rho)$$

$$p_{du} = \frac{1}{4}\frac{(\Delta x_1\Delta x_1 - \Delta x_2 v_1\Delta t - \Delta x_1 v_2\Delta t + \rho\sigma_1\sigma_2\Delta t)}{\Delta x_2 v_1\Delta t} \approx \frac{1}{4}(1+\rho)$$

| 예제 | 2차원 트리를 이용한 옵션가격 계산

```
Function TwoVariableTree(strike, t, s1, s2, v1, v2, div1, div2, rho, _
r, n, _type1, type2, type3)
'Les Clewlow p.46
Dim s1t(), s2t(), c() As Double
ReDim s1t(-n To n)
ReDim s2t(-n To n)
ReDim c(-n To n, -n To n)

'precompute constants
```

```
    dt=t / n
    nu1=r-div1-0.5 * v1 ^ 2
    nu2=r-div2-0.5 * v2 ^ 2
    dx1=v1 * Sqr(dt)
    dx2=v2 * Sqr(dt)
    disc=Exp(-r * dt)

    puu=(dx1 * dx2+(dx2 * nu1+dx1 * nu2+rho * v1 * v2) * dt) / _
(4 * dx1 * dx2) * disc
pud=(dx1 * dx2+(dx2 * nu1-dx1 * nu2-rho * v1 * v2) * dt) / _
(4 * dx1 * dx2) * disc
pdu=(dx1 * dx2+(-dx2 * nu1+dx1 * nu2-rho * v1 * v2) * dt) / _
(4 * dx1 * dx2) * disc
    pdd=(dx1 * dx2+(-dx2 * nu1-dx1 * nu2+rho * v1 * v2) * dt) / _
(4 * dx1 * dx2) * disc

    edx1=Exp(dx1)
    edx2=Exp(dx2)

'initialise asset price at time step N

    s1t(-n)=s1 * Exp(-n * dx1)
    s2t(-n)=s2 * Exp(-n * dx2)

For j=-n+1 To n
    s1t(j)=s1t(j-1) * edx1
    s2t(j)=s2t(j-1) * edx2
Next j
'initialise option values at maturity

For j=-n To n Step 2
    For k=-n To n Step 2
        c(j, k)=payoff(type2, type3, strike, s1t(j), s2t(k))
    Next k
Next j

'step back through the tree

For i=n-1 To 0 Step -1
    For j=-i To i Step 2
        For k=-i To i Step 2
```

```
            c(j, k) = pdd * c(j - 1, k - 1) + pud * c(j + 1, k - 1) _
+ pdu * c(j - 1, k + 1) + puu * c(j + 1, k + 1)
            If type1 = 2 Then  'if the option is American…
            c(j, k) = Max(c(j, k), payoff(type1, type2, strike, s1t(j), _
s2t(k)))
            Else : End If
        Next k
    Next j
Next i

TwoVariableTree = c(0, 0)

End Function
```

여기서 payoff( )함수는 별도로 정의해야 하는데, 예를 들어 스프레드 옵션이라면 payoff( )함수는 다음과 같이 정의될 수 있다.

$$payoff = \max(S_1 - S_2, 0)$$

12.6.3. 유한차분법

기초자산이 2개인 경우 유한차분법(2요인 FDM)은 기초자산이 1개인 경우 유한차분법(1요인 FDM)과 기본적인 아이디어는 동일하다. 즉 편미분 방정식을 차분방정식으로 근사하고 이를 연립방정식으로 전환하여 원하는 함수를 도출해내는 것이다. 단지 차원이 한 차원 더 높아지므로 문제의 복잡성이 급격히 증가하게 된다.

1요인 FDM의 경우 우리가 고려하는 공간은 2차원 평면공간이고 이를 격자로 나누어 유한차분법을 적용했다면, 2요인 FDM은 3차원 입방체공간을 대상으로 이러한 절차를 적용하게 된다.

(1) 편미분방정식

일반적으로 2요인 FDM은 다음의 형태를 갖는다.

$$\frac{\partial f}{\partial t} + a\frac{\partial f}{\partial S_1} + b\frac{\partial^2 f}{\partial S_1^{\,2}} + cf + d\frac{\partial^2 f}{\partial S_1 \partial S_2} + e\frac{\partial^2 f}{\partial S_2^2} + f\frac{\partial f}{\partial S_2} = 0$$

이 때 기초자산이 각각 아래의 확률과정을 따를 경우, 각 계수는 다음과 같다.

$$dS_1 = (\mu_1 - q_1)S_1 dt + \sigma_1 S_1 dW_1$$

$$dS_2 = (\mu_2 - q_2)S_2 dt + \sigma_2 S_2 dW_2$$

$$a = (r - q_1)S_1$$

$$b = \tfrac{1}{2}\sigma_1^2 S_1^2$$

$$c = -r$$

$$d = \rho\sigma_1\sigma_2 S_1 S_2$$

$$e = \tfrac{1}{2}\sigma_2^2 S_2^2$$

$$f = (r - q_2)S_2$$

(2) 공간의 이산화

2요인 FDM에서는 3차원 입방체를 격자로 나누어야 하는데 입방체의 임의의 노드를 (i, j, k)라고 하자.

이 때 각 인덱스의 의미는 다음과 같다.

i : 시간
j : 첫 번째 자산
k : 두 번째 자산

유한차분법 중 명시적 방법(explicit method)을 적용할 경우 각 노드간의 관계를 살펴보면, (i, j, k) 노드는 $(i+1)$시점의 총 9개의 노드와 아래 그림처럼 연결되어 있다.

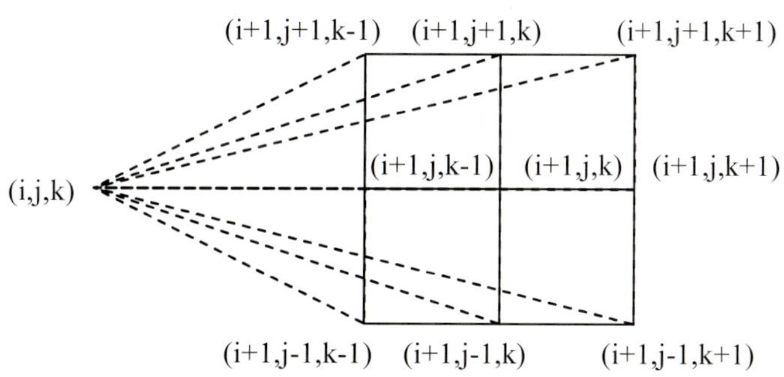

(3) 미분의 근사식

미분방정식에서 각미분을 차분으로 근사해보면 아래와 같다.

1차미분의 근사

$$\frac{\partial f}{\partial t} \approx \frac{f(i+1,j,k)-f(i,j,k)}{\Delta t}$$

$$\frac{\partial f}{\partial S_1} \approx \frac{f(i+1,j+1,k)-f(i+1,j-1,k)}{2\Delta S_1}$$

$$\frac{\partial f}{\partial S_2} \approx \frac{f(i+1,j,k+1)-f(i+1,j,k-1)}{2\Delta S_2}$$

2차미분의 근사

$$\frac{\partial^2 f}{\partial S_1^2} \approx \frac{f(i+1,j+1,k)+f(i+1,j-1,k)-2f(i+1,j,k)}{\Delta S_1^2}$$

$$\frac{\partial^2 f}{\partial S_2^2} \approx \frac{f(i+1,j,k+1)+f(i+1,j,k-1)-2f(i+1,j,k)}{\Delta S_2^2}$$

교차미분의 근사

$$\frac{\partial^2 f}{\partial S_1 \partial S_2} \approx \frac{f(i,j+1,k+1)-f(i,j+1,k-1)-f(i,j-1,k+1)+f(i,j-1,k-1)}{4\Delta S_1 \Delta S_2}$$

각 위 근사식을 편미분방정식에 대입하여 정리하면 아래의 관계식을 얻는다.

$$\begin{aligned} Af(i,j,k) &+ .Bf(i+1,j+1,k-1)+Cf(i+1,j+1,k)+Df(i+1,j+1,k+1) \\ &+ .Ef(i+1,j,k-1)+Ff(i+1,j,k)+Gf(i+1,j,k+1) \\ &+ .Hf(i+1,j-1,k-1)+If(i+1,j-1,k)+Jf(i+1,j-1,k+1)=0 \end{aligned}$$

이 때, 각 계수($A, B, C, ..., J$)는 다음과 같다.

$$\mathrm{A} = c - \tfrac{1}{\Delta t}$$

	$k-1$	k	$k+1$
$j+1$	$B=$ $\frac{-d}{4\Delta S_1 \Delta S_2}$	$C=$ $\frac{a}{\Delta S_1}+\frac{e}{\Delta S_1^2}$	$D=$ $\frac{d}{4\Delta S_1 \Delta S_2}$
j	$E=$ $\frac{-b}{2\Delta S_2}+\frac{f}{\Delta S_1^2}$	$F=$ $\frac{1}{\Delta t}+\frac{-2e}{2\Delta S_1^2}+\frac{-2f}{\Delta S_2^2}$	$G=$ $\frac{b}{2\Delta S_2}+\frac{f}{\Delta S_1^2}$
$j-1$	$H=$ $\frac{d}{4\Delta S_1 \Delta S_2}$	$I=$ $\frac{-a}{\Delta S_1}+\frac{e}{\Delta S_1^2}$	$J=$ $\frac{-d}{4\Delta S_1 \Delta S_2}$

위 결과를 $f(i, j, k)$에 대해 정리한 뒤, 만기시점부터 순차적으로 거슬러 f함수값을 계산하면 우리가 원하는 0시점의 f함수값을 알 수 있다.

(4) 기타

앞에서 살펴본 명시적 방법이라 할지라도 교차미분항의 처리는 상당히 복잡하다는 것을 알 수 있는데, 묵시적 방법은 교차미분항으로 인해 문제가 더욱 복잡해진다. 따라서 여러 가지 보완방법이 제시되었는데, 원래 편미분 방정식을 변형하여 교차미분항을 제거한 뒤 명시적 방법과 묵시적 방법을 순차적으로 적용하는 방법(Alternating Direction Implicit : ADI)이나 원래 문제를 2개의 1요인 FDM 문제로 나누는 방법(Operator Splitting Method) 등이 제시되었다.

주) D. Duffy, Finite Difference Methods in Financial Engineering. John Wiley & Sons (2006) p.223

Chapter 13

구조화 상품

구조화 상품(Structured Product)이란 기존의 금융상품인 채권 또는 이와 유사한 상품(통상 증권라고 칭함)에 파생상품을 결합하여 새로운 수익구조를 갖도록 만든 상품을 말한다. 따라서 기본적인 구조는 “채권+파생상품”으로 이해할 수 있다. 구조화 상품은 어떤 변수에 연계되어 있느냐에 따라 구분해 볼 수 있는데, 환율, 주가지수, 금리 등이 변수로서 자주 사용된다.

Financial Engineering Practice with Excel VBA

13.1 구조화 상품의 분석

13.1.1.분해가능한 경우(Building Block Approach)

기초상품(Building Block)으로 분해 후 이미 만들어진 가격공식을 적용해서 평가할 수 있다. 예를 들어 CD Range Accrual 채권은 Digital Option+Zero Coupon Bond으로 분해가능하다.

13.1.2.분해불가능한 경우

기존의 공식을 적용할 수 없는 상품으로 (1)모의실험(simulation), (2)유한차분법(finite deference method), (3)이항트리(tree) 등 수치적 방법을 적용해야 한다.

분해 가능한 경우는 뒤에서 구체적인 상품을 예를 들어 상세히 살펴보도록 하고 여기서는 분해 불가능한 경우의 간단한 예를 살펴보자.

included **예제** | 조기상환 옵션부 CD−연계채권(Callable CD Range Accrual Note)[주)]

〈거래조건〉

> 만기 : 3년
> 명목금액 : 100
> 이자 : 12M Libor금리가 이자기간 시작일에 4.9%이상이면 7.5029627%, 그렇지 않으면 0%
> 조기상환 옵션: 발행 1년 뒤 100으로 채권을 상환할 수 있음

예를 들어, 단기이자율이 다음과 같이 전개(evolve)된다고 하자.

	A	B	C	D	E	F	G	H
1	**Callable Digital Bond Price**							
2								
3								
4	*Short Rate Tree*	0		1		2		3
5		5%		5.50%		6.00%		
6				4.500%		5.000%		
7						4.000%		

각 노드에서 상승할 확률은 0.5로 동일하다.

B5, D5:D6 및 F5:F7은 각 노드에서의 단기이자율을 의미하는데, 예를 들어 D5셀은 1기간 뒤 상승했을 경우 1~2기간에 적용되는 단기 이자율을 의미한다.

이 경우 각 노드에서의 수익률 기간구조는 다음과 같다. 예를 들어 F11:F12는 (1,1) 노드에서의 수익률 기간구조를 의미한다.

주) 보통 범위 조건부 이자누적 채권(Range Accrual Note)이라고 하면, 이자금액 계산식(원금×이자율×날수/365) 중에서 날수를 일정조건이 만족할 경우에만 계산(Counting)하고 그렇지 않으면 계산하지 않는 채권을 말한다. 예를 들어 CD Range Accrual Note의 CD수익률 범위가 0~7%인데, 이자계산 날수 90일 중 5일 동안 CD수익률이 7%를 초과했다면 해당 이자기간 동안의 이자금액은 "원금×이자율×85/365"이 된다. 여기서는 매일 조건을 보는 것이 아니라 이자기간 첫 번째 날만 조건을 보고 조건을 만족하면 정해진 이자를 주고 그렇지 않으면 지급하지 않는 변형된 Range Accrual Note를 예를 들었다.

	A	B	C	D	E	F	G	H	I	J	K
8	*Term Structure Tree*						=(J11*0.5+J14*0.5)*F11			=1/(F5+1)	
9		0				1				2	
10	term	df	zero		term	df	zero		term	df	zero
11	1	0.952381	5.0000%		1	0.9478673	5.5000%		1	0.9433962	6.0000%
12	2	0.90705	4.9988%		2	0.8984726	5.4988%				
13	3	0.863916	4.9968%						term	df	zero
14					term	df	zero		1	0.952381	5.0000%
15		=(F12*0.5+F16*0.5)*B11			1	0.9569378	4.5000%				
16					2	0.9157509	4.4988%		term	df	zero
17									1	0.9615385	4.0000%

이 때 조기상환 조건이 없는 CD Range Accrual의 가격은 다음과 같다.

	A	B	C	D	E	F	G	H	I	J	K	L
18	*Bond Price Tree*											
19	strike	4.90%		=(C22+C23)*B11		=(G22+G23)*F11		=(J22*0.5+J25*0.5)		=K22*J11		
20	coupon	7.5029627										
21		pv0	cf+pv1			pv1	cf+pv2			pv2	cf+pv3	
22		101.76204	7.5029627	=B20		103.70028	7.5029627	=B20		101.41789	107.50296	=100+B20
23			99.347178				101.90083					
24			=(F22*0.5+F26*0.5)							pv2	cf+pv3	
25						pv1	cf+pv2			102.38377	107.50296	
26						94.994077	0					
27							99.26881			pv2	cf+pv3	
28										96.153846	100	

K열이 만기시점(3시점)의 채권가격인데, (2,1) (2,2)노드에서 단기이자율이 각각 6%, 5%로 이자지급조건을 만족하여 7.503%의 이자를 받지만, (2,0)노드에서는 이자를 받지 못한다. 2시점에 확정된 현금흐름은 3시점에 확실하게 지급되므로 2시점의 채권의 가격은 이 현금흐름을 할인한 것이 되어 J열에 계산되어 있다.

G열에서는 1시점에서의 채권가격을 계산하게 되는데, 예를 들어 (1,1)노드에서의 채권가격은 2시점의 채권가격에 대한 기대값과 값과 1시점에 확정되어 2시점에 받기로 되어있는 이자금액의 합을 할인한 것이 된다.

조기상환 조건이 있는 경우 이 채권의 가격은 아래 그림의 B32셀에 계산되어 있다.

	A	B	C	D	E	F	G	H
29	*Callable Bond Price Tree*							
30	call price	100				pv1		
31		pv0	cf+pv1			100	=MIN(F22,B30)	
32		100	7.5029627	=B20				
33			97.497038					
34			=(F31*0.5+F35*0.5)			pv1		
35	=(C32+C33)*B11					94.994077	=MIN(F26,B30)	

이 경우는 1기간에 채권발행자가 채권을 100에 매입할 수 있는 권리가 있으므로 채권가격이 100보다 커지지 못한다. 따라서 F31열에 채권값은 MIN(104.09, 100)으로 입력되어 있다. 현재시점의 채권가격을 계산하기 위해 위와 동일하게 1시간에서의 채권가격의 기대값과 0시점에 확정되어 1시점에 발생할 이자금액의 합을 할인해주면 채권의 현재가치가 계산된다.

13.2 금리연계 구조화 상품(Interest Rate Linked Product)

Financial Engineering Practice with Excel VBA

13.2.1. 부트스트래핑(복습)

금리연계 구조화 상품 가격계산에는 할인계수가 필수적이다. 앞에서 배운 부트스트래핑을 다시 한 번 살펴보자.

시장가격(금리) 현황은 다음과 같다.

Year	Rate	상품
0.25	4.62%	CD
1	4.67%	IRS
2	4.66%	IRS
3	4.67%	IRS
4	4.68%	IRS
5	4.71%	IRS
6	4.74%	IRS
7	4.77%	IRS
8	4.79%	IRS
9	4.81%	IRS
10	4.83%	IRS

- 기호 d_i : i시점의 할인계수

  α : 이자계산기간(연율) 여기서는 0.25로 가정

  R_n : n년 만기 이자율 스왑의 금리

부트스트래핑 공식

(i) 0.25년과 1년 사이 구간

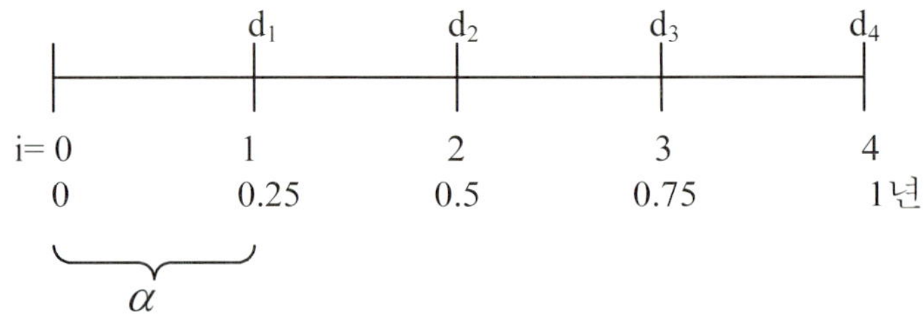

시장가격으로 고시된 1년만기 이자율 스왑금리에 대해 아래 등식이 성립한다(즉, 액면가 채권의 현재가치는 액면이어야 한다. 여기서는 액면가격을 1로 두었다).

$$R_1\alpha(d_1+d_2+d_3+d_4)+d_4=1$$

여기서 d_2, d_3는 시장가격이 고시되지 않는 시점이므로 d_1, d_4를 이용해서 선형보간을 적용한다.

$$d_2=\tfrac{2}{3}d_1+\tfrac{1}{3}d_4$$

$$d_3=\tfrac{1}{3}d_1+\tfrac{2}{3}d_4$$

위 관계식을 d_4에 대해 정리하면 다음과 같다.

$$d_4=\frac{1-2R_1\alpha d_1}{2R_1\alpha+1}$$

(ii) 1년과 2년 사이 구간

1년 스왑금리와 마찬가지로 2년 스왑금리에 대해서도 다음 식이 성립한다.

$$R_2\alpha(\underbrace{d_1+d_2+d_3+d_4}_{A}+d_5+d_6+d_7+d_8)+d_8=1$$

이 때, A는 (i)의 과정을 통해 미리 알고 있는 값이고, d_5, d_6, d_7은 시장가격이 고시되지 않는 시점이므로 d_4와 d_8을 이용 선형보간한다.

이 관계를 적용해서 위 식을 d_8에 대해 정리하면 다음 식을 얻을 수 있다.

$$d_8 = \frac{4 - R_2\alpha(4A + 6d_4)}{10R\alpha + 4}$$

동일한 방식을 순차적으로 적용하면 일반적으로 n년과 n+1년 사이의 할인계수를 얻을 수 있다.

13.2.2. 변동금리채권(Floating Rate Note)

변동금리부 채권은 채권의 이자가 일정기간마다 변하는 채권으로 보통 적용되는 금리(기준금리)는 금리재책정 시점에 시장에서 고시되는 금리로 만기가 이자지급기간과 일치하는 것을 사용한다. 전형적인 변동금리채권의 조건은 아래와 같다.

| 예제 | 변동금리채권의 거래조건

만기 : 5년
금리조건 : 91일 CD 금리 연동

채권가격을 계산하기 위해 할인계수가 필요한데, 시장정보와 할인계수가 아래와 같이 계산되어 있다.

A5:B15까지가 만기별 시장금리 정보이다. 할인계수는 H열에 계산되어 있는데, 앞에서 본 붓스트래핑 공식을 이용해서 계산한 것이다.

	A	B	C	D	E	F	G	H	I	J	K
1	변동금리채권가격 계산				=1/(1+B5*G6)			=(1-2*G9*B6*H6)/(2*G9*B6+1)			
2	시나리오	1				=(4-4*I10*0.25*B7-6*0.25*B7*H9)/(10*0.25*B7+4)					
3		B			Discount Factor						
4	Year	Rate	상품		i	year	a	df	A	Zero	FRA
5	0.25	4.62%	CD		0	0		1			0.0462
6	1	4.67%	IRS		1	0.25	0.25	0.988581879		0.045935	0.0463277
7	2	4.66%	IRS		2	0.5	0.25	0.977263284		0.045998	0.0468706
8	3	4.67%	IRS		3	0.75	0.25	0.965944689		0.046198	0.0474263
9	4	4.68%	IRS		4	1	0.25	0.954626094		0.046436	0.0456985
10	5	4.71%	IRS		5	1.25	0.25	0.943843046	3.886416	0.046236	0.0462266
11	6	4.74%	IRS		6	1.5	0.25	0.933059999		0.046191	0.0467671
12	7	4.77%	IRS		7	1.75	0.25	0.922276951		0.046234	0.0473203
13	8	4.79%	IRS		8	2	0.25	0.911493903		0.046335	0.0461034
14	9	4.81%	IRS		9	2.25	0.25	0.901107872	7.59709	0.04628	0.046641
15	10	4.83%	IRS		10	2.5	0.25	0.890721842		0.046289	0.0471912

FRN 가격을 계산하기 위해서는 매 금리 재책정 시점마다91일 CD의 선도이자율이 필요한데, 아래 그림의 K열에 계산되어 있다. 계산된 선도이자율로부터 현금흐름을 계산한 것이 L열이며, 그 결과를 할인계수를 곱해 현재가치화한 것이 N열이다. 만기에 채권의 원금이 지급되므로, M25셀에는 원금(1)이 입력되어 있다.

13.2.3. 역변동금리 채권(Inverse Floater; Inverse FRN)

included **예제** 역변동금리 채권의 거래조건

만기 : 5년

금리 1년 : 5.7%

2~5년 : MAX[14.50% − 2*Index, 0]

Index : 3M Libor(또는 91일 만기 CD 수익률)

풀이 가격계산

	A	B	C	D	E	F	G	H	I	J	K	L	M	N	O	P	Q
1	Inverse Floater Pricing											금리조건	금리조건2	원금			
2												5.70%	14.50%		1.0216583	=Inverse Floater 가격	
3		B			Discount Factor								2				
4	Year	Rate	상품		i	year	a	df	A	Zero	FRA	Cashflow			PV		
5	0.25	4.62%	CD		0	0		1			0.0462						
6	1	4.67%	IRS		1	0.25	0.25	0.988581879		0.045935	0.0463277	0.01425			0.0140873		
7	2	4.66%	IRS		2	0.5	0.25	0.977263284		0.045998	0.0468706	0.01425			0.013926		
8	3	4.67%	IRS		3	0.75	0.25	0.965944689		0.046198	0.0474263	0.01425			0.0137647		
9	4	4.68%	IRS		4	1	0.25	0.954626094		0.046436	0.0456985	0.01425			0.0136034		
10	5	4.71%	IRS		5	1.25	0.25	0.943843046	3.886416	0.046236	0.0462266		0.0134008		0.0126482		
11	6	4.74%	IRS		6	1.5	0.25	0.933059999		0.046191	0.0467671		0.0131367		0.0122573		
12	7	4.77%	IRS		7	1.75	0.25	0.922276951		0.046234	0.0473203		0.0128665		0.0118664		

앞의 변동금리채권과 동일하게 가격을 계산할 수 있으나 단지 L열의 cashflow식만 다음과 같이 달라지게 된다.

L6 ~ L9:=5.7%/4

M10:=MAX(14.5% − 2* k10,0)/4

13.2.4. 조기상환 옵션부 채권(Callable Bond)

조기상환 옵션부 채권을 평가하기 위해 먼저 다음을 알아야 한다.

- 선도스왑금리
- 스왑션가격계산

(1) 선도스왑금리 공식

여기서 사용되는 기호는 다음과 같다.

m : 선도스왑 시작일

n : 선도스왑 종료일

R : 선도스왑 금리

d_i : i시점의 할인계수

α : 이자계산기간(연율) 여기서는 0.25로 가정

F_i : i시점에 확정된 i부터 $i+1$시간까지의 선도금리

스왑금리는 변동금리의 현재가치와 고정금리의 현재가치를 일치시키는 금리수준이므로 스왑금리에 대해 다음식이 성립한다.

$$R = \frac{\sum_{m+1}^{n} F_{i-1}\alpha d_i}{\sum_{m+1}^{n} \alpha d_i}$$

또는 스왑금리는 액면가 채권금리와 같으므로 다음 등식이 성립한다.

$$\sum_{i=m+1}^{n} R\alpha d_i + d_n = d_m \quad \text{또는} \quad R = \frac{d_m - d_n}{\sum_{i=m+1}^{n} \alpha d_i}$$

정리 조기상환 옵션부 채권은 고정채권(Straight Bond : 일반채권)매입과 지급자 스왑션(Payer Swaption)매도 포지션으로 분석할 수 있다. 즉 다음식이 성립한다.

$$P_{CALL} = P - P_{pay}$$

여기서 사용한 기호는 다음과 같다.

N : 채권명목만기

m : 조기상환 옵션만기

d_i : 현재시점에서 본 i시점의 할인계수

d_{mi} : m시점에서 본 i시점의 할인계수

c_i : i시점의 채권이자금액

P : 일반채권의 가격

P_{CALL} : 조기상환 옵션부 채권의 가격

P_{pay} : 지급자 스왑션의 가격

E^m : m – 시점이 만기인 할인채권을 분자자산(Numeraire)으로 하는 선도확률 에서의 기대값

| 증명 |

채권 만기상환 원금을 1이라고 하면, 일반채권의 가격은 다음과 같다.

$$P = \sum_{i=1}^{N} c_i d_i + d_N$$

조기상환 옵션부 채권은 다음과 같이 쓸 수 있다.

$$P_{CALL} = \sum_{i=1}^{m} c_i d_i + d_m \underbrace{E^m\left[\min\left(\sum_{i=m+1}^{N} c_i \tilde{d}_{mi} + \tilde{d}_{mN}, 1\right)\right]}_{A}$$

A :

$$\begin{aligned}
&= E^m\left[\sum_{i=m+1}^{N} c_i \tilde{d}_{mi} + \tilde{d}_{mN} + \min\left(0, 1 - \sum_{i=m+1}^{N} c_i \tilde{d}_{mi} + \tilde{d}_{mN}\right)\right] \\
&= E^m\left[\sum_{i=m+1}^{N} c_i \tilde{d}_{mi} + \tilde{d}_{mN}\right] + E^Q\left[\min\left(0, 1 - \sum_{i=m+1}^{N} c_i \tilde{d}_{mi} + \tilde{d}_{mN}\right)\right] \\
&= \underbrace{E^m\left[\sum_{i=m+1}^{N} c_i \tilde{d}_{mi} + \tilde{d}_{mN}\right]}_{B} - \underbrace{E^Q\left[\max\left(0, \sum_{i=m+1}^{N} c_i \tilde{d}_{mi} + \tilde{d}_{mN} - 1\right)\right]}_{C}
\end{aligned}$$

B : 선도확률 하에서 다음이 성립한다.

$$E^m(\tilde{d}_{mi}) = \frac{d_i}{d_m}$$

C : 지급자 스왑션의 가격

$$P_{pay} = d_m E^Q\left[\max\left(0, \sum_{i=m+1}^{N} c_i \tilde{d}_{mi} + \tilde{d}_{mN} - 1\right)\right] = d_m C$$

정리

(MIN, MAX함수의 성질) 임의의 실수에 대해 다음이 성립한다.

① $\text{MIN}[X,\ Y]+Z=\text{MIN}[X+Z,\ Y+Z]$

② $\text{MAX}[X,\ Y]=-\text{MIN}[-X,\ -Y]$

증명

만약 $X>Y$라면, $\text{MIN}[X, Y]+Z=Y+Z$, $\text{MIN}[X+Z,\ Y+Z]=Y+Z$ 따라서 ①이 성립한다. 또한 $\text{MAX}[X, Y]=X$이고 $-\text{MIN}[-X,-Y]=-(-X)=X$. 따라서 ②가 성립한다. $X<Y$인 경우도 동일하다.

included 예제 조기상환 옵션부 채권의 거래조건

만기 : 5년
조기상환 옵션만기 : 2년
이자 : 연 4.96%

풀이 가격계산

시장금리는 앞의 예제와 동일하게 주어져 있다. 조기상환 옵션부 채권은 (1)일반 고정금리채권에 (2)지급자 스왑션의 가치를 빼주면 되므로 두 상품의 가격을 각각 계산해서 빼주면 된다.

	E	F	G	H	L	M	N	O	P	Q	R
1					Callable Bond=	99.98%		채권가격=	1.011089	=SUM(N5:N25)	
2								swaption=	1.13%		
3	Discount Factor				4.96%			Forward Swap Rate=	4.75%		
4	i	year	a	df	Cashflow		PV	분자	분모		
5	0	0		1							
6	1	0.25	0.25	0.988581879	0.0124		0.0122584				
7	2	0.5	0.25	0.977263284	0.0124		0.0121181	=SUM(O14:O25)/SUM(P14:P25)			
8	3	0.75	0.25	0.965944689	0.0124		0.0119777				
9	4	1	0.25	0.954626094	0.0124		0.0118374	=지급자스왑션가격(P3,L3,H13,2,3,0.2,4)			
10	5	1.25	0.25	0.943843046	0.0124		0.0117037				
11	6	1.5	0.25	0.933059999	0.0124		0.0115699				
12	7	1.75	0.25	0.922276951	0.0124		0.0114362				
13	8	2	0.25	0.911493903	0.0124		0.0113025				
14	9	2.25	0.25	0.901107872	0.0124		0.0111737	0.010386	0.225277		
15	10	2.5	0.25	0.890721842	0.0124		0.011045	0.010386	0.2226805		
16	11	2.75	0.25	0.880335811	0.0124		0.0109162	0.010386	0.220084		
17	12	3	0.25	0.86994978	0.0124		0.0107874	0.010386	0.2174874		
18	13	3.25	0.25	0.859992984	0.0124		0.0106639	0.0099568	0.2149982		
19	14	3.5	0.25	0.850036188	0.0124		0.0105404	0.0099568	0.212509		
20	15	3.75	0.25	0.840079391	0.0124		0.010417	0.0099568	0.2100198		
21	16	4	0.25	0.830122595	0.0124		0.0102935	0.0099568	0.2075306		
22	17	4.25	0.25	0.820362961	0.0124		0.0101725	0.0097596	0.2050907		
23	18	4.5	0.25	0.810603328	0.0124		0.0100515	0.0097596	0.2026508		
24	19	4.75	0.25	0.800843694	0.0124		0.0099305	0.0097596	0.2002109		
25	20	5	0.25	0.79108406	0.0124	1	0.8008935	0.0097596	0.197771		

우선 고정금리 채권의 가격은 P1셀에 입력되어 있는데, N열의 PV값을 합한 것이다. 선도스왑 이자율은 앞에서 배운 공식을 적용하였는데 공식에 사용되는 분자 및 분모의 계산 요소는 O열과 P열에 계산되어 있다. 선도스왑이자율의 변동성은 20%인 것으로 가정하였다. 최종 옵션부 채권의 가격은 M1셀에 계산되어 있는데, P1셀과 P2셀의 차이이다.

13.2.5. 고정만기 스왑(Constant Maturity Swap)

고정만기 스왑이란 일반적인 스왑이 고정금리와 변동금리를 교환하는데 비해, 고정금리 대신에 매 금리 재책정시점에 고시되는 특정만기의 이자율스왑금리를 이자계산의 기준금리로 사용하는 스왑을 말한다. 따라서 고정만기 스왑은 변동금리 대 변동금리 스왑이 되는데, 한쪽 변동금리는 만기가 길고(예를 들어 3년 이자율 스왑금리) 나머지 한쪽 금리는 만기가 짧으므로(예를 들어 91일 CD 수익률), 장기금리와 단기금리의 차이만큼 이자를 주거나 받는 스왑으로 이해할 수 있다. 따라서 수익률곡선의 전체적인 수준이 높아지거나 낮아지는 것보다는 수익률곡선의 기울기(장단기 금리차)가 커지거나 작아지는 경우에 스왑의 가치가 변동하게 되는 특징이 있다.

included
예제 고정만기 스왑의 거래조건

만기 : 5년
변동금리1 : 'KRW－CD－3220'(check 단말기 3220 페이지에 고시되는 CD금리)
변동금리2 : 5Y KRW IRS －0.127%

풀이 가격계산

	A	B	C	D	E	F	G	H	I	J	K	L	M	N	O	P	Q
1	CMS															spread=	0.1270%
2																price=	-2.95E-06
3		B			Discount Factor							5Y			CMS Pricing		
4	Year	Rate	상품		i	year	a	df	A	Zero	FRA	분자	분모	5Y IRS	CF1	CF2	PV
5	0.25	4.62%	CD		0	0		1			0.0462	0.2089159	4.4355826	0.0471	0.01155	0.0114575	9.144E-05
6	1	4.67%	IRS		1	0.25	0.25	0.988581879		0.045935	0.0463277	0.2069255	4.3838512	0.0472018	0.0115819	0.0114829	9.674E-05
7	2	4.66%	IRS		2	0.5	0.25	0.977263284		0.045998	0.0468706	0.2050347	4.3325925	0.0473238	0.0117176	0.0115134	0.0001972
8	3	4.67%	IRS		3	0.75	0.25	0.965944689		0.046198	0.0474263	0.2031438	4.2818066	0.0474435	0.0118566	0.0115434	0.000299
9	4	4.68%	IRS		4	1	0.25	0.954626094		0.046436	0.0456985	0.2012529	4.2314934	0.0475607	0.0114246	0.0115727	-0.00014

(1) 볼록성 조정(Convexity Adjustment)

다음 질문을 생각해보자.

(i) '채권 가격의 기대값'과 '수익률의 기대값을 이용한 채권의 가격'은 동일한가? 즉 다음 식이 성립하는가?

$$E(\widetilde{P}_t) = f\left(E(\widetilde{y}_t)\right)$$

- 기호 f: 채권가격함수
  P_t : t시점에 만기가 T인 채권의 가격
  Y_t : t시점에 T기간까지의 수익률

(ii) 듀레이션만 있는 상품(CMS)을 컨벡시티까지 있는 상품(채권)으로 헤지가 가능한가?

(i) 경우에 대한 그림 설명은 다음과 같다.

일반적으로 선도채권가격(P_F)과 선도수익률(Y_F)을 이용해서 계산한 채권가격은 일치하지 않는다. 선도확률 하에서의 채권가격의 기대값은 선도채권가격이지만, 채권 수익률의 기대값은 선도수익률이 아니기 때문이다.

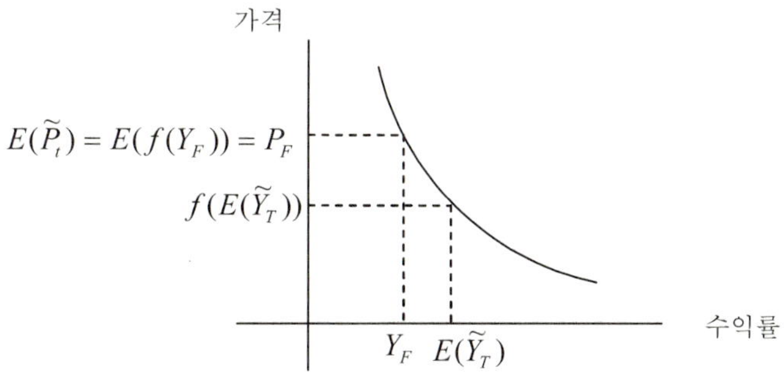

(ii) 경우에 대한 그림 설명은 다음과 같다.

일반적으로 비선형 상품으로 선형상품을 정확히 헤지하는 것은 불가능하다. 즉, 헤지오차가 발생한다.

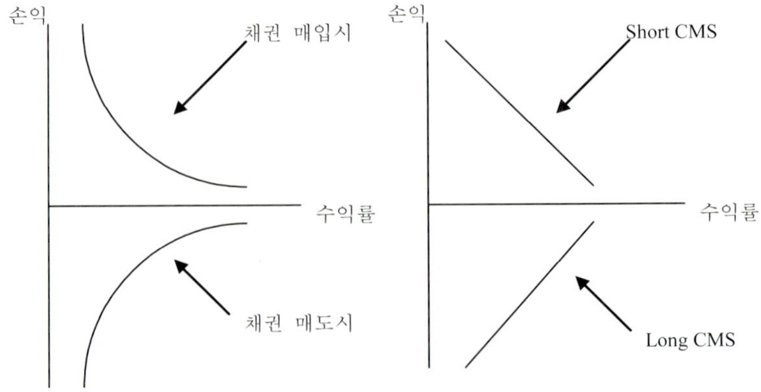

| 정리 | 선도측도 하에서 채권의 기대가격은 선도가격이다.

$$E[B(y)] = B(f)$$

| 정리 | 기대수익률과 선도수익률의 관계

$$E(y) \approx f - \frac{1}{2}E(y-f)^2 \frac{B''(f)}{B'(f)}$$

| 증명 | 채권가격을 f에서 테일러 전개하면 다음을 얻는다.

$$B(y) = B(f) + (y-f)B'(f) + \tfrac{1}{2}(y-f)^2 B''(f) + \cdots$$

위 식의 양변에 기대값을 취하면,

$$0 = E(y-f)B'(f) + \tfrac{1}{2}E(y-f)^2 B''(f) + \cdots$$

즉,

$$E(y) \approx f + \underbrace{\left(-\frac{1}{2}E(y-f)^2 \frac{B''(f)}{B'(f)}\right)}_{A}$$

위 정리에서 A부분이 볼록성 조정에 해당한다. A부분 중 나머지 부분은 직접 계산할 수 있으나 $E(y-f)^2$은 직접 계산할 수 없으므로 이를 추정하는 방법이 볼록성 조정의 핵심이다.

| 정리 | $E(y-f)^2$의 추정(1)

$$E(y-E(y))^2 = f^2(e^{\sigma^2 T}-1)$$

| 정리 | $E(y-f)^2$의 추정(2)

$$E(y-E(y))^2 = f^2\sigma^2 T$$

included

| 예제 | 볼록성 조정

현재는 2005년 11월 28일이며, 1년 뒤 5년만기 반년지급(semi－annual) 이표 채권의 수익률(선도수익률) F는 5%이다. 1년 뒤 5년만기 채권의 수익률 y에 따라 $(y-F)$ × 100,000,000원을 지급하는 계약(CMS계약)을 체결했다. 이 계약을 헤지하기 위해 어떤 거래를 해야 할까? 또한 이 계약은 적정한가?

	A	B	C	D	E	F	G	H	I
1	**Convexity Adjustment**								
2									
3	채권			n	y	CMS	Bond(100)	Bond	△ CMS+ PL)
4	거래일	06-11-28		1	0.00%	-5,051,673	125	5,682,039	630,366
5	만기일	11-11-28		2	0.50%	-4,551,673	122.19369	5,044,217	492,544
6	이자	5.0000%		3	1.00%	-4,051,673	119.46082	4,423,086	371,413
7	액면	22,728,156		4	1.50%	-3,551,673	116.79926	3,818,163	266,490
8	듀레이션	4.454826896		5	2.00%	-3,051,673	114.20696	3,228,979	177,306
9	수정d	4.399829034		6	2.50%	-2,551,673	111.68191	2,655,082	103,409
10	1bpv	10,000		7	3.00%	-2,051,673	109.22218	2,096,032	44,359
11	Position	1		8	3.50%	-1,551,673	106.82592	1,551,405	-268
12	int freq	2		9	4.00%	-1,051,673	104.49129	1,020,788	-30,885
13	Strike	5.0000%		10	4.50%	-551,673	102.21655	503,782	-47,891
14	**CMS**			11	5.00%	-51,673	100	0	-51,673
15	만기	5			5.50%	448,327	97.839981	-490,932	-42,606
16	계산원금	100,000,000		13	6.00%	948,327	95.734899	-969,379	-21,052
17	1bpv	10,000		14	6.50%	1,448,327	93.683204	-1,435,691	12,636
18	Position	1		15	7.00%	1,948,327	91.683395	-1,890,211	58,116
19	Strike	5.0517%		16	7.50%	2,448,327	89.734016	-2,333,269	115,058
20	**Table**			17	8.00%	2,948,327	87.833656	-2,765,186	183,141
21	△y	0.50%		18	8.50%	3,448,327	85.980948	-3,186,272	262,055

| 풀이 |

1년뒤 5년 만기 채권을 액면가 22,728,156원 만큼 매입하면 된다.

이 계약은 적정하지 못한데, CMS 계약의 행사가격은 볼록성 조정을 감안해서 5.0517%로 했어야 한다.

CMS계약은 컨벡시티가 없으므로 다음과 같이 컨벡시티를 반영(조정)해 주어야 한다(또는 CMS계약에 사용되는 수익률은 선도수익률이 아니라 기대수익률이어야 한다).

$$E(y(T)) = f - \frac{\sigma^2 f^2 T}{2} \frac{B''(f)}{B'(f)}$$
$$= f + \frac{\sigma^2 f^2 T}{2} \frac{convexityB(f)}{\mathrm{mod}\, DurB(f)}$$

f : 현재 시점의 선도수익률

T : 선도계약 만기일

$B(f)$: T시점에 수익률이 f일 때 채권가격

σ : 선도 수익률의 변동성

convexity : $B(f)$의 컨벡시티 값

mod Dur : $B(f)$의 수정 듀레이션 값

included

13.2.6. CD Range Accrual Note

여기에서는 아래에 예시된 원화 3개월 만기 양도성 예금증서 수익률(91일물 CD수익률)에 금리가 연계된 구조화 채권의 가격을 계산해 보고자 한다.[주)]

채권명세

- 채권명 : CD수익률 범위 연계 채권(CD－Range Note)
- 채권만기 : 1년
- 채권금리 : 0≤CD≤5.0%이면 연 7.0%의 금리 지급, 그렇지 않으면 연 0.00% 금리 지급
  단, CD는 이자계산 시작일 1영업일전 91일 CD수익률
- 이자지급주기 : 3개월
- 채권발행일(＝매입일) : 2006년 1월 15일

채권 매입일의 시장상황은 다음과 같다. 단, 91일물 CD의 변동성은 20%이다.

주) 여기서 채권 발행자의 부도위험은 없는 것으로 가정한다.

	A	B	C	D	E
3	term	date	days	Instrument	rate
4	1day	2006-01-16	1	Deposit	3.81%
5	3M	2006-04-15	90	Deposit	4.07%
6	1y	2007-01-15	365	IRS	4.50%
7	2y	2008-01-15	730	IRS	4.72%
8	3y	2009-01-15	1096	IRS	4.86%
9	4y	2010-01-15	1461	IRS	4.98%
10	5y	2011-01-15	1826	IRS	5.08%
11	7y	2013-01-15	2557	IRS	5.23%
12	10y	2016-01-15	3652	IRS	5.36%

위 채권은 3, 6, 9, 12개월에 일정금액을 지급하는 4개의 디지털 플로어와 1년 뒤에 채권 원금을 돌려주는 할인채권으로 분해해 볼 수 있다.

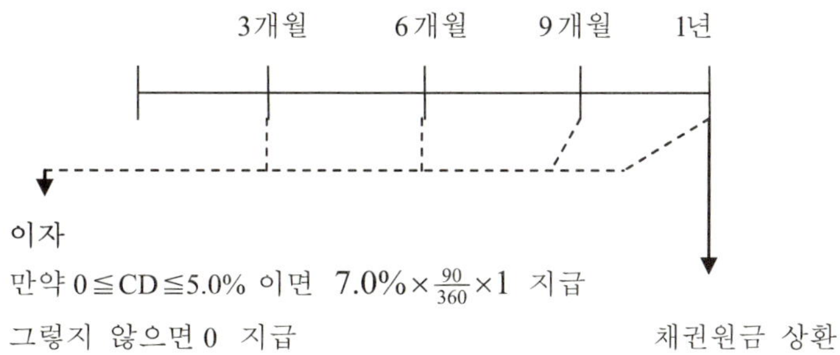

(1) 디지털 플로어 가격계산

디지털 캡/플로어는 앞에서 다룬 블랙 모형을 이용해서 계산할 수 있는데, 디지털 옵션(Cash－or－Nothing option)의 공식은 다음과 같다.

$$c = po \times e^{-rT_2} N(d)$$

$$p = po \times e^{-rT_2} N(-d)$$

단, $d = \dfrac{\ln(F/K) + \frac{\sigma^2}{2}T_1}{\sigma\sqrt{T_1}}$

$c =$ 디지털 콜옵션

$P =$ 디지털 풋옵션

$po =$ 옵션이 내가격(In－The－Money)이면 지급할 금액

$F =$ 옵션만기에 해당하는 선도 이자율

$r =$ 옵션만기에 해당하는 무위험 (현물) 이자율

$K =$ 행사가격

T_1 = 연단위로 표시한 옵션만기

T_2 = 연단위로 표시한 이자지급일까지의 기간

디지털 옵션의 가격은 사용자 정의함수를 사용하였으며 코드는 다음과 같다.

| 예제 | 디지털옵션 가격계산

```
Function dOne(F, K, Vol, t)
    dOne= (Log(F / K) + (Vol ^ 2 / 2) * t) / (Vol * Sqr(t))
End Function
Function BlackDigital(F, K, Vol, PayOut, Basis, tOpt, _
                tPayment, R, PutCall)
Dim D1 As Double
D1=dOne(F, K, Vol, tOpt)
Select Case PutCall
Case "p"
    BlackDigital=PayOut * Exp(-R * tPayment) * _
                (Application.NormSDist(-D1))
Case "c"
    BlackDigital=PayOut * Exp(-R * tPayment) * _
                (Application.NormSDist(D1))
Case Else
    BlackDigital="error"
End Select
End Function
```

위 공식과 시장상황에 따른 입력변수를 이용하여 디지털 옵션의 가격을 계산하면 다음과 같다.

| 예제 | CD Range Accrual 실습

	A	B	C	D	E
1	CD 시연계구조화 채권실습				
2	Today	06-01-15			
3	시장정보				
4	term	date	days	Instrument	rate
5	1day	06-01-16	1	Deposit	3.81%
6	3M	06-04-15	90	Deposit	4.07%
7	1y	07-01-15	365	IRS	4.50%
8	2y	08-01-15	730	IRS	4.72%
9	3y	09-01-15	1096	IRS	4.86%
10	4y	10-01-15	1461	IRS	4.98%
11	5y	11-01-15	1826	IRS	5.08%
12	7y	13-01-15	2557	IRS	5.23%
13	10y	16-01-15	3652	IRS	5.36%

	A	B
15	채권정보	
16	Notional	100,000,000
17	basis	365
18	vol	0.2
19	k	0.05
20	가격계산결과	
21	Option 1	1,732,612
22	Option 2	1,355,856
23	Option 3	1,143,237
24	Option 4	1,016,507
25	bond(0,1)	95,621,226
26		**100,869,438**

	G	H	I	J	K	L	M	N	O	P	Q	R	S
1	CD연계 구조화채권 실습									=0.07*90/360*$B$16			
2			=I6-$B$2	=1/(1+E6*J6/365)				=(L6/L7-1)*365/K7				=-LN(L6)/Q5	
3	Pricing												
4	i	term(year)	date	days		df	FRA	d	payout	T1	T2	r	option
5	0	0	06-01-15	0			4.07%	90	1,750,000	0	0.246575	0.040497	1,732,612
6	1	**0.25**	06-04-15	90	90	0.990064	0.045901	91	1,750,000	0.246575	0.49589	0.043083	1,355,856
7	2	0.5	06-07-15	181	91	0.978862	0.046438	92	1,750,000	0.49589	0.747945	0.044123	1,143,237
8	3	0.75	06-10-15	273	92	0.967537	0.046988	92	1,750,000	0.747945	1	0.044775	1,016,507
9	4	**1**	07-01-15	365	92	0.956212							
10													
11			=interpolation(J6,J9,L6,L9,J8)										
12									=BlackDigital(M6,$B$19,$B$18,O6,$B$17,P6,Q6,R6,"p")				
13						해찾기							

첫 번째 디지털 옵션은 이자계산 시작일이 채권거래일이며 이때 91일물 CD 수익률은 확정되어 있으므로 옵션이 아니라 확정된 현금흐름이 되므로 디지털 옵션공식이 적용되지 않았다.

1년 만기 할인채권(액면 1억원)의 현재가치는 95,621,226원이므로 이 구조화 채권의 가격은 100,869,438원이 된다.

13.3 주식연계 구조화 상품(Equity Linked Security)

Financial Engineering Practice with Excel VBA

13.3.1. 배리어 옵션 응용

최근 주식연계 투자상품으로서 본 교재에서 소개할 배리어 옵션을 이용한 투자상품들이 시장에 많이 소개되고 있다. 시장에서 거래되고 있는 상품을 예로 들어 이 상품의 가격과 구성 등에 대해서 분석해 보고자 한다.

(1) 투자상품 명세

다음과 같은 1년만기 ELS(Equity Linked Security)를 생각해보자.

ELS

조건1
- 계약기간 중에 한번이라도 25%이상 상승하면 원금+연12.5%를 지급
- 계약기간 중에 한번이라도 20%이하 하락하면 원금+연3%지급

조건2
- 조건1이 충족되지 않고, 만기 지수가 80%~100%이면 원금+변동률의 15%를 지급
- 조건1이 충족되지 않고, 만기 지수가 100%~125%이면 원금+변동률의 50%를 지급

여기서, $\text{변동률} = \dfrac{\text{기말가격} - \text{기초가격}}{\text{기초가격}}$

이 구조를 정리하면 다음 그래프와 같다.

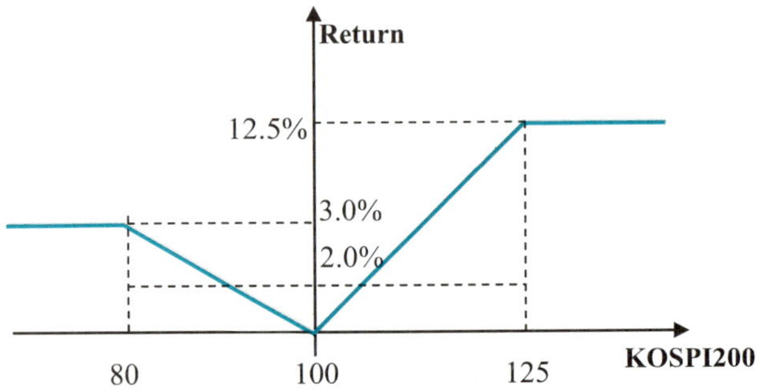

이 ELS는 채권과 두 개의 배리어 옵션으로 구성되어 있으며 그 구조를 분석해 보면 다음과 같다.(여기에서 투자원금은 100원으로 가정한다.)

- 채권 : 만기시 100을 지급하는 할인채권
- 배리어 옵션1 : Up & Out Call Option with Rebate[주)]
- 배리어 옵션2 : Down & Out Put Option with Rebate

이 ELS의 가격을 계산하기 위한 시장 상황은 다음과 같다.

주) 행사가격이 현재 기초자산의 100%이고 소멸수준(barrier)이 현재 기초자산의 125%이므로 간단히 줄여 100−125 Knock−Out Call Option이라고도 한다.

1년만기 할인채권 수익률 : 5.0%(연속복리 수익률)

1년만기 KOSPI 200 지수의 변동성 : 20%

이에 따라 세 가지 상품의 가격을 각각 계산해보면 아래와 같고, ELS의 가치는 98.95원이 된다. (여기에서 배리어 옵션의 가격은 이항모형이 아니라 가격공식을 이용하여 계산하였다.)

	A	B	C	D	E
3	bFlag	UOC	DOP	bond	Sum
4	s	100	100		
5	k	100	100		
6	r	5.00%	5.00%		
7	d	0	0		
8	tau	1	1		
9	v	20.00%	20.00%		
10	barr	125	80		
11	rebate	0.125	0.03		
12	price	0.022026	0.016275	0.951229	
13	Notional				
14	value	2.202553	1.627529	95.12294	98.95302

셀B14 : "=Kolb(B3,B4,B5,B6,B7,B8,B9,B10,B11)"

셀C14 : "=Kolb(C3,C4,C5,C6,C7,C8,C9,C10,C11)"

셀D12 : " =exp(-B6*B8)"

셀E14 : "=D14+C14+B14"

여기서 Kolb함수는 배리어옵션의 공식을 VBA 사용자정의 함수로 미리 만들어 둔 것이다. 자세한 내용은 "옵션가격공식모음.xls"를 참조하기 바란다.

13.3.2. 조기 상환부 옵션을 이용한 투자상품 : Two Stock ELS

(1) 몬테-칼로 시뮬레이션(Monte-Carlo Simulation)

몬테-칼로 시뮬레이션은 파생상품 가격 결정뿐만 아니라 다른 금융분야에서도 널리 이용되는 대표적인 수치해석적 방법이다. 파생상품 가격평가에 있어서 몬테-칼로 시뮬레이션 방법은 파생상품의 기초자산 가격의 연속적인 전개과정(continuous diffusion process)을 아주 작은 시간 Δt에 대한 이산적인 전개과정(discrete process)으로 바꾸어, 난수 발생을 통하여 $i \cdot \Delta t$ 시간에 대한 기초자산의 가격 $S_{i \cdot \Delta t}$ ($S_0, S_1, S_2, \cdots S_{T-1}, S_T$)을 생성하고, 이로부터 옵션의 수익구조에 따라 옵션의 가치를 평가하는 일련의 절차를 뜻한다. 이런 일련의 과정을 계속 반복하여 옵션 가치의 분포를 근사할 수 있다. 또한 옵션 가치의 분포로부터 우리가 구하고자 하는 파생상품의 가치가 구해진다.

이런 몬테-칼로 시뮬레이션에서 고려되어야 하는 두 가지 중요한 사항으로 난수 발생과 반복 실행횟수가 있다. 첫째, 난수를 발생시켜 기초자산의 가격 움직임을 생성할 때 엑셀 VBA에서는 균일분포(uniform distribution)에서 발생한 난수를 표준정규분포에서 발생한 난수로 바꾸어 주는데, 이때 얻은 난수가 사후적으로 표준정규분포를 따르는지 검토해 주는 것이 필요하다. 만일 표준정규분포를 따르지 않는다면 다시 난수를 생성하는 절차를 수행해야 한다. 둘째, 시행횟수에 따라 파생상품 가격에 대한 표준오차가 달라지므로 몬테-칼로 시뮬레이션을 통해 얻은 파생상품 가격과 함께 표준오차를 표시해 주어야 한다. 즉, 표준오차가 작을수록 평가된 파생상품 가격에 대한 신뢰도가 높아진다. 여기에서 표준오차는 $\frac{\sigma}{\sqrt{M}}$으로 표시되는데, σ는 몬테-칼로 시뮬레이션을 통해 구해진 파생상품 가격의 표준편차이고 M은 반복 실행횟수이다. 한편, σ를 줄여주는 방법으로 Antithetic Variable Technique, Control Variate Technique, Importance Sampling, Stratified Sampling, Moment Matching 등 여러 가지 방법이 이용되기도 한다.

몬테-칼로 시뮬레이션은 미국식 옵션의 가치 평가에는 적용하기가 쉽지 않다는 단점을 가지고 있으나, 기초자산 가격의 확률적 과정에 대한 가정과 파생상품에 대한 손익구조만 주어지면 폐쇄형 해가 존재하지 않거나 다른 수치해석적 방법으로 계산이 쉽지 않은 파생상품에 대해서도 쉽게 적용할 수 있다는 장점이 있다.

(2) 조기상환부 2종목 연계증권(Two-Stocks ELS(Equity Linked Securities)) 평가

2003년부터 발행되기 시작하여 국내 ELS 시장에서 대표적인 상품으로 부각된 2-종목 연계증권(Two-Stocks ELS)는 2004년 말부터 시작하여 2005년 국내에서만 단일 상품구조로 8조원 이상의 판매고를 기록하는 신기원을 달성하였다.

여기에서는 2-종목 연계증권의 자세한 상품구조와 평가 방법에 대하여 예제를 통하여 분석하여 보기로 하자.

| 예제 |

현재의 주가가 각각 100원이고, 변동성은 연환산으로 30%와 25%이며, 두 주식 사이의 상관계수는 0.75인 A, B 두 주식을 기초자산으로 하는 3년만기 매 6개월마다 조기상환 기회가 있는 Two Stock ELS가 있다. 조기상환시 주어지는 쿠폰 수익률은 연 12%이며, 행사가격은 현재 주가의 100%이고 배리어는 60%이다. 적용되는 이자율은 상수로서 3.75%로 가정하고 2－종목 연계증권의 가치를 평가해보자. 이 때 두 주가의 추이를 시뮬레이션하기 위한 Δt을 1일로 하자.

예제의 조건에 따라 상품 수익구조를 도식화하면 아래와 같은 형태가 된다.

[Two－Stocks 상품 수익구조]

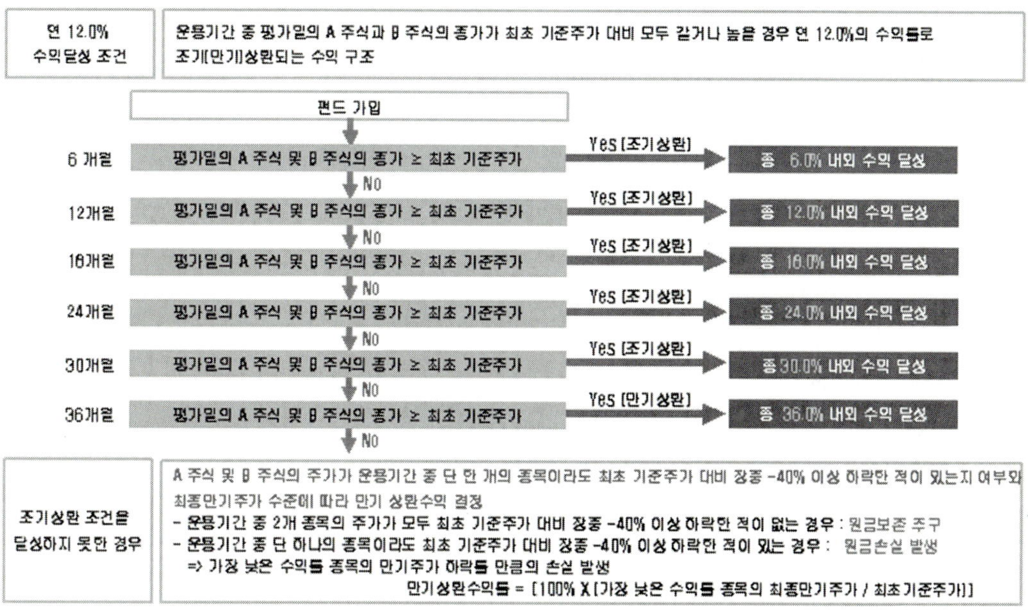

예제의 내용에 따른 2－종목 연계증권 평가에 필요한 입력 변수들은 아래 엑셀 화면에 정리되어 있다.

[2-종목 연계증권 평가를 위한 자료 입력 화면]

	A	B	C	D	E	F
1		Two Stocks ELS 가격계산				
2						
3		S1	100			
4		S2	100			
5		X	100%			
6		Barrier	60%			
7		r	3.75%			
8		q1	0			
9		q2	0			
10		sigma1	30%			
11		sigma2	25%			
12		rho	0.75			
13		c_rate	12%			
14		Today	2006-01-02			
15		Maturity	2009-01-02			
16		N	1095			
17		M	10			
18						
19		TwoStock_ELS Price	=TwoStock_ELS($C$3,$C$4,$C$5,$C$6,$C$7, $C$8,$C$9,$C$10,$C$11,$C$12,$C$13,$C$14, $C$15,$C$16,$C$17)			
20		Standard Error	=D19			
21						

2-종목 연계증권 가치 평가를 위해, 우선 기초자산들의 확률과정을 이산형 시간 간격 Δt 에 대하여 표현하면,

$$S_i(t+\Delta t) - S_i(t) = (r - q_i)S_i(t)\Delta t + \sigma_i S_t(t)\varepsilon_i\sqrt{\Delta t} \quad , \text{ 단, } \varepsilon_i \sim N(0,1)$$

이 된다. $S_i(t)$는 t시점에서의 기초자산 i의 가격을 나타내고, q_i와 σ_i는 기초자산 i의 연 배당률과 연환산 변동성을, r은 무위험 이자율을 나타낸다. 따라서, 현재시점 t에서의 주가와 모수값 하에서 새로운 난수 ε_i을 생성하여 위 식에 대입해 줌으로써, 다음기 $t+\Delta t$시점에서의 주가 $S_i(t+\Delta t)$를 $S_i(t)$로부터 얻어 낼 수 있으며, 이를 반복해 감으로써 $t+\Delta t$, $t+2\Delta t$, $t+N\Delta t$에 해당하는 $S_i(\cdot)$을 생성할 수 있다. 단, 여기에서 난수 ε_i는 표준정규분포로부터 얻어진 난수이어야 한다. 이는 아래 식과 같이 Uniform(0,1) 분포로부터 구해진 독립된 난수 $rand(j)$를 12개 구하여 이를 더한 뒤 6을 빼 줌으로써 구할 수 있다. 이는 x_i의 평균과 분산을 구해 보면 각각 0과 1로써 표준정규분포의 평

균, 분산과 동일하게 되기 때문이다.

$$x_i = \sum_{j=1}^{12} rand(j) - 6$$

그러나, 위의 주가 전개 과정은 두 주식의 수익률 간에 상관관계가 0인 서로 독립인 경우에만 해당하는 것이다. 따라서 두 주식의 수익률 간에 상관관계가 존재하는 경우에 대해서는 상관계수를 고려하여 난수 발생 절차를 조정해 줄 필요가 있다. 이 방법이 아래와 같은 촐레스키 분해(Cholesky decomposition)이다. 표준정규분포로부터 얻어진 두 개의 난수를 이용하여 상관계수를 반영한 새로운 난수 ε_i는

$$\varepsilon_1 = x_1,$$

$$\varepsilon_2 = \rho x_1 + x_2\sqrt{1-\rho^2}$$

이다. 이 방법을 이용하여 상관계수 ρ을 가진 두 주식의 움직임을 시뮬레이션할 수 있다. 이렇게 생성된 주가들을 이용하여 수익구조에 따라 조기상환시점 및 만기시점에서의 지불금액을 계산하고, 이를 현재시점으로 할인함으로써 하나의 시뮬레이션된 2-종목 연계증권의 가치을 얻게 된다. 위 과정을 시뮬레이션 횟수인 M번 반복함으로써 M개의 시뮬레이션된 2-종목 연계증권 가치을 얻게 되고, 이를 단순평균함으로써 2-종목 연계증권 현재가치를 아래와 같이 얻게 된다.

시뮬레이션을 통해 얻은 결과는 항상 오차와 함께 표시하여 주어야 한다. 오차는 시뮬레이션 횟수와 표준편차에 의해 결정된다. 즉, 시뮬레이션 횟수를 늘리거나, 표준편차를 줄여주는 알고리즘을 통하여 보다 낮은 표준오차를 지닌 결과를 얻을 수 있다. 몬테-칼로 시뮬레이션을 통해 얻은 ELS 현재가치의 평균이 μ이고 표준편차가 ω라고 할 때, ELS의 가격 f의 표준오차와 95% 신뢰구간은 각각

$$\text{Standard Error} = \frac{\omega}{\sqrt{M}},$$

$$\mu - \frac{1.96\omega}{\sqrt{M}} < f < \mu - \frac{1.96\omega}{\sqrt{M}}$$

로 주어진다.

아래 엑셀 시트에서 셀C19에 2-종목 연계증권 가치를 계산해 주는 함수식을 아래와 같이 써 주고, 셀C19와 셀D19를 동시에 선택해 주고, [Ctrl]+[Shift]+[Enter] 키

를 눌러 주어 아래 화면 셀C19와 셀C20에 보이는 것과 같이 2-종목 연계증권의 현재가치와 이에 대한 표준오차를 함께 얻을 수 있다.

셀C19 :
"=TwoStock_ELS($C$3,$C$4,$C$5,$C$6,$C$7,$C$8,$C$9,$C$10,$C$11,$C$12,$C$13,$C$14,C$15,$C$16,$C$17)"

〈2-종목 연계증권(Two Stock ELS) 평가 결과〉

	A	B	C	D	E
1		Two Stocks ELS 가 격 계산			
2					
3		S1	100		
4		S2	100		
5		X	100%		
6		Barrier	60%		
7		r	3.75%		
8		q1	0		
9		q2	0		
10		sigma1	30%		
11		sigma2	25%		
12		rho	0.75		
13		c_rate	12%		
14		Today	2006-01-02		
15		Maturity	2009-01-02		
16		N	1095		
17		M	100		
18					
19		TwoStock_ELS Price	92.78%		
20		Standard Error	2.43%		
21					

이상과 같이 설명한 과정을 반영한 2-종목 연계증권의 가치 평가를 위한 VBA 프로그램은 다음과 같다.

included

예제 2STOCK ELS 가격계산

```
Option Explicit
Option Base 1

Function TwoStock_ELS(S1, S2, X, Barrier, r, q1, q2, _
           sigma1, sigma2, rho, c_rate, Today, Maturity, N, M)
'두 개의 주식 가격에 연계된 파생상품 가치를 계산해 주는 프로그램
'3년만기 6번의 조기상환이 있는 경우를 가정

'S1 : 평가시점에서의 A 주식의 가격
'S2 : 평가시점에서의 B 주식의 가격
'X : 기초자산 가격에 대한 행사가격의 비율
'r : 연 이자율
'q1 : A 주식의 연 배당률
'q2 : B 주식의 연 배당률
'sigma1 : A 주식의 연환산 변동성
'sigma2 : B 주식의 연환산 변동성
'rho : A 주식과 B 주식 수익률의 상관계수
'c_rate : 조기상환시 주어지는 연환산 이표율
'Today : 평가시점의 날짜
'Maturity : 옵션의 만기시점의 날짜
'N : 주가 시뮬레이션에서의 node 수
'M : 몬테-칼로 시뮬레이션의 횟수

Dim value() As Double
Dim result(2) As Double
Dim stock1 As Double, stock2 As Double
Dim check As Integer
Dim payoff As Double, sum_value As Double
Dim i As Integer, j As Integer, k As Integer
Dim random1 As Double, random2 As Double, N_random1 As Double, _
N_random2 As Double
Dim dt As Double, T As Double

T=(Maturity-Today)/365
dt=T/N
```

```
ReDim value(M)

For i=1 To M Step 1
    stock1=S1
    stock2=S2
    check=0
    payoff=0
    For j=1 To N Step 1
        random1=0
        random2=0
        For k=1 To 12
            random1=random1+Rnd()
            random2=random2+Rnd()
        Next k
        N_random1=random1-6
        N_random2=random2-6
        N_random2=rho*N_random1+_
                     N_random2*Sqr(1-rho^2)
        stock1=stock1*(1+((r-q1)*dt+_
                 sigma1*Sqr(dt)*N_random1))
        stock2=stock2*(1+((r-q2)*dt+_
                          sigma2*Sqr(dt)*N_random2))
        If stock1 <= (S1*Barrier) Or _
          stock2 <= (S2*Barrier) Then
            check=1
        End If

        If (j=1*Int(N/6)) And ((stock1>S1*X) _
                      And (stock2>S2*X)) Then
            payoff=Exp(-r*(1*T/6))*_
                      (1+c_rate*(1*T/6))
            Exit For
        ElseIf (j=2*Int(N/6)) And ((stock1>S1*X) _
                          And (stock2>S2*X)) Then
            payoff=Exp(-r*(2*T/6))*_
                      (1+c_rate*(2*T/6))
            Exit For
        ElseIf (j=3*Int(N/6)) And ((stock1>S1*X) _
                          And (stock2>S2*X)) Then
```

```
            payoff=Exp(-r*(3*T/6))*_
                        (1+c_rate*(3*T/6))
            Exit For
        ElseIf (j=4*Int(N/6)) And ((stock1>S1*X) _
                                And (stock2>S2*X)) Then
            payoff=Exp(-r*(4*T/6))*_
                        (1+c_rate*(4*T/6))
            Exit For
        ElseIf (j=5*Int(N/6)) And ((stock1>S1*X) _
                                And (stock2>S2*X)) Then
            payoff=Exp(-r*(5*T/6))*_
                        (1+c_rate*(5*T/6))
            Exit For
        ElseIf (j=6*Int(N/6)) And ((stock1>S1*X) _
                                And (stock2>S2*X)) Then
            payoff=Exp(-r*(6*T/6))*_
                        (1+c_rate*(6*T/6))
        Else
            If check=0 Then
                payoff=Exp(-r*(6*T/6))
            Else
                payoff=Exp(-r*(6*T/6))*_
                        Application.Min(stock1/S1, stock2/S2)
            End If
        End If
    Next j

    value(i)=payoff
    sum_value=sum_value+value(i)
Next i

result(1)=sum_value/M
result(2)=Sqr(Application.Var(value)/M)

TwoStock_ELS=result
End Function
```

Chapter 14

통계 및 기타문제

14.1 최우추정법(Maximum Likelihood Methods)

여기에서는 최우추정법(Maximum Likelihood Methods)을 이용하여 고려하고 있는 모형의 모수(parameters)를 과거 데이터로부터 추정하는 방법을 실습해 보기로 하자.

먼저, 최우추정법이란 주어진 데이터가 발생할 가능성(likelihood)을 가장 크게 하는 모수값을 찾아 내는 것이며, 이렇게 구해진 추정치를 MLE(Maximum Likelihood Estimator)라고 한다. 간단한 예제를 통하여 최우추정법의 개념을 이해해 보자.

| 예제 |

특정한 날에 임의로 추출된 10개 종목의 주가가 있다. 이중 1개 종목은 하락하고 나머지 9개 종목은 상승하였다. 이 경우 10개 종목 중 가격이 하락한 종목의 비율에 대한 우량 추정치(best estimate)는 무엇인가?

주어진 10개 종목의 데이터에서 하락한 주식의 비율을 P라 하자. 그러면 한개 종목의 주가는 하락하고 9개 종목의 주가는 상승했을 확률은 $P \cdot (1-P)^9$가 되는 것은 쉽게 알 수 있다. 최우추정법을 이용하면 P의 최우량 추정치는 $P \cdot (1-P)^9$을 최대화하는 값이 된다.

	A	B	C
6	p 값	식	도함수
7	0.03	=A7*(1-A7)^9	=(1-A7)^9-A7*9*(1-A7)^8
8	0.04		
9	0.05		
10	0.06		
11	0.07		
12	0.08		
13	0.09		
14	0.1		
15	0.11		
16	0.12		
17	0.13		
18	0.14		

함수 $f(P)=P\cdot(1-P)^9$을 최대화하는 P의 값을 구하는 것은, 이 함수를 P에 대하여 일차 미분한 값이 0이 되는 근을 구하는 것이 되므로 $(1-P)^9-9\cdot P\cdot(1-P)^8=0$을 만족하는 P를 구하면 된다. $P=0.1$에서 식의 값이 최대화 되었고, 일차 미분값이 0이 되는 것을 아래의 결과에서 확인할 수 있다. 이렇게 구해진 $P=0.1$이 최우추정법에 의해 구한 MLE가 된다.

	A	B	C
6	p 값	식	도함수
7	0.03	0.022807	0.54862
8	0.04	0.027701	0.432834
9	0.05	0.031512	0.33171
10	0.06	0.03438	0.243828
11	0.07	0.036429	0.167875
12	0.08	0.037773	0.102644
13	0.09	0.038514	0.047025
14	0.1	0.038742	0
15	0.11	0.038539	-0.03937
16	0.12	0.037977	-0.07193
17	0.13	0.037121	-0.09846
18	0.14	0.036026	-0.11969

14.1.1. GARCH(1,1) 모형의 모수 추정

(1) 자기회귀(AR) 모형

일반적인 회귀모형은 다음과 같이 자신(y)이 아닌 다른 설명변수(x)에 대해 회귀분석(regression)을 실시한다.

$$y = a + bx + \varepsilon$$

y : 종속변수

x : 독립변수

ε : 오차항 또는 "새로운 정보"

이에 비해 자기회귀(Auto-Regression : AR)모형은 자기자산의 과거값을 설명변수로 회귀분석을 하기 때문에 붙여진 이름이다. 일반적인 형태는 다음과 같다.

$$y_t = ay_{t-1} + \varepsilon_t \quad : \mathrm{AR}(1)$$

(2) 이동평균(MA) 모형

이동평균(Moving Average) 모형은 과거시점의 오차항(또는 새로운 정보)을 설명변수로 회귀분석을 실시하며 일반적인 형태는 다음과 같다.

$$y_t = \varepsilon_t - b\varepsilon_{t-1} \quad : \mathrm{MA}(1)$$

(3) ARMA 모형

$$y_t = ay_{t-1} + \varepsilon_t - b\varepsilon_{t-1} \quad : \mathrm{ARMA}(1,1)$$

(4) GARCH 모형

앞에서 본 방법들은 설명변수와 종속변수와의 관계를 모형화하는 것인데 비해, GARCH(Generalized Auto-Regressive Conditional Heteroscedasticity) 모형은 오차항의 분산을 모형화하는 것이다. 분산(scedasticity)이 상수가 아니라 변화하며(hetero) 그 값은 자기자신의 과거값에 영향을 받고(auto-regressive) 또한 직전기의 오차항값에도 영향을 받기 때문에(Generalized : MA의 의미와 동일) 붙여진 이름이다. 즉, 오차항의 변동성이 ARMA 모형을 따른다고 보는 모형이다. 일반적인 형태는 다음과 같다.

$$y_t = \beta x_t + \sigma_t \varepsilon_t \quad : \text{일반회귀식}$$

$$\sigma_t^2 = a_0 + a_1 \varepsilon_{t-1}^2 + b_1 \sigma_{t-1}^2 \quad : \mathrm{GARCH}(1,1)$$

분산이 시간에 따라 변화하는 것을 가정한 GARCH(p,q) 모형은 추정하고자 하는 분산 σ_n^2가 가장 최근의 p개의 관찰치 u^2과 가장 최근의 q개의 분산 추정치로 구해진다. 이 중 $p=1$, $q=1$에 해당하는 GARCH(1,1)는 경제 및 재무분야에서 가장 널리 사용되는 모형이다.

주식 수익률의 분산이 GARCH(1,1) 모형을 따른다면, 분산 σ_n^2은 장기 평균 분산(long−run average variance rate) V, 전기의 변동성 σ_{n-1}^2과 새로운 정보 u_{n-1}^2에 의해 아래 식과 같이 표시될 것이다.

$$\sigma_n^2 = \gamma V + \alpha u_{n-1}^2 + \beta\sigma_{n-1}^2$$

단, $\gamma + \alpha + \beta = 1$

또한, $\omega = \gamma V$라고 하면, GARCH(1,1) 모형은

$$\sigma_n^2 = \omega + \alpha u_{n-1}^2 + \beta\sigma_{n-1}^2$$

로 표현된다. 특히, $\gamma=0$, $\alpha=1-\lambda$ 그리고 $\beta=\lambda$이면, 위 모형은 EWMA(Exponentially Weighted Moving Average) 모형이 되므로 EWMA 은 GARCH(1,1)의 특별한 경우에 해당한다는 것을 알 수 있다.

included

14.1.2. MLE을 이용한 GARCH(1,1) 모형 모수 추정

날짜 i에 추정된 분산을 $v_i=\sigma_i^2$으로 정의하자. 주어진 분산하에서 u_i의 확률분포가 정규분포를 따른다고 가정하면, 최우추정법에 따라 우리가 최대화해야 하는 식이 아래와 같이 주어진다.

$$\prod_{i=1}^{n}\left[\frac{1}{\sqrt{2\pi v_i}}\exp\left(\frac{-u_i^2}{2v_i}\right)\right]$$

보다 계산이 간단하게 되도록 위 식에 log을 취하여도 해결하고자 하는 문제의 본질은 변하지 않는다.

$$\sum_{i=1}^{n}\left[-\ln(v_i)-\frac{u_i^2}{v_i}\right]$$

따라서, 위 식의 값을 최대화 하는 모수를 "해 찾기" 기능을 이용하여 찾으면 이것이 우리가 얻고자 하는 근이 된다.

	A	B	C	D	E	F
1	Estimation of Parameters in GARCH(1,1) Model					
2						
3		Trial estimates of GARCH parameters :			$\sigma^2_n = \omega + \alpha\ u^2_{n-1} + \beta\sigma^2_{n-1}$	
4		ω	α	β	Max of function value	제약조건
5		0.01	0.07	0.84	=SUM(E10:E1301)	=C5+D5
6						
7	거래일자	KOSPI 200 S_i	로그수익률 u_i	변동성 $v_i = \sigma^2_i$	MLE $-LN(v_i)-u_i^2/v_i$	
8	19971006	67.54				
9	19971007	65.73	=LN(B9/B8)			
10	19971008	63.48	=LN(B10/B9)	=C9^2	=-LN(D10)-C10^2/D10	
11	19971009	63.28	=LN(B11/B10)	=$B$5+$C$5*C10^2+$D$5*D10	=-LN(D11)-C11^2/D11	
12	19971010	63.26				
13	19971011	64.3				
14	19971013	63.55				
15	19971014	64.42				

위 엑셀 시트에서 A열은 날짜가, B열은 주가 데이터가 주어져 있다. 우선 주어진 주가 데이터를 이용하여 로그수익률인 u_i를 C열에 계산한다. D열은 분산을 구해준다. 처음 시작인 $i=2$인 경우는 $v^2=u_1^2$으로 놓고 시작해서 모든 날짜에 대하여 $\sigma_i^2=\omega+\alpha u_{i-1}^2+\beta\alpha_{i-1}^2$식을 이용하여 분산 $v_i=\sigma_i^2$를 계산해준다. E열은 $-\ln(v_i)-u_i^2/v_i$에 해당하는 값을 계산해 준다. 다음에는 구하고자 하는 모수 ω, α, β에 대하여 임의의 값을 입력한 후, 아래 식을 만족하는 해찾기 모형을 설정하여 실행하면 아래와 같은 결과를 얻을 수 있다.

$$\underset{\omega,\alpha,\beta}{Max}\sum_{i=1}^{n}\left[-\ln(v_i)-\frac{u_i^2}{v_i}\right]$$

$$\text{s. t. } \alpha+\beta<1$$

	A	B	C	D	E	F
1	Estimation of Parameters in GARCH(1,1) Model					
2						
3		Trial estimates of GARCH parameters :			$\sigma^2_n = \omega + \alpha\ u^2_{n-1} + \beta\sigma^2_{n-1}$	
4		ω	α	β	Max of function value	제약조건
5		5.9135E-05	0.077885279	0.846126204	8023.579346	0.924011
6						
7	거래일자	KOSPI 200 S_i	로그수익률 u_i	변동성 $v_i = \sigma^2_i$	MLE $-LN(v_i)-u_i^2/v_i$	
8	19971006	67.54				
9	19971007	65.73	-0.027164573			
10	19971008	63.48	-0.034830547	0.000737914	5.567634003	
11	19971009	63.28	-0.003155572	0.000777991	7.145996015	
12	19971010	63.26	-0.000316106	0.00071819	7.23863795	
13	19971011	64.3	0.016306413	0.000666822	6.914231783	
14	19971013	63.55	-0.011732634	0.00064406	7.133988848	
15	19971014	64.42	0.013597146	0.000614813	7.093479689	

Financial Engineering Practice with Excel VBA

14.2 확률분포함수

14.2.1. 누적정규분포함수

엑셀에서는 내장함수로 누적정규분포함수를 지원하므로 굳이 사용자 정의함수로 만들어 둘 필요는 없으나 다른 프로그램에서 지원되지 않을 경우에는 직접 만들어서 사용해야 하는 경우가 있을 것이므로 여기에서 한번 언급해 두고자 한다.

누적정규분포함수 $N(x)$는 해석적(analytical)[주)]이지 않으므로 다항함수(polynomial)로 근사치를 계산하는 방법을 사용한다.

| 정의 | 정규 누적확률분포함수(Normal CDF)

$$\int_{-\infty}^{x} \frac{1}{\sqrt{2\pi}} e^{-\frac{x^2}{2}} dx$$

다음 방법은 소수점 여섯째 자리까지 정확하게 정규누적확률분포 함수값을 계산해 준다.

$N(x) = 1 - N'(x)(a_1 k + a_2 k^2 + a_3 k^3 + a_4 k^4 + a_5 k^5)$: x가 0보다 크거나 같을 때

$N(x) = 1 - N(-x)$: x가 0보다 작을 때

단, $k = \dfrac{1}{1 + \gamma x}$

$\gamma = 0.2316419$

$a_1 = 0.319381530$

$a_2 = -0.356563782$

$a_3 = 1.781477937$

$a_4 = -1.821255978$

$a_5 = 1.330274429$

주) 어떤 함수가 해석적이란 말은 우리가 이미 알고 있는 함수들의 조합으로 그 함수를 표현할 수 있다는 것을 의미한다.

$$N'(x) = \frac{1}{\sqrt{2\pi}} e^{-x^2/2}$$

included **예제** 누적정규분포함수

```
Public Const Pi As Double=3.141592
Function CND(x)
x=0
a=Array(0.31938153, -0.356563782, 1.781477937, _
        -1.821255978, 1.330274429)
L=Abs(x)
k=1 / (1+0.2316419 * L)
CND=1-1 / Sqr(2 * Pi) * Exp(-L ^ 2 / 2) *_
       (a(0) * k+a(1) * k ^ 2+a(2) * k ^ 3+_
       a(3) * k ^ 4+a(4) * k ^ 5)
If x<0 Then
   CND=1-CND
End If
End Function
```

다음 방법은 간단하지만 정확도에서 위의 방법보다 떨어진다(소수점 아래 네 째 자리까지 정확한 값을 계산해 준다).

$N(x) = 1 - N'(x)(a_1 k + a_2 k^2 + a_3 k^3)$: x가 0보다 크거나 같을 때

$N(x) = 1 - N(-x)$: x가 0보다 작을 때

단, $k = \frac{1}{1+\gamma x}$

$\gamma = 0.33267$

$a_1 = 0.4361836$

$a_2 = -0.1201676$

$a_3 = 0.9372980$

14.2.2. 이변량 누적정규분포함수 (Cumulative Bivariate Normal Distribution)

이변량 정규분포함수는 다음과 같다.

$$F(x,y)=\frac{1}{2\pi\sqrt{1-\rho^2}}\exp\left[-\frac{2}{(1-\rho^2)}(x^2-2\rho xy+y^2)\right]$$

이변량 누적 정규분포함수(Cumulative Bivariate Normal Distribution Function)는 두 변수(변량)의 상관계수가 ρ일 때, 첫 번째 변수가 a보다 작고 두 번째 변수가 b보다 작을 확률을 의미하며 정의는 다음과 같다.

$$M(a,b;\rho)=\int_{-\infty}^{a}\int_{-\infty}^{b}F(x,y)dxdy$$

Drezner(1978)은 소수점 아래 여섯 째자리까지 정확한 근사 공식을 제시했다.

우선 다음 함수 ϕ를 정의한다.

$$\phi(a,b;\rho)=\frac{\sqrt{1-\rho^2}}{\pi}\sum_{i=1}^{5}\sum_{j=1}^{i}x_i x_j f(y_i,y_j)$$

단, $f(y_i,y_j)=\exp[a_1(2y_i-a_1)+b_1(2y_j-b_1)+2\rho(y_i-a_1)(y_j-b_1)]$

$a_1=\frac{a}{\sqrt{2(1-\rho^2)}}$, $\quad b_1=\frac{b}{\sqrt{2(1-\rho^2)}}$

$x_1=0.24840615 \qquad y_1=0.10024215$

$x_2=0.39233107 \qquad y_2=0.48281397$

$x_3=0.21141819 \qquad y_3=1.0609498$

$x_4=0.033246660 \qquad y_4=1.7797294$

$x_5=0.00082485334 \qquad y_5=2.6697604$

다음으로 각 경우에 따라 $M(a,b;\rho)$를 계산한다.

(i) a, b, ρ의 곱이 양(positive)이 아닐 경우

1) $a \le 0$, $b \le 0$ 그리고 $\rho \le 0$이면,

$$M(a,b;\rho) = \phi(a,b;\rho)$$

2) $a \le 0$, $b \ge 0$ 그리고 $\rho \le 0$이면,

$$M(a,b;\rho) = N(a) - \phi(a,-b;-\rho)$$

3) $a \ge 0$, $b \le 0$ 그리고 $\rho \ge 0$이면,

$$M(a,b;\rho) = N(b) - \phi(-a,b;-\rho)$$

4) $a \ge 0$, $b \ge 0$ 그리고 $\rho \le 0$이면,

$$M(a,b;\rho) = N(a) + N(b) - 1 + \phi(-a,-b;\rho)$$

(ii) a, b, r의 곱이 양(positive)일 경우

$$M(a,b;\rho) = M(a,0;\rho_1) + M(b,0;\rho_2) - \delta$$

여기서,

$$\rho_1 = \frac{(\rho a - b)Sign(a)}{\sqrt{a^2 - 2\rho ab + b^2}}, \qquad \rho_2 = \frac{(\rho b - a)Sign(b)}{\sqrt{a^2 - 2\rho ab + b^2}}$$

$$\delta = \frac{1 - Sign(a)Sign(b)}{4}, \qquad Sign(x) = \begin{cases} +1 & when \;\; x \ge 0 \\ -1 & when \;\; x < 0 \end{cases}$$

(ii)에서 $M(a, 0; \rho_1)$와 $M(b, 0; \rho_2)$는 a, b, ρ 의 곱이 양(positive)이 아닐 경우의 공식에 따라 계산한다.

included

예제 | Drezner방법

```
Function CBND(a, b, rho)
x=Array(0.24840615, 0.39233107, 0.21141819, _
         0.03324666, 0.00082485334)
y=Array(0.10024215, 0.48281397, 1.0609498, _
         1.7797294, 2.6697604)
```

```
a1=a / Sqr(2 * (1-rho ^ 2))
b1=b / Sqr(2 * (1-rho ^ 2))
If a <= 0 And b <= 0 And rho <= 0 Then
    Sum=0
    For i=0 To 4
        For j=0 To 4
            Sum=Sum+x(i) * x(j) * _
                    Exp(a1 * (2 * y(i) - a1) _
                   +b1 * (2 * y(j) - b1) + 2 * rho * (y(i) _
                   - a1) * (y(j) - b1))
        Next
    Next
    CBND=Sqr(1-rho ^ 2) / Pi * Sum
ElseIf a <= 0 And b >= 0 And rho >= 0 Then
    CBND=CND(a) - CBND(a, -b, -rho)
ElseIf a >= 0 And b <= 0 And rho >= 0 Then
    CBND=CND(b) - CBND(-a, b, -rho)
ElseIf a >= 0 And b >= 0 And rho <= 0 Then
    CBND=CND(a) + CND(b) - 1 + CBND(-a, -b, rho)
ElseIf a * b * rho > 0 Then
    rho1= (rho * a-b) * Sgn(a) _
            / Sqr(a ^ 2-2 * rho * a * b+b ^ 2)
    rho2= (rho * b-a) * Sgn(b) _
            / Sqr(a ^ 2-2 * rho * a * b+b ^ 2)
    delta= (1-Sgn(a) * Sgn(b)) / 4
    CBND=CBND(a, o, rho1) + CBND(b, 0, rho2) - delta
End If
End Function
```

14.2.3. 역정규분포함수

정규분포함수의 역함수 즉, 역정규분포함수(Inverse Normal Distribution Function)는 해석적으로 구할 수 없어 수치적 근사를 이용하는 방법이 개발되었다. Moro[주)]는 3×10^{-9}의 최대 절대오차(maximum absolute error) 즉, 7 × 표준편차 수준까지 정확한 역정규분포함수 근사 공식을 발견하였다. 아래는 이를 이용한 VBA 프로그램예제이다.

included

예제 역정규분포함수(Moro)

```
Function InverseNormal(u)
 'Beasley-Springer-Moro algorithm
a0=2.50662823884
a1=-18.61500062529
a2=41.39119773534
a3=-25.44106049637
b0=-8.4735109309
b1=23.08336743743
b2=-21.06224101826
b3=3.13082909833
c0=0.337475482272615
c1=0.976169019091719
c2=0.160797971491821
c3=2.76438810333863E-02
c4=3.8405729373609E-03
c5=3.951896511919E-04
c6=3.21767881768E-05
c7=2.888167364E-07
c8=3.960315187E-07

y=u-0.5
If Abs(y)<0.42 Then
    r=y*y
    InverseNormal=y*(((a3*r+a2)*r+a1)*r+a0)/_
        ((((b3*r+b2)*r+b1)*r+b0)*r+1)
Else
    r=u
    If (y>0) Then
        r=1-u
    End If
    r=Log(-Log(r))
    x=c0+r*(c1+r*(c2+r*(c3+r*(c4+_
        r*(c5+r*(c6+r*(c7+r*c8)))))))
    If (y<0) Then
        x=-x
```

주) Moro, B.(1995) The full monte, Risk 8(Feb) : 57－58

```
    End If
InverseNormal=x
End If
End Function
```

VBA에서 작성한 사용자 정의함수를 이용해서 결과값을 엑셀에 표시해 보면 아래와 같다.

	A	B	C	D	E	F	G
1	*Inverse Normal Function*					=NORMSINV(D5)	
2					=InverseNormal(D5)		=E5-F5
3							
4	dx	0.01		x	VBA	XL	diff
5				0.01	-2.32635	-2.32635	-8.74013E-07
6				0.02	-2.05375	-2.05375	-1.39162E-06
7				0.03	-1.88079	-1.88079	-9.5804E-07
8				0.04	-1.75069	-1.75069	-5.04303E-07
9				0.05	-1.64485	-1.64485	-1.51327E-07
10				0.06	-1.55477	-1.55477	9.61115E-08

위 결과를 0.01~0.99까지 구간에서 그려보면 아래와 같다. (0과 1에서는 함수가 정의되지 않는다.)

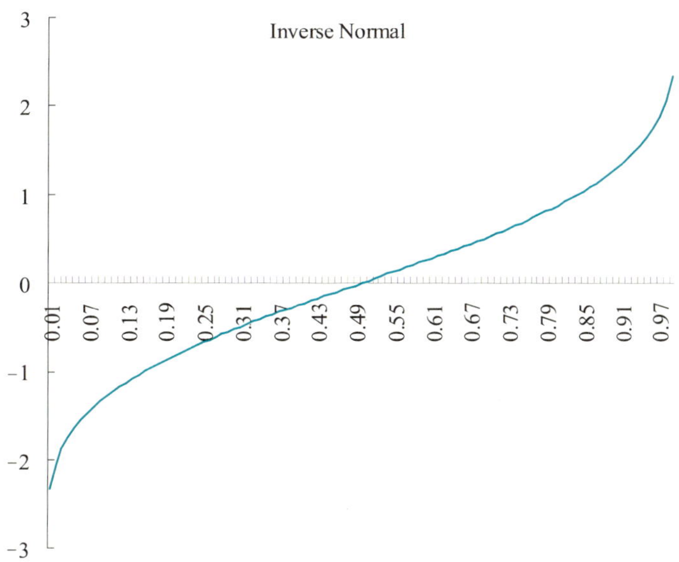

엑셀에서 제공되는 역정규분포함수인 NORMSINV와 그 결과를 비교해 보면 아래와 같다.

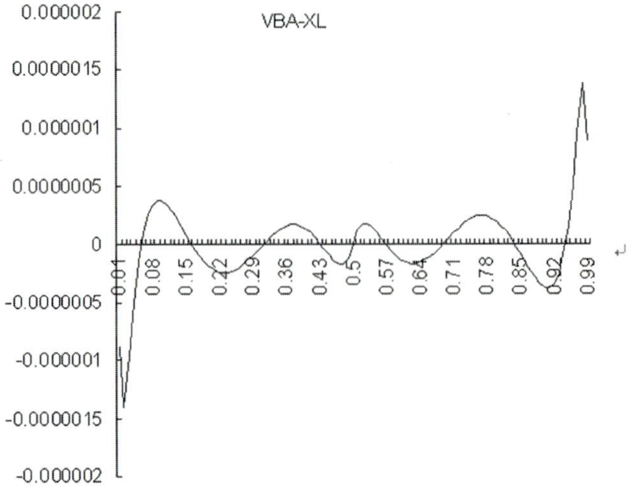

분포의 양끝 부분을 제외하면 오차수준이 5×10^{-7} 이내로 두 결과가 상당히 유사함을 알 수 있다.

각종 증명 및 공식

테일러 전개의 그림설명

$$f(x_1) = \underbrace{f(x_0)(x_1 - x_0)^0}_{(1)} + \frac{1}{1!}\underbrace{f'(x_0)(x_1 - x_0)^1}_{(2)} + \frac{1}{2!}\underbrace{f''(x_0)(x_1 - x_0)^2}_{(3)} + \cdots$$

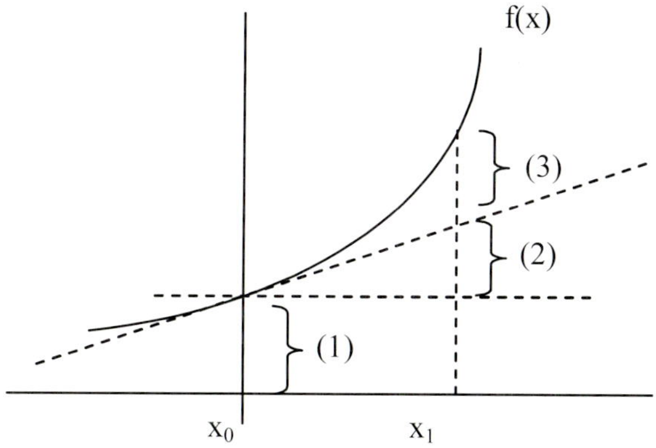

로그정규확률변수의 평균과 분산

| 정의 | 로그정규 확률변수

다음 조건을 만족하는 확률변수 y를 로그정규확률변수라고 한다.

$$\ln y = z \sim N(\mu, \sigma^2) \text{ 또는 } y = e^z$$

| 정의 | 로그정규 확률변수의 평균과 분산

$$E(y) = e^{\mu + \frac{1}{2}\sigma^2}$$

$$Var(y) = \left(e^{\sigma^2} - 1\right)e^{2\mu + \sigma^2}$$

| 증명 |

다음 정리를 이용한다.

| 정리 | 3항제곱공식

$$\begin{aligned}(x+y+z)^2 &= (x+y+z)(x+y+z) \\ &= x^2 + y^2 + z^2 + 2xy + 2xz + 2yz\end{aligned}$$

기호

$q(y)$ y의 확률밀도함수

$$\begin{aligned}E(y) &= \int_0^{\infty} yq(y)dy \\ &= \int_{-\infty}^{\infty} e^x \frac{1}{\sqrt{2\pi}\sigma} \exp\left(-\frac{(x-\mu)^2}{2\sigma^2}\right)dx \\ &= \int_{-\infty}^{\infty} \frac{1}{\sqrt{2\pi}\sigma} \exp\left(-\frac{(x-\mu)^2}{2\sigma^2} + x\right)dx \\ &= \int_{-\infty}^{\infty} \frac{1}{\sqrt{2\pi}\sigma} \exp\left(-\frac{x^2 + \mu^2 - 2\mu x - 2\sigma^2 x}{2\sigma^2}\right)dx\end{aligned}$$

$x^2 + \mu^2 - 2\mu x - 2\sigma^2 = A$ 라고 하면, 3항제곱공식으로부터 다음을 얻을 수 있다.

$$A = (x - \mu - \sigma^2)^2 - 2\mu\sigma^2 - \sigma^4$$

위 결과를 기대값 계산식에 대입하여 정리하면 다음과 같다.

$$\begin{aligned}E(y) &= \int_{-\infty}^{\infty} \frac{1}{\sqrt{2\pi}\sigma} \exp\left(-\frac{(x-\mu-\sigma^2)^2}{2\sigma^2} + \mu + \tfrac{1}{2}\sigma^2\right)dx \\ &= \exp(\mu + \tfrac{1}{2}\sigma^2) \underbrace{\int_{-\infty}^{\infty} \frac{1}{\sqrt{2\pi}\sigma} \exp\left(-\frac{(x-\mu-\sigma^2)^2}{2\sigma^2}\right)dx}_{1} \\ &= \exp(\mu + \tfrac{1}{2}\sigma^2)\end{aligned}$$

위 식에서 3번째 등식은 다음의 사실로부터 도출된다.

평균이 $\mu+\sigma^2$ 이고 분산이 σ^2 인 정규확률변수 x의 확률밀도 함수는 다음과 같다.

$$f(x)=\frac{1}{\sqrt{2\pi}\sigma}\exp\left(-\frac{(x-\mu-\sigma^2)^2}{2\sigma^2}\right)$$

분산을 계산하기 위해 먼저 $E(y^2)$ 을 구해보자.

$$\begin{aligned}E(y^2)&=\int_0^\infty y^2 q(y)dy\\&=\int_{-\infty}^\infty e^{2x}\frac{1}{\sqrt{2\pi}\sigma}\exp\left(-\frac{(x-\mu)^2}{2\sigma^2}\right)dx\\&=\int_{-\infty}^\infty \frac{1}{\sqrt{2\pi}\sigma}\exp\left(-\frac{(x-\mu)^2}{2\sigma^2}+2x\right)dx\\&=\int_{-\infty}^\infty \frac{1}{\sqrt{2\pi}\sigma}\exp\left(-\frac{x^2+\mu^2-2\mu x-4\sigma^2 x}{2\sigma^2}\right)dx\end{aligned}$$

$x^2+\mu^2-2\mu x-4\sigma^2=B$ 라고 하면 3항제곱공식으로부터 다음을 얻을 수 있다.

$$B=(x-\mu-2\sigma^2)^2-4\mu\sigma^2-4\sigma^4$$

위 결과를 대입하여 정리하면 다음과 같다.

$$\begin{aligned}E(y^2)&=\int_{-\infty}^\infty \frac{1}{\sqrt{2\pi}\sigma}\exp\left(-\frac{(x-\mu-\sigma^2)^2}{2\sigma^2}+2\mu+2\sigma^2\right)dx\\&=\exp(2\mu+2\sigma^2)\underbrace{\int_{-\infty}^\infty \frac{1}{\sqrt{2\pi}\sigma}\exp\left(-\frac{(x-\mu-\sigma^2)^2}{2\sigma^2}\right)dx}_{1}\\&=\exp(2\mu+2\sigma^2)\end{aligned}$$

따라서 y의 분산은 다음과 같다.

$$\begin{aligned}Var(y)&=E(y^2)-[E(y)]^2\\&=\exp(2\mu+2\sigma^2)-\left[\exp(\mu+\tfrac{1}{2}\sigma^2)\right]^2\\&=e^{2\mu+\sigma^2}\left(e^{\sigma^2}-1\right)\end{aligned}$$

옵션 그릭스(Greeks) 도출

1. 델타

(1) 콜옵션

$$\frac{\partial C}{\partial S} = e^{-q(T-t)}N(d_1) + Se^{-q(T-t)} \cdot \frac{\partial N(d_1)}{\partial d_1} \cdot \frac{\partial d_1}{\partial_S} - Xe^{-r(T-t)} \cdot \frac{\partial N(d_2)}{\partial d_2} \cdot \frac{\partial d_2}{\partial S}$$

$$\frac{\partial N(d_1)}{\partial d_1} = \frac{1}{\sqrt{2\pi}} e^{\frac{-d_1^2}{2}} \ : N(X) = \frac{1}{\sqrt{2\pi}} e^{\frac{-x^2}{2}}$$

$$= \frac{1}{\sqrt{2\pi}} \exp\left[\frac{-(d_2 + \sigma\sqrt{T-t})^2}{2}\right] \quad : \quad d_2 = d_1 - \sigma\sqrt{T-t}$$

$$= \frac{1}{\sqrt{2\pi}} \exp\left[\frac{-(d_2^2 + 2d_2\sigma\sqrt{T-t} + \sigma^2(T-t)}{2}\right]$$

$$= \frac{1}{\sqrt{2\pi}} \exp\left[\frac{-d_2^2}{2}\right] \cdot \exp\left[-(\ln\frac{S}{X} + (r - q - \frac{\sigma^2}{2})(T-t) - \frac{1}{2}\sigma^2(T-t)\right]$$

$$= \frac{\partial N(d_2)}{\partial d_2} \cdot \exp\left[-\ln\frac{S}{X} - (r - q - \frac{\sigma^2}{2})(T-t) - \frac{1}{2}\sigma^2(T-t)\right]$$

$$= \frac{\partial N(d_2)}{\partial d_2} \cdot \exp\left[\ln\frac{S}{X} - (r-q)(T-t) + \frac{1}{2}\sigma^2(T-t) - \frac{1}{2}\sigma^2(T-t)\right]$$

$$= \frac{\partial N(d_2)}{\partial d_2} \cdot \exp\left[\ln\frac{S}{X} \cdot \exp[(q-r)(T-t)]\right]$$

$$= \frac{X}{S} \cdot \frac{\partial N(d_2)}{\partial d_2} \cdot \exp\left[(q-r)(T-t)\right]$$

$$\frac{\partial d_1}{\partial S} = \frac{1}{S\sigma\sqrt{T-t}} = \frac{\partial d_2}{\partial S}$$

$$\therefore \frac{\partial C}{\partial S} = \exp\left[-q(T-t)\right]N(d_1) + \exp\left[-q(T-t)\right] \cdot X\frac{\partial N(d_2)}{\partial d_2} \cdot \exp\left[(q-r)(T-t)\right] \cdot \frac{1}{S\sigma\sqrt{T-t}}$$

$$-X\exp\left[-r(T-t)\right]\frac{\partial N(d_2)}{\partial d_2} \cdot \frac{1}{S\sigma\sqrt{T-t}}$$

$$= \exp\left[-q(T-t)\right]N(d_1) + X\frac{\partial N(d_2)}{\partial d_2}\exp\left[-r(T-t)\right]\frac{1}{S\sigma\sqrt{T-t}} - X\exp\left[-r(T-t)\right] \cdot \frac{1}{S\sigma\sqrt{T-t}}$$

$$= \exp\left[-q(T-t)\right]N(d_1)$$

(2) 풋옵션

$$\text{Put Price} = X\exp[-r(T-t)]N(-d_2) - S\exp[-q(T-t)]N(-d_1)$$

①

$$N(-d_2) = 1 - N(d_2)$$
$$N(-d_1) = 1 - N(d_1) \qquad : \text{Cumulative normal distribution}$$
$$\begin{aligned}\text{Put Price} &= X\exp[-r(T-t)](1-N(d_2)) - S\exp[-q(T-t)](1-N(d_1)) \\ &= X\exp[-r(T-t)] - X\exp[-r(T-t)]N(d_2) - S\exp[-q(T-t)] \\ &\quad + S\exp[-q(T-t)]N(d_1)\end{aligned}$$

$$\begin{aligned}\frac{\partial P}{\partial S} &= -X\exp[-r(T-t)]\frac{\partial N(d_2)}{\partial d_2}\cdot\frac{\partial d}{\partial S} - \exp[-q(T-t)] + \exp[-q(T-t)]N(d_1) \\ &\quad + S\exp[-q(T-t)]\frac{\partial N(d_1)}{\partial d_1}\cdot\frac{\partial d_1}{\partial S}\end{aligned}$$

②

$$\frac{\partial N(d_1)}{\partial d_1}\cdot\frac{\partial d_1}{\partial S} = \frac{X}{S}\frac{\partial d_2}{\partial S}\frac{\partial N(d_2)}{\partial d_2}\exp[(q-r)(T-t)]$$

$$\begin{aligned}\frac{\partial P}{\partial S} &= -X\exp[-r(T-t)]\frac{\partial N(d_2)}{\partial d_2}\frac{\partial d_2}{\partial S} + \exp[-q(T-t)](N(d_1)-1) \\ &\quad + S\exp[(-q(T-t)]\frac{X}{S}\frac{\partial d_2}{\partial S}\frac{\partial N(d_2)}{\partial d_2}\exp[(q-r)(T-t)] \\ &= \exp[-q(T-t)](N(d_1)-1) - X\exp[-r(T-t)]\frac{\partial N(d_2)}{\partial d_2}\frac{\partial d_2}{\partial S} \\ &\quad + X\exp[-r(T-t)]\frac{\partial N(d_2)}{\partial d_2}\frac{\partial d_2}{\partial S} \\ &= \exp[-q(T-t)](N(d_1)-1)\end{aligned}$$

2 감마(Gamma)

$$\begin{aligned}\frac{\partial^2 C}{\partial S^2} &= \exp[-q(T-t)]N(d_1) - \frac{\partial d_1}{\partial S} \qquad \left(\text{where } \frac{\partial d_1}{\partial S} = \frac{1}{S\sigma\sqrt{T-t}}\right) \\ &= \frac{N(d_1)}{S\sigma\sqrt{T-t}}\exp[-q(T-t)]\end{aligned}$$

3. 쎄타(Theta)

(1) 콜옵션의 쎄타

$$\frac{\partial C}{\partial t} = S\exp[-q(T-t)](q)N(d_1) + S\exp[-q(T-t)]N'(d_1)\frac{\partial d_1}{\partial t} - X\exp[-r(T-t)](r)N(d_2)$$
$$- X\exp[-r(T-t)]N'(d_2)\frac{\partial d_2}{\partial t}$$

$$\text{i) } \frac{\partial d_1}{\partial t} = \frac{\partial\left(\frac{(r-q+\frac{\sigma^2}{2})}{\sigma}\sqrt{T-t}\right)}{\partial t} = \frac{(r-q+\sigma^2/2)}{\sigma}\cdot\left(-\frac{1}{2\sqrt{T-t}}\right)$$

$$\text{ii) } \frac{\partial d_1}{\partial t} = \frac{\partial\left(\frac{(r-q+\frac{\sigma^2}{2})}{\sigma}\sqrt{T-t}\right)}{\partial t} = \frac{(r-q-\sigma^2/2)}{\sigma}\cdot\left(-\frac{1}{2\sqrt{T-t}}\right)$$

$$\text{iii) } S\frac{\partial N(d_1)}{\partial d_1} = X\frac{\partial N(d_2)}{\partial d_2}\exp[(q-r)(T-t)]$$

$$\frac{\partial C}{\partial t} = Sq\exp[-q(T-t)]N(d_1) - Xr\exp[-r(T-t)]N(d_2)$$
$$- S\exp[-q(T-t)]N'(d_1)\frac{(r-q+\sigma^2/2)}{\sigma}\cdot\left(\frac{1}{2\sqrt{T-t}}\right)$$
$$+\exp[-r(T-t)]\cdot S\frac{\partial N(d_1)}{\partial d_1}\exp[-(q-r)(T-t)]\cdot\frac{(r-q-\sigma^2/2)}{\sigma}\cdot\left(\frac{1}{2\sqrt{T-t}}\right)$$
$$= Sq\exp[-q(T-t)]N(d_1) - Xr\exp[-r(T-t)]N(d_2)$$
$$-\left(\frac{1}{2\sqrt{T-t}}\right)S\frac{(r-q+\sigma^2/2)}{\sigma}\exp[-q(T-t)]N'(d_1)$$
$$+\frac{S(r-q-\sigma^2/2)}{2\sigma\sqrt{T-t}}\cdot\exp[-q(T-t)]\cdot N'(d_1)$$
$$= Sq\exp[-q(T-t)]N(d_1) - Xr\exp[-r(T-t)]N(d_2)$$
$$+\frac{S}{2\sigma\sqrt{T-t}}\cdot\exp[-q(T-t)]\cdot N'(d_1)(r-q-\sigma^2/2-r+q-\sigma^2/2)$$
$$= Sq\exp[-q(T-t)]N(d_1) - Xr\exp[-r(T-t)]N(d_2)$$
$$-\frac{\sigma S}{2\sqrt{T-t}} - \exp[-q(T-t)]\cdot N'(d_1)$$

(2) 풋옵션의 쎄타

$$\text{Put Price} = X\exp[-r(T-t)] - X\exp[-r(T-t)]N(d_2) - S\exp[-q(T-t)] + S\exp[-q(T-t)]N(d_1)$$

$$\frac{\partial P}{\partial t} = X\exp[-r(T-t)](r) - X(r)\exp[-r(T-t)]N(d_2) - X\exp[-r(T-t)]N(d_2)\cdot\frac{\partial d_2}{\partial t} - S(q)\exp[-q(T-t)] + S\exp[-q(T-t)](q)N(d_1) + S\exp[-q(T-t)](q)N'(d_1)\frac{\partial d_1}{\partial t}$$

i) $XN'(d_2) = SN'(d_1)\exp[(r-q)(T-t)]$

ii) $\dfrac{\partial d_1}{\partial t} = \dfrac{(r-q+\sigma^2/2)}{\sigma}\dfrac{-1}{2\sqrt{T-t}}$

iii) $\dfrac{\partial d_2}{\partial t} = \dfrac{(r-q-\sigma^2/2)}{\sigma}\dfrac{-1}{2\sqrt{T-t}}$

한편,

$$-X\exp[-r(T-t)]N(d_2)\cdot\frac{\partial d_2}{\partial t} = -\exp[-r(T-t)]\cdot SN'(d_1)\exp[(r-q)(T-t)] \times\frac{(r-q-\sigma^2/2)}{\sigma}\frac{-1}{2\sqrt{T-t}}$$

$$\begin{aligned}\frac{\partial P}{\partial t} &= Xr\exp[-r(T-t)] - Xr\exp[-r(T-t)]N(d_2) \\ &\quad + \frac{SN'(d_1)(r-q-\sigma^2/2)}{\sigma}\frac{1}{2\sqrt{T-t}}\exp[-q(T-t)] \\ &\quad - Sq\exp[-q(T-t)] + Sq\exp[-q(T-t)]N(d_1) \\ &\quad + SN'(d_1)\exp[-q(T-t)]\frac{1}{2\sqrt{T-t}} \\ &= Xr\exp[-r(T-t)](1-N(d_1)) + Sq\exp[-q(T-t)](N(d_1)-1) \\ &\quad + \frac{SN'(d_1)}{2\sigma\sqrt{T-t}}\exp[-q(T-t)](r-q-\frac{\sigma^2}{2}-r+q-\frac{\sigma^2}{2}) \\ &= Xr\exp[-r(T-t)]N(-d_2) - Sq\exp[-q(T-t)]N(-d_1) - \frac{SN'(d_1)}{2\sqrt{T-t}}\sigma\exp[-q(T-t)]\end{aligned}$$

4. 로(Rho)

(1) 콜옵션의 로

$$\frac{\partial C}{\partial r} = S\exp[-q(T-t)]N'(d_1)\frac{\partial d_1}{\partial r} - X\exp[-r(T-t)](-T+t)N(d_2)$$
$$-X\exp[-r(T-t)]N'(d_2)\frac{\partial d_2}{\partial r}$$

i) $X\exp[-r(T-t)]N'(d_2) = SN'(d_1)\exp[-q(T-t)]$

ii) $\frac{\partial d_1}{\partial r} = \frac{\sqrt{T-t}}{\sigma} = \frac{\partial d_2}{\partial r}$

$$\therefore \frac{\partial C}{\partial r} = S\exp[-q(T-t)]N'(d_1)\frac{\partial d_1}{\partial r} + X\exp[-r(T-t)](T-t)N(d_2)$$
$$-SN'(d_1)\exp[-q(T-t)]$$
$$= X(T-t)N(d_2)\exp[-r(T-t)]$$

(2) 풋옵션의 로

$$\frac{\partial P}{\partial r} = X\exp[-r(T-t)](-T+t)N(-d_2) + X\exp[-r(T-t)]N'(-d_2)\frac{\partial d_2}{\partial r}$$
$$+S\exp[-q(T-t)]N'(d_1)\frac{\partial(-d_1)}{\partial r}$$

i) $X\exp[-r(T-t)]N'(d_2) = SN'(-d_1)\exp[-q(T-t)]$

$$\therefore \frac{\partial P}{\partial r} = -X(T-t)\exp[-r(T-t)]N(d_2) + SN'(-d_1)\exp[-q(T-t)](-\frac{\partial d_2}{\partial r})$$
$$-SN'(-d_1)\exp[-q(T-t)](-1)\frac{\partial d_1}{\partial r}$$
$$= -X(T-t)N(-d_2)\exp[-r(T-t)]$$

5 베가(Vega)

$$\frac{\partial C}{\partial \sigma} = S\exp[-q(T-t)]N'(d_1)\frac{\partial d_1}{\partial \sigma} - X\exp[-r(T-t)]N'(d_2)\frac{\partial d_2}{\partial \sigma}$$

i) $XN'(d_2)\exp[-r(T-t)] = SN'(d_1)\exp[-q(T-t)]$

ii) $\frac{\partial d_1}{\partial \sigma} = \frac{\sigma(T-t)}{\sigma\sqrt{T-t}} + \frac{1}{2}\sigma^2\frac{T-t}{\sqrt{T-t}}\cdot(-1)\frac{1}{\sigma^2} = \sqrt{T-t} - \frac{1}{2}\sqrt{T-t} = \frac{1}{2}\sqrt{T-t}$

iii) $\frac{\partial d_2}{\partial \sigma} = -\frac{1}{2}\sqrt{T-t}$

$$\therefore \frac{\partial C}{\partial \sigma} = S\exp[-q(T-t)]N'(d_1)\times\frac{1}{2}\sqrt{T-t} - SN'(d_1)\exp[-q(T-t)]\times\left(-\frac{1}{2}\sqrt{T-t}\right)$$
$$= S\sqrt{T-t}\,N'(d_1)\exp[-q(T-t)]$$

Jamshidian's Forward Induction Pricing Formula

전진계산법(Forward Induction)에서 가장 핵심부분은 '상태가격'을 계산하는 것이다. 이항트리에서 상태가격은 다음 공식을 이용해서 계산할 수 있다.

$\lambda(n,j)$: (n,j) 노드에서만 1을 지급하는 증권의 현재시점($t=0$)에서의 가격. 상태가격

$R(i,j)$: (i,j) 노드에서 무위험 이자율이 r일 때, $R(i,j) = 1 + r\Delta t$

Δt : 이항트리의 시간간격

$$\lambda(0,0) = 1$$

$$\lambda(n,j) = 0 \text{ whenever } j < 0 \text{ or } j > n$$

$$\lambda(n,j) = \frac{1-\pi(n-1,j)}{R(n-1,j)}\lambda(n-1,j) + \frac{\pi(n-1,j-1)}{R(n-1,j-1)}\lambda(n-1,j-1)$$

최소자승법(Ordinary Least Square : OLS) : 선형회귀공식 도출

| 문제설정 |

$$\underset{a,b}{Min}\sum_{i=1}^{n} e_i^2$$

여기서, $e_i = y_i - \hat{y}_i$

$y_i =$ 실제 관측된 i번째 종속변수의 값

$\hat{y}_i = ax_i + b$: 선형회귀식을 통해 추정한 종속변수의 값

$x_i =$ 실제 관측된 i번째 독립변수의 값

$n =$ 관측치의 개수

| 문제풀이 |

목적함수의 최대값을 알기 위해 목적함수를 인수(Argument)에 대해 미분을 한다.

$$\frac{\partial \sum e_i^2}{\partial a} = \frac{\partial \sum (y_i - ax_i - b)^2}{\partial a} = 2\sum (y_i - ax_i - b)(-x_i) = 0$$

$$\frac{\partial \sum e_i^2}{\partial b} = \frac{\partial \sum (y_i - ax_i - b)^2}{\partial b} = 2\sum (y_i - ax_i - b)(-1) = 0$$

위 식을 정리하여 행렬형식으로 쓰면 다음과 같다.

$$\begin{bmatrix} \sum x & n \\ \sum x^2 & \sum x \end{bmatrix} \begin{bmatrix} a \\ b \end{bmatrix} = \begin{bmatrix} \sum y \\ \sum xy \end{bmatrix}$$

2×2역행렬 공식 $\begin{bmatrix} a & b \\ c & d \end{bmatrix}^{-1} = \frac{1}{|A|}\begin{bmatrix} d & -b \\ -c & a \end{bmatrix}$ (여기서 $|A| = ad - bc$)을 이용해서 위 연립방정식을 풀면,

$$\begin{bmatrix} a \\ b \end{bmatrix} = \frac{1}{(\Sigma x)^2 - n\Sigma x^2} \begin{bmatrix} \Sigma x & -n \\ -\Sigma x^2 & \Sigma x \end{bmatrix} \begin{bmatrix} \Sigma y \\ \Sigma xy \end{bmatrix}$$

즉,

$$a = \frac{\Sigma x \Sigma y - n\Sigma xy}{(\Sigma x)^2 - n\Sigma x^2}, \quad b = \frac{\Sigma x \Sigma xy - \Sigma x^2 \Sigma y}{(\Sigma x)^2 - n\Sigma x^2}$$

이다.

이 때, b는 다음 관계식에서도 도출이 가능하다.

$$b = E(y) - aE(x)$$

Nelson and Siegel의 선도이자율 함수로부터 채권가격 구하기

Nelson and Siegel은 순간선도금리가 다음 형태를 갖는다고 가정한다.

$$f(0,u) = a + be^{-\alpha u} + cue^{-\alpha u}$$

| 정리 |

T시점에 1을 지급하는 할인채권의 현재가격 $P(0,T)$은 다음과 같이 쓸 수 있다.

$$P(0,T) = \exp(-A - BT + (A + CT)e^{-\alpha T})$$

여기서, $A = \frac{b}{\alpha} + \frac{c}{\alpha^2}$, $B = a$, $C = \frac{c}{\alpha}$

순간선도금리의 정의로부터 다음을 얻는다.

$$P(0,T) = \exp\left[-\underbrace{\int_0^T f(0,u)du}_{W} \right]$$

$$\begin{aligned} W &= \int_0^T \left(a + be^{-\alpha u} + cue^{-\alpha u} \right) du \\ &= \underbrace{\int_0^T adu}_{X} + \underbrace{\int_0^T be^{-\alpha u} du}_{Y} + \underbrace{\int_0^T cue^{-\alpha u} du}_{Z} \end{aligned}$$

위 식에서 X, Y, Z를 나누어 계산하면 다음과 같다.

$$X = [au]_0^T = aT$$

$$Y = \left[b(-\tfrac{1}{\alpha})e^{-\alpha u} \right]_0^T = -\tfrac{b}{\alpha}e^{-\alpha T} + \tfrac{b}{\alpha}$$

Z는 다음의 부분적분(Integration by part)공식을 이용한다.

> 부분적분 공식
>
> $$\int f(x)g'(x)dx = f(x)g(x) - \int f'(x)g(x)dx$$

여기서 $f(x) = x$, $g'(x) = e^{-\alpha x}$가 된다.

$$\begin{aligned} Z &= c\left[T\left(-\frac{1}{\alpha}e^{-\alpha T} \right) - \int_0^T \left(-\frac{1}{\alpha}e^{-\alpha u} \right) du \right] \\ &= c\left[T\left(-\frac{1}{\alpha}e^{-\alpha T} \right) - \left[\frac{1}{\alpha^2}e^{-\alpha u} \right]_0^T \right] \\ &= -\frac{cT}{\alpha}e^{-\alpha T} - \frac{c}{\alpha^2}e^{-\alpha T} + \frac{c}{\alpha^2} \end{aligned}$$

X, Y, Z를 원래 식에 대입하면 다음을 얻는다.

$$W = aT + \underbrace{\frac{b}{\alpha} + \frac{c}{\alpha^2}}_{A} - \left(\frac{b}{\alpha} + \frac{c}{\alpha^2} + \frac{c}{\alpha}T\right)e^{-\alpha T}$$

볼록성(Convexity) 조정 공식 도출

| 정의 | $E(y-f)^2$의 추정(1)

$$E(y - E(y))^2 = f^2(e^{\sigma^2 T} - 1)$$

| 증명 |

y가 다음과 같은 로그정규 과정을 따른다고 하자.

$$dy = \mu y dt + \sigma y dz$$

그러면 다음이 성립한다.

$$\Delta \ln y(t) \sim N\left(\ln y(0) + \left(\mu - \tfrac{\sigma^2}{2}\right)T, \sigma^2 T\right)$$

이 때, $y(0)=f$이다.

로그정규 분포 확률변수의 평균과 분산 공식으로부터 다음을 얻는다.

$$E(y) = e^{\ln f + \mu T} = fe^{\mu T}$$

$$E(y - E(y))^2 = f^2 e^{2\mu T}(e^{\sigma^2 T} - 1)$$

만약, $E(y) \approx f$ 라고 하면 $E(y) \neq f$이기 때문에[주)] 위 식은 다음과 같이 된다.

$$E(y - E(y))^2 = f^2(e^{\sigma^2 T} - 1)$$

| 정리 | $E(y-f)^2$의 추정(2)

$$E(y - E(y))^2 = f^2 \sigma^2 T$$

주) 볼록성 조정이 필요한데, 다시 $E(y)=f$ 로 가정한 것은 모순이다. 그러나 근사적으로 $E(y) \approx f$ 로 가정한 것이므로 어느 정도 양해가 가능하다.

| 증명 |

$e^{\sigma^2 T}-1$을 테일러 전개하여 1차항에서 근사하면 $\sigma^2 T$를 얻는다.

포트폴리오의 평균과 분산

포트폴리오 수익률 : $r_P = w_1 r_1 + ... + w_n r_n = \Sigma_{i=1}^{n} w_i r_i$

포트폴리오 수익률의 평균 : $E(r_p) = \Sigma_{i=1}^{n} w_i E(r_i)$

포트폴리오 수익률의 분산 : $\sigma_p^2 = V(r_p) = \Sigma_{i=j} w_i^2 \sigma_i^2 + \Sigma_{i \neq j} w_i w_j \sigma_{ij}$

| 증명 | 포트폴리오가 2개의 자산으로 구성되었을 경우

$$
\begin{aligned}
V(r_p) &= V(w_1 r_1 + w_2 r_2) \\
&= \underbrace{E\left[(w_1 r_1 + w_2 r_2)^2\right]}_{A} - \underbrace{\left[E(w_1 r_1 + w_2 r_2)\right]^2}_{B}
\end{aligned}
$$

$$
\begin{aligned}
A &= E\left[w_1^2 r_1^2 + w_2^2 r_2^2 + 2 w_1 w_2 r_1 r_2\right] \\
&= w_1^2 E[r_1^2] + w_2^2 E[r_2^2] + 2 w_1 w_2 E[r_1 r_2]
\end{aligned}
$$

$$
\begin{aligned}
B &= \left[w_1 E(r_1) + w_2 E(r_2)\right]^2 \\
&= w_1^2 E(r_1)^2 + w_2^2 E(r_2)^2 + w_1 E(r_1) w_2 E(r_2)
\end{aligned}
$$

$$
\begin{aligned}
V(r_p) &= w_1^2 E\left[r_1^2\right] + w_2^2 E\left[r_2^2\right] + 2 w_1 w_2 E\left[r_1 r_2\right] \\
&\quad - w_1^2 E(r_1)^2 - w_2^2 E(r_2)^2 - 2 w_1 w_2 E(r_1) E(r_2) \\
&= w_1^2 V(r_1) + w_2^2 V(r_2) + 2 w_1 w_2 Cov(r_1, r_2)
\end{aligned}
$$

분산/공분산 공식

$$V(x) = E(x^2) - E(x)^2$$

$$
\begin{aligned}
Cov(x, y) &= E\left[(x - E(x))(y - E(y))\right] \\
&= E(xy) - E(x)E(y)
\end{aligned}
$$

균일분포 확률변수의 평균과 분산

$X \sim U[a, b]$

X의 확률밀도 함수 : $f(X) = \frac{1}{b-a}$

$$E(X) = \int_a^b Xf(X)dX = \frac{1}{b-a}\left[\frac{1}{2}X^2\right]_a^b = \frac{a+b}{2}$$

$$V(X) = E(X^2) - E(X)^2 = \int_a^b X^2 f(X)dX - \left[\frac{a+b}{2}\right]^2$$
$$= \frac{1}{b-a}\left[\frac{1}{3}X^3\right]_a^b - \left[\frac{a+b}{2}\right]^2$$
$$= \frac{a^2+ab+b^2}{3} - \frac{a^2+2ab+b^2}{4} = \frac{(b-a)^2}{12}$$

변수변환

$x = \ln S$ 라고 하면 Black – Scholes PDE는 다음과 같이 변경된다.

Black – Scholes PDE : $\frac{\partial f}{\partial t} + rS\frac{\partial f}{\partial S} + \frac{1}{2}\sigma^2 S^2 \frac{\partial^2 f}{\partial S^2} = rf$

변경된 PDE : $\frac{\partial f}{\partial t} + \left(r - \frac{1}{2}\sigma^2\right)\frac{\partial f}{\partial x} + \frac{1}{2}\sigma^2 \frac{\partial^2 f}{\partial x^2} = rf$

| 증명 |

$$\frac{\partial f}{\partial t} + rS\frac{\partial f}{\partial S} + \frac{1}{2}\sigma^2 S^2 \frac{\partial^2 f}{\partial S^2} = rf$$

위 Black – Scholes PDE에 다음 결과를 대입하면

$$\frac{\partial f}{\partial S} = \frac{\partial f}{\partial x}\frac{\partial x}{\partial S}$$

$$\frac{\partial^2 f}{\partial S^2} = \frac{\partial}{\partial S}\left(\frac{\partial f}{\partial S}\right) = \frac{\partial x}{\partial S}\underbrace{\frac{\partial}{\partial x}\left(\frac{\partial f}{\partial x}\frac{\partial x}{\partial S}\right)}_{\text{함수곱 미분법}} = \frac{\partial x}{\partial S}\left(\frac{\partial^2 f}{\partial x^2}\frac{\partial x}{\partial S} + \frac{\partial f}{\partial x}\frac{\partial^2 x}{\partial S^2}\right)$$

여기서, $\frac{\partial x}{\partial S} = \frac{1}{S}$. $\frac{\partial^2 x}{\partial S^2} = -\frac{1}{S^2}$

다음 식을 얻을 수 있다.

$$\frac{\partial f}{\partial t} + \left(r - \frac{1}{2}\sigma^2\right)\frac{\partial f}{\partial x} + \frac{1}{2}\sigma^2 \frac{\partial^2 f}{\partial x^2} = rf$$

○ 라이보 시장모형(Libor Market Model)의 표류항(Drift) 도출

| 정리 |

현재 수익률곡선의 최종 만기를 t_{N+1}이라고 하자. 최종측도하에서(Under the terminal measure), tn시점에 만기가 되는 라이보금리 $L_n(t)$ $(1 \le n \le N-1)$의 표류항은 다음과 같다.

$$\mu_n(t) = -\sum_{k=n+1}^{N} \frac{\delta L_k(t)\lambda(t)^2}{1+\delta L_k(t)}$$

| 증명 |

라이보 금리를 직접 시장에서 매매할 수는 없지만, 라이보 금리에 다음의 채권 $B(t, t_{k+1})$을 곱한 것은 시장에서 실제 거래할 수 있는 자산(tradable asset)이다. 즉, 아래 식과 같이 $B(t,t_k)$ 채권을 $1/\delta$만큼 매입하고, $B(t, t_{k+1})$을 만큼 $1/\delta$ 매도하면 된다.

$$B(t,t_{k+1})L_k(t) = \frac{1}{\delta}\left(B(t,t_k) - B(t,t_{k+1})\right)$$

위 자산을 분모자산(numeraire)인 $B(t, t_{N+1})$로 나누어주면 최종측도하에서[주)] 이 값은 마팅게일(martingale)이 된다. 이 값을 $X(k)$라고 하자.

$$X(k) = \frac{B(t,t_{k+1})L_k(t)}{B(t,t_{N+1})} \text{ : 마팅게일}$$

위 식에서 $k=N$일 경우를 생각해보자. 직접 대입해보면 다음과 같다.

$$\frac{B(t,t_{N+1})L_N(t)}{B(t,t_{N+1})} = L_N(t)$$

즉 $X(N)$은 t_N 이 만기인 라이보 금리 $L_N(t)$이며, 위에서 본 바와 같이 $X(N)$은 마팅게일이다. 따라서 $L_N(t)$의 표류항은 '0'이어야 한다. 즉, 다음이 성립한다.

$$\frac{dL_N(t)}{L_N(t)} = \sigma_N dw_t$$

다음으로 $k=N-1$일 경우를 생각해보자.

$X(k)$에 대입해보면 아래 식을 얻는다.

주) 정의에 의해 최종측도(terminal measure)란, 임의의 자산을B(t, t_{N+1})로 나누었을 때 그 값을 마팅게일이 되도록 하는 확률측도를 말한다.

$$\frac{B(t,t_N)L_{N-1}(t)}{B(t,t_{N+1})} = \delta L_{N-1}(t)L_N(t) + L_{N-1}(t)$$

위 식은 또한 마팅게일이어야 하므로 다음식이 성립한다.

$$d\big(\delta L_{N-1}(t)L_N(t) + L_{N-1}(t)\big) = \sigma_X dw_t$$

$d(\ )$는 괄호안의 식을 미분한다는 의미이다.

위식의 좌변을 직접 미분해서 정리하면 다음과 같다.

$$\begin{aligned} LHS &= \delta\big(L_N dL_{N-1} + L_{N-1}dL_N + \sigma_N \sigma_{N-1}\rho_{N,N-1}L_N L_{N-1}dt\big) + dL_{N-1} \\ &= (1+\delta L_N)dL_{N-1} + \delta L_{N-1}dL_N + \delta\sigma_N\sigma_{N-1}L_N L_{N-1}dt \end{aligned}$$

$L_{N-1}(t)$가 다음 확률과정을 따른다고 하자.

$$\frac{dL_{N-1}(t)}{L_{N-1}(t)} = \mu_{N-1}dt + \sigma_{N-1}dw_t$$

위 식을 앞의 결과에 대입하면 아래 식을 얻는다.

$$\begin{aligned} LHS &= (1+\delta L_N)\big(L_{N-1}\mu_{N-1}dt + \sigma_{N-1}dw_t\big) + \delta L_{N-1}L_N\sigma_N dw_t + \delta\sigma_N\sigma_{N-1}L_N L_{N-1}dt \\ &= \big[(1+\delta L_N)L_{N-1}\mu_{N-1} + \delta\sigma_N\sigma_{N-1}L_N L_{N-1}\big]dt + \big[(1+\delta L_N)\sigma_{N-1} + \delta L_{N-1}L_N\sigma_N\big]dw_t \\ &= RHS = \sigma_X dw_t \end{aligned}$$

최종적으로 다음 관계식을 얻고

$$(1+\delta L_N)L_{N-1}\mu_{N-1} + \delta\sigma_N\sigma_{N-1}L_N L_{N-1} = 0$$

μ_{N-1}에 대해 정리하면 $L_{N-1}(t)$에 대한 표류항을 얻는다.

$$\mu_{N-1} = -\frac{\delta\sigma_N\sigma_{N-1}L_N}{(1+\delta L_N)}$$

이 때, $\sigma_N = \sigma_{N-1} = \cdots = \lambda$ 라고 두고, $k=n-2,\ n-3$ 등등에 대해 위 관계를 계속 적용하면 일반적으로 다음의 결과를 얻게 된다.

$$\mu_n(t) = -\sum_{k=n+1}^{N}\frac{\delta L_k(t)\lambda(t)^2}{1+\delta L_k(t)}$$

참고로 분자자산을 '초기에 1을 투자한 뒤 매 δ 시점 뒤에 이를 재투자하는 자산(Money Market Account)'으로 사용할 경우 표류항은 다음과 같이 변경된다.[주)]

$$\mu_n(t) = \sum_{k=0}^{n} \frac{\delta L_k(t)\lambda(t)^2}{1+\delta L_k(t)}$$

주) 이것은 연속시간 이자율모형에서는 위험중립확률에 대응하는 분자자산 $\beta(t) = \exp\left(\int_0^t r(u)du\right)$ 에 해당한다. J. Hull(2003, 5/e p.578)은 이를 "rolling CD"라고 했으며 이에 대응하는 확률을 "rolling forward risk－neutral probability(world)"라고 했다. P. Glassman(2004) p.170

Financial Engineering Practice with Excel VBA

참고문헌

금융감독원 (2002), 금융회사의 파생상품거래에 대한 리스크관리 모범 규준

김태국, 나양, 신동신, 이승배 (2006) 공학도를 위한 수치해석, 한국맥그로힐

이준행, 이종식 (2004), 엑셀/VBA를 이용한 금융공학, 경문사

이형준, 강형문 (2004), 엑셀 VBA와 함께하는 투자분석, 한국금융연수원

Bjerksund, P. and Stensland, G. (1996) "Implementing the Black-Derman-Toay Interest Rate Model" Journal of Fixed Income 6. pp.67-75

Black, F., and M. Scholes (1973), "The pricing of options and corporate liabilities," Journal of Political Economy, Vol.81, pp.637-659

Black, F., E. Derman, and W. Toy (1990), "A One-factor Model of Interest Rates and its Application to Treasury Bond Options," Financial Analysts Journal, Vol.46, pp.33-39

Bollerslev, T. (1986), "Generalized Autoregressive Conditional Hetero-scedasticity," Journal of Econometrics, Vol.31, pp.307-327

Box, G. E. P. and Muller, M. E. (1958) "A Note on the Generation of Random Normal Deviates" Ann. Math. Stat. pp.610-611

Brandimarte, P. (2002), Numerical Methods in Finance: A MATLAB-Based Introduction, John Wiley & Sons, Inc

Clewlow, L. and C., Strickland (1998), Implementing Derivatives Models, John Wiley & Sons, Inc.

Cox, J. and S. Ross (1976), "The Valuation of Options for Alternative Stochastic Processes," Journal of Financial Economics, Vol.3, pp.145-166

Cox, J., S. Ross, and M. Rubinstein (1979), "Option Pricing: A Simplified Approach," Journal of Financial Economics, Vol.7, pp.229-263.

Dalton, S. (2005) Excel Add-in Development in C/C++, John Wiley & Sons

DeRosa, D. (2000) Options on Foreign Exchange, John Wiley & Sons

Duffy, D. (2006) Finite Difference Methods in Financial Engineering, John Wiley & Sons

Engle, R. F. (1082), "Autoregressive Conditional Heteroscedasticity with Estimates of the Variance of UK Inflation," Econometrica, Vol.50, pp.987-1008

Glasserman, P. (2004) Monte Carlo Methods in Financial Engineering, Springer.

Grant, D., and G. Vora (1999), "Implementing No-Arbitrage Term Structure of Interest Rate Models in Discrete Time When Interest Rates Are Normally Distributed," Journal of Fixed Income, Vol.84, pp.85-98

Green, J., Bullen S, and Martins, F. (2003) Excel 2000 VBA Programmer's Reference, Wiley Publishing, Inc.

Green, W. H. (1997) Econometric Analysis Prentice Hall

Haug, E. G.(1998), The Complete Guide to Option Pricing Formulas, McGraw-Hill

Heath, D., R., Jarrow, and A. Morton (1990), "Bond Pricing and the Term Structure of Interest Rates: A Discrete time Approximation," Journal of Financial and Quantitative Analysis, Vol.25, pp.419-440

Heath, D., R., Jarrow, and A. Morton (1992), "Bond Pricing and the Term Structure of the Interest Rates: A New Methodology," Econometrica, Vol.60, pp.77-105

Ho, T. S. Y., and S. B. Lee (1986), "Term Structure movements and Pricing Interest Rate Contingent Claims," Journal of finance, Vol.41, pp.1011-1029

Hull, J. (2006), Options, Futures, and Other Derivatives. Pearson Education, 6th Edition

Hull, J., and A. White (1993), "Efficient procedures for valuing European and American path-dependent options." Journal of Derivatives, Vol.1, pp.21-31

Hull, J., and A. White (1996) Hull-White on Derivatives, Risk Books

Jackson, M., and M., Staunton (2001), Advanced modeling in finance using Excel and VBA, John Wiley & Sons, Inc.

Jamshidian, F. (1991) "Forward Induction and Construction of Yield Curve Diffusion Model", Journal of Fixed Income, pp.62-74

Jarrow, R. and Rudd A. (1983) Option pricing, Homewood.

Josh, Mark(2003), The concepts and practice of mathematical Finance, Cambridge University Press

Levy, E. (1990), "Asian Arithmetic," RISK, May, pp. 7-8.

Levy, E. (1997), "Asian Options," Exotic Options-The State of the Art, ITP, pp. 65-98.

London, J. (2005) Modeling Derivatives in C++, John Wiley & Sons

Merton, R. C. (1973), "Theory of rational option pricing," Bell Journal Economics and Management Science, Vol.4, pp.141-183

Microsoft. (2002), Visual Basics User's Guide, Microsoft Corporation

Miron, P. and Swannell, P. (1991) Pricing and Hedging Swaps, Euromoney Books

Rebonato, R. (1998), Interest-rate Option models, John Wiley & Sons, Inc., 2nd Edition

Ritchken P., and K. Boenawan (1990), "On Arbitrage Free Pricing of Interest Rate Contingent Claims," Journal of Finance, Vol.45, pp.259-264

Taleb, N. (1997) Dynamic Hedging, John Wiley & Sons.

Tavella, Domingo (2002), Quantitative methods in derivatives pricing, John Wiley & Sons

Turnbull, S., and L. Wakeman. (1991), "A quick algorithm for pricing European average options," Journal of Financial and Quantitative Analysis, Vol.26 pp.377-389

Vorst, T. (1996), "Averaging Options," The Handbook of Exotic Options, IRWIN, pp.175-199

Walkenbach, J. (2004) Excel power programming with VBA. IDG books.

Wilmott, P.(1998) Quantitative Fiance John Wiley & Sons.

찾아보기

ㅇ

ㅈ

CD-ROM 내용

PART I

PART II

PART III

PART IV

PART V

기타

저자 소개

박건엽

• 학력

- 고려대학교 통계학과 졸업
- 한국과학기술원 테크노경영대학원 경영공학과 졸업 (경영공학 석사)
- 한국과학기술원 테크노경영대학원 경영공학과 졸업 (금융공학 박사)

• 주요경력

- ㈜IFS 감사
- "이자율 기간구조 추정 및 활용방안" 프로젝트 수행(삼성화재)
- "포트폴리오 운용 시스템" 개발(한일투신)
- "전력 파생상품 가격결정" 프로젝트 수행(한국전력)
- "Risk Budgeting" 프로젝트 수행(국민연금)
- "시장 위험관리 시스템" 개발(KB투신)
- 덕성여대, 건국대, 서울시립대, 숙명여대, 서울여대 강사
- PCA 투신 A.I 팀장
- 이스트스프링(싱가폴) 아시아본부 Investments Director
- 현, 미래에셋증권 글로벌자산배분 팀장

• 최신 주요저서 및 논문

- 엑셀과 금융공학 실습 (2006년) 에프알엠코리아
- 간접투자상품 판매 (2006년) 한국금융연수원
- "주가지수선물거래 도입이 주식시장 분산성에 미치는 영향: 한국에서의 실증분석," 선물연구 제5호(1997년)
- "An Empirical Comparison of Implied Tree Models for KOSPI200 Index Option," International Review of Economics and Finance(2006).
- "What is the correct meaning of Implied Volatility," Finance Research Letters, Vol. 4, No. 3, (2007)

장기천

• 학력

- 한양대학교 경제학과 졸업
- 한국과학기술원 테크노경영대학원 경영공학과 졸업(경영공학 석사)

• 주요경력

현, 한국산업은행 근무

• 최신 주요저서 및 논문

- 엑셀과 금융공학 실습 (2006년) 에프알엠코리아
- KOSPI200의 확률과정에 관한 실증연구(선물연구 제8권, 2000년)

내용에 대한 문의 또는 오류, 오탈자 등은 아래로 연락주시기 바랍니다.
kicheon.chang@yahoo.co.kr

엑셀 VBA를 이용한 **금융공학실습**

2008년 1월 15일 | 초판 1쇄 발행
2014년 7월 20일 | 초판 4쇄 발행

지 은 이 | 박건엽 · 장기천
발 행 인 | 김은중
발 행 처 | (주)서울경제경영출판사
북디자인 | 우일미디어

주　　소 | 120-808 서울특별시 서대문구 신촌로 203 (대현동) 대현빌딩 6층
전　　화 | 02) 313-2682
팩　　스 | 02) 313-8860

등　　록 | 1998년 1월 22일 제5-63호

ISBN 978-89-88106-43-3 93320　　　정가 **35,000**원

※ 파본은 바꾸어 드립니다